中国人民公安大学外国警学译丛

美国警察导论

（第八版）

The Police in America: an introduction

（Eighth Edition）

［美］塞缪尔·沃克
［美］查尔斯·M. 卡茨 著
张小兵 等译

中国人民公安大学出版社
·北 京·

著作权合同登记号　图字：01－2016－1513

图书在版编目（CIP）数据

美国警察导论：第八版/（美）沃克（Walker，S.），（美）卡茨（Katz，C.M.）著；张小兵等译．—北京：中国人民公安大学出版社，2016.3

书名原文：The Police in America：an introduction，Eighth Edition

ISBN 978－7－5653－2523－6

Ⅰ．①美…　Ⅱ．①沃…　②卡…　③张…　Ⅲ．①警察—概况—美国　Ⅳ．①D771.235

中国版本图书馆 CIP 数据核字（2016）第 052087 号

Samuel Walker；Charles M. Katz

The Police in America：an introduction Eighth Edition

ISBN：978－0－07－802654－6

美国警察导论（第八版）

［美］塞缪尔·沃克（Samuel Walker）
［美］查尔斯·M. 卡茨（Charles M. Katz）　著

张小兵　等译

出版发行：中国人民公安大学出版社
地　　址：北京市西城区木樨地南里
邮政编码：100038
经　　销：新华书店
印　　刷：北京普瑞德印刷厂

版　　次：2016 年 6 月第 1 版
印　　次：2016 年 6 月第 1 次
印　　张：44.5
开　　本：787 毫米×1092 毫米　1/16
字　　数：820 千字

书　　号：ISBN 978－7－5653－2523－6
定　　价：90.00 元

网　　址：www.cppsup.com.cn　www.porclub.com.cn
电子邮箱：zbs@cppsup.com　zbs@cppsu.edu.cn

营销中心电话：010－83903254
读者服务部电话（门市）：010－83903257
警官读者俱乐部电话（网购、邮购）：010－83903253
公安业务分社电话：010－83905672

作者简介

塞缪尔·沃克（Samuel Walker）：奥马哈市内布拉斯加州立大学的教授，执教31年并于2005年退休。他有关于警务、刑事司法体系和民权的著述14余本。怀着对警务早期干预系统和联邦对警察行为不端诉讼的浓烈兴趣，他仍继续进行创作与研究。

查尔斯·M. 卡茨（Charles M. Katz）：瓦茨家族暴力预防与社区安全中心主任，亚利桑那州立大学犯罪与刑事司法学院副教授。卡茨博士于1997年在奥马哈市内布拉斯加州立大学获得刑事司法博士学位。他是《美国帮派治理》一书（剑桥大学出版社出版）与许多警务与帮派方面论文的合作作者。目前他在与一些大型都市的警察机构从事对项目和做法评估的工作。

前　言

《美国警察导论》全面介绍了当今美国警务的基础知识。本书专为本科生设计，极具叙述性和分析性，有助于本科生了解警察是谁、警察的职责、面临的问题以及警务工作中的各项改革与创新。本书主要作为本科生的第一门警察或者执法课程（如警务介绍 、警察与社会以及执法制度等课程）的教材。

第八版的变化

作者对《美国警察导论》第八版进行了全面修订。为回应读者的反馈，作者不仅更新了所有数据信息，还为全书一些重要的议题提供了新范例，本书还增订了若干最新的警务研究与实践。第八版重要修订内容如下：

- 第一章：警察与社会，深入讨论了犯罪现场调查效应及其对警察的深刻影响。
- 第二章：美国警察的历史，扩展了 2001 年以来信息技术驱动警务改革的探讨。
- 第三章：当代执法产业，内容重新修订升级，更新了有关警务部门合并的讨论和地方政府签约警务效率的数据资料。
- 第四章：警察组织，延伸了对 COMPSTAT 模式近期评估的探讨，趋于强调当今警务工作中警察工会的作用。
- 第六章：警察（二）：工作中，涵盖了关于警察薪酬的新探讨与警察处置非职责范围内事务时所面临的问题。
- 第八章：维护治安秩序，更加深入地探讨了警察对无家可归人群的管控，更新了如何解决青少年问题、精神病患者问题的当前战略。
- 第九章：警察与犯罪控制，强化了学生对捏造官方犯罪数据的关注，并且应用策略作为破案手段，增加了对线人、枪支回收项目、美国仇恨犯罪的内容与本质、国内恐怖主义发展趋势等内容的研究。
- 第十章：警务战略的革新，增加了波士顿枪支计划研究的最新资料以及警察威慑策略的最新内容。

•第十一章：警察的自由裁量权，强化了大卫·克林格尔关于巡逻工作中交涉命令的讨论，还增加了罪犯种族与逮捕之间关系的新研究。

•现在题为“合法性与社区关系”的第十二章，反映了对本章议题的探讨，构建了更加当代的体系。本章实质上减少了引起学生注意的围绕合法性与社区关系的关键议题。为探讨警方面临移民问题的诸多挑战，本章新增了移民警务的内容。

•第十三章：警察的腐败，本章新内容包括警察性行为不端和司法部调查警察不端行为任务的探讨。

•第十四章：警察的责任，本章新内容包括询问被拘留者以此作为获取警察工作表现信息的手段，还增加了纪律处分模型的用途介绍。

•第十五章：美国警务的未来，已全面更新，新内容涵盖警察随身佩带执法记录仪、公众对技术产品的使用和问责、警务工作实践者与研究者的关系、地方警察在反恐战争中的角色转变以及经济衰退对地方警务的影响。

内容概览

第一部分，“美国警察的基础知识”向读者介绍了美国警务，解释了美国警察的任务、警察工作的一些事实以及影响警务形成的因素，还追溯了第一所现代警察局的建立，并且当今美国警务仍能看到其缩影。本部分以讨论当代司法体系的特点作为结束，还包括一部分探讨国土安全局的内容。

第二部分，“警察与组织”讨论了警察组织的特点，警察工会的任务及作用，警察组织行动的理论原因，警察招募、遴选、训练，美国警察的特点和工作伊始面临的现实冲击。还探讨了警察文化及警察工作态度和行为之间的联系。

第三部分，“警察工作”涵盖警察的工作内容、工作方式。解释了巡警的作用、服务的传递、传统警务工作策略的效果。探讨了警察面临的问题和采取的策略以及策略创新，如应运而生的社区警务、问题导向警务与零容忍警务。

第四部分，“警务的议题”包含许多警察与警察组织面临的问题。涉及警察自行决定权的本质、根源及警察组织控制自行决定权的尝试。还探讨了合理性、社区关系问题、公民和警察互相的看法与警民矛盾的根源。特别强调人种、种族对美国警务的影响，警察腐败问题和警察责任，讨论了不同类型的不端行为以及监督警察使用的策略。

第五部分，“新世纪的挑战”主要探讨未来美国警务的发展方向。

教学法

本书提出了许多学习方法，便于教师教学和学生学习。本书增添了具体且实际的范例使内容更加生动。具体如下：

1．“聚焦警察”栏目探讨了一系列重要警务的议题。本栏目的设立主要是为了突出重要知识点，该部分也可作为课堂讨论题目。每个案例都有参考信息供学生查阅自学。

2．每章的“边注栏”会对文中涉及的一些概念进行详细阐述。

3．交叉引用可以指导学生在文中找到深入启发章节主题的其他素材。

4．每章开头设有本章概要，可以通过章节引导学生阅读。

5．页边上的关键术语会加粗，在每章最后会罗列展示。

6．位于每章内容最后的网上练习栏目，学生可以进行深入的网上学习。

7．每章结尾的案例研究取材均来自真实事件，凸显每一章重要概念或主题，学生可以学以致用，案例研究也可作为课堂讨论素材。

补 编

详情请登录网络学习中心：http://www.mhhe.com/walkerpolice8。

创建自主学习材料

您可通过麦格劳·希尔（McGraw－Hill）创建自己理想的课程学习材料。您可重新安排、删减章节、将其他材料与课本内容结合、上传您的教学大纲或者其他任何学习材料。您还可以搜索其他麦格劳·希尔出版的书籍寻找最佳教学内容。您甚至可以个性化书籍封面、署名、添加课程信息。如果您通过麦格劳·希尔定制了书籍，您将收到一本赠阅本。3～5个工作日即可收到印刷本，通过发送E－mail，1小时之内便可收到电子版。现在在http://www.mcgraw-whillcreat.com注册，就可以定制一份适合自己教学方法的资料。

学生网页：网页内容包括每章对应的多选题、判断题、大纲、网上练习及每章小结。

教师网页：涵盖所有的学生网页内容。教师手册和试题库设密保护。每章都有PPT演示文稿，鼓励学生讨论。

致 谢

塞缪尔·沃克（Samuel Walker）：我想特别感谢在我研究警务及警察职责时结识的同事和朋友。还要特别感谢我教过的学生、同事以及兢兢业业的共同撰稿人查克·卡茨（查克是查尔斯的昵称，译者注）（Chuck Katz）。查克负责第八版《美国警察导论》的大部分内容，我非常感激他。

查尔斯·M. 卡茨（Charles Katz）：我想感谢所有对第八版撰写工作做出贡献的人，其中包括亚利桑那州立大学的同事。当我遇到难题时他们总是慷慨相助。我还要特别感谢3个人，他们分别是我的父母、我的妻子凯莉，他们在我撰书期间给了我无微不至的关怀与支持（以往每本书的撰写过程都是如此）。还有塞缪尔·沃克，他总是帮助我，无论是专业知识还是个人生活方面，塞缪尔的见解至今还影响着我。

目 录

第一部分 美国警察的基础知识

第二部分　警察与组织

第三部分　警察工作

第四部分　警务的议题

第五部分　新世纪的挑战

第一部分　美国警察的基础知识

第一章　警察与社会
第二章　美国警察的历史
第三章　当代执法产业

第一章　警察与社会

本章概要

30 多年前，杰罗姆·斯科尔尼克提出了一个根本问题："警察的存在是基于何种社会目的？"[1] 为什么我们需要警察？他们服务于何种意志？我们需要他们做什么？他们从事着哪些其他政府机构所不从事的工作？我们想让他们如何开展这些工作？这些基本问题与警察在社会中所扮演的角色密切相关。

这些问题的答案时常是模糊或过分简单化的。人们常说警察应该"保护或服务于法律"或者"执行法律"。但是，这些回答都避开了所有重要问题。警务是极其复杂的，它包括：警察角色的难题，平等对待公民，警察组织以及警察招录，训练和对警务人员的监督。

第一节　本书的主旨

诸如社区警务，问题导向警务和零容忍警务等多个警务模式的创新对警察角色提出了新的问题。与 1900 年至 1980 年专业化运动[2] 所产生的"专业化警务"相比，新的警务战略代表了警察的一个不同角色。这些创新再次提出了所有的基本问题：应该怎样组织和开展警务活动，应该招录谁，应该怎样评价警察。

本书的目的不是为这些警务创新进行辩论，而是为了向读者提供必要的警务背景知识，以帮助他们对这些创新进行理性的讨论。本书介绍了警察的职责（第七章）；与警察职责相关的许多问题：自由裁量权的实施（第十一章）、合法性与社区关系（第十二章）、警务人员选拔和什么是警务人员（第五章、第六章）；以及警察组织如何运作（第四章）。同时，也介绍了警务发展的历史（第二章）、现状以及未来发展趋势（第十章、第十五章）。

开篇之前，需要在本章中介绍基础知识，便于了解美国警察。本章还专门介绍了警察和警察机构的定义，关于警务工作的谬见和现实，警察角色的塑造因素以及多种可能的警务模式。

第二节　专业术语的定义

一、什么是执法机关

当谈及警察部门或者执法机关时，我们所指的是什么？这个问题并不像看起来那么简单。许多不同类型的政府机关也具有一定的执法职责或提供保护的职责，如州的公园管理部门，类似美国最高法院警察等联邦机构以及大学校园警察。

本书所关注的仅限于普通的执法机关，这些机关通常从事：（1）预防犯罪；（2）调查犯罪和逮捕罪犯；（3）维持秩序；（4）提供其他多方面的服务。

这一定义不包括具有执法权力的政府管制机构，即不包括像州刑事调查局、验尸官办公室和保安官一样的调查和检控机关。同时，尽管在许多州矫正机关的工作人员是依法享有逮捕权的治安警官，但这一定义也不包括矫正机关。

二、什么是警察

“警务人员”（police officer）与“治安警官”（peace officer）经常被互换使用。但是，两者之间有一个重要的区别。所有警察都是治安警官，但是所有的治安警官并不都是警察。治安警官的法律地位由法律规定。例如，艾奥瓦州法律将治安警官分为8类，而最后一类用概括性的语句进行表述：“如上述分类的其他人员。”加利福尼亚州法律将治安警官分为30多种不同的职业。

与普通公民相比，治安警官具有公民所没有的特定权力和特定法律保护。根据英国习惯法标准，所有公民享有“公民逮捕权”。公民个人在特定情形下，可以开枪或击毙别的公民。但是，宣誓就职的治安警官在“出于好意”地履行职务过程中，他们享有更宽的权力，以及一定程度上更大的免责保护。

三、谬见、现实和可能

从一开始，我们就应当对警察的谬见、现实及可能进行说明。谬见，是指关于警察做什么和警察应当做什么的许多不正确的看法。现实，是指警察实际上日常的职责和警察在社会中扮演的角色。可能，是指将来警务活动在哪些方面与现在的警务活动不同。

第三节　关于警务的谬见

警务活动常被许多谬见和固有印象所包围。[3]其中，警察主要是犯罪斗士就是一个经久不衰的谬见。根据这一观点，警察将大部分精力专注于刑事执法，即为制止犯罪而巡逻、犯罪调查、缉拿罪犯。有些人认为这些就是警察应当做的。许多关于警察的表述都反映了警察的犯罪斗士形象，如把警察作为同犯罪作斗争的“蓝色警戒线”的观念。[4]

关于分配巡逻时间的详述见第七章

但是，犯罪斗士的形象并不是对警察职责的准确描述。在巡逻警察职责中，仅三分之一是刑事执法。普通警察在职业生涯中很少逮捕一个重犯，或者几乎从未开过枪。大部分警察工作的最好写照是维护治安秩序和解决问题。

关于维护治安秩序的详述见第八章

一、犯罪斗士形象的渊源

关于犯罪斗士的谬见包括诸多原因。在警察犯罪斗士形象的宣传过程中，媒体起到了主要作用。在电影和电视节目中，警察常出现在犯罪故事中，因为这些故事能够为观众提供精彩剧情、快节奏的行动和暴力。好莱坞最新的警匪片，其中多少开车追捕？多少枪战？但生活中常见的警务情形之一，如家庭暴力，并没有相同的戏剧效果。

新闻媒体同样对过分强调警察犯罪斗士形象起到了推波助澜的作用。最近一项关于犯罪与新闻媒体的调查显示："犯罪题材经常被报道并大肆渲染"，并且"与其他题材相比犯罪题材显得大得多"。[5]系列犯罪是具有新闻价值的大事件。犯罪题材总会有值得同情的受害者、曲折的故事和戏剧性地逮捕犯罪嫌疑人。相比之下，巡警典型的夜班并不能提供如此之多的戏剧性新闻。

警察自身也保持着犯罪斗士的形象。官方出版物和年度报告强调犯罪和逮捕犯罪嫌疑人，与犯罪作斗争是警察向公众展示自身职能和重要性的途径。彼得·曼宁认为，警察故意接受犯罪斗士的形象以表明他们且仅有他们能够进行控制。[6]

二、犯罪斗士形象的影响

因为没有准确体现警察的工作形象，犯罪斗士形象也带来了一系列严重的问题。[7]更重要的是，犯罪斗士形象忽略了警察控制秩序和维护稳定的其他工作，警察在这些工作上耗费了大部分的精力和时间（详见第七章、第八章），使警察的绩效不能得到充分评估。过分强调犯罪斗士形象使公众对警察预防犯罪、缉拿罪犯的能力产生了不切实际的期望。电影和电视剧增强了警察成功打击犯罪的形象。事实上，对已立案件的侦破率仅为20%。

关于维护治安秩序的详述见第八章

警察自身也因这些不真实的形象而烦恼。因为仅一小部分工作受到关注，警察领导有时不能有效地管理警察局。犯罪斗士形象同样对警察个体造成了角色冲突的不良影响。重视侦查工作而轻视巡逻工作，导致巡逻警察因价值观和实际工作的不同而感到矛盾。[8]

关于警察如何成功侦破犯罪案件的详述见第九章

第四节 警务工作的现实

警务工作的现实是警察在当今社会中扮演着一个极其复杂的角色，这一角色包含了许多不同的工作任务。赫曼·戈德斯坦警告说："任何为警察角色作出准确定义的企图都代表着警察旧形象的消失和对警务工作产生的新错觉。"[9]

许多警务工作的研究都指出了警察角色的复杂性。例如，在同类研究中处于领先地位的警察服务研究所（PSS）对 3 个大都会地区的 26418 个报警电话进行了分析[10]（其数据结果如图表 1－1 所示），其中只有 19% 的电话涉及犯罪，且仅 2% 的电话完全涉及暴力犯罪。

图表 1－1 的数据同时也表明了警务工作的难以界定。例如，人员冲突中可能含有潜在犯罪（如袭击），或者对警务人员或其他人的安全构成严重威胁（如一个持枪的精神障碍者），或者仅仅是争吵而已。

图表 1－1　公民报警电话统计（按问题类型和具体问题分类）

问题类型	电话数（个）	占总数比例（%）	类型中比例（%）
暴力犯罪	642	2	
1. 谋杀	9		1
2. 性侵犯	26		4
3. 抢劫	118		18
4. 严重攻击	74		12
5. 轻微攻击	351		55
6. 虐待儿童	38		6
7. 绑架	26		4
非暴力犯罪	4489	17	
1. 入室盗窃	1544		34
2. 盗窃	1389		31
3. 机动车盗窃	284		6

续表

问题类型	电话数（个）	占总数比例（%）	类型中比例（%）
4. 破坏他人财产、纵火	866		19
5. 现金/信用卡/文件问题	209		5
6. 针对家庭的犯罪	29		1
7. 逃逸	168		4
纠纷	1763	7	
1. 家庭纠纷	694		39
2. 非家庭争吵	335		19
3. 非家庭恐吓	277		16
4. 非家庭打架	457		26
医疗救助	810	3	
1. 医疗救助	274		34
2. 死亡	38		5
3. 自杀	34		4
4. 急救转运	203		25
5. 受伤、交通事故	261		32
交通问题	2467	9	
1. 财物受损、交通事故	1141		46
2. 车辆违章	543		22
3. 车流问题	322		13
4. 违规行驶	292		12
5. 废弃车辆	169		7
人员问题	774	3	
1. 酗酒	146		19
2. 走失	318		41
3. 少年离家出走	121		16
4. 警方关注的行为	134		17
5. 精神不正常	55		7

续表

问题类型	电话数（个）	占总数比例（%）	类型中比例（%）
扰乱公共秩序	3002	11	
1. 骚扰	980		33
2. 噪声干扰	984		33
3. 擅自进入	302		10
4. 违反酒精毒品管理	130		4
5. 公共道德	124		4
6. 青少年问题	439		15
7. 违规行为	43		1
可疑情况	1248		5
1. 可疑人员	674		54
2. 可疑财产情况	475		38
3. 危险人员或情形	99		8
救助	3039	12	
1. 动物问题	755		25
2. 财产清查	616		20
3. 护送及运输	86		3
4. 应用性问题	438		14
5. 财产查找	240		8
6. 驾驶员救助	154		5
7. 火警	112		4
8. 骚扰电话	114		4
9. 不明确需求	425		14
10. 其他需求	99		3
信息咨询	5558	21	
1. 不明确信息	248		4
2. 警务信息	1262		23
3. 案件信息	1865		34

续表

问题类型	电话数（个）	占总数比例（%）	类型中比例（%）
4. 非警务信息	577		10
5. 指路	189		3
6. 非交通指路	55		1
7. 特殊单位需求	1362		25
信息反馈	1993	8	
1. 一般信息	1090		55
2. 失物招领	156		8
3. 虚假警报	176		9
4. 对特定警员的投诉	105		5
5. 对一般警察的投诉	350		18
6. 对警察褒奖	20		1
7. 医院报告	96		5
内部运行	633	2	
1. 内部法律程序	63		10
2. 内部援助请求	134		21
3. 警员提供信息	298		47
4. 警员信息咨询	132		21
5. 其他内部程序	6		1
总计	26418	100	

资料来源：Eric J. Scott, Calls for Service: Citizen Demand and Police Response(Washington, DC: Government Printing Office,1981),pp. 28－30。

警务工作最重要的一个方面是在处置这些情况时行使自由裁量权。以约翰夫妇的情况为例，一天晚上，邻居们听见约翰夫妻俩吵架，于是就打电话报了警。当警察到达现场处置时，是否应该警告约翰夫妇，或要求他们其中一人写下保证书，或逮捕其中一人或进行调解？这是艰难的选择，要求警察具有良好的判断力且深谙为人处世之道，而不是仅仅像犯罪斗士形象那样逮捕犯罪嫌疑人那么简单。

美国律师协会（ABA）的《关于城市警察职能的标准》对警察复杂的角色区分为 11 种不同的责任。[11]

关于警察自由裁量的详述见第十一章

美国律师协会的标准表明，警察角色的极端复杂性体现在三个方面。

首先，是任务的繁杂性。但其中仅有少数与刑事执法相关。

其次，许多任务极其不明确。例如，调解纠纷时会遇到各种难题。纠纷中出现哪种情形时需要警察出警？如何最好地应对纠纷？又如，警察是否应以逮捕的形式解决家庭纠纷？否则，他们应当如何处置？

最后，不同职责之间又存在矛盾。例如，警察的职责是维护社会秩序，同时要捍卫宪法赋予的自由。在大型政治性抗议活动中，警察既要保护第一修正案赋予抗议人员的权利，还要维护好现场秩序，并保护其他人使用街区和道路的权利。

戈德斯坦指出，“根据职能的性质，警察是自由社会中的另类”。[12]一方面，我们希望警察行使强制力，如约束失控人员、逮捕违法人员、在严重暴力案件中使用致命性武器。另一方面，我们也希望警察保护个人的自由，因为自由是民主社会的基础。美国警务工作的核心问题就是处理好自由和限制之间的矛盾。[13]

一、塑造警察角色的因素

警察角色的复杂性由许多因素构成。最重要的是，警察每天 24 小时必须在岗在位，保证人们能够在遇到问题的任何时候可以打电话报警。而且，警察鼓励人们打报警电话并承诺会及时出警。戈德斯坦认为，“警察最终解决了社会的遗留问题，因为除此没有别的途径能解决它们”。[14]警务工作中包括了社会中的“脏活”：没人愿意完成的任务。[15]人们在其他尝试都失败后才打报警电话。

人们希望有一个能够解决问题的通用的应急服务，此项重任落到了警察肩上。维持只解决家庭纠纷或者只处置精神病患者的许多额外的专门机构将会耗费大量的财力，警察 24 小时待命给他们带来了巨大的工作量，许多报警电话无须出动享有逮捕权的专业警察。同时，有些案件也需要具备专业知识的专门人员（如精神病案件）。结果，人们希望警察是能够处置各种各样情况的多面手，但警察却在家庭纠纷、精神病、酗酒或吸食毒品等方面只接受了有限的专业培训。

警察角色的复杂性不可预料，因为大多数情况下事件都是突发的。警察被赋予了大量的职责，只因警察部门是唯一可利用的机关。电话方便了人们报警，实际上，人们也的确这么做了（见第二章）。当今关于警察角色的争论引起的基本问题在于我们是否需要警察做所有基础性工作。

二、使用武力的权力

武力使用的授权是造就警察角色的重要因素之一，这是警察之所以区别于如教师、社工、医生等其他专业人员至关重要的原因。在一篇重要的警务研究论文中，埃贡·比特纳认为使用强制力是警察的典型特征。[16]强制力包括杀死某人的权力（致命武力）、使用暴力以及通过逮捕限制个人的人身自由。

比特纳还指出，武力使用的授权不是无限制的。第一，它受法律限制。根据法律规定，警察不能随意射杀。逮捕权同样受到法律的限制。第二，警务人员只有在履行职责的时候才可以使用武力。例如，不能在处置纠纷时使用武力。第三，警务人员不得恶意或盲目地使用武力。不得因私人恩怨或为了取乐而逮捕、袭击或虐待公民。

武力使用的授权对于具体应用还有更深的含义。比特纳还指出，武力使用的授权或多或少地反映出了警务人员和公民之间的关系。根据他的观察："毫无疑问，在向警察请求帮助的人们心中，使用武力是警察最主要的特征。"[17]人们拨打报警电话是因为需要警察解决问题：逮捕某人、使某人冷静下来或者让某人离开自己的家。人们一般听从警察指挥。在大多数情况下，公民遵从警务人员的要求、建议或者威胁。[18]

三、社会控制

警察是广义社会控制系统中的一部分。斯坦利·科恩将社会控制定义为："社会对其认为不正常、不确定、担忧、有威胁、麻烦或者这种或那种不良的行为或人有组织的应对方式。"[19]社会控制有三种不同的形式：私人的、地方的和公共的。其中，第一种形式也是最基本的形式是私人级别的控制，这同时涉及最初级的社会控制。私人级别的社会控制由家庭、朋友或其他非正式社会组织实施，通过批评、表扬、制裁或者暴力控制等方式进行。第二种形式是地方的社会控制，又称为中级社会控制。地方的社会控制通过诸如学校、教会、邻里团体和商会实施，这些组织通常与个人行为利害攸关，但并不像私人控制那样具有情感色彩。例如，地方的社会控制可以是邻居的口头谴责或者校长或教会官员给予的制裁。第三种形式是公共级别的社会控制，由诸如警察部门或管理部门实施。在私人水平和地方水平采取的社会控制失败之后，公共级别的社会控制就会采取行动。[20]

四、警察和社会控制

准确地说，由警察实施的社会控制与镇压、强制行为不同。民主社会最突出的特征在于和平政治变革机制的存在。宪法保证公民享有言论、出版、集会自由，使人们可以发表具有争议的新思想，这促进了和平变革。正如美国律师协会所列举的警察任务，保护宪法赋予公民的权利是警察角色的一部分。

关于报警电话的详述见第二章

警察通过执法活动和其他职责来实现社会控制。他们的任务是通过打击犯罪、逮捕违反刑法规定的罪犯来保护社会规范，这是社会规范的具体化实施。同时，警察还通过制止不端行为和提供对潜在或低级问题快速反应机制来维护社会秩序。

但是，警察全面实施社会控制的能力非常有限。在第七章我们会学到巡警对犯罪活动的威慑很有限，从第九章可以看到警察甄别、逮捕犯罪嫌疑人的能力也非常有限。

专家现在意识到，警察在履行职责时很大程度上依赖于公民。警察依靠公民举报犯罪、提供与犯罪嫌疑人有关的信息、协助调查等。基于此，许多专家将公民称为警察服务的“联合提供者”（coproducers）。[21]

在殖民地时代（1600～1840 年），现代警察出现之前，公民是社会控制的初级实施者。通过家庭、朋友和邻居的批评、警告或者制止来规范行为。[22]现代警察作为最大的专业机构，它的创立使这些责任从公民身上转移开来（详见第二章）。社区警务运动试图重新建立并发展公民在警察服务中的“联合提供者”角色。在许多重要方面，警察是社会控制系统的最后手段，在其他方法失效之后才会报警。家庭是初级的社会控制机制，同龄人群体、社区群体、宗教机构和学校同样重要，当这些方式都失效了且有人违反了法律，我们才会报警。

五、警察和社会控制系统

警察是社会控制几个不同系统中的一部分。

首先，也是最重要的，警察是刑事司法系统的“守门员”。当警务人员作出逮捕决定时，标志着刑事案件的开始。作出不逮捕决定时，案件则不会进入司法程序。[23]因此，警察决定了刑事司法系统的工作量。同时，警察的工作也深受刑事司法机关的影响。

关于现代警察建立的详述见第二章

其次，警察是社会福利系统的重要组成部分。警察是第一个与诸如违法犯罪、家庭问题、滥用药物和酗酒等此类社会问题打交道的官方机构。警察经常将公民转交给其他社会服务机关。同时，警察是心理健康系统的重要部分。按照惯例，巡警根据接报要对涉及精神病患者的现场进行处置。巡警有责任分辨当事人是否确实患有精神病并需要进行治疗。戈德斯坦指出，需要认识到这就是警察的实际工作，同时，为了解决这些问题，应当在刑事司法系统中建立替代组织。[24]

关于县治安官组织和职责的详述见第三章

最后，警察是政治体系的重要组成部分。在民主社会中，政治体系决定了公共控制和警察职责。人们通过自己选出的代表来决定警务政策，如是否实施社区警务，是否实施严格的交通管理措施。就县治安官来说，人们可以直接选举首席执法官员。

关于警察历史的详述见第二章

对执法机关的政治控制使民主社会的警务工作陷入困境。一方面，人们享有控制政府机构的最基本的权利。另一方面，政治活动历来又是导致执法机关贪污和滥用权力的原因。如何在民众参与社会控制和专业水平上取得平衡是美国警务工作的又一个基本问题。

关于警察历史的详述见第二章

警察是政治体系的重要象征，警察是社会权力和权威最明显的表现。警徽、配枪和警棍都有力且直观地暗示了警察维护现有社会体系和政治体系拥有的根本权力。因此，人们对警察的态度取决于人们对政治系统的态度。亚瑟·倪德厚夫将警务人员描述为穿着制服的“罗夏”（美国电影《守望者》中的角色）。人们对于警察的态度受到许多问题的影响。[25]

第五节　可能性

当前的警务工作模式并不是唯一可能的警务工作模式。关于警察不改变和不能改变的观念是错误的。警察史表明，多年来警察经历了巨大的变革（详见第二章）。[26]在《未来警务》中，戴维·H. 贝利指出，我们有一个选择，即关于警务工作不同可能性的政治选择。[27]但问题是我们要建立何种类型的警务模式？

贝利还指出，应当严肃对待警察预防犯罪的职责。贝利认为，按照传统的组织形式，警察无法有效地预防犯罪。但他看到了更为有效地预防犯罪的可能性，如果能够将警察部门的权力下放，即给予邻里警务人员（NPOs）更多的职权。这一方式将使警察部门处于领导地位，给予基层组织的警察更多的决策权。警察部门的领导主要负责协调，而不像传统的准军事化组织那样命令指挥。[28]

贝利的建议是否合理？在对社会不造成危害的情况下，这种方式能否实现它的目标？本书的主旨不在于对这些问题作出是与不是的确切回答，而是在于向读者提供对于当今警务一个真实、最新的描述，使我们能够根据事实而不是主观臆断地从所有可能性选择中作出合理的决策。

让我们思考警务工作可能的其他模式。

一、问题导向警务

赫曼·戈德斯坦（Herman Goldsteins）关于问题导向警务（POP）的理念代表了解决警察复杂工作的一种不同方法。他指出，警察应当对工作量进行分解，分辨出重复问题，并探讨减少或消除这些问题的策略。警察应当对特定种类的犯罪（如贩毒、醉驾）和扰乱社会秩序的行为（如邻里间的问题少年和酗酒者）进行分类，建立适合的反应机制，而不是思考一般范畴的犯罪和扰乱社会秩序的行为。这与对 911 报警电话作出反应的被动方式不同，问题导向警务是一种主动的警务模式。问题导向警务工作模式包括调研和规划，同时也是从对报警电话服务的工作模式向关注潜在问题的工作模式转变。例如，扰乱社会秩序的行为可以被分解为不同的问题，如家庭纠纷、问题少年和街上的酗酒者，应当为处理这些不同问题探讨得出相应的解决办法。[29]

20 世纪 80 年代中期，问题导向警务工作理念的第一个试点选在了弗吉尼亚州的纽波特纽斯（Newport News）。该项目对新石楠城（New Briarfield）住宅小区的入室盗窃案进行了研究，新石楠城是本市最贫困的住宅小区之一。该项目从研究地区的犯罪形态入手，并对成分复杂的小区居民进行了问卷调查。调查发现房屋的损坏恶化导致了许多起入室盗窃。门窗容易闯入，空屋子为罪犯提供了栖身之所，且破旧的房屋在居民中间形成了绝望和认为自己是弱势群体的气氛。[30]

被分配到新石楠城的警员试图改善房屋的状况。一名警员与私人垃圾搬运工进行协商，挪走了累积的垃圾；废弃冰箱和其他威胁儿童安全的物体也被挪走。警察部门召集对该小区负有职责的其他政府部门开会，这些部门包括消防局、公共事业部门、再开发和住房管理机构等。会议的目的是为改善该小区的复杂状况研讨出一套合作方案。一名警员组织住户向政府官员施压，迫使政府对小区房屋进行短期的改善。

在纽波特纽斯试点的问题导向警务（POP）模式体现了警察的一个新的角色。警员作为社区组织者和政府服务的经纪人，成了居民和政府机关之间进行沟通的桥梁。

如今，世界各国的警察部门都在实施问题导向警务。为了促进问题导向警务模式的发展，从 1990 年开始，圣地亚哥的警察部门和警察行政研究论坛（Police Executive Research Forum，PERF）每年都联合举办问题导向警务国际会议（International Problem – Oriented Policing Conference）。全球的警察部门和学术机构有数以百计的代表们前来参加会议，共同研讨问题导向警务模式的发展方向并进行信息分享。[31]为了发掘各警察部门实施问题导向警务模式过程中成功的创新项目，会议每年都会颁发赫曼·戈德斯坦奖。最近获奖的包括：美国加利福尼亚州圣地亚哥市警察局的市区涂鸦整治项目（2000 年）、英国汉普郡朴茨茅斯市警察局的眼镜蛇行动——城市汽车犯罪抓捕行动（2004 年）以及英国兰开夏郡警察局的牧草行动（2008 年）。该奖项为纪念问题主导警务理念的创始人赫曼·戈德斯坦而设立。[32]

二、社区警务

当今，社区警务是比较热门的警务模式之一。社区警务改变了警务工作的基本观点。社区警务的理念是警察应当与社区居民密切联系，而不是与群众隔绝的官僚主义；警员应当重视犯罪预防，而不是执法；应当将决策权下放给基层警员，而不是自上而下的准军事化组织。[33]

社区警务有多种不同的形式。[34]其中，有的重视扰乱社会秩序行为和与民生相关的事情，有的则重视严重犯罪。

芝加哥警察局启动了“芝加哥替代警务战略”（Chicago Alternative Policing Strategy，CAPS）。政策的核心思想是整个警察局（不是哪一个具体部门）都应当与社区中的居民密切合作。作为该政策的一部分，警员们被永久指派到社区中以增强他们对所在社区的了解，并且允许警员与社区居民之间的了解可以延伸到私人层面。根据政策，警察局要求警员们要经常会见社区居民，共同探讨社区中存在的问题，并找到解决的方法。一旦社区居民发现问题，警员们就动员所有必要的社会资源来解决问题。尽管实施该政策存在障碍，但是独立研究表明，该政策在减少扰乱社会行为和降低人们对黑社会的恐惧上取得了成功，同时，也成功地加强了警察和社区之间的关系。[35]

三、零容忍警务

20 世纪 90 年代，纽约市实施了零容忍警务。如今，美国和世界其他国家许多社区都采取了零容忍警务模式。零容忍警务理念关注的是相对较小的民生问题，如在公共场所随地小便和“逃票”行为（翻越地铁闸机来逃避买票）。乔治·凯琳和凯瑟琳·科尔斯指出，对轻微犯罪的严格执法将会减少严重犯罪。例如，一些逃票者曾被发现存在违法携带武器行为，而这些逃票者则在更严重的涉枪案件中被逮捕，武器也被起获。1992 年，纽约市的犯罪率开始急剧下降，并在 1997 年到达了 30 年来的最低水平。[36]这些效果使世界各国的警察部门开始实施零容忍警务。

但是，零容忍警务的批评者指出，零容忍警务导致更多警员虐待公民。同时，在 20 世纪 90 年代，对纽约市警察的投诉确实增加了。从 1994 年至 1996 年，因警员的不当行为，纽约警察部门支出了超过 700 亿美元的赔偿费。[37]这些现实情况使人们开始怀疑严格执法是否可能同时尊重人权。

聚焦警察

地方警察在国土安全中的角色

自 2001 年 9 月 11 日以来，一些地方警察部门开始参与国土安全事务。马奎尔和金注意到，自 9 · 11 事件以来，警察“发展了许多新的调查业务，更多与联邦执法机构和情报机构合作，与军队联系更密切，提升了对辖区监控的水平，并对重要公共设施的安全更为注意”。[a]纽约市警察局（NYPD）是第一个在国土安全方面花费了许多资源的市级警察部门。2002 年，雷蒙德 · W. 凯利警监建立了反恐局。因此，纽约市的警察被分派到伦敦、特拉维夫、汉堡等城市，从事许多与反恐相关的事务。

一些城市警察局认为，对国土安全的过度关注会分散对传统警务职责的注意力和资源。尽管如此，普通的执法机关和警务人员的日常活动并不包括解决与国土安全的有关问题。因为警察部门通常关注当地焦点问题并将警务人员的注意力集中在社区中的管区中。除非有嫌疑的恐怖分子进入辖区中，大部分地方警察部门不会将大量的资源花费在寻找恐怖分子上。另外，为避免恐怖袭击，一些地方警察部门更加注意对特定场所的保护，包括制订应急预案和在受恐怖袭击风险更高的场所实施巡逻防控，如体育馆、公园和其他大型的公众聚集场所。[b]虽然一些警察部门参与到国土安全事务中，但国土安全工作仍然只是警察部门职责中的一小部分。

[a] Edward Maguire and William King(2004), Trends in the Policing industry, Annuals of Political and Social Science 593, pp. 15 – 41.

[b] David Thacher(2005). The local role in homeland security, Law & Society Review 39 (3), pp. 635 – 676.

第六节 改革的含义

谈论深层次的警务变革很容易。例如，社区警务的拥护者认为警务改革代表了美国警务的新纪元。但是，将理念转化为实践却极为困难。例如，思考一下团队警务的例子。在 20 世纪 70 年代早期，团队警务是极大的创新，它包括根据街区重构警察行动，并将决策部门的权力下放。在一段时间内，众多警察部门都表示在执行团队警务。[38]但是，团队警务突然间消失了。[39]显而易见，有些事情出错了。许多分析者总结认为团队警务的试验并没有很好的规划，很少有人注意到操作上的重要细节。[40]

无论警察部门决定怎么做，不管是社区警务、问题导向警务、零容忍警务，还是传统警务模式，都要面对许多基本的问题。

任务。警察部门的首要任务是什么？执法、维护秩序、服务、预防犯罪还是四者都有？这些任务如何表达？公民如何知道警察的任务都有哪些？警员如何知道自己的任务都有哪些？警察部门的任务是否有明文规定？如果有，又应当怎样表述？

巡逻。基本的巡逻任务在警察部门的任务当中处于什么位置？它是不是警务活动的核心方面？还是多种任务中的一部分？如果处于核心位置，巡逻工作目前运行的效率如何？应该如何提升？这些问题将在第七章进行阐述。

接处警。警察部门是否对每一个报警电话都作出了反应？警察部门是否通过不同的方式来应对报警电话带来的工作量？这些问题也将在第七章进行阐述。

自由裁量权。警察部门通过什么政策来控制警员的自由裁量权？当前使用致命性武力的政策是什么？处置家庭暴力事件是否有明文规定的政策？处置精神病患者是否有明文规定的政策？这些问题将在第十一章进行阐述。

合法性和警民关系。警察部门与少数族裔群体的关系如何？是否存在危急情况或者冲突？警察部门采取何种方式来改善警民关系？这些问题将在第十二章进行阐述。

腐败。警察部门是否存在腐败的传言？如果有，是否有证据支持这些传言？警察部门是否具有特定的反腐措施？这些问题将在第十三章进行阐述。

责任。地方执法机构具有哪些责任机制？是否有公民审查委员会？警察局长是否享有公务员保护，或者是否会被随意免职？年度报告里包含哪些数据？报告是否为判断警察部门绩效情况提供了有意义的信息？这些问题将在第十四章进行阐述。

人员。执法机构的最低招录标准是什么？警察部门总体学历水平如何？入职培训时间是多长？课程中是否包含关于种族的内容？是否有现场培训内容？培训课程中是否含有警察部门明文规定的任务？不同部门里的种族、性别构成如何？某一特定部门种族、性别构成是否与当地人口的构成一致？这些问题将在第五章和第六章进行阐述。

组织。警察部门的组织架构是什么？是否有参考标准？是否实施了社区警务？社区警务由整个警察部门负责实施还是有特定的部门负责实施？是否有公认代表基层警察的组织？这一组织是否有力？它对警务政策制定有没有产生影响？这些问题将在第四章进行阐述。

案例研究

今日警务：现实与电视节目的反差

以往和现在收视率较高的一些电视节目，常以执法机关和犯罪调查为中心。许多电视上出现的犯罪斗士都是警察和侦探：或是着装的执法者，或是在联邦、州或者地方工作的便衣调查人员。很少以受雇于个人或公司的私家侦探和调查人员为原型。其中一些角色是法医专家，使用科学技术来寻找证据。其他的全部都是虚构的。案件侦查的电视节目可能会展现这些职业，但还可能将全部事情浓缩到一个角色身上，正如犹他州盐湖城公共安全局犯罪实验室的理查德·汤森所说："每个人都能完成所有任务。"实际上，正如拉斯维加斯大都会警察局犯罪现场调查分局的里克·亚伯警官（lieutenant）所说："每一个调查人员都有特定的任务。"例如，一起谋杀案需要多层面的调查，会包含许多人。亚伯警官说："着装警察会对现场进行保护，并请求谋杀案刑侦人员和犯罪现场勘查人员。谋杀案刑侦人员负责开展调查访问，犯罪现场勘查人员负责收集固定现场遗留的指纹、DNA 等证据，对现场进行照相，制作示意图，并用文字对现场情况进行记录。然后，法医实验室人员进场，包括 DNA、武器、化学测试或者指纹比对的专业人员。"事实上，犯罪调查工作通常非常复杂，破案工作相当缓慢。但是，电视观众要的是结果。所以，电视节目的主角们似乎都是一个人进行案件调查，直至案件侦破，一个故事结束。实践中，案件侦查很少能够独立完成，而且常常在几个案件上花费好几年却没有突破。"罪案通常极其复杂，相当难破，"汤森说道，"许多案件无法破获"。

帮助和保护市民是许多警察和侦探们最喜欢的工作之一。但是并不像电视上所扮演得那么单一。佛罗里达大学的犯罪学和刑事司法副教授塞西尔·格里克说："人们通过这些节目能了解到的实际警务工作少之又少。"《警察！媒体与现实的对决》的作者，自由作家托尼·莱切赞同这一说法。托尼指出，警务工作中的一个重要方面在电视节目中很少被提及。"警察当班时，他们工作时间的 30% ~50% 都花在写报告上，但可能从未见过电视上的警察坐在办公桌前写报告。"取而代之的是非常不真实的情况，他说："你从电视上看到每一个警察都有许多枪战和车辆追缉。警务工作很有趣又富有挑战性，但它并不是一惊一乍的。”电视节目中，侦探和犯罪现场调查人员的区别往往模糊不清，但结果是一样的：永远都成功破案。汤森说：“这些电视节目都是一些相同的事件。它们在询问和审讯问上大做文章。这在每一个故事中都会发生，而且每次都能拿到口供。”莱切说，电视节目夸大了警察和侦探处理暴力案件的水平，很少提及（甚至基本看不到）更普遍的非暴力犯罪。电视节目中，警察和侦探不受组织和纪律约束，但是现实中的执法人员却必须遵守相关规定。格里克说：“是的，技术顾问会确保剧情与现实一致”“但制片人和导演最终只做他们想要的”。莱切也同意这一观点，他举例说：“在处理证据时，需要按照一系列规定进行。警务人员并不仅仅从嫌疑人的口袋中将枪取出。所有物品都要进行登记。枪支需要贴上标签，填写报告和表格。”但是，在电视节目中，很少出现这些程序，也很少遵守这些程序。

资料来源：Elka Jones(2003,Fall). Reality vs. fantasy in occupied portrayals on the small screen, Occupational Outlook Quarterly,pp. 7 –9。

结　语

为何会有警察？这是我们开篇由杰罗姆·斯科尔尼克提出的问题，它不可回避。正如本章所述，我们不会满足于“提供保护和服务”这样简单的回答。警察的角色相当复杂。第一，我们需要决定要求警察重视的任务：执法，预防犯罪，还是秩序控制？第二，我们需要决定要求警察如何执行任务。第三，我们需要决定这些任务要求何种警务人员，包括何种选拔标准，何种培训以及如何监督。我们需要决定如何使警察对所承担的任务负责。

问题都非常复杂。本书为大家提供了美国警察的基本介绍，因此可以在对美国警察具有一定了解的基础上讨论。

关键术语

普通的执法机关	强制力	纽波特纽斯
警察	社会控制	赫曼·戈德斯坦奖
治安警官（peace office）	赫曼·戈德斯坦	社区警务
犯罪斗士形象	问题导向警务	零容忍警务
团队警务		

讨 论

1. 请分组对警察在社区中的多种职能进行讨论。警察应该保持哪些职能、取消哪些职能？对于每一项职能，警察应当如何分配时间？

2. 请讨论杰罗姆·斯科尔尼克的问题：“为什么我们需要警察？”

3. 试论警察如何成为社会控制系统的一个组成部分。

4. 试论关于警务的谬见怎样影响公众对警务工作的期待。

5. 影响警察角色的因素都有哪些？

网上练习

练习 1：许多警察部门都在网站上公布了自己的任务表述。查找几个警察部门的网站，看看它们是如何对任务进行表述的，并做一下比较。

练习 2：登录网页 http：//www. officer. com。该网站为公众和警务人员提供了许多与警务相关的资料，包括你所在地警察部门、警察协会和招录的相关信息。仔细查看该网页，你将会发现许多有助于本学期学习的网络链接。

注 释

[1] Jerome H. Skolnick, Justice without Trial: Law Enforcement in a Democratic Society, 3rd ed. (New York: Macmillan, 1994), p. 1.

[2] George L. Kelling and Mark H. Moore, The Evolving Strategy of Policing, "Perspectives on Policing," No. 4 (Washington, DC: Government Printing Office, 1988); Samuel Walker, A Critical History of Police Reform (Lexington, MA: Lexington Books, 1977).

[3] David H. Bayley, Police for the Future (New York: Oxford University Press, 1994), Ch. 1.

[4] Egon Bittner, The Functions of the Police in Modern Society (Cambridge, MA: Olgeschlager, Gunn, and Hain, 1980).

[5] Steven M. Chermak, Victims in the News: Crime and the American News Media (Boulder, CO: Westview Press, 1995), p. 47.

[6] Peter Manning, Police Work, (Cambridge, MA: MIT Press, 1977).

[7] Herman Goldstein, Policing a Free Society (Cambridge, MA: Ballinger,

1977), pp. 29 – 31.
[8] J. Milton Yinger, Toward a Field Theory of Behavior (New York: McGraw – Hill, 1965), pp. 99 – 100.
[9] Goldstein, Policing a Free Society, p. 21.
[10] Eric J. Scott, Calls for Service: Citizen Demand and Initial Police Response (Washington, DC: Government Printing Office, 1981).
[11] American BarAssociation, Standards Relating to the Urban Police Function, 2nd ed. (Boston: Little, Brown, 1980), pp. 1 – 31 to 1 – 32.
[12] Goldstein, Policing a Free Society, p. 1.
[13] Theclassic discussion is Skolnick, Justice without Trial.
[14] Herman Goldstein, "Improving Policing: A Problem – Oriented Approach," Crime and Delinquency 25 (1979), pp. 236 – 258.
[15] William A. Westley, Violence and the Police (Cambridge, MA: MIT Press, 1970), pp. 18 – 19.
[16] Egon Bittner, "The Capacity to Use Force as the Core of the Police Role," in Bittner, The Functions of the Police in Modern Society, pp. 36 – 47.
[17] Bittner, p. 40.
[18] Stephen D. Mastrofski, Jeffrey B. Snipes, and Anne E. Supina, "Compliance on Demand: The Public's Response to Specific Police Requests," Journal of Research in Crime and Delinquency 33 (August 1996), pp. 269 – 305.
[19] Stanley Cohen, Visions of Social Control (Cambridge, MA: Polity, 1985), p. 1.
[20] Robert Bursik and Harold Grasmick, Neighborhoods and Crime (New York: Lexington, 1993); Trevor Jones and Tim Newburn, "The Transformation of Policing," British Journal of Criminology 42 (2002), pp. 129 – 146.
[21] Wesley G. Skogan and George E. Antunes, "Information, Apprehension, and Deterrence: Exploring the limits of Police Productivity," Journal of Criminal Justice 7 (Fall 1979), pp. 217 – 241.
[22] Samuel Walker, Popular Justice: A History of American Criminal Justice, 2nd ed. (New York: Oxford University Press, 1988), Ch. 1.
[23] Wayne LaFave, Arrest (Boston: Little, Brown, 1965).
[24] Goldstein, Policing a Free Society, Ch. 4.

[25] Arthur Niederhoffer, Behind the Shield: The Police in Urban Society (Garden City, NY: Anchor Books, 1969), p. 1.

[26] Walker, Popular Justice.

[27] Bayley, Police for the Future, Part Ⅱ, "Possibilities," pp. 77 – 120.

[28] Bayley, Police for the Future, pp. 143 – 61.

[29] Herman Goldstein, "Improving Policing: A Problem – Oriented Approach," Crime and Delinquency 25 (April 1979), pp. 236 – 258; Herman Goldstein, Problem – Oriented Policing (New York: McGraw – Hill, 1990).

[30] John E. Eck and William Spelman, Problem – Solving: Problem – Oriented Policing in Newport News (Washington, DC: Police Executive Research Forum, 1987).

[31] TaraO' Connor Shelly and Anne C. Grant, Problem – Oriented Policing: Crime – Specific Problems, Critical Issues, and Making POP Work (Washington, DC: Police Executive Research Forum, 1999).

[32] See www. popcenter. org/library/awards/.

[33] Jack R. Greene and Stephen D. Mastrofski, eds., Community Policing: Rhetoric or Reality (New York: Praeger, 1991).

[34] Dennis P. Rosenbaum, ed., The Challenge of Community Policing: Testing the Promises (Thousand Oaks, CA: Sage, 1994).

[35] Wesley Skogan and Lynn Steiner, Community Policing in Chicago, Year Ten (Chicago, IL: Illinois Criminal Justice Information Authority, 2004).

[36] George L. Kelling and Catherine Coles, Fixing Broken Windows (New York: Free Press, 1996).

[37] M. Chris Fabricant, "War Crimes and Misdemeanors: Understanding, " Zero – Tolerance" Policing as a Form of Collective Punishment and Human Rights Violations," Drexel Law Review 3(2011), pp. 373 – 414.

[38] JohnF. Heaply, Police Practices: The General Administrative Survey (Washington, DC: The Police Foundation, 1978).

[39] Samuel Walker, "Does Anyone Remember Team Policing?" American Journal of Police XXII, No. 1 (1993), pp. 33 – 55.

[40] Lawrence W. Sherman et al., Team Policing: Seven Case Studies (Washington, DC: The Police Foundation, 1973).

第二章　美国警察的历史

本章概要

第一节　回顾：美国警察历史中的重要时刻
　一、第一位美国警察
　二、追溯：1950 年
第二节　为什么研究警察的历史
第三节　英国遗风
　现代警察的建立：伦敦，1829 年
第四节　殖民时期美国的执法
第五节　第一位美国现代警察
第六节　美国警务的“政治时代”：1830 年至 1900 年
　一、人事任用标准的缺失
　二、政治时代的巡逻工作
　三、警察与公众
　四、腐败与政治
　五、移民、歧视和警察腐败
　六、警察改革的失败
　七、警察对社会的影响
第七节　警察的专业化时代：1900 年至 1960 年
　一、专业化运动
　二、改革议程
　三、专业化的影响
　四、新的警察亚文化
　五、警察与少数族裔
　六、新型执法机构
第八节　警务的科技革命

第一节 回顾：美国警察历史中的重要时刻

一、第一位美国警察

当美国第一位警察外出巡逻时，他没有接受过训练，靠徒步巡逻，没有对讲机，不能通过 911 系统派警，不携带武器。他几乎没有接受过任何教育，没有接受过正式的入职前培训，没有政策或者程序指导手册。总之，1838 年的警务工作与当今的警务工作完全不同。

二、追溯：1950 年

1950 年，警察在非常不同的形势下工作。他可能有高中学历（而且他绝对是男性，因为在接下来的 16 年中没有女警察巡逻），可能参加了一些理论方面的短期培训，而非在职的培训，有政策和程序的工作指导手册，但不包括以下政策：何时使用致命性武器、怎样处置家庭暴力事件或者何时进行超速追踪。他不必担心任何最高法院关于警察程序的规则，也不必太担心用警棍殴打他人后会被纪律处分。自 1838 年以来，警务工作已发生了很大变化，但是离今天的警务工作还有一段很长的历程。

当今的警察是历史的产物。本章从英格兰警察和殖民时期美国警察的起源到当今的社区警务、种族形象定性及其他相关问题等方面，审视美国警察的历史。

第二节　为什么研究警察的历史

为何研究警察史？因为美国警察史有助于了解当今的警务。许多人认为警察没什么变化，这是一种谬见。事实上，美国警务发生了翻天覆地的变化，尤其是在最近几年中。大卫·贝利（David Bayley）提出："二十世纪最后十年或许是警务工作自 1829 年现代警察在伦敦上街巡逻以来最具创造力的时代。"[1]

研究警察史有助于了解重要的警务改革是如何发生的以及改革的原因。例如，种族形象定性并不新奇、警民关系问题已经有很长的历史了。研究警察史有助于了解许多改革尽管都致力于消除种族歧视，为什么问题依旧延续。还有巡逻警车给警务工作带来的革命，了解巡逻警车对警务工作的贡献和不利影响都很重要。

第三节　英国遗风

美国警务是英国遗风的一个产物。英国殖民者给美国带来了刑事司法体系，这也是英国文化包袱的一部分。英国遗风包括英国普通法、对个人权利的高度重视、司法体系、处罚手段及不同的执法机构。[2]

英国遗风对美国警务的贡献有三个不变的特点：

第一，限制警察权力的传统。盎格鲁美国人的法律传统高度重视个人自由和政府权威。[3]在美国，这些限制体现在权利法案中。相反，欧洲大陆国家给予执法机构更加广泛的权力。例如，德国公民必须携带身份证件以备警方检查，必须向警方报告住址变更。

第二，执法机构由地方控制的传统。其他国家几乎都有中央集权的国家警察力量。

第三，地方控制的结果是高度分散和碎片化的执法体系。美国拥有15000个独立的执法机构，机构间仅限于最低程度的合作，极少受国家控制和规制。[4]

13世纪，英格兰出现了正式的执法机构，经过数百年的演变，形成了非体系化的风格。警员（constable）、治安官（sheriff）和治安法官共同肩负着执法和维护治安的职责。然而，公民个人也保有大部分的执法职权：追捕犯罪分子、启动（initiating）刑事案件。这种做法被引入美国，并一直沿用到19世纪。[5]

边注栏2－1

警察史的现实意义

研究警察史可以：1. 强调变革的事实。
2. 对当今的问题提出观点。
3. 有助于我们了解哪项改革奏效。
4. 警示改革无法预计的结果。

现代警察的建立：伦敦，1829年

罗伯特·比尔（Robert Peel）被誉为“现代警察之父”。作为英格兰一位重要的政治领袖，罗伯特·比尔为改善英格兰的执法奋斗了30多年。19世纪早期，在城镇化和工业化的影响下，旧的执法体制瓦解，伦敦遭受贫困、混乱、种族冲突和犯罪的影响。1780年，爱尔兰移民和英国公民之间的冲突引发了戈登暴乱，引起了一场关于如何提供更好公共安全环境且持续了50年的讨论。最终，比尔成功说服议会在1829年建立了伦敦大都市警察厅，它被认为是第一支现代警察力量。为了纪念比尔，现在仍称呼警察为“波比”。[6]

比尔创立的现代警务类型中“现代”的具体含义是什么呢？即涉及警务工作的三个核心因素：任务、战略和警察组织结构。

比尔建立了新警察，他们的任务是犯罪预防。这反映出功利主义的观点，预防犯罪要比事后应对要好。伦敦警察建立之前，所有的执法都是应对性的，对已经发生犯罪的反应。

实施犯罪预防任务就是主动预防式巡逻战略。比尔引入了警察巡逻固定

"警区"，在整个社区内维持见警率的理念。见警率是为阻止犯罪而设计的。

建立警察勤务的组织结构是从军队中借鉴来的。包括层级组织、制服和警衔设计以及命令和纪律的权威系统。这种"准军事化"的模式在当今美国警察管理中仍然存在。

现代警察展示了社会控制的新理念。阿兰·西沃（Allan Silver）认为："警察持续出现反映出在城市工业化社会中对良好秩序日益增长的需求"。[7]同时，大卫·贝利认为：为了实现社会控制，现代警察必须是"公共化、专门化和专业化的"。[8]公众、政府和执法机构对公共安全负有主要职责。他们肩负着执法和预防犯罪的特殊任务。最后，专业化体现在他们是有薪水的全职雇员。贝利指出现代警察的所有特征并没有立即出现。尽管在传统上1829年被界定为伦敦警察的诞生之年，但事实上所有新特征在数十年里并未出现，尤其是美国警察实现完全"现代化"的进程缓慢。

第四节　殖民时期美国的执法

第一批英国殖民者借鉴了英国的传统（详见边注栏2－2），在美国建立了自己的执法机构。英国传统的三种重要的执法机构分别是：县治安官（sheriff）、保安官（constable）和巡防员（watch）。然而在美国的新环境中，这些机构获取了与众不同的美国特色。[9]

殖民地时期美国的执法机构如图表2－1所示。

边注栏2－2

英国传统对美国警务的贡献

1. 限制警察权威的传统。
2. 地方控制的传统。
3. 非集权化和碎片化的警察体制。

图表2－1　殖民地时期美国的执法机构

县治安官
保安官
巡防员
夜间巡防
日间巡防
奴隶巡逻

县治安官（sheriff）是美国最重要的执法人员。县治安官由殖民地总督任命，且职责宽泛，包括执法、收税、监督选举、维护桥梁与道路及其他多方面的职责。[10]

保安官（constable）也肩负着执行法律和实施特定法律的职责。最初该职位是通过选举产生的，后来逐渐演变为半专业化任命的职位。在波士顿和其他一些城市，保安官成了令人满意而且常常有利可图的职业。[11]

巡防员（watch）与现今的警察最为相似。巡防员负责在城市巡逻，应对火灾、犯罪和暴乱。起初，只有夜间巡防员。随着城镇的扩大，又增加了日间巡防员。1634 年，波士顿建立了第一支巡防员队伍。按照英国传统，所有成年男性均有义务做巡防员，但许多人极力逃避巡防义务，要么直接逃避，要么出钱雇用当地其他人代替自己。最终，巡防员变成了付费的专业化职位。[12]

奴隶巡逻是明显具有美国特色的执法形式。在奴隶制存在的南方各州，奴隶主试图利用奴隶巡逻对付反抗奴隶制的奴隶和抓获逃跑的奴隶。从某些方面来看，奴隶巡逻实际上是美国最早的现代警察力量。1837 年，在南卡罗来纳州的查尔斯顿，巡逻的奴隶约有 100 名，远比当时任何北方城市的警察力量强大。[13]

殖民时期的执法特征

殖民时期的执法具有低效、腐败、受政治干预的特征。与通常的谬传相反，美国警务发展中从未出现过效率高、效果好和执法公正的“黄金时代”。

在有关犯罪方面，县治安官、保安官和巡防员没有能力预防犯罪或逮捕犯罪分子。但他们会对公众的抱怨做出回应。尽管巡防员在巡逻，但由于人员太少以至于无力预防犯罪。他们没有足够的人力进行大量的犯罪调查，受害人报案也不容易。最终，县治安官和巡防员均以特定服务获取报酬。他们更愿意处置民事案件，因为相对于刑事执法来说，民事执法会让他们得到更多稳定的报酬。[14]

殖民机构也无力维护社会秩序。由于在职的巡防员数量非常有限，他们对公共场所醉酒、纠纷或是骚乱几乎无计可施。事实上，当时的城市非常混乱无序。暴乱发生后，市民难以及时报警。然而，与当今警察不同，为公众提供日常和应急服务通常不是县治安官或巡防员工作的一部分。

实践中，普通公民在社会控制中发挥了重要作用，他们通过非正式手段进行社会控制，如批评、警告、朋友或邻里的斥责、教会会众对不端行为的“审判”等。这种体系奏效在于社区小而且人员构成单一，人们大多数通过面对面接触与交流，才有共同的价值观。然而，随着社区扩大化，城镇和城市多样化，这种体系最终瓦解。[15]

倘若警务工作在城市和城镇不起作用，那么它在美国西部边远地区几乎不存在。因为数十年来，众多边远地区并未出现有组织的政府机构。因此，当地移民依靠自身资源，动用私刑，造成治安维持会（自警团 vigilantism）这一恶劣传统一直延续到 20 世纪，其体现了美国司法最糟糕的一面。暴徒常常开车出城甚至杀死不喜欢的人，他们为维护南方的种族隔离制度，对非洲裔美国人处以私刑。[16]

腐败很早就出现了。当时的刑法甚至比如今的更具道德化，对醉酒、赌博和性交易都有诸多限制。结果，民众通过贿赂，使执法官员对其违法行为视若无睹。

第五节　第一位美国现代警察

19 世纪 30 年代至 40 年代，美国建立了现代警察力量。正如英格兰一样，在城镇化、工业化和移民的影响下，旧的执法体系瓦解。19 世纪 30 年代，暴乱风潮席卷美国城市。波士顿于 1834 年、1835 年和 1837 年分别发生了大暴乱。费城、纽约、辛辛那提、底特律和其他城市都发生过大暴乱。1838 年，时任伊利诺伊州立法机构成员的亚伯拉罕·林肯警告：“漠视法律的行为日益增多，已殃及全国。”[17]

许多暴乱冲突发生在不同少数族裔群体之间，如爱尔兰移民、德国移民与美国本土出生的英国清教徒之间。其他暴乱实质上是经济纠纷引起的，如愤怒的储户蓄意破坏破产的银行。道德问题也引发了暴乱，如反对进行尸体医学研究的人攻击医院；底特律居民上演了数起“妓院暴乱”，试图关闭卖淫场所。另外，支持奴隶制的白人攻击废奴主义者和北方城市的自由黑人公民。[18]

尽管法律与秩序瓦解了，但美国在创建新型警察力量方面进展得却很缓慢。直到 1845 年，距第一次最严重的暴乱 11 年之后，纽约市才建立了新型警察队伍。1834 年至 1854 年间，按照伦敦模式建立全市统一的警察队伍之前，费城没能决定建立和废除几个不同的执法机构。[19]

美国人对建立新型警察队伍迟疑不定。警察在街面上持续出现勾起了人们对令人痛恨的英国殖民军队的回忆。许多人害怕他们被政敌控制和利用警察谋取私利。因此，纳税人根本不愿为公共警察力量纳税。

在美国建立的第一批警察局中，许多警察局扩大了现有的巡防体系。1838 年，波士顿警察局仅有 9 名警察。第一批警察不穿制服，不携带武器，仅以独特的帽子和警徽来证明警察身份。直到 19 世纪后期，为了应对不断升级的暴力与犯罪，武器才成为警察的标准配备。

美国借鉴了伦敦现代警察的大多数特色：犯罪预防职责、固定警区内巡逻的见警率战略以及准军事化的组织机构。然而，对警察政治控制的架构则完全不同。美国是个远比英国更加民主的国家。尽管直到 19 世纪后期美国选民还只限于拥有财产的白人男性，但已实现了对所有政府机构的直接控制。相反，英国公民并不能直接控制警察力量。最终，美国警察局很快陷入地方政治之争中，这种局势引发了诸多严重的问题。伦敦警察局局长（commissioner）不受政治影响，可以保证人事任用的高标准。[20]

第六节 美国警务的“政治时代”：1830 年至 1900 年

19 世纪，政治影响到了美国警务的各个方面，1830 年至 1900 年这一时期通常被称为“政治时代”（见图表 2－2）。低效、腐败、缺乏专业化是“政治时代”的主要后果。[21]

图表 2－2 美国警务的三个时代

Ⅰ. 政治时代：1830 年至 1900 年
Ⅱ. 专业化时代：1900 年至 1960 年
Ⅲ. 相互冲突压力时代：1960 年至今

一、人事任用标准的缺失

“政治时代”的警察局没有当今我们所理解的人事任用标准；警察完全是在政治关系的基础上挑选的。没有受过正式教育、健康状况差以及一些有犯罪前科的男性被雇用成为警察。20 世纪早期之前，美国没有正式的女警察，只是监狱中有一些女看守。在纽约市，获取一份警察局工作的唯一要求就是向坦慕尼协会（Tammany Hall）这个政治机器支付 300 美元。[22]

在大多数警察局中，录用者不接受岗前培训。警察手持警徽、警棍和一本警察局执法规则（如果有的话），然后外出履行巡逻职责。1888 年，辛辛那提建立了一所警察学院，它是全美第一批警察学院之一，但仅维持了几年。纽约在 1895 年建立了手枪射击培训学校，但直到 1909 年也没有提供过任何其他的警务培训。甚至 1913 年一项调查发现所有招募的人员无须通过任何测试即可自动被录取。[23]

警察没有职业安全保障，会随意被解雇。有时候一场选举之后几乎所有警察都被解雇了。尽管如此，警察仍是吸引人的职业，因为警察工资通常比大多数蓝领高出很多。1880 年，多数大都市的警察年薪为 900 美元，而工厂工人年薪只有 450 美元。

警察局工作岗位是任免权的一种主要形式，地方政客用以奖励他们的朋友们。因此，警察局的人员组成反映出城市少数族裔和宗教派系的构成。当爱尔兰裔美国人赢得政治权力时，就会任命他们的朋友做警察。1851 年，当巴尼·麦克金尼斯金成为波士顿市第一位爱尔兰裔美国警察时，激起了该市英国裔和清教徒的强烈抗议。许多德裔美国人在克利夫兰、辛辛那提、密尔沃基和圣路易斯担任警察，因为这些城市的德国移民人口占比很大。南北战争之后，共和党，即亚伯拉罕·林肯党派掌权的北方城市中一些非洲裔美国人被任命为警察。

二、政治时代的巡逻工作

政治时代的日常巡逻工作完全没有效率。警察徒步巡逻，覆盖区域很小。芝加哥的警区只有三到四英里长。许多城市整个区域根本没有开展巡逻。因为没有电话，公民不可能电话报警或向警方报告暴乱的警情，而且没有巡逻车，警察无论如何也不能作出及时的反应。

对警员的监督很薄弱，或者根本不存在监督。警长们也是步巡，不能跟上警员的行踪并使他们接受警长的命令。当年的报告显示，警察易脱岗，长时间待在酒吧（saloon）和理发店里。在那里他们也躲避了诸如雨、雪以及酷热等恶劣天气。

第一个最原始的通信系统涉及公共电话亭网络，巡警可以通过公共电话向警察局的管辖站报警。然而，许多警察很快就学会了消极怠工。他们人为地使电话占线（造成早期的报警系统不起作用），或者谎报其真实的位置。[24] 由于缺乏有效的通信系统，公民很难联络到警察。在犯罪案件和骚乱事件中，公民必须到街上找到警察。

关于当时警察巡逻工作全面的讲述详见第七章

三、警察与公众

警务发展中从未有过如此的“黄金时代”，即警察友好、熟悉邻里状况、与公众保持着良好的关系。事实上，很少有警察认识和了解警区内的很多民众。警察流动性很高，而且当时人口要比现今流动更为频繁。另外，许多报告说明很多警察在值班期间饮酒，还常常过度使用暴力。结果，造成公民对警察很不尊重。例如，青少年帮派发明了向警察扔石头或是嘲讽奚落警察的游戏；

被逮捕的人常常会向警察还击，进而导致警察过度使用暴力。[25]

历史学家克里斯托弗·泰勒分析了19世纪纽约市警察的人员调配记录后认为，警察熟悉和了解警区内的众多民众“准确来说是不合理的”。首先，在大批移民的压力下，警区内的人员构成不断变化。其次，警察内的人员调配不稳定。纽约市警察局最初建立时，曾要求警员们必须居住在本警区内。然而，这项规定常常被忽视，随即在1857年被废止。警察提供服务的压力迫使警察局把警员调配到有需要的地方，尤其是快速扩大的新社区。泰勒得出的结论是：公民们感受到的不是警区内的某“一个警察”，而是“一帮警察”。[26]

此外，因为警员调配不稳定，导致警察的社区关系不稳定，主要表现为种族与宗教关系紧张。纽约市警察局的警察大多数是爱尔兰天主教徒，他们常常对新来的意大利裔和犹太裔移民充满敌意或者很粗暴地对待。简言之，在20世纪警车巡逻引入之前的很长一段时间内，警民冲突成为美国城市警务的标志，非常没有人情味。友好的“社区（邻里）警察”概念纯粹是个神话。

美国警务制度到底怎么了？在一项具有挑衅性的比较研究中，威尔伯·米勒认为伦敦警察已经达到高度专业化，而美国警察却是完全非专业化的。这种差异在于伦敦大都会警察局委员会（局长）不受政治干扰，而且能保持人事任用的高标准。因此，伦敦的“波比们”最终可以赢得公众的尊重。相反，美国因缺乏充分的监督，容忍了警察的不当行为，导致公众反感警察。总之，两国警察起初的发展方向就是不同的。[27]

最终，为了应对日益增长的公民暴力，美国警察开始配备枪械。直至1880年，布鲁克林（当时是拥有50万人口的独立城市）的警察还没有配备枪械。在一些城市，枪械是选配的或者是由中士警官酌定才可以配备的。然而，随着19世纪后期犯罪与暴力的不断增加，警察们开始把枪械作为常规的配备。

政治时代警察的角色与当今不同。警察部门是主要的社会福利机构，警区管辖站为无家可归者提供住宿。19世纪80年代，费城警察每年要为超过10万人提供避难场所。大约到1900年，这种情况才开始改变。警察开始专业化、集中打击犯罪，而救助穷人逐渐成为专业化社会工作机构的职责。[28]

四、腐败与政治

乔治·华盛顿·普伦凯特（George W. Plunkitt）描述了美国19世纪警务存在的所有问题。普伦凯特是坦慕尼协会的地区领导，该协会控制纽约政治长达一个世纪。普伦凯特以书面形式解释了腐败的具体运作过程，因此他成了著名的历史人物。

普伦凯特认为，腐败是民主的本质。他的坦慕尼协会“总是主张奖赏赢得胜利的人”。普伦凯特和其他政治领导人将警察局的职位作为主要奖赏之一。运营一个政治机构非常昂贵，坦慕尼协会通过收受被奖赏之人的回扣或者赌徒和妓女们的上供建立了自己的基金。为什么警察腐败持续如此之久？普伦凯特解释说人们“只知道他们正在做什么”。他们喜欢所获得的奖赏，并且不会因为非法行为被查办。[29]

边注栏2－3

一位波士顿警员的日记（1895年）

对早期警察的实际工作，我们知之甚少。证据大多来自试图曝光腐败和工作低效的改革家和记者。然而他们的报告存在偏见。1895年，波士顿警员斯迪尔曼·S. 维克曼的日记是一百年前罕见的警察实际工作的掠影。

维克曼警官是“邻里警察”。他耗费大量时间和经历用于巡逻，解决社区居民的小问题，如争吵、未成年人财产犯罪等。他利用相对较少的时间解决主要的犯罪问题，如谋杀、强奸、抢劫。他扮演着地方法官的角色，用非正式的手段解决了大多数问题。他的角色与当代巡警惊人的相似。维克曼警官是被动的问题处理者，他们之间主要的差异在于现代警察科技的出现，即巡逻车和911电话系统。

资料来源：Alexander von Hoffman，“An Officer of the Neighborhood：A Boston Patrolman on the Beat in 1895，” Journal of Social History（Winter 1992），pp. 309－30。

19世纪，警察腐败盛行。历史学家马克·哈勒认为腐败是地方政府的主要功能之一，警察腐败只是问题的一部分。[30]警察通过不对饮酒、赌博、卖淫行为进行法律制裁以获取利益回报。然后，把所得的金钱分配给各个级别的警察。腐败蔓延到了人事任用决策上，警员们为了晋升必须行贿，获得晋升成本的补偿是有更多的贪污机会。1894年，纽约市警察局局长承认个人敛财超过35万美元（相当于今天的数百万美元）而被迫辞职。[31]

腐败造成了社会和政治方面严重的后果。在美国政治中，酒是具有重要象征的议题。美国新教徒把清醒当作体面和自律的象征，他们通过限制饮酒或使饮酒非法化以寻求将自身道德强加于工人阶级中的移民群体，特别是爱尔兰裔和德国裔。然而，对于蓝领移民来讲，邻里的酒吧不仅是休闲之所（提示：当时人们没有带娱乐室的大房子），而且是重要的社会组织，还常常是政治机器运作的基地。因此，对饮酒的打击也是对工人阶级生活和政治权力的打击。工人阶级移民通过取得对警察的政治控制进行还击，根本不执行饮酒方面的法律。[32]

关于警察腐败详见第十三章

五、移民、歧视和警察腐败

1882 年 12 月 3 日，纽约市警察局逮捕了 137 名违反“周日停业法”的人，此次严厉打击是对传统做法的重要颠覆。自殖民时期，周日停业已被立法，但通常都被忽视。新的执法努力和之后持续数年的争议说明了种族、宗教歧视及警察腐败之间的联系。[33]

1882 年的某个星期日，被逮捕的人几乎都是犹太裔小商贩，包括屠夫、理发师、烘焙师等。他们周日工作是因为犹太人的宗教信仰要求周六停业过安息日。遵守州法律就意味着他们每周要歇业两天，然而他们的非犹太裔竞争者们每周仅需歇业一天。

按照文化历史学家巴迪亚·米勒的观点，由于执行周日停业法的斗争持续了数年，出现了几种模式。“改革”派市长，通常是新教徒，执行此项法律最为积极。例如，随后的美国总统西奥多·罗斯福曾在 1895 年至 1897 年期间担任纽约市警察局局长，提倡严格执法。相反，爱尔兰裔天主教派控制的坦慕尼协会掌权时，他们则倾向于漠视周日停业法，但这并不意味着犹太裔商人免遭歧视与处罚。坦慕尼协会政客们的腐败臭名昭著，他们向不愿被逮捕的商贩榨取 5 美元的保护费。事实上，警察用粉笔在那些没有交纳保护费的商贩推车上做标记，暗示其他警察对这些商贩执行逮捕是公平的。同时，按照米勒的观点，爱尔兰裔天主教派警察对犹太裔暴力执法“并不少见”。

总之，关于宗教节日的文化冲突是粗暴执法、腐败、警察暴力以及城市政治中更深层的种族与宗教冲突的核心。这不是公正执法的“黄金时代”。

六、警察改革的失败

19 世纪，政治改革家视警察腐败为主要问题。他们努力改革，但总体上是失败的。他们关注的重点是改变控制警察局的正式组织，通常是通过建立一个由州长或立法任命的警察监督委员会。对控制权的争夺反映出政党、种族、城市和乡村等方面的分立。1857 年，纽约市建立了第一个由州控制的警察监督委员会。许多城市对警察控制权的争夺尚未结束。1859 年至 1910 年，辛辛那提经历了警察控制形式的十项主要改革（由州控制的体系在密苏里州的圣路易斯和堪萨斯城一直沿用至今天[34]）。

然而，即便改革家赢了，也不能成功提升警务工作的质量。改革议程的重点是用“好”人（拥护者）取代“坏”人（政敌）。对于警察管理，并没有实质性想法，也没有改进招警标准、培训或是监督。在今天看来，改革家没有对过度使用暴力或种族歧视给予重视，造成这两个问题仍是当今最受关注的问题。

西奥多·罗斯福（Theodore Roosevelt），这位日后的美国总统（任期为：1901 年至 1909 年）是美国历史上最著名的人物之一，很少有人知道他在 1895 年至 1897 年期间担任过纽约市警察局局长。作为局长，他与腐败的政治机器——坦慕尼协会作斗争，而且他努力消除纽约市警察局（NYPD）的腐败和低效现象。

罗斯福的领导风格有力而张扬。他夜里上街，抓到警员在酒吧或值班期间睡觉。他努力提高人事任用标准，确保酒类法令的执行，但收效甚微。他制造了大量的新闻头条（当然，这些也推进了他的政治事业），却没有完成纽约市警察局任何持续的改革。与同时代的改革家一样，他没有警察行政管理的好的理论。他于 1897 年辞职之后，腐败与低效延续了很长时间。[35]

当今警察责任的衡量标准和他们的影响详见第十四章

七、警察对社会的影响

美国早期的警察局是否减少了犯罪与暴乱呢？辛辛那提和巴尔的摩贫民窟中的年轻人是否会因为害怕被抓而克制不去盗窃或抢劫呢？巡警出现在街面是否有助于维持社会秩序呢？答案都是否定的。

历史学家一直在争论警察在社会中的影响。随着 19 世纪社会的发展进步，城市的确变得越来越有秩序，部分历史学家认为这要归功于警察。然而，其他历史学家则认为警察数量过少，无法震慑犯罪。他们认为，社会秩序的改善是公民对城市生活自然适应的结果。城市生活的日常规律，即每天同一时间上班，培养了公民自律和遵守秩序的习惯。根据此观点，警察最多起到了积极配合的作用。[36]

19 世纪，警察在劳动关系中的角色也是历史学家争论的话题。马克思主义历史学家认为警察为经济利益服务，被用来骚扰工会和打击罢工。那些年，美国的劳动关系异常紧张。管理阶层打击工会，许多罢工演变为暴力事件。在部分社区，特别是那些煤炭和钢铁的工业社区，罢工就像是一场内战。然而，许多城市的警察会善待有组织的劳工，拒绝为商人的利益服务，因为他们也同样来自蓝领社区。[37]

尽管建立现代警察是为了解决犯罪与骚乱问题，但是现代警察自身却成了社会与政治问题。蔓延的警察腐败和工作低效成了数代人努力改革的重点，直至今日仍在进行。

第七节 警察的专业化时代：1900年至1960年

20世纪，美国警务经历了重大变革。促使变革的两种主要力量分别是有组织的警察专业化运动和现代科技的应用，特别是引进了电话和巡逻警车。

一、专业化运动

如果罗伯特·比尔是现代警察之父，那么奥古斯特·沃默（August Vollmer）就是美国警察专业化之父。1905年至1932年，沃默担任加州伯克利警察局局长，任职时间比历任局长都长，他制定的改革章程一直影响到当今的警务工作。他最著名的举措是提倡警察高学历，雇用伯克利的大学毕业生，并于1916年在加州大学开设了第一门大学层次的警察科学课程。由此看来，沃默也是现代刑事司法教育之父。沃默还担任过诸多地方警察局和联邦警察局的顾问。1923年，在伯克利警察局休假的一年，沃默担任了洛杉矶警察局局长。他写下了《1931年威克沙姆委员会关于警察的报告》，报告中总结了警察局现代管理的改革章程与警察招录的更高标准。许多沃默的学生在加州和其他州担任了提倡改革的警察局局长。[38]

沃默代表了世纪之交新一代领导，发起了促使警察专业化有组织的运动。1900年至1917年间，警察专业化改革被誉为进步主义政治运动的一部分。进步主义改革者寻求管制大企业、消除儿童劳工、改善社会福利、改革地方政府以及促使警察专业化。[39]

二、改革议程

警察专业化运动开发了一套详细的改革议程（见图表2-3）。

第一，改革者把警察定义为一种职业。这意味着警察应该是公仆，在无党派的基础上，制订服务整个社区的职责与规范。

第二，改革者努力消除政治对警务工作的影响。

第三，改革者支持雇用合格的首席执行官领导警察局，首席执行官要有管理庞大组织的能力。阿瑟·伍兹是一位杰出的律师，1914年至1917年担任了纽约市警察局局长。费城警察局聘请了海军陆战队将军斯梅德利·布尔特于1911年至1915年担任局长。[40]

第四，改革者努力提升普通警察的录用标准。包括建立智力、健康和道德品质的最低招录标准。1895年，纽约市建立了第一所永久（正式）的警察培训学院。然而大多数城市的警务改革进程都非常艰难缓慢，直到20世纪50年代一些城市才能提供有指导意义的警察培训。

第五，专业化意味着将现代化管理原则应用到警察局管理之中。包括集中化的命令与控制、提升人员工作效率。之前，警察局局长几乎没有实质的控制权，而警区的队长（captain）和其政治友人掌控着实权。改革者关闭了警察局的警区管理站，运用新的通信技术来控制中层管理人员和街面巡逻的警员。

图表2－3 专业化运动的改革议程

1. 定义警察是一种职业
2. 消除政治对警务工作的影响
3. 任命合格的首席执行官
4. 提升人事任用标准
5. 引进现代管理原则
6. 建立专业小组

第六，改革者建立了第一批专业化警队，用于管理交通、打击青少年犯罪和改善社会风化。之前，警察局只有巡逻和侦探两个组。但是警察专业化增加了警察官僚机构的规模和复杂性，也增加了管理警察局的挑战性。

青少年犯罪警队带来了历史性创新，即第一批正式女警察就职。在此之前，警察是一种全部为男性的职业。波特兰（俄勒冈州）警察局于1905年雇用了第一位女警察——洛拉·鲍德温，担任青少年犯罪专家。

爱丽丝·斯特宾斯·威尔斯（Alice Stebbins Wells）成为女警察运动的真正领袖。1910年，她入职洛杉矶警察局，然后很快在全国活跃起来。1915年，她组建了国际女警察协会，在各地作了大量关于女警察作用的演讲。到1919年，60多个警察局相继雇用了女警察。然而，威尔斯分享的却是那个时期关于女性的主流价值观，即限制女性在警务工作中的作用。

第一批女警察不履行日常巡逻职责，通常不穿制服、不携带武器，仅有有限的逮捕权。女警察的倡导者认为女性特别胜任与儿童相关的工作，而不应该处理日常的警察工作。[41]

关于女性警察的讨论详见第六章

三、专业化的影响

警察的专业化进程非常缓慢。1920年，辛辛那提的密尔沃基和伯克利成为警察专业化进程的先驱。然而，其他大多数警察局仍然深陷于腐败和低效的泥潭之中。1923年至1924年，奥古斯特·沃默利用两年的时间试图改革洛杉矶警察局，但他最终绝望而放弃，回到了伯克利。芝加哥似乎抵制所有的改革。在一些城市，警察向前迈出了显著的一步，但是仅在几年之后又退回原处。1911 年至 1915 年，费城实施了许多改革，结果当城市中老派政治机器重新掌权后，所有的努力都付诸东流。[42]

尽管有这些失败，但是警察专业化运动的改革者也获得了重要的成功。警察专业化的理念被确立为现代警务的目标，改革后的警察局已成为其他城市学习的典范。

四、新的警察亚文化

警察专业化也给警务工作带来了一些新问题。改革提升了警察局军事化作风，加入了队列行进、密集队形操练以及军事化风格的奖励。新的指挥体系比过去更具权威。

然而，普通警员却被遗忘，没有受到所期盼的强大管理改革者的尊重。因此，普通警员退避到孤立、被疏离且反对大多数改革的警察亚文化之中。[43]

新的警察亚文化中最引人注目的是警察工会的出现。随着警察成为一种职业，警察也把警务工作当作事业，他们要求提高薪酬、要求在影响警务工作的决策中发声。第一次世界大战期间，生活成本增加，警察工资的价值缩水，导致问题达到了危机的程度，为 1919 年波士顿警察大罢工（Boston Police Strike）创造了条件。波士顿警察大罢工是警察史上最著名的事件之一。波士顿警察的薪酬将近 20 年没有提高。当加薪 20% 的请求被拒绝后，他们选举成立了一个工会。之后，工会的领导们被警察局局长埃德温·厄普顿·柯蒂斯停职，1117 名警察上街罢工，仅留下 427 名警察值班，暴动和骚乱席卷全市。马萨诸塞州州长凯尔文·柯立芝为此出动了州国民卫队。他曾说：“任何人、任何时间、任何地点都无权发动危害公共安全的罢工。”其因此评价而享誉全国。罢工迅速被瓦解，且所有参加罢工的警察都被解雇。[44]

波士顿暴乱引发了全国对警察工会的强烈反对，其他城市的警察工会也消失了。直到 20 世纪 60 年代，警察工会才得以复苏，但是普通警员被疏离的问题仍然存在。

警察专业化也引发了警察管理的新问题。随着警察局规模的扩大和新专业化警队的建立，警察局的官僚化日益复杂，需要更加精细化的管理。到 21 世纪，警察组织的管理仍是一项重要的挑战。

五、警察与少数族裔

第一次世界大战期间，也出现了警察与非洲裔美国人社区的冲突。主要的种族暴乱爆发于1917年伊利诺伊州的东圣路易斯、1919年的芝加哥以及其他诸多城市。通过对这些暴乱的调查发现，在暴乱前和暴乱中警察对少数族裔存在歧视。有的警察自己也加入暴乱中。芝加哥防暴委员会推荐了改善警察与社区关系的方法和步骤，实际上却是在增加雇用非洲裔美国警察的数量、消除警察种族歧视两方面中均无任何举动。[45]

即使除南方以外的部分警察局雇用了一些非洲裔警察，但他们通常都被派到黑人社区工作。大部分南方警察局根本没有雇用非洲裔警察，还有一些警察局把非洲裔警察视为二等公民，只安排他们到黑人社区工作，并且禁止他们逮捕白人。在美国的各个地区，警察与黑人社区的冲突问题仍旧非常严重，直到20世纪60年代发生暴乱，才得到真正的重视。[46]

关于警察与社区的关系详述见第十二章

六、新型执法机构

第一次世界大战的前几年，出现了州警察和调查局两种重要的新型执法机构。

19世纪，个别州建立了州级执法机构，但是这些部门相对并不重要。1835年，得克萨斯州建立了州骑警。1905年，宾夕法尼亚州建立了“治安局”（constabulary），这是第一个现代州立警察部门，但与其他大多数州立执法机构相比，并不典型。它是高度集权的军事化机构，目的在于控制罢工。因为罢工期间，商界领袖认为地方警察与民兵组织不可靠。劳工组织狠狠地攻击了“治安局”，公然抨击“治安局”警察的是“哥萨克人”。[47]

其他各州也迅速建立了各自的执法机构。其中，大概一半是实施交通执法的高速公路巡警，而另一半是一般的执法机构。当商业利益需要宾夕法尼亚模式的州级执法机构时，个别州的劳工组织能够限制他们的权力或是干脆阻止他们创立类似的执法机构。[48]

按照西奥多·罗斯福总统的行政命令，调查局于1908年建立（1935年更名为联邦调查局）。此前，联邦政府没有全职的犯罪调查机构，根据需要，有时也会按照合同选用私家侦探机构。由于一些探员私拆了一位反对建立调查局议员的信件被捕，新调查局立即卷入了丑闻。1919年至1920年，在“帕尔默大搜捕”行动中，调查局严重违反法定程序，对政治激进派实施了一次大规模的搜捕。因为调查局继续从事政治密探活动，更多的丑闻在20世纪20年代接踵而至。[49]

第八节 警务的科技革命

警务中最重要的变革之一是现代科技，特别是通信技术的结果。巡逻警车、双向无线电和电话的应用使巡逻工作、警民联系以及警察管理产生了革命性的变化（见图表2－4）。[50]

图表2－4 警务工作的科技革命

新科技	影响
电话	公民可以轻易呼叫警察
双向无线电	对报警快速派警
	对巡警持续监督
巡逻警车	对公民报警快速反应
	有效的巡逻覆盖范围
	巡警的孤立

巡逻警车在第一次世界大战之前首次出现，到20世纪20年代已被广泛使用。警察采用巡逻车巡逻，部分原因在于警察必须追得上驾车的公民和罪犯。更重要的是，警察局局长们相信警车巡逻可以实现高效和有效的巡逻范围覆盖。警车巡逻使警察更密集地覆盖警区，而且警察局局长们认为车巡比步巡更能有效地制止犯罪，巡警也可以对犯罪和报警求助快速接处警。美国警察局逐步从步巡转换成机动车车巡，到20世纪60年代，仅有几个大城市仍然依靠步巡。

然而，巡逻警车带来了意想不到的效果，同时也引发了新的问题。警察从街面上转移到警车里，大大减少了与守法公民的日常接触。警察脱离了公众，特别是少数族裔视警察为占领军。这个问题一直隐藏到20世纪60年代警察社区关系危机时才被发现。20世纪30年代后期，双向无线电被广泛使用，由此引发了两个重要结果：一是警察局可以调度警察受理公民报警；二是警察局可以保持与巡警不间断的联系，革新了对警察的监管。

1877年电话被发明了，但直到20世纪中期电话与巡逻双向无线电连接后，才在警务工作中发挥重要作用。这三项技术实现了新的警民通信联系模式：公民现在可以轻易地使用电话报警；警察局可以利用双向无线电立即调派巡逻警车；警察驾驶巡逻警车迅速到达现场。

警察局鼓励人们使用电话报警，并许诺迅速作出反应。民众逐渐地养成了“呼叫警察”的习惯，即使处理极微小的琐事。随着时间的推移，美国人可以电话找人处理各种问题，因此养成了期待高品质生活的习惯。结果报警量逐渐增长。当报警量大增造成警察工作量过大时，他们的反应是增加警察数量和更多精细化的通信系统。然而，更多的资源只会助长报警量，周而复始。直到社区警务概念质疑了应对每个报警服务的重要性时，这一过程才停止。[51]

电话报警改变了警民接触的本质。在此之前，警察无法进入民众的私人住宅。警察徒步巡逻，因此无法了解民众私人领域的问题，民众也无法求助于警察。由于新科技的应用，民众可以邀请警察到家中，而警民接触的变化导致了复杂和矛盾的结果。街道上的巡逻警车隔离了警察与民众，电话又把警察带到居民家的客厅、厨房和卧室。警察被卷入最私密的家庭内部问题之中，如家庭争吵、滥用酒精、父母与子女矛盾以及其他社会问题等。[52]

第九节　警察管理的新趋势：1930 年至 1960 年

一、威克沙姆委员会报告

1929 年，哈伯特·胡佛总统建立了威克沙姆委员会（The Wickersham Commission），官方称作国家法律遵行和执行委员会。威克沙姆委员会首次对美国司法体系进行了全国性的调研。1931 年，该委员会发表了 14 篇报告，其中《执法中违法的报告》最为重要，报告对“刑讯逼供”（The third degree，即为获取供认或陈述使犯罪嫌疑人遭受肉体或精神的折磨）的披露震惊全国。报告得出了警察滥用职权行为“广泛存在”的结论，同时，报告发现警察经常殴打犯罪嫌疑人、利用更严厉的惩罚威胁他们、为延长盘问时间而非法拘押他们。报告还列举了某犯罪嫌疑人被拴着脚踝倒吊在三楼的窗户上，另一名犯罪嫌疑人被迫在太平间里把手放在受害者尸体上。纽约州野牛城警察局局长公开宣称，如果他认为必须这么做时，就会违反联邦宪法。[53]

威克沙姆报告激励了为警察专业化付出努力的新一代警察管理者。

二、专业化进程的延续

因受奥古斯特·沃默的影响，从 1920 年至 1960 年，加利福尼亚警察局在警察专业化进程中一直处于领先地位。全加州诸多警察局局长都由沃默的门生们担任，他们传播了改革议程。1931 年，圣何塞州立大学创立了首个大学生执法项目。20 世纪 30 年代后期，加州也创建了一套警察区域培训体系。[54]

奥兰多·温菲尔德·威尔逊（O. W. Wilson）是沃默最得意的门生，也是

20世纪30年代到60年代末警察专业化运动中最著名的领袖。1928年至1935年，他担任堪萨斯州威奇托市警察局局长，1950年至1960年担任加州大学犯罪学院院长，1960年至1967年担任芝加哥警察局局长。

威尔逊通过两本关于警察管理的教科书，即国际城市管理协会的《城市警察管理》和他自己的《警察管理》(1950年)，获得了巨大的影响力。其中《警察管理》影响了一个时代的警察局局长们，成了警察管理非官方版的“圣经”。[55]

威尔逊对警察管理的主要贡献包括对人事，特别是对巡警的效能管理。1941年，他开发了一个方案，根据反映出报警和求助服务的工作量来调配巡警工作。通过现代管理信息系统提炼更新，如今该方案仍被警察局所使用。

三、与少数族裔关系紧张

尽管专业化进程不断进步，但在改善警察与种族、少数族裔社区间的关系方面改革者却毫无举措。他们完全忽视了1919年芝加哥种族暴乱报告中的相关建议。1943年，又一波种族暴乱席卷全美，底特律、纽约、洛杉矶分别发生了严重的骚乱。底特律的暴乱非常严重，破坏了第二次世界大战时期所需的坦克和其他车辆的生产。

1943年，洛杉矶暴乱引起了人们对不断升级的警察与拉丁裔社区间冲突的关注。洛杉矶暴乱是多种因素的产物，通常被称作“灯笼装”暴乱。因为墨西哥移民不断增加，洛杉矶人口不断变化。除了就业和住房的歧视外，拉丁裔社区还承受着警察的暴行与歧视。第二次世界大战还增加了另一个不稳定因素，即美国海军通常在洛杉矶休假。新闻媒体也助长了这样的观念，即年轻的墨西哥裔美国人应该对犯罪和青少年违法承担责任。由于许多拉美裔年轻人穿着所谓的灯笼装，因此灯笼装成为1943年暴乱的形象和标志。1943年6月3日，暴乱爆发并持续了一周。尽管已提出了改善警察与社区关系的建议，但在随后的几年里基本没有进展[56]

20世纪40年代的暴乱催生了警察社区关系的运动。许多警察局建立警察与社区关系组，首次提供了种族关系培训项目，最重要的进步发生在加州。然而，改革十分有限，并未阻止20世纪60年代更为严重的种族关系危机。

四、约翰·埃德加·胡佛打击犯罪的斗争

20世纪30年代，美国执法界最重要的人物是调查局局长约翰·埃德加·胡佛（J. Edgar Hoover）。在一系列丑闻之后，胡佛于1924年被任命为调查局局长。他利用公众对全国性犯罪浪潮的恐惧，扩大了调查局的规模与调查范

围。1930 年，胡佛赢得了对统一犯罪报告体系（UCR）的控制。1934 年，一系列联邦新法案扩大了联邦调查局（FBI）的管辖权，包括对逃避诉讼而穿越州界的犯罪嫌疑人实施逮捕的权力。次年（1935 年），联邦调查局开办了国家警察学院，培训调查局探员和一些受邀的地方警察。[57]

胡佛是公共关系大师，可以熟练地操纵媒体将联邦调查局探员形象刻画成专业化警察的典范，奉献、诚实、训练有素与持续高效。胡佛的声望实至名归。联邦调查局探员所受的教育和训练远比地方警察所受的教育更专业。然而，在胡佛担任调查局局长的长久任期（1924～1972 年）内，也存在丑陋的阴暗面。在一些著名案例中，他过分夸大联邦调查局（FBI）的作用，如约翰·迪林杰案、俊小子弗洛伊德案。他操控犯罪数据制造出 FBI 高效率的夸张形象，他只关注了不太重要的银行抢劫案件，却忽视了有组织犯罪、白领犯罪及违反联邦民权法案的案件，更糟的是胡佛竟然违反公民宪法权利监视公民和汇编了政治群体的秘密档案。胡佛卷入了最为臭名昭著的案件，他试图秘密地干掉民权运动领袖马丁·路德·金博士。1972 年胡佛死后，他滥用职权的行为才被国民知晓。[58]

胡佛的联邦调查局对地方警察有强大的影响。联邦调查局重视对成员的教育与训练，创立了人事任用的新标准模式，引入了统一犯罪报告体系，开创了公示十大通缉犯名单（The Ten Wanted Most），建立了联邦调查局犯罪实验室，但这些均以耗费警务工作的其他方面为代价，过分强调了打击犯罪。

第十节　20 世纪 60 年代的警察危机

一、警察与最高法院

欧内斯特·米兰达（Ernesto Miranda）是个普通职业罪犯，他在 14 岁至 18 岁期间被逮捕过 6 次，被监禁过 4 次。1963 年 3 月 2 日晚，他在亚利桑那州菲尼克斯强奸了一名年轻女子，11 天后他的被捕促成了美国历史上最高法院最著名的判决之一。1966 年米兰达诉亚利桑那州一案中，最高法院推翻了对米兰达的定罪，并规定警察必须告知犯罪嫌疑人有权保持沉默，在接受讯问之前有权聘请律师。[59]1960 年至今，警察的矛盾压力的因素（见图表 2－5）。

图表2-5 警察的矛盾压力的因素（1960年至今）

最高法院的干涉
高犯罪率；犯罪恐惧；政治反作用
暴乱；警察社区关系（PCR）危机；警察社区关系项目
研究和实验
传统的专业化（招录标准，巡逻管理）
反歧视行动（种族和性别）
自由裁量权的管理控制（致命性武器、家庭暴力、追捕）
社区警务
问题导向警务
公民监督

作为这项著名判决的后记，欧内斯特·米兰达因1963年年初的强奸事件被重审、定罪、被判入狱。假释后，他回到菲尼克斯当了一名快递员。1976年1月31日晚，34岁的米兰达在酒吧玩牌时因卷入了一场争斗被捅身亡。两名犯罪嫌疑人袭击了他，当其中一名被逮捕时，警察按照法律向其宣读了米兰达权利。

米兰达规则仅仅是最高法院为警察和刑事司法体系中的其他部门建立宪法判例标准的几个著名案例之一。在马普诉俄亥俄州一案中，最高法院认为非法搜查和扣押所收集的证据不能用于对被告的定罪。这些判决引发了巨大的政治争议，警察和其拥护者们宣称在打击犯罪中最高法院"束缚"了他们。保守派政治家指责最高法院的判决照顾了罪犯的权利，而忽视了受害者和守法公民的权利。[60]

关于警察与最高法院的详述见第十四章

二、警察与民权

20世纪60年代，民权运动向美国所有领域的种族歧视发起了挑战，进入白热化阶段。1960年2月1日，南方的非洲裔美国大学生发起了静坐行动，抗议种族隔离午餐柜台，鼓舞了民权团体向全美各地的就业歧视和住房歧视发起挑战。激进主义分子也攻击了警察的种族歧视和暴力执法行为。[61]

随着民权抗议的崛起，在黑人贫民区的白人警察成为白人权力和权威的象征。对致命武器使用的研究发现，射杀非洲裔美国人的频率是白人的8倍。同时，由于就业歧视，非洲裔警察比例严重不足。

1964年至1968年，警察与非洲裔社区的紧张局势引起了全国范围的骚乱风潮。许多骚乱都由涉警事件引发。1964 年，纽约市暴乱缘于一名下班的白人警察枪杀了一名黑人少年。1965 年，洛杉矶瓦特区暴乱于警察的一次路检，科纳委员会（The Kerner Commission）被委任研究这些暴乱。经统计，暴力骚乱仅在 1967 年就有 200 多起。[62]

为应对危机，警察局建立了警察社区关系（PCR）特别工作队。PCR 项目包括与社区组织和学校对话、"一起巡逻"项目（ride - along programs）允许公民从警察的角度观摩警察的工作、在社区办公室加强与公民沟通。然而，司法部报告发现这些项目对日常警务工作并无影响，对改善警民关系也毫无作用。[63]

民权运动领袖要求增加雇用非洲裔警察的数量，并要求建立有关警察过度使用暴力的公民投诉调查委员会。尽管 1964 年《民权法案》规定就业歧视不合法，但直到 20 世纪 80 年代针对少数族裔的就业歧视才有所改善。起初，公民参与的要求也没有成功。1958 年成立了费城警察咨询委员会（PAB：Police Advisory Board），但在警察工会的压力下于 1976 年解散。纽约警察工会于 1966 年成功废除了由居民控制的公民投诉审查委员会（CCRB：Civilian Complaint Review Board）。20 世纪 60 年代末，尽管暴乱平息，但是警察与少数族裔间的关系仍然紧张。[64]

三、全国监督下的警察

随着公众对犯罪、暴乱和警察社区关系危机关注度的上升，促使产生了一揽子全国性报告，报告是关于强化警察的警务知识和提升美国警察素质的一系列建议。

美国律师基金会（American Bar Foundation）首次开展了对警察工作领域的实地调研（1955 年至 1957 年），发现警察拥有宽泛的自由裁量权，且大多数警察的工作属于非犯罪侦查活动（non - criminal activities）。[65]

总统执法和行政司法委员会（被称为总统犯罪委员会，President's Crime Commission）（1965 年至 1967 年）对包括警察在内的整个司法体系进行了综合研究，赞助了关于警察的一些重要研究项目。委员会的《特别工作组报告》（Task Force Report）中对警察作用的复杂性进行了深度分析，发现仅有少部分警务工作致力于刑事执法的事实。委员会资助了艾尔伯特·瑞斯和唐纳德·布莱克关于巡警的调查研究，并在警察自由裁量权方面有了重要发现。委员会的报告《自由社会中犯罪的挑战》（1967 年）（The Challenge of Crime in a Free Society）赞同警察专业化的传统议程：提升招录标准，增加训练，加强管理与监督，主张控制警察自由裁量权。[66]

国家内乱咨询委员会（The National Advisory Commission on Civil Disorders）通常被称为科纳委员会，建立于1967年骚乱之后，旨在研究国家种族关系危机（见边注栏2－4）。从该委员会的报告中发现："警察与贫民社区之间的深层敌意是骚乱的主要原因之一。"科纳委员会建议应该改革日常警察勤务，"以确保恰当的个人行为，消除令人厌烦的行动（abrasive practices）"，建议增加雇用非洲裔警察的数量，建议警察局改善处理公民投诉的程序。[67]

边注栏2－4

历史视角下暴乱委员会的报告

1919年芝加哥	芝加哥种族关系和种族暴乱委员会：《芝加哥的黑人：一项种族关系和种族暴乱的研究》（芝加哥：芝加哥大学出版社1922年版）
20世纪60年代	国家内乱咨询委员会报告（纽约：班坦图书公司1968年版）

练习：比较关于1919年芝加哥种族暴乱的报告和科纳委员会关于20世纪60年代种族骚乱的报告。

1. 暴乱的原因有哪些重要的不同？
2. 在两份报告中有关改善警察与社区关系的建议有哪些不同？

科纳委员会对一些警察专业化的传统假设提出了质疑，指出："许多严重的暴乱发生在这样的城市，它们的警察在全国有最好的领导、有最优秀的组织、受过最好的培训、最具专业化。"报告指出："巡逻车使得警察离开街道，与普通公民疏离。"[68]

洛杉矶警察局（LAPD）局长威廉姆·帕克阐明了因严厉打击犯罪的任务导致警民关系恶化的要点，他把洛杉矶警察局转变为全美公认最具专业化的警察局。1950年起，帕克开始掌管因腐败而臭名昭著的洛杉矶警察局，很快就宣称对该局严格控制。他制定了严格的人事任用标准、现代的管理原则和激进的犯罪防控警务战略。和约翰·埃德加·胡佛一样，帕克也是一位公共关系大师。因与杰克·韦伯工作密切，帕克帮助《法网》栏目成为最受好评的电视节目之一，该节目把洛杉矶警察局塑造成为专业和高效的完美警察局形象。[69]

然而，帕克的警务模式也付出了代价。激进的执法战略导致警察与少数族裔社区之间的冲突恶化，洛杉矶警察局著名的纪律制度却无视警察过度使用暴力。历史学家马丁·塞尔斯认为："在强权局长的领导下，警察把专业化职责误认为是无限制地使用权力与破坏少数族裔和政治激进团体的公民自由权。”[70]民权组织抗议，但是帕克不能忍受批评。他指控全国有色人种协会（NAACP）和美国公民自由协会（ACLU）支持犯罪分子。帕克退休后，他遗留下的工作作风对洛杉矶警察局的影响仍持续了很久。因1991年洛杉矶警察局警员殴打罗德尼·金和1999年兰帕特丑闻（the Rampart Scandal），引发了全国论战。在两起案件中，洛杉矶警察局被指控容忍警员过度使用暴力，特别是针对种族和少数族裔，而且未履行监管本局警员的职责。[71]

美国律师协会（ABA）在1973年出版了《关于城市警察功能的标准》（Standards Relating to the Urban Police Function），最重要的是该标准推荐了控制警察自由裁量权的政策指南，且这些政策非常具有影响力。随后几年，警察局制定了关于使用致命武器、高速追捕和处理家庭暴力事件的相关政策。[72]

最终，为提升警察局的水平，政府建立了警察局认证流程。在其他行业中，作为一种职业自我规制的手段，认证早已出现。这些行业声明有各自的职业地位，如法律、医学和教育等。执法机构认证委员会（CALEA）于1983年出版了第一套《执法机构标准》。[73]

四、警察研究的革命

从20世纪60年代开始，警察研究有了爆发性的进展，产生了大量有关巡逻、犯罪调查、警察执法态度和警务其他重要方面的专业知识。

这些研究的经费大部分由联邦政府资助，先是通过执法援助管理局（LEAA：Law Enforcement Assistance Administration）（1968年至1976年），后来是通过国家司法研究所（NIJ：National Institute of Justice）。1970年，福特基金会出资3000万美元创立了警察基金会。警察基金会资助了一些最重要的警察研究，包括堪萨斯城主动预防式巡逻实验。随后，警察行政研究论坛（The Police Executive Research Forum，PERF），即大城市警察管理者的职业协会，作为警务创新的领导者出现了。

其中，最重要的一些研究颠覆了关于警务工作传统的假设。堪萨斯城主动预防式巡逻实验（1972年至1973年）测试了不同级别巡逻预防犯罪的效果，发现加大巡逻并不能减少犯罪，而减少巡逻也不会增加犯罪或对犯罪的恐惧。这些发现在警务研究方面具有深远的影响，为几年后社区警务的发展奠定了基础。[74]

关于堪萨斯城主动预防式巡逻实验的详述见第七章

其他警察研究质疑了警察快速反应的价值。加快警察反应速度不会造成逮捕数量增加。由于大多数犯罪受害者不会立即报警，因此报警内容几乎都不是关于正在实施的犯罪。[75]同时，兰德公司对犯罪调查的研究粉碎了侦探工作的传统谬见。大多数犯罪案件是通过最先到达现场的警察利用受害人或者目击证人提供的线索获取破案信息与证据的。接下来的侦探工作，就是电影和电视中描绘的那种，实际上是没有多少价值的，因为侦探所涉及的主要是日常的文书工作罢了。[76]

边注栏 2－5

警察研究的革命：评估

2004 年，国家科学院出版了一份关于警察研究的综合评估报告：《警务工作的公平与效益：证据》。报告评估了警察的有效性研究，发现尽管警察研究革命创造出了许多有关特定主题的实用知识，如日常警察巡逻和警民互动，但是对警务工作的其他方面却知之甚少。

资料来源：National Academy of Science，Fairness and Effectiveness in Policing：The Evidence（Washington DC：National Academy Press，2004）。

关于警察执法的态度和行为，威廉姆·韦斯特利清晰地指出了警察亚文化的特点，即对公众的敌意、警察群体的团结和隐秘性。杰里米·斯科尔尼克随后跟进了此观点，发现警察群体处在危险和权力实施所主导的一种独特环境中。再者，为了逮捕和定罪而产生的压力促使警察违反法定程序。其他研究发现警察的执法态度是由其工作性质决定的，包括组织文化，而不是由个人背景特征决定的，如教育或种族。[77]

关于对电话报警求助迅速反应机制的详述见第七章

越来越多的研究对警务改革产生了重要影响。质疑巡逻的威慑力和确定公民在犯罪案件侦破中的重要作用，为研究社区警务运动奠定了基础。同时，詹姆斯·J. 法伊夫率先研究了警察使用致命武器的课题，得出成文政策可以有效控制警察使用武器的自由裁量权。[78]

关于警察文化的详述见第六章

第十一节 警务的新发展：1970 年至 2010 年

从 20 世纪 70 年代至今，美国警察发生了巨大变化。警察的特征发生了巨大变化；警察在不同的组织环境中工作，而且有关警察角色的新理念出现了。[79]

一、警察人员构成的变化

20 世纪 70 年代初，美国警察形象发生了巨大的变化。雇用种族和少数族裔警察的数量大增。非洲裔警察在大城市警察局的代表名额不足是民权组织最主要的控诉之一。科纳委员会发现 1967 年非洲裔美国人占克利夫兰总人口的 34%，但警察人数只占 7%；在奥克兰非洲裔美国人占总人口的 31%，警察人数只占 4%。随着积极招录少数族裔警察，非洲裔警察的数量大幅增加，拉丁裔警察的招录也在许多警察局进行着。到 20 世纪 90 年代，在底特律、华盛顿和亚特兰大非洲裔警察已占警察的大多数。2006 年，得克萨斯的圣安东尼奥警察局白人警察占 48%，西班牙裔警察占 46%，非洲裔警察占 6%。甚至有非洲裔美国人在纽约、洛杉矶、亚特兰大、芝加哥、休斯敦和其他许多城市担任警察局局长。[80]

弗利西亚·施普利兹（Felicia Shpritzer）因在警务工作中破除了针对女性的障碍而创造了历史。1942 年，她加入了纽约市警察局，在爱丽斯·斯德宾斯·威尔斯和其他女警察先驱们建立的模式下，为青少年犯罪组工作了近 20 年。1961 年，她与其他 5 名女警察申请晋升警司，但申请被拒绝，甚至不允许她们参加晋升考试。因此，她们提起了诉讼，1963 年法院宣判纽约市警察局（NYPD）的政策不合法，要求警察局允许她们参加考试。次年（1964 年），126 名女警察参加了晋升考试，施普利兹和另一名女警察通过了考试。通过晋升考试的另一名女警察格特鲁德·舒密尔（Gertrude Schimmel）在 1971 年成为纽约市警察局第一位女队长（captain）。施普利兹于 2000 年 12 月去世，享年 87 岁。[81]

关于警察招录的积极行动的详述见第五章

在 1964 年民权法案的影响下，警务工作中针对女性的传统障碍得以瓦解。民权法案规定禁止歧视性别与女性运动。20 世纪 90 年代中期，多数大都市警察局中女警察数量大约占 13%。警察局还取消了歧视女性申请者的限制（如身高最低限制或特殊力量测试）。1968 年，女警察第一次参与执行日常巡逻任务，这是重要突破。通过对华盛顿和纽约市女警察巡逻的评估，发现她们的表现同男警察一样高效。[82]

1985 年，佩妮·哈林顿（Penny Harrington）被任命为俄勒冈州波特兰市警察局局长，又破除了一项障碍。她是第一位担任大城市警察局局长的女性（根据历史学家桃乐茜·舒尔茨的观点，自 1919 年以来出现的几位女局长，但都供职于小警察局）。继哈林顿之后，紧接着伊丽莎白·沃尔森在 1990 年被任命为得克萨斯州休斯敦警察局局长。自此，许多女性担任了大城市和州执法机构的局长。[83]

警察局也开始招录大学生。20 世纪 60 年代早期，警察通常只有高中学历。同时，联邦政府鼓励大学发展刑事司法项目。1960 年，正式警察仅有 20% 的人员拥有大学学历，而到 1988 年时已经上升到 65%。[84]

警察入职前培训显著改善。许多警察局入职前培训平均时长从 20 世纪 60 年代的 300 小时上升到 20 世纪 90 年代的 1000 多个小时。越来越多的专业化警察局将实地培训课程加入传统的学院培训项目中，警察学院课程增设了种族关系、家庭暴力和少数族裔等科目。纽约州和加利福尼亚州于 1959 年引入了要求所有警察必修的强制训练，最终每个州均有必修的入职训练和认证，而此前许多小警察局和县治安官局不提供任何入职前培训。[85]

二、警察自由裁量权的控制

为回应美国律师协会（ABA）和总统犯罪委员会（President's Crime Commission）的建议，警察局制定了控制警察自由裁量权的程序（见第十一章）。这些相关的成文政策涵盖了搜查与扣押、讯问和警务工作的其他方面，特别是致命性武器的使用、处理家庭暴力和高速追捕的政策。政策收录在按照标准化操作程序（SOP）手册中，成为警察管理的基本工具，是所有刑事司法机构控制自由裁量权总行动的一部分。[86]

关于警察自由裁量权的详述见第十一章

控制致命性武器的使用是最为重要的改革之一。研究表明警察射杀非洲裔美国公民和白人公民的比例是 8∶2。在未携带武器的公民方面，种族差异尤为严重，20 世纪 60 年代的许多暴乱都是由警察枪击事件触发的。当时大多数警察局既没有使用致命性武器的政策，也没有按照重犯逃离规则允许向未携带武器的犯罪嫌疑人开枪的州立法规。20 世纪 70 年代早期，警察局开始采用了更为严厉的保卫生命（defence of life）政策。詹姆斯 · J. 法伊夫开创性研究发现纽约市警察局 1972 年的新政策使武器使用减少了 30%。仅在几年内，其他警察局也采用了类似的政策。结果，全国被警察射杀公民的数量在 1970 年至 1984 年大幅下降。更重要的是，被射杀的黑人占总人数的比例降低了很多。[87]

公众对家庭暴力的日益关注导致了该领域警察政策的革命。女性团体起诉纽约、奥克兰和其他城市的警察，因为他们没有逮捕实施家庭暴力的男性。这些诉讼催生了规定警察局强制逮捕的政策。很快，全国其他警察局采用了类似的政策。当警察基金会研究发现，相对制止日后的暴力，逮捕比调解和隔离更为有效时，这种趋势得到了巨大推进。尽管接下来的研究未能证实这一效果，但强制逮捕政策仍受欢迎。[88]

三、警察工会的出现

警察工会在20世纪60年代迅速发展，到20世纪70年代已成为美国警务的一支强大力量。警察们对最高法院的裁决、民权团体的批评、低收入和福利以及警察局局长们专断的惩戒性做法感到气愤。[89]

警察工会对警察管理的影响显著。警察工会为警察争取收入和福利以及在纪律听证会上保护警察权利的申诉程序取得了重大进步。这一结果是警察管理的革命。警察局局长们不再是全能的，现在必须就许多管理问题与警察工会协商。许多改革家对警察工会的发展有所警觉。工会趋向于抵制创新，特别是对改善警民关系的尝试怀有敌意。[90]

关于警察工会的详述见第四章

四、公民对警察监督的扩大

20世纪80年代起，公民对警察的监督逐渐扩大。为处理公民投诉建立的市民审查委员会是自20世纪60年代以来民权团体的主要诉求之一。民权组织认为由于警察亚文化，警察局无法对投诉开展独立和公正的调查。20世纪90年代，新型的公民监督形式出现，即警察审计员。俄勒冈州的圣约瑟和波特兰，警察审计员监察警察局的政策和流程，并推荐有助于减少公民投诉的改革。到20世纪90年代末，几乎所有主要的城市都有市民监督警察的特定形式，要么是审查委员会，要么是监督员。[91]

洛杉矶县治安官局的特别顾问留存了最长的监督记录。在1993年至2011年年底，特别顾问发布了26个有关该局的报告，涵盖的主题广泛，包括武力的使用、对警方起诉的成本、徒步追赶犯罪嫌疑人、招录程序和警察局中女性的地位。特别顾问对每种情况都提出了改进的建议。2002年，县治安官李·巴卡成立了独立调查办公室（OIR），作为监督形式的补充。独立调查办公室调查重要事件，并对警方需要变革的政策提出建议。[92]

关于公民申诉程序和问责的详述见第十四章

聚焦警察

帕特里克·V. 墨菲：警察管理者的改革

1970 年至 1990 年，帕特里克·V. 墨菲（Patrick V. Murphy）作为推行改革最重要的警察局局长之一，在推行执法职业化以解决警察腐败、控制警察使用致命性武力和强调利用研究提升警务的重要性等方面，起到了极为重要的作用。墨菲于 2011 年 12 月逝世，享年 91 岁。

1970 年，纽约市警察局陷入大规模的警察腐败（通常称为“谢皮科”腐败）之后，墨菲被任命为纽约市警察局局长。墨菲在纽约市警察局开始了警察生涯，他父亲也曾是纽约市警察局的警察。墨菲实行了分散腐败防控措施的反腐改革。

墨菲最重要和影响最久的一项改革是实行警察在使用致命性武力中“保卫生命”政策。此前，美国警察受“重罪逃犯”规则指导，如允许射杀警察认为任何犯有重罪的嫌疑人，包括财产犯罪的嫌疑人。最终，改革后的纽约市警察局在 1972 年成为全国警务改革的标准。

1973 年，墨菲离开纽约市警察局担任警察基金会主席。警察基金会是资助警察前沿研究的私立研究组织。基金会最重要的杰作是堪萨斯城主动预防式巡逻实验。

1978 年，墨菲协助建立了警察行政研究论坛（PERF），它是警察局局长和高层管理者的职业协会，该协会资助与警察相关的重要研究。当时，墨菲声称国际警察局长协会对美国警务产生了“消极”影响，激怒了该协会。

在控制腐败、使用致命性武力方面所付出的努力以及认识到利用高质量社科研究提升警务重要性等方面，帕特里克·V. 墨菲对美国警察的影响是深远的。

五、社区警务与问题导向警务

1980 年至 1990 年，最重要的警务发展是社区警务（COP）和问题导向警务（POP）的出现。两者均代表了新型警务模式。

社区警务认为警察局应该与社区居民建立伙伴关系，开发解决具体问题的项目，增加普通警察在管辖警区中处理特定问题的自由决定权。在具有开创性意义《破窗》一文中，詹姆斯·Q. 威尔逊（James Q. Wilson）和乔治·L. 科林（George L. Kelling）总结了近期关于警务工作的研究，得出：巡逻对犯罪的威慑效果有限，加快处警反应速度并不增加逮捕数量以及侦探破案的能力有限。该研究阐明了两个要点：一是警察不仅靠自身力量打击犯罪，还要依靠公民；二是警察通过关注生活品质（Quality of life）等轻微问题以减少犯罪带来的恐惧（如“破窗”效应）。[93]

全美各地警察局采用了社区警务（COP）模式。最有成就的项目在芝加哥，芝加哥替代警务战略（CAPS）是一项全市的行动。替代警务战略的核心要素是一系列警民间的社区日常会议，旨在确定社区问题和制订解决方案。一项评估发现替代警务战略的确提升了社区居民和警察的共同参与度、改善了警察与其他政府部门的关系（如卫生部门）、社区问题数量下降以及增强了警察局的公众认知。[94]

问题导向警务概念是由赫尔曼·戈德斯坦开创的。问题导向警务认为警察不是按照全球角度，如“犯罪”和“暴乱”角度思考的，而是应该解决具体问题，创造性开创每个问题的应对措施。警察不但是打击犯罪的力量，而且应该是问题的解决者、计划者和社区组织者。[95]

在问题导向警务（POP）的第一次实验中，弗吉尼亚州纽波特纽斯市警察在一个恶化的住宅项目中，通过帮助和组织居民改善住宅区环境，达到打击犯罪的目的，其中包括向政府部门和私人企业施加压力，要求他们在建筑和卫生条件方面履行职责。

威斯康星州麦迪逊市问题主导警务研究中心提供了问题导向警务的资料来源，组织了问题导向警务的年会。各地警察局每年都竞逐为杰出的社区警务项目而设的赫尔曼·戈德斯坦奖。[96]

提倡者称赞社区警务是新的警务时代。早在 1988 年，科林提出：“一场安静的革命正在重组美国警务。”[97] 美国司法部通过社区导向警务服务办公室（称为 COPS 办公室）鼓励社区警务的发展，为此拨款招录 10 万名新警察。许多警察局获得了用于增加警员和建立社区警务项目的联邦政府资助。几项研究试图证明增加警力对打击犯罪的影响，但却得出了矛盾的结果。一些警察局，如芝加哥警察局为 COP 做了认真的努力，然而其他警察局只是使用了 COP 或 POP 的标签，并未真正改变警察勤务。

无论社区警务的作用如何，20 世纪 90 年代末美国警察已处在一个特别的创新时代，全美的警察局局长愿意接受实验和评估。大卫·贝利认为：“自 1829 年现代警察在伦敦街头巡逻以来，20 世纪的最后十年也许是警务工作最有创造力的时期。”[98]

六、信息技术（IT）驱动的警务改革

在警察改革的历史性分析中，丹尼斯·罗森鲍姆（Dennis Rosenbaum）认为 2001 年警务已进入数据驱动决策的信息技术（IT）新时代。随着信息技术的发展，警察可以更好地把资源集中到犯罪活动的聚集区（即犯罪热点）、重复犯罪的人（即累犯）以及对警察和管理者行为的监控上。尽管有许多信息技术驱动的警务改革，然而罗森鲍姆只强调了两种改革类型：一是计算机统计分

析警务管理模式（COMPSATAT），二是重点地区警务管理模式。计算机统计分析警务管理模式主要是为了使警察管理者们参加内部公开会议，向他们提供犯罪数据和犯罪地图，要求他们对辖区的犯罪负责。会议通过回顾辖区的犯罪趋势，要求他们展示正在解决问题的情况。另外，重点地区警务要求由确认重点地区的分析专家检测犯罪数据。重点地区被确认后，警察管理者们可以利用多种手段来减少犯罪，如定向巡逻、问题导向警务以及加强监控等。[99]

关于警务创新的详述见第十章

七、种族形象定性与歧视

尽管在之前30年里警察改革取得了许多积极的发展和进步，但在20世纪90年代后期警察与种族和少数族裔之间的冲突再次成为严重问题。人权观察组织在1998年的报告中总结："在美国警察暴力中，种族继续扮演着核心角色。"[100]警察与种族问题的几起事件受到了全国的关注。1991年洛杉矶警察殴打罗德尼·金被旁观者拍摄下来，为警察过度使用暴力提供了形象的可视证据。然而，1992年参与殴打罗德尼·金事件的4名警察被判无罪释放时（其中三人在接下来的联邦审判中被控刑事罪名成立），[101]洛杉矶和其他城市爆发了大规模的骚乱。1997年纽约市警察恶意袭击艾伯纳·路易玛和射杀未携带武器的阿马杜·迪亚洛两起事件激化了警民关系。许多观察者谴责纽约市警察局的零容忍政策导致了种族关系危机，零容忍政策涉及对轻微犯罪，如公共场所小便和公共场所涂鸦的强势执法。[102]

1992年5月8日清晨，罗伯特·威尔金斯与3位家人在芝加哥参加完一位家族成员的葬礼后返回华盛顿，当开车行驶在马里兰95号州际公路时，被马里兰州警察截停，警察要求他们下车并要搜车。威尔金斯是哈佛大学法学院毕业的律师，他告知警察没有驾驶员的逮捕令搜车是违法的，但警察无视他的建议，在缉毒犬到来之前，一家人一直在雨中站立。最终，缉毒犬没有找到毒品，而威尔金斯却因超速被处罚了105美元。威尔金斯认为不仅警察路检违法，而且仅仅因为他们是非洲裔美国人实施截停也是违法的。最终，这次路检导致了一场重要的诉讼（威尔金斯诉马里兰州），引发了关于"种族形象定性"的全国性争议，或者有些人称为"黑人驾驶"。[103]

民权组织领导者指控警察截停非洲裔驾驶员不是基于犯罪嫌疑，而是基于种族歧视。美国公民自由联盟（ACLU）针对马里兰警察局诉讼提出的部分数据表明，尽管在95号州际公路开车的非洲裔驾驶员仅占驾驶员总数的17%，仅占被观测到的违反交通规则者总数的18%，被州警截停的司机却占到总数的

72.9%。甚至在被截停的所有驾驶员中，被搜查的非洲裔美国人占81.3%。许多观察者认为：尤其在州际高速路上，种族形象定向是全美“毒品战争”的结果，警察对非洲裔美国人和西班牙裔美国人有偏见，所以把他们都当成毒贩。[104]

为打击种族形象定性，开发了几项战略措施。民权团体提倡收集路检数据，以记录警察执法行为，有些州通过法律要求所有执法机构收集数据。圣地亚哥警察局自发地开始收集数据，然后发布数据报告，其他警察局也相继效仿。警察行政研究论坛发布了一份政策建议的报告，有关执法中何种情况下可以考虑或不可以考虑种族因素。许多警察局采用了新政策禁止依种族貌相办案。

关于种族形象定性的详述见第十二章

八、通过联邦诉讼的警察改革

2001年4月，一名黑人男子被警察枪杀后（这是近五年中第15次致命枪击），辛辛那提爆发了种族暴乱。作为回应，美国司法部对辛辛那提警察局提起了执法“模式与行为”的诉讼。同时，美国公民自由联盟（ACLU）和其他团体也向该局提起“种族形象定性”的诉讼。结果，两起诉讼均达成了和解协议。司法部在2002年以备忘录和解协议的形式结束了诉讼，要求辛辛那提警察局进行控制警察使用武力和改善公民投诉监督的多项管理改革。美国公民自由联盟诉讼的和解要求辛辛那提警察局采取问题导向警务模式，终结鼓励警察执法中使用武力的事件。[105]

1994年《暴力犯罪控制法案》授权联邦可以对警察局提起诉讼。该法律第14141节规定，如果有违反民权的“模式与行为”存在，司法部民权局有权起诉执法机构。根据此项法律，司法部起诉过匹兹堡警察局、新泽西州警察局、洛杉矶警察局、辛辛那提警察局和其他执法机构。这些诉讼达成和解协议或和解备忘录，要求警察局改善使用武力的政策、改善公民的投诉流程和实施早期干预系统（EIS），因早期干预系统可以追踪到警察的执法行为。每项协议还包括由法院任命监督员检查和监督改革的实施。[106]

截至2009年，法院任命的监督员发现匹兹堡警察局、辛辛那提警察局、华盛顿警察局和新泽西州警察局4所警察局均取得了巨大的进步和改善。例如，辛辛那提警察局的监督员在2008年年末得出了“辛辛那提市的警务现在同2002年相比大为不同”的结论。辛辛那提警察局“提升了培训，改善了政策和流程，加大了对警察使用武力和公民投诉的调查力度，以及强化了危机管理和问责”。[107] 同时，华盛顿警察局监督员在2008年得出：作为法院责令改革的结果，“自20世纪90年代末以来，华盛顿警察局转变得越来越好”。[108] 匹兹堡警察局和新泽西州警察局的监督员也报道了类似的积极成果。

关于联邦“模式与行为”诉讼的详述见第十四章

第十二节 21世纪的警务

21世纪的第一个十年，美国警察面临着一系列的挑战。社区警务和问题导向警务是重要的警务创新，因为它们带来了真正的警务改革。然而，维持警务改革仍是一个挑战。在减少滥用暴力和结束种族歧视方面取得了进步，但与种族及少数族裔的紧张态势仍然困扰着许多警察局。

2001年9月11日后打击恐怖主义的斗争给警察带来了新的挑战，在国土安全方面所付出的努力使警察将注意力和资源从传统的优势警务中转移出来。同时，伊拉克战争导致暂时性损失了许多在预备役部队或国民警卫队服役的警察力量。最终，2008年，席卷全美的经济危机收紧了警察局的财政支出，导致出现了延期雇用新警察或解雇现有警察的局面。

自19世纪30年代第一个美国警察局建立以来，美国警务发生了巨大的变化。与1960年相比，当前的警务已完全不同，警务在诸多方面远比之前更加专业化。然而，主要的挑战仍然存在。

案例研究

警察巡逻的实践

尽管警察管理者可以采取措施，力求消除个别警察的不端行为，许多警察局已采用巡逻实践，但用一位评论员的话说：“整个警察局的困扰已经取代了巡警个体的困扰。”

这些警务实践，有时称为“主动预防式巡逻”，形式多样，但总是涉及大量警民联系而不是处理报警和求助。例如，在实践中，通常不事先通知，便利用流动特遣队进入犯罪高发地区开展随机且密集的街面设卡截停与搜查。许多人可能因合理怀疑而被警察截停与搜查，但其中也有警区巡警认识且在社区中受尊重的人士。流动特遣队常常从一个地方转移到另一个地方，特遣队警员不可能认识他们接触的人。

主动预防式巡逻在一些城市不仅仅局限于特遣队，警区内的巡警也要参加，并要提交每次执勤中截停与搜查或现场讯问的报告。由此产生的压力，或者由于对辖区及其居民不熟悉可能广泛使用设卡截停与搜拍手段，导致真正可疑的行为和仅因不熟悉而令警察怀疑的行为之间没有明显的差别。迫于公众对犯罪的关注，警方管理者创立了截停与搜查或现场讯问巡逻模式，却常常不衡量由此产生警民关系紧张与民众暴乱之间的关系。

机动化是影响警察在贫民区执法的另一个因素。警察透过挡风玻璃在城市中巡逻，通过警用无线电倾听这个城市。在警察眼中，这里逐渐成为只有违法者组成的城市。在贫民区的居民眼中，警察只是执法者。

警察丧失了与管辖社区之间的联系，对执法产生了不利影响。如果警察从未见过辖区的居民、不会甚至不知道辖区居民的语言与习惯，就不能胜任警察的工作，那么发现真正可疑行为的能力就会减弱，丧失了重要的信息来源，无法认识社区里“公正”的人士，如房主、小商人、职业人士以及热心支持正当执法的人，从而牺牲了他们维护社区秩序所能做的贡献。

资料来源：Excerpt from the Kerner Commission Report, 1968, pp. 304 – 305. Emphasis added。

结　语

美国警务在历史发展过程中发生了巨大的变化。从300年的历史来看，主要变化是现代警察的建立，即致力于控制犯罪和维护秩序的成规模与建制的专门组织机构。从100年的历史来看，美国警察局已从低效、腐败的政治组织转变成为无党派的专业化机构。

从近30年的历史看到，人事任用标准和问责体系方面得到了巨大改善，包括完善法定程序和公平保护。警务的研究革命创造出深刻的警务知识体系，在警察自由裁量权和警察控制犯罪能力的局限性方面也进行了公正的阐述。正如大卫·贝利所说，警察非常愿意创新和实验。[109]

历史遗留问题仍给警察带来了沉重的压力。滥用职权、过度使用武力、腐败问题依旧困扰着许多警察局。警察与种族及少数族裔社区之间的冲突几乎在每个城市仍然是一个问题。尽管开展了许多社区警务实验，然而大部分城市的警察开车巡逻和处理911报警等日常警务工作，30年来没有多大变化。在近年来警务发展的一份综合评论中，斯蒂芬·马斯卓夫斯基认为“今天我们能期盼巡警做的工作大体上同十年前一样，也同十年后一样”。[110]

历史带给美国警察许多教训。历史生动地表达了警务改革的事实。其中，部分改革是有计划地创新，其他改革是外部社会变化造成的结果。同时，历史也阐明了警务工作的诸多问题在一定程度上会长期存在，包括一些严重的问题。

关键术语

英国遗风
警察社区关系危机
爱丽斯·斯德宾斯·威尔斯
伦敦大都会警察
堪萨斯城主动预防式巡逻实验
威克沙姆委员会
巡防员
社区警务
约翰·埃德加·胡佛
西奥多·罗斯福
奥古斯特·沃默
专业化运动
罗伯特·比尔
总统犯罪委员会
波士顿警察大罢工
犯罪预防
警察工会
奥兰多·温菲尔德·威尔逊
任免权
种族形象定性
科纳委员会

讨 论

1968 年，科纳委员会关于城市暴乱的报告确定了一系列警务实践造成种族和少数族裔社区的问题。自 1968 年之后，有什么变化吗？具体包括：

1. 某些警察局仍在从事“主动预防式巡逻”吗？能否确定哪些警察局仍在这么做？纽约市零容忍打击犯罪计划是与此相类似的，只是叫法不同吗？查阅一些零容忍方面的文章，找出相似点。

2. 某些警察局使用犯罪预防流动特遣队吗？纽约市警察局街头犯罪警队（SCU）是什么？SCU 的政策导致了具有争议的 1999 年阿马杜·迪亚洛被射杀事件吗？找出有关迪亚洛案件的文章，讨论是否存在相似点。

3. 科纳委员会认为车辆巡逻使警察从社区中孤立出来。有哪些警察局采取措施解决了这个问题？如何做的？有些警察局使用了比 20 世纪 60 年代更多的步巡吗？对改善警民关系有效吗？找出对步巡项目的评估。步巡是否改善了民众对警察的态度呢？

4. 在改善警察社区关系方面，社区警务项目有效吗？能否找到具体的例子？找出圣地亚哥社区警务的相关资料。具体包括什么？在控制犯罪与维护好警民关系两个方面都有效吗？是否有有说服力的证据？

网上练习

许多警察局在每年的报告中或其官方网站都有警察局的历史资料。

练习 1：在 www. officer. com 网站键入“Agencies”，选取部分警察局，并在其网站上找到警察局的历史资料。

练习 2：在地方警察局网页上，找出一些警察局历史网页。是否涵盖了什么主题？没有涵盖什么主题？依你之见，是否涵盖了在本章讨论的重要警务变革？

练习 3：在 www. popcenter. org/learning/goldstein_interview 网站观看塞缪尔·沃克对赫尔曼·戈德斯坦（Herman Goldstein）在总统犯罪委员会的工作、在美国律师协会的调查以及问题导向警务的起源等方面的采访。以班级为单位，讨论赫尔曼·戈德斯坦对美国警务的影响。

注 释

[1] David Bayley, Police for the Future (New York: Oxford University Press, 1994), p. 126.

[2] Samuel Walker, Popular Justice: A History of American Criminal Justice, 2nd ed. (New York: Oxford University Press, 1988), Ch. 1.

[3] T. A. Critchley, A History of Police in England and Wales, 2nd ed. (Montclair, NJ: Patterson Smith, 1972).

[4] Bureau of Justice Statistics, Local Police Departments, 2003 (Washington, DC: Department of Justice, 2006).

[5] Allen Steinberg, The Transformation of Criminal Justice, Philadelphia, 1800 – 1880 (Chapel Hill: University of North Carolina Press, 1989).

[6] Critchley, A History of Police in England and Wales, Ch. 2.

[7] Allan Silver, “The Demand forOrder in Civil Society: A Review of Some Themes in the History of Urban Crime, Police, and Riot,” in David J. Bordua, ed., The Police: Six Sociological Essays (New York: John Wiley, 1967), pp. 12 – 13.

[8] David Bayley, Patterns of Policing: A Comparative International Analysis (New Brunswick, NJ: Rutgers University Press, 1985), p. 23.

[9]Walker, Popular Justice, Ch. 1.
[10]JulianP. Boyd, "The Sheriff in Colonial North Carolina," North Carolina Historical Review 5(1928),pp. 151 –81.
[11]Roger Lane, Policing the City (New York: Atheneum, 1971), Ch. 1.
[12]Ibid.
[13]Sally E. Hadden, Slave Patrols: Law and Violence in Virginia and the Carolinas (Cambridge, MA: Harvard University Press, 2001).
[14]Douglas Greenberg, Crime and Law Enforcement in the Colony of New York, 1691 –1776(Ithaca, NY: Cornell University Press, 1976).
[15]Walker, Popular Justice, Ch. 1.
[16]Richard Maxwell Brown, Strain of Violence: Historical studies of American Violence and Vigilantism (New York: Oxford University Press, 1975).
[17]Richard Hofstadter and Michael V. Wallace, eds. , American Violence: A Documentary History (New York:Vintage Books, 1971).
[18]Ibid.
[19]Steinberg, The Transformation of Criminal Justice, pp. 119 –149.
[20]Wilbur R. Miller, Cops and Bobbies: Police Authorityin New York and London, 1830 –1870 (Chicago: University of Chicago Press, 1977).
[21]Samuel Walker, A Critical History of Police Reform (Lexington: Lexington Books, 1977); Robert Fogelson, Big City Police (Cambridge, MA: Harvard University Press, 1977).
[22]Jay Stuart Berman, Police Administration and Progressive Reform: Theodore Roosevelt as Police Commissioner of New York (New Yolk: Greenwood Press, 1987), p. 71.
[23]Walker, A Critical History of Police Reform, pp. 71 –72.
[24]Jonathan Rubenstein, City Police (New York: Ballantine Books, 1974), pp. 15 –22.
[25]Walker, A Critical History of Police Reform, pp. 14 – 19; Miller, Cops and Bobbies.
[26]Christopher Thale,"Assigned to Patrol: Neighborhoods, Police, and Changing Deployment Practices in New York City Before 1930," Journal of Social History 37 (No. 4, 2004),pp. 1037 –1064.
[27]Miller, Cops and Bobbies.
[28]Eric H. Monkkonen, Police in Urban America, 1860 – 1920(Cambridge,

UK: Cambridge University Press, 1981).
[29] William L. Riordan, ed., Plunkitt of Tammany Hall (New York: Dutton, 1963).
[30] Mark Haller, "Historical Roots of Police Behavior: Chicago, 1890 - 1925," Law and Society Review 10 (Winter 1976), pp. 303 - 324.
[31] Berman, Police Administration and Progressive Reform, p. 51.
[32] Ibid.
[33] Batya Miller, "Enforcement of the Sunday Closing Law on the Lower East Side, 1882 - 1903," American Jewish History 91 (June 2003), pp. 269 - 286.
[34] James F. Richardson, The New York Police: Colonial Times to 1901; New York: Oxford University Press, 1970); Walker, A Critical History of Police Reform.
[35] Berman, Police Administration and Progressive Reform.
[36] Roger Lane, Violent Death in the City (Cambridge, MA: Harvard University Press: 1979); Walker, Popular Justice, pp. 66 - 69.
[37] Sidney L. Harring, Policing a Classic Society: Experience of American Cities, 1865 - 1915 (New Brunswick, NJ: Rutgers University Press, 1983); Walker, A Critical History of Police Reform.
[38] Gene E. Carte and Elaine H. Carte, Police Reform in the United States, The Era of August Vollmer (Berkeley: University of California Press, 1975).
[39] Walker, A Critical History of PoliceReform.
[40] Ibid.
[41] Dorothy Moses Schulz, From Social Worker toCrime fighter: Women in United States Municipal Policing (Westport, CT: Praeger, 1995).
[42] Walker, A Critical History of PoliceReform.
[43] Ibid.
[44] Francis Russell, A City in Terror: 1919 - The Boston Police Strike (New York: Viking Press, 1975).
[45] Chicago Commission On Race Relations, The Negro in Chicago (Chicago: University of Chicago Press, 1922).
[46] W. Marvin Dulaney, Black Police in America (Bloomington: Indiana University Press, 1996).

[47] Walker, Popular Justice, p. 140.

[48] H. Kenneth Bechtel, State Police in the United States: A Socio – Historical Analysis (Westport, CT: Greenwood, 1995).

[49] CurtGentry, J. Edgar Hoover: The Man and the Secrets (New York: W. W. Norton, 1991).

[50] Samuel Walker, "'Broken Windows' and Fractured History: The Use and Misuse of History in Recent Police Patrol Analysis," Justice Quarterly I (March 1984), pp. 77 – 90.

[51] Malcolm K. Sparrow, Mark H. Moore, and David M. Kennedy, Beyond 911: A New Era for Policing (New York: Basic Books, 1990).

[52] Walker, "Broken Windows' and Fractured History."

[53] National Commission on Law Observance and Enforcement, Report on Lawlessness in Law Enforcement (Washington, DC: Government Printing Office, 1931).

[54] Carte and Carte, Police Reform in the United States.

[55] William J. Bopp, O. W.: O. W. Wilson and the Search for a Police Profession (Port Washington, NY: Kennikat Press, 1977); O. W. Wilson, Police Administration (New York: McGraw – Hill, 1950).

[56] Edward J. Escobar, Race, Police and the Making of a Political Identity: Mexican Americans and the Los Angeles Police Department, 1900 – 1945 (Berkeley: University of California Press, 1999).

[57] Gentry, J. Edgar Hoover: The Man and the Secrets.

[58] Richard Gid Powers, G – Men: Hoover's FBI in American Popular Culture (Carbondale: Southern Illinois University Press, 1983); Athan G. Theoharis and John Stuart Cox, The Boss: J. Edgar Hoover and the Great American Inquisition (Philadelphia: Temple University Press 1988).

[59] Liva Baker, Miranda (New York: Atheneum, 1983).

[60] Richard A. Leo, Police Interrogation and American Justice (Cambridge, MA: Harvard University Press, 2008).

[61] Walker, popular Justice, pp. 180 – 185; Chevigny, Police Power (New York: Vintage Books, 1969).

[62] National Advisory Commission on Civil Disorders, Report (New York: Bantam Books, 1968), pp. 315 – 316, 321 – 322.

[63] Department of Justice, Improving Police/Community Relations (Washing-

ton, DC: Government Printing Office, 1973).
[64]Samuel Walker, Police Accountability: The Role of Citizen Oversight (Belmont, CA: Wadsworth, 2001), Ch. 2.
[65]Samuel Walker, "Origins of the Contemporary Criminal Justice Paradigm: The American Bar Foundation Survey, 1953 – 1969," Justice Quarterly 9 (March 1992), pp. 47 – 76.
[66]President's Commission on Law Enforcement and Administration of Justice, The Challenge of Crime in a Free Society (Washington, DC: Government Printing Office, 1967). President's Commission on Law Enforcement and Administration of Justice, Task Force Report: The Police (Washington, DC: Government Printing Office 1967).
[67]National Advisory Commission On Civil Disorders, Report.
[68]Ibid., p. 301.
[69] Lou Cannon, Official Negligence: How Rodney King and the Riots ChangedLos Angeles and the LAPD (New York: Times Books, 1997), Ch. 3.
[70]Martin Schiesl, "Behind the Shield: Social Discontent and the Los Angeles Police Since 1950," in Martin Schiesl and Mark Morrall Dodge, eds., City of Promise: Race and Historical Change in Los Angeles (Claremont: Regina Books, 2006), p. 166.
[71]Christopher Commission, Report of the Independent Commission on theLos Angeles Police Department (Los Angeles: The Christopher Commission, 1991).
[72]American Bar Association, Standards Relating to the Urban Police Function, 2nd ed. (Boston: Little, Brown, 1980).
[73]Commission on Accreditation for Law Enforcement Agencies, Standards for Law Enforcement Agencies, 4th ed. (Fairfax, VA: CALEA, 1999).
[74] George L. Kelling et al., The Kansas City Preventive Patrol Experiment (Washington, DC: The Police Foundation, 1974).
[75]Department of Justice, Response Time Analysis (Washington, DC: Government Printing Office, 1978).
[76]Peter Greenwood, The Criminal Investigation Process (Santa Monica, CA: Rand, 1975).
[77] William A. Westley, Violence and the Police (Cambridge, MA: MIT

Press, 1970); Jerome Skolnick, Justice without Trial: Law Enforcement in a Democratic Society, 3rd ed. (New York: Macmillan, 1994).

[78] James J, Fyfe, "Administrative Interventions on Police Shooting Discretion: An Empirical Analysis," Journal of Criminal Justice 7 (Winter 1979), pp. 309 – 323.

[79] Samuel Walker, "Between Two Worlds: The President's Crime Commission and the Police, 1967 – 1992," in John A. Conley, ed., The 1967 President's Crime Commission Report: Its Impact 25 Years Later (Cincinnati, OH: Anderson Publishing, 1994), pp. 21 – 35.

[80] National Advisory Commission on Civil Disorders, Report, pp. 321 – 322; Bureau of Justice Statistics, Law Enforcement Management and Administrative Statistics, 2000 (Washington, DC: Government Printing Office, 2004); San Antonio Police Department websites: www. sanantonio. gov \ \ sapd.

[81] "Felicia Shpritzer Dies at 87; Broke Police Gender Barrier," The New York Times, December 31, 2000.

[82] Susan E. Martin, Women on the Move: The Status of Women in Policing (Washington, DC: The Police Foundation, 1990); Peter B. Bloch and Deborah Anderson, Policewomen on Patrol: Final Report (Washington, DC: the Police Foundation, 1974).

[83] Dorothy Moses Schulz, "Women Police Chiefs: A Statistical Profile," Police Quarterly 6 (September 2008), pp. 330 – 345.

[84] David L. Carteret al., The State of Police Education (Washington, DC: Police Executive Research Forum, 1989).

[85] International Association of Directors of Law Enforcement Standards and Training, Sourcebook of Standards and Training Information (Charlotte: University of North Carolina at Charlotte, 1993); Bureau of Justice Statistics, Law Enforcement Management and Administrative Statistics, 1999 (Washington, DC: Department of Justice, 2001).

[86] Samuel Walker, "Historical Roots of the Legal Control of Police Behavior," in David Weisburd and Craig Uchida, eds., Police innovation and the Rule of Law (New York: Springer, 1991), pp. 32 – 55; Samuel Walker, Taming the System: The Control of Discretion in Criminal Justice, 1950 – 1990 (New York: Oxford University Press, 1993). pp. 21 – 53.

[87] Fyfe, "Administrative Interventions on Police Shooting Discretion: An Empirical Analysis"; William A. Geller and Michael Scott, Deadly Force: What we know (Washington, DC: Police Executive Research Forum, 1992).

[88] Lawrence W. Sherman, Policing Domestic Violence (New York: Free Press, 1992).

[89] Hervey A. Juris and Peter Feuille, Police Unionism (Lexington, MA: Lexington Books, 1973).

[90] Samuel Walker, "The Neglect of Police Unions: Exploring One of the Most Important Areas of American Policing," Police Practice and Research, 9 (May 2008): 95 – 112.

[91] Samuel Walker, Police Accountability: The Role of Citizen Oversight (Belmont, CA: Wadsworth, 2001).

[92] Merrick Bobb, 29th Semiannual Report of the special Counsel (Los Angeles: PARC, July 2011). All the Special Counsel reports are available at www. parc. info.

[93] James Q. Wilson and George L. Kelling, "Broken Windows: The Police and Neighborhood Safety," Atlantic Monthly 249 (March 1982), pp. 29 – 38.

[94] Wesley G. Skoganand Susan M. Hartnett, Community Policing, Chicago Style (New York: Oxford University Press, 1997).

[95] Michael S. Scott. Problem – Oriented Policing: Reflections on the First Twenty Years (Washington, DC: Department of Justice, 2000).

[96] John E. Eck and William Spelman, Problem – Solving Problem Oriented policing in Newport News (Washington, DC: PERF, 1987).

[97] GeorgeL. Kelling, "Police and Communities: The Quiet Revolution," Perspectives on Policing (Washington, DC: Government Printing Office 1988).

[98] Bayley, Police for the Future, p. 101.

[99] Dennis Rosenbaum, "Policing Innovation Post 1980: Assess the Effectiveness and Equity Concerns in the Information Technology Era," IPC Review 1 (2007), pp. 11 – 44.

[100] Human Rights Watch, Shielded from Justice: Police Brutality and Accountability in the United States (New York: Human Rights Watch, 1998), p. 39.

[101] Cannon, Official Negligence; Jerome H. Skolnick and James J. Fyfe Above The Law (New York: Free Press, 1993).

[102] George L. Kelling and Catherine M. Coles, Fixing Broken Windows (New York: Free Press, 1996).

[103] Details of the case are in David Harris, "Driving While Black and All Other Traffic Offenses: The Supreme Court and Pretextual Traffic Stops," Journal of Criminal Law and Criminology 87, No. 2 (1997), pp. 563 – 564; David A. Harris, Profile in Injustice: Why Racial Profiling Cannot Work (New York: The New Press, 2002).

[104] ACLU, Driving While Black (New York: ACLU, 1999).

[105] Samuel Walker, The New World of Police Accountability (Thousand Oaks, CA: Sage, 2005). Information about federal "pattern or practice" litigation is available at www. usdoj. gov/crt/split.

[106] Samuel Walker and Morgan Macdonald, "An Alternative Remedy for Police Misconduct: A Model State 'Pattern or Practice' Statute," George Mason Civil Rights Law Journal 19 (2009), pp. 479 – 552.

[107] City of Cincinnati, Independent Monitor's Final Report (December 2008), p. 36.

[108] Michael Bromwich, Twenty – Third Report of the Independent Monitor (January 31, 2008), p. 3.

[109] Bayley, Police for The Future, p. 126.

[110] Stephen D. Mastrofski, "The Prospects of Change in Police Patrol: A Decade in Review," American Journal of Police IX, No. 3 (1990), p. 62.

第三章　当代执法产业

本章概要

第一节　美国执法的基本特征

在美国，执法是个巨大且极其复杂的产业。全美有近 18000 个联邦、州和地方执法机构，以及雇员超过一百万的私人保安产业。

执法产业可以用几个基本特征来概括。最重要的特征是地方控制的传统。警察维护治安的主要职责由地方政府决定，即市政府、县政府。美国在殖民地时期继承了英格兰地方控制的传统。

因此，美国警务是高度碎片化的。[1] 虽然没有协调或者管理所有机构的中央体系，但有联邦和州对地方警察管理的机制，具体内容随后会在本章中讨论。

延伸阅读详见第二章

碎片化产生了巨大的多样性。市、县、州和联邦四级政府负责提供警务工作。各级执法机构所起的作用各不相同，也承担了完全不同的职责，而且每个机构内部也存在巨大的多样性。全美最大的六个警察局，即纽约市警察局、芝加哥警察局、洛杉矶警察局、费城警察局、休斯敦警察局和华盛顿大都会警察局，它们与那些警察数量低于 25 人的 9555 个警察局大为不同。[2]

由于执法的多样性，很难对美国警务进行概括。虽然所有警察局都具有共同点，但关于“典型”警察局的多数概括都是极其冒险的。大卫·法尔科内（David N. Falcone）和爱德华·威尔斯（L. Edward Wells）在撰写县治安官定义时，摒弃了“警务就是警务”这一通常的假设，认为县治安官“代表了历史上不同的警务模式，需要与城市警务更清晰地区分”。[3]

边注栏 3－1

执法机构的基本信息来源

美国执法机构最复杂的数据来自司法统计局（BJS）和执法管理行政统计局。最近一期的报告统计于 2004 年。你应该查找 2010 年最新的统计报告。

额外数据可在联邦调查局每年发布的统一犯罪报告（UCR）中找到。

当前许多执法机构都开设了各自的网站，网站提供了其组织机构和当前项目信息。

一、“产业”视角

由于碎片化和多样性，采用产业视角审视美国执法状况非常有益。在特定领域内，这种方法为所有警务的缔造者描绘了一幅综合的全景图。[4]

产业视角还提供了消费者对警务的看法。普通市民每天获得不同执法机构的警务工作。以史密斯夫妇为例，地方小警察局在他们位于郊区的社区巡逻。史密斯夫人在市区工作，她在那里可以得到大城市警察局的服务。史密斯先生是销售代表，他驾车穿梭于小镇和由县治安官负责巡逻的地区。史密斯夫人工作的办公楼雇用了私人保安。史密斯夫人驾车回家行驶在州执法机构巡逻的州际高速路上。同时，联邦调查局（FBI）、缉毒署（DEA）和其他联邦执法机构也在工作，调查各种违反联邦法律的行为。

图表 3－1 说明了美国执法产业的组成部分。

图表 3－1 美国执法产业的组成部分

政府机构
地方
城市警察
县警察
县治安官
州
州警察
犯罪调查局
联邦
联邦执法机构
军事执法机构

续表

特区警察
公立学校
交通运输警察
学院和大学警察
印第安人部落警察
私人保安
私人保安公司
保安人员

二、国际视角

快速浏览其他国家的执法可以为理解美国执法分权化和碎片化提供有益的视角。

英格兰，人口仅有美国的四分之一，拥有43个警察局，其中包括41个省（郡）警察局和伦敦2个警察队伍，这仅是内布拉斯加州执法机构总数（总共93个）的一半。内政大臣作为国家政府机关最高领导之一（在某些方面相当于美国的司法部部长），执掌43个警察局。各省（郡）警察局对地方警察委员会负责，内政大臣有权发布人事和警务工作的行政规则。另外，43个警察局中每个警察局51%的年度预算来自内政大臣办公室的拨款，该办公室赋予了各省（郡）警察局执行行政规则的权力。[5]

日本也是平衡中央与地方控制的警察体系。国家警察厅负责协调47个县警察局的警务工作。虽然各县警察局是独立的，但国家警察厅可以向各县警察局推荐警务工作标准，并且像英格兰一样，中央为地方警察局支付了预算的很大一部分。[6]

第二节　执法产业的规模与范围

一、执法机构的数量

美国有近18000个执法机构，包括12501个地方警察局，3063个治安官局，50个州警察部门，1733个特别警察部门及65个联邦警察部门（见图表3-2）。[7]

图表 3－2　2008 年州和地方执法机构按机构类型雇员雇用情况表

机构	机构	雇员数量（名）					
		全职			兼职		
种类	数量（个）	总数	宣誓警察	文职人员	总数	宣誓警察	文职人员
总数	17876	1076897	731903	344994	105252	45982	59270
地方警察	12766	573152	446974	126178	62693	28712	33981
县治安官	3067	326531	175018	151513	27004	11784	15220
州警察	49	89265	58190	31075	708	31	677
特别区域	1481	85126	49398	35728	14342	5063	9279
保安官/法警官	513	2823	2323	500	505	392	113

资料来源：Bureau of Justice Statistics，Census of State and Local Law Enforcement Agencies，2008（Washington，DC：Government Printing Office，2011）。

40000 个执法机构的谬传

多年来，一直存在美国到底有多少个执法机构的巨大争议。1967 年，总统犯罪委员会错误报告称全美共有 40000 个执法机构，这个未被证实的数据反复使用了很多年。[8] 正确数据是全美大概共有 18000 个州和地方执法机构。

一般的警察局通常很小。如图表 3－3 所示，约一半（48.9%）的执法机构宣誓警察少于 9 人。172 个最大的警察局占警察局总数的不到 1%，却雇用了宣誓警察总人数的大约 40%。[9]

图表 3-3 2008 年州和地方执法机构正式警察数量

	执法机构		全职宣誓警察	
宣誓警察数量 *	数量（个）	比例（%）	数量（名）	比例（%）
总数	17876	100	731903	100
1000 或以上	79	0.4	222201	30.4
500～999	89	0.5	60943	8.3
250～499	217	1.2	75157	10.3
100～249	714	4.0	106964	14.6
50～99	1259	7.0	86558	11.8
25～49	2304	12.9	79374	10.8
10～24	4213	23.6	65563	9.0
5～9	3513	19.7	23524	3.2
2～4	3286	18.4	9699	1.3
0～1	2202	12.3	1920	0.3

* 由于四舍五入，数字相加与总数有误差。

资料来源：Bureau of Justice Statistics, Census of State and Local Law Enforcement Agencies, 2008 (Washington, DC: Government Printing Office, 2011)。

二、执法人员的数量

2008 年，地方和州执法机构共雇用了 731903 名全职宣誓警察（见图表3-3）。2008 年，有 105000 名联邦警察有权携带武器和执行逮捕（然而，该数字不包括军队执法人员）。[10] 自 1992 年以来，州和地方执法人员数量大幅增加。到 2008 年，全职宣誓警察人数比 1992 年增加了约 34%。[11]

三、解读执法人员数据

关于执法人员的数量常有许多疑惑。然而，重要的是每个社区可以获得多少警察的保护和服务呢？雇员总数还包括文秘人员和计算机、刑事调查等文职专家。宣誓警察人数就是指经过合法确认，具备完全逮捕权及相关权力的正式警察。

区分执法机构人员编制和宣誓警察的当前雇用数量也很重要。由于退休、辞职及解雇，大部分警察局实际雇用人数低于人员编制。平均每年减员率是5%。[12]为应对市或县的预算短缺，警察录用经常被推迟。[13]

因此，如果要了解洛杉矶警察保护的水平，那么就要确定当前雇用的全职宣誓警察数量。

四、文职化

文职化，是指在特定职位用非宣誓人员取代宣誓警察的过程。如今，所有地方警察局中约33%的雇员是文职人员，1960年是11.1%，到1980年是18.4%。非宣誓人员主要是调度员、研究人员、设计专家、犯罪数据分析员和计算机技术员。[14]

警察工作中使用文职人员有诸多原因。第一，宣誓警察可以从事重要警务工作，这些工作需要由受过训练且经验丰富的警察担任。第二，文职人员在诸如计算机或数据分析领域拥有所需的专长。第三，文职人员的薪水常常低于宣誓警察，因此节约了成本。[15]鉴于以上原因，很多专家将警察部门的文职人员雇用率作为衡量警察局专业化的标志。[16]

五、警察与人口比

衡量社区中警察保护水平的标准是警察与人口比，通常表述为宣誓警察在每千名居民中所占的比例。地方警察部门的全国平均数值是每千名居民中有2.3名宣誓警察。人口在25万及以上大城市的比例是每千名居民中有2.2名宣誓警察。然而，小城镇（人口在5万人到99999人之间）警察与人口的比例最低（每千名居民中有1.8名宣誓警察）。

不同的大城市，警察与人口比也存在巨大差异。华盛顿特区每千人中有6.3名警察，而圣地亚哥是1.5名。[17]警察与人口比和犯罪率之间无明显关联。在许多方面，不是因警察保护水平高而降低了犯罪率，而是因高犯罪率导致雇用更多的警察。[18]

关于警察与人口比和犯罪率之间关系的详述见第七章。

六、警察保护的成本

执法是花费相当大的产业。每年地方政府在警务上的花费总数约为554亿美元，每个美国居民平均每年的警务花费为260美元。警务花费约占所有刑事司法系统经费的46%。然而，该数字并不包括私人安保的成本。1982年至2007年，警察保护的成本增加了242%。[19]

执法是劳动密集型产业。每位全职警察平均每年花费社区 11.65 万美元。[20]人员成本，包括工资、额外福利，大约消耗了警察局经费的 85% ~ 90% 。因此，警察局的效率主要取决于如何管理人员以及在巡逻和案件调查队岗位的警察占多大比例。（详见第七章）

第三节 碎片化问题

1967 年，总统犯罪委员会提出："今天执法面临最根本的问题在于大批地方政府和执法机构之间缺乏协调，导致打击犯罪的努力碎片化。"[21]

总统犯罪委员会发布了底特律大都市地图，标注了该区的 85 个执法机构。如图表 3 -4 所示，几乎一半以上的部门仅有少于或等于 20 名的警察。

按照批评家的说法，第一，主要问题在于同一地域的执法机构间缺乏协调。然而，犯罪人员不会理会政治疆界。在大都市区域中，窃贼也许在不同的社区实施犯罪，每个社区都有各自的警察力量。盗窃汽车团伙常常跨州作案。某警察局的侦探也许有帮助附近辖区破获系列犯罪案件的线索。然而，部门之间更多的是相互竞争，而不是相互合作。第二，职责的分散也会导致犯罪转移，尤其是风化类犯罪。某一社区针对赌博或卖淫违法犯罪严厉执法，常会造成有碍风化的行为被驱赶到执法标准不同的临近辖区。第三，许多专家认为警察服务存在严重重复性，导致成本增加。城市警察局和地方县治安官局可能都有各自的 911 报警求助系统和警察培训学院，同一区域内的警察部门也可能都有各自的犯罪实验室。第四，碎片化导致标准不同。同一区域的执法机构可能存在完全不同的招录标准、训练项目和薪水等级。拥有全国统一警察力量的国家，在国家层面上建立了全国统一标准。英格兰也有警察受地方控制的传统，但通过监督和财政激励程序，实现了国家统一的最低标准。内政部每年要对 43 个地方警察部门进行审查。

边注栏 3 -2

练习：研究你所在区域的碎片化问题。

1. 准备一张地图和附表，标出你所在大都市区域内执法机构的数量，标出这些部门的名称和各个部门中宣誓警察的数量。

2. 研究执法机构之间的任意的协定或者合作约定（例如，共享的通信体系、监狱服务）。

图表 3－4　底特律大都市区划图

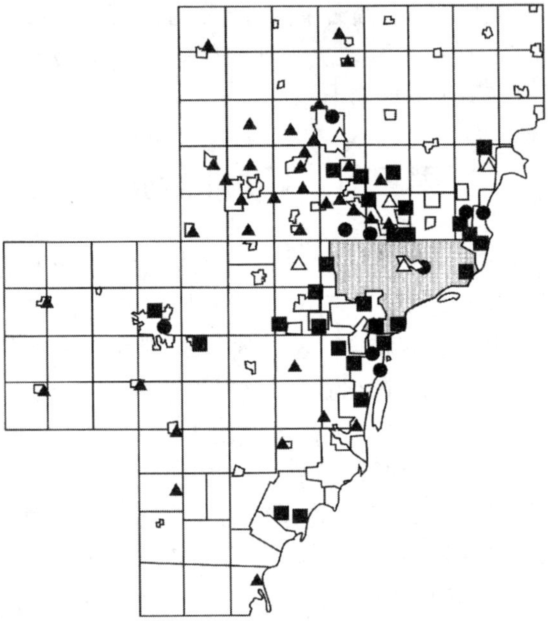

底特律大都市区域内警察机构的分布

警察数量（名）	警察局数量（个）	图形
0～20	40	▲
21～50	27	■
51～100	10	●
101～150	5	△
151～200	2	□
201～5000	1	▨

一、碎片化的替代

碎片化问题不易解决。地方政府的独立深深扎根于美国历史。地方控制原则除了体现在警察部门，还存在于学校和其他政府服务中，它深深植根于美国政治文化中。人们常常对国家警察力量存有强烈的恐惧，对联邦控制学校和警方存有强烈的疑虑。

解决碎片化的主要途径包括以下方面：

合 并

有些专家认为小的执法机构应该与较大的执法机构合并。[22]国家刑事司法标准与目标咨询委员会建议合并所有雇用宣誓警察不超过10人的部门。[23]在一些城市地区，城市警察局和县治安官局已经合并。例如，北卡罗来纳州夏洛特警察局和梅克伦堡县治安官局早在20世纪90年代初就已合并。同时，有些城市的警察局和消防局已经合并为一个部门。[24]

然而，城市警察局和县治安官局的合并工作几乎没有进展，双方庞大的官僚化机构都不愿放弃自主权。同时，双方也存在不同招录标准、薪酬等级和退休金制度等方面的一些现实问题。

订立合约

碎片化的第二个替代方法是小警察局与大警察局就具体服务订立合约。全美大约一半的城市和县与其他政府部门签订了各样的服务合约，合约包括从污水处理到税额确定以及供水的所有事项。最常见的刑事司法服务包括监狱、羁押设施和警察与消防的通信系统。[25]在很多情况下，县治安官局按合同为小城镇提供911报警求助服务。在其他情况下，小镇在所有警务服务方面与县治安官局签订合约。例如，洛杉矶县治安官局与41个独立城镇签订合约。这些合约每年要花去4亿美元的财政收入。[26]

其中，一个最精密的研究测试了加利福尼亚州实施订立警察服务合约的成效，加州30%的城市与县治安官局订立了执法服务合约。研究报告指出，订立合约的城市被概括为具有警察局“新成立”、人口相对不稠密、税收商业较少、家庭年均收入较高以及犯罪率较低等特点。研究报告还指出，“在警察服务上，订立合约的城市比自己创建警察局的城市人均花费要少很多”。研究发现，尽管合约城市在警察服务方面花费少，但是警务服务质量却相同。例如，研究指出订立合约的城市暴力犯罪破案率较高，侵财犯罪的破案率基本相同。[27]

二、碎片化问题的反思

有些专家认为，碎片化问题也许没有其他人说的那么严重。警察服务研究所（PSS）于20世纪70年代首次从事了关于碎片化问题的系统研究，考察了80个中等城市1827个警察部门的执法活动。与碎片化传统形象相反，该研究发现“非正式警察局间的协助很普遍”，而且“严重的服务重复问题在直接的警务工作中几乎不存在”。[28]

例如，巡逻涉及协调、共享或交替职责的非正式安排很常见。完全不存在无巡逻的区域；也没有两个或多个部门重复巡逻的区域。关于辅助服务，小警察局日常可以使用大警察局提供的犯罪实验室、培训学院、通信系统和其他服务。

更重要的是，警察服务研究所（PPS）得出结论：小警察局的效率未必比大警察局低。小警察局把更高比例的警察分配到街面从事直接的警务工作，然而，较大的警察局却未必能达到比例上的优势。[29]因为较大警察局有更加复杂的官僚组织结构，导致只有较小比例的警察可以从事直接的警务工作。加利·柯德纳（Gary Cordner）发现，在马里兰州的执法机构中，刑事调查效率主要取决于社区中社会结构的复杂性，而不是警察的规模，即社区结构越简单，警察效率越高。[30]

因此，在社区警务指导下，非集权化警务强调小执法机构也许比合并后的大执法机构更加完美。[31]

第四节　城市警察

城市警察或市镇警察是美国执法中最重要的组成部分。2008 年，城市警察部门占到所有执法机构数量的 70%，雇用宣誓警察的数量占总数的 60%。[32]

更重要的是，相比其他任何类型的执法机构，城市警察的职责最为复杂。外部环境严重影响了所有执法机构。[33]城市中，特别是大都市情况最复杂，尤其在人口多样性方面。城市警察肩负着打击集中在城市的严重犯罪，由于这些犯罪分布不均衡，因此这是城市警察最沉重的任务。城市警察还要担负艰巨的秩序维护任务，并要提供广泛的警务应急服务。[34]

在所有城市警察局中，几个较大的警察局起到了特别重要的作用。警察基金会关于六大警察局（纽约警察局、洛杉矶警察局、芝加哥警察局、休斯敦警察局、费城警察局、底特律警察局）的报告发现：六大警察局管辖了全美 7.5% 的人口，但却应对全美 23% 的暴力犯罪，其中包括占比 34% 的抢劫案件。[35]尽管六大警察局仅占所有警察局的极小部分，但是雇用了宣誓警察总数的 13%。纽约市警察局占比最高，雇用宣誓警察 35216 名。芝加哥警察局位居第二位，雇用宣誓警察 13336 名。[36]

大警察局主导了公众对警察的认知。例如，纽约或洛杉矶的事件，即之前提到的兰帕特丑闻案，被全国性的新闻媒体报道。另外，大量的警务研究不均衡地集中在纽约、芝加哥、洛杉矶、费城、波士顿和华盛顿。尽管中等规模警察局和小警察局更能代表美国的警务模式，然而对中等规模的警察局却较少研究，对小警察局的研究几乎没有。

典型的城市警察局都位于一个小镇。约一半（49.5%）的警察局雇用了不到10名的宣誓警察。[37]小镇和农村地区警察的工作情景与大都市警察完全不同，这些地区的犯罪问题没有城市地区那么严重。大部分报警求助涉及非犯罪案件和轻微骚乱。[38]一项研究表明，交通问题占报警求助总量的25%，公众骚乱占19%，家庭骚扰占18%，流浪犬占11%（剩余的27%为各式各样的报警）。[39]

县警察实质上也是城市警察，在县域范围内执勤，没有县治安官的任何非执法职责（见图表3－5）。县警察局（County police departments）服务于少部分地区，县警察局的数量仅占所有地方执法机构的1%。最大的县警察局是萨福克县警察局（雇用宣誓警察2644人）和纽约州的拿骚县警察局（雇用宣誓警察2600人）。[40]

图表3－5　县治安官局（Sheriff's Departments）的职责

功能	占执法机构的比例（%）
日常巡逻	98
案件调查	92
交通法律执法	90
传票送达	99
法庭安全	94
监狱运行	76
搜查和解救	56

资料来源：Adapted from Bureau of Justice Statistics, Sheriff's Departments, 2003 (Washington D. C.: Government Printing Office, 2006)。

第五节　县治安官

全美共有3063个县治安官局。[41]在美国执法机构中，县治安官办公室的法律地位和职责都很独特。[42]

县治安官（Sheriff）的法律地位是独特的，因为37个州的县治安官都是宪法规定的机构，其职责由本州宪法规定。除了2个州以外，其他州的县治安官都经选举产生（罗德岛的县治安官由州长任命；夏威夷州的县治安官由州最高法院的首席法官任命）。作为选举官员，县治安官直接涉及党派政治，而城市警察局局长则不参与党派政治。从历史上看，乡村地区县治安官是县里最有权威的政治家。[43]

县治安官的职责

县治安官职责独特。他们为司法体系中的三个组成部分服务，即执法、司法和惩治。如图表 3－5 所示，几乎所有县治安官局都承担着巡逻和犯罪调查的基本执法职能。几乎所有的县治安官局都通过送达传票为法院服务（如传讯等），并且保证法院的安全。在许多城市地区，县治安官在民事法庭职责上的工作时间要比在刑事执法职责上更长。此外，76% 的县治安官局掌管各自的县监狱。在绝大多数大城市中，监狱由独立的惩治局管理。[44]

李·布朗（Lee Brown）按职责把县治安官局分为四种模式：

（1）全面服务模式型县治安官局，执行执法、司法和惩治职责。（2）执法模式型县治安官局，只执行执法职责，其他职责由单独机构承担。（3）民事司法模式型县治安官局，只承担与法院相关的职责（如康涅狄格州和罗德兰岛的县）。（4）惩治司法模式型县治安官局（如旧金山县），承担除执法以外的所有职责。[45]

县治安官局的分布和城市警察类似。包括几个较大的县治安官局和许多较小的县治安官局，洛杉矶县治安官局最大，该局有 9461 名宣誓警察。然而，约 29% 的县治安官局雇用的宣誓警察数不到 10 人。[46]

第六节　其他地方执法机构

由于存在具有部分执法职责的其他机构，美国执法机构的构成十分复杂。

一、保安官

类似县治安官，保安官（Constable）也是一个行政部门，起源于殖民地时期的美国。随着城镇化进程的加快和随之出现的大型警察局的不断增加，保安官的大部分功能被剥夺了。政府关系顾问委员会发现保安官“已变得不再重要，建议废除”。[47]

当今美国现存的保安官已非常少了。根据各州不同的宪法，保安官可以被选举或任命，他们的作用和功能完全由州宪法规定。现代保安官一般在县法院系统工作。他们的职责是开具搜查证和传讯、押解犯人和保障地区法官的安全。他们也同县委员会合作张贴拖欠税款告示，协助检察官开具离婚证。[48]

关于美国在殖民地时期的警务详见第二章

二、验尸官和法医

验尸官和法医有义务调查犯罪，常被认为是执法机构。法医和验尸官的职责很广泛，包括调查死亡现场、解剖尸体、确定暴力性死亡或意外死亡的原因。司法统计局的一份特殊报告显示全美共有1998名验尸官或法医。[49]

验尸官或法医通常受雇于州、县或城市执法机构。司法中"死亡调查员"的类型一般由法律授权。司法统计局报告称："16个州拥有全州的法医系统，14个州拥有县验尸官系统，7个州有县法医系统，还有13个州有县法医和验尸官混合体系。"[50]

法医和验尸官之间存在诸多重要的区别。第一，与医生接受训练不同，验尸官一般没有或很少受过医疗培训；而法医都是医生，通常接受过死亡调查的特殊训练。第二，验尸官的职位一般是选举产生的；而法医通常由选举出来的官员任命。第三，尽管法医和验尸官都负责死亡调查，但法医主要依靠其医学专长推断死亡原因。[51]

疾病控制和预防中心（CDC）报告称：全美20%的死亡由验尸官或法医调查。然而，关于哪些死亡应该被调查的准则各不相同，大多司法管辖区要求以下死亡类型应该被调查：

- 由于凶杀、自杀或是事故原因，如车祸、跌落、焚烧或吸食毒品致死；
- 突然或可疑的死亡，由于婴儿猝死综合征（SIDS）和未接受治疗的死亡；
- 对公众健康构成威胁的药剂或疾病造成的死亡；
- 工作场所的死亡；
- 被羁押、监禁或收容人员的死亡；
- 即将被火化的人员死亡。[52]

三、特区警察

特区警察机构为特定政府机构或特别地理区域服务。许多机场和公园拥有各自的警察队伍。部分城市运输系统拥有独立的执法机构。华盛顿地铁系统的大都市交通运输警察同时归属三个不同的政治管辖区：哥伦比亚特区（即华盛顿）、弗吉尼亚州和马里兰州。[53]

学院和大学警察是特区警察的重要代表。[54]学生人数为2500人或以上的大学和学院，3/4的保安力量是州认证的执法机构。学院和大学的警察具备一般的逮捕权、通常携带武器、由州认定执法资格，并参与联邦调查局的统一犯罪报告系统（FBI's UCR）。现今，全美761家服务于大学的执法机构，雇用了约13564名宣誓警察，其他学院和大学使用私人保安或各自的非宣誓保安人员。[55]

例如，洛杉矶学区拥有自己的警察。

边注栏 3－3

了解校园警察

1. 你们的校园警察部门具备执法机构的资质吗？

2. 如果具备，他们接受州政府授权的何种培训？多长时间的培训？培训课程的内容是什么？由谁提供培训？

3. 如果不具备，他们的招录标准是什么？警员接受何种类型的培训？由 谁提供培训？

4. 如果你们的校园警察部门具备执法机构的资质，那么它归属于联邦调查局的统一犯罪报告系统吗？

5. 如果不是，那么它归档在年度犯罪报告中吗？

6. 你们的校警配枪吗？校警接受何种类型的枪械使用培训？

7. 你们的校警部门是否有书面的致命武器使用政策？如有，这些政策的内容是什么？（关于致命性武器政策详见第十四章。）

四、部落警察

很多土著美洲人拥有各自的刑事司法体系，包括保留地的部落警察局，这是美国刑事司法独特的一面。土著美洲人部落是独立的民族，与美国政府签署了协定，保持高度的法律自治。在诸多重要方面，部落和保留地不受制于联邦或州法律（见图表 3－6）。[56]

图表 3－6　印第安警察局的类型和特点

执法项目类型	公法 93－638	印第安人事务局	自治	部落资助
管理部门	部落	联邦政府	部落	部落
警察受雇部门	部落	联邦政府	部落	部落
财政支持	联邦（常有部落捐助）	联邦政府	部落	部落

尽管美国大约有 330 个印第安人保留地，但仅有约 200 个警察部门为印第安人地区（Indian Country）提供警察服务，这主要是因为印第安人事务局（Bureau of Indian Affairs BIA）不止为一个保留地提供警察服务，且很多部落未被授权成立自己的警察局。从历史上看，印第安人事务局（BIA）隶属美国内

政部，承担印第安人地区警务。然而，现今有众多不同的行政安排用于维护印第安民族的治安。[57]

第一个最常见的行政安排是按照《1975 年印第安民族自决与教育援助法案》建立了部落警察部门。这项法案，也被称为《公法 93 – 638》，赋予印第安民族自行建立管理组织，自行制定警察局的执勤标准。尽管印第安人警察部门的警察和文职人员都被看作部落雇员，但他们通常是由联邦资金雇用的。绝大多数印第安警察局都以这种形式构建。[58]

第二个最常见的行政安排是由印第安人事务局（BIA）承担警务职责。约 64 个印第安民族的警务仍然依靠印第安人事务局。在这种模式下，所有工作人员均为印第安人事务局领导的联邦雇员。印第安人事务局为众多印第安民族地区提供警务管理，任命各地区的警察局局长，地区警察局局长承担了相当于城市警察局局长的职责。小部落的地区警察局局长通常不止对一个部落承担警务管理。[59]印第安人事务局管辖了大约 37 个警察部门。[60]

自治是不常用的行政安排。在自治模式下，印第安民族就警务服务与印第安人事务局签订合约。印第安人事务局得到固定拨款，因此印第安民族可以享有级别更高的组织自由。部落资助印第安人警察局是最不常用的行政安排。这种模式可以使印第安民族完全控制自己的警务，然而大多数印第安民族没有经济来源资助执法机构。[61]

大多数部落掌管的警察部门都很小。仅有 7 个部落警察部门雇用的全职宣誓警察超过 50 人，大约 1/3 的部落警察部门雇用的宣誓警察不到 5 人。这些部门主要在人口相对稀少的广阔区域开展警务工作，使警察的工作难以监管。[62]

五、州执法机构

州执法机构分为三种类型：州警察、高速公路巡警和州调查部门。本节重点讲述前两种，因为前两种类型被认定为普通的州执法机构。[63]

州警察（或有时称作公共安全局）被定义为“在全州境内具有交通和犯罪调查两方面警察权”的执法机构。高速公路巡警被定义为“全州管辖范围内，具有交通管理执法和逮捕非交通违法者管辖权”[64]的执法机构。

美国共有 50 个普通的州执法机构，各州均有自己的执法机构。司法统计局最近的报告显示：全美 50 个主要的州执法机构共雇用 93148 名宣誓警察和文职人员。按照地方执法机构的标准，多数州执法机构的规模更大。例如，50 个州执法机构中有 20 个机构雇用宣誓警察 1000 人以上，雇用宣誓警察人数少于 500 人的州执法机构仅有 5 个。加利福尼亚州高速公路巡警是最大的州执法机构，雇用宣誓警察 7202 人，紧随其后的是纽约州警察局（4847 人）、宾夕法尼亚州警察局（4458 人）以及得克萨斯州公共安全局（3529 人）。[65]

有几个州不止有一个执法机构。例如，加利福尼亚州设立了加州高速公路巡警和加州执法局；俄亥俄州设立了高速公路巡警和刑事犯罪鉴定与调查局。然而，其中许多执法机构被认为不是普通的执法机构。由于州执法机构的职责和任务由州法律规定，因此各州之间的差异很大。

州执法机构的行政管理结构差异也相当大，一份报告表明“差异几乎存在各种可能性”。几个州有一个综合性机构（umbrella agency），机构包括提供多种服务的一些职能部门。例如，新泽西公共安全局包含 8 个部门，即法律部、州警部门、机动车部、酒类管制部、刑事司法部、消费者事务部、警察培训委员会和州体育委员会。

六、州执法机构的职责和义务

州警和高速公路巡警可以提供多项执法服务。巡逻方面，州警和地方警察部门共同履责。约一半的州警或高速公路巡警部门具有在主要高速公路执行交通法律的基本职责。[66]

各州关于犯罪调查职责的法律存在差异。有些州的州警具备一般的犯罪调查职能，而在其他的一些州，州警的调查权受到限制。约一半的州执法机构为地方警察局提供犯罪实验室服务（如弹道检测、药物检测）。另外，77.6% 的州警察机构开设了各自的培训学院。其中，有些州的培训学院肩负着培训地方警察局新招录人员的责任。[67]

第七节　联邦执法机构

执法产业中联邦执法机构的数量相对较少，但比通常认为的更为复杂。据统计，联邦执法机构雇用了 105000 名全职执法人员，其中包括“有权携带武器和执行逮捕”的所有执法人员，但不包括军队警察。[68]

关于联邦执法活动的具体规模尚无公认的说法，因为事实上许多联邦机构都具备执法权或管制权。如前所述，大多数非典型的执法机构不提供维护治安和犯罪调查的基本服务。

17 个联邦执法机构雇用宣誓警察的人数超过了 500 人。海关和边境保护局（The U. S. Customs and Border Protection）是雇员人数最多的联邦执法机构，雇用全职警察 27705 人；紧随其后的是联邦监狱管理局（Federal Bureau of Prison）15214 人；联邦调查局（FBI）12242 人；缉毒署（Drug Enforcement Agen-

cy DEA）4400 人。联邦执法的复杂性和多样性还体现在：联邦最大的执法机构中还包括美国鱼类及野生动物管理局（708 名全职警察）和美国森林管理局（600 名全职警察）。[69]

每个联邦执法机构的职责都由联邦法令专门规定。最重要的是联邦执法机构的职责远没有城市执法机构复杂。联邦执法机构不承担模糊且难度大的秩序维护职责、无须执行 911 电话报警服务、无须处理难以界定的“骚扰”报警。

下面我们具体讨论美国最大的联邦执法机构的职责。

2001 年 9 月 11 日之后的联邦执法机构

2001 年 9 月 11 日之后，时任美国总统的乔治·W. 布什领导开展了美国联邦执法组织机构的大改革运动，他将联邦执法的职责和义务重组为两个部门：国土安全部和司法部（见图表 3－7）。

图表 3－7 最大的联邦执法雇员及其所属部

国土安全部	司法部
海关和边境保护局	缉毒署
移民和海关执法局	联邦调查局
联邦应急事务管理署	酒、烟、武器和爆炸物品管理局
运输安全管理局	美国法警局
美国海岸警卫队	联邦监狱管理局
美国秘勤局	

国土安全部（DHS）

2002 年 11 月 25 日，《国土安全法案》通过，成立了国土安全部（DHS），这是内阁级的（cabinet－level）部门，负责与国土安全有关的行动。此项法案发起了自 1947 年以来最大的政府机构重组。[70] 所有涉及国土安全职责的 22 个部门、170000 名雇员都划入国土安全部。国土安全部雇员人数最多的 6 大机构如下：

- 海关和边境保护局（CBP）
- 移民和海关执法局（ICE）
- 联邦应急事务管理署（FEMA）

- 运输安全管理局（TSA）
- 美国海岸警卫队
- 美国秘勤局

海关和边境保护局（CBP）。之前由海关、移民归化局（INS）检查署、边境巡逻和农业检疫检验项目行使的诸多职能均被划归到海关和边检保护局。目前，海关和边检保护局的职责就是确保人员与货物合法和安全地通过官方港口进入美国。海关和边境保护局致力于阻止非法移民、阻止走私管制物品和大规模杀伤性武器（WMD）、阻止非法和有病害的动植物进入美国境内。[71]

移民和海关执法局（ICE）。移民和海关执法局是国土安全部最大的调查机构。移民和海关执法局行使之前美国海关、移民归化局以及联邦保护署的诸多职权，负责执行移民和海关法律、对众多联邦建筑物的保护及航空和海洋方面的执法。移民和海关执法局由四个部门组成：（1）调查局：负责调查诸如偷渡、贩毒、走私武器以及其他走私活动；（2）拘留和遣送局：负责将非法移民驱逐出境；（3）保护署：负责保护和管理 8800 多个联邦建筑物和设施；（4）情报局：负责为以上三个部门和国土安全部收集、维护和传播战略、战术及情报。[72]

联邦应急事务管理署（FEMA）。联邦应急事务管理署始建于 1979 年，2003 年 3 月 1 日成为国土安全部的一部分，目前雇用全职雇员 2600 人，还有灾害发生后可调配的后备人员近 4000 人，负责对自然和人为灾害的应急准备、防范和应对工作。联邦应急管理署通常不单独工作，而是和政府、私人及非营利组织协调、合作管理应急储备和应对事务。[73]

运输安全管理局（TSA）。为直接应对 2001 年 9 月 11 日恐怖袭击，运输安全管理局于 2011 年 9 月 11 日成立，负责保护国家的运输系统。很多人只知道运输安全管理局的职责是维护机场安全，其实还负责维护道路、铁路、港口、桥梁及管道等其他运输系统的安全。[74]运输安全管理局是国土安全部中雇员数量最多的部门，雇员超过 69000 人。[75]

美国海岸警卫队。美国海岸警卫队最初由亚历山大·汉密尔顿于 1790 年建立，当时被称作海关缉私船局，隶属运输部。尽管在随后数年中，海岸警卫队曾隶属多个政府部门，但在 1967 年划归运输部管辖，2003 年 3 月 1 日划入国土安全部。海岸警卫队是执行多重职责和多重任务的部门，其任务既包括涉及安保的职责又包括不涉及安保的职责。[76]例如，海岸警卫队的安保职责包括：港口、航道和海岸的安全；毒品查禁；移民封锁；防卫戒备等。它也肩负着非安保任务，如海上安全、搜救、保护环境和海洋生物资源以及破冰作业等。就其本身而论，海岸警卫队是独特的，因为它同时被赋予了军队和警察的权力与职责。

美国秘勤局。美国秘勤局最初于1865年创立，目的是调查伪造美元的案件。现今，秘勤局的职责更加宽泛。它还负责保护现任和前任总统、副总统及其直系亲属的安全。随着越来越尖端的通信手段的出现，秘勤局的诸多调查职责也随之改变。[77]当前，秘勤局的职责包括调查“涉及金融机构欺诈、计算机和电信欺诈、伪造身份证明文件、访问设备欺诈、预付金诈骗、电子基金转账和洗钱等犯罪”。[78]

司法部

1870年，国会成立了司法部，总检察长任司法部行政长官。国会赋予司法部执行和控告所有联邦法律的职责。[79]尽管司法部的组织机构已经发生变化，但其基本任务却从未改变。司法部最大的5个机构如下：

- 缉毒署（DEA）
- 联邦调查局（FBI）
- 酒、烟、武器和爆炸物品管理局（ATF）
- 美国法警局
- 联邦监狱管理局

缉毒署（DEA）。缉毒署的任务是执行管制物品的联邦法律法规。缉毒署专注于打击种植、制造和配销非法毒品的组织和个人。因此，缉毒署致力于减少美国居民获得非法毒品的来源。例如，缉毒署探员调查美国境内高级别的贩毒人员和偷运大量非法毒品入境美国的人员。为减少街面非法毒品的蔓延，缉毒署也和地方警察部门合作；为根除与非法毒品相关的农作物，缉毒署还会和外国政府合作。[80]缉毒署雇用了5300名特工以及为特工提供支持和保障的5600名职员。[81]

联邦调查局（FBI）。历史上，联邦调查局的角色受行政和政治因素影响形成。在约翰·埃德加·胡佛（John Edgar Hoover）（1924～1972年）的领导下，联邦调查局把工作重点集中于调查所谓的“危险分子”和逮捕银行抢劫犯以及缉获被盗车辆方面。批评家指责联邦调查局漠视白领犯罪、有组织犯罪和违反少数族裔民权的犯罪。胡佛死后，世人才发现胡佛领导的联邦调查局实施了众多侵犯公民权利的违法行为，即为了政治利益，他们监视个人和组织、非法窃听甚至非法闯入正在监视的组织办公室内窃取证据。[82]然而，自胡佛死后，联邦调查局继任的局长们重新调整了调查局的职责定位，把重点放在了白领犯罪、有组织犯罪和政治腐败上。

2002年，在恐怖分子袭击世贸中心和五角大楼后，联邦调查局宣称对其职责任务进行根本性调整，即集中防控恐怖分子未来的袭击。联邦调查局还特别创制了集中于十项优先权的新指令：

①保护美国不受恐怖分子袭击；

②保护美国免遭外国情报行动和间谍入侵；

③保护美国免遭网络攻击和高科技犯罪；

④打击各层级的公共腐败；

⑤保护民权；

⑥打击跨国和国内犯罪组织和企业；

⑦打击主要的白领犯罪；

⑧打击重要的暴力犯罪；

⑨支持联邦、州、地方与国际合作伙伴；

⑩提升科技以顺利履行联邦调查局的职责。[83]

酒、烟、武器和爆炸物品管理局（ATF）。2003 年，按照《国土安全法案》，酒、烟、武器和爆炸物品管理局的执法功能从美国财政部转至司法部。首先，管理局执行联邦武器法律，负责调查武器走私、鉴定和逮捕职业武装犯罪分子。其次，负责管理与爆炸物品相关的产业，防止恐怖分子和犯罪分子拥有爆炸物品，确保拥有爆炸物品的人员具备合法资质。管理局也为联邦、州和地方官员提供关于爆炸物品探测、处理和销毁的训练。最后，执行有关收缴酒和烟产品联邦税收的联邦法律。[84]

美国法警局。1789 年，美国法警局成立，它是美国最早的联邦执法机构，负责为联邦法院提供安保、关押未判决囚犯、执行逃犯调查。每年美国联邦法警局逮捕联邦执法机构通缉的逃犯超过 35000 人，通缉机构包括联邦调查局、缉毒署和酒、烟、武器和爆炸物品管理局。美国法警局通过与地方、州和私家监狱达成的合作协议，监禁 54000 个未判决的囚犯。美国法警局也负责管理国家证人保护计划。自 1971 年，美国法警局已成功为 7800 名证人以及约 10000 名证人家属提供了新身份，安排了新居所。[85]

聚焦警察

1. 如何在 FBI 找到一份工作?
很多学生想知道在 FBI 工作所需的资质要求。以下是关于 FBI 雇用最常见的问题及答案。
2. 特工职位需要符合哪些条件?
若想有资格训练成一名特工，首先必须是美国公民，年龄在 23 ~ 37 周岁。应试者必须拥有合法驾照，必须通过测谎仪测试、毒品测试和色觉测试。其他要求还包括：未矫正裸眼视力不能低于 20/200，一只裸眼的矫正视力是 20/20，另一只不低于 20/40。申请者必须具有学院或大学四年制本科学历，且学院或大学必须是由美国教育部承认的地区或国家研究机构。
3. 关于背景调查?
申请者接受 FBI 深入的背景调查。背景调查需要 1 ~ 4 个月，包括与申请者之前和现任的雇主、相关人员、社会关系人、邻居联系，以及复审申请者的学校、信用、逮捕、医疗和军事记录。在作出最终雇用决定前，还需对其背景调查进行完整的评估。
4. 特定的学历会成为特工职位更适宜的教育背景吗?
FBI 没有特别要求的特定专业或学校。任何培养研究和分析技能的学历教育背景都符合。例如，法律学历是适合的专业，因为特工具有调查违反美国联邦法律行为的职责。会计学历也是比较合适的，因为特工在犯罪调查中具有追查金融交易和审查复杂账户记录的职责。特工会计师经常在这样的案件中作为专家证人作证。
5. 如何获取 FBI 雇用的申请?
你可以直接在 www. fbijobs. com 上申请 FBI 工作，包括特工。如果你无法访问互联网，请与申请协调员或距离你住处最近的 FBI 地方办公室特工招募人员联系。

资料来源：The above information was adapted and obtained from http：//www. fbijobs. gov/Faq. asp。

第八节 私人保安产业

私人保安产业是美国执法的一个重要组成部分。因涉及众多较小的私人机构、兼职雇员和私企雇用的保安人员，所以很难确定保安产业的具体规模。据估计，全美有 90000 家私人保安机构，共雇用了两百多万人。[86]伊丽莎白·乔恩报告称：在美国，私人保安和公共警察的比例大概是 3∶1。她进一步指出以下事实：估计全美在私人警务方面的投入是公共警务的两倍。[87]这些估计包括以下种类的工作：私家侦探和调查员、巡逻服务、保安、损失预防专家、赌场警员和调查员以及装甲车服务。根据“服务业雇员国际联合会”（SEIU）统计，极少数的公司控制着美国的私人安保市场。最大的保安公司赛科利达(Securitas)，雇用了约 10 万名私人保安。最大的 6 家保安公司，即赛科利达、G4S/维肯哈特（G4S/Wackenhut）、联盟巴顿（Allied Barton）、美国安保联合加德兹马（US Security Associates Guardmark）以及 ABM 和 ACSS，他们占据了美国安保市场的近一半份额。[88] 布莱恩·福斯特指出，西尔斯·罗巴克公司雇用了 6000 名保安，人数几乎大大超过了任何一个大都市警察局。[89]

现如今，私人保安公司负责为公共和私人住宅群、封闭社区、商业园区、购物商场、办公楼、电厂和机场巡逻提供安保服务。[90] 私人保安公司通过拍摄发现闯红灯者；通过自动雷达站执行超速罚单，已逐渐在交通管理方面发挥着重要作用。一则新闻故事列举了一个私人保安在美国人生活中达到何种程度的例证，陈述如下："在佛罗里达州某个区域，即维肯哈特安保安公司总部所在地，该公司维护你住所周围的治安，你坐火车上班也是维肯哈特提供的警察服务；然后，当你开始工作，维肯哈特为你所在公司办公室提供警察服务；如果你违法犯罪，那么就会进入维肯哈特监狱服刑。"[91]

与公共警察相比，私人警察组织有四个不同的特点。第一，私人警察组织关注的不仅仅是犯罪，还注重更宽泛领域的事情，如房产、私人资产和一般消费者满意度。第二，私人警察组织对于问题的处理，有更多选择的办法。例如，可以开除雇员、禁止人员进入企业、处罚不遵循政策和准则的人以及在刑事法庭提起诉讼。同样，私人警察在解决问题时有更大的自由裁量权。第三，私人警察组织更加重视预防问题。传统上，公共警察组织重视应对已经发生的问题。然而，私人警察在问题发生前就把更多资源投入问题的预防上。第四，私人警察关注他们自身存在的问题或涉及私有财产的问题。例如，私人警察通常与大型私人场所有关，如购物中心、住宅开发区和商务园区。[92]

私人保安产业的规模引发了许多重要话题。

第一，私人保安人员的素质。雇用条件非常低，许多情况下根本没有训练。各州都有关于成为私人保安人员最低训练标准的法律。2004 年，13 个州要求保安人员接受 8 小时或超过 8 小时的训练。然而，29 个州对保安训练时间根本没有要求。到 2006 年，对训练无要求的州达到了 31 个。同样，2006 年，21 个州对私人保安不需要资质许可，16 个州不要求犯罪背景调查。[93] 结果，在许多州，私人保安的工作通常是很多人在难以找到其他工作时不得已的选择。

第二，联邦、州或是地方法律对私人警察的行为指导很少。法院反复声明，指导公共警察的法律不适用于私人保安。例如，最高法院规定像米兰达和马普案（Miranda and Mapp）的判决仅适用公共警察执法，私人保安不受这些判决的限制。同样，几乎没有哪个州已制定了用于指导私人保安行为的法律，也没有哪个州像要求公共警察那样来要求私人保安对市民负责。

第三，公共警察和私人警察在合作方面存在问题。很大程度上是双方相互所持态度与信任的结果。研究显示：私人警察认为公共警察不尊重他们，更关注执行逮捕，而忽视犯罪预防，通常不愿与他们共享信息。公共警察的类似调查研究显示：他们认为私人警察没有专业化，过于以客户为中心，经常不愿起诉。[94]

自2001年9月11日恐怖袭击以来，最后一个问题就特别突出了。9·11委员会指出：85%的国家重要基础设施由私人保安组织负责保护，[95]约占私人警察总数5%的人员负责守卫和保护重要基础设施或资产。[96]例如，私人警察负责保护核电厂、主要的金融机构、化学设施和水厂。国会顾问已开始公开质询，将国家最有价值的资产交给几乎没有接受过任何培训且平均工资不到警察一半的人员手中是否明智。[97]

第九节 最低标准：美国模式

与大多数国家不同，美国没有全国性的警察体系，没有负责监管地方部门或确保最低标准的联邦机构。在英格兰，各个地方警察局的一半经费都来自国家政府机关，并作为程序的一部分，要接受常规监督。[98]尽管美国联邦和州政府对执法机构有一些最低标准。但是，应用和执行这些最低标准的进程还不系统。

一、联邦政府的职责

美国最高法院关于警察执法程序的判例是最重要的一套国家标准。例如，马普诉俄亥俄州案、米兰达诉亚利桑那州案、田纳西州诉加纳案等这些判例是根据美国宪法条款创立了全国最低标准。20世纪60年代初期，这些判例与最高法院的其他判例是改革的主要手段，迫使警察局大幅提升人员标准、管理水平和监管力度。[99]然而，依靠最高法院规定警察执法的最低标准存在严重的局限。第一，大部分警务没有上升至宪法问题。例如，警察学院的训练时间或者训练内容。第二，执行最高法院的判例极其困难。警察局可能会整体性地违反米兰达规则的要求。只有当某人被定罪而根据米兰达规则对定罪上诉时，米兰达规则才会被执行。[100]

关于此类法院判例详见第二章、第十一章、第十四章

联邦国会已经通过了许多直接适用于州和地方执法机构的法律。其中，最重要的是1964年《民权法案》，法案禁止种族、肤色、原属国籍（national origin）、宗教或性别的歧视。地方和州执法机构在警察的招录、晋升或分配中严

禁歧视。[101]但该法案并不涵盖众多警察的人事问题。例如，法案没有设立警察招录或培训的最低标准。尚无一部联邦法律对招录警察的最低教育水平作出专门性规定，也没有任何一部法律要求警察与人口的比例或为警察巡逻勤务设置标准。

美国司法部利用拨款鼓励警务改革。例如，2009 年司法援助局（BJA）资助的 SMART 警务倡议（SPI，SMART Policing Initiative）行动，旨在鼓励地方警察部门最应该将资源集中在负责打击犯罪与暴力的地方和人员。在全国范围的竞争性援助申请下，司法援助局已选择向全美约 30 个执法机构提供 SPI 拨款。[102]

二、州政府的职责

州政府在许多领域设定了警察的最低标准。州最高法院按照州宪法对案件进行裁决。州刑事诉讼法典规定了警察必须做什么和禁止做什么。

州政府最重要的职责是要求所有宣誓警察具备执法资质或认证，尤其包括警察任职前的强制培训。1959 年，纽约州和加利福尼亚州成为该领域的先驱，到 20 世纪 70 年代各州都有某种类型的资质要求。此前，小警察局对警察没有任何岗前培训并不罕见。[103]随着进一步发展，有些州已采纳了取消警察资格或资质的程序。例如，佛罗里达州的警察资格证被撤销后，就没有资格被该州其他任何执法机构所雇用。[104]然而，大多数州还存在一名警察被警察局解雇后，又被另一个警察局雇用的可能。

三、认证

警务工作中，认证（accreditation）是建立国家最低标准的最终方法。[105]认证是专业性的自律程序，类似于医学、法律教育和其他职业中的程序。

1979 年，执法机构认证委员会（CALEA）成立。《执法机构标准》第四版包括一些独立标准，部分标准具有强制性，而其他一些标准只是建议性的。[106]

认证的主要缺陷：认证是一项自愿的程序。警察局没有经过认证并不会受到处罚。相比之下，一个没有经过认证的教育机构没有资格获得特定的联邦基金，而且未经认证教育机构的毕业生会发现他的学分不被其他学校认可。[107]认证过程所需费用高昂，既包括执法机构认证委员会（CALEA）的认证费用，又包括达到各项标准所花费的工作时间。[108]然而，如今约 750 家执法机构已经被 CALEA 认证。[109]

批评家质疑认证对警察工作的影响。马斯特弗斯基认为认证标准“使得规则已经满天飞的官僚机构中又增加了一些规则，丝毫不能影响警察行为的模式”。[110]然而，其他批评家却发现资格认证对警察组织具有积极的影响。例如，麦凯布和法哈多报告称：与未经认证的执法机构相比，经过认证的执法机构更有可能要求更多的培训、对新警的最低教育标准要求更高以及对宣誓警察毒品测试的可能性是未经认证执法机构的两倍；还发现经过认证的执法机构更有可能设立应对虐待儿童和执行毒品法律的专业队。[111]总之，美国执法机构必须达到一些最低标准，但最低标准仅仅涵盖了有限范围的问题，还没有开发和实施一套综合标准的体系。

结　语

美国的执法极其复杂。成千上万的市、县、州、特区、联邦和私人保安机构分散地提供警察服务。不同的机构在规模、职责和行动方面存在巨大差异。因此，笼统地概括美国警察极其困难。

关键术语

地方控制	碎片化	人员编制
文职人员	警察与人口比城市警察	保安官
县警察	县治安官	部落警察
法医或验尸官	特区警察	州警
高速公路巡警	认证	

讨　论

1. 前往你所在学校的执法机构总部，要一份去年校园犯罪数据的复印件。询问接待人员，该机构全职雇员的人数。询问正式警察和非正式警察的数量。以班级为单位，针对校园报案问题，讨论关于你对校园执法机构雇员数量是否太多或太少的看法。

2. 执法机构雇员平民化的优、缺点有哪些？

3. 与联邦或州政府相比，地方政府维护治安职责的优势和劣势是什么？

4. 利用军队控制地方犯罪的做法很少见。如果有过的话，当利用军队解决地方犯罪问题时，能否令人接受？

网上练习

练习1：在 www. nij. gov/multimedia/presenter/presenter – sherman/网站上观看劳伦斯·谢尔曼（Lawrence Sherman）教授的描述，他解释了为什么相信将给监狱的资金重新分配警察就可以预防更多的犯罪。

练习2：从你所在地区执法机构的网站找出：（1）被授权为该机构工作的雇员总数；（2）被授权为该机构工作的正式警察总数；（3）该机构当前雇员总数。

练习3：在 www. calea. org. 网站上查明通过执法机构认证委员会认证的过程。

练习4：登录你所在地区警察局和县治安官局网站，找出两个机构有哪些警务重叠。

注　释

[1] Elinor Ostrom, Roger Parks, and Gordon P. Whitaker, Patterns of Metropolitan Policing (Cambridge, MA: Ballinger, 1978).

[2] Bureau of Justice Statistics, Census of State and Local Law Enforcement Agencies,2008 (Washington, DC: Government Printing Office,2011).

[3] David N. Falcone and L. Edward Wells, "The County Sheriff as a Distinctive Policing Modality," American Journal of Police XIV, No. 3/4 (1995), pp. 123 – 124.

[4] Ostrom, Parks, and Whitaker, Patterns of Metropolitan Policing.

[5] Richard J. Terrill, World Criminal Justice System A Survey, 3rd ed. (Cincinnati, OH: Anderson, 1997), pp. 12 – 13.

[6] Ibid. ,pp. 246 – 248.

[7] Bureau of Justice Statistics, Census of State and Local Law Enforcement Agencies, 2008; Bureau of Justice Statistics, Federal Law Enforcement Officers, 2004 (Washington, DC: Government Printing Office, 2006).

[8] President's Commission on Law Enforcement and Administration of Justice, The challenge of Crime in a Free Society (Washington, DC: Government Printing Office, 1967).

[9] Bureau of Justice Statistics, Census of State and Local Law Enforcement A-

gencies, 2008.

[10] Ibid.; Bureau of Justice Statistics, Federal Law Enforcement Officers, 2004.

[11] Bureau of Justice Statistics, Census of State and Local Law Enforcement Agencies, 2008.

[12] Christopher Koper, Edward Maguire, and Gretchen Moore, Hiring and Retention Issues in Police Agencies (Washington, DC: Urban Institute, 2001).

[13] James J. Fyfe, "Police Personnel Practices, 1986," Municipal Yearbook 1987 (Washington, DC: ICMA, 1987), Table 3/2, p. 17.

[14] Bruce L. Heininger and Janine Urbanek, "Civilianization of the American Police: 1970 - 1980," Journal of Police Science and Administration 11 (1983), pp. 200 - 205; William King and Edward Maguire, "Police Civilianization, 1950 - 2000: Change or Continuity" presented at the American Society of Criminology. (November 2000); Bureau of Justice Statistics, Census of State and Local Law Enforcement Agencies, 2008.

[15] David Bayley, Police for the Future (New York: Oxford University Press, 1994).

[16] Edward Maguire, Organizational Structure in American Police Agencies (Albany, NY: SUNY Press, 2003).

[17] Bureau of Justice Statistics, Census of State and Local Law Enforcement Agencies, 2008; Bureau of Justice Statistics, Local Police Departments, 2007 (Washington, DC: Department of Justice, 2011).

[18] Thomas B. Marvell and Carlisle E. Moody, "Specification Problems, Police levels, and Crime Rates," Criminology 34 (November 1996): 609 - 646.

[19] http://bjs.ojp.usdoj/content/glanceexptyp. Accessed October 20, 2011.

[20] Bureau of Justice Statistics, Local Police Departments, 2007.

[21] President's Commission on Law Enforcement and Administration of Justice, Task Force Report: The Police (Washington, DC: Government Printing Office, 1967), p. 68.

[22] Terry W. Koepsell and Charles M. Girard, Small Police Agency Consolidation: Suggested Approaches (Washington, DC: Government Printing Office, 1979).

[23] National Advisory Commission on Criminal Justice Standards and Goals,

Police (Washington DC: Government Printing Office, 1973), pp. 73 - 76.

[24] International City Management Association, Public Safety Department: Combining the Police and Fire Functions (Washington, DC: ICMA, July 1976).

[25] International City Management Association, "Intergovernmental Service Arrangements and the Transfer of Functions," Baseline Data Report 16(June 1984).

[26] www. lasd. org/division/hqtrs/contract_law. html; information retrieved on December 4, 2003.

[27] Peter Nelligan and Williams Bourns. "Municipal Contracting with County Sheriffs for Police Services in California: Comparison of Cost and Effectiveness," Police Quarterly 14 (2011), pp. 70 - 95.

[28] Ostrom, Parks, and Whitaker, Patterns of Metropolitan Policing.

[29] Ibid., pp. xxi, 101.

[30] Gary W. Cordner, "Police Agency Size and Investigative Effectiveness," Journal of Criminal Justice 17, no. 1 (1989), p. 153.

[31] Ralph A. Weisheit, David N. Falcone, and L. Edward Wells, Crime and Policing in Rural and Small - Town America : An Overview of the Issues (Washington, DC : Government Printing Office, 1995), pp. 69 - 73.

[32] Bureau of Justice Statistics, Census of State and Local Law Enforcement Agencies, 2004.

[33] John P. Crank and Robert Langworthy, "An Institutional Perspective on Policing," Journal of Criminal Law and Criminology 83, No. 2 (1992), pp. 341 - 346.

[34] Herman Goldstein, Policing a Free Society (Cambridge, MA: Ballinger, 1977).

[35] Anthony Pate and Edwin E. Hamilton, The Big Six: Policing America's Largest Cities (Washington, DC: Police Foundation, 1991).

[36] Bureau of Justice Statistics, Local Police Departments, 2003.

[37] Ibid.

[38] Weisheit, Falcone, and Wells, Crime and Policing in Rural and Small - Town America.

[39] John F. Galliher et al., "Small - Town Police: Troubles, Tasks, and Pub-

lics,"Journal of Police Science and Administration 3 (March 1975), pp. 19 – 28.

[40] Bureau of Justice Statistics, Census of State and Local Law Enforcement Agencies, 2004; (Washington, DC: Government Printing Office, 2007).

[41] Ibid.

[42] Falcone and Wells, "The County Sheriff as a Distinctive Policing Modality."

[43] National Sheriffs' Association, County Law Enforcement: Assessment of Capabilities and Needs (Washington, DC: National Sheriffs' Association, 1976).

[44] Bureau of Justice Statistics, Law Enforcement Management and Administrative Statistics, 1999.

[45] Lee P. Brown, "The Role of the Sheriff," in Alvin W. Cohn, ed., The Future of Policing (Beverly Hills, CA: Sage, 1978), pp. 227 – 228.

[46] Bureau of Justice Statistics, Census of State and Local Law Enforcement Agencies, 2008.

[47] U. S. Advisory Commission on Intergovernmental Relations, State and Local Relations in the Criminal Justice System (Washington, DC: Government Printing Office, 1971), p. 28.

[48] National Constable Association, WhoIs and What Is a Constable? Available at www. angelfire. com/la/nationalconstable/. Accessed December 2, 2003.

[49] Bureau of Justice Statistics, Medical Examiners' and Coroners' Offices, 2004 (Washington, DC: Government Printing Office, 2007).

[50] Ibid., p. 1.

[51] Ibid.; National Association of Medical Examiners, So You Want to Be a Medical Detective, www. thename. org/medical_detective. htm. Accessed December 2, 2003.

[52] CDC, Division of Public Health Surveillance and Informatics, About MECISP, www. cdc. gov/epo/dphsi/mecisp/about. htm. Accessed December 2, 2003.

[53] Martin Hannon, "The Metro Transit Police Force: America's First Tri – State, Multi – Jurisdictional Police Force," FBI Law Enforcement Bulletin 47 (November 1978), pp. 16 – 22.

[54] JohnJ. Sloan, "The Modern Campus Police: An Analysis of Their Evolution, Structure and Function," American Journal of Police XI, No. 2 (1992), pp. 85 – 104.

[55] Bureau of Justice Statistics, Census of State and Local Law Enforcement Agencies, 2008.

[56] Ken Peak, "Criminal Justice, Law, and Policy in Indian Country: A Historical Perspective," Journal of Criminal Justice 17, No. S (1989), pp. 393 – 407.

[57] Stewart Wakeling, Miriam Jorgensen, Susan Michaelson, and Manley Begay, Policing on American Indian Reservations (Washington, DC: National Institute of Justice, 2001).

[58] Ibid.

[59] Ibid.

[60] Bureau of Justice Statistics, Trial Law Enforcement (Washington, DC: Government Printing Office 2002).

[61] Wakeling, Jorgensen, Michaelson, and Begay, Policing on American Indian Reservations.

[62] Bureau of Justice Statistics, Trial Law Enforcement.

[63] Donald A. Torres, Handbook of State Police, Highway Patrols, and Investigative Agencies (New York: Greenwood Press, 1987).

[64] Ibid.

[65] Bureau of Justice Statistics, Census of State and Local Law Enforcement Agencies, 2008.

[66] Department of Justice, Profile of State and Local Law Enforcement Agencies, 1987 (Washington, DC: Government Printing Office, 1989).

[67] Ibid.

[68] Bureau of Justice Statistics, Federal Law Enforcement Officers, 2004.

[69] Ibid.

[70] Bureau of Justice Statistics, Federal Law Enforcement Officers, 2002. (Washington, DC: Government Printing Office, 2003).

[71] U. S. Customs and border protection: Budget in Brief, February 7, 2006. Accessed at www. cbp. gov/xp/cgov/newsroom/fact_sheets/budget/ on April 13, 2006.

[72] U. S. Immigration and Customs Enforcement Organization. Accessed at

www. ice. gov/graphics/about/organization on April 13, 2006.
[73] FEMA: About FEMA. Accessed at http: //fema. gov/about/index. shtm on April 13, 2006.
[74] TSA Strategic Plan Executive Summary Letter from the Assistant Secretary. Accessed at www. tsa. gov/interweb/assetlibrary/788TSA. final (Sept. 6). pdf on April 13, 2006.
[75] TRACREPORTS, Department of Homeland Security Employment Levels by Organizational Component, March 2003. Accessed at www. trac. syr. edu/tracreports/tracdhs/030825/dhs_org. html on April 13, 2006.
[76] Coast Guard Overview, Mission and History. Accessed at http://uscg. mil/hq/g - cp/comrel/factfile/factcards/overview. html on April 13, 2006.
[77] US Secret Service: Protection. Accessed at www. secretservice. gov/protection. shtml on April 13, 2006.
[78] US Secret Service: Investigations. Accessed at www. secretservice. gov/investigations. shtml on April 13, 2006.
[79] About DOJ. Accessed at www. usdoj. gov/02organizations/ on April 14, 2006.
[80] DEA Mission Statement. Accessed at www. dea. gov/agency/mission. htm on April 14, 2006.
[81] DEA Staffing & Budget. Accessed at www. dea. gov/agency/staffing. htm on April 14, 2006.
[82] Curt Gentry, J. Edgar Hoover: The Man and the Secrets (New York: Norton, 1991).
[83] Department of Justice, FBI Reorganization Fact Sheet (Washington, DC: Government Printing Office, 2002).
[84] ATF 2003 Performance and Accountability Report. Accessed at www. atf. gov/pub/gen _ pub/2003annrpt/discussionandanalysis. pdf on April 14, 2006.
[85] U. S. Department of Justice, United States Marshals Service Fact Sheet (Washington, DC: Government Printing Office 2006).
[86] US. Department of Justice, National Police Summit: Building Private Security/Public Policing Partnerships to Prevent and Respond to Terrorism and Public Disorder (Washington, DC: International Association of Chiefs of Police, 2005).

[87] Elizabeth Joh, "The Paradox of Private Policing," The Journal of Criminal Law & Criminology 95, No,1(2004),pp. 49 – 131.

[88] Found at www. seiu. org/a/standforsecurity/about – the – ind. php. Accessed October 20, 2011.

[89] Brian Forst, "The Privatization and Civilianization of Policing," in Charles Friel, ed., Criminal Justice, 2(2000),pp. 19 – 79.

[90] Bud Hazelkorn, "Making Crime Pay," San Francisco Chronicle, August 17, 2003, p. 1.

[91] Ibid.

[92] Joh, "The Paradox of Private Policing"; Clifford Shearing, "Private Security: Implications for Social Control," in K. R. E McCormick and L. A. Visano, eds., Understanding Policing (Toronto: Canadian Scholars Press, 1992),p. 521.

[93] About the Industry. Accessed at www. seiu. org/property/security/aboutindustry/ on April 15, 2006.

[94] Don Hummer and Mahesh Nalla, "Modeling Future Relations between the Private and Public Sectors of Law Enforcement," Criminal Justice Studies 16, No. 2 (2003),pp. 87 – 96.

[95] The 9/11 Commission Report, Executive Summary, www. 9 – 11commission. gov.

[96] Paul Parfomak, Guarding America: Security Guardsand U. S. Critical Infrastructure Protection (Washington, DC: Congressional Research Service, 2004).

[97] Ibid.

[98] Terrill, World Criminal Justice System, pp. 9 – 25.

[99] Samuel Walker, "Historical Roots of the legal Control of Police behavior," in David Weisburd and Craig Uchida, eds., Police Innovation and Control of the Police (New York: Springer, 1993), pp. 32 – 55.

[100] Anthony Amsterdam, "Perspectives on the Fourth Amendment," Minnesota Law Review 58 (1974),p. 428.

[101] Susan E. Martin, On the Move: The Status of Women in Policing (Washington, DC: Police Foundation, 1990), pp. 11,24.

[102] Found at www. smartpolicinginitiative. com /. Accessed October 20, 2011.

[103] International Association of Directors of LawEnforcement Standards and

Training, Sourcebook of Standards and Training Information (Charlotte: University of North Carolina at Charlotte, 1993).

[104] Roger Goldman and Stephen Puro, "Decertification of Police: An Alternative to Traditional Remedies for Police Misconduct," Hastings Constitutional Law Quarterly 15 (Fall 1987), pp. 45 – 80.

[105] Jack Pearson, "National Accreditation: A Valuable Management Tool," in James J. Fyfe, ed., Police Management Today: Issues and Case Studies (Washington, DC: ICMA, 1985), pp. 45 – 48.

[106] See www.calea.org. Commission on Accreditation for Law Enforcement Agencies, 4th ed. (Fairfax, VA: CALEA, 1999).

[107] Stephen D. Mastrofski, "Police Agency Accreditation: The Prospects of Reform," American Journal of Police VI, No. 2 (1986), pp. 45 – 81.

[108] W. E. Eastman, "National Accreditation: A Costly, Unneeded Make – Work Scheme," in James J. Fyfe, ed., Police Management Today: Issues and Case Studies (Washington, DC: ICMA, 1985), pp. 49 – 54.

[109] www.calea.org/Online/Clients/CALEAAWARDS.pdf. Accessed February 16, 2009.

[110] Mastrofski, "The Prospects of Change in Police Patrol," p. 25.

[111] Kimberly McCabe and Robin Fajardo, "Law Enforcement Accreditation: A National Comparison of Accredited vs. Nonaccredited Agencies," Journal of Criminal Justice 29 (2001), pp. 127 – 131.

第二部分　警察与组织

第四章 警察组织

本章概要

结语
关键术语
讨论
注释

警察通过组织机构为公众提供警务服务。如何组织和管理好警察局决定了警务的质量。有批评家认为，警察组织的性质是警务工作的一个主要问题，其中包括：组织部门与公众隔离、拒绝变革、不能充分发挥人力资源管理在警察组织中的作用。

本章揭示了美国执法组织的突出特征。其中部分特征是警察组织特有的，同时，其他一些特征是所有官僚机构共有的。本章指出了组织惯用形式的主要优缺点，探讨了组织化警察工作的一些可行性方法。同时，讨论了公务员制度和警察工会对警察组织的影响。本章讨论了组织化理论及其应用，以便更好地了解警察组织。

第一节　警察组织的准军事化风格

美国联邦执法机构是按照准军事化的路线组织运行的。[1] 在有些方面，美国联邦执法机构与军队相似，但不完全相同。美国联邦执法机构的组织风格源于 1829 年罗伯特·比尔提出的伦敦大都市警察组织计划，被美国警察局所采用。

警察与军队有以下几点相似之处：第一，警察穿制服。第二，警察组织使用军衔称号，如警员、警长（lieutenant）、警督（captain）。第三，指挥机构分等级，指挥命令从上一级发出。第四，组织化风格是独裁的，对于不服从命令的给予处罚。第五，警察携带武器，拥有使用致命武力、强制和通过逮捕限制人身自由的权力。

关于罗伯特·比尔和伦敦大都会警察的详述见第二章

警察与军队在一些重要方面存在不同。第一，警察组织服务于公众，而不是对抗外敌。第二，警察组织提供服务的对象是需要帮助的民众，同时其服务也是公民个人的要求与需要。第三，警察组织受制于保护公民权利的法律。第四，警察组织有自由裁量权，然而军事人员是以军事单位成员的身份进行训练与行动的。[2]

关于警察自由裁量权的详述见第十一章

对准军事化风格的批判

许多专家认为，准军事化风格不适用于警察组织。他们认为：第一，军事精神会使警察形成一种“我们与他们”的态度，常常被用作不公正对待公民的辩解。第二，准军事化风格鼓励“为打击犯罪而战”的观念，与服务于人民大众的宗旨不相符。[3]第三，独裁的指挥风格与公众参与的民主原则背道而驰。第四，独裁风格会降低士气，同时刻板的职级结构会使警察对工作的满意度不高。

20世纪60年代至70年代早期，有些批评家认为应该淡化警察的军事化特征，增进警察社区关系（community），尤其是他们认为警察应该穿平民化的夹克装，而不是军事化风格的制服。有些小规模警察局尝试过让警察穿夹克装。例如，加利福尼亚州门洛帕克警察局认为这样做没有出现任何严重问题。20世纪70年代，第一次组建的科罗拉多州莱克伍德警察局也采用了西装服饰，并且没有使用传统的军衔称号。然而，几年后都回归到传统的军事化着装风格，因为警察的公共形象与军事化风格的制服密切联系，以至于警察局很难舍弃传统规范。[4]

近年来，有学者发现警察组织正回归军国主义风格。最早研究该问题的专家皮特·卡拉斯卡（Peter Kraska）指出，自从冷战结束后，一种军国主义的文化已经开始通过警察组织回转。他认为由于近些年美国的准军事化警队数量的增加，从而使这种想象不断出现。警察机构中最精英的准军事化警队，采用了非常严格的军事化指挥结构、类似于军队的训练以及在处理高风险事件时使用暴力。卡拉斯卡再次指出，在这些警队的警察通常身穿战斗制服、战斗靴、凯夫拉（Kevlar）头盔，并且使用各种专业武器，如机枪、狙击步枪、催泪气体以及监控装备。[5]

边注栏 4－1

军事化模式的谬见

多年来，警察组织结构一直在模仿军事组织。前海军陆战队队员，具有 17 年警龄的纽约警察局警官托马斯·考珀（Tomas Cowper）在最近发表的一篇文章中提到，他认为这种看法是各种错误假设的结果，尤其是军事职业和警察职业在组织特点与业务活动方面存在不同。对于组织特点，考珀认为军队是建立在合作与领导计划的思想观念上的，然而警察职业更强调个性、监控与监督。考珀认为，理解和懂得战争艺术的军队领导能够更有效地开展工作，他们也具备提高士气和增强凝聚力的能力；警察组织的领导并没有取得良好的职业培训，他们的工作仅仅是监控下属的活动以保证其能够遵守各种方针政策。他补充道，警察在巡逻中更多地扮演了“独行侠”的角色，很少与警察局的其他人合作，而士兵则注重团队合作，从而工作效果显著。在操作策略方面，考珀指出，军队只有应对战争这一使命，然而警察有三个使命：打击犯罪、维护秩序和服务大众。除此之外，考珀认为，军队倾向于积极主动地进行操作活动，而警察倾向于应对事件。

1. 你认为托马斯·考珀关于军队和警察职业特点的观点是否正确？
2. 以班级为单位，讨论军队与警察的其他不同。
3. 以班级为单位，讨论军队与警察的相似之处。

资料来源：Adapted from Thomas Cowper，“The Myth of the Military Mode of Leadership in Law Enforcement，” Police Quarterly 3，No. 3（2000），pp. 228－246。

第二节　警察组织的特征

准军事化只是美国警察局的一个特征。为了能更好地了解警察局如何运作，如何服务于公众，必须把警察局理解为组织。许多警务问题都与组织化特征有关。了解这些特征存在的原因以及产生的积极贡献是很重要的。

一、美国警察组织的主导风格

美国警察局在组织结构和行政管理方面具有显著的相似之处。典型的警察局通常是具有等级体系和独裁管理特征的复杂官僚机构。唯一与此不同的是，小规模警察局有简单的组织结构和更多非正式的管理特点。同时，除了一些非常小的警察机构外，其余的警察机构都是以管理人力资源的方针、政策等形式组织管理的。另外，大多数规模较大的警察局通过与代表各级警察的工会集体谈判签约构成。

二、官僚化的警察组织

现代警察局是官僚化的组织，就像现代社会中的其他大型组织一样，如私营公司、大学、宗教组织和政府机构等。警察局拥有与它们相似的官僚特点。[6]

官僚化的组织形式之所以存在，是因为官僚形式是为了追求共同目标组织和指导不同活动的最有效手段。但并不意味着官僚形式绝对高效，只是人们没有发现任何其他组织形式能在追求共同目标的同时，仍能更好地开展多个任务。

现代官僚化有如下几个特点：[7]

1. 在追求共同目标时，它是能够同时运行多项工作任务的复杂组织。
2. 不同的工作被分成互相分离的单元，如“局”（引申出术语“官僚化”）。
3. 组织结构是分等级的或是金字塔结构，员工、一线管理者与首席执行官之间存在明确的分工。
4. 级别较低的员工被授权对具体工作负责。
5. 指挥体系明确，说明谁是每项工作的负责人以及谁负责对员工的监督。
6. 统一指挥明确，从而使每位员工听从一位或只听从一位管理者的命令。
7. 书面规程和法规完善，以确保组织内部的统一和一致。
8. 信息通过组织的指挥体系流动。
9. 职业发展道路明确，个人通过组织按序晋升。

现代警察的官僚化最早出现在20世纪早期，是警察职业化运动的一部分。[8]随着更专业化的警察组织创立（如交通事故组、青少年犯罪组、卖淫嫖娼组、教育培训组等），警察局逐渐成为更加复杂的组织。为更好地应对新的复杂性，警察管理的新领域也得到了发展。专家们借鉴了经济管理的现代化组织管理的原则，并应用到警察组织管理中。倡导这一运动的领导者是奥古斯特·沃默（August Vollmer）、布鲁斯·史密斯（Bruce Smith）与O. W. 威尔逊（O. W. Wilson）。威尔逊撰写的《警察管理》成为20世纪50年代警察管理的权威书籍。[9]

如图表4－1所示，菲尼克斯警察局的组织结构是典型的现代官僚化警察组织，其特征代表了美国大型警察局。

表4-1　菲尼克斯警察局的组织结构

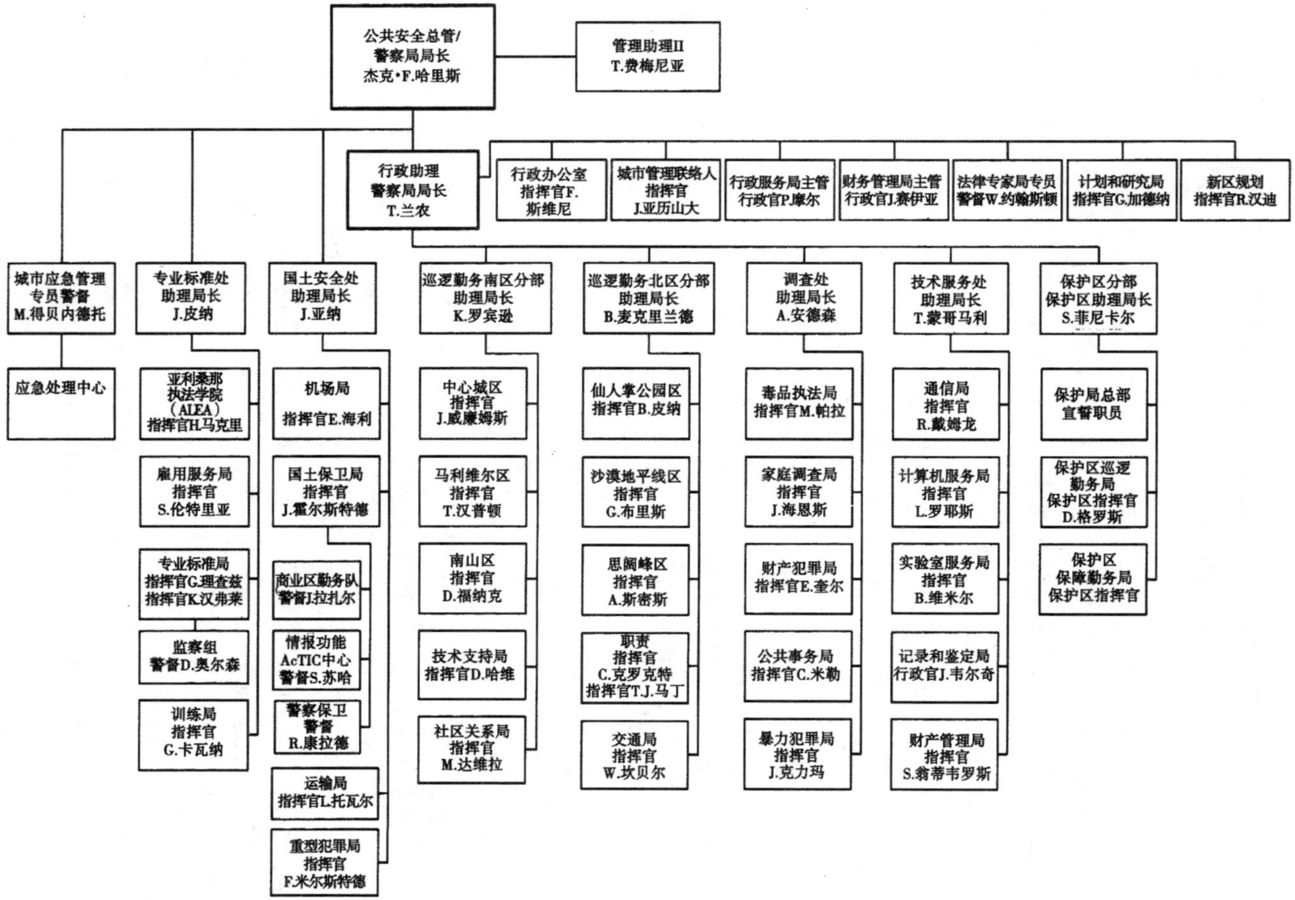

首先，从图表4－1可以显而易见地看出，菲尼克斯警察局的组织结构是金字塔形的，反映出了组织形式的等级划分。其次，菲尼克斯警察局能够整齐划一地执行不同的任务，如巡逻、维护交通秩序、犯罪调查、记录、训练、策划和研究等。再次，菲尼克斯警察局分工明确，按其功能划分至不同的部门，巡逻及相关工作划分在巡逻处，犯罪调查划分在一个处，职业标准则划分在另一个部门等。最后，菲尼克斯警察局的权力线条明确，在组织内部警察局的监管由上至下传出。这可以确定谁负责具体的任务。这一方式反映出统一监管的原则：每个人都向一位监管者汇报。按照控制幅度原则：每位监管者都负责监管有限数量的人员。在巡逻警队中，理想的控制幅度就是1名警长负责监管8～12名巡警。

关于成文政策与行政规定应用的详述见第十一章和第十四章

警察组织的专业化程度取决于社区的规模、治安状况和警察局自身的规模。[10]在几乎没有严重犯罪的中等城市，警察局一般无须设立独立的命案组。命案时有发生的大城市，警察局则需要设立专门的命案组，且有能力建立这样的部门，中小型警察局则没有能力开办自己的训练学院。这些任务由州警察机构来承担会更加高效，州警察为许多警察局服务。

从菲尼克斯警察局的组织结构中看不出监管雇员行为的系列规定。警察局依靠书面形式，把行为规则汇编在标准勤务程序（SOP）手册或政策手册中。警察的职业路径将在其公务员程序中体现出来。

三、官僚化问题

许多批评指向了官僚化组织形式，这些批评也适用于警察组织。[11]第一，官僚化机构通常比较死板、生硬，同时不能及时适应外界环境的变化。例如，许多商业管理专家认为，美国企业已不能适应变化的市场和新的全球化经济。警察局也常常无法合理应对不断变化的犯罪形式和他们所服务社区人员组成的变化。[12]

关于警察与少数族裔社区关系的详述见第十二章

第二，组织内部的沟通经常被损坏。重要的信息无法传送给需要的人，结果，组织作出了错误的决策或者追求了矛盾的目标。组织沟通的效果决定了组织管理的效率。

在组织管理过程中，如果能做好组织沟通，对实现绩效目标可以起到事半功倍的效果。畅通有效的组织沟通，有利于信息在组织内部充分流动和共享，有利于提高工作效率、增强民主管理、促进决策的科学性与合理性。

关于市民监督警察的详述见第十四章

第三，官僚机构往往容易变得封闭和利己，并逐渐脱离其服务的公众。组织的自我保护、生存优于组织的基本目标，影响了组织目标的实现。从而，企业被指责没有迎合消费者的需要，大学被指责没有服务于学生的需要，警察局被指责工作脱离了公众。脱离公众的问题主要体现在警察社区关系方面，因为警察局被指责没有听取种族和少数族裔社区的心声。

关于警察自由裁量权的控制与官僚化的警察渎职行为的详述见第十一章和第十三章

第四，官僚化机构被指责没有充分发挥员工的才能和创造力。[13] 许多观察家发现普通警察存在严重的风纪问题，并认为警察局应该向警察工作提供更多的机会，使其履行职责更具灵活性。

四、官僚化在警务工作中的积极贡献

因为官僚化问题是人们议论的焦点，所以组织官僚化的积极贡献常被忽视。这些被赞誉的贡献通常要站在历史角度来看待。

我们把 1900 年时典型的警察局与如今典型的大城市警察局进行对比后，可以发现现代官僚化的贡献。1900 年的警察局非常不专业，组织机构仅有巡逻和侦探两个组。伴随许多专业领域的发展，如青少年、交通、社区关系、培训和犯罪学等领域，需要综合性组织的发展，才能协调所有这些专业领域的活动。[14]

官僚化原则能够实现对警察自由裁量权的控制和减少渎职。使用致命武力或者应对家庭暴力的书面规则，体现了行政规则制定的技巧。这一方法涉及的文书工作就是官僚化机构的特点。[15]

关于警察自由裁量权成文规定影响的详述见第十一章

五、警察组织的非正式方面

警察组织正式方面仅代表了其实际运行的一部分。每个组织还有重要的非正式方面，常常被称为办公室政治。[16] 桃乐茜・盖约特（Dorothy Guyot）认为，“包括警察局在内的所有正式组织都有分支机构、层级结构、身份划分和其他正式安排，但同时也有非正式关系，例如朋党、友谊关系和临时合作”。

例如，信息并不总是以组织结构图所描述的方式传送交流。敏感和潜在的尴尬信息常常被隐瞒，普通警察之间相互掩盖错误。警长们会掩饰下属的错误，因为这会反映出他们自身管理的欠缺。在有些重要方面，首席执行官并不想了解某些具体的事情。这样，当被媒体或者公众质疑时，他们可以公然否认有这样的事。

同时，信息却没有通过预定渠道流向组织内的朋友。这类信息通常被称作流言。流言分为两种类型：真实的流言与虚假的流言。虚假流言的编造和散布是为了使某人的名誉扫地。真实的流言通常是有价值的。例如，谁计划退休或准备离开组织，或是谁由于工作上的错误处于困境，这些都是有必要了解的。

约翰·可兰克（John Crank）认为，几乎所有警察组织的内部都存在“集团”或非正式的警察组织网络。可兰克认为这些集团的形成是为了保护警察免受“行政官员的胡说”的干扰。保护集团有两种类型：纵向的和横向的。纵向集团（vertical cliques）通常形成于低级别与高级别警察之间。纵向集团时常会在局势和问题两方面达成共识，并且他们共事时会以一种合适的方式解决问题。横向集团（horizontal cliques）形成于级别相近的警察之间。更多横向集团的形成是为了保护同等级警察免受监管人员的问责，彼此之间能够相互照应。[17]

警察局集团的形成常常基于工作分组。每天一起巡逻或侦查时，警察试图发展更紧密的个人网络关系，这种关系有时是无意间形成的。他们从工作的角度看待事物，当有冲突或意外发生时，即使他们知道同事是错误的，也会尽力保护他们。

警察组织内部不同部门之间的对抗性会影响“集团”的运行效果。巡警常常怨恨处于更高的职位的人，如侦探岗位。同时，巡警之间也会因为轮班的安排而产生对抗性。在一定程度上，资历（论资排辈）制度加剧了这种紧张关系，因为夜班总是给年轻警察值，而白班总是给年长的警察值，这种制度使年轻警察产生不满心理，就会影响其工作的积极性以及组织内部的气氛。

同时，组织里也有通过同事间友谊形成的集团。这些集团建立于成员间共同的经历，如在同一个新警培训班或者在同一个巡逻组。警务的民间传统包括一个理念，即有些警察与搭档会发展成比与配偶更密切的关系。搭档能够理解警务工作中不愉快的事情，这些恰恰是警察不愿意在家里讨论的事情。

在警察局管理中，友谊模式变得更加重要。韦斯利（Wesley）发现警察局局长既需要掌握组织内部流通的信息，也需要了解执行敏感任务警察的信息。因此，警察局局长依赖“警察局内部他最喜爱的一些人，来处理微妙的任务分配”。[18]为了维持朋友网络，警察局局长通过分配更好的工作任务奖赏“自己人”，通过分配低层次的工作任务来惩罚真实的或假想的敌人。

第三节　官僚化与警察专业化

警务的官僚化在许多方面与所理解的其他职业的专业化相冲突。在法律、医学和教育行业，专业人士就是指通过大量的训练和经历而具备特殊专业知识的人员，他们对关键事件能做出独立判断。例如，医生对病人的诊断和救治，能够做出关键决断。专业人士并不是遵循一套刚性的规则。[19]

警务的官僚化体现了控制行为的不同方法。首先，警察组织的准军事化性质强调分级指挥和控制，而不是合议制定决策。其次，警察组织试图通过正式的成文规定控制警察的行为。

关于正式的成文规定的详述见第十四章

鉴于美国警察的历史，警察专业化具有特殊的含义。专业化意味着向官僚化靠拢。因此，专业化的警察局采用了威尔逊（O. W. Wilson）的警察行政管理原则，即专门化、等级制度、清晰的职能划分、成文规定与政策等。专业化警察局的警察“照章办事”，就是遵照成文的部门规章从事他们的工作。[20]

然而，传统行业的职业自主性在一定程度上正在消失。越来越多的医生在大型医院或医疗机构工作。就像其他官僚组织一样，这些组织对医生的行为施以正式的控制。越来越多的律师就职于大型律师事务所或公司，它们通过监测律师的工作时长对律师的行为实施控制。

第四节　警察组织的改革

人们对警察组织的当前状态存在诸多不满。目前，关于如何改善当前形态有两派观点。主流派观点认为接受官僚化组织的基本原则，并努力提高其效率。例如，支持者主张通过成文规定加大对自由裁量权的控制力度。[21]另一派认为应该运用其他的决策程序管理现有的正式结构。

关于警察自由裁量权的详述见第十一章

一、社区警务

社区警务体现了对警察传统组织形式的替代。传统警察组织的官僚化程度非常高，警察的效率和效能受到了限制，因为组织内部存在许多缺乏人情味的规则、警察自由裁量权使用的缺乏以及组织结构的官僚属性。因此，社区警务试图通过去除官僚化来改善传统的警察组织，尤其是努力分散管辖范围和行政管理的决策权。这就需要警察组织赋予基层警察在社区层面更多的职责，使其更加积极地回应社区居民的需求。社区警务需要简化警察组织结构，去除众多抑制创造性和妨碍解决问题的规章制度。在社区警务模式下，要鼓励警察组织减少专门化的功能，利用更加了解社区问题的社区（邻里）警察取代专业组。最终，通过缩短巡区警察与警察局局长在社会和行政方面的距离，社区警务努力减少层级。改革者认为，这将会提高做出决断的速度和赋予巡区警察更大的权力。从这个角度来讲，社区警务是对警察组织官僚化的批评（前文已有论述）。[22]

警察组织能否完成这些目标仍有争议。最确切的研究数据是由爱德华·马奎尔（Edward Maguire）总结的，他收集和分析了从1900年到1998年分布在全美353个大型城市警察局的调查数据。马奎尔发现社区警务对警察局的组织结构具有一定影响。特别是他还发现了全美大型警察局的集权化和官僚化程度在减弱，越来越依靠文职人员承担警察工作。另外，同时期的警察局未能缩小一线警员与警察局局长之间的社会或行政距离，同时警察局局长对专业组的依赖没有减弱。[23]

边注栏4-2

从生命周期角度看待警察组织

为了更好地认识警察组织及其变化，威廉姆·金（William King）最近提出了一个创新性的策略。金认为，所有的警察组织就像人一样，都会经历对自身组织结构和行为表现产生重要影响的发展阶段。金还认为，警察组织会经历几个阶段或重大事件。三分之一的事件是必然发生的，即组织的形成和解散；其他四个是可能或不可能经历的阶段，包括组织建立的早期效应、发展、衰退和危机。

组织的形成。所有警察组织都有形成的理由。金指出，根据时间和地点，历史已证明了促使警察组织形成的因素，如不断增长的犯罪、骚乱、公共场所酗酒以及阶级冲突等案件。他进一步指出，美国在过去20年里，已成立了许多地方警察机构，但是学者们却没有充分理解它们成立的原因。

组织建立的早期效应。组织成立后不久就有发展路线、组织和行为规定，并成为组织的印记。金称其为组织成立的早期效应。他认为，警察组织和其他类似警察组织的创立者为警察组织的结构、管理以及运行设定了模板。因此，金认为，警察组织早期制定的决策对组织未来的发展轨道在长期内具有非常重要的影响。

组织的发展。金指出，有些警察组织会经历快速发展期。如果一个组织经过一个发展时期后，不仅伴随着增加雇员招聘和培训，同时还会为在职成员提供更多的机会。例如，随着一个警察组织的发展，晋升、成立专业部门和奖励的机会也会随之增加。正在发展的组织会被视作成功的组织，因为可以增加组织利用的资源。

组织的衰退。金认为有些警察组织会经历衰退期。当警察组织裁员时，组织就进入了衰退期。组织裁员常常被看作是组织衰落的一个信号。晋升困难、每个成员要承担多项工作、要在资源减少的状况下完成更多的工作。

组织的危机。许多警察组织会经历危机。金解释道，危机会发生在警察组织外部或内部。外部引发的危机包含犯罪率增加或预算减少。内部引发的危机包含警察腐败、滥用职权或劳动争议。警察组织如何适应危机，对于组织是否经历发展期与衰退期具有潜在的重要影响。

警察组织的解散。金认为，大部分人熟悉商业失败或破产，但几乎没人熟悉警察组织的解散。然而，他认为警察组织的解散很正常。例如，在过去 30 年里，俄亥俄州有 117 个警察机构解散，这些警察机构的大部分规模较小，服务于小型社区。他也指出，美国一些大型警察组织也已解散，其中包括纽约城市学校、运输、住房管理等警察机构，以及加利福尼亚州的康普顿警察局、佛罗里达州的劳德代尔堡警察局。金认为，生命周期观点号召政策制定者和学者更好地理解警察组织为什么会解散和现存警察组织需要从中吸取什么经验教训。

1. 讨论你认为威廉姆·金关于警察组织具有生命周期特点的描述是否正确。

2. 以班级为单位讨论，警察组织的衰退和对警务生产力的影响。

资料来源：Adapted from William R. King，“Toward a Life - Course Perspective of Police Organizations，” Journal of Research in Crime and Delinquency 2009，46：213 - 244。

二、特别工作组

改变警察组织结构的一种替代方式是发展现存正式组织结构中已运行的决策制订程序。其中一个范例就是利用特别工作组，它由同一机构里不同等级的警察组成。例如，缉毒执法特别工作组可能包括 1 个队长（captain）、1 个警督（lieutenant）、2 个警长和 3 名警员。跨部门特别工作组可以让警察局局长从不同层级中遴选出特定的警员，依据的是他们的才能，而不仅仅是基于级别。

跨部门特别工作组能够解决传统警察组织结构中的一些相关问题。这就证明了一个事实，即许多级别低的警察有能力对警务政策做出明智的决策。参与组织活动能够提高他们的工作热情，为他们以后职业生涯的监管职责做好准备，也能够增加组织内部接受创新的可能性。

跨部门特别工作组的成功促使许多执法组织采用多部门特别工作组模式。多部门特别工作组作为特殊的执法组织，常常具有多元管辖权力。多部门特别工作组是为了更有效地打击特定的犯罪问题，是由多个政府机构之间通过正式的协议创建的。[24] 据估计，仅联邦政府资助的多部门特别工作组就有 900 至 1100 个。[25]

多部门特别工作组通常由两个或多个来自各个参与机构的宣誓警察组成，每个机构同时配备人员和所需的工作设备。通常其中的一个参与机构会被遴选作为主导机构协调执法工作。例如，亚利桑那州反帮派特别工作组就是由州内许多大城市执法机构的宣誓警察以及几个联邦执法机构的特工组成的。在组织结构上，反帮派特别工作组由亚利桑那州公共安全局领导和协调。反帮派特别工作组既负责打击帮派，也负责为亚利桑那州所有执法机构管理帮派的情报资料。因为对于亚利桑那州的执法机构，管理帮派情报资料的功能需要消耗大量的资金和时间。

菲利普斯（Phillips）指出，利用多部门特别工作组有5个主要优势：（1）可以避免周围社区的警务重叠；（2）只能提供较小机构的警务，否则可能无法提供；（3）可以从共享的资源管理中获益；（4）赋予警察工作的司法管辖权，否则他们无权执法；（5）能够增加供警察使用的信息。[26]

三、COMPSTAT模式

过去的20年里，警察组织已经逐步运用更有效率的技术开发利用资源。直到1994年，威廉姆·布拉顿（William Bratton）局长领导的纽约警察局才运用了COMPSTAT（computer comparison statistics 计算机统计信息比照的简称）模式，作为一种组织化工具，通过问责的方式达到犯罪控制。在纽约市警察局，COMPSTAT模式将及时的情报、有效的战术、快速部署人员以及公正的跟进和评估结合在一起。[27]在COMPSTAT模式下，警察局持续收集局内每个管辖区或警区的逮捕、报警和投诉的数据，并为了这一层级报告的目的对这些数据进行分析。纽约市的这一管理组织模式将对犯罪控制的责任赋予辖区的指挥官。每周例会都要进行犯罪趋势分析，同时要求指挥官说明运用了哪些策略控制犯罪。没有成功减少犯罪率的指挥官会被重新分配到职级较低和要求不高的岗位上。[28]

韦斯伯德（Weisburd）和助手进行了详尽的研究，检验了COMPSTAT模式在全国范围内的适用情况和与该战略相关的主要目标。他们发现了与COMPSTAT模式相关的6个关键因素或特征。[29]

1. COMPSTAT模式会明晰部门的任务、目标和价值。
2. COMPSTAT模式能够使组织内的管理者担负起责任。
3. 组织的权力与权威被转移到区域指挥官手中。
4. 资源被转移到区域指挥官。
5. 数据被用来发现问题和评估行动的成败。
6. 要求中层管理者运用具有创新性的问题解决策略。

自纽约市运用 COMPSTAT 模式后，COMPSTAT 模式被称赞为美国警务中最重要的组织创新之一。其中的主要原因是，许多政策制定者和警方官员认为运用 COMPSTAT 模式大幅降低了纽约的犯罪率。应用 COMPSTAT 模式后，纽约的犯罪率降低了55%，其他城市降低24%。同一时期，纽约的凶杀案件减少了66%，其他城市减少了 24%。最终，美国很多警察局使用了 COMPSTAT 模式。[30]通过对美国615 个警务机构的调查显示，33%的大型警察局和 11%的小型警察局使用类似于 COMPSTAT 模式的系统，并且超过 25%的大型和小型警察局正计划尽快使用 COMPSTAT 模式。[31]

然而，许多批评者指出犯罪率下降是以法定诉讼程序和道德为代价的。由于指挥官使用了更加强势的警务策略，使群众的抱怨急剧上升。例如，在最开始的两年里，反对警方非法搜查的投诉增加了 135%。同样，纽约市警察局的许多管理者抱怨 COMPSTAT 模式只是加剧管理恐慌的数字游戏。那些因惧怕公众投诉而没有增加逮捕数量和没有减少辖区犯罪的指挥官，在 COMPSTAT 模式例会上受到了谴责。[32]

现在，对于 COMPSTAT 模式的评估只有两个。一是由得克萨斯州的佛特·沃斯（Fort Worth）提出的。研究人员通过数月对运用 COMPSTAT 模式前后犯罪趋势的调查，发现运用 COMPSTAT 模式能够明显减少投入和总体指数犯罪（index crime），但对暴力犯罪几乎没有作用。[33]二是在东南部一个规模较大的警察局进行的。达布尼（Dabney）发现大多数一线警察误解了 COMPSTAT 模式的真正用途，同时警长不能继续鉴别和提供对 COMPSTAT 模式过程的监督。达布尼也发现，COMPSTAT 模式加剧了队组间的竞争，减少了信息共享和合作。[34]

第五节　公务员制度

公务员制度是美国警察组织的主要特征。公务员制度代表正式的合法管理人事决定的程序体系。公务员制度几乎是普遍的。除去一些非常小的警察局，美国警察局都运行在某种公务员体制下。公务员体制的目的是确保人事决定是基于客观标准，而不是基于喜爱、偏见和政治影响。

州法律或地方法规建立了公务员制度。在大多数城市，人事的最终决定权依赖于 3 至 5 人组成的委员会。通常市长或市经理任命委员会成员及任期。委员会制定基本政策，同时聘请 1 名人事主管日常事务。[35]

公务员局和警察局共同负责人事政策。公务员局负责制订岗位说明和薪资表、制订招录程序、组织和管理招录考试、认定应聘者资格、制定晋升标准、组织和管理晋升考试、制订处分程序以及听取纪律处分的申诉。警察局则提供职位信息、参与招聘、组织某些录用考试以及在合格人员中遴选录用者。

公务员制度加强了警察局的层级结构。威廉姆·金（William King）指出，正式的组织成员划分为四个层级（基本概述了公务员体制）。[36]

第一，奖励等级。该层级通常与警察局内警员的级别和资历相对应，而不是与个人技能和表现相对应。

第二，基于资历等级，警察是有差别的。工作年限更长的警察获得的报酬更高，同时在轮班和工作任务分配方面有优势。

第三，基于地位等级，警察局内部的警察存在差别。在特定情况下，通常分配到专业部门的警察拥有更大的权力和责任，如侦探或在特殊岗位工作的人(警察局局长特别助理)。在这类情形中，分配到特定岗位的警察能够指挥和控制衔级高于自己的警察。然而，只有分配或被任命到某一特定职位，警察的身份和权威才会有效力，如果重新调整职位，警察的身份和权威也随之消失。

第四，基于警衔等级，警察存在差别。直到警察晋升，否则警衔等级永远不变（在公务员体制下，降职是极为罕见的）。例如，警长受制于公务员制度为警长制定的岗位说明。

公务员制度使警察组织产生了很多问题。

第一，警察局局长的人事决定权受到了限制。警察局局长无权招聘、解雇或随意提拔下属。同时也无权改变已经存在的人事标准（例如，在所有新职位入职标准中加入大学学历要求）。

第二，它限制了警员个体在工作上的机会和积极性。警员不能获得财政奖金或通过个人的突出表现获得快速提升。

第三，许多批评指出，纪律规定使警察局局长很难解雇坏警员，很难因糟糕的工作表现处分警员。

第六节 警察工会

警察工会是警察组织的又一结构特征。警察工会是被合法授权代表警察与用人单位进行集体谈判的组织。美国劳动法律规定，用人单位要正确认识员工选出的工会，并与其谈判。警察工会极其强大，工会合同是警察组织的一个重要特征。

一、警察工会的不同方面

今天，美国大多数宣誓警察都是警察工会成员。根据执法管理和行政统计

（LEMAS）调查，警察工会的成员代表了73%的城市警察局和43%的县治安官局。[37]几乎所有大、中型城市都有警察工会，而小城市和县警察局（少于或等于10名警察的部门）则没有。尽管私营企业的工会成员数量一直在下降，而公共部门的数量却一直在增加。在公共部门工会中，警察成员的数量并不是最多的，大多数的消防队员和公立学校教师构成了工会的主体。[38]

不同于经济组织，没有一个单独代表所有警察的国家工会组织。例如，联合汽车工人协会代表了所有从事汽车工业的工人；卡车司机工会代表了所有卡车司机等。警察工会分散在几个不同的国家联合会中。如今，有3个主要的警察工会。

1. 警察兄弟联盟（Fraternal Order of Police）。警察兄弟联盟（FOP）是最早最大的警察工会组织。它代表全美50%的执法人员。据报道，警察兄弟联盟现有325000名成员。[39]

2. 国际警察工会（International Union of Police Associations）。国际警察工会（IUPA）是89个隶属美国劳工联合会（ AFL－CIO）的一个特许工会。但是，近年来劳工联合会并没有向国际警察工会提供帮助。据估算，国际警察工会拥有35000名成员。[40]

3. 卡车司机执法联盟（Teamsters Law Enforcement League）。卡车司机执法联盟是国际卡车司机联盟的分支，鉴于其有参与有组织犯罪的历史，它也许是最具争议的警察工会。与国际警察工会一样，卡车司机执法联盟也隶属美国劳工联合会。它几乎代表了所有郊区和农村执法机构的工作人员。据估算，卡车司机执法联盟代表了225个警察组织的15000名警察。[41]

二、集体谈判

集体谈判被定义为“通过双边谈判确定就业条件的方法”。集体谈判的基本原则包括：（1）雇员有自己选择工会的合法权利；（2）雇员必须了解其选择的工会；（3）雇员有权参与关于工作条件的谈判；（4）雇主需要与指定的工会代表进行谈判。这一过程提供了解决雇主和雇员分歧的结构框架。[42]

有些警察局的工会代表了除局长之外的所有警察。在其他一些警察局，工会代表了警督（captain）以下的所有警察；警察局副局长们因属于管理者而被排除在外。一些规模较大的警察局有按照不同职级形成的独立的工会：有代表警员的、有代表警长的，等等。在这样的情形下，警察局局长必须与两个工会，有些情况下与三个工会进行协商。同时，也应该有文职人员的独立工会。

1935年出台的《国家劳工关系法》规定了集体谈判的范围包括“薪资、工时和其他聘用条件”。聘用条件的范围模糊且受制于谈判。它排除了管理权问题，如招聘、分配、调动或晋升。但是，有些城市的工会赢得了类似巡警人员配置的控制权。[43]

三、申诉程序

最重要的工作条件之一包括纪律处分程序。几乎所有警察工会都有保护警察免受不公平的纪律处分而制定的正式申诉程序。申诉程序为雇员提供了一个申诉的正当途径。

典型的申诉程序要求警察必须收到纪律处分的通知（通常是书面的），因为警察有权参加听证会、有权请律师、有权对任何纪律处分上诉。在某些情况下，这些程序被称为警察权利法案（见图表4－2）。

例如，警察局局长会宣布增加巡逻四班制的计划，工会认为这将改变警察的工作条件，因为涉及的警察必须在不同的时间段工作。警察局局长认为增加巡逻四班制是他的管理权力。由此，双方将会试图非正式地解决分歧。如果无法达成一致，工会可能根据合同提出申诉。通常，合同包括解决冲突的正式申诉程序。

图表4－2 佛罗里达警察的权利法案

112532 名执法警察和监狱警察的权利

所有被任命或者受雇于执法机构的警察或监狱的警察都应享有以下权利和特权：

1. 被调查中的执法警察和监狱警察所享有的权利。

无论何时被调查中的执法警察和监狱警察都会经受部门同事任何理由的询问，这些询问可能导致纪律处分、停职、降级或者开除等后果。询问必须在以下几种情况下进行：

A. 询问必须在一个合理的时间，除非调查的严重性需要立即进行，最合适的时间应选在执法警察和监狱警察的值班工作时间。

B. 询问既可以在调查部门领导的办公室进行，也可以在声称事件发生的当地警察分局、警察管辖区、监狱进行，并由指定的调查人员或机构组织执行。

C. 应当告知被调查的执法警察和监狱警察关于负责调查的人员、询问人员以及所有询问中出现人员的姓名、职级和命令。除非在特殊情况下，被调查的警察自身放弃，在任何一次调查询问中，所有针对被调查人员的问题都应通过一个调查者询问。

D. 被调查的执法警察和监狱警察在接受任何调查前，应当了解调查的性质和获知所有投诉人的名字。只要可能，在被指控的警察调查之前应该对所有可证明的目击证人进行询问。投诉人、所有的证人证言、其他所有在场警察负责人的证言，还包括但不仅限于与调查案件相关的事件报告、GPS定位信息、影像音频资料等其他所有现场证据，这些都应在任何调查询问前提交给被投诉的警察。在被告知有权审查证人证言后，警察可能会主动地放弃本阶段中的规定，可随时提供自愿陈述。

E. 调查阶段应当安排在合理的阶段，可以允许个人必要的时间安排和合理的休息时间。

F. 被调查的执法警察和监狱警察不应受到粗鲁语言的对待以及不应受到转职、撤职、纪律处分的威胁。不能以承诺或回报方式诱导他们回答问题。

G. 正式调查执法警察和监狱警察过程的所有阶段都应制作成影像记录或者准备副本保存，任何问题和论述都应记录完整。讯问后应当在 72 小时内（节假日和周六日除外）制作好调查记录的副本。

H. 如果被调查的执法警察和监狱警察已被逮捕或者可能由于调查被监视居住，在调查前，应当完整地告知他们在调查中所享有的权利。

I. 在被调查的执法警察和监狱警察的要求下，他们有权选择代理律师和代理人，无论何时当调查关于是否适合继续留在执法机构和监狱时，代理律师和代理人将一直代表他们接受调查。

J. 虽然这里明确了权利和特权，但并没有限制相关部门惩处或刑事起诉警察的权力。

资料来源：Florida Statutes，Sec. 112. 532。

四、解决僵局与罢工

当工会与市、县警察局因合同无法达成一致时，就会出现僵局。私营部门的工会通常会罢工或者雇主会让雇员停工。在许多州，警察罢工不合法，因此其他解决僵局的方案就出现了，如强制性调解、查明事实或仲裁等程序。

罢工是警察工会最受争议的方面。许多人认为警察绝对无权罢工，因为那是非常不专业的，并且会给公众带来危险。警察工会回应，他们应当拥有和其他工会一样的权力。停工是工人迫使雇主达成协议的终极利器。然而，大多数警察工会的领导者反对罢工，不仅因为罢工是非法的，还在于公众的消极反应。[44]

除了实际的罢工以外，警察偶尔会变相罢工（job action），一般被定义为“故意破坏正常分配的工作责任”。例如，集体装病请假（blue flu），许多警察声称生病而不去工作。[45]有些时候，如 1975 年在圣弗朗西斯科，警察通过拒开交通罚单或开出大量罚单对城市施加压力。[46]警察罢工是社区的灾难。1974 年巴尔的摩警察罢工、1975 年圣弗朗西斯科警察罢工和 1979 年新奥尔良警察罢工导致了混乱和暴力事件。在许多罢工中，有些警察坚守岗位，体现了他们对社区的责任心。

警察罢工实际上非常少见，自 20 世纪 70 年代以来极少发生，而公立学校老师罢工远远多于警察罢工，即使在私营部门，罢工的数量也在大幅减少。[47]

五、警察工会的影响

警察工会对美国警界有着重要的影响力。更重要的是，警察工会对警察工资和利益方面取得了显著成效。20 世纪 60 年代中期，许多警察局很难招募和留住合格的警察。到 20 世纪 80 年代末，情况发生了戏剧性的转变，警察局的每次招聘会都有大量申请者，并且招募对象至少为大学学历。换句话说，拥有大学文凭的人认为警察工作比其他工作更具竞争力。

关于警察工作的开端的详述见第六章和第十五章

警察工会的建立使警察收入增加，这在一定程度上解释了执法部门工作竞争激烈的原因。佛罗里达州的一项研究表明，新的法律规定准许县治安官局成立工会，比起没有成立工会的警察局，他们的基本年薪大幅增加了将近 5000 美元。赵继红和尼古拉斯·拉夫离奇（Jihong Zhao & Nicholas Lovrich）做了关于集体谈判对警察赔偿影响的调查研究。他们的报告声称，现在大约 70% 的警察局采用了集体谈判的形式。[48]不采用集体谈判的警察局不易获得较大数额的工资、值班补助和学历提升补助。研究者通过调查报告得出结论，即集体谈判是“主张提高警察人员待遇”[49]的成功策略。

塞缪尔·沃克（Samuel Walker）指出工会组织已在至少四个方面影响了执法。第一，因削弱了警察局局长的权力且引进了共同治理的流程，工会组织彻底改变了警务管理的程序。工会为成员在有些警察局运行的决策代言，但不是为所有决策代言。20 世纪 60 年代末之前，警察局长可以自由管理所有部门。第二，通过引进正规的处分程序、限制警察局局长不得随意地、不公正地处罚警官，反对公民忽视警察。工会对警察局的处分和责任产生了重要影响。第三，因为工会片面地保护被指控失职的警察、反对改善警察社区关系的政策和反对招聘计划的积极行动，工会对警察社区关系产生了负面影响。第四，警察工会有持续的经济和政治资源，他们能够支持和资助政治候选人，实施投票倡议，还影响了当地政府的财政预算。[50]

因此，当有些学者和警察提出警察工会是警察组织积极发展的严重障碍时，就不足为奇了。例如，他们声称很多城市的工会努力争取系统外选拔制，改变警察局政策、处分流程和升职程序。他们还声称工会因为反对有关人力资源分配、四班制的执行和加班程序的改变等不同的政策，限制了管理者高效监管警察局的能力。[51]

第七节　环境对警察组织的影响

研究人员运用三个主要理论来理解警察组织结构和勤务战略，分别是权变理论、机构理论和资源依赖理论。每种模式都强调要理解警察活动在何种环境下运转和环境如何影响警察活动运转的重要性。

一、权变理论

权变理论，又称应变理论、权变管理理论，是理解警察组织结构和实务最主要的理论框架。权变理论强调的前提是警察组织是为实现特定目标而创立和构建的，如犯罪控制。根据权变理论，组织是理性的实体，采取最有效和高效的组织结构与业务活动实现特定目标。该理论认为无法准确适应所应对环境的组织将不会兴旺，在某种情况下甚至无法存在下来。[52]

所罗门·赵（Solomon Zhao）是警察组织方面的权威专家，他认为权变理论在警察组织方面有两个主要的假设。第一，当警察组织的运行环境发生变化而影响现有目标时，就必须根据外部环境做出调整。第二，警察组织必须保持活力，因此才能永远适应环境。警察组织适应环境产生高效能。赵提出的这两个假设使权变理论有助于帮助警察组织的学生理解为何执法部门改变他们的组织安排和警务策略。[53]

研究人员和政策制定者经常运用权变理论来理解警察创新。比如说，加利福尼亚州英格尔伍德（Inglewood）在20世纪70年代为应对帮派增加以及其他相关问题，警察局建立了一个警察反帮派小组以增强警察局犯罪控制的效果。与此类似，许多研究人员和政策制定者认为之所以采用社区导向警务是因为警察过去控制犯罪的努力失败了。[54]

二、机构理论

机构理论认为，警察组织是社会机构，其运行与外部社会和政治环境相关。由于适用于警察，机构理论的中心前提是在机构环境中警察组织和活动被理解的观念。在此，机构环境，是指有权势的人，被称为“最高统治者”，他们有能力影响警察组织的政策和决策。[55]在一个特定的社区中，“最高统治者”可能包括但不仅限于市长、市政委员会、特别利益团体、市民以及其他刑事司法机构。

从机构的视角来看，警察的组织和行为未必表现出合理性。也就是说，警察局创立组织结构或者参与勤务活动，不仅仅是因为警察局更高效或者更有效。相反，警察局创立组织机构或者参与勤务活动是因为警察局反映了机构环境分享的观念和价值。[56]因此，机构理论认为，警察局要合法创立组织机构，他们的组织结构和勤务活动就必须与他们所处环境中有权势的人的观念和信念一致。[57]符合外部环境给他们设定的观点和信念的警察组织更可能获得“文化支持”，并且还可以增加日后组织的存活概率。[58]相反，那些不符合机构环境所持观点和信念的组织更有可能被认为是无用的或者不重要的，并且可能会失去之前机构环境所赋予的合法性。[59]

查尔斯·卡茨（Charles Katz）在建立警察反黑帮行动组的人种学研究中检验了机构理论的效用。卡茨发现，警察局的机构压力对创建反黑帮行动组有重要影响。新闻评论和内部资料显示，城市的帮派问题并不严重，也并不急需建立一个特别行动组。然而，反黑帮行动组是因为警察局局长迫于有权势的当地政客、商业团体和社区相关利益者等方面的外部压力而设立的。一旦设立，行动组的战略反应在很大程度上就必须与环境中的“最高统治者”的观点和信念相一致。因此，他认为，尝试测量和说明警察组织运行环境的关键因素对于理解现存的组织安排和勤务活动很重要。[60]

三、资源依赖理论

资源依赖理论认为组织必须获得资源才能生存，而获得资源就必须与环境中的其他组织交换。资源依赖理论家认为，这就要求组织必须改变组织结构或勤务策略，以适应环境中其他能提供急需资源的组织。因此，资源依赖理论家认为那些在组织环境中能提供必需资源的人员通过资源交换享有间接或直接的权力。同时，资源依赖理论的支持者认为，组织不单是组织环境中被别人支配的被动有机体，而且也有能力影响环境确保资源流动。[61]组织在环境中积极寻找可以提供有价值资源的机会。[62]资源依赖理论的支持者认为，当环境因素影响组织的结构和活动时，组织也通过确保资源流动而影响环境。[63]因此，资源依赖理论的核心是，坚信采用组织结构和行为是为了满足资源需要，而不是提高警察组织的效率或者效能。[64]

迄今为止，使用资源依赖理论理解警察组织的研究很少。卡茨、马奎尔和罗恩凯克（Katz，Maguire & Roncek）对全美285个警察机构进行了检验，发现即使控制了帮派相关的犯罪数量，警察局收到用来控制黑帮的外部资金部门建立特别行动组的可能性也是那些没有收到资金的机构的4.8倍。他们认为，建立反帮派行动组是因为有很多可用于控制团伙犯罪的资源，而不是因为真的有黑帮犯罪问题且日益严重。[65]与此类似，马奎尔、赵和洛夫里奇（Maguire，Zhao & Lovrich）认为，这么多警察机构开展社区导向警务的一个原因就是为了分享司法部分配的用于促进社区警务的88亿美元。[66]

结 语

警察组织是警务活动的关键要素。警察组织既组织警察活动，同时又是服务于大众的工具。许多警察问题都与官僚化有关。过去尝试重组警察局都没有成功，如治安联防。为充分发挥警察组织的作用，使其更加开放，充分掌握服务且处于变化中社区的情况，人们近年来针对改革警察组织形态进行了更多的尝试，如社区警务和COMPSTAT模式。

关键术语

准军事化	官僚机构	奥古斯特·沃默	布鲁斯·史密斯
O. W. 威尔逊	纵向集团	横向集团	警察专业化
分散	简化	去除专门化	减少层级
特别工作组	COMPSTAT模式	公务员制度	奖励层
资历层	警衔等级	军衔层	警察工会
集体谈判	权变理论	机构理论	资源依赖理论

讨 论

1. 假设你是警察局局长，你将如何组织与管理警察局？例如，警察局内会设立众多特别组吗？会建立很多或极少的规则吗？
2. 在过去20年里，警察专业化得到了怎样的提升？
3. 解释集中的警察组织与分散的警察组织的区别。各自的优劣势有哪些？
4. 解释当今的警察工会如何影响警察局。
5. 警察组织专门化的利弊有哪些？

注 释

[1] Egon Bittner, Aspect of Police Work (Boston: Northeastern University Press, 1990), pp. 136 – 147.

[2] Ibid.

[3] Ibid., pp. 132 – 136.

[4] James H. Tenzel, Lowell Storms, and Harvey Sweatwood, "Symbols and Behavior: An Experiment in Altering the Police Role," Journal of Police Science and Administration 4, No. 1 (1976), pp. 21 – 28.

[5] Peter Kraska and Louis Cubellis, "Militarizing Mayberry and Beyond: Making Sense of American Paramilitary Policing," Justice Quarterly 14, No. 4 (1997), pp. 607 – 30.

[6] William R. King, "Bending Granite Revisited: The Command Rank Structure of American Police Organizations," Policing 26, No. 2 (2003), pp. 208 – 230.

[7] Charles Perrow, Complex Organizations: A Critical Essay (New York: Random House, 1986).

[8] Samuel Walker, A Critical History of Police Reform (Lexington, MA: Lexington Books, 1977).

[9] James Fyfe, Jack Greene, William Walsh, O. W. Wilson, and Roy C. McLaren, Police Administration, 5th ed. (New York; McGraw – Hill, 1997).

[10] Charles M. Katz, Edward Maguire, and Dennis Roncek, "The Creation of Specialized Police Gang Units: A Macro – Level Analysis of Contingency, Social Threat, and Resource Dependency Explanations," Policing 25, No. 3 (2002), pp. 472 – 506.

[11] James Q. Wilson, Bureaucracy (New York: Basic Books, 1989).

[12] Henry I. DeGeneste and John P. Sullivan, Policing a Multicultural Community (Washington, DC: PERF, 1997).

[13] Perrow, Complex Organizations.

[14] Walker, A Critical History of Police Reform.

[15] Samuel Walker, "Legal Control of Police Behavior," in D. Weisburd and C. Uchida, eds., Police Innovation and Control of the Police (New York: Springer – Verlag, 1993), pp. 32 – 55.

[16] John Crank, Understanding Police Culture, 2nd ed. (Cincinnati: Anderson Publishing, 2004).

[17] John P. Crank, "the Influence of Environmental and Organizational Factors on Police Style in Urban and Rural Environments," Journal of Research in Crime &Delinquency 27 (May 1990), pp. 166 – 190.

[18] Westley, Violence and the Police, p. 23.

[19] Steven Brint, In an Age of Experts: The Changing Role of Professionals in Politics and Public Life (Princeton, NJ: Princeton University Press, 1994).

[20] Jihong Zhao, Why Police Organizations Change (Washington, DC: Police Executive Research Forum, 1996).

[21] Samuel Walker, Taming the System (New York: Oxford University Press, 1994).

[22] Edward Maguire, "Structural Change in Large Municipal Police Organizations during the Community Policing Era," Justice Quarterly 14, No. 3 (1997), pp. 547 – 676; Stephen Mastrofski and Richard Ritti, "Making Sense of Community Policing: A Theory – Based Analysis," presented at the annual meeting of the American Society of Criminology, Boston (1995).

[23] Edward Maguire and Yeunhee Shin, "Structural Change in Large Police Agencies during the 1990s," Policing 26, No. 2 (2003), pp. 251 – 275.

[24] Jihong (Solomon) Zhao, Evaluation on the Implementation of Total Quality Management in the Omaha Police Department: An Interim Report (Omaha, NE: 1998).

[25] Peter W. Phillips, "De Facto Police Consolidation: The Multi – Jurisdictional Task Force," Police Forum 9, No. 3 (1999), pp. 1 – 5 ; G. Orvis, "The Evolution of the Crime Task Force and Its Use in the Twenty – First Century," presented at the annual meeting of the Academy of Criminal Justice Sciences, Orlando (1999).

[26] Terry Dunworth, P. Hayes, and A. Saiger, National Assessment of the Byrne Formula Grant Program (Washington, DC: National Institute of Justice 1997).

[27] Phillips, "De Facto Police Consolidation."

[28] David H. Bayley, Police for the Future (New York: Oxford University Press, 1994), p. 101.

[29] U. S. Department of Justice, Mapping Out Crime (Washington, DC: National Partnership for Reinventing Government, 1999).

[30] John Eck and Edward Maguire, "Have Changes in Policing Reduced Violent Crime? An Assessment of the Evidence," in Alfred Blumstein and Joel Wallman, eds., The Crime Drop in America (Cambridge, U. K: Cam-

bridge University Press 2000), pp. 207 –265.

[31] David Weisburd, Stephen Mastrofski, Ann McNally, Rosann Greenspan, and James Willis, "Reforming to Preserve: COMPSTAT and Strategic Problem Solving in American Policing," Criminology and Public Policy 2, No. 3 (2003), pp. 421 –456.

[32] Robert Davis and Pedro Mateu – Gelabert, Respectful and Effective Policing: Two Examples in South Bronx (New York: Vera Institute of Justice, March 1999).

[33] Hyunseok Jang, Larry Hoover, and Hee – Jong Joo, "An Evaluation of Compstat's Effect on Crime: The Fourth World Experience," Police Quarterly 13, No. 4 (2010), pp. 387 –412.

[34] Dean Dabney, "Observations Regarding Key Operational Realities in a COMPSTAT Model of Policing," Justice Quarterly 27, No. 1 (2010), pp. 28 –51.

[35] George W. Griesinger, Jeffrey S. Slovak, and Joseph J. Molkup, Civil Service System: Their Impact on Police Administration (Washington, DC: Government Printing Office, 1979).

[36] William R. King, "The hierarchical Nature of Police Organizations: Conception and Measurements," unpublished paper (Bowling Green, OH: Bowling Green University, 2003).

[37] Bureau of Justice Statistics, Law Enforcement Management and Administrative Statistics, 1997 (Washington, DC: Government Printing Office, 1999), p. xiv.

[38] Bureau of the Census, Statistical Abstract of the United States, 1997 (Washington, DC: Government Printing Office, 1997), pp. 438 –442.

[39] John Burpo, Ron DeLord, and Michael Shannon, Police Association Power, Politics, and Confrontation (Springfield: Charles C. Thomas Publisher, 1997); Accessed at www. grandlodgefop. org/ on May 1, 2009.

[40] John Burpo, Ron DeLord, and Michael Shannon, Police Association Power, Politics, and Confrontation (Springfield: Charles C. Thomas Publisher, 1997).

[41] Ibid.

[42] International Association of Chiefs of Police, Guidelines and Papers from the National Symposium on Police Labor Relations (Washington, DC:

IACP, 1974).
[43] Michael T. Leibig and Robert B. Kliesmet, Police Unions and the Law: A Handbook for Police Organizers (Washington, DC: Institute for Police Research, 1988).
[44] Jack Steiber, Public Employee Unionism: Structure and Growth (Washington, DC: the Brookings Institution, 1973), pp. 159 – 192.
[45] Margaret Levi, Bureaucratic Insurgency (Lexington, MA: Lexington Books, 1977), pp. 91 – 130.
[46] William J. Bopp, "The San Francisco Police Strike of 1975: A Case Study," Journal of Police Science and Administration 5, No. 1 (1977), pp. 32 – 42.
[47] Bureau of the Census, Statistical Abstract of the United States, 1997, p. 439.
[48] William M. Doerner and William G. Doerner, "Collective Bargaining and Jobs Benefits: The Case of Florida Deputy Sheriffs," Police Quarterly 13, No. 4 (2010), pp. 367 – 386.
[49] Jihong Zhao and Nicolas Lovrish, "Collective Bargaining and the Police," Policing 20, No. 3 (1997), pp. 508 – 518.
[50] Samual Walker, "The Neglect of Police Unions: Exploring One of the Most Important Areas of American Policing." Police Practice and Research 9 (2008), pp. 95 – 112.
[51] Colleen Kadleck, Police Employee Organizations, Policing 26, No. 2 (2003), pp. 341 – 350.
[52] Lex Donaldson, American anti – Management Theories of Organization (Cambridge, U. K.: Cambridge University Press, 1995); Kats Maguire, and Roncek, "The Creation of Specialized Police Gang Units"; Stephen Mastrofski, "Community Policing and Police Organizational Structure," in Jean – Paul Brodeur, ed., How to Recognize Good Policing (Thousand Oaks, CA: Sage, 1998), pp. 161 – 189.
[53] Jihong "Solomon" Zhao, Ni He, and Nicholas Lovrich, "Community Policing: Did It Change the Basic Functions of Policing in the 1990?" Justice Quarterly 20, No. 4 (2003), pp. 697 – 724.
[54] Katz, Maguire and Roncek, "The Creation of Specialized Police Gang Units."

[55] John Crank and Robert Langworthy, "An Institutional Perspective of Policing," The Journal of Criminal Law and Criminology 83 (1992), pp. 338 – 363 ; Paul Di Maggio and Walter Powell, "The Iron Cage Revisited : Institutional Isomorphism and Collective Rationality In Organizational Fields," in Walter Powell and Paul Di Maggio, eds., The New Institutional in Organizational Analyses (Chicago: University of Chicago Press, 1991); John Meyer and Brian Rowan, "Institutionalized Organizations: Formal Structure as Myth and Ceremony," American Journal of Sociology 83 (1977), pp. 340 – 348.

[56] Meyer and Rowan, "Institutionalized Organizations."

[57] Ibid. ; Crank and Langworthy, "An Institutional Perspective of Policing" ; John Crank, "Watchman and Community : Myth and Institutionalization in Policing," Law and Society Review 29 (1994), pp. 135 – 351.

[58] Meyer and Rowan, "Institutionalized Organizations."

[59] John Crank and Robert Langworthy, "An Institutional Perspective of Policing," The Journal of Criminal Law and Criminology 83 (1992), pp. 338 – 363.

[60] Charles Katz, "The Establishment of a Police Gang Unit: An Examination of Organizational and Environmental Factors," Criminology 39 (2001), pp. 37 – 75.

[61] Donaldson, American Anti – Management Theories of Organization.

[62] Ibid. ; Katz, Maguire, and Roncek, "The Creation of Specialized Police Gang Units."

[63] William Scott, "Introduction," in J. M. Meyer and W. R. Scott, eds., Organizational Environments (London: Sage Publications, 1992).

[64] Donaldson, American anti – Management Theories of Organization: R. H. Hall, Organization: Structure, Process and Outcome (Upper Saddle River, NJ: Prentice Hall, 1999); P. S. Tolbert and L. G. Zucker, "The Institutionalization of Institutional Theory," in S. R. Clegg, C. Hardy, and W. R. Nord, eds., The Handbook of Organizational Studies (Thousand Oaks, CA: Sage, 1997).

[65] Katz, Maguire, and Roncek, "The Creation of Specialized Gang Units."

[66] Ed Maguire, Jihong Zhao, and Nicholas Lovrich, "Dimensions of Community Policing," unpublished manuscript (Omaha, Nebraska).

第五章　警察（一）：入警

本章概要

第一节 美国警察人员构成的变化

《警察录像带》是一部拍摄于20世纪70年代中期的获奖纪录片，讲述了当时纽约警察的日常工作。如今再看这部纪录片时，会立刻注意到，除了只有一名警察不是白人以及根本没有女警察外，警察工作没什么改变。

1987年，警察几乎都是白人男性，一般只有高中学历。2007年，已经有了大量的女警察、非洲裔和西班牙裔警察（见图表5-1）。但在有些警察局中，非洲裔和西班牙裔警察还是少数。2007年，大部分警察接受过某种形式的大学教育，或有正式大学学历，有的还有研究生学历。许多警察局聘用了公开性取向的同性恋警察。所有变化都对警察组织和警察亚文化产生了重大影响。

洛杉矶警察局（LAPD）典型地反映了这一变化的程度。2009年1月，洛杉矶警察局有41%的拉美裔、38%的非拉美裔白人、12%的非洲裔及7%的亚裔。1986年，拉美裔警察只占该警察局警察的16.5%，而非洲裔占了12.4%。[1]

本章从职业社会学的角度探讨警务。根据应聘警务工作的人员类型、不同因素怎样影响遴选过程以及一旦被录用后这些警察发生的变化进行探讨。本章试图阐明这些不同因素如何影响在职警察的态度和行为。

图表 5－1　1987～2007 年，少数族裔及女性警察在人口为 500000～999999 的城市中宣誓警察所占百分比（%）

年份＼类型	非洲裔警察	西班牙裔警察	女性警察
1987	9		
2003	11.7	9.1	11.3
2007	11.9	10.3	11.9

资料来源：Bureau of Justice Statistics, Local Police Departments, 2007（Washington, DC：Government Printing Office, 2010）。

第二节　人事流程

一、职业角度

执法机构的工作已不仅是一份工作，更是一种职业。这个职业从招聘开始到退休，对有些警察而言甚至会持续到退休以后。许多警察退休后在职业上会有第二次发展，如他们在需要发挥警务经验的其他部门做顾问或从事教员工作等。

从职业角度出发，有助于理解警察如何与执法机构相互作用。执法机构将工作重点放在了招聘阶段，包括各种要求、测试和最终聘用等。由此看来，保证高质量的警察服务是一个复杂的过程。然而，保证高质量的警察服务要求警察局能够录用和留住最好的警察，这意味着执法机构应当将工作重点放在警察职业过程的各个阶段。许多部门存在人事问题的原因是：

1. 雇用了优秀的人员却不能实施正确的培训。
2. 能够保证警察的培训工作，但缺乏对警察的监督。
3. 没有形成一个良好的人事评估系统以识别人员表现的好坏。
4. 不能规范缺乏专业背景的警察行为。
5. 不能提供良好的工作机会以激发警察的积极性并留住优秀人才。
6. 不发展培养最好的警察。

二、超越警察刻板的形象

你听到过多少次如“警察都是……”的评论，你又听到过多少警察在甜甜圈商店打发时间的笑话？是否经常听到一些人说选择成为警察是因为喜欢使用手中的权力？无论是评论还是各种笑话都从负面角度反映出了刻板的警察形象。同时，有多少次你听到过有人评论警察不会做错事。鉴于警察的工作风险高并且压力大，我们是否可以不再批判警察在某些情况下使用一定强度的武力呢？这一观点从正面的角度反映了警察的刻板形象。

警察的刻板形象极大地影响了公众对警察形象和行为的认知。这种刻板形象可以划分成正负两种不同的类型。一方面，警察传统固有形象都是缺乏教育、未经过正规训练、粗鲁和腐败等带有偏见的负面形象。另一方面，警察传统固有形象又被赋予了英雄气概，在面对来自公众、媒体、法院的敌对时敢于冒生命危险。作家尼德霍夫形容警察是“穿着制服的罗夏”，对于处于困境的人而言警察是拯救者，但是对于有些人而言警察却是“凶猛的巨魔”。[2]

以上两种划分实际上都是不准确的。正如贝利和门德尔松（Bayley & Mendelsohn）在丹佛城市警察社区关系研究中总结的那样，看似普通的警察其实并不普通。[3]警察在价值观和政治信仰上与一般人群并无显著不同。但是，警察工作所具有的特殊性质确实推动着一种特定的处事态度及方式，并且在警察队伍中存在不同类型的警察亚文化。

关于警察态度与行为间关系的详述见第六章

关于警务的不准确的刻板形象影响着新警的招聘工作。国家妇女和警务中心认为，警察固有的形象强调了警察在使用武器时有体型和体力的要求，因此打消了女性从警的念头。[4]现实中的大多警务工作是平凡的，且警民冲突需要警察基本的交流技巧。

关于警务工作现实的详述见第一章

三、人事流程：多机构责任共担

警务工作中的人事任免是多机构共同承担的责任。警察局掌控着部分决定权，而其他决定权由其他政府部门掌控，诸如公务员体制或城市人事管理局。警察局局长无权单方面改变招聘标准（如提升最低教育程度等）或解雇警察，也无权改变已做出的决定（在工会合同或公务员体制的保障下，警察具有上诉的权利）。

警察的领导群体缺乏足够的人事任免权，造成了很大的困扰。几年前的一个全国性的局长会议上，得克萨斯州警察局局长讲述了他如何解雇一名滥用武力的警察，当他宣布这位警察永远不应归入执法一线时，台下的局长同人们响起了阵阵热烈的掌声。不料上诉后这位警察竟然复职，但局长对此却无能为力。

公务员管理机构通常具有以下 6 个方面的职责：（1）完善职位描述；（2）设立每个职位要求的最低标准；（3）完善每个职位的测试内容；（4）公布空缺职位；（5）组织考试（但不是所有的考试）；（6）确定拟雇用人员或晋升人员的名单。同时，警察局的职责一般包括：（1）向公务员管理机构提出工作细节、要求及考试上的建议；（2）开展招录工作；（3）组织某些考试。[5]

关于公务员体制的详述见第四章

第三节　新警招录

要想招到理想的警察，警察局首先必须吸引大批的应聘者。招录流程一般包括三个独立要素：（1）应聘资格的最低限制；（2）招录事务；（3）求职者决定申请的职位。

一、工作和人员的类型

在正式确定入职要求前，首先界定工作的性质非常重要。工作具体包括什么？要执行什么类型的任务？为了更好地适应工作需要具备何种技术和能力？这个过程包括了对工作任务的分析。

圣地亚哥警察局专门在官网上列出了对警察工作的硬性要求（见图表 5-2）。大的方面主要包括：廉正、关心人、人际关系敏感度、交往技巧及解决问题的能力。注意将这些新要求与过去警察固有的刻板形象相联系，看看是否能降低警察的形象，或者还有哪些没有列举出来需要加以补充（体能方面的要求如身高、体重等）。

图表5－2　圣地亚哥警察部门对本部警察工作上的硬性要求

廉正	具有观察能力
关心人	学习能力
人际关系敏感度	外观形象
交往技巧	可靠性
解决问题的能力	体能
压力下的判断力	自我提升能力
应对难题的意愿	驾驶技能
作为证人的信誉	

资料来源：San Diego Police Department Website，www. sandiego. gov/police/recruiting/about/dimensions. shtml。

二、应聘资格的最低限制

（一）年龄

年满21周岁的人是否能够成为一名警察？年满21周岁的人心智是否足够成熟且有足够丰富的工作经验可以处理高强度和复杂的警务工作呢？有学者认为，警察局应当提高警察的最低招录年龄限制。但是，现在大多执法机构仍将21周岁设为所有申请入职人员的年龄要求。美国有些地区，如佐治亚州、宾夕法尼亚州等甚至将新警招录的最低年龄设定在18周岁。[6]

过去，大多警察局都有招警的最高年龄限制，特别是当应聘者的年龄超过35周岁时就不再具备应聘资格。设定这个限制主要是为了降低退休金的财政压力。然而，联邦法律禁止有关部门在年龄上进行区别对待，并且强制许多部门取消已设定的年龄限制。[7]

（二）身高与体重

你太矮了不能成为警察？30年前，身材不高是不能成为警察的。当时，85%的警察局要求警察的身高最低必须达到5英尺8英寸（176cm）。[8]这个要求反映出人们墨守成规地认为警察工作常常要面临身体上的对抗，此外，警察在身体素质上优于普通公民才能赢得公民的信服（这个部分将在第七章详细讨论）。然而，事实上警察在工作中很少面临身体上的对抗，公民一般都遵守警察的要求，并且相比身体威慑，更好的交流与正确的判断对警察工作而言更为重要。

过去的身高要求被有关歧视女性群体、西班牙裔及亚裔的诉讼所挑战。直到1994年，只剩少部分城市警察局仍保留着最低身高要求。[9]

现在，许多警察局要求警察的身高与体重成比例。但是，正如每个人都可以看到的，许多警察都超重了。甚至某些警察的体重与身高严重不成比例，那么为什么还要强调警察的身高与体重必须成比例呢？过去，执法机构并未将健身纳入警察的职业标准，如今已经发生改变。

（三）教育

2007 年，绝大部分（82%）警察局仅要求警察接受过高中或同等学力的教育（见图表 5－3）。然而，大城市的要求则相对更高。例如，人口区间在 250000～499999 的城市中有 7% 的警察局要求警察具备本科学历，相比所有警察局中仅有 1% 的警察局要求警察具备本科学历，其中 17% 的是要求警察具备两年制的本科学历。[10]

图表 5－3　2007 年招录新警的最低学历要求

警察局的比例要求	所有警察局	人口区间为 250000～499999 的警察局
四年制本科学位	1%	7%
两年制本科学位	9%	17%
其他大学	6%	9%
高中文凭	82%	65%

资料来源：Bureau of Justice Statistics，Local Police Departments，2007（Washington，DC：U. S. Justice Department，2010）。

但是，最低招录要求并不能反映实际的聘用情况。警察局经常雇用教育背景远远高于最低要求的求职者。20 世纪 80 年代末，尽管并未对本科学历有正式要求，但是圣地亚哥警察局基本上都录用了拥有两年制本科学位的人员。截至 1988 年，全美已有 65. 2% 的宣誓警察接受过本科教育，还有 22. 6% 的人员已经拿到本科学位或者研究生学位。[11] 如今，芝加哥警察局要求应聘的求职者必须在教育部认证的学院和大学接受过至少 60 学期（或 90 学季）课时的学分。[12]

（四）要求本科学历

有些人认为所有的警察都应具有大学学历，他们认为这样可以从以下三个方面提升警务工作。第一，高等教育塑造学生正确的价值观，让他们更好地理解民主社会警察角色的复杂性。第二，高等教育可以提高警察的巡逻执法能力，做出更好的执法判断。第三，追求本科教育的人员表现出对自身完善的渴望，这样可以使他们成为更加专业化的警察。[13]

此外，警察不仅需要正确理解复杂且不断更新的刑事诉讼法律，还要提高对自身的要求才能跟上社会教育不断发展的步伐。1960 年至 2010 年，完成高中教育的成年人比例从41%上升到87.1%，翻了一番；完成大学教育的比例从7.7%上升到29.9%，翻了三番。最终，社区警务及其他各方面的警务问题都促使警察成为决策者和问题的解决者，大学学历背景成为解决问题的有力储备。[14]

有些人认为，本科学历的要求限制了一大批求职者，并且对无法享受良好教育福利的其他种族或少数民族产生差别性影响。如今，全美已有21.1%的白人拿到了四年制本科学位，但非洲裔只占13.6%，而西班牙裔占9.4%。[15]

然而，1985年联邦法院却维持了达拉斯警察局对于招录新警的要求，即至少要接受过45小时以上大学教育且最低各科平均成绩达到2.0以上。1991年，在警察行政研究论坛（PERF）的一份讨论文件中得出了“未来将会有越来越多接受过大学教育的少数族裔及白人男性或女性热衷于应聘警察这份职业”，以此来证明对本科学历的要求。[16]

没有足够的证据证明拥有本科学历的警察就一定比没有本科学历的表现出色。美国国家科学院专门就此问题进行了研究，发现在评估大学教育课程和考量警察表现上都存在方法上的错误。麦克尔·D. 怀特（Michael D. White）研究认为，问题出在不能单纯地看警察大学期间所修的学分，因为招录的新警即使修得了全部学分也不能反映其在学校时的真实表现。但有趣的是，考察阅读能力却能有力地体现出他们的真实水平。[17]

另有证据表明，教育程度高的警察与受教育程度低的警察相比，更容易对工作产生不满情绪。单慈科（Dantzker）发现在警察队伍中，只接受过高中教育的警察工作压力比接受过大学教育的警察要相对少些。他发现，接受过大学教育的警察面对警察系统的实际工作时“更容易无所适从，并且他们所掌握的很多知识与技能并不能适用于实际警务工作”。[18]

（五）犯罪记录

有犯罪记录的人员是否有资格成为警察？有些学者认为应该自动取消有犯罪记录的求职者资格，因为犯罪记录表明了人在道德上缺乏准则。其他学者认为要根据犯罪记录的犯罪性质（重罪还是轻罪、成年时期犯罪还是未成年时期犯罪）、犯罪数量和最后一次犯罪的时间，确定求职者是否具备资格。

司法部的一项调查发现，在所有警察局中，95%的警察局拒绝录用成年时期犯过重罪的人员，而75%的警察局拒绝录用未成年时期犯过重罪的人员。然而，只有30%的警察局会自动取消成年时期和未成年时期犯过轻罪的求职者资格。还有20%的警察局拒绝录用成年时期犯重罪被逮捕但未定罪的应聘者，25%的警察局拒绝录用未成年时期犯轻罪被逮捕但未定罪的应聘者。[19]

毒品犯罪成为应聘中最大的难题。一方面，有药物滥用史的人员，其腐败的可能性更高。另一方面，当今社会药物使用极为普遍。根据一项国家药物使用和健康的调查发现，18～25 岁的群体中（该范围是招录新警的集中年龄段），有 54% 的人员吸食过大麻。[20] 如果将这些人全部排除在应聘者范围之外，那么会严重限制求职者的数量。有些专家建议只要应聘的求职者对药物使用仅限于“尝试”而不是大剂量使用、吸食的是大麻而不是海洛因，并且已多年不再接触就应该考虑具备应聘资格。

（六）警察居住地的要求

应不应该要求警察居住在自己工作的城市呢？居住在工作地所在城市的警察是否比住在该城市以外的其他地方的警察执法效果更好？美国公民自由联盟认为不同的居住地确实会带来不同的工作效果。他们的报告显示，83% 的洛杉矶警察居住在洛杉矶城外。该报告认为警察应该是“其巡逻社区中的一员”，而不是辖区的“外部聘请的执法力量”。[21]

警察居住地要求在全国范围内引发了争议。约四分之一的城市警察局要求雇用的警察在城里或县居住。警察居住地要求意在提高他们对社区警务工作的熟悉程度和履行保障公民安全的承诺。警察居住地要求的反对者认为该要求侵犯了警察自由选择居住地的权利，其他有些人则认为警察居住地的选择并不能预测出警察的行为。由于目前尚未有人对此问题进行彻底的研究，所以我们也无从得知居住地的选择对警察工作的影响。一项小指标显示，住在纽约城外警察的公民投诉率要比住在城内的低。[22]

关于让警察更加融入管辖社区警务工作的替代战略详见第十章

三、招录的努力

求职群体的规模和素质在某种程度上取决于警察局的招录工作。积极的招聘会产生较大的求职群体，在这个群体中可能会有更多的高素质求职者。如果警察局想要提高招聘本科学历、非洲裔、西班牙裔或女性人员的数量，那么就需要专门针对上述群体开展招录工作。例如，如果想要招录更多的西班牙裔求职者，那么就需要会见西班牙裔社区组织和领导。

历史上看，警察局的招录工作并不积极。这就给具备政治背景或家庭背景的人员更多的优势，因为他们更有机会获知招聘信息。今天，根据法律规定，招录必须公开化，包括招聘的公共广告。2010 年，兰德公司关于招录、遴选和留用标准的一项报告发现，全美 80% 的警察局对少数族裔存在特殊标准；不到 74% 的警察局针对女性设定了特殊标准，约 66% 的积极寻求退伍军人和大学毕业生，还有 50% 的有一套招录具有从警经历和会说外语人员的特别项目。[23]

第四节 选择执法工作的职业生涯

一、申请者从警的动机

为什么有人想当警察？老套的观点认为，有人选择从警的原因使他们不适合警察这份工作，如很多人从警是为了追求权力。然而，研究却推翻了这一旧观点。

对新招录和入职的新警进行持续性跟踪研究发现，他们选择从警主要有以下两个原因：警察工作的性质及工作带来的利益。对两个中西部警察局的男性及女性警察进行调查后发现，他们从警主要有五大理由，依次是：（1）“帮助公民”；（2）“工作有保障”；（3）“打击犯罪”；（4）“工作乐趣”；（5）“工作带来的声望”。男警察与女警察的选择并无显著不同。与警察负面的刻板形象不同，新警相对理想化，甚至超过常人。最明显的是，无论是男警还是女警都将“权威/权力”置于11个项目中第9位。总之，人们选择从警的动机并不是对执法或利用权力对付他人的渴望。[24]

相比其他应聘者可以申请的工作，警察局工作的吸引力常常取决于国家经济以及警察的薪酬和福利。1999年和2000年，经济快速发展，待遇高的工作岗位比比皆是，纽约、洛杉矶及其他许多城市的警察部门很难吸引人员来应征。但2008年至2009年，由于经济衰退，警察工作成了热门。

由于公务员体系的规定和警察工会合同的约束，警察很难被辞退，所以警察享有程度较高的工作保障。[25]试用期结束后，除非是特殊原因，否则不能解雇警察。任何警察被解雇都有上诉的权利，工作保障对那些家庭中有过解雇经历的人而言是个特别有吸引力的因素。

经过不断的研究发现，其他少数种族从警的原因与白人一样，都是因为警察工作的性质及工作带来的利益。根据尼可拉斯·艾利克斯（Nicholas Alex）对纽约市非洲裔警察的研究发现，“白人警察在选择从警的原因与黑人警察似乎没什么不同”。[26]但有些研究发现，相比白人警察，警察工作的经济因素对非洲裔美国人而言更加重要一些。

家庭影响是人们选择执法工作的另一个因素。有些申请者的家庭中要么父母是警察，要么兄弟姐妹中有人是警察，或者亲戚中有人是警察，申请者往往受亲人的影响选择从警。20世纪60年代，芝加哥警察局中超过一半的警长在警察局里都有亲戚。因为过去存在歧视，非洲裔、西班牙裔及女性选择执法工作作为事业时，没有家庭成员做榜样或者为他们鼓励。[27]

有些申请者在申请职位时没有明确的目标，因此在他们“投入”警察工作之前，常常从事过其他一些工作。[28]同时，目标明确的申请者被录用后，职业期望经常无法实现。例如，有些追求工作刺激的人发现巡逻工作无聊乏味，其他一些人期望好的晋升机会，现实中警察组织中的晋升机会却很有限。

二、招录的障碍

有些潜在的申请者在申请警察工作时面临着一些非正式的障碍。警方在所管辖社区中的负面形象导致非洲裔美国人无法申请警察工作。卡敏斯基（Kaminski）在高中生中进行调研发现，即使阿尔巴尼警察局为其提供工作，这些非洲裔美国人也不可能接受。[29]

许多女性不选择从警是因为她们认为警察工作是传统的男性职业。警务文化依然带有强烈的男性化意味，强调攻击性、强大的心理和体能。[30]然而，强大的体能要求却是个谬见。圣地亚哥警察局列出的应聘要求中，对体能的要求非常低（见图表5－2）。

第五节　从招录者中选拔警察

一、选拔性测试

一旦申请者数量庞大时，需要进行一系列选拔测试，包括笔试、体检、背景核查及候选人面试。约26%的警察局要利用测谎仪检测申请者（见图表5－4）。[31]

图表5－4　地方警察局使用的筛选方法

使用筛选法的警察局的比例		
方法	全部警察局	人口在500000～999999之间的城市警察局
面试	99%	97%
犯罪记录核查	100%	100%
背景调查	99%	100%
行车记录核查	99%	100%
体检	89%	100%
心理测评	72%	100%

续表

使用筛选法的警察局的比例		
方法	全部警察局	人口在500000~999999之间的城市警察局
药检	83%	95%
笔试		
体能测试	60%	
测谎		
信用历史核查	61%	97%

资料来源：Bureau of Justice Statistics, Local Police Departments, 2007(Washington, DC: Government Printing Office, 2010)。

在有些管辖区，招录及选拔过程存在的问题就是消耗时间过长，有时需要几个月。时间的拖延导致许多申请者退出，他们在等待期间既找到了其他工作，也对这份工作失去了兴趣。科恩（Cohen）研究发现，时间的拖延导致纽约市少数族裔申请者流失程度更大。将近60%已通过笔试和体测的非洲裔申请者在背景调查前退出应聘选拔。作为对比，总退出率却只有18%。[32]

所有警察局中有83%的警察局会对申请者药检，有些警察局既对宣誓警察进行强制药检，也对文职雇员进行强制药检。有些警察局采用随机检测，其他警察局当存疑时会对有滥用药物的嫌疑人员进行药检。[33]

几乎所有警察局都会对应聘候选人进行口头面试。面试时长一般在45分钟左右，由2~3名考官面试。考官通过察觉态度以确定应聘候选人不能胜任警察工作（如傲慢、没有倾听能力、被动及有种族歧视倾向等）。刑事司法学会（ACJS）调查发现，面试主要是考察应聘者的常识、语言表达能力、动机、外在形象、思维敏捷度、种族主义倾向、同情心、性别歧视及耐心等领域。然而，面试既耗钱又耗时，并且面试结果受面试官主观意识的影响。为了确保一致性和去除潜在的主观偏好，大多警察局设立了标准化面试、有结构性的打分表以及培训面试官。[34]

耗时45分钟的面试真的能确定谁将会是一名好警察吗？面试真的能确定谁适合做警察吗？威廉姆·G. 德尔纳（William G. Doerner）将佛罗里达州执法培训学院的口头面试成绩与接下来的工作表现联系起来。他发现，“这种选拔技巧的不持久性会将合适人选排除在执法机构之外”。[35]

二、背景调查

对申请者的背景调查或许是选拔过程中最重要的环节。通过全面的背景调查可以权衡申请者是否适合从警，调查包括：在之前工作单位的良好表现、与人相处的能力、在工作及读书时期的纪律问题。此外，背景调查也可以确定犯罪记录、之前是否有过吸毒经历，或者在学校及工作期间的行为问题。

事实上，所有大城市的警察局都会实行背景调查。背景调查包括：先前的工作经历、犯罪记录、对邻居的走访、教育程度的检查、经济状况及家访。[36]新增的一项背景调查是核查申请者的信用记录。如今，全美 61% 的警察局及 97% 的大型警察局（警察局所在城市的人口是 500000 ~ 999999）对申请者实行信用记录核查。[37]

不规范的背景调查会导致主观判断和偏见。1972 年，纽约市警察局副监察长安东尼·博萨（Anthony Bouza）认为，传统上的性格调查反映了“调查警官的偏见”，这在应聘者是非洲裔和西班牙裔美国人而考官是白人警察时尤为明显。因此，纽约市警察局为努力消除偏见，采用了标准化核查程序。[38]

聚焦警察

具备何种条件可以成为一名好警察？

具备哪些条件可以成为一名好警察？美国加利福尼亚州治安官标准与培训（POST）委员会通过心理筛查检查申请者的 11 项态度，主要包括：

1. 社交能力：“读懂”别人和能够意识到自己的语言及行为对于他人的影响。
2. 适应性/灵活性：调整做事节奏的能力和容易适应突然变化的能力。
3. 冲动控制/注意安全：先思而后行。
4. 正直/伦理：高标准的个人行为。
5. 情绪管理与压力忍受：保持冷静和控制的能力。
6. 决策与判断：常识、“街头的生存智慧”以及快速控制局势的能力。

资料来源：Ellen Scrivner, Innovation in Police Recruitment and Hiring: Hiring in the Spirit of Service（Washington, DC: Departmrnt of Justice, 2005）。

20 世纪 90 年代初，华盛顿特区警察局在没有实行良好的背景调查时，造成过极坏的影响。由于国会指示该警察局迅速增聘 2000 名警察，然后警察局在招聘时放弃了背景调查环节，造成大量申请者递交的虚假推荐信和工作经历未被核查出来，甚至有些申请者有过严重犯罪的经历。结果，这些人员被录用后成为参与毒品交易的腐败警察。华盛顿特区警察局为此付出了惨痛的代价，负面的宣传、失去了公众尊重、破坏了警察局的士气以及投入经费解雇那些不合格的警察并重新招录合格的警察。[39]

第六节 对警察的后期表现进行预测

我们能否预测出谁将成为优秀的警察？是否有一些特别因素有助于预测出哪些申请者可能成为最优秀的警察及哪些人员根本不能雇用呢？

有些研究已尝试把背景特点及后续表现的业绩相联系。科恩和柴肯（Cohen & Chaiken）研究了纽约市 1608 名于 1957 年雇用的警察。检查出 33 种背景特点，包括种族、年龄、智商、父亲的职业、之前的工作经历（上一个工作、做过几份工作等）、军事记录、婚姻状况、教育程度及犯罪记录等。然而，与良好工作绩效相关的唯一因素是招聘后培训的分数。最终，研究结论是在背景特点的基础上，不可能预测出哪些人员将会成为优秀的警察。[40]

警察局通常会审查选拔程序。道格拉斯·格兰特与乔恩·格兰特（J. Douglas Grant & Joan Grant）认为“为了提升警察的工作质量，大费周章地筛选不能成为合格警察的人员，这种方法通常是失败的”。他们认为现行的入职前心理测试，如被广泛使用的明尼苏达多项人格（MMPI）测试，无法成功预测出警察今后的表现。[41]

类似的问题也普遍影响着选拔标准。例如，在众多拥有两年大学教育背景的申请者中，有些人可能成为优秀的警察，而有些则不能。笔试充其量只能把文盲及受教育程度很低的申请者剔除出去。例如，一个拥有或可能有较高学术技能的申请者会成为优秀的研究人员，但在重压下无法与人共事。心理测试并不能测试出具备良好判断力的人员。

佛罗里达州塔拉哈西的一项警察招录研究发现，录用前的心理测评（运用 MMPI 和 CPI 的测试）和临床评估都与录用人员实战训练期间实际表现评分无关。[42] 1991 年，克里斯托弗委员会在评审了洛杉矶警察局（LAPD）申请者的心理评估后得出：“初步筛选可以从总体感觉上确认明显不合格的应聘者，但却不能筛选出更狡猾的行为异常的人，这类人同样不适合从事警察工作，如冲动控制障碍者及有暴力倾向者。”[43]

第七节 平等就业机会

一、就业平等的法律规定

在美国，基于种族、民族、性别的就业歧视是违法的。过去女性与少数族裔在警察行业的就业不足曾激起了很大争议。1964 年民权法案的第七编指出，“因种族、肤色、宗教信仰、性别或者国籍等原因，不录用或拒绝录用求职者，或解雇任何人，或歧视任何个体的行为都是违法的”。1972 年《就业机会平等法案》将 1964 年法案扩展至各州及地方政府，其中包括警察局及县治安官局。

其实，各州及地方的人权法也禁止就业歧视，几乎涵盖了对种族、宗教信仰、年龄及国籍上的所有歧视。有些州的法律覆盖了其他类别，但不受联邦法律约束。例如，有几个州及超过 60 个城市已经明确禁止对性取向的歧视，这意味着雇主不能歧视同性恋者。

二、与工作相关的资格

残疾人具备成为警察的资格吗？答案显而易见，下身瘫痪的人不能参与步巡、不能追捕犯罪嫌疑人，或者无法制伏拒捕者。但是那些一只手残疾的申请者具备资格吗？有中度语言障碍的申请者具备资格吗？

就业机会平等的法律并不能保障有些人得到工作。雇主可能建立“实际职业资格”（BFOQs），拒绝聘用不具备资格的申请者。实际职业资格是“对特殊行业正常运行合理且必要”的任何要求。[44]

几个例子可以说明实际职业资格在警务工作中应如何应用。由于机动车巡逻是警察的基础任务之一，因此警察局就可以合理地拒绝雇用不能够开车的残疾人。另外，旧的身高限制与警察工作并不相关，因为并不能说明身高不足 5 英尺 8 英寸（176cm）的警察会影响工作。在戴维斯诉达拉斯市一案中，第五巡回上诉法院裁定：要求修满 45 小时以上大学学分对警察岗位来说是合理的，因为警察要在复杂和疑难的情形下作出决断。[45]

1990 年《美国残疾人法案》（ADA）对警察招募工作实践加入了新元素。法院还有许多没有解决的问题，如对于想成为警察何种情况视为残疾、何种残疾可以合法取消资格。[46]

边注栏 5－1

1964 年民权法案第七编

第 703 条　雇主在应聘人员时，以下两种行为不合法：

1. 由于种族、肤色、宗教信仰、性别或者国籍等原因，就赔偿、报酬、条件以及录用优先权而言，不录用或拒绝录用求职者，或解雇任何人，或歧视任何个体。

2. 由于种族、肤色、宗教信仰、性别、国籍等原因，限制、隔离或将雇员分类，以任何剥夺或试图剥夺雇员就业机会、有意地影响雇员地位的方式。

三、“不是你父亲的警察局”：警务的多样化

法学教授大卫·斯科拉斯基（David Sklansky）认为，现在的警察局“不再是你父亲的警察局”。美国警察形象的变化源于警务改革，传统的警察亚文化已经成为过去（详见第六章），取而代之的是更为复杂的态度以及在一些情况下是不同的行为。[47]

过去40年里，种族及少数族裔群体的新警录取率已大幅度提升。20世纪60年代中期，非洲裔警察仅占宣誓警察总数的3.6%，1973年上升至6%，1982年为7.6%，2000年为11.7%，2007年为11.9%。2007年，西班牙裔警察占宣誓警察总数的10.3%（1993年上升至6.2%，1988年为4.8%，2000年为8.3%）。[48]

然而，值得一提的是，上述增长数据并不具有可比性，因为过去几年的全国性调查采用了不同的数据作为样本：有些是从所有警察局采集数据，而其他仅是大型警察局的数据。即使可能的话，获得西班牙裔录用人员的长效数据也很难，这是因为早期调查并未采集过西班牙裔警察的数据。

关于种族和少数族裔群体警察雇用人数的总数据存在误差，因为全美的种族和少数族裔群体分布不均。非洲裔美国人主要集中在美国南部和一些大城市，西班牙裔美国人主要集中在美国西南部、东部及南部。

最有用的就业措施反映了警察局在管辖区的人员构成。联邦法院采用在本地劳动力中少数族裔成年人所占比率作为解决就业歧视诉讼的参考标准。CALEA执法机构标准建议，警察局实行“种族群体雇员的比例要与执法机构服务的社区人员构成比例适当”。[49]

刘易斯和沃克（Lewis & Walker）独立开发了平等就业机会（EEO）指数，用来衡量警察局对所服务社区的反映程度。EEO指数的计算方法是：某少数族裔警察数量占警队总人数的百分比，再除以当地社区中少数族裔人口占总人口的百分比所得的值。因此，如果一个社区中30%的人口是西班牙裔，警察部门中有15%的西班牙裔，那么平等就业指数的指数就是0.50。[50]

平等就业机会指数对于衡量个别城市就业情况很有用，因为测量随着时间的变化和考虑到城市中种族与少数族裔构成数量的不断变化。例如，一个警察局可能雇用了越来越多的西班牙裔警察，但如果该警察局所在城市的西班牙裔人数也在增加，或许该警察局的平等就业指数仍不能代表社区。

近年来，许多警察局中种族与少数族裔招录人数在大幅度提高，有些警察局中有色人种宣誓警察数量已占警察局的大多数，但有些警察局在这方面仍很落后。执法管理和行政统计数据（LEMAS）表明，2007年，佛罗里达州迈阿密市警察局中有51.7%的西班牙裔警察，19.4%的非洲裔警察及27.9%的白人

警察。佐治亚州的亚特兰大市警察局中有55.6%的非洲裔警察，39.9%的白人警察及3.5%的西班牙裔警察。得克萨斯州的圣安东尼奥市警察局中有48.7%的西班牙裔警察，45.2%的白人警察及5.8%的非洲裔警察。

四、非洲裔警察

20世纪60年代，代表比例不足的非洲裔警察却是处置城市骚乱及警察社区关系危机的主要贡献者。在居住了大量少数族裔人口的城市中，非洲裔警察人数代表比例不足的问题变得特别尖锐。1966年，非洲裔人口占到加利福尼亚州奥克兰市总人口的23%，但是警察中非洲裔警察占比却只有2.3%（导致平等就业指数为0.10）。1996年，非洲裔美国人占底特律总人口数的30%，但是在警察中的比例只有3.9%（平等就业指数为0.31）。芝加哥、克利夫兰及其他城市警察局中也存在同样差异。

增加非洲裔警察数量其中的一个主要途径是通过1964年《民权法案》第七编将就业歧视立法。平权行动的概念和雇用配额的问题随后会在本章中讨论。

五、西班牙裔及拉美裔警察

西班牙裔及拉美裔警察的聘用情况需要特别考虑。2010年的人口普查发现，美国的人口变化十分迅速，西班牙裔人口的增长速度远远超过了大多数专家的预期。结果，警察局加大了对说西班牙语的社区警务服务力度。因为与人的沟通交流能力是警察工作的重要方面，警察局采取积极行动确保警察能够与社区中说西班牙语的公民沟通。[51]

熟练掌握第二语言被视为一种合法的实际职业资格。有些警察局订购了翻译服务，他们可以用西班牙语而非英语处理911报警电话。因此，在服役的警察中拥有足够数量熟练使用西班牙语的警察极其重要。警察局采取几步措施就可以增加西班牙裔警察的数量。首先，要联系西班牙裔社区组织和领导成员，安排与潜在的申请者私人会面。其次，可以向双语的警察提供可观的收入。因为如果警察的特殊技能可以协助警察局完成任务，那么他们应该获得额外的补偿，所以双语警察的高收入是公平的。20世纪70年代，全国拉美裔治安警官协会（LPOA）帮助加利福尼亚州高速公路巡警最早建立了双语薪酬计划。[52]

在早期的警务工作中，招录西班牙裔警察的障碍是身高的最低限制。1976年，全国拉美裔治安警官协会联合日裔美国人的团体，向加利福尼亚州人事部作证并成功终结了加州高速公路巡警招录的最低身高限制。从此，最低身高限制已在全国范围内废除。

聚焦警察

夏洛特－梅克伦堡（北卡罗来纳州）警察局中的女警察

北卡罗来纳州夏洛特－梅克伦堡警察局的网站专门设立了致力于招募女性的特别网页，其中一部分是时任女警察描述她们在警察局的职业，另一部分是揭露关于女性与警务工作的传言。其中的两个传言是：

传言1：警察工作要求从业者必须强壮。

事实：警察工作根本没有体型与肌肉的要求，但好的身体素质远比体型或是力量更重要。

传言2：女警面临更多必须用枪的情况。

事实：警察有时必须做出生死抉择。或许一个小事件会导致警察使用致命性武器。警察要接受超过120个小时的武器训练、是否开枪的情景训练、使用武力暴力及法律训练，有助于为此类情况发生做好准备。但据统计，大多数男警察与女警察直到在执法行业退休也从未使用过致命性武器。

资料来源：Reprinted by Permission of the Charlotte – Mecklenburg Police Department, www. charmeck. org。

六、女警察

露西·杜瓦里（Lucy Duvall）作为俄亥俄州克里兰夫最早的女警之一，在“菜鸟警察”阶段有着艰难和常常受羞辱的经历。管辖区工作站没有为女性警察设立专门的工作区域和休息区域，有些憎恨女警出现在警队的男警察故意在女警同事面前换衣服，实际上是对女警察的一种隐形的性骚扰形式。[53]

随着越来越多的女性不断加入，许多警察局只好做出了相应的转变。过去警察头发不能过衣领的要求与普通女性发型不符，另外，警察局为孕期女警制定政策，联邦《怀孕歧视法案》禁止任何雇用单位歧视怀孕、生产的女性。[54]

20世纪60年代后期之前，警察局仅仅录用少数女性并且限制女警的工作种类，拒绝她们参与诸多任务，包括巡逻。有些警察局限制她们的级别晋升。20世纪60年代后期，一切都开始发生了改变。当1964年人权法案通过并宣布就业歧视违法后，基于与男警察的平等，女警察也要参与巡逻勤务。然而，许多隐形的性别歧视继续存在。相对工厂中的女性比例，警察局中的女警察代表名额仍然不足。美国宣誓女警察从1972年占总人数的2%上升至1978年的4.2%，2000年上升至10.6%，2007年上升至12%。通常，大型警察局的女警数量较多，但是仅有几个警察局的女警数量占比达到20%。然而，女性如今已经占到全部成年劳动力的46%。

女警察的工作级别都较低。在高级指挥级别的女性仅占7.5%，9.6%居于警督职位（supervisor position）。许多女警察占比最大或曾经某段时间占比最大的城市签订了招录更多女警察的同意书。[55]如图表5－5所示，在大城市警察局中，底特律的女警察曾占比最高，达到27％，紧接着是费城，达到25％。[56]

图表5－5　最大型的警察局中全职宣誓警察中女性的比例

警察局	比例
底特律	27%
费城	25%
哥伦比亚特区	23%
芝加哥	23%
洛杉矶	19%
孟菲斯	19%
纽约市	17%
达拉斯	17%
旧金山	16%
巴尔的摩	16%
波士顿	14%
休斯敦	13%
拉斯维加斯	9%

资料来源：Lynn Langton, Women in Law Enforcement（Washington, DC：Bureau of Justice Statistics, 2010）。

七、女警察面临的工作障碍

全国妇女和警务中心的一份报告发现了招录女性所面临的若干障碍。强调体力的招录考试青睐男性，但并无证据证明体力好（对照身体健康）可使警察在工作中良好地发挥能力。工作中的歧视，特别是性骚扰和歧视性工作安排，既可能阻止女性申请者，也有可能使在岗的女警察辞职。与此同时，许多警察局从军队大量地招募新人，顾名思义，军队以男性为主。最终，有些警察局欣然接受老式的警务工作模式，强调专制与攻击性，而这些往往无法吸引潜在的女性申请者。

八、同性恋警察

1982 年，纽约市警察局的查理斯·小科克伦做出了大胆的决定。他不仅宣布自己是同性恋者，并且计划在纽约市警察局建立起一个同性恋者警察组织。一位在纽约市警察局工作的心理专家随后解释：警察与同性恋者“这两个词组合在一起在（当时的）美国社会上并不舒服，更别说在纽约市警察局了”。四年前，纽约市市长取缔了所有城市机构对同性恋申请者的招录歧视。警察工会负责人愤怒地谴责该政策，认为实施该政策“弊大于利”。他认为，警察与同事之间建立了十分密切的工作关系，招录同性恋警察后会破坏普通警察之间的凝聚力。[57]

近几年来，警察队伍中的同性恋者已逐渐公开。有些警察局积极招录同性恋警察。在一些管辖区域，州及地方法律禁止歧视性取向，在有大量同性恋人口的管辖区域，服务社区就需要服务这部分人口。同性恋警察可以作为联络官，有助于推进警察局的工作任务。

同性恋警察如何在警察局中很好地适应呢？圣地亚哥警察局一项研究发现这并不存在大的冲突。在警察面试中，同性恋者会感受到一些轻微的歧视，并不总是受到其他警察的尊重。但是，总体上没有什么严重问题。[58]

第八节　实现警察招录多样化

几乎所有研究警务工作的专家均认为，警察局应该保持一个反映管辖与服务社区人口多样化的警察群体。美国最高法院认为多样化是一种“强制性的国家利益”。招录的多样化有三个基本目标：

- 确保雇主不歧视应聘者，并遵守平等就业的法律条文。
- 能够改善警察的服务，因为有些专家认为种族和少数族裔警察可以更好地为种族和少数族裔群体服务。
- 能够改善警察局的形象，建立良好的警民关系。

一、就业歧视的诉讼

根据 1964 年《民权法案》第七编，就业歧视的诉讼是增加警察中少数族裔和女性数量的一个主要因素。成功的诉讼产生了若干不同的结果。第一，诉讼对原告有直接性利益，包括经济损失。第二，诉讼经常导致法庭责令去除带有歧视性的测试或者程序（如对女性和西班牙裔歧视性的身高要求）。第三，法庭会责令未来的招警工作需要为特定目标开展平等权利运动计划（以下简称平权运动）。

1980 年洛杉矶警察局与美国司法部签订了同意令，司法部资助 200 万美元，洛杉矶警察局同意 45% 的所有新录用警察为非洲裔美国人或者西班牙裔，20% 的新录用警察为女性。到 1990 年，洛杉矶警察局已经达到了非洲裔警察占总数 10. 9% 的目标，但没有达到西班牙裔警察所占比例的目标（实际为 20% ，目标为 24. 6% ）和女性所占比例的目标（实际为 12% ，目标为 20% ）。

二、平权运动的争论

在招录警察中，最具争议的问题是平权运动。平权运动的概念意味着雇主必须采取积极步骤（因此，也称“肯定性行动”）来纠正过去的歧视。平权运动起源于 1965 年，总统 11246 号行政命令要求所有联邦承包商制订书面的平权运动计划。如今，所有私人雇主和政府机构都接受了必须开展平权运动计划的联邦基金。平权运动的基本前提是真正地结束歧视（依据 1964 年《民权法案》要求），而不是机械地纠正过去歧视的遗留问题。

平权运动计划一般包括几个要素。雇主必须：（1）对现有员工进行调查；（2）确定少数族裔和女性员工的利用率不足或过于密集；（3）制订招聘计划纠正用人率不足的问题。美国就业机会平等委员会将“利用率不足”定义为“在相关劳动力市场中特定的工作类型里，少数族裔和女性少于理应存在的人数”。[59] 平等就业指数（EEO，见本章第七节）是用来定义未充分利用率的一个有效工具。密集，是指在低端工作领域少数族裔和女性员工比例过高。

边注栏5-2

雇用配额：公平还是不公平？

通过“同意判决”，大量的就业歧视诉讼已得到了解决，包括对女性、非洲裔或拉美裔的雇用配额。典型的例子就是当完成特定目标之后，达到新雇员中女性占40%的要求。

配额公平不公平呢？思考以下的例子。

假设一个警察局执行女性雇用配额40%的要求，计划雇用50个新警，那么女性就是20个，男性30个。按照所有分数，女性申请者第20名分数是合计82分，满分100分，于是她被录用了。而男性申请者第31名的合计得分是83分，他被淘汰了。这样的配额制度公平吗？思考以下的问题：对这名男性申请者分数高于第20名的女性申请者却被淘汰了，公平吗？对于历史上曾被警察拒绝雇用的女性群体公平吗？

82分和83分的差别重要吗？这些数字真的能预测出谁将成为更优秀的警察吗？这些测试题作为综合能力总分可靠吗？如果利用一般的智力测验，真的可以检测出谁会成为更高效的警察吗？标准的心理测验的分数差异真的可以预示分数略高的人能成为更优秀的警察吗？（事实是：警察局定70分作为最低录取分数标准，任何低于69分申请者都不能被录取）

法庭鼓励使用雇用配额制度来作为纠正过去歧视的办法。如果你觉得这个制度不公平，你会推荐什么策略来作为纠正过去歧视的办法呢？

三、配额问题

平权运动并非要在招聘中使用配额。平权运动的反对者认为规定配额是逆向歧视的非法形式。例如，白人警察向底特律一对一的晋升计划提出异议。1996年，加利福尼亚选民通过了第209号提案，该提案宣布本州行政机构的平权运动不合法。

反对者认为，平权运动迫使雇主雇用低学历的人，降低了招聘标准。但警察行政研究论坛的一项研究发现，20世纪60年代到80年代末，警察的教育水平稳定上升，这个时期正在实行平权运动计划。1988年，白人、非洲裔、西班牙裔警察的教育水平基本是相当的。研究发现62.2%的白人警察拥有大学学分，而拉美裔和非洲裔美国人的比例是67.5%和63.2%。[60]

平权运动是否导致降低录用人才标准的问题取决于警察局如何实施平权运动计划。例如，如果警察局雇用了没有达到最低招聘标准的人员，那么就降低了招聘标准。平权运动的目的是找到合格的员工而促使雇主更加积极地招聘。如果机构不能满足配额，正确的行动进程就是暂停招聘过程，为了增加应聘者数量而更加积极努力地实施招聘。

平权运动的有些批评家引用了华盛顿警察局的例子，20 世纪 90 年代初华盛顿警察局开展了一次主要的招聘活动，但在招聘过程中没有实施标准化申请者背景调查，结果导致许多不合格的人员被雇用，其中一些人有犯罪记录，并且最终成为腐败的警察。[61]

华盛顿的教训有两个方面值得评论。第一，由国会主导的加快招聘并未增加少数族裔警察的数量而是安排更多警力在街面上。第二，无论加快招聘的目的如何，警察局未进行标准化背景调查是不负责任的。

平权运动实现目标了吗？这个问题有相互矛盾的证据。苏珊·马丁（Susan Martin）关于女警察的研究发现，警察局确实开展了平权运动，事实上，在应聘者中女性申请者的比例更高了，部分结果就是招录了更多的女警察。[62]然而，一项针对 281 个警察局的国家调查发现，关于非洲裔警察的就业，平权运动计划仅有较小的影响。非洲裔警察就业最重要的原因在于当地社区非洲裔美国人人口的上升。[63]

四、作为“令人信服的政府利益”的多样化

目前平权运动项目的合宪性尚不确定。2003 年，美国最高法院颁布了涉及密歇根大学的两个决定。最高法院声明：在本科生录取项目中，自动给少数族裔申请者加分是违宪的，因为这种方法并不“切合”达到种族多样性的目标。但最高法院支持在法学院的录取程序考虑种族，种族只是录取时考虑的许多因素之一，包括使用的比赛成绩，申请者的本科院校的教育质量、个人陈述、推荐信等。然而，2007 年在两个学校整合的情况下的案例中，法院不允许利用种族因素分配学生。这些决定表明，法院也许会宣布就业中的平权运动[64]项目是违宪的。[65]

第九节　警察培训

一、警察学院

警察学院在警察入职前培训方面取得了重要的进步。一般的专业培训时间长于以往，涉及许多科目，是依据州的法律要求。超过四分之三的大城市警察局都开办了各自的警察学院（通常小警察局警察在州培训学院受训）。[66]

1950 年至 2000 年，入职前培训项目的平均时长翻了三番，从 300 小时增加至 1400 小时以上，其中包括课堂培训和实战训练。2006 年（获得这类数据

的最后一年），大城市中的平均岗前培训时长约为1458小时，其中包括883小时以上的课堂培训和575小时的实战训练。而小城市中的部门培训时长相对较短。[67]

图表5-6 入职前培训的要求

平均培训时长的要求	课堂培训（小时）	实战训练（小时）
所有种类	761	453
州治安警官标准训练（POST）	604	1678
州警察	881	443
县治安官	719	365
县警察	965	446
城市警察	883	575
学院/大学	690	225
多机构	751	312
其他类型	657	335

资料来源：Bureau of Justice Statistics, State and Local Law Enforcement Training Academies, 2006（Washington, DC：U. S. Justice Department, 2009），Table 10。

警察学院的培训经验具有多方面的作用。第一，提供正规培训。第二，这个过程能够淘汰不合格的新成员。平均约14%的新成员在警察学院的培训项目中被淘汰。[68]第三，这是新成员融入警察亚文化的社会化仪式。警察亚文化包含了对职业、警察局和同事的一种强烈的认同感。[69]

聚焦警察

培训学院教授什么?

执法培训学院教授什么课程？不同的培训课程需要投入多少时间？司法统计局调查了州和地方培训学院，列出了以下科目的平均培训时间。

州和地方执法培训学院基础培训中的主题

主题	涉及此类培训的院校比例（%）	教学平均时数（小时）
勤务		
写报告	100	20
巡逻	99	40
调查	99	40
基础急救技能/心脏复苏	99	24
应急车辆操作	97	40
电脑/信息系统	58	8
武器/自卫		
自卫	99	51
枪支使用技巧	98	60
非致命性武器	98	12
法律		
刑法	100	36
宪法	98	12
执法历史	84	4
自我完善		
道德与品质	100	8
健康与健身	96	46
压力排解/管理	87	5
基础外语	36	16
社区警务		
多元文化/人际关系	98	11
基本策略	92	8
调解技巧/冲突管理	88	8
特殊专题		
家庭暴力	99	14
青少年犯罪	99	8
家庭防范	88	8
仇恨犯罪/偏见犯罪	87	4

资料来源：Bureau of Justice Statistics, State and Local Law Enforcement Training Academies, 2006（Washington, DC: U. S. Justice Department, 2009）。

警察学院的课程内容有了明显的改变，在警务的纯粹技能方面不再过多重视（如执行逮捕、控告犯罪嫌疑人、使用武器），而更加关注法律和行为方面。一项调查发现，20 世纪 50 年代 93% 的武器技能相关培训是射击培训；几乎没有时间对警察使用武器或者开抢的自由裁量权问题进行法律方面的培训。[70] 新科目逐渐被增加到培训课程中，包括人际关系、家庭暴力和伦理道德等。

警察学院的教员在背景、专长和教育定位等方面各有不同。在对 3 所警察学院的观察性研究中，伯格（Berg）按照类型学把教员分为 5 个不同类别。“警察学者”，是指取得大学文凭并且利用学院式教学方法的宣誓警察；“警察事业家”，是指主要依靠讲授他们亲身经历的“战斗故事”的宣誓警察；“适应不佳的多面手”，是指没有准备好讲课的警察，他们提供个人建议、有时反驳警察局政策；“法学家”是将授课限定于法律问题的教师；“文职人员”是指不是宣誓警察，但是某些特定领域的专家。[71]

二、实战训练和评估程序

图表 5－7 佛罗里达州坦帕市警察局的实战训练和评估项目（FTEP）

实施实战训练和评估项目的 10 个方面的原因： 1. 法院通过了在均等就业机会委员会的指导方针下处置平权运动问题的法定程序。 2. 增加了管理和行政政策的支持。 3. 减少了随意雇用、自留额、训练和监管问题发生的可能性。 4. 因培训机构筛除了不合格人员，培训费用得以控制。 5. 建立了培训和评估程序标准。 6. 为了晋升目的，个人能力得以确定；晋升之前，一线警察得以实践自身的领导监管能力。 7. 适合一线警察的另一条职业发展道路。 8. 一线警察越来越多地参与决策制定和在多人参与式环境中工作。 9. 在实战训练教官的指导下，见习警察的工作技能提升更快。 10. 由于肩负行业模范的责任，实战训练教官变得更加有能力、在行和安全。
资料来源：Reprinted by permission of the Tampa, Florida, Police Department Website, www. tampagov. net。

为了补充学院的课堂培训，大多数警察局也开展了实战训练项目。项目是在具备经验的实战训练教官（FTO）监督下，开展警务实践经验的培训。如今，33% 的警察局要求必须有实战训练。[72] 1972 年，圣何塞（San Jose）项目建立后，其中大多数项目成了典范。

最初，圣何塞的 FTO 项目包括 17 周的课堂培训和 14 周的实战训练。在实战训练期间，应聘者参加 3 个实战训练教官的课程，每个教官培训 4 周，最后两周再由第一个教官实施培训。每个教官要对参训新成员的表现提交每日报告，监管者要完成每周评估报告。[73]

FTO 项目的培训质量也不尽相同。一名警察局女警察的性别歧视诉讼暴露出当前非正式在职（post - academy）实战训练的诸多严重问题，女警们声称实战训练教官对她们存有偏见。这项诉讼发现 FTO 项目没有课程，没有基于实际任务的表现评估体系，也没有对实地训练教官的培训。诉讼导致新型和改进型 FTO 项目产生，[74]这起特殊案例说明了就业歧视诉讼常常导致警察局政策和警务实践的全面改革。

三、各州的警察培训与认证

在过去 30 年里，警察培训最重要的一项改革就是州法律规定所有警察都要经过入职前培训。1959 年，加利福尼亚州和纽约州是第一批采用这项法规的州。1965 年，全美 85% 的警察没有接受入职前培训。20 世纪 80 年代早期，各州都有某种形式的委托培训。多年来，各州的委托培训产生了巨大影响。[75]

在大多数州中，小型警察局派新警察参加各州认证的警察学院培训或培训项目，有些项目通过社区大学运作，大型警察局开办的警察学院也是由各州认证的。在培训时间方面，相比大城市警察学院的培训项目，各州的培训时间限制通常更短，完成培训的警察会获得本州的认证或者获得在本州治安警察的执法资格。

如果某个警察已经被警察局解雇，他应该被另一个执法机构雇用吗？许多人担心“吉普赛警察”问题，即尽管有不良的工作记录却从一个警察局到了另一个警察局工作。美国从来没有国家层面的注册警察名单及其职业模式，申请者可以轻易撒谎或者不告诉警察局自己曾被另一个执法机构解雇，许多小型执法机构可能没有资源实施全面的背景调查。事实上，有些执法机构或许不在乎这些，该问题的部分解决方案是对各州认证警察采取吊销资格的程序。[76]

目前，大多数州（39 个州）具有吊销本州警察执法执照的程序。吊销警察执照解决了某些警察因不端行为被解雇后而被另一个警察局雇用的问题。如果执照被吊销，那么该问题就不可能发生。然而，在执行过程中却不能防止本州解雇的警察被其他州执法机构雇用（假定此人符合条件并且雇用他的执法机构不核查雇员的工作经历）。[77]

佛罗里达州是全美第一个采用全面吊销执照程序的州。1976 年至 1983 年间，佛罗里达州刑事司法标准和培训委员会对本州 148 名警察提起了诉讼，撤销了其中 132 人的警察执法执照，停职 14 人，回到试用期 2 人。大多数案例都涉及个人或警察局的失职，148 人中仅有 22 人涉及警察渎职。[78]

四、当前警察培训的不足

警察培训项目能够覆盖警察工作中真正重要的方面吗？本书后面将会阐述警察日常行使了极大的自由裁量权（详见第十一章）。警察也要处置很多复杂困难的社会问题，如家庭纠纷和精神健康问题（详见第八章）。其中，仅有一些事件涉及逮捕。此外，使用致命武力的事件非常罕见。警察培训项目能否完全涵盖所有最频繁的情况，或者警察是否过于偏重刑事执法和不常发生的危急事件呢？

尽管近期有改进，但警察培训项目仍受到一些限制。许多培训项目仍不包括重要科目，如自由裁量权、线人的使用以及伦理道德等。同时，入职前培训本身也没有为参训警察即将面临的任务做好充分的课程准备。例如，警察学院关于虐待配偶的 1 小时讲座或许不会对警察在数月或数年后如何处置家庭暴力事件有影响；精神病鉴定的短期班或许不能使参训警察做好鉴别严重精神病的准备，或者对如何处置精神病人不能提供充分的指导。

在与受害者打交道方面，底特律警察局为新警开设了实验性培训项目。一项评估发现，受害者对接受过培训的警察并不比对未接受培训的警察评价高（事实上，两组警察均受到了很高的评价）。然而更严重的是，所有新警上街工作后，对待公众的态度发生了极大的变化，即变得不那么积极了。[79]

麦克纳马拉（McNamara）在一项研究中发现：纽约市新警在上街巡逻一年后对公众的态度发生了相似转变。[80]这些发现纷纷支撑了斯科尔尼克（Skolnick）提出的观点，即影响警察态度和行为的基本因素并非背景特征或培训，而是工作环境。[81]警察亚文化的更多细节内容会在第六章讨论。

由于持续不断的警察社区关系问题（详见第十二章），大多数警察局将种族关系、人际关系或多元文化培训引入课程中。然而，一份关于多元文化培训项目的报告显示，自 20 世纪 60 年代以来，多元文化课程内容几乎没有变化，长久保持了种族和少数族裔负面的刻板形象，且这些课程往往只注重警察个体的态度而忽视警察局整体的政策。[82]

阿尔伯特、史密斯和沃特斯（Alpert、Smith & Watters）认为种族关系问题“仅仅通过课堂培训”“是不够的”。尤其是他们建议开展警察与种族和少数族裔团体沟通技巧的实验性培训，“而不是警察自己实践”。[83]

第十节　试用期

完成入职前培训后，新警宣誓就职、被指派到日常任务中去。入职的新警会有 6 个月到 2 年的试用期，试用期的长短取决于警察局（有些警察局会把入职前培训的时间也算入试用期）。[84]

试用期间，警察可能无理由被解雇。如果要解雇试用期满的正式警察，必须依据地方公务员规章制度或警察工会签订的合同。

全部入职的新警中约有 7% 的人员会在试用期间被解雇。[85] 苏珊·马丁却发现警察局关于如何利用试用期存在重要的区别。在菲尼克斯警察局，所有警察中约 47% 的人员在试用期间离开了警察局，其中女性占所有女性新警的 26%，男性占所有男性新警的 14%。但在华盛顿警察局，只有 15% 的人员会在试用期间离开警察局（其中女性、男性各占所有女性新警、所有男性新警的 5%）。[86]

许多专家认为，试用期越长越有更长时间观察新警的表现以及有机会解雇表现欠佳的人员。费城警察局实行 6 个月试用期，包括 19 周的学院培训，仅留 7 周时间进行街道巡逻实践。一项报告发现这“不足以让管理人员决定一个特定候选人是否有资格成为合格警察”，并建议在完成学院培训后，至少要有 6 个月的试用期。[87]

结　语

在过去 25 年里，美国警察的形象发生了巨变。目前，警察队伍中出现了比以往更多的少数族裔警察、女性警察以及受过大学教育的警察。许多老警察的惯例和做法已被消除，因为他们歧视特定群体。同一时期，警察培训取得了不断的提升。总之，今天警察招录的人员已经与 25 年前的完全不同。

关键术语

职业发展角度	警察的刻板形象	公务员体制	最低招录年龄限制
居住地要求	工作保障	口头面试	背景调查
1964 年民权法案第七编		实际职业资格	平等就业机会指数
平权运动	逆向歧视	入职前培训	实战训练教官
吊销执照	试用期		

讨 论

30多年前，总统犯罪委员会建议要求所有警察都应具有本科学历。当委员会提出这项建议时，关于警务的研究极少（对警察工作和警察的研究都没有）。之后，我们已经学习和研究了许多关于警务方面的内容。

根据本研究，讨论委员会提出的建议。

1. 建议是否是提升警务工作的一项好的战略？
2. 这种方法的基本假设是什么？
3. 我们有何证据证明建议提升了警务？

注 释

[1]"Change Has Come to the LAPD Too," Los Angeles Times, January 21, 2009; 1986 data from Christopher Commission, Report of the Independent Commission on the Los Angeles Police Department (Los Angeles : The Commission, 1991), p. 23, available at www. parc. info.

[2] Arthur Niederhoffer, Behind the Shield: The Police in Urban Society (Garden City, NY: Anchor Books, 1967), p. 1.

[3] David H. Bayley and Harold Mendelsohn, Minorities and the Police: Confrontation in America (New York: Free Press, 1969).

[4] National Center for Women and Policing, Recruiting and Retaining Women: A Self – Assessment Guide for Law Enforcement (Los Angeles: National Center for Women and Policing, 2001), p. 43, www. womenandpolicing. org.

[5] George W. Griesinger, Jeffrey S. Slovak, and Joseph J. Molkup, Civil Service Systems: Their Impact on Police Administration (Washington, DC: Government Printing Office, 1979).

[6] Pennsylvania, Municipal Police Officers Standards and Training Council Regulations, www. mpostc. state. pa. us/.

[7] Robert Langworthy, Thomas Hughes, and Beth Sanders, Law Enforcement Recruitment, Selection and Training: A Survey of Major Police Departments in the U. S. (Highland Heights, KY: ACJS, 1995), p. 24.

[8] President's Commission on Law Enforcement and Administration of Justice,

Task Force Report: The Police (Washington, DC: Government Printing Office, 1967), p. 130.
[9] Langworthy, Hughes, and Sanders, Law Enforcement Recruitment, p. 24.
[10] Bureau of Justice Statistics, Local Police Departments, 2007 (Washington, DC: Department of Justice, 2010).
[11] David L. Carter Allen D. Sapp, and Darrell W. Stephens, The state of Police Education (Washington, DC: Police Executive Research Forum, 1989), p. 84.
[12] Retrieved January 2, 2011, from www. chiagopolice. org/answerthecall/qualificatiom. html.
[13] Michael Heidingsfield, "Six Reasons to Require College Education for Police Officers," Subject to Debate 9 (December 1995), pp. 5 – 7; President's Commission on law Enforcement and Administration of Crime in a Free Society (Washington, DC: Government Printing Office 1967), p. 109.
[14] Wesley G. Skogan and Susan M. Harnett, Community Policing Chicago Style: (New York: Oxford University Press, 1997), pp. 70 – 109.
[15] Susan Aud, Mary Ann Fox, and Angelina Kewal Ramani, "Status and Trends in the Education of Racial and Ethnic Groups U. S. Department of Education," National Center for Education Statistics, Washington, DC, http://nces. ed. gov/pubs2010/2010015. pdf, accessed January 2, 2012.
[16] David L. Carter, Allen D. Sapp, and DarrelW. Stephens, "Higher Education as a Bona Fide Occupational Qualification (BFOQ) for Police: A Blueprint," American Journal of Police 7 (Fall 1988), pp. 1 – 27; Davis v. City of Dallas, 777 F. 2d 205 (5th Cir. 1985); David L. Carter and Allen D. Sapp, Police Education and Minority Recruitment: The Impact of a College Requirement (Washington, DC: PERF, 1991), p. 27.
[17] Michael D. White, "Identifying Good Cops Early: Predicting Recruit Performance in the Academy," Police Quarterly, 2008, pp. 27 – 49.
[18] M. L. Dantzker: Do College Education Requirement for Police Create an Overeducation Problem? Subject to Debate 9 (December 1995), p. 4.
[19] Griesinger et al., Civil System, p. 102.
[20] Department of Health and Human Services, 2002National Survey on Drug Use and Public Health (Washington, DC: Department of Health and Hu-

man Services, 2003), Table 1.1b, available at www.samhsa.gov.
[21] American Civil Liberties Union of Southern California, From the Outside In: Residency Patterns within the Los Angeles Police Department (Los Angeles: ACLU – Southern California, 1994), p. i.
[22] Bureau of Justice Statistics, Law Enforcement Management and Administrative Statistics, 2000 (Washington, DC: Department of Justice, 2004), www.ncjrs.org, NCJ 2033350; Langworthy, Hughes, and Sanders, Law Enforcement Recruitment, Selection and Training, p. 24; New York Civilian Complaint Review Board, Annual Report 1993 (New York: CCRB, 1993), p. 28, www.nyc.gov/html/ccrb/home/html.
[23] Jeremy Wilson, Bernard Rostker, and Cha – Chi Fan, Recruiting and Retaining America's Finest (Santa Monica, CA: RAND Corporation, 2010).
[24] M. Steven Meagher and Nancy Yentes, "Choosing a Career in Policing: A Comparison of Male and Female Perceptions," Journal of Police Science and Administration 14, No. 4 (1986), pp. 320 – 327; Virginia B. Ermer, "Recruitment of Female Police Officers in New York City," Journal of Criminal Justice 6, No. 3 (Fall 1978), pp. 233 – 246.
[25] Griesinger et al., Civil System.
[26] Nicholas Alex, New York Cops Talk Black (New York: John Wiley, 1976), p. 9.
[27] Ermer, "Recruitment of Female Police Officers"; James Q. Wilson, "Generational and Ethic Differences among Career Police Officers," American Journal of Sociology 69 (March 1964), p. 526.
[28] Bayley and Mendelsohn, Minorities and the Police, p. 30.
[29] Robert J. Kaminski, "Police Minority Recruitment: Predicting Who Will Say Yes to an Officer for a Job as a Cop," Journal of Criminal Justice 21 (1993), pp. 395 – 409.
[30] Susan E. Martin, OnThe Move: The Status of Women in Policing (Washington, DC: Police Foundation, 1990).
[31] Bureau of Justice Statistics, Local Police Departments, 2007 (Washington, DC: Department of Justice, 2010).
[32] Bernard Cohen, "Minority Retention in the New York City Police Department: A Policy Study," Criminology 11 (November 1973), pp. 287 – 306.
[33] Bureau of Justice Statistics, Local Police Departments, 2007.

[34] Langworthy, Hughes, and Sanders, Law Enforcement Recruitment, Selection and Training, p. 27.

[35] William G. Doerner, "The Utility of the Oral Interview Board in Selecting Police Academy Admissions," Policing 20, no. 4 (1997), p. 784.

[36] Langworthy, Hughes, and Sanders, Law Enforcement Recruitment, Selection and Training, p. 29.

[37] Bureau of Justice Statistics, Local Police Departments, 2007.

[38] Anthony V. Bouza, "The Policeman' s Character Investigation: Lowered Standards or Changing Times?" Journal of Criminal Law, Criminology, and Police Science 63 (March 1972), pp. 120 – 24.

[39] "D. C. Police Force Still Paying for Two – year Hiring Spree," Washington Post, August 28, 1994.

[40] Bernard Cohen and Jan M. Chaiken, Police background Characteristics and Performance (Lexington, MA: Lexington Books, 1973), pp. 87, 90 – 91.

[41] J. Douglas Grant and Joan Giant, "Officer Selection and the Prevention of Abuse of Force," in W. A. Geller and H. Toch, eds., And Justice for All (Washington, DC: PERF 1999), pp. 161 – 162.

[42] BenjaminS. Wright, William G. Doerner, and John C. Speir, "Pre – employment Psychological Testing as a Predictor of Police Performance during an FTO program," American Journal of Police IX, No. 4 (1990), pp. 65 – 84.

[43] Christopher Commission, Report of Independence Commission on the Los Angeles Police Department, p. 110.

[44] Paula Rubin, Civil Right and Criminal Justice: Employment Discrimination Overview (Washington, DC: Government Printing Office, 1995), p. 102.

[45] Davis v. City of Dallas, 777 F. 2d 205.

[46] Paula N. Rubin, The American With Disabilities Act and Criminal Justice: An Overview (Washington, DC: Government Printing Office, 1993). www. ncjrs. org, NCJ 155061.

[47] David Alan Sklansky, "Not Your Father' s Police Department: Making Sense of the New Demographics of Law Enforcement," Journal of Criminal Law and Criminology 96 (Spring2006), pp. 1209 – 1213.

[48] The data appear in various reports that do not always present them in the same form. Bureau of Justice Statistics, Police Departments in Large Cities,

1990－2000（Washington，DC：Department of Justice，2002）；Bureau of Justice Statistics，Local Police Departments.
[49]CALEA，Standard for Law Enforcement Agencies，4th ed.（Fairfax，VA：CALEA，1998），www. calea. org.
[50]Samuel Walker，Employment of Black and Hispanic Police Officers（Omaha：University of Nebraska at Omaha，1983）；William G. Lewis，"Toward a Representative Bureaucracy，" Public Administration Review 49（May－June 1989），pp. 257－267.
[51]LeighHerbst and Samuel Walker，"Language Barriers in the Delivery of Police Services，" Journal of Criminal Justice 29（July 2001），pp. 1－12.
[52]NationalLatino Peace Officers Association，"History，" www. nlpoa. com/history，p. 4.
[53]Tamar Husansky and Pat Sparling，Working Vice：The True Story of Lt. Lucy Duvall－America's First Women Vice Squad Chief（New York：Harper Paperbacks，1993）.
[54]National Center for Women and Policing，（Los Angeles：National Center for Women and Policing& 1998），www. womenandpolicing. org.
[55]Ibid.，pp. 2，10.
[56]LynnLangton，Women in Law Enforcement，（Washington，DC：Bureau of Justice Statistics，2010）.
[57]Patrick Suraci，"The Beginning of GOAL，"www. goalny. org.
[58]Aaron Belkin and Jason McNichol，"Pink and Blue：Outcomes Associated With the Integration of Open Gay and Lesbian Personnel in the San Diego Police Department，" Polite Quarterly（March 2002），pp. 63－95.
[59]U. S. Equal Employment Opportunity Commission，Affirmative Action and Equal Employment，Vol. 1（Washington，DC：Government Printing Office，1974），p. 23.
[60]David L. Carter，Allen D. Sapp，and Darrel W. Stephens，The State of Police Education（Washington，DC：Police Executive Research Forum，1988）.
[61]D. C. PoliceForce Paying for Two－Year Hiring Spree：Washington Post.
[62]Martin，Onthe Move，p. 39.
[63]Jihong Zhao and Nicholas Lovrich，"Determinants of Minority Employment in American Municipal Police Agencies：The Representation of African A-

merican Officers," Journal of Criminal Justice 26, No. 4 (1998), pp. 267 – 278.

[64] Ibid.

[65] Gratz v. Bollinger, 539 U. S. 244 (2003); Grutter v. Bollinger, 539 U. S. 306 (2003); Parents Involved in Community Schools v. Seattle, 551 U. S. 701 (2007); Meredith v. Jefferson County, 551 U. S. 782(2007).

[66] Langworthy, Hughes, and Sanden, Law Enforcement Recruitment, Selection and Training, p. 32.

[67] Bureau of Justice Statistics, State and Local Law Enforcement Training Academies, 2006 (Washington, DC: Government Printing Office 2009).

[68] Ibid.

[69] William A. Westley, Violence and the Police (Cambridge, MA: MIT Press, 1970), pp. 153 – 159; Richard N. Harris, Police Academy: An Inside View (New York: John Wiley, 1973).

[70] Frost and Seng, "Police Entry – Level Curriculum: A Thirty Year Perspective," Journal of Police and Administration 12 (September 1984), p. 254.

[71] BruceL. Berg. "Who Should Teach Police: A Typology and Assessment of Police Academy instructors," American Journal of Police IX, No. 2 (1990), pp. 79 – 100.

[72] Bureau of Justice Statistics, State and Local Law Enforcement Training Academies, 2006.

[73] Michael S. Campbell, Field Training for Police Officers: State of the Art (Washington DC: Government Printing Office, 1986).

[74] William G. Doerner and E. Britt Patterson, "The Influence of Race and Gender Upon Rookie Evaluations of their Field Training officers," American Journal of Police XI, No. 2 (1992), pp. 23 – 36.

[75] Richard C. Lumb, ed., Sourcebook of Standards and Training Information in the United States (Charlotte: University of North Cantina at Charlotte, 1993); President's Commission on Law Enforcement and Administration of Justice, Task Force Report: The Police, p. 138.

[76] J. Middleton – Hope, "Misconduct Among Previously Experienced Officers: Issues in the Recruitment and Hiring of 'Gypsy Cops'," St. Louis University Public Law Review 22, No. 1(2003), pp. 173 – 84.

[77] Steven Puro, Roger Goldman, and William C. Smith, "Police Decertifica-

tion：Changing Patterns among the States, 1985 – 1995," Policing 20, No. 3 (1997), pp. 481 – 496.

[78] Roger Goldmanand Steven Puro, "Decertification of Police Misconduct," Hastings Constitutional Law Quarterly 15 (Fall 1987), pp. 45 – 80.

[79] Arthur J. Lurigio and Dennis P. Rosenbaum, "The Travails of the Detroit Police – Victims Experiment: Assumptions and Important Lessons," American Journal of Police XI, No. 3 (1992), pp. 1 – 34.

[80] McNamara, "Uncertainties in Police Work."

[81] Jerome H. Skolnick, Justice without Trial, 3rd ed. (New York: Macmillan, 1994).

[82] Jerome L. Blakemore, David Barlow, and Deborah L. Padgett, From the Classroom to the Community: Introducing Process in Police Diversity Training," Police Studies XVIII, No. 1 (1995), pp. 71 – 83.

[83] Geoffrey P. Alpert, William C. Smith, and Daniel Watters, "Implications of the Rodney King Beating," Criminal Law Bulletin 28 (September – October 1992), p. 477.

[84] Langworthy, Hughes, and Sanders, Law Enforcement Recruitment, Selection, and Training, p. 39.

[85] Bureau of Justice Statistics, Local Police Departments, 2003, Table 8.

[86] Martin. On the Move, pp. 131 – 132.

[87] Philadelphia Police Study Task Force, Philadelphia and Its Police: Toward a New Partnership (Philadelphia: City of Philadelphia, 1986), p. 94.

第六章　警察（二）：工作中

本章概要

完成试用期后，警员将成为一名全职的宣誓警察，开始职业生涯。多种因素会影响警察的职业生涯。有些警察获得晋升，而其他人在整个职业生涯中却停留在一个级别；有些人辞职，而另一些人却被解雇。警察对工作、职业、警察局以及对公民的态度，经常随着时间的变化而改变。本章研究的内容是警察在工作中的体验。

第一节　现实冲击：警察工作的开始

对新警察而言，工作的前几周甚至前几个月往往是个猛然觉醒的过程。在韦斯特利关于警务亚文化的经典课题研究中，他将其称为“现实冲击”的体验。[1]新警察会很快遇到与公众、刑事司法系统以及警察局之间不愉快的冲突。

一、与公民的冲突

在工作起初的几周或几个月里，新警对公众态度的变化显著。“巡警几乎从未得到过公众的合作，而警民合作恰恰是需要处理的警务工作”，麦克纳马拉（McNamara）发现，认同这一观点的警察比例由最开始学院培训期的35%上升到工作两年后的50%。[2]工作4个月后的底特律警察也有类似的态度转变，他们将“倾听受害人表达感情或情绪”的重要性置于更低的位置。[3]

警察态度的转变，部分原因是遭到了公民的敌意。例如，第五章提到大部分警察进入执法体系是因为他们想与公众合作，帮助和服务社区。尽管公民敌意的数据比较罕见（约占所有警民冲突的10%），但是警察往往会记住这种经历。对于所有人而言，回顾不愉快或者痛苦经历是普遍现象。[4]

警察特别厌恶公民的正式投诉，因为警察局的内部事务部或外部公民监督机构会针对投诉进行调查。但是，独立监测机构丹佛办事处的研究表明，怨恨主要在调查投诉的过程。由OIM发起的改革结果显示，警察对于被调查过程的满意度已由12%上升到34%。更戏剧性的是，警察称他们对提供给调查人员的信息认真对待的比例从改革前的24%上升到78%。[5]

警察被习惯定式对待时也有所反应，就如同公民对警察的制服、警徽和枪的反应一样，而不是对警察个体。在带有种族成见的案例中，人们不愿被当作一个类别对待，而是作为一个个体。此外，站在拥有逮捕权的人周围，许多市民感到不舒服。为了避免这些反应，警察往往只与其他警察交往，从而增加了与公众隔离的程度。[6]

警察态度的转变也是由于他们处置社会中的“卑鄙勾当”，处理那些无人愿意或者不能处理的苦差事。警察看到最丑恶的人性，他们第一个发现被害者，或者强奸案、家庭暴力案和虐待儿童案受害者。例如，在一项研究中，警察把处理虐待儿童案件列为最有压力的案件。[7]这些经历日积月累，最终带给警察对于人性的非常负面的看法。

此外，当警察提到“公众”时，还包括新闻媒体和民选官员。通常，警察都会对新闻媒体不满，因为新闻媒体只强调警务管理（警察过度使用武力的指控）的消极方面，而忽略了积极的方面。警察还认为，民选官员（“政客们”）试图干扰警方的行动（如要求在他们的社区增加巡逻覆盖面），不懂得警务工作的基本要素。

二、与刑事司法系统的冲突

二次冲击涉及对有关刑事司法系统的了解。警察是“局内人”，能够亲历刑事司法系统的运作过程。他们看到逮捕被撤销、严重罪行通过辩诉协议获得较轻的罪名。他们注意到不称职的检察官、辩护律师和法官。最终，许多警察开始怀疑刑事司法系统公平和高效的能力。通常，警察会认为法院过于宽容。[8]与华盛顿特区63%的警察信任他们警察局指挥官相比，仅有27%的警察表示信任法院。[9]

警察也常常感到他们不受律师和法官的尊重。当他们在法庭上作证时，辩护律师质疑警察的工作质量，而法官有时也排除警察获得的证据或口供。[10]

三、与警察局的冲突

当研究人员问及纽约市的警察，他们当警察最讨厌什么时，被提到最多的是他们所在的警察局，而并非来自公众的敌意。最常提及的问题是警察局的领导“不关心”他们；其次是“辖区的主管”；而“缺乏公众的尊重”在本次调查中位列第三。[11]

对纽约市警察局警察的调查记录了新警对所在警察局幻想的破灭。他们发现，警察局的政治影响着工作分配和晋升决策、有些主管不称职以及自己辛勤的工作没有回报。[12]

正如在其他大型组织机构中，普通警察与最高指挥官之间存在矛盾。一项研究表明，华盛顿特区警察中82%的人对他们的工作满意，87%的人信任同僚，63%的人信任指挥官，但只有51%的人对警察局局长表示信任。[13]现在，普通警察与最高指挥官之间存在的矛盾是由警察工会这一渠道且往往通过建立申诉程序这一方式来处理的。此外，许多警察局内部矛盾都伴随着种族、民族以及性别界限的特征。

关于警察工会的详述见第四章

第二节　最初分派的工作任务

资历制度的影响

警察局一般安排新警巡逻执勤，通常是晚班并在高犯罪地区。大多数警察局的工作依据体现资历原则的公务员程序或工会合同进行分派。具备更多经验的警察拥有要求分派工作的第一优先权，最不称心的工作任务一般分派给新警们。[14]

资历原则好坏参半。好的是它排除了偏袒和歧视。例如，20 世纪 60 年代，总统犯罪委员会发现有些警察局把最差的警察安排到黑人社区；[15] 不好的是最难的任务却分配给经验最少的警察：在高犯罪率社区的犯罪最频发时段执行巡逻和接处警任务。相关的结果是各警察局已显著提升了人力资源标准。相比年长的警察，越年轻的警察执行这样的工作任务越有可能获得更多的资历和更好的经验。同时，近期各警察局聘请了大量少数族裔警察或女警察，警察局将会不均衡地给他们安排最不称心的工作，如分配到高犯罪率的街区。[16]

边注栏 6－1

问题讨论：资历制度的影响

资历制度意味着初任警察一般会被安排在高犯罪率街区犯罪最高发的时段（通常为下午 4 点至午夜）巡逻，大多严重犯罪通常在此时间段发生。

这种人员分配制度合理吗？会在最需要警务技能的犯罪高发时间段和地点提供最好的警察服务吗？

讨论资历制度的主要缺点、优势又是什么？你是否可以设计一个替代制度呢？

第三节　独特的警察亚文化理念

独特的警察亚文化存在吗？警察中存在一套与其他职业根本不同的态度和行为吗？本节回顾一下警察亚文化的原始概念，然后审视最近对该概念的批评。

一、原始概念

威廉·韦斯特利（William Westley）在对警察亚文化的开创性研究中讲述了一个辛酸而又给人启发的故事。当他在印第安纳州加里警察局采访，开始触及特别敏感的研究主题时，警察就中断了与他的交流。最终，他向一个警长解释说，如果不能完成这项研究，他的职业生涯就毁了。警长之前以“给警察难堪”为由不帮他，但随即警察们非常合作。韦斯特利的经验说明了警察亚文化的两个方面：一方面，对局外人研究本部门持有保密的态度；另一方面，对帮助那些完成任务有困难的人怀有真正的热心。基本上，所谓的警察亚文化是极其复杂的现象。[17]

韦斯特利的研究从职业社会学的角度走近警察，寻求“分离和确定管理警察行为的主要社会规范，并描述特定情形下影响警察行动的方式”。[18] 他得出的结论是：在警察中存在明显的亚文化，强调保密性、团结和暴力。在他看来，警察将公众视为“敌人”，警察认为用谎言保护其他同事免受公民的批评以及使用武力来对付公民是合乎情理的。

韦斯特利主张，与公众的选择性接触是警察亚文化的主要来源之一。警察极少遇到普通人，相反遇到的往往是那些讨厌警察的问题人群。警察对日常打交道的其他职业也有不满，如律师、新闻记者、社会工作者等对警察有负面态度的职业。[19] 韦斯特利还主张，面对所感知到的公众敌意，警察认为在遭遇危机时只能依靠同僚，在他采访的警察中 73% 认为公民敌视警察。[20]

公众的敌意激起了警察强烈的集体团结意识。一位华盛顿特区的警察解释说：“我与搭档已经合作了两年半，我比他妻子更了解他……他也了解我的一切。我认为当你与搭档一起工作时，你们就建立了稳定的关系。”[21] 警察工作的本质就是紧密合作，经常一起长时间在巡逻车上，面临着同样的不确定性和危险，培养了坚固的集体团结意识。

保密是公众敌对和集体团结的共同结果。保密充当着“外界攻击的盾牌”，保密转而使谎言合情合理。韦斯特利询问警察们是否会告发拿走公民（涉嫌醉酒被拘留的人）钱财的同事，共有 73% 的警察说不会。韦斯特利的结论是大多数警察认为“违法行动相对于打破团体秘密而言是更能接受的”。[22] 一项由警察基金会开展的全国性研究发现，超过一半（52.4%）的警察认同一个观点，即“对其他同事的不当行为视而不见是很平常的”。[23]

保密的重要方面就是“沉默法则”，涉及如公民投诉中不指证其他同事的不当行为。克里斯托弗委员会报道了洛杉矶一位警察的说法，“不要转而听命、告发搭档或同伴，基本上是不成文的规则”。[24] 在警察基金会的研究中，约 17% 的警察认为“沉默法则”是维护好治安秩序必要的组成部分。[25] “沉默法则”可能是警察问责制、减少腐败和警察过度使用武力（详见第十四章）最严重的障碍。

关于“沉默法则”对调查警察腐败产生的影响的讨论详见第十三章

韦斯特利还发现，公众敌意和集体团结是对公民的暴力行为作出的辩解。警察认为面对公民时为了维持应受的尊重而有必要使用武力。韦斯特利调查中超过三分之一（39%）的警察认为当面对公民不尊重他们时，使用武力是合理的。三分之二（66%）的警察认为非法使用武力应该进一步合理化。[26] 在最近的研究中，警察基金会的调查发现，约四分之一（24.5%）的警察认同“比起在法律允许的范围内控制用身体攻击警察的人，使用更多的武力有时是可接受的”。[27]

杰罗姆·斯科尔尼克（Jerome Skolnick）在他的经典研究《未经审判的正义》中对韦斯特利警察亚文化的概念进行了扩大。他发现警察形成了由警察两个方面角色塑造的“工作个性”：危险性和权威性。因为警务工作中潜在的危险始终存在，所以警察通常会怀疑所有人，形成了他们认为是罪犯或具有潜在危险人员的视觉线索“感性速记法”。这些视觉线索包括性别、年龄、未必真实的收入水平、穿着和行为方式，而且在多数情况下还包括种族和民族。线索变成涉及少数族裔低收入年轻男性的固定模式，这是种族貌相的基础。[28]警察亚文化是造成警察社区关系问题的主要因素。

关于警察社区关系的更多信息详述见第十二章

边注栏 6－2

工作中的“沉默法则”

沉默法则的蔓延本身就是惊人的，但我们发现特别令人不安的是沉默法则在腐败最严重的地方往往表现最突出，因为在犯罪猖獗的街区忠诚伦理观念特别有影响力，警察为了日常的安全相互依靠，而在那里对社区的恐惧和疏远是最为猖獗的。因此，沉默法则影响了这些街区最需要民众帮助的诚实警察们。

违反沉默法则的严重后果促使了它的蔓延：举报同事不当行为的警察被排斥和骚扰；成为被投诉的对象，甚至遭到人身威胁，并且害怕在危急时刻被单独留在街头。沉默法则的严厉执行助长了腐败，因为它使腐败的警察有安全感和不受伤害。像前警官贝纳尔· 考利（Bernard Cowley）在听证会上作证：

问：你是否曾害怕你的同僚会告发你？

答：从来没有。

问：为什么？

答：因为这是沉默的蓝墙。警察不会告发警察。如果他们真的做了，我是说当一个警察决定告发我，那么他的职业生涯就毁了。他将被贴上叛徒的标签。如果他还需要工作 15 年以上，那么他将会很悲惨，因为无论到哪这个标签都会跟着他。

资料来源：Mollen Commission，report of the commission to investigate Allegations of Police Corruption and the Anti－Corruption Procedures of the Police Department（New York：Mollen Commission，1994）. Available atwww. parc. info。

二、使用武力的能力

埃贡· 比特纳（Egon Bittner）在另一篇经典文章中拓展了斯科尔尼克关

于警察权威的概念。他认为，使用武力的能力是警察区别于其他职业的典型特征。[29]比特纳指出，其他任何职业都无权剥夺他人的自由（逮捕）、使用暴力、剥夺他人生命。这些权力是警察固有的，并适用于所有宣誓警察。制服、徽章和警用武器都是这些独特权力的象征。公民都很清楚这些象征及其所代表的权力，警察极少明确提醒某人可能会被逮捕。

三、潜在的危险与实际的危险

警务工作是危险的，每年都有在岗警察伤亡。在警察的心中，危险是以复杂的方式呈现的。斯科尔尼克认为，潜在的危险尤其是公民的攻击，形成了警察亚文化。潜在的危险无处不在，即便实际的危险极少发生。职业安全的数据显示，警察并不是最危险的职业。矿业和建筑业，一直保持更高的在职死亡率。[30]警务工作中的危险与其他职业的危险存在很大不同。警务工作中的危险涉及犯罪分子的暴力，而其他职业中危险涉及意外事故。事实上，以杀害警察的重罪案件来衡量，实际上警察工作已比过去的35年安全多了。杀害警察的重罪案件的死亡人数已经由1973年的134人下降到2010年的56人（见图表6－1）。[31]

图表6－1 1961～2010年被杀的执法警察数量

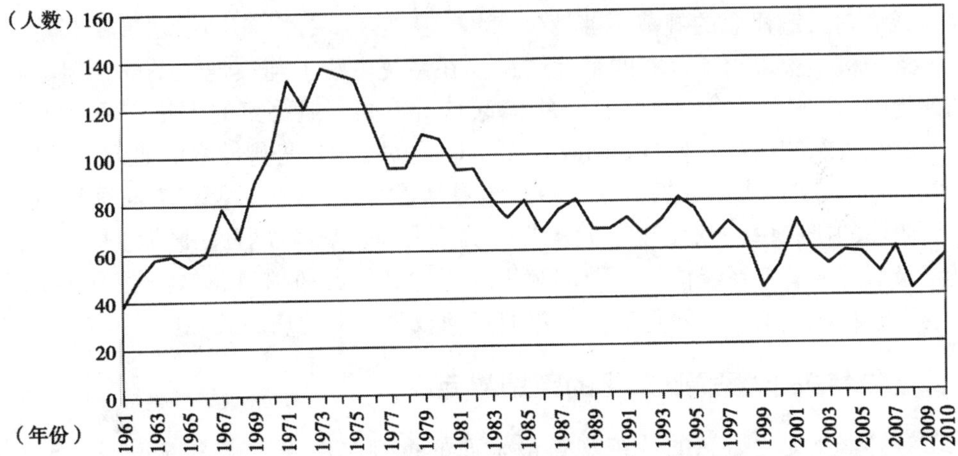

资料来源："Law Enforcement officers Killed," Book of Criminal Justice Statistics Online, Table3. 154, www. albany. edu/sourcrbook/pdf/t31542010. pdf, accessed February 10, 2012。

四、相互冲突的需求：法律与秩序

斯科尔尼克还认为，警务涉及法律与秩序两种要求之间的冲突。为了维持秩序，警察在压力下"生产"，意味着通过逮捕和定罪来获取结果。然而，为了保障公民权利，法律限制警察权力。冲突的结果是警察因通过逃避或扭曲规则获取物证或口供而倍感压力。[32]警察基金会发现近一半（42.9%）的警察都认为“遵守规则与完成工作任务不能兼容”。赫伯特·帕克（Herbert Packer）在其经典研究中，将结果需求与法律规则之间的冲突定义为是“犯罪控制价值”与“正当程序价值”间的冲突。[33]

第四节　警察亚文化的新视角

大卫·斯克兰斯基（David Sklansky）认为“不再是你父亲的警察局了”很有说服力，因为在过去35年里执法机构的人员构成发生了巨大的变化，导致警察亚文化的传统观点已不再适用。其认为“警察远不及今天统一，对平民也不太可能有‘我们和他们’的观点”。[34]

韦斯特利和斯科尔尼克（Westley & Skolnick）提出的警察亚文化原始概念已被斥责在方法论上存在缺陷。回顾文献，乔尔·莱夫科维茨（Joel Lefkowitz）得出“相关文献的重要部分基本上只是观点”的结论。此外，有关警察人格的存在或起源，“回顾几乎所有的调查研究在方法论上都不足以支撑合理的推论”。很多早期研究都是印象主义（如斯科尔尼克）、基于小样本（如韦斯特利）或者对关键概念的规范不够精确。[35]

莱夫科维茨得出了警察的个性“确实在系统方法上与其他人不同，但不同是评价中的中性意义”。总之，警察毕竟有所不同，但警察的人格特质并不是病态的。贝利和门德尔松（Bayley & Mendelsohn）在对丹佛警察的研究中发现，“所有关于人格量表的数据显示，警察绝对是普通人”。在对警察为何选择执法作为职业的研究中一致发现，大多都是为了帮助别人，并为社区服务。总之，当招录后进入警察系统前，新警们都很理想主义。贝利和门德尔松发现，被调查的警察在政治上都相对保守，但没有任何权力主义的病态意识。[36]

赫伯特关于警察亚文化的范围界定

对警察亚文化概念的传统观点最全面的批判是由史蒂夫·赫伯特（Steve Herbert）提出的。根据他对洛杉矶警察局的人种学研究，他确定了形成和帮助解释警察行为的六种不同要素。[37]

1. 法律。尽管警察有较大的自由裁量权（详见第十一章），但法律规定了行动许可的范围。

2. 官僚控制。警察不能单独行动。他们受该局其他成员和刑事司法系统官僚机构的控制，包括管理者、辩护律师、检察官和法官。

3. “冒险主义/大男子主义”文化。赫伯特发现，洛杉矶警察很注重主动和积极的警务工作，他们尊重具有同种工作风格的其他警察，不尊重较为被动的警察。

4. 安全。对人身安全的担忧使警察形成了在不同情况下的行为。这一点与斯科尔尼克关于危险如何决定警察亚文化形成的观点很接近。

5. 能力。警察对自身的能力感到自豪，并尊重他们认为有能力的其他警察。电话请求其他警队的警察（以下简称“掉线”）是缺乏能力的标志。这一点对所有的职业都是如此，而不仅是警察。

6. 道德。警察对人作出道德评价，把有些人看作“好人”，把另一些人当作“坏人”。“好人”比“坏人”更值得尊重和受到更好的待遇。

赫伯特关于传统警察亚文化的主要观点太有限，没有考虑到其他因素的影响。同样重要的是传统观点中的主导因素描绘了非常负面的警察形象（如保密性、谎言、暴力）。赫伯特确定的要素在道德上是中立的，并且在某些方面提出了对警方正面的看法（如能力、道德）。

在同时考虑警察亚文化的传统观点与新视角之后，最稳妥的结论是，警察的态度和行为是极其复杂的，受到很多不同因素的影响，不应将其归纳为过于简单化的刻板印象。此外，正如下一节所说明的，由于不同背景的新警察不断加入，他们也已随之改变了。

第五节　普通警察人员构成的变化

警察亚文化的原始概念与历史无关，因为没有考虑到在过去 40 年里警察人员构成的变化。[38]最初的研究是在 1950 年至 1960 年进行的，当时的美国警察大多数都是男性、白人，并且一般都没有大学学历。如今已有相当数量的非洲裔、西班牙裔、女性以及受过大学教育的警察。罗宾·哈尔（Robin Haarr）认为，“最初单一、统一的职业文化的观点现在正在被警察组织和职业的多样性、多变性和对比度所取代”。[39]

一、女警察的影响

苏珊·马丁（Susan Martin）发现，女性进入警察队伍，打破了传统工作群体的团结。例如，女警察没有男警察的户外业余爱好，如打猎、捕鱼，还有汽车。她还认为，女警察“改变了如何担当警察的游戏规则”。不公开表达情感和用武力解决争端等传统的警察硬汉特性已不再适用。过去男警察之间表达友谊是可以接受的，但在不同性别的警察之间是有问题的。[40]

马丁还发现了男警察中的显著差异，尤其是对待女警察的态度。传统派都致力于将警务工作勾勒成十分危险、涉及武力且需要体力的形象。但是，现代派接受女警察相对容易，他们认识到警务工作很少需要体力，并接受基于个人价值就业机会应该对所有人开放的理念。温和派介于两者之间，原则上接受女警察，但是对女警参与巡逻执勤不满。[41]

马丁的研究揭露了一个事实，即警察亚文化的原创性研究没有考虑到男警察对待女警察态度的重大差异。

如今，女警察已经与警察队伍越来越融合。有些女性已成了大城市警察局的局长，还有许多女警察担任指挥官。马丁和尤里克（Martin & Jurik）的报告称，“第一批女巡警所面临的阻力是公然的、恶意的、广泛的、有组织的，甚至有时是危及生命的”。随着时间的推移，这种敌意已经变得不那么直白而是更微妙了。[42]警察基金会对警察滥用职权的态度研究发现，男警察和女警察之间不存在显著差异。这可能是女警察适应了现有的警察亚文化或是为寻求执法工作女性可能只有适应警察亚文化而自我选择的结果。[43]

尽管女性在警察的比例中有所增加，但在入警水平和晋升方面似乎有一块无形的“玻璃天花板”（在公司企业和机关团体中，限制某些人口群体，如女性、少数民族，晋升到高级职位的障碍）。在宣誓警察中，女性所占的比例保持在12%左右，且近几年并没有显著增加。当地警方和县治安官办公室都更愿意在本机构雇用女警察，而不安排她们成为州警察或者高速公路巡警。

聚焦警察

黄铜天花板：潘妮·哈灵顿的警察局局长之路

1985年1月，潘妮·哈灵顿（Penny Harrington）被任命为俄勒冈州波特兰市警察局局长，她创造了历史。在此之前，有些小镇警察局也出现过女性领导，但潘妮是第一个大城市警察局的女局长。1985年，波特兰有940名宣誓警察。

哈灵顿的职业生涯在女性和警务史上是重要的里程碑。1964年，当她加入波特兰警察局时，被分配到妇女保护部门，该部门是唯一向女警察分派任务的部门。招募女警察要求具有大学以上学历（哈灵顿毕业于密歇根州立大学），而男警察只需要高中学历。她们比男警察的工资低，而且没有正规制服，女性保护部门的女警察只调查性犯罪和未成年人的案件。1971年，波特兰终于去除“女警察”和“男警察”类别划分，创建了一个中立的“警官”类别。哈灵顿于1972年晋升为警长，并于1975年成为第一位监督男巡警的女警长。

资料来源：Dorothy Moses Schulz，Breaking the Brass Ceiling：Women Police Chiefs and Their Paths to the Top（New York：Praeger，2004）。

在很多警察局中，性别歧视依然存在。阿奇博尔德和舒尔茨（Archbold & Schulz）研究发现，一个警察局中大多数（79%）女警察认为她们必须比男警察更加努力工作。其中，大多数人都觉得自己被区别对待，有时甚至感觉被当作某种象征。然而，同样的百分比显示她们在工作上并没有被孤立，而且大多数（64%）女警察都向其他女性推荐执法职业。其余36%的女警察认为这应该取决于参与的女性，重要的是所有女警察都推荐执法职业。[44]比较男警察与女警察的工作发现，他们在日常警务工作中仅有细微的差别。

二、女警察的巡逻任务

20世纪70年代，警务工作最主要的改革是赋予女警察巡逻任务。以前，女警察的任务仅局限于青少年警队和扫黄组。那么安排女警察巡逻对警务工作有影响吗？女警察在巡逻中的表现与男警察不一样吗？

关于女警察在警务工作中的历史作用详见第二章

警察基金会对女警察日常巡逻工作做了首次系统性研究。研究对86名男性新警和86名女性新警分组进行了对比，发现男警察和女警察工作表现出大致相似的方式，只有一些细微的不同（如逮捕等），但都无关紧要。女警察不太可能涉及与警察身份不相称的行为。最重要的是，并没有观察到质疑女警察处理巡逻事务能力的事件。[45]

1975年至1976年，一项关于纽约巡警的研究比较了41名男警察和41名女警察。女警察的工作方式和男警察“别无二致”，双方在控制局面上运用不同的口头或非口头技巧有着几乎完全相同的比例。尤为重要的是，女警察使用武力的比例和男警察完全一致。虽然女警察与男警察相比“略微不够主动”，但“民众们认为女警察更加能干、和善和懂得尊重”。[46]某大型郊区警察局近期的一项研究也发现男警察和女警察在使用武力方面没有显著的数据差别。[47]

国家妇女和警务中心（NCWP）得出一个大胆的断言：警察局应该招募更多的女警察，因为“女警察不太可能过度使用武力”。[48]这是事实吗？有证据支持这一说法吗？

国家妇女和警务中心的观点基于洛杉矶警察局关于男警察更可能成为“问题”警察的数据。1990年至1999年间洛杉矶付出了损害赔偿金6340万美元，女警察只造成了280万美元的赔偿。洛杉矶警察局女警察占总比例的18%，但洛杉矶警察局所有的损害赔偿中女警察造成的损失仅占4.4%。作为这项研究的共同主办人，女权多数派基金会的负责人凯西·斯皮拉尔（Kathy Spillar）认为，“洛杉矶警察局唯一最基本的改革就是让警力在性别上达到平衡”。[49]

公民投诉的数据也显示了该地区男警察与女警察的不同。纽约和圣何塞的女警察都比男警察接到的投诉少。[50]另外，全国警察早期干预系统的评估发现，相比男警察，女警察不太可能被认定为公民投诉和使用武力事件中潜在的“问题”警察。[51]

此外，数据显示在日常警务工作方面，即日常的巡逻、打击犯罪和维持秩序，男警察和女警察并无显著的差异。女警察在日常警务方面并没有改变警察行为的亚文化。与此同时，在问题行为方面，即过度使用武力和公民投诉方面，女警察与男警察有所不同。

关于警务早期干预系统的进一步讨论详见第十四章

三、工作中的性骚扰

对女警察的性骚扰是警务工作的一个问题，因为大多发生在组织内部。性骚扰的定义是有害的性企图、侵犯两性关系的行为（如讲荤段子），或在工作和晋升中的歧视。

那么女警察们如何应对这些性骚扰事件呢？在对117名女警察的采访中，赛冽和莫拉什（Chaiyavej & Morash）发现，仅有19%的女警察会将性骚扰事件上报当局。通常女警察对性骚扰最常见的回应是“委婉地表达不满”（占61%）、转移这些侵害行为（占57%）或者直接对侵犯者表示抗议（占52%）。[52]

通常，性骚扰的受害者不提出投诉的原因在于警察局并不会认真对待这些侵害，而且不能仔细调查投诉以及惩罚那些罪恶的警察。为了应对一系列性骚扰的诉讼，洛杉矶警察局修订了内部政策和法律实践。在随后的调查中发现，这种做法的结果就是警察局对各种指控的反应更加迅速，调查更迅速、更彻底，且终结了强制对性骚扰的警察从轻处理的法律实践。[53]

四、非洲裔警察

为了打破传统的警察亚文化，美国黑人警察协会印发了关于警察暴力的小册子，敦促警察举报其他警察的失职行为。目击警察暴力的警察应该“把事件上报给主管，无论他是否支持”。之前从未有其他任何警察组织要求其组织内的警察举报失职行为，这种姿态反映了美国非洲裔警察和普通白人警察的一些不同之处。[54]

美国非洲裔警察与白人警察的行为到底有无显著的差异呢？民权领导者们一直都主张警察局应招募更多的非洲裔和西班牙裔警察以改善警察社区关系。

他们认为这些警察与非洲裔社区的关系会更融洽，并且在逮捕行动或其他警务行动中没有歧视。[55]有证据支持此观点吗？种族和少数族裔警察在警务管理中与白人警察有差异吗？

要回答这两个问题，应先承认非洲裔警察本身就存在显著差异。在20世纪60年代完成的一项研究中，亚历克斯（Alex）发现年长的警察与年轻警察存在隔代差异。年轻警察比年长警察更坚定自信以及更愿意表达对警察局的批评。[56]相比之下，年长的警察曾在警察局中人数较少而常被孤立，如今的非洲裔警察在警察局中占据重要数量，不太可能被孤立。如今，非洲裔警察占多数的警察局（如底特律、华盛顿警察局）也存在一种不同的动态。

从上街的勤务行为来看，非洲裔警察与其他警察相比并没有表现出明显的差异。瑞斯（Reiss）发现，白人警察和非洲裔警察在使用武力方面没有显著区别。[57]同样，纽约和圣何塞的公民投诉数据也表明在警察局里白人警察、非洲裔警察以及西班牙裔警察各自接到的投诉分别与他们的现有人员数量成比例。[58]至于使用致命武力的尖锐问题，法伊夫（Fyfe）发现，在控制了岗位地点后，白人警察和非洲裔警察开枪的比率相同。对致命武力使用最具权威的预测是警察所分配的辖区的本质。无疑，那些分配到纽约高犯罪辖区的警察比分配到低犯罪辖区的警察使用致命武力更加频繁。在每种类型的辖区里，白人警察和非洲裔警察使用致命武力的比率基本上相同。[59]

然而，在非洲裔警察和白人警察的态度上发现了一些重要的区别。彼得·罗西（Peter Rossi）在对分配到13个大城市少数群体社区中522名警察的调查中发现，非洲裔警察对管辖区的态度更加积极主动。非洲裔警察不像白人警察那样将这种社区管理任务看得比其他任务更加困难。他们住在工作管辖区的比例是白人警察的3倍，也比白人警察更有可能在管辖区内交到朋友。非洲裔警察也更倾向于认为管辖区的居民是“诚实”和“勤劳”的。[60]

边注栏 6－3

警察的种族与武力使用

在一些城市，非洲裔警察曾公开地说出警察使用武力问题，批评所在的警察局，在一定情况下还会批评警察工会，这些警察局和工会都是由白人警察控制的。[a]

同时，非洲裔警察也更有可能支持创新和变革。他们比白人警察更愿意支持公民对警察的监督。[b]斯克根和哈特奈特（Skogan & Hartnett）在芝加哥社区警务的研究中发现，非洲裔警察更愿意接受改革和支持社区警务。[c]

警察基金会的研究发现，非洲裔警察更有可能认同警察对种族、少数族裔和穷人过度使用武力。近一半的非洲裔警察（47.7%）同意以下说法：警察更倾向于对黑人使用武力，相比之下只有4.5%的白人警察支持此说法。而非洲裔警察和白人警察有几乎相同的比例认同警察更有可能对穷人使用武力。有趣的是，调查并未找出男警察和女警察在相同问题上的差异，说明在形成警察的态度上，种族因素远比性别因素更有影响力。[d]

[a] "Black Officers Take on the LAPD and Protective League: An Interview with Sgt. Leonard Ross," Policing by Consent (October 1995), pp. 8－9.

[b] Weisburd et al. Police Officer Attitudes toward Abuse of Authority.

[c] Wesley G. Skogan and Susan M. Hartnett. Community Policing, Chicago Style (New York: Oxford University Press, 1997).

[d] Weisburd et al. Police Officer Attitudes toward Abuse of Authority.

五、西班牙裔和拉美裔警察

近年来，雇用西班牙裔和拉美裔警察的数量显著增加。正如非洲裔警察中存在差异一样，西班牙裔警察和拉美裔警察中也存在明显的区别。多恩·艾瑞尔柏克（Dawn Irlbec）采访了一个中西部警察局的所有西班牙裔警察，并且发现了他们复杂的身份特征。小部分西班牙裔警察将自己完全认定为警察身份，而大多数人员认定自己具有警察和西班牙裔社区成员的双重身份。但是，没有警察将自己完全认定为社区成员。具有双重身份的警察利用身份和对社区的了解作为其在警务工作中的指南和资源，但这并不涉及对西班牙裔罪犯的仁慈。[61]

目前，如同非洲裔警察的情况一样，许多警察局中西班牙裔警察占大多数。在西班牙裔警察还占少数的早期研究中，卡特（Carter）发现西班牙裔警察认为警察局对他们在晋升方面存在偏见，对西班牙裔公民也存在歧视。[62]

遗憾的是，目前尚无系统比较西班牙裔警察与白人警察、非洲裔警察之间逮捕方式以及武力使用方面的研究。如上文已经指出的，纽约和圣何塞的西班牙裔警察接到投诉的比例和他们在警察局人数的比例是一致的。

六、同性恋警察

有许多警察是同性恋。在一些警察局中，警察对自己的性取向很开放，并且已经形成了他们自己的组织。1982 年，纽约同性恋警察联盟（GOAL）便开始发布时事简讯。直到 1992 年，至少有 10 个警察局公开招募同性恋警察。其中，有些警察局位于那些将性取向纳入反歧视法案的州，另外一部分警察局位于具有大型同性恋社区的城市，这些警察局有指定的警察联络官。[63]

传统警务工作是以困难、男子汉气概为特点的男性职业，同性恋警察的出现给传统警务带来了挑战。纽约警察工会联合 25 个宗教和社会组织试图阻止警察局招募同性恋警察的计划。

关于同性恋警察的一项调查发现，同性恋警察之所以选择执法机关作为职业，与人们传统上选择的原因相同：41% 的人将工作保障、就业机会和公民义务作为选择警察职业的三大原因。然而，很多人在工作中遭受了歧视。三分之二（67%）的人举报在工作中遭到憎恶同性恋的谈话，51% 的人举报被当成局外人对待。将近四分之一（22%）的人认为他们在工作晋升中遇到了阻碍，17% 的人表示由于他们的性取向而在分配任务中遇到了阻碍。[64]然而，目前尚无关于同性恋警察工作表现的具体研究。

七、性别、种族、民族及性取向的交叉点

苏珊·马丁采访了一位非洲裔女警察主管，她在评论中阐明了警察局中由于多样化而产生的各种复杂关系。该主管与她领导的一名男性白人警察有些不合。但他调走后，与新的男主管之间也存在相似的问题。女主管认为“问题与女性无关，但当时我也不太确定，我感觉他违抗我的命令就因为我是个女警督（lieutenant）而且是黑人警督（lieutenant）”。[65]总之，不同性别、种族、民族的警察之间的关系极为复杂，并且在既定情形中常常很难界定哪一点才是主要的影响因素。

在许多警察局里，存在种族、民族和性别群体之间的紧张关系与冲突。罗宾·哈尔（Robin Haarr）发现，白人警察会认为他们遭受歧视，因为晋升的机会和较好的工作都给了那些不够资格的非洲裔警察。[66]

像美国社会一样，警察局中存在自我隔离模式。罗宾·哈尔发现，在中西部的一个警察局里不同种族或性别的警察日常交流互动非常有限。她以警察之

间的日常“见面”为标准来衡量这种互动，包括一起处警、相互给予援助、一起吃饭、闲聊或开玩笑。白人男警察通常和其他白人男警察交往得很好。大多数（75%）非洲裔男警察表示主要和其他男警察（既包括非洲裔也包括白人）打交道。3 名非洲裔女警察主要和非洲裔同事交往，包括男性和女性。白人女警官主要和其他女警官交往，但不包括现任或前任搭档。最后，警察们在花名册上“按照种族和性别在空间上分隔开来，以至于他们坐在哪里、与谁交往都取决于此”。[67]

种族、民族和性别融合方面的不同反映出一个事实，即群体形成了分别代表非洲裔、西班牙裔和女性警察单独的社会与友情协会，同时也有非洲裔、西班牙裔以及女性警察组成的全国协会。在许多警察局中，公认的警察工会（如官方的集体谈判组织）反映的是白人警察的观点。

在审阅了所有可用的调查研究后，国家科学院认为，“并无可靠证据可以证明，仅仅因为种族和民族的关系（特别强调），不同种族和民族背景的警察与公民交往过程中表现出异样”。[68] 因此，只增加非洲裔或西班牙裔警察数量并不会改变警察局的警务工作质量。

但是，这并不意味着增加警察局中种族和民族多样性不重要。第一，招聘歧视是非法的；第二，警察局人员的构成影响着警察局在社区如何被认定。警察局如果没有招募足够的种族和少数族裔警察，那么很有可能产生警察社区关系问题；第三，如之前提到的，不同种族或民族背景的警察往往对社区和警务工作持有不同的观点。因此，他们会给警察局带来不同的视角。

八、教育程度

美国警察的形象随着警察受教育程度的提升而不断变化。20 世纪 60 年代，80% 的宣誓警察只有高中学历。到 1988 年这项数据下降到 34. 8% 。该时间段内，受过 4 年大学教育的警察比例从 2. 7% 上升到 22. 6% 。[69] 在许多警察局中，年轻且受过高等教育的警察与受教育程度低的老警察之间存在教育代沟。

教育会影响警察的工作表现吗？受过大学教育的警察会比只受过高中教育的警察工作更加高效吗？目前，并无有力证据证明受过大学教育的警察在上街执勤中比其他受教育程度低的警察有不同的表现。[70] 但是，一项研究确实发现受过大学教育的警察收到的投诉更少，另一项研究还发现他们比受教育程度低的警察使用武力的可能性也更小。[71]

关于教育程度和工作表现之间关系的研究十分薄弱。国家科学院确定了关于该课题研究存在以下问题：[72]

第一，研究没有使用测评警察行为与工作表现的正确标准。这一点强调了如何衡量警察的工作表现是个更大的问题。逮捕数不是正确的衡量标准，因为有些警察有更多执行逮捕的机会，而总数并不能反映逮捕的质量（用定罪来衡量）。同时，民众投诉少或使用武力少只能说明警察参与的活动少。

第二，研究未将教育计划的内容考虑在内。大学的学时既不能反映受过何种课程教育，也不能反映教育质量。

第三，研究未能控制其他影响警察行为和工作表现因素的作用。有强烈自我进步意识的警察个体也会继续深造，促使他们寻求更多教育的因素也影响到他们作为警察的工作表现。

九、工作表现中的代群效应

社会处处存在代沟：年轻人与老人之间的代沟，子女与父母之间的分歧等。代沟引发的冲突包括衣着、发型、音乐、生活方式以及道德问题等方面，20 世纪 60 年代，越南战争期间不同年代人之间产生了深层的矛盾。过去与现在，道德观念上的冲突一直都存在，警察局中也存在类似的冲突。社会科学家将这些现象称为代群效应。代群效应，是指十年前招募的老警察和十年后招募的新警察会有不同的思想和生活方式。

随着新警察群体进入警界，普通警察的主流思想也在与时俱进。虽然任何年龄段的警察都可能对警务工作的巨大改革比较消极（如最高法院的决定、社区警务的引入），但年轻一辈的警察将这些情形当作既定的生活方式。

20 世纪 60 年代，斯科尔尼克研究发现，警察反对最高法院关于限制调查、扣押和讯问等方面的决议。在他们看来，这些新规定改变了警务工作的规则。[73]40 年后，新一代的警察将非法证据排除规则和米兰达规则当作警务工作中既定的组成部分。同样，20 世纪 80 年代在芝加哥对缉毒警察的一项研究中发现，非法证据排除规则得到了警察的高度支持。警察基本上不会把这项规则看成是影响警务工作高效的障碍，许多警察还认为这项规则对阻止警察的不端行为具有重要作用。[74]

沿着相同的路线，罗伊斯·扬尼（Reuss Ianni）在她调研的警察局中发现了警察中存在的两种文化：一个群体认同老式的街头警察文化，他们重视街头警务工作经验和处理街头事务的强硬、个性化方式；另一群体认同一种新型的官僚主义方式，即在处理街头事务和机构管理方面都遵从成文规则和正式程序。这两个群体，后者更易接受新规则。例如，最高法院关于警务实践的规定以及其他控制裁量权和确保警察履行职责的正式程序。[75]

关于警察自由裁量权的更多讨论详见第十一章
关于警察职责的更多讨论详见第十四章

十、态度和工作表现的组织效应

警察局各不相同，这些不同影响了其内部警察的态度和工作表现。例如，米尔纳（Milner）发现，相比专业程度低的警察局，专业化程度越高的警察局对遵守米兰达规则的支持度越高。[76]总之，警察组织的非正式文化会影响警察对于某些重大事务的态度。

十一、对社区警务的态度

“我们能影响犯罪吗?”一位芝加哥警官问道。“不见得，”他自答，“我们控制不了社会结构，所以我们不可能影响犯罪。”以上内容反映了很多受传统束缚的警察对社区警务的消极态度。然而，其他的芝加哥警察则更喜爱社区警务，并认为“警察应该和管辖区的公民共同努力和解决问题”。[77]

为此，芝加哥社区警务计划（即芝加哥替代警务战略，CAPS）为“赢得普通警察的全心全意”而付出了特别的努力。斯克干对 CAPS 的评估发现，芝加哥警察对于社区警务的观点存在显著的差异。年长的警察和非洲裔警察始终比较支持社区警务，非洲裔警察表示“已准备好改革”，但白人警察则安于现状，对警务改革成功可能性的态度最消极悲观。[78]

卢瑞吉奥和罗森鲍姆（Lurigio & Rosenbaum）在对 12 个不同城市的社区警务评估回顾中发现，参与社区警务对警察的态度（以及民众对警察的认知）具有积极影响。通常，更有可能提升警察对工作的满意度和积极性，并且改善警民之间以及警察之间的关系。卢瑞吉奥和罗森鲍姆特别提示，不要对社区警务对警察态度的影响过于乐观，但确有证据表明警察组织能够影响警察的态度。[79]

第六节　工作态度和行为的关系

在阿尔伯特·赖斯（Albert Reiss）为总统犯罪委员会的先驱研究中，研究生们通过调研波士顿、芝加哥和华盛顿特区的警务工作，发现超过 75% 的警察发表过种族偏见言论。然而，他们并未观察到警察虐待非洲裔的系统化模式，包括警察对非洲裔的不尊重和带有歧视性的逮捕。[80]这项研究中的矛盾说明了警察的态度与行为之间错综复杂的关系。

常识认为态度和行为之间有直接联系，即对种族、民族和性别有偏见的人会自动表现出歧视的行为，但在实践中这并不是事实。科学院重新审阅资料后只发现了“特定警察的态度和行为之间的弱相关性。”[81] 例如，特里尔和马斯特洛夫斯基（Terri & Mastrofski）发现，警察的态度和强制力的使用之间并无联系。[82]

有些因素能够调整警察态度对行为的影响。

首先，警察受到官僚制度和司法审判体系的限制。逮捕会引起其他官员的关注，包括警长、检察官、辩护律师和法官，以上这些官员都在监督警察的行为，并且他们都有权纠正警察严重滥用权力。检察官有权撤销指控，法官有权排除非法所得的证据或证言。这些因素印证了赫伯特所指出的司法审判的官僚制度对警务亚文化的影响。结果就是警察不能只按照个人偏见自由行动。[83]

其次，公民投诉或诉讼都可以影响警察的职业生涯。

最后，在行为高标准的专业化警察局，主管们会提醒和建议所领导的警察们，凡带偏见的言论和歧视行为都与警察局的价值观相违背，并可能受到纪律处分。

第七节　警察工作的风格

1993 年至 1994 年，与洛杉矶警察局威尔希尔分局巡逻队警长们进行了一系列车巡后，赫伯特注意到警察会使用不同的标签来形容同事们的工作方式。有些被称为“攻坚者”，这类警察积极主动，常常主动处理潜在危险情况且有进取心，他们享受高速追捕的兴奋。同时，另一类警察被称为“警察局王后”，因为他们被看成是逃避危险的人。[84]

每个警察都有不同的工作方式，有些人工作努力，而有些人能偷懒就偷懒。每个组织的情况都一样。积极主动的警察：（1）与公民建立更多联系（现场讯问、交通临检、建筑检查等）；（2）支援接到其他报警的警察，即使没有被分派去支援；（3）坚持与公民一起控制局面；（4）执行逮捕数量更多。消极被动的警察：（1）与公民几乎没有联系；（2）只做自己分内的事；（3）很少进行交通临检、现场讯问和逮捕工作。逮捕、检查和现场讯问的数据可以反映出有些警察业绩非凡，另外一些警察则无积极表现。[85]

贝利和加罗法洛（Bayley & Garofalo）观察了警察如何应对一些特定情形后，发现积极主动的警察更善于通过提出探索性问题、要求公民做出解释、对当事人加以引导或提出建议等方式来控制局面。相反，消极被动的警察更有可能只是观察局势、做记录，然后没有做出任何特定行动就撤离现场。[86]

第八节　警察的职业生涯

一、薪水和津贴

大多数警察局里，警察的薪水和津贴是执法机构最具吸引力的方面。[87]薪水和津贴是人们选择执法职业的主要原因。然而，薪水受到公务员程序和警察工会劳工合同的严格控制。警察的薪水和级别挂钩。通常根据警察的级别有几个支付步骤，警察通过资历和特殊任务获得薪水。

工作保障在警务工作中一直都非常重要。由于公务员制度和警察工会劳工合同的规定，除非有犯罪行为，否则不能解雇警察。所以，仅仅因为工作量不达标而解雇一名警察是极其困难的。

提升工资的唯一途径是晋升。不像私人企业的员工，警察局负责人不能通过奖金或随意增加工资来奖励表现出色的警察。因此，警察局没有为出色表现而提供的直接经济回报。

大多数警察局都向特定任务或其他特定资质提供额外奖励。2007 年执法机构和行政管理（LEMAS）数据分析表明：45% 的城市警察局给具有大学学历的警察提供奖励津贴，14% 的警察局给特定任务提供危险任务奖金，33% 的警察局会提供值班差别奖金。其他 30% 的警察局增加各种形式的绩效工资。[88]

额外收入的主要来源是加班。特定的任务，尤其是那些涉及频繁出庭的工作，如犯罪调查和交通管理，为警察获得加班费提供了最大的机会。

关于选择执法工作作为职业的更多讨论详见第五章

二、在职培训

确保警务工作职业化的高水准需要全面的培训计划，包括：（1）入职前的学院培训；（2）实战训练计划（第五章已涵盖）；（3）定期的在职培训。

专家们认为定期的在职培训很重要，因为警察可能在工作的压力下忘记入职前学院培训的技能或者渐渐养成令人难以接受的坏习惯。警察也需要接受新法律、新判例和警务政策方面的培训。加利福尼亚州要求所有警察每年必须接受 24 个小时针对“易腐烂技能”的在职培训。这些技能包括：武力的使用、交通盘查和沟通技巧。“易腐烂技能”这一术语是指警察容易丢掉的技能。

边注栏6－4

加利福尼亚持续专业培训（CPT）的职位要求

2.2 “易腐烂技能”：所有指派巡逻、交通或调查且职位在中层管理职位（如普通警察和一级主管）以下的常规和专门的治安警察中，日常实施抓捕犯罪嫌疑人的警察必须完成至少14小时的职位认证培训（“易腐烂技能”与人际沟通），以作为持续专业培训的一部分。每两年至少12小时要求涵盖易腐烂技能的培训，包括以下三门课程，每门课程至少培训4小时，且都是为满足职位要求特别设定的：

（1）抓捕和控制。

（2）驾驶训练/意识或驾驶模拟。

（3）战术武器*或武力选择模拟。

*战术武器训练课程包括战术情境、判断与应用。基本枪法和不能满足要求的常规资格。

一级和二级预备警官不要求完成易腐技能培训。

2.3 沟通：所有指派巡逻、交通或调查且职位在中层管理职位（如普通警察和一级主管）以下的常规和专门的治安警察中，日常实施抓捕犯罪嫌疑人的警察每两年必须完成最少2小时的战术或人际沟通训练。一级和二级预备警官不要求完成“易腐烂技能”和人际沟通的培训。

讨论问题：“易腐烂技能”意味着什么？为何这些特殊技能被认为“易腐烂”？为何加利福尼亚州认为“易腐烂技能”如此重要？

在职培训有多种形式。各州普遍要求所有宣誓警察每年都重新获得持枪资格，同样重要的是处理公民事务程序的培训。而最重要的是一年一度的在职培训，在远离工作岗位的教室中进行课堂培训。此外，许多警察局在定期轮班开始点名时实施培训。最后，主管们可以对所管理的警察实施非正式的按需培训，就是通常所说的“指导”，是指警长看到警员犯了小错误就可以让他退到一边，根据正确的程序指导他。

在职训练的要求和实践在全美各个地区差别很大。有几个州授权实施一年一度的在职培训。例如，犹他州规定每年40小时的在职培训，北卡罗来纳州要求每年24小时，分为4小时的持枪资格培训，12小时的必修课程和8小时的警察局指定的课程。12小时的必修课程包括4小时的更新法律学习、2小时的职业生存训练、2小时的少数族裔青少年敏感性培训和4小时的应对突发事件训练。[89]有些州没有强制一年一度的在职培训。

虽然常识认为培训很重要，但遗憾的是关于培训影响力的调查研究很匮乏。研究在职培训的影响力遇到了与研究大学教育的影响力同样的问题。目前，没有对警察工作表现的有效衡量标准，也没有衡量培训内容或指导质量的标准，有的只是将培训的影响从其他影响工作表现的因素中隔离出来，这是失败的做法。[90]

警察局的组织文化对培训有一定影响。例如，如果警察局没有使用武力的良策或者没有监督好、没有执行警察局的政策，那么使用武力的培训就达不到效果。如果警察局里没有好的公众投诉程序、对警察的管理不善导致警察因粗暴、诽谤种族或民族接到有效投诉，那么种族关系和人际关系的培训效果也会被破坏。

关于警务教育的影响的更多讨论详见第六章

边注栏 6－5

研究你所在的社区

你所在社区的执法机构中，在职培训的要求是什么？是否有州的规定？如果有，多长时间和什么课程？当地执法机构有自己的要求吗？他们的要求会超越州法律的规定吗？每年枪械换发新证需要涵盖什么课程？

第九节　职业发展

在美国警察局中，警察认为缺乏职业发展机会是一个问题。职业发展包括警察利用自身才能以及在特定领域施展专业知识技能的机会。在对底特律警察的两次调研中，过半的人（1978 年 53% 和 1988 年 54%）对自己职业发展机会不太满意。很少人（1978 年 10% 和 1988 年 16%）对职业发展机会表示非常满意。传统上，两种主要的职业发展机会是提升到较高职位和分配到喜欢的岗位，如犯罪侦查和交通部门。

为了推动职业发展，许多警察局建立了教育激励机制，即警察基于受教育程度领取额外的补助。2008 年，辛辛那提警察局进一步改进机制，创造了警察局长的奖学金计划。警察局派了 3 名警察进入辛辛那提大学攻读刑事司法硕士学位，以此作为定期指派任务的一部分。同时，作为战略计划的一部分，辛辛那提警察局建立了继任计划，为预期内退休的警察留出的空缺职位准备警力。内布拉斯加州林肯警察局建立了类似的计划来指导年轻警察为未来的指挥职责做好准备。[91]

一、晋升

警务工作的晋升机会非常有限。

第一，公务员制度通常要求警察为特定职位服役一定年限才有资格申请职位晋升。服役年限的要求一般在2～5年。[92]

第二，较高级别的职位仅有几个空缺。另外，晋升经常受到城市或县的财政状况的影响。金融危机时，推迟招新和晋升是节省资金的方法。2008年至2009年的国家金融危机迫使许多执法机构取消或推迟招新和晋升工作。

第三，晋升以正式考试为基础，通常包括笔试和口头面试。相比街头的警务工作，管理职位需要不同的技能，如指挥他人、写业绩评估、处理绩效问题等。目前，测试程序选择哪些具备适当技能的人，效果尚不清楚。面试通常由警察局局长、高级别警官委员会以及当地公务员机构团体成员进行，[93]有些部门利用评价中心技术试图评估申请人对于所申请工作可见的处理能力。

有些研究发现，存在女警察晋升的“玻璃天花板”，女性在较高职位中的代表性不足。有趣的是，阿奇博尔德和舒尔茨发现，尽管过半的女警察认为警察局的晋升机会“好”或者“非常好”，但许多人却不愿参加晋升警长的考试，因为她们觉得仅凭她们是女性就应该获得晋升。近一半的人（43%）可能提到一个潜在的男性“赞助人”帮助她们晋升，但这也出现了负面影响。[94]

二、分配到特别警队

重要的职业机遇包括分配到特别警队，如刑事侦查部门、培训部门、未成年管理部门等。这些分配通常由警察局局长自由裁量，传统上，给朋友或盟友提供这些工作，是维护部门控制的方式之一。

工作分配必须在警察的级别内。例如，如果职位是为警督（lieutenant）设定的，那么就不能委任警长担任这个警队的指挥官。刚性的人员分类体系不仅限制了警察个体的职业机遇，也限制了首席行政长官管理的灵活性。[95]

特殊的工作在晋升机会中起着重要作用。在一些特别警队工作后，警察能够获得丰富的经验，能够有更多的机会了解其他警察，并为自己的能力建立声誉。

在所有的执法机构中，某些工作是被普通警员视为高度期望的。有时甚至指“梦寐以求”的工作。警察比较喜欢这些工作有两个原因：第一，比起基础巡逻，它们通常具有挑战性且更有意思；第二，拥有这些工作的经验往往有助于晋升到更高的职位。

洛杉矶县治安官局的一项研究确定了以下“梦寐以求”的岗位：专项执法

局、麻醉药品执法局、侦探工作站，以上 3 个部门都涉及专项打击犯罪的活动。在大多数警察局中，侦探、与犯罪相关的工作是警察们最渴望的。同时，这项研究确定，“备受瞩目”的工作往往会将警察带到“令人关注和晋升他或她的位置上”。在洛杉矶县治安官局的研究中，最重要的 3 项“备受瞩目”的代表性工作是行动代理处的工作、招聘培训局的工作、实战训练教官的工作。[96]

排除某些群体进入令人渴望的职位一直是就业歧视的重要形式之一。例如，洛杉矶县治安官局研究发现，在专项执法局警官中的女性占比少于 2%，实战训练教官中的女性占比少于 3%，这样工作分配的排斥对晋升造成了阻碍。

三、外部调入

在美国警察局中，调动到其他警察局的机会在传统上非常有限。有些从其他部门转来的人失去了所有资历，不得不从菜鸟警官重新做起，这严重阻碍了其职业发展。在其他行业中，雇员可以调到不同机构且不会失去资历，经常可以获得高薪酬的更高职位。

许多专家将外部调入看作加强警察专业化的潜在途径。他们认为，这将为有才干和雄心壮志的警察创造更好的职业发展机会，也将为警察局引入新鲜血液和新思想。然而，外部调入却遭到反对，因为警察小心翼翼守护着本部门出现的少数晋升机会，并对局外人得到这些职位的想法表示不满。[97]

人事政策一直在改革，许多警察局现在提供了外部调入的程序。洛杉矶警察局已经引入了外部调入的程序，它承认拥有州职位认证的人和那些先前在其他机构有工作经验的人。他们必须参加一个为期四周培训课程，在薪酬安排上，每两年先前工作经验（最高为六年）有一年的学分。他们还可以提前一步结束 60 小时的大学学分（达到平均分 2.0 分的要求），提前两步拿到本科学位。[98]

四、在外兼职

有相当多数量的警察通过在外兼职来增加收入。此外，那些因缺乏职业发展机会感到沮丧的警察也寻求警察局以外的挑战和报酬。很多都是需要警员身穿警察制服的私人保安工作。1988 年的司法部调查发现，在一些警察局一半的警察在下班后工作，并身着警服。[99]

在外兼职产生了许多潜在的问题。

首先，可能减少警察对警察局工作的义务。在对纽约市警察逮捕率的研究中发现，那些在外兼职警察的逮捕率明显比无兼职的警察少。可见，警察不逮捕是因为害怕出庭会影响他们在外的兼职工作。[100]

其次，在下班后的兼职工作中穿警服会制造潜在的利益冲突。例如，一个下班的警察在某个酒吧工作，可能会陷入执法责任和酒吧老板两者的利益冲突之中。

最后，身着警服在外工作会降低该警察局的威严。[101]

圣何塞独立警察审计员揭露了另一利益冲突。他指出，有些在外兼职的警察雇用他们的主管成为兼职单位的员工。这种做法会破坏警察局的纪律，主管可能会害怕惩处所领导的这些警察，因为担心在兼职工作中会被那些警察解雇。[102]

聚焦警察

兼职工作引发的公诉

2010 年 11 月，州当局称，菲尼克斯至少有 40 名警察因欺诈行为被调查。当局认为，这些警察曾在外兼职，但实际上却没有履行职责。有几个私人业主协会在警察局的批准下雇用了菲尼克斯城警察为他们提供安全保障。随着丑闻发生之后，相关的警察、警长和警督都被辞退了。至少有 1 名警长、2 名警员和 1 位前警员被指控重罪。这位前警员是兼职工作的联络员，被指控有以下 3 项罪名：欺诈、非法控制企业以及盗窃，另外 3 名警员被指控严重的盗窃罪。

第十节 绩效考核

在任何专业化管理的组织中，职员的绩效考核都极为重要。定期评估有助于确认需要褒奖的良好表现以及需要改正的不良表现。以下各部分探讨在警务工作中的绩效考核所带来的挑战。

一、传统的绩效考核

纽约警察迈克尔·多德有着杰出的绩效考核成绩。1987 年的评估结论是：他具备“出色的街面工作知识”，并且能够“很容易成为别人效仿的榜样。”[103]不幸的是，莫伦委员会在纽约警察局的反腐调查中发现，他是该警察局最野蛮、最腐败的警察之一。

有效的绩效考核是警察局人事体系的重要组成部分。有效的体系能够确定并奖励良好的表现、建立警察获得晋升的依据，同时确定不良表现以及提供纠正这些工作问题的依据。执法机构认证委员会（CALEA）评审标准规定：“书面指令要求每个员工每年必须至少进行一次绩效考核，并记录在案”。[104]

绩效考核并非总能反映出警察的真实表现。例如，克里斯托弗委员会（洛杉矶警察局独立委员会）发现，洛杉矶警察局有些警察接到市民投诉最多却有着惊人的绩效考核成绩。[105]由洛杉矶警察局以其自身系统制定的警察人事评估程序是最严重的控诉之一。2000 年警察兰帕特腐败丑闻之后，该警察局进行了全面的问询调查，得出了一份 350 页的报告。报告总结出，“警察绩效考核在警察局任何级别中几乎都没有可信度……”报告建议应当实施重大改革，“这样才能够信赖真正的绩效考核标准”。[106]

然而，有些警察局没有定期进行绩效考核。例如，1997 年为了解决警察过度使用武力的问题，美国司法部颁布了同意法令，此前匹兹堡警察局没有定期进行绩效考核。[107]

二、绩效考核存在的问题

传统的警察绩效考核已遭到严厉的批评。1977 年警察基金会的报告得出结论，“当前的绩效考核水平惊人的低”。[108]接下来近 20 年的改革仅仅引起了一些细微的改善。社区警务协会在 1997 年的一项报告中得出：“目前大多数警察部门使用的绩效考核制度不能反映警察所做的工作”。[109]

传统绩效考核的问题包括以下几点：第一，定义往往不够明确。例如，警察局不解释有效的警务工作该如何衡量；第二，由于“光环效应”，造成在一个要素上评分高的警察可能在其他要素上评分都很高；第三，由于“集中趋势”现象，所有警察的评估往往集中围绕在一个数值水平上；第四，通过“夸大数值”，对每位警察绩效评估打分过高的倾向。[110]

边注栏 6－6

确定“最佳表现”警察

如何确定最佳警察，一直是绩效考核中最难的问题之一。传统上，绩效考核曾经基于声誉，而声誉又以特殊事件（如一次重大的逮捕）为依据。挑战就是如何在一年中记录日常情形下的优秀表现。早期干预系统（EISs）提供识别“最佳表现”警察的方法，早期干预系统（详见第十四章）最初是用于找出“问题”警察，如那些常常过度使用武力的警察。在早期干预系统数据库中的数据，也可以用来识别优秀警察。

方法包括分析警察在所需行动（如逮捕）和疑问事件（如市民投诉）之间活动能力的比例。那么，逮捕与投诉之间的比例是多少呢？我们假设 A 警察逮捕了 100 人，接到

1 个公民投诉，B 警察有着同样的巡逻任务，逮捕了 20 人，接到 3 个公民投诉。所得到的比例为：

投诉/逮捕

A 警察：1/100

B 警察：3/20

很明显，A 警察表现更好。他从事着重要的警务工作——逮捕——并且没有引起很多公民投诉。B 警察少做了很多工作，而且显然做了冒犯公民的事。警察局利用这些数据可以奖励 A 警察，并开始对 B 警察提出警告或接受再培训。

资料来源：Samuel Walker，Early Intervention System for Law Enforcement Agencies：A planning and Management Guide（Washington，DC：Department of Justice，2003）。

一个警察可能非常擅长化解人员间的纠纷（如家庭矛盾或酒吧斗殴）。成功处理这些冲突就是为公众提供了非常重要的服务，因为这样阻止了可能对人们产生的伤害，使邻里关系和谐，避免逮捕和可能的武力使用。然而，传统的人事评价系统并不擅长识别和奖励这种技能。

绩效考核同样可以反映出警察局内部种族、民族或性别歧视的模式，有迹象表明非洲裔、西班牙裔警察更可能被引用为违反警察局规定的典型。马丁和尤里克认为，传统的绩效标准（如富有攻击性）以男性为主，难免对女警察歧视。[111]

传统上，警察可能会因为逮捕了一个广为人知的罪犯，而产生“光环效应”。但从总体效益来看，逮捕不一定是好举措。首先，逮捕数量不一定反映出逮捕的质量，高质量逮捕的定义是重罪指控被定罪。其次，逮捕只是警察工作的一小部分，大多数巡逻工作包括维护秩序和治安。[112]

警察人事体系在传统上主要集中在惩处警察的失职上，而不是褒奖警察良好的工作表现。评论家曾称警察组织是“以惩罚为主的官僚主义”的组织。[113]有些可用的详细规则经常被选择性使用，用来发现和惩罚警察，但是基本没有奖励警察的积极举措。继兰帕特丑闻之后，洛杉矶警察工会资助的一个独立报告总结出，主管们常常通过传讯轻微违反警察局政策的警察来烦扰他们，而忽略了失职行为的主要形式，如过度使用武力等。

警察人事评估的一个更为积极的观点出现在贝利和加罗法洛对纽约市警察的研究中。秘密问询了 3 个管辖区的警察，让他们认定 3 个特别“擅长处理纠纷”的警察，得分最高的警察随后与同一管辖区的对比组相比较。在分析了 467 起警民遭遇事件（包括潜在暴力的事件）后发现，被同事极力推荐的警察处理这些情形时与对照组的警察不同。他们更愿意负责，而不愿只站在一边观察，他们更愿意去探究问题和通过问询公民让他们解释说明情况，更愿意口头去化解纠纷。他们尽可能不使用武力，更愿意请求人们自动散开，而不愿命令人们这样做。[114]

贝利和加罗法洛发现同事的评估与观察到的行为区别相一致。更重要的是，得到同事更多好评和在工作中表现更优异的警察，在警察局官方评估中同样得到了更高的评价。他们在以下工作类别中获得评分较高，诸如警容风貌、社区相关技能，公平公正、决策、伦理和街面知识方面。[115]

北卡罗来纳州夏洛特－梅克伦堡警察局在绩效考核中增加了新的维度，即将解决问题包含在评估中。由他们发起的问题导向警务（POP）项目在数量和质量上对警察进行评估，有利于实现在全警察局建立问题导向警务的制度化。

第十一节　工作满意度与工作压力

一、工作满意度的来源

警察喜欢其工作的哪些方面？是何种因素导致了他们的工作压力？研究发现，来自本局的压力比街上的公民给他们的压力更大，这与很多人的观点相反。对纽约市社区警务警官的一项调查发现，在“做警察让你不喜欢的是什么”问答中，答案最常提到的因素是“警察局/指挥部不给予关心”（其中58.2%的警察曾提到），另外22.4%的警察提到“管辖区的主管”，“公众缺少尊重”排在第三，仅有16.4%的警察提到。[116]

与警务工作满意相关联的因素被分成五个基本类别：[117]

1. 警察的工作性质，包括与人合作、服务社会、工作热情。

2. 组织因素，包括对表现良好的褒奖、升迁的机会、组织领导的支持。

3. 警察社区关系，包括在打交道时与居民的合作、可能出现或不出现的警民公然的冲突，对表现良好的积极反馈。

4. 与媒体和政治领袖的关系，包括新闻媒体正面或负面的报道、政治领袖的积极支持、政治领袖的直接政治性干涉与否。

5. 个人或家庭因素，包括理解警察工作的家庭氛围、是否存在工作职责和家庭责任之间的冲突、是否存在家庭问题（如离婚、问题儿童等）。

大多数警察总体上都满意他们的工作。华盛顿特区82%的警察表示满意或非常满意。1988年，对底特律警察的一项研究发现，61%的警察表示中等满意，8%的警察表示非常满意。这说明，工作满意度水平要比10年前的低，那时53%的警察表示中等满意，28%的警察表示非常满意。约四分之三（78%）的警察表示会再次选择执法作为职业，但同时64%的警察表示警务工作压力大。少数底特律警察在工作完成方面满意度低（1978 年有 3%，1988 年有 8%），这是以自由决定和成绩的总体感受为依据来定义的。[118]

二、工作压力的来源

警察职业是否比其他要求高的职业压力更大，还存在一些争议。有些研究报告称，与一般人群相比，警察的自杀率、酗酒率、心脏病发病率和离婚率更高。一项关于纽约自杀人数的研究表明，从 1964 年至 1973 年，警察中自杀率是 17. 2/100000，而整个城市的自杀率是 8. 3/100000，这个城市男性的自杀率是 11/100000。如今类似的调查结果也时有报道，如美国疾病预防控制中心（CDC）声称全国范围内警务人员的自杀率为 18/100000，相比之下，25 岁至 50 岁普通人的自杀率为 14. 6/100000，美国总人口的自杀率为 11. 1/100000。[119]

过去的一些研究显示，在一些警察局警察的离婚率高达 30%，并称警察由于工作压力更容易离婚。[120]然而，今天我们了解到，尽管警察被社会经济和工作特性所支配，但实际上他们的离婚率比普通大众低。[121]

危险威胁是警察职业产生压力的一个基本因素。危险的偶发事件，类似用武器进行人身攻击的形式，在统计数据中很罕见。实际上，1973 年至 2010 年，因公殉职的警察数量已下降了 50%，并且每年在全国范围内被杀害的警察数量平均不到 60 人。[122]事实上，根据工作死亡率的测算，捕鱼业、伐木业、农业这三大行业更加危险。2009 年，渔民的死亡率为 200/100000，伐木从业人员的死亡率为 61. 8/100000，农业从业人员的死亡率为每 38. 5/100000。而执法行业的死亡率为 13. 6/100000，包括意外死亡与他杀。[123]

公民对警察权威的不尊敬和挑衅是警察工作的另一压力来源。尽管类似事件在统计中不常发生，然而这些事件却常常隐约地出现在警察的意识之中，这与烦恼问题同等重要。例行巡逻工作经常包含长时间的换班休息期，从换班休息到准备就绪高度紧张状态也是警察压力的一大来源。警察职业压力的另一个原因是警察要处理极端的人类苦难，他们经常处理被杀害或者受伤严重的人，或者精神处于严重紊乱状态的人们。

警察局本身就是一个主要的压力来源。对于许多警察而言，警察局本身所带来的压力比他们处理公众事务中出现的问题更加严重。警察常常认为他们的长官不完全支持他们，认为有些无能力的警察由于私人关系而被分配到更好的工作，认为警察局为应对媒体和政府官员的批评而改变政策。[124]

女警察会经历与性别有关的特殊压力。例如，性骚扰或者缺乏来自男警察的认可。[125]此外，相比男警察，女警察常常具有照顾子女的更大责任，并且她们要请较多的病假来照顾子女。非洲裔、西班牙裔警察也在他们的警察局受到歧视，并常常被排斥在首选的工作之外。

三、社区警务与工作满意度

许多支持社区警务（COP）的拥护者认为，相比传统警务工作，社区警务使警察对工作感到更满意。根据这种观点，社区警察不会与服务的社区疏离，在工作中拥有更大的自主权，不会受到太多死板规则的制约，有机会获得自身更好的发展，并且能够看到他们的工作成绩。

在研究警察工作满意度的创新方法中，布罗迪、德马科和拉夫离奇（Brody，DeMarco & Lovrich）调查了华盛顿州 12 个政府中的警察和非警务人员。他们还比较了 12 个州的警察局实施社区警务的水平（根据社区警务资金量和警察局首席执行官关于社区警务的策略和理念来测量）。按照社区警务的实施情况把警察局分为 3 个类别：高级、中级和低级。最终，这项研究用了 11 种工作满意度的测量方法。[126]

该研究发现，采用社区警务可以提升警察的工作满意度，并可以缩小警务人员和非警务人员工作满意度水平的差距。但是，这种积极作用仅仅局限于对社区警务具有高度承诺的警察局。在仅具有中级承诺的警察局，一些地区的工作满意度水平实际上比具有基础承诺的警察局要低得多。该研究的研究人员推测社区警务的不完整承诺或许会引起警察的困惑和恐慌。该项研究的成果对于改革和机构变革具有重要影响，它表明缺乏热情和不完整的改革会比根本不实施任何机构改革更加糟糕。

关于社区警务的详述见第十章

四、应对工作压力

直到最近，几乎没有警察局尝试帮助警察应对工作压力。他们要么忽视了这个问题，要么把明显有问题的警察安排到比较简单的工作岗位上。对陷入困境的警察而言，他们既要依靠同事，又要把苦恼藏在心底，如此应对就会导致酗酒、精神疾病甚至自杀。[127]

如今，许多警察局通过制订方案来帮助警察应对工作压力或者其他个人问题。这些方案采用好几种不同的形式，有的借助精神健康专家，而有的依靠同龄人的支持和鼓励。精神健康专家是基于合同或推荐，被员工援助计划雇用的全职工作人员，许多援助方案服务于整个城市或者全县员工。许多专家认为同龄人的咨询也是相当有价值的，因为警察可以把同龄的咨询师作为同事对待。

同样，一些同龄的咨询师可以提供处理诸如酗酒问题的楷模。[128]

员工援助计划中的关键问题之一涉及机密性。当警察确信所提供的信息不会被用于纪律处分时，他们才会寻求帮助。一些员工援助计划已被有些未经授权的信息泄露或对类似泄露发生的信任所损坏。[129] 由于警察传统的大男子主义的硬汉形象，很多警察有困难时都拒绝寻求专业的帮助，认为自己能处理任何困难。

边注栏 6-7

同龄警员帮助方案

为了帮助警员应对影响自身表现的压力和难题，一些警察局制订了同龄警员帮助方案。在洛杉矶警察局中，各个单位的一些警员被挑出来为这个方案服务。这项任务没有工资，但要接受 40 小时的训练。他们的任务是与问题警员进行两个小时的谈话，如家庭问题，滥用药物或者工作中的表现问题。作为警察的同事，他们是问题警察可以联系到的人，他们的谈话是非常保密的。

资料来源：Samuel Walker, Stacy Osnick Milligan and Anna Berke, Supervision and Intervention within Early Intervention System: A Guide for Law Enforcement Chief Executives (Washington, DC: Police Executive Research Forum, 2005), pp. 24 - 25。

第十二节　警察的权利

与其他公民一样，警察享有同样的宪法权利，只在某些特殊的执法环境下受到一定限制。这些权利包括言论和结社自由的宪法权利，正当的法律程序和隐私权。美国最高法院在 1996 年的加里蒂案例中指出："在宪法权利上，警察和老师、律师一样，不能归入减弱的宪法权利版本中。"[130]

1981 年，美国公民自由联盟发表的题为《警察权利》的简短手册中总结了这些权利。[131] 根据宪法第一修正案，不因警察参加私人政治或宗教活动而拒绝录用或给予纪律处分。因而，警察拥有归属于不受欢迎的政治或宗教组织的宪法权利。但是，禁止在工作中参与政治和宗教活动。从狭义上说，言论自由权利包括警察公开批评自己警察局的权利。通常，如果警察的公开批评涉及政策问题，该警察局可能不会对他进行纪律处分。

测谎检查相对于隐私权而言是一种特殊情况。联邦《测谎保护法案》禁止雇主使用测谎仪招聘，然而，执法机构是可以豁免的，并且可以对求职者进行测谎。

一、警察权利法案

警察在工作中同样享受程序正当性的保护。无充分理由，他们不能被解雇或处罚。人事决策上的正当程序可以通过现有的公务员规例、某些部门的工会合同，或者通过佛罗里达州、马里兰州和其他州关于警察的“权利法案”，是可以得到部分保证的。

大约有 14 个州已经颁布了制定警察权利法案的法律，这些法律对正在接受调查、涉嫌失职的警察创设了特殊的正当程序保护，在普通警员和警察局之间的谈判协议上也发现类似的保护。这些法律和联合声明通常要求正在接受调查的警察有要求告知指控性质的权利，并且能对任何不良纪律处分的决定进行上诉。

很多民权积极分子认为，警察权利法案中的保护措施保护了那些有失职行为的警察，导致警察局很难针对他们的指控进行调查。一项针对 14 个州法律内容的分析发现这样做好坏不一。例如，对通知收费的权利和律师权利的规定应该是所有员工都享有的基本正当程序权利。然而，基南和沃克（Keenan & Walker）发现一些州法律和集体谈判协议中的保留条款确实妨碍了调查，并且阻碍了问责。马里兰州的法律认为警察不能被警察以外的任何人审问。这些规定使在处理群众纠纷时不可能设置一个独立的民间监督机构。涉嫌失职的警察被讯问之前，有些其他的法律和草案规定了长达 48 小时的“等候期”。据说这样会给一个有罪的警察提供时间去编造有关事件的虚假信息。在刑事犯罪中，类似的“等候期”是不允许的。总之，警察有权享有所有公民都享有的基本正当程序权利，但是有些法律的规定确实阻碍了调查被指控的失职行为。[132]

二、人员流动率：离开警察岗位

每年，约 5% 的警察会离开警察工作岗位。这种人员流动率或者说是损耗，自 20 世纪 60 年代以来比例已经稳定。警察会因为退休、死亡、解雇、自愿辞职或者由于财政紧缩导致的裁员而离职。[133]

马丁发现，女警察的离职率要比男警察高（女警察离职率为 6.3%，而男警察为 4.6%），但不包括退休。女警察更可能主动辞职（为 4.3%，男警察为 3.0%），也更可能非出于本意离职（为 1.2%，男警察为 0.6%），女警察处于更加敌对的工作环境，特别是那些单亲家庭的女警察，在工作和家庭责任之间更难平衡；不足的产假政策使女警察很难生孩子和继续工作。[134]

德尔纳发现不管是非洲裔还是白人女警察，与塔拉哈西警察局的男警察相比，女警察有着更显著的流失率。他建议的这种模式引出了扶持行动计划，但这个计划似乎只专注于招聘，而忽略了长期的就业模式。[135]

对自愿辞职原因的调查相对较少。孟菲斯关于辞职警察的一项研究发现，对晋升机会和部门政策的不满，要比不合理的福利收入或所付出努力未得到肯定的感觉更重要。然而，并非所有不满的警察都会选择辞职。孟菲斯研究得出结论，“不满只是引起辞职的必要但不充分条件”。跟所有领域的雇员案例一样，该决定受许多不同的个人、家庭和经济因素影响，包括感知的职业选择。孟菲斯研究发现认为有若干个导致决定辞职的“转折点”，按重要性排序如下：（1）职业生涯停滞的感觉（如“作为一名警察我看不到任何未来”）；（2）累积的挫折产生了特别强的经历；（3）缺乏工作成就感；（4）家庭考虑；（5）同事的行为；（6）特殊部门的政策；（7）新的就业机会。[136]

结 语

执法机构的工作受到很多不同因素的影响。关于警察行为和态度的刻板印象并无证据支持，也无证据显示被执法吸引的一类特别人群或者这能够解释警察的行为。但证据表明，警察的某一方面确实对行为和态度有重要影响。同时，证据表明，最近警察局招聘模式中的一些变化给基层带来了新的多样性，少数种族、民族和女性给警务工作带来了不同的期望。执法职业生涯受到警察局相关因素的严重影响，特别是与职业发展机会相关因素的影响。警察组织的性质已在第四章详细论述。

关键术语

现实冲击	现代派	工作安全性
公民的敌意	温和派	职业发展
局内人	性骚扰	晋升
资历	教育代沟	“梦寐以求”的工作
警察亚文化	代群效应外部调入	集体团结
街头警察文化	在外兼职	沉默法则
积极主动的警官	绩效考核	传统派
消极被动的警官	人员流动率	

讨 论

1. 以班级为单位，谈谈你为什么可能会或者不会对执法职业生涯感兴趣。这些理由与本章所讨论的理由相似或相异吗?

2. 全国各地警察利用外面兼职来增加他们的收入。很多时候，这些兼职工作与他们穿着制服执行安保工作相关。谈谈这些兼职工作可能引发的潜在好处和问题。

3. 警察文化的某些方面是普遍的，但执法机构怎么利用它来发挥作用的方法是独特的。讨论引进女性和少数族裔如何重塑警察文化，以及它将如何发生变化。

注 释

[1] William A. Westley, Violence and the Police (Cambridge, MA: MIT Press, 1970), pp. 159 – 160.

[2] John H. McNamara, "Uncertainties in Police Work: The Relevance of Police Recruits' Backgrounds and Training," in David J. Bordua, ed. , The Police, Six Sociological Essays (New York: Wiley, 1967), pp. 163 – 252.

[3] Arthur J. Luirgio and Dennis P. Rosenbaum, "The Travails of the Detroit Police – Victims Experiment: Assumptions and Important Lessons," American Journal of Police XI, No. 3 (1992), p. 24.

[4] Albert Reiss, The Police and the Public (New Haven, CT: Yale University Press, 1971), p. 51; John A. Groger, Memory and Remembering: Everyday Memory in Context (New York: Longman, 1997), pp. 189 – 197.

[5] Joseph De Angelis, Assessing the Impact of the Office of the Independent Monitor on Complainant and Officer Satisfaction (Denver: Office of the Independent Monitor, 2008). Available at www. denvergov. org/OIM.

[6] JohnP. Clark, "Isolation of the Police: A Comparison of the British and American Situations," Journal of Criminal Law, Criminology, and Police Science 56 (September 1965), pp. 307 – 319.

[7] Westley, Violence and the Police, pp. 18 – 19; Stephen B. Perrott and Donald M. Taylor, "Crime Fighting, Law Enforcement and Service Provider Role Orientations in Community – Based Police Officers," American Journal of

Police XIV, No. 3/4 (1995), p. 182.
[8] Westley, Violence and the Police.
[9] Richard Seltzer Sucre Aone, and Gwendolyn Howard, "Police Satisfaction with Their Jobs: Arresting Officers in the District of Columbia," Police Studies 19, No. 4 (1996), p. 33.
[10] Westley, Violence and the Police, pp. 76 – 82.
[11] Jerome E. McElroy, Colleen A. Consgrove, and Susan Sadd, Community Policing: The CPOP in New York (Newbury Park, CA: Sage, 1993), p. 27.
[12] John Van Maanen, "Police Socialization: A Longitudinal Examination of Job Attitudes in an Urban Police Department," Administrative Science Quarterly 20 (June 1975), p. 222.
[13] Seltzer, Aone, and Howard, "Police Satisfaction with Their Jobs: Arresting Officers in the District of Columbia," p. 33.
[14] George W. Griesinger, Jeffrey S. Slovak, and Joseph J. Molkup, Civil Service System: Their Impact on Police Administration (Washington, DC: Government Printing Office, 1979); James L. O'Neill and Michael A. Cushing, The Impact of Shift Work on Police (Washington, DC: PERF, 1991).
[15] President's Commission on Law Enforcement and Administration of Justice, Task Force Report: The Police (Washington, DC: Government Printing Office, 1967), p. 165.
[16] James J. Fyfe, "Who Shoots? A Look at Officer Race and Police Shooting," Journal of Police Science and Administration 9 (December 1981), p. 373.
[17] Westley, Violence and the Police, p. viii.
[18] Ibid., p. 11.
[19] Ibid., pp. 76 – 82.
[20] Ibid.
[21] Susan Martin, Breaking and Entering: Police Women on Patrol (Berkeley: University of California Press, 1980), p. 97.
[22] Ibid., p. 113.
[23] DavidWeisburd and Rosann Greenspan, with Edwin E. Hamilton, Hubert Williams, and Kellie Bryant, Police Attitudes toward Abuse of Authority:

Findings from a National Study (Washington, DC: Department of Justice, 2000), www. ncjrs. org. NCJ 181312.

[24] Christopher Commission, Report of the Independent Commission to Investigate the Los Angeles Police Department (Los Angeles: City of Los Angeles, 1991), pp. 168 – 171, www. parc. info.

[25] Weisburd et al., Police Attitudes toward Abuse of Authority.

[26] Westley, Violence and the Police, pp. 121 – 122.

[27] Weisburd et al., Police Attitudes toward Abuse of Authority.

[28] Jerome H, Skolnick, Justice Without Trial: Law Enforcement in Democratic Society, 3rd ed. (New York: Macmillan, 1994), pp. 44 – 47.

[29] Egon Bittner, "The Functions of the Police in Modern Society," in Egon Bittner, ed., Aspects of Police Work (Boston: Northeastern University Press, 1990), pp. 120 – 132.

[30] Bureau of the Census, Statistical Abstract of the United States, 2002 (Washington, DC: Government Printing Office, 2002), Table 626.

[31] Bureau of Justice Statistics, Policing and Homicide, 1976 – 1998: Justifiable Homicide by Police, Police Officers Murdered by Felons (Washington, DC: Government Printing Office, 2000), www. ncjrs. org. NCJ180987.

[32] Skolnick, Justice Without Trial, pp. 1 – 21, 199 – 223.

[33] Herbert Packer, The Limits of the Criminal Sanction (Stanford: Stanford University Press, 1968), Ch. 8.

[34] David Sklansky, "Not Your Father's Police Department: Making Sense of the New Demographics of Law Enforcement," Journal of Criminal Law and Criminology 96 (Spring 2006), pp. 1209 – 1248.

[35] Joel Lefkowitz, "Psychological Attributes of Policemen: A Review of Research and Opinion," Journal of Social Issues 31, No. 1 (1975), pp. 3 – 26.

[36] David H. Bayley andHarold Mendelsohn, Minorities and the Police (New York: Free Press, 1969), pp. 15 – 18.

[37] Steve Herbert, "Police Subculture Reconsidered," Criminology 36, No. 2 (1998), pp. 343 – 368.

[38] Samuel Walker, "Racial – Minority and Female Employment in Policing: The Implications of Glacial Change," Crime and Delinquency 31 (October 1985), pp. 555 – 572.

[39] Robin N. Haarr, "Patterns of Interaction in a Police Patrol Bureau: Race and Gender Barriers to Integration," Justice Quarterly 14 (March 1997), p. 53.

[40] Martin, Breaking and Entering, pp. 79 – 108.

[41] Ibid., pp. 102 – 107.

[42] Susan Ehrlich Martin and Nancy Jurik, Doing Justice, Doing Gender: Women in Law and Criminal Justice Occupations (Thousand Oaks, CA: Sage, 1996), p. 68; Susan E. Martin, On The Move: The Status of Women in Policing (Washington, DC: The Police Foundation, 1990).

[43] Weisburd et al., Police Attitudes toward Abuse of Authority.

[44] Carol A. Archbold and Dorothy Moses Schulz, "Making Rank: The Lingering Effects of Tokenism on Female Police officers' Promotion Aspirations," Police Quarterly 11 (March 2008), pp. 50 – 73.

[45] Peter B. Blochand Deborah Anderson, Policewomen on Patrol: Final Report (Washington, DC: The Police Foundation, 1974), The various studies are summarized in Martin and Jurik, Doing Justice, Doing Gender: Women in Law and Criminal Justice Occupations, Chs. 3 and 4. For a critique of these studies, however, see Merry Morash and Jack R. Greene, "Evaluating Women on Patrol: A Critique of Contemporary Wisdom," Evaluation Review 10 (April 1986), pp. 230 – 255.

[46] Joyce L Sichel, Lucy N. Friedman, Janice C, Quint, and Michael E. Smith, Women on Patrol: A Pilot Study of Police Performance in New York City (Washington, DC: Government Printing Office, 1978).

[47] Peter B. Hoffman and Edward R. Hickey, "Use of Force by Female Police Officers," Journal of Criminal Justice 33 (March – April 2005), pp. 145 – 151.

[48] National Center for Women and Policing, Men, Women, and Police Excessive Force: A Tale of Two Genders (Los Angeles: National Center for Women and Policing, 2002); Kimberly A. Lonsway, Hiring and Retaining More Women: The Advantages to Law Enforcement Agencies (Los Angeles: National Center for Women and Policing, 2000), www.womenandpolicing.org.

[49] National Center for Women and Policing, Men, Women, and Police Excessive Force.

[50] San Jose, Independent Police Auditor , Annual Report 2006 (San Jose, CA: City of San Jose, 2007), p. 51, www. cityofsanjoseca. gov/ipa/; New york City, Civilian Complaint Review Board, Status Report, January – December 2007(New York : CCRB, 2008), table 11, www. nyc. gov/html/ccrb/home/html.

[51] Samuel Walker, Early Intervention System for Law Enforcement Agencies: A Planning and Management Guide (Washington, DC : Department of Justice, 2003), www. cops. usdoj. gov.

[52] Somvadee Chaiyavej and Merry Morash, "Reasons for Policewomen's Assertive and Passive Reactions to Sexual Harassment," Police Quarterly 12 (2009), pp. 63 – 85.

[53] Merrick Bobb, 13th Semiannual Report of the Special Counsel to the Los Angeles Sheriff's Department (Los Angeles: PARC, December 2000), pp. 57 – 74, www. parc. info.

[54] National Black Police Officers Association, Police Brutality: How to Stop the Violence (Washington, DC: NBPOA, nd).

[55] President's Commission on Law Enforcement and Administration of Justice, The Challenge of Crime in a free society (Washington. DC: Government Printing Office 1967), pp. 101 – 102.

[56] Nicholas Alex, Black in Blue (Englewood Cliffs, NJ: Prentice Hall, 1969).

[57] Albert Reiss, "Police Brutality – Answers to Key Questions," Transaction 5 (July – August, 1968), pp. 10 – 19.

[58] New York City, Civilian Complaint Review Board, Status Report, January – December 2007, Table 9 ; San Jose, Independent Police Auditor : Annual Report, 2007, p. 50.

[59] Fyfe, "Who Shoots? A Look at Officer Race and Police Shooting," pp. 367 – 382.

[60] Peter H. Rossi et al. , The Roots of Urban Discontent: Public Policy, Municipal Institutions, and the Ghetto (New York: John Wiley, 1974).

[61] DawnIrlbeck, "Latino Police Officers: Patterns of Ethnic Self – Identity and Latino Community Attachment," Police Quarterly 11 (December 2008), pp. 468 – 495.

[62] David L. Carter, "Hispanic Police Officers' Perceptions of Discrimina-

tion," Police Studies 9 (Winter 1986), pp. 204 – 210.
[63] Stephen Leinen, GayCops (New Brunswick, NJ: Rutgers University Press, 1993).
[64] Roddrick Colvin, "Shared Perceptions Among Lesbian and Gay Police Officers: Barriers and Opportunities in the Law Enforcement Work Environment," Police Quarterly12(2009), pp. 86 – 101.
[65] Susan E. Martin, "Outsider Within the Station House: The Impact of Race and Gender on Black Women Police," Social Problems 41 (August 1994), p. 393.
[66] Haarr, "Patterns of Interaction in a Police Patrol Bureau," p. 65.
[67] Ibid.
[68] National Academy of Sciences, Fairness and Effectiveness in Policing: The Evidence (Washington, DC: National Academy Press, 2004), p. 148.
[69] DavidL. Carter, Allen D. Sapp and Darrel W. Stephens, The State of Police Education (Washington, DC: Police Executive Research Forum, 1989), p. 38.
[70] Lawrence W. Sherman, The Quality of Police Education (San Francisco: Jossey – Bass, 1978).
[71] Victor E. Kappeler, David Carter ; and Allen Sapp, "Police Officer Higher Education, Citizen Complaints, and Departmental Rule Violation," American Journal of Police 11 no. 2 (1992), pp. 37 – 54 ; Jason Rydberg and William Terrill, "The Effect of Higher Education on Police Behavior," Police Quarterly 13, No. 1 (2010), pp. 92 – 120.
[72] National Academy of Sciences, Fairness and Effectiveness in Policing: The Evidence, pp. 141 – 147.
[73] Skolnick, Justice Without Trial, pp. 199 – 223.
[74] Myron Orfield, "The Exclusionary Rule and Deterrence: An Empirical Study of Chicago Narcotics Officers," University of Chicago Law Review 54 (Summer 1987), pp. 1016 – 1055.
[75] Elizabeth Reuss – Ianni, The Two Cultures of Policing (New Brunswick, NJ: Transaction Books, 1983).
[76] Neal A. Milner, The Court and Local Law Enforcement: The Impact of Miranda (Beverly Hills, CA: Sage, 1971).
[77] Wesley G. Skogan and Susan M. Hartnett, Community Policing, Chicago

Style (New York: Oxford University Press, 1997), pp. 80, 83.
[78] Ibid., pp. 85 - 86.
[79] Arthur J. Lurigio and Dennis I. Rosenbaum, "The Impact of Community Policing on Police Personnel," in Dennis P. Rosenbaum, ed., The Challenge of Community Policing (Thousand Oaks, CA: Sage 1994), pp. 147 - 163.
[80] Albert J. Reiss, The Police and the Public (New Haven, CT: Yale University Press, 1971), p. 147.
[81] National Academy of Sciences, Fairness and Effectiveness in Policing: The Evidence, p. 135.
[82] William Terrill and Stephen D. Mastrofski, "Situational and Officer - Based Determinants of Police Coercion," Justice Quarterly 19 (June 2002), pp. 215 - 249.
[83] Robert Friedrich, "Racial Prejudice and Police Treatment of Blacks," in Ralph Baker and Fred A. Meyer, Jr., eds., Evaluating Alternative Law Enforcement Policies (Lexington, MA: Lexington Books, 1979).
[84] Steve Herbert, "Police Subculture and Reconsidered," Criminology 36, No. 2 (1998), pp. 355 - 356.
[85] Joan R. Petersilia, Allan Abrahamse, and James Q. Wilson, Police Performance and Case Attrition (Santa Monica, CA: RAND, 1987).
[86] David H. Bayley and James Garofalo, "The Management of Violence by Police Patrol Officers," Criminology 27 (February 1989), pp. 1 - 25.
[87] Comparative salary data are available in Bureau ofJustice Statistics, Law Enforcement Management and Administrative Statistics, 1999 (Washington, DC: Government Printing Office, 2001), www.ncjrs.org. NCJ 184481.
[88] Original analysis of data obtained from the Bureau of Justice Statistics, Law Enforcement Management and Administrative Statistics, 2007, http://bjs.ojp.usdoj.gov/index.cfm? ty = dcdetail&iid = 248, accessed February 2, 2012.
[89] North Carolina, Criminal Justice Education and Training Standards Commission, In - Service Training, Frequently Asked Questions, 2008 (updated June 1, 2007), www.ncdoj.com.
[90] National Academy of Sciences, Fairness and Effectiveness in Policing: The Evidence, pp. 141 - 147.

[91] "Chief's Scholar Program at UC to Aid City Cops," Cincinnati. com, December 28, 2008; Cincinnati Police Department, Strategic Plan (May 2007), p. 15; Lincoln Police Department, Five Year Strategic Plan, 2007 – 2012 (Lincoln, NE: Lincoln Police Department, 2007).

[92] Police Executive Research Forum, Survey of Police Operational and Administrative Practices – 1981 (Washington, DC: PERF, 1981), pp. 378 – 382.

[93] Ibid., pp. 342 – 346.

[94] Carol A. Archbold and Dorothy Moses Schulz, "Making Rank: The Lingering Effects of Tokenism on Female Police Officers' Promotion Aspirations," Police Quarterly 11 (March 2008), pp. 50 – 73.

[95] Dorothy Guyot, Tending Granite: Attempts to Change the Rank Structure of American Police Departments," Journal of Police Science and Administration 7, No. 3 (1979), pp. 253 – 284.

[96] Merrick Bobb, 6th Semiannual Report (Los Angeles: Los Angeles Sheriff's Department, 1996), pp. 50 – 61, www. parc. info.

[97] Minneapolis Police Department website, www. ci. minneapolis. mn. us/police; Herman Goldstein, Policing a Free Society (Cambridge, MA: Ballinger, 1977), pp. 241 – 243.

[98] See the Los Angeles Police Department website, www. lapdonline. org.

[99] Albert J. Reiss, Private Employment of Public Police (Washington, DC: Department of Justice, 1988).

[100] William F. Walsh: "Patrol Officer Arrest Rates: A Study of the Social Organization of Police Work," Justice Quarterly 3 (September 1986), p. 276.

[101] Reiss, Private Employment of Public Police.

[102] San Jose Independent Police Auditor, Annual Report, www. cityofsanjose. gov/ipa/.

[103] Mollen Commission, Commission Report (New York: City of New York: 1994), p. 81, www. parc. info.

[104] Standard 35. 1. 2, Commission on Accreditation for Law Enforcement Agencies, Standards for Law Enforcement Agencies, 4th ed. (Fairfax, VA: CALEA, 1999), pp. 35 – 41.

[105] Christopher Commission, Report of The Independent Commission on the

Los Angeles Police Department (Los Angeles: Christopher Commission, 1991), www. parc. info.

[106] Los Angeles Police Department, Rampart Area Corruption Incident: Public Report (Los Angeles Police Department, 2000), "Executive Summary," p. 7.

[107] United States v. City of Pittsburg (W. D. Pa., 1997), www. usdoj. gov/crt/slt; Samuel Walker and Morgan Macdonald, "An Alternative Remedy for Police Misconduct: A Model State "Pattern or Practice" Statute," George Mason University Civil Rights Law Journal 19, No. 3 (2009), pp. 479 - 552.

[108] Frank J. Landy, Performance Appraisal in Police Departments (Washington, DC: The Police Foundation, 1997), p. 1.

[109] Timothy N. Oettmeier and Mary Ann Wycoff, Personnel Performance Evaluation in the Community Policing Context (Washington, DC: Community Policing Consortium, 1997), p. 5.

[110] Landy, Performance Appraisal in Police Departments.

[111] Martinand Jurik, Doing Justice, Doing Gender, pp. 86 - 87.

[112] Joan Petersilia, Police Performance and Case Attrition (Santa Monica, CA: RAND Corporation, 1987).

[113] McNamara, "Uncertainties in Police Work," pp. 177 - 178.

[114] Bayley and Garofalo, "The Management of Violence by Police Patrol Officers."

[115] Ibid.

[116] Jerome E. McElroy, Colleen A. Cosgrove, and Susan Sadd, Community Policing: The CPOP in New York (Newbury Park, CA: Sage, 1993), p. 27.

[117] See the categories used in Jack R. Greene, "Police Officer Job Satisfaction and Community Perceptions: Implications for Community - Oriented Policing," Journal of Research in Crime and Delinquency 26 (May 1984), pp. 168 - 183.

[118] Eve Buzawa, Thomas Austin, and James Bannon, "The Role of Selected Sociodemographic and Job - Specific Variables in Predicting Patrol Officer Job Satisfaction," American Journal of Police 13, No. 2 (1994), p. 70.

[119] Hohn Ritter, "Suicide Rates Jolt Police Culture," USA Today, www. usa-

today. com/news/nation/2007 – 02 – 08 – police – suicides_X. htm. accessed February 2, 2012.

[120] Arthur Niederhoffer, The Police Family (Lexington, MA: Lexington Books, 1978).

[121] Shawn P. McCoy and Michael G. Aamodt, "A Comparison of Law Enforcement Divorce Rates with Those of Other Occupations," Journal of Police and Criminal Psychology 25, No, 1 (2010), pp. 1 – 16.

[122] Sourcebook of Criminal Justice Statistics Online, Table 3. 154, www. albany. edu/sourcebook/pdf/t31542010. pdf, accessed February 10, 2012.

[123] U. S. Department of Labor, Bureau of Labor Statistics Census of Fatal Occupational Injuries, 2009 (Washington, DC: Government Printing Office, 2010).

[124] O'Neill and Cushing, The Impact of Shift Work.

[125] Martin and Jurik, Doing Justice, Doing Gender, p. 95.

[126] David C. Brody, Christianne DeMarco, and Nicholas P. Lovrich, "Community Policing and Job Satisfaction: Suggestive Evidence of Positive Workforce Effects from a Multijurisdictional Comparison in Washington State," Police Quarterly 5, No. 2 (2002), pp. 181 – 205.

[127] Gail A. Goolkasian, Coping with Police Stress (Washington, DC: Government Printing Office, 1985), pp. 11 – 12.

[128] PeterFinn and Julie Esselman Tomz, Developing a Law Enforcement Stress Program for Officers and Their Families (Washington, DC: Government Printing Office, 1997).

[129] Ibid., pp. 79 – 88.

[130] Garrity v. New Jersey, 385 U. S. 493 (1966).

[131] Gilda Brancato and Eliot E. Polebaum, The Rights of Police Officers (New York: Avon Books, 1981).

[132] Kevin Keenan and Samuel Walker, "An Impediment to Police Accountability? An Analysis of Statutory Law Enforcement Officers Bill of Rights," Boston University Public Interest Law Journal 14 (Spring 2005), pp. 185 – 244.

[133] President's Commission on Law Enforcement and Administration of Justice, Task Force Report: The Police, p. 9.

[134] Martin, On the Move.

[135] William G. Doerner, "Officer Retention Patterns: An Affirmative Action Concern for Police Agencies?" American Journal of Police XIV, No. 3/4 (1995), pp. 197 – 210.

[136] Jerry Sparger and David Giacopassi, "Swearing In and Swearing Off: A Comparison of Cops' and Ex – Cops' Attitudes toward the Workplace," Police and Law Enforcement, eds. Daniel B. Kennedy and Robert J. Homer (New York: AMS, 1987), pp. 35 – 54.

第三部分　警察工作

第七章 巡逻：警务的主干

本章概要

巡逻是警务的主干，是警察勤务的主要特征。本章对当代美国警务巡逻工作的实质进行探讨，涵盖巡逻是如何组织和实施的、市民报警电话的性质、巡逻在预防犯罪中的效力以及用于提升巡逻服务的计划。

第一节 巡逻的核心作用

巡逻中的警察既是美国警务的象征，也是警察活动的核心。

首先，大部分警察被安排去巡逻，这样才能把大部分警察服务带给公众。

其次，有标志的巡逻车和身着制服的巡警是警察的可见标志。这些标志是关于公众对社会中的警察态度的避雷针。

再次，在警务活动中，巡警是最重要的决策人，也是整个刑事司法系统的守门人。詹姆斯·Q. 威尔逊（James Q. Wilson）指出警察局是特殊的行政机构，警察的自由裁量权随着层级的降低而增加。在警务活动中巡警是真正的决策人，因为他们可以决定是否执行逮捕或者如何处理一起家庭暴力事件。他们的决策影响着人们的生活。他们被称为“街头官僚”。[1]

最后，巡逻经验构成了警察职业活动的重要部分。实际上，所有美国警察局都是根据资历分配任务的，新警的工作通常开始于夜间和犯罪高发地区的治安巡逻。巡街经验成为警察群体之间的纽带，也成为警察亚文化的重要部分。

尽管巡逻发挥着核心作用，但巡逻工作通常被警察看作是最不理想的工作。职业发展意味着职级晋升或分配到更理想的工作岗位，特别是侦探工作。国家刑事司法标准和目标咨询委员会（The National Advisory Commission on Criminal Justice Standards and Goals）评论道：“巡警通常薪水最低、最少被考虑以及被看作警力中最理所当然的成员。巡逻被看作程式化和无聊的工作。”社区警务试图通过给予巡警在邻里问题上更多决定权的方法来解决长久以来存在的问题。[2]

关于社区警务的详述见第十章

第二节 巡逻的功能

现代警务的创始人——罗伯特·比尔（Robert Peel）定义了警察巡逻的功能。[3]三个基本的巡逻功能是：

1. 预防犯罪；
2. 提升居民安全感；

3. 警察随时提供警务服务。

威尔逊（O. W. Wilson）是几十年来引领警务管理的专家，他解释道：巡逻是通过提高见警率来预防犯罪的。[4]

巡逻的第二项功能是维护公众安全感。警察的行为可以使市民感受到警察在竭尽全力打击犯罪。大部分市民认为巡逻可以预防犯罪。当被问到对警务工作的改进建议时，他们的要求是希望看到更多的警察或是在社区中可以看到更多的巡警。[5]

巡逻的第三项功能是遍布社区的巡警可以随时提供服务。阿尔伯特·赖斯（Albert Reiss）发现，“警察区别于其他技术性职业”。[6]其他职业的客户，如医生、律师和牙医必须有专门办公地点来提供服务，而警察的服务仅需要人们在家中打个电话。

关于罗伯特·比尔和现代警察建立的详述见第二章

第三节　巡逻的组织实施

参观不同的警察局后，你会发现存在不同的巡逻形式。纽约市大量地实施了步巡：根据1997年的调查数据显示，纽约市警察局39%的巡警单位实施步巡。与此同时，加利福尼亚州圣何塞市警察局没有使用步巡单位。与迈阿密市仅有5%的步巡方式相比，佛罗里达州匹兹堡市有1/3的警力用摩托车巡逻。[7]

一、影响巡逻警务实施的因素

当人们谈及他们需要更多的警力保护时，意在说明在公共社区需要更多的巡警。不是所有警察局实施巡逻警务时都会非常有效的，效率受以下几个因素影响：宣誓警察的数量；巡警比例的配备；巡警在特定时间或区域的分布；巡逻类型的使用（单人巡逻或双人巡逻）；巡警的巡逻方式。

聚焦警察

隐藏最深的秘密

大卫·贝利（David Bayley）认为警务工作中隐藏最深的一个秘密是：街道上每增加1名警察，警察局就必须多雇用10名警察。他解释说：平均60% ~70%的警察执行可见的上街巡逻任务。任何给定时间内，仅有17%的警察在街道上巡逻，因为他们每周都要工作和倒休。还有17%的警察不工作，因为有请病假的、参训的、参加其他人事或职业活动的。

资料来源：David Bayley，Police for the Future（New York：Oxford University Press，1994）。

二、宣誓警察的数量

警察局应该有多少警力呢？一些城市拥有大量的警力，当然也有一些城市警力不足。2000年，首都华盛顿每1000人中有6.3个警察。然而，加利福尼亚州圣何塞每1000人中只有1.6个警察。警民比率是传统的社区警力标准，2000年，全国平均值是每1000人中有2.6名警力[8]（见图表7－1）。

图表7－1　2008年城市警民比率

城市	每1000人中的警察比率（%）
华盛顿	6.3
纽约	4.3
底特律	2.5
巴尔的摩	2.4
圣迭戈	1.5
圣安东尼奥	1.5
圣何塞	1.5

资料来源：Bureau of Justice Statistics，Census of State and Law Enforcement Agencies，2008（Washington，DC：Department of Justice，2011 Appendix Table 8）。

警民比率高是否意味着一个城市可以得到更好的保护呢？尽管这个比率被广泛应用于警察服务中，但警民比率高不一定会带来低犯罪率。这种反常现象是真实的：高犯罪率的城市必然需要更多警察，因为高犯罪率会造成公众对更多警察的需求。[9]

华盛顿特区具有最高的警民比率却没有获得相应的低犯罪率。少数巡警在街上巡逻时无法为市民随时提供服务。图表 7 –2 对比了两个假设的城市，两市的人口相同。A 市警察局的警力比 B 市的多 50%，并且有很高的警民比率，A 市每千人中有 1.8 个警察，B 市每千人中有 1.2 个警察。B 市警察局使用了高效的巡逻方式，通常在犯罪高发的下午 4 时至次日上午 12 时投入更多的巡警。为什么会出现这样的情况？首先，B 市投入的巡警比例较高。其次，当需要更多巡警时，下午 4 时至凌晨轮班时，分配的巡警比例更高。最后，B 市投入的大多数巡警实行单人车巡模式（在犯罪率高的区域实行双人车巡模式）。

图表 7 –2　两个假设的城市巡警的部署情况

	A 市	B 市
人口	500000 人	500000 人
警力	900 名	600 名
巡警所占比例	50%	70%
巡警数量	450 名	420 名
下午 4 时至次日上午 12 时轮班巡警的百分比	33%	50%
下午 4 时至次日上午 12 时轮班巡警的总人数	148 名	210 名
单警巡逻	20 名	190 名
双警巡逻	64 名	10 名
下午 4 时至次日上午 12 时巡警的总人数	84 名	200 名

效率管理的结果是什么？B 市在街面上以较少的警力取得了更良好的治安效果。这个分析也印证了为什么较高的警民比率不能成为衡量警察服务水平的标准的理论。

三、巡逻警力的配置

巡逻分配的第一步必须安排一定比例的巡警参与巡逻勤务。令人意外的是，各个警察局的安排大不相同。有些警察局将 80% 的警力用于巡逻（包括交通组），其他的警察局大概用 50% ~65% 的警力巡逻，而大部分警察局使用宣誓警察进行巡逻。

四、巡警的分布

基于包括市民求助和报警的工作量公式，需要为分配参与巡逻的警察指定轮班和巡逻区域。[10]

许多严重的犯罪都发生在夜间（家庭纠纷和酒吧斗殴等）。图表 7－3 展示了内布拉斯加州奥马哈市 911 报警电话的分布情况和轮班警力的布置情况，这些数据说明按照工作量分配警力比较合理。[11]然而，并非所有警察局都以此方式运行。一份 1987 年费城警察局统计后得出的数据图表明，许多街面警察持续一整天都在从事意义不大的巡逻，而只有周末晚上才会有大量的报警。[12]

图表 7－3 内布拉斯加州奥马哈市 911 电话的分配

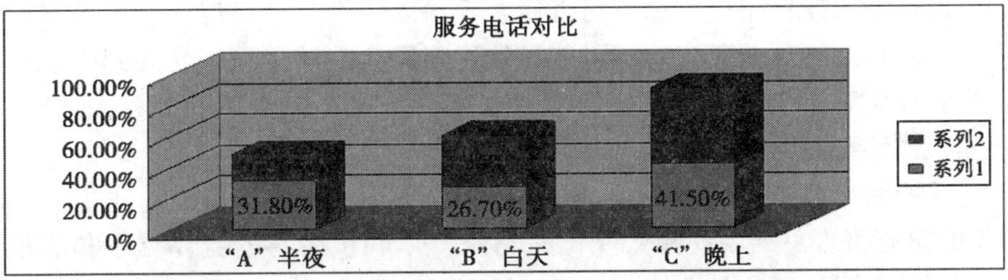

有些警察局利用四班巡逻制（如从下午 6 点开始至凌晨 2 点结束）。[13]在报警量达到最高峰时，这种安排能够为夜班提供额外的警力，在报警量最低时的清晨可以避免警力浪费。

并非所有社区都会产生犯罪和骚乱。詹姆斯 · J. 法伊夫（James. J. Fyfe）在他的《纽约警察致命武力的研究》中发现，警察局对不同警区给予了不同的经验定额。A 区是犯罪高发的区域，因此划分为高度经验的任务；B 区是中度经验的任务；C 区是低度经验的任务。詹姆斯用“宜居的‘乡村俱乐部’”来描述 C 区宁静祥和的状态。[14]

犯罪在贫困人口的社区很普遍，低收入人群是警察维护秩序和提供普通救助服务的主要群体。犯罪受害人的调查数据显示，低收入群体（年收入在 7500 美元以下）的犯罪率是 197. 1∶1000，而年收入超过 7500 美元的犯罪率是 176. 5∶1000。[15]

低收入群体也是使用警方非犯罪事件警务服务的主要群体，如药物应急和其他需要帮助的情形。由于少数族裔在低收入社区的分配不成比例，通常会有更多的警察分配到少数族裔社区。

有些警察局没有为了定期适应社会变化而重新规划巡逻区的边界。社区人口有增有减。随着经济形势的下滑，中等收入社区变成低收入社区，随之犯罪报警和电话求助数量增加。一份关于费城 1987 年的报告显示，已有 16 年没有重新规划巡逻区域的边界了。因此，在一定程度上，第 30 至 50 管辖区的警察平均处理报警电话 494 起，而第 5 管辖区的警察只有 225 起。工作量的差异比严重犯罪的差异更明显。第 30 至 50 管辖区的警察平均每年处理 38 起犯罪，而第 5 管辖区的警察平均每年处理 8 起犯罪。[16]

五、巡警的任务分配

警察局在安排巡警特殊的轮班和巡逻区方面采用了多种方式。有些任务安排取决于严格的资历制度，甚至允许每 6 个月或每年依据资历分配新任务。

这些矛盾的原则涉及对警力布置多久做出一次改变的问题。许多专家倾向于长时间保持巡逻区不变，这样可以使警察深入了解当地情况，有些警察局便深入贯彻此项原则。然而，这样可能导致许多警察因缺少新机会感到厌恶和受挫。作为反腐败的措施，为了防止警察发展与潜在腐败的影响关系太过密切，有些专家建议要尽可能频繁地对巡逻任务作出调整。

有些警察局实行警察每月（甚至更少的时间）对各区域进行轮值。一项 PREF 的研究报告总结说，频繁变化的轮值“不利于警察的身体健康和心理健康，也不利于组织的福祉”。[17]

频繁变化的轮值所带来的问题包括失眠、心血管疾病和其他疾病，工作中的意外事件、对家庭产生影响以及情绪低落。研究报告建议，将资历作为稳定性轮值首要考虑的因素，有时也要根据表现和工作量的不同而区别对待。

六、“重点地区”

堪萨斯城 144 巡逻区是全美最危险的区域之一，1991 年，这里凶杀案的比率是 177:100000，是国家平均值的 20 倍。正是由于这个原因，对堪萨斯城的枪支进行控制是一项意义重大的任务。[18]

144 巡逻区的打击行动是“重点地区”的经典战例。该州犯罪率极高，每天都会接到大量的报警电话。明尼苏达州警察局发现全市仅有 5% 的地区却占报警总量的 64% 。同时，60% 的区域一般没有报警。文学作品《艾克与艾克》中指出，重点地区的问题会持续较长时间，甚至数年或者几十年。[19] 例如，布拉加等人报道指出从 20 世纪 80 年代到 2008 年，波士顿的枪支犯罪和抢劫案件高度集中在极少数地区。[20]

日常警务工作被严重曲解为只有相对较少的市民在消费警力资源。[21] 聚焦“重点地区”是警务革新重要的内容之一，特别是在社区警务和问题导向警务的工作上。

关于社区警务与问题导向警务的详述见第十章

七、巡逻类型

今天，美国大部分（84%）的警察实行机动车巡逻，只有4%的警察是步巡，5%的警察是摩托车巡逻，其他7%的警察是自行车巡逻。[22]车巡相比步巡覆盖面更广。车巡可以覆盖更多区域，也可以频繁往来，如果必要的话，还可以在任意地点进行定点搜寻，同时可以更加快捷地处警。车巡的高效可以解释为什么在20世纪20年代到50年代逐步取代了步巡。

关于警车巡逻对警务影响的详述见第二章

效率确实处于领先地位。然而，车巡会失去同社区居民的联系，特别是守法群体。这就导致一些人开始把警察视为占领军。威廉·A. 韦斯利（William A. Westley）是第一个觉察到车巡不利影响的人。1950年，他在印第安纳州加里市学习时曾提道："与步巡的警察相反，车巡把警察同公众分离开来。"[23]15年后，当骚乱在全美爆发时，没有人能忽视这个问题。总统犯罪委员会在1967年观察到"车巡最大的缺陷就是警察除了处警时以外，很少与市民接触。被迫坐在车里听无线电，等候任务的下达，大部分巡警极少有机会与居住在本辖区的居民展开交流"。[24]

八、步巡

步巡是在效率与社区关系之间做出的艰难选择。相对于车巡，步巡不能覆盖所辖的全部区域。然而，不足抵消了，步巡的积极影响是可以发展社区关系。警察可以与社区居民交流，这样可以增强信任感。与此同时，纽瓦克步巡实验机构得出一项结论：增加步巡可以降低社区居民对犯罪的恐慌，同时可以增强社区居民对警察的好感。

因此，许多警察局开展了徒步巡逻。但是由于步巡的行动范围有限，警察局不可能让所有巡警实行步巡。美国仅有4%的警察进行步巡。[25]

在高效与良好的社区关系之间寻求平衡是很难的。加利福尼亚州桑塔芭芭拉警察局利用自行车巡逻和步巡作为战术巡逻的一部分。平时，这些巡逻部署在市中心和沿海区域。在特殊活动中，如游行和体育赛事，也会用到。警察局将这种方式视为改善社区关系和开展警务行动的有效途径。[26]

九、单警车巡与双警车巡

巡警的强烈抗议可想而知。对市长的强烈指责之一便是“危及了警察的生命”。这个事件的爆发源于1996年在纽约的低犯罪率地区，将双警巡逻改为单警巡逻。[27]许多普通警员反对单警巡逻，因为他们认为这危及他们的安全。

城市警察局89%的巡逻方式都是单警巡逻，单警巡逻比双警巡逻更富有效率，两辆各载有一名警察的巡逻车比一辆载有两名警察的巡逻车可以巡逻两倍的区域、承担两倍的接处警。然而，有些警察局仍然主要依赖于双警车巡。例如，布法罗和纽约市90%的巡逻仍是双警车巡。[28]

尽管很多普通警察更喜欢双警车巡，因为他们觉得更加安全，但根据圣地亚哥警察基金会的研究显示，单警车巡比双警车巡的危险性更小，遭遇拒捕的情形也更少。然而，单警车巡比双警车巡遭遇更多的逮捕，并且要写更多的犯罪报告。看来，警察对安全的关注被夸大了。圣地亚哥有56.5%派遣了支援警察的警情在事后证明并不需要这些支援警察。同时，只有2.8%的支援警察被调遣的警情，是在出警的警察到达现场后确认必须请求支援的。[29]

有些警察局转化为单警巡逻的进展非常缓慢。2003年7月16日早晨6点，水牛城警察局开始由双警车巡向单警巡逻转变。水牛城是美国最后一批完全依靠双警车巡逻的城市。该市市长说：“这是我市最荣耀的时刻。”该市警察局局长预计这一改变将使这个城市的巡逻车增加25%。这个计划允许水牛城减少警察局的规模，同时为这个财政拮据的城市节约了1000万至1200万美元的财政支出。[30]

十、巡逻警区人员配置

罗伯特·比尔最初的完美设想是在每个警区至少需要1名巡警，但与警务的实际情况是完全不同的。在一个特定的晚上，没有足够的警力覆盖许多警区。费城市市长特别工作组调查人员在某个随机选取的周六晚上调查时对警察巡逻的实际情况非常吃惊，调查人员发现仅有不到一半的巡逻部门（所有巡逻部门的47%，450个中的190个）能配齐完成派遣任务的巡警。[31]

巡逻是一项高花费、劳动密集型的事业。在一个巡区每周7天24小时需要配备5（或4.8）名警察。除3名警察轮班外，差不多还需要2名警察，因为警察还有倒休、休假、病假和受伤等情况。事实上，警察局常常会人手不足，很难在巡区全额配置巡警。

第四节 巡逻类型

一、单独式巡逻

巡警的工作量有多大？一名纽约市警察回答道："这取决于你想要它变成什么样……只要你想，你可以使它变得简单，也可以使它变得复杂。如果你按照要求的那样去处理，就一点儿都不容易。但其实你也可以灵活地去处理。"[32]

简言之，巡警实际的工作量主要取决于他们的工作方式。有些警察比其他警察发起更多的行动。警察发起的行动主要包括截停、盘问、对有嫌疑的市民进行搜身、与守法的市民进行非正式交流；截停有可能违法的车辆、开具交通罚单、核查可疑事件和执行逮捕等。不同的警察局，警察发起的与市民交流的数量差别很大。图表7－4展示了6个警察局的巡警与市民开展的指派式交流与自发式交流的比例。F警察局所显示的1∶1意味着一半的市民与警察的交流是警察发起的交流，A警察局和B警察局仅有20%的交流是警察发起的。

图表7－4 在6个警察局中，警察与公民指派式交流和警察发起的交流的比例

警察局	比率
A	3.8∶1
B	3.6∶1
C	1.5∶1
D	1.2∶1
E	1.1∶1
F	1.0∶1

资料来源：Stephen D. Mastrofski, Roger B. Parks, Albert J. Reiss Jr., Robert E. Worden, Dhristina DeJong, Jeffery Snipes, and William Terrill, Systematic Observation of Public Police (Washington DC: Department of Justice, 1998), Exhibit 6。

在解决市民发起的求助时，有些警察比其他同行发起更多的行动。贝利和加罗法洛（Bayley & Garofalo）发现，有些警察可能只是观察一下现场情况就离开了，而有些警察会掌控现场局面，开展探究式询问调查，让市民辩白。[33]全国犯罪被害人调查（NCVS）发现，对所有报案的财产犯罪中的20%，警察只是“调查调查而已”。他们仅对一半的财产犯罪案件制作了调查报告。[34]

二、监督式巡逻

巡警的工作水平也可以由他们的主管上司的风格决定。这个议题将在下部分中进行详细讨论。

三、有组织的巡逻

巡警的行为也受到不同警察局警务风格的影响。詹姆斯·Q. 威尔逊定义了以下 3 种不同的组织风格：守门人方式强调维护治安秩序，不实施积极的执法，很少对普通警察实施控制；法律方式强调积极地打击犯罪和试图通过规则束缚与按常规的管理手段控制警察的行为；服务方式强调响应社区居民的期待，通常应用于犯罪率相对低的城市的警察局。[35] 洛杉矶警察局具有传统的组织风格，强调积极地开展警务工作，包括高频率的警察发起的与市民的交流和高逮捕率。[36]

有些警察局试图通过交通罚单、逮捕或者现场讯问等定额任务来影响巡警的警务活动。然而，大多数专家认为量化的定额任务与警察工作的质量无关。[37]

第五节　巡逻监督

警长的角色

一些纽约警察偏爱社区警务项目（CPOP），因为你“有更多自由，不会被无线电监控，只受一名警长监督，警长还要花费大量时间处理管理性事务”。[38] 标准化警察管理文本要求警长严密监督巡警的行为。另外，社区警务（见第十章）通常涉及较少的直接监督、给予较多的自由裁量权以及控制警察上街的时间。

巡逻监督的方式影响着巡警的数量。警察巡逻的最基本单位由一个警长和一组巡警构成。控制幅度原则上主张一名监管员只能对有限数量的人实施有效管理。在警务管理中，控制范围的总体标准是一名警长监管 8 名巡警。[39]

控制范围的不合理对警察工作的质量会产生巨大影响。警长不能定期地与被监管的警察保持联系，最重要的是不能应对关键性事件。洛杉矶县治安官局（LASD）发现，分配到世纪警察站的警察枪击率很高，部分原因在于该警察站的人员控制范围有时可以达到一名警长监管 20 ~ 25 名警察，远高于一名警长监管8名警察的正常标准。[40]

边注栏7-1

监管员的工作风格

（1）传统型监管员

传统型监管员期望下属积极主动地执法，而不是从事以社区为主导的活动或者防控小混乱。相比其他类型的监管员，传统型监管员更喜欢做决定，因为他们倾向于控制遇到的公民或者指导警员如何处置那些事件。

传统的警长和警督主要以工作任务为主导，并且期盼下属制造出可衡量的工作成果，特别是逮捕、交通罚单以及日常文书和归档工作。传统型监管员会给予下属更多的工作建议，很少奖励下属，甚至可能会处罚下属。传统型监管员实质上最关注的是控制下属的行为。

（2）创新型监管员

创新型监管员的特点是：与下属建立良好关系（例如，他们考虑与更多的警察成为朋友），工作任务导向的等级低和更加积极地看待下属。这些监管员创新的原因在于他们通常会鼓励下属接受警务管理的新哲学理念和新方法。

（3）支持型监管员

支持型监管员认为“不公平”时，会通过保护下属免受纪律约束或处罚以支持下属，以及鼓舞式地激励下属。为了保护下属免遭批评和纪律处分，他们在下属和警察局管理层之间经常发挥缓冲作用。他们认为，应给予警察更多的空间行使职责，而不是因诚实的错误总是担心会受到纪律处分。

（4）主动型监管员

主动型监管员信奉以身作则和率先垂范的哲学理念。他们的目标是与下属并肩工作以控制下属的行为，因此实现了街头巡警和监督员的双重职能。他们用相对积极的眼光看待下属。主动型监管员对他们自己从事巡逻工作也很重视。

资料来源：Robin Shepard Engel, How Police Supervisory Styles Influence Patrol Officer Behavior（Washington, DC：U. S. Justice Department, 2003）。

第六节 指挥中心

一、警务中枢

皮特·曼宁（Peter Manning）认为参观911指挥中心是一次有震撼力的体验。他感慨道：“指挥中心给人留下了极为深刻和生动的印象，没有窗户，不通风，空气里弥漫着烟味和臭味，昏暗的房间在闪烁的荧光灯下令人感到眩晕，狭窄的进出口、没有便利性设施，到处充斥着紧张焦虑和不安的气氛……我很难忍受如此令人不舒服的现场工作经历。"[41]

指挥中心是现代警察局真正的神经中枢。实际上，巡逻工作是由现代通信技术所主导的：报警电话、双向无线电和巡逻车。目前指挥中心 911 报警台具备市民主导、快速反应和锁定警情的特点。批评家称这个体系为"电联警察"，认为 911 报警台控制了警察局，阻止警察局实施任何理性的计划和警察对问题的主动反应。[42]

指挥中心接到公民的来电报警，对如何处理这些警情需要做出一系列自由裁量的决定，其中会向许多报警但不是所有报警指派警车到达事件现场处警。指挥中心的决定权在塑造警察工作上起到了重要作用。[43]安图尼斯和斯科特（Antunes & Scott）认为，"在警察官僚体系中，接警员是关键的决策人"。[44]

图表 7－5 说明了指挥中心的工作流程图。如今，在多数大警察局，指挥中心通常聘用文职而不是宣誓警察。在很多警察局，这些工作人员不是由警察局自己雇用的。有些州最近才开始考虑指挥中心工作人员需要培训和执照的立法问题。[45]

图表 7－5　911 指挥中心

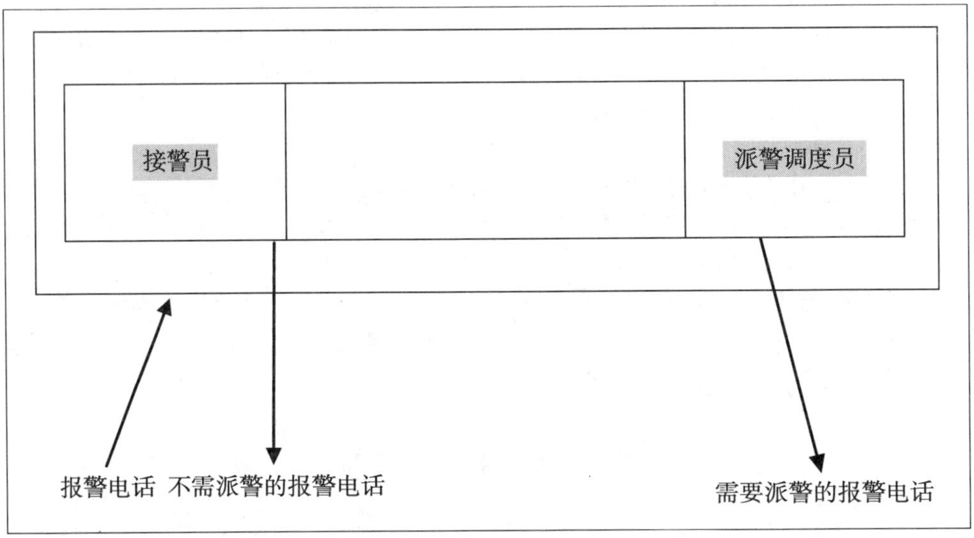

二、911 系统

1968 年，美国电话电报公司（AT & T）引进了 911 报警电话。第一个系统最早在亚拉巴马州的黑利维尔市开始运转。目前几乎所有警察局都加入了911系统。[46]

由于911系统使用非常便利，加上警察局的宣传，911报警系统为大量增加的服务电话做出了贡献。有些警察局在911系统安装后的12个月内报警量增加50%以上。为了避免超负荷运转，警察局根据问题的严重性和需要立即响应，优先派警。借助于计算机辅助系统（CAD）电话的巨大容载量，警察能够更有效地管理对非紧急报警的推迟回应。[47]

三、接处警

911系统是一个信息处理系统。在接到市民的报警电话后，指挥中心接警员、调度员和巡警就成了“信息经纪人”，他们负责接听市民报警，并把报警转化为正式的官方回应。[48]接警员获取到求助人的信息后，就要作出合适的处理决定。如果认为警情需要警察应对，会立即联系调度员，然后，调度员会与巡警联系，传达报警电话的信息。

像巡警一样，接警员有很大的自由裁量权。曼宁列举了对声称绑架的报警电话的处理流程。指挥中心接警员有4种不同的与绑架相关的编码，但“没有规定如何在4种编码中做出选择”。接警员有300页操作规程手册，但是“几乎都没用过”，因为手册太大，接警员的控制台上没地方摆放它。[49]

911报警工作量具有确定的高峰阶段。为了更好地应对，西雅图信息部门有额外两班接警员。正常的三班接警员：第一班值班员（晚上11：45至早晨7：45）、第二班值班员（早晨7：45至下午3：45）及第三班值班员（下午3：45至晚上11：45）。除此之外，高峰时期还有两班重叠值守：第四班值班员（早晨7：45至下午3：45）、第五班值班员（晚上11：45至早晨7：45）。[50]

911指挥中心下达出警指令的报警电话约占接报总量的一半。警察服务研究（PSS）发现，17%的报警电话涉及另一个机构；16%的电话是从市民那里获得信息，9%的电话是给市民提供信息；剩余14%的电话警察部门不能处理，通过转接到其他部门由其他部门处理。[51]

从市民那里获得准确的信息通常很困难。报警人往往提供了模糊、凌乱、错误的信息，许多人思维混乱或受到了惊吓。有些人处于醉酒状态，还有些人精神失常。一场噪声过大的聚会，遭遇持枪人员或者精神不正常人员，都会被报警人描述成“骚扰”。这类信息通常是不妥当的。例如，贝利和加罗法洛发现，确实有枪支的情况只占所有“出现枪支”报警来电总量的25%。[52]

关于不会讲英语的人员使用911报警服务随后在本章中论述

吉尔西南（Gilsinan）调研了在中西部的大城市，接警员每天 24 小时平均接到 265 个电话。他发现，接警员会对报警人的信息进行解释，然后根据合适的官僚响应方式将报警信息进行分类。在解决问题的过程中，接警员与报警人员相互交流，为了达到最终目的，接警员会问及报警人员更多详细的信息。[53]

调度员在处理重大案件过程中也拥有很大的自由裁量权，最基本的决策权是涉及哪个巡逻单位处警。被安排到特定的巡逻区域的巡警单位不便执行处警任务的原因：他们不是在处理其他警情就是当天不值班，结果巡警就会被安排到非巡逻管辖区之外处警。[54]派警员最关键的决定在于情况是否紧急以及是否需要迅速指派巡警处警。图表 7 –6 说明了 2010 年洛杉矶警察局电话服务的处理过程。指挥中心约收到了 350 万个报警电话，只有 21% 的警情被受理且处警，其中一半以上的处警是紧急状况，49% 的处警为日常求助。

图表 7 –6　2010 年洛杉矶警察局报警电话和派遣的比例

总报警量	3557626	
处警量	732257	
处警量百分比	20. 6%	
紧急程度	数量	占总出警量百分比
非常紧急	117088	16%
紧急	253175	35%
一般	361994	49%

资料来源：Los Angeles Police Department，Statistical Digest，2010，www. lapdonline. org，accessed February 20，2012。

巡警处警过程中，从调度员那里获悉的信息通常很有限且不准确。因此，巡警往往在非常不确定的情况下处警。他们都依赖于由报警人提供的信息，由接警员解释，传达给调度员，再传达给巡警，由巡警解释。在大多数警察局中，巡警无须提供如何处理报警的详细记录。报告常常仅限于“已提供服务”或“无须警方采取行动”。[55]

四、接警员与公民的互动

从报警人员那里获得信息是 911 通信系统最重要的功能之一。系统需要根据尽可能多的准确信息派警。然而，在询问报警人员的过程中，也会产生新的问题。一项“锡蒂韦斯特”（Citywest）的 911 通话研究分析了接警员与公民的互动，发现大家都希望维护各自的“面子”。[56]面子的定义是人们渴望维持一个理想的公众形象，而不经历羞辱或难堪（也就是“要面子”）。研究发现，许多互动过程漫长且涉及很多问题。当接警员无法从报警人员处获得确切或一致的信息时，报警人员就要“持续重复”的对话。但在某些通话中也会带来问题。

一些问题被看作对报警人员诚信的质疑。例如，在一个电话中，报警人员最后问道：“为什么会问到他穿什么衣服呢?”接警员解释道：是处警警察需要这些信息来确认到底谁需要帮助。还有一些问题被看作对报警人员智力的质疑。例如，在一个电话中，接警员问道：“你到底是什么意思?”可以解释成报警人员说的话没有什么意义。

一些问题被看作对报警人员个人品格的质疑。在一次电话中，接警员问报警人员：“你不知道你妹妹的名字吗?”这意味着一个不正常的家庭关系。还有一些问题被看作对报警人员判断的质疑。接警员通过训练来分析是否有紧急情况存在。一些报警人员坚信他们知道一些紧急情况，反感把他们所说的话视为无关紧要的问题。

简单来说，询问问题不仅仅是获取信息。接警员要做到与报警人员沟通获得信息，以消极的方式沟通会影响报警人员的情绪。研究发现，接警员和调度员之间会因为不同的任务而产生争执。调度员想要获取尽可能多的信息，但是接警员询问过多的问题可能会与报警人员之间产生不愉快。

第七节　警察巡逻的系统研究

巡逻工作是警务中最重要的一个方面，是大多数警民互动的交集点。因为这项工作具有分散性的特征，警察分布在整个社区，所以系统研究巡逻工作就比较困难且花费较高。[57]

在过去的50年里，主要有4种调查研究方法来研究巡逻工作。边注栏7－2按照标题、年份、方法、主要成果和每一个重要出版物说明了这4种研究方法。

边注栏 7－2

警察巡逻研究

物	美国律师协会调查 1956 年至 1957 年	总统犯罪委员会 1965 年至 1967 年	警察服务研究 （1977 年）	邻里警务计划的调查 1996 年至 1997 年
方法	直接观察 定量分析	直接观察 定量分析	直接观察 定量分析	直接观察 定量分析
地点	堪萨斯州 密歇根州 威斯康星州	波士顿 芝加哥 华盛顿特区	密苏里州的圣路易斯都市区 纽约州的罗切斯特 佛罗里达州的圣彼得斯堡	圣彼得斯堡 印第安纳州的波利斯
主要成果	自由裁量权的普遍应用； 警察角色的复杂性； 不适用于起诉的刑事法律应用	对巡逻活动和自由裁量权的定量分析； 行使自由裁量权时的情境因素； 警察武力使用	911 电话的工作量； 行使自由裁量权导致的种族和性别问题	社区警务人员与非社区警务人员的活动比较； 市民遵守警察的要求
刊物	Wayne Lafave:《逮捕》(波士顿:Little Brown,1966)； Donaid Newman:《定罪》(波士顿:Little Brown,1966)。	Albert J. Reiss:《警察和公众》(新天堂:耶鲁大学出版,1971)； Donald J. Black:《警察的行为方式和习惯》(纽约:学术出版社,1980)	Christy A. Visher:"性别、警察、逮捕的决定和骑士的观念",《犯罪学》第 21 期(1983 年 2 月),第 5－28 页； Douglas A. Smith、Christy A. Visher、Laura A Davidson,"公正裁决及酌情审判:种族对警察部门逮捕决定的影响",《刑法和犯罪》75(1 号,1984 年)	Steven、Mastrofski 等人编著的《对于公共警务系统性的观察》(华盛顿特区:司法部,1998)；Steven D. Mastrofski、Michael Reisig、John D. Mccluskey,"警察对公众不尊重:对抗性分析",《犯罪学》第 40 期(2006 年 3 月):519－552

系统性社会调查研究的标准

警察巡逻工作极其复杂，仅仅有对巡逻单一的印象并不能完全了解巡逻警务。系统性社会观察研究（SSO）为巡逻警务提供了一种精确且典型的研究方法。[58]

SSO研究方法通过训练有素的观察员完成，他们会在工作时间跟随巡警参与机动车巡逻、步巡甚至自行车巡逻。观察员能够跟随巡警去任何地方。如果安全得不到保障，警察会直接告诉观察员不要跟随他们。根据我们的经验，这种情况很少出现，警察很快就能适应调查员出现在他们整个当班过程中。

观察员跟随巡警可能会做出实地记录，帮助巡警整理发现的问题。这些问题用笔记本记录，放在衣兜或皮夹里，携带方便。观察员能够快速记录信息，帮助巡警回忆起何人、何时、何地和发生了何事。巡警不仅允许甚至鼓励他们调取观察员所搜集的信息。但是，这些记录不会与其他的研究团队分享和讨论。由于被跟踪观察的巡警可能随时要求阅读观察员的记录，观察员会非常小心地避免记下令巡警感到不快的记录。有些人认为观察员的记录惹人厌恶，可能使巡警不安；还有些人发现当观察员能正确处理好与被观察巡警的关系时，则能增进友好关系。观察员认为记录是他们工作的一部分，好比巡警要写报告，许多巡警能够理解和接受观察员的工作。

第八节　报警服务的工作量

一、报警量

明尼阿波利斯市和圣保罗市常常被称为“双子城”，但是两个城市巡警911的工作量却完全不同。明尼阿波利斯市巡警每年处理的报警量是圣保罗的2倍，即550:221。同时，芝加哥警察局每个警察每年处理282起报警，而旧金山警察局是489起。[59]总之，尽管911系统的基本技术一样，但工作量却大不相同。

二、报警类型

纽约市一位巡警解释说：“巡逻时警察要处理各样的事件，其中有些可能刚刚发生。警察不能在处理某项工作上花费太长时间，一般不超过15分钟。”[60]

日常巡逻工作包括通过911系统处理所有事件。每起报警都是一个独立事件，巡警必须足够快地去处理每个警情。关于911电话工作量的研究增进了对日常巡逻工作的全面了解，最重要的发现是仅20%～30%的电话涉及刑事执法，大部分报警是维护治安秩序的警情或求助电话。

数据分析暴露出许多基本问题。

第一，刑事执法案件只占到所有报警的一小部分，警察不仅仅是犯罪斗士，更是秩序维护者和问题解决者。

第二，与犯罪有关的大量报警属于侵财犯罪，相关资料显示仅 3% 的报警是暴力犯罪。因此，警察的媒体形象被定位成打击犯罪的角色，特别是警察对暴力型犯罪和危险性犯罪的打击，这是对警察日常工作的曲解。

第三，大部分警察工作包括维护秩序、解决冲突和提供服务。基于此，最好把警务描述为维护秩序（见第一章）。卡明和爱戴（Cumming & Edell）把警察描述成哲人、引导者和朋友。[61]

关于警察打击犯罪与维护秩序的作用的详述见第一章

第四，许多情况是模糊不清的，需要警察进行自由裁量。对人与人之间相互冲突的行为和对公众的破坏行为如何做出有效的处置是模糊的。许多报警电话中，市民所描述的犯罪事件并不一定是真正的犯罪事件。报警人员可能坚称是犯罪事件，却没有充分的证据来支持他的想法。赖斯发现，市民认定的 58% 的犯罪事件，警察局的报道显示却仅有 17% 与犯罪有关。很多市民对民事行为、个人行为、犯罪行为的理解模糊不清，[62]警察需要根据每一个特定的情形进行判断分析。

关于警察自由裁量权的详述见第十一章

第五，许多秩序维护和求助电话是发生在私人住所的家庭问题。911 系统允许公民邀请警察进入他们的住宅，而在正常情况下无合法程序警察无权进入私人住宅。[63]因此，警察局会遇到许多直接的私人问题：家庭纠纷、精神病、酗酒等。

第六，报警电话并不来自典型的社区。许多人经常使用警察局服务，其他人则很少报警。低收入者使用警察服务更多。[64]对明尼阿波利斯市的报警电话研究持续了 12 个月，研究发现 64% 的电话来自 5% 的地址。如前所述，这些区域被称为“重点地区”。有些人员或家庭长期存在问题，会在几个月内反复向警察局求助。同时，研究发现明尼阿波利斯市 60% 的地址从未向警察局求助。[65]

第九节　巡逻工作的各个方面

一、反应时间

传统上，快速到达犯罪现场是警察的当务之急。报警电话的快速反应时间是传统警务智慧的重要方面。警察和公众都认为它可以提升逮捕的成功率和公众的满意度。反应时间的标准模式强调了对所有报警电话都应当快速响应。

遗憾的是，研究者没有支持警察的快速传统智慧。一些研究发现反应时间与破案率之间关系不大。[66]从实施犯罪到警察抵达现场的时间包括以下几部分：

1. 发现时间。犯罪实施和被发现的时间间隔。
2. 报告时间。被发现和有人报警的时间间隔。
3. 处理时间。报警和安排巡逻车的时间间隔。
4. 到达时间。巡警到达现场所花费的时间。

一项警察基金会的研究发现：处理时间平均为 2 分 50 秒，到达时间平均为 5 分 34 秒。柯德那、格林尼和拜纳姆（Cordner，Greene & Bynum）对密歇根州的庞迪克警察局的研究发现了相似的反应时间 。[67]

警察不能控制“发现时间”、“报告时间”和“处理时间”（第 1、2、3 项）。一项 PREF 的研究表明，在所有犯罪报警中，75% 的犯罪是事后发现的或者冷却型犯罪，仅 25% 是涉及双方的犯罪（例如，施害人和受害人之间的冲突）。大多入室盗窃在发生数小时之后才被发现。柯德那、格林尼和拜纳姆发现，一旦耽误了发现时间，犯罪发生到被发现的时间间隔或到报警的时间间隔就会延长，发现侵财犯罪需要几个小时，而发现个人暴力犯罪一般需要 30 分钟。本文中，警察的到达时间（第 4 项）与在现场抓到罪犯很大程度上没有关联。[68]

PREF 的研究表明，在涉及双方的犯罪中被害者平均需要 4 分到 5 分 30 秒的时间报警。在这些涉及双方的犯罪中 13% 是在犯罪进行中报警。14% 是在犯罪完成后 1 分钟内报警。受害者延误报警时间对警察快速到达现场有一定的影响。这项研究认为：80% ~90% 的严重犯罪“由于报警时间太慢导致警察不能及时响应和抓捕犯罪嫌疑人，即使警察的反应时间是零”。[69]

公民没有及时报警有以下几个原因：

- 确定是否发生了犯罪（例如，是不是有东西被偷了）。
- 平复他们的心情。
- 先给朋友或家人打电话。
- 决定他们是否需要警察。
- 手头没有电话（特别是街头抢劫案件）。

反应时间会影响公民对警察服务的满意度。福斯坦伯格和维尔福特（Furstenburg & Wellford）研究发现，公民等待警察到达的时间如果超过 15 分钟，对警察的满意度会比迅速响应的警察低。不管是黑人公民和白人公民，警察的反应时间从 5 分钟增加到 15 分钟后，公民对警察服务的满意度持续下降。[70]

公民通过警察到达案发现场的时间作为标准进行满意度评价。当公民希望警察能迅速响应但未能实现时，公民很可能表现出不满意。对报警的不同响应实验（随后讨论）发现，如果公民被告知警察不能立即赶到时，公民会满意。[71]

目前，尚无一项关于反应时间快慢对犯罪率影响的研究。国家科学研究院推测，当普通罪犯意识到警察会对犯罪做出快速响应以及感到被抓捕的风险增加时，对减少犯罪有一定的影响。研究院同时也表示，这种影响“发生的概率很小，因为罪犯只能获得警察活动的有限的甚至有时是无效的信息”。[72]

二、警察对巡逻时间的利用

一个关于警察的传统、消极、老套的看法与甜甜圈商店有关：警察在甜甜圈店里消磨时间，而不是去巡逻和做其他警务工作。这个老套的看法提出了巡警如何利用巡逻时间的重要问题。一个普通的巡警在一般的 8 小时当班期间在做什么？他们做过多少警察的“真正”工作？另一个关于警察的老套看法是工作压力很大，整天处理一个又一个的警情，这种老套的看法是真的吗？

从成本的角度来看，警察怎样利用时间十分重要。人事成本消耗了警察局 80% ~90% 的预算。警察局效率最大化要求巡警尽可能地多做工作。

邻里警务计划（POPN）是对警务日常工作最全面的研究。研究发现巡警仅用 20% 的时间与市民打交道，也就是说每次当班只用 1.5 小时。巡警利用略超过 20% 的时间进行一般巡逻，约 15% 的时间到达指定地点。正如预期的一样，社区警察花在一般巡逻上的时间较少，但令人惊讶的是他们与市民接触的时间甚至比巡警的时间更少。[73]

巴尔的摩的巡警每次轮班平均处理 5 起报警，处理时间平均 20 分钟/起，剩下 6 个半小时的值班时间没有指定任务。研究者推论巡警有大量无指令的自由时间。研究发现仅有 6% 的巡警未接到任务的时间受到监管员、调度员和其他警官或市民的监督。当监管员要求巡警采取行动时，指令也十分模糊，一般不涉及解决问题或是提出积极的解决策略。[74]

逮捕对于巡警利用巡逻时间有着很大的影响。逮捕过程需要 1.5 小时至 2 小时。按照警察局的标准勤务流程，许多逮捕需要两个或更多的警察参与。[75] 每次抓捕需要把巡警调离街道，因此减少了许多警情处置和预防性巡逻的时间。

三、逃避责任

尽管实际上有双向电台可以与巡警交流，但巡警仍能逃避工作。最简单的方法就是拖延报告已完成处警。在巡警报告处警已结束前，调度员就会认为巡警正在忙于处理警情。巡警一般通过拖延报告已完成处警，来为自己赢得空闲时间。[76]

四、高速追捕

高速追捕是警察巡逻工作中一个很大的难题。高速追捕，是指当警察怀疑嫌疑者故意逃走时，会在较高的车速下截停车辆。高速追捕是常见的现象，但是对巡警、被追击者、其他司机以及旁观者造成了很大的危险。[77]

阿尔伯特和唐汉姆（Alpert & Dunham）对佛罗里达州迈阿密－戴德市警察高速追捕进行了研究，发现33%的高速追捕出现了事故，17%导致了伤害，不足1%的造成了死亡。其他研究甚至发现，高速追捕导致了事故发生率更高（一项研究是44%，另一项是18%）。研究还发现所有追捕中的受伤率是从5%到24%不等。[78]

控制高速追捕的研究与尝试都很困难，因为不是所有高速追捕都会上报警察局，许多警察局要求警察在每次追捕后书写正式报告。然而，许多追捕持续时间很短，因此可能不会上报。当警察知道自己违反了警察局政策规定时（如在路况危险时的追捕），也就不会上报了。

最近，巡警对是否发起追击享有完全的自由裁量权。如今，许多警察局尝试运用书面政策来控制追捕，这些政策一般分为3种类型。大约60%的警察局利用限制性政策来约束在何种情况下可以追捕和何种情况下不能追捕的自由裁量权。另外7%的警察局采取阻止追捕的政策，他们建议警察在特定情形下不实施追捕却不限制警察的自由裁量权。还有23%的警察局运用自由决定的或判断的政策赋予巡警宽泛的自由裁量权决定是否进行追捕。[79]

迈阿密－戴德警察局的政策规定禁止对较轻的犯罪进行追捕，如交通违规、轻罪、身份已被确认的非暴力重罪等情形。[80]许多专家认为在轻罪的犯罪事件中，潜在的风险并未考虑进来。其他地方的警察局则规定在天气差、易造成驾驶不安全或者行人较多的地方不能进行追捕。

关于警察自由裁量权的完整论述见第十一章

第十节 巡逻的效果

自罗伯特·比尔时代起，对警务的基本假设就是可见性警力能够阻止犯罪。一项相关的假设是增加巡警人数会增加遏制犯罪的效果。然而，直到20

世纪 70 年代起，也没有科学的实验来证明这些假设是否正确。

一、初始的实验

20 世纪 50 至 60 年代，关于检验巡逻效果的初始实验未能满足同时代科学研究的标准。1954 年，纽约在一项“勤务 25”的实验中，市警察局在第 25 管辖区增加了双倍的巡逻警力进行为期 4 个月的实验。警察局宣称增加巡逻警力后，街面案件比上年同期减少了 90%，汽车盗窃数量也下降了 2/3。[81]

然而，“勤务 25”实验在方法上存在缺陷。它不是独立的评估系统，使得警察局官方可能人为操控犯罪统一报告（UCR）的数据以达到预期的结果。这个研究设计没有涉及如何控制犯罪可能转移到其他地方以及其他地方对犯罪活动产生影响的因素。

在纽约市的另一个实验中，早 8 点到下午 4 点在地铁内安排双倍巡警（从 1200 人增至 3100 人）。在短期内犯罪人数下降后，犯罪又开始快速的增长。在额外的警力部署之前，1970 年的地铁抢劫案件数量是 1965 年的 6 倍。后来发现在实验期间，犯罪数量的降低是交通警察局故意操控的。[82]

二、堪萨斯城预防性巡逻实验

1972 年，堪萨斯城警察局局长克莱伦斯·凯里（Clarence M. Kelly）决定实施一项冒险的赌博。从未有哪位局长愿意长期进行不同标准的警察巡逻实验。从政治立场来看，这项实验存在一定风险，没有局长愿意承认有些巡逻打击专项行动要比日常巡逻的效果差。公众的反对声可能会使局长丢掉工作，因此实验还存在职业风险。假使实验发现日常性巡逻对于控制犯罪率没有什么效果，那该怎么办呢？然而，凯里愿意去冒险。无论如何，他是推进堪萨斯城警务改革的强势局长。为了表彰他的领导才能，巡逻实验结束前，1973 年他被任命为联邦调查局局长。

堪萨斯城预防性巡逻实验（1972－1973）是美国警务中的一项里程碑式的实验，是第一个通过实验检验巡逻效果的试验，被认为符合科学研究的最低标准。警察基金会是一个私人独立组织，其投资了此项实验。为试验提供了专门的技术，确保了评估独立客观。[83]

研究设计包括南部巡逻区 24 个警区中的 15 个警区（9 个警区因为不具有代表性而被排除）。根据犯罪数据、报警量、种族构成、平均收入、流动人口等信息，它们被分成 3 个组，每组 5 个警区。要求不同警区按照以下 3 个巡逻层级标准划分：（1）回应式警区，不设有任何预防式巡逻，警察只有在需要处警时才会进入该区域，其余时间则在其他区域进行巡逻。（2）积极式警区，要求巡逻是平常巡逻层级的2到3倍。（3）控制式警区，安排平常的巡逻层级（每个巡逻区派1辆警车）。

实验调查了下列问题：

• 市民是否注意到警察巡逻层级的改变?

• 不同层级的巡逻是否影响了犯罪率?（根据UCR数据或受害人调查数据）

• 不同层级的巡逻是否影响了市民对犯罪的恐惧，如果是的话，行为和生活方式有何变化?

• 不同的巡逻层级是否影响了市民对警察部门的满意度?

实验测量不同层级的巡逻在犯罪行为、社区的感知和态度、警察行为和警察局做法三方面的影响。犯罪行为是通过官方统一犯罪报告（UCR）的犯罪和逮捕数据与受害人调查测量的，这是受害人调查新方法的首次重要应用之一。受害人调查方法被用于测量犯罪受害者、市民对犯罪的恐惧、市民自己的防范性措施、商业机构的防范性措施以及市民对警察的态度等方面。数据收集也包括了警察的反应时间、逮捕行动、警察的时间运用以及警察的态度等方面。之前的警察实验调查范围没有如此广泛，没有利用如此多的数据资源，也从未有实验依靠警察局独立的官方数据。实验开始于1972年7月，当发现实验条件无法维持时，暂停了一个月。1972年10月实验又重新开始，并持续了12个月。

三、堪萨斯城实验的结论与运用

堪萨斯城实验的发现极其重要，对警务政策有着巨大的影响。最大的发现是：

• 不同层级的巡逻对打击犯罪没有明显的影响。

• 不同层级的巡逻对市民的安全感没有明显的影响。

• 虽然感觉到警察保护措施的改变，人们的行为和生活方式没有多大改变。

• 不同层级的巡逻并不影响公众对警方的态度。

以上发现挑战了对日常巡逻的传统假设。更多的巡逻没有减少犯罪，较低层级的巡逻未导致犯罪增加，也未引起市民对不同层级巡逻的关注。实验没有证明日常巡逻对犯罪没有影响，因为几乎没有警察巡逻不到的区域。巡逻车进入回应型警区处警，其他巡逻单位的带有标志的警车也会进入该警区。

为什么不同层级的巡逻对犯罪与公众的看法没有影响呢? 原因有很多。

第一，正如谢尔曼和韦斯伯德（Sherman & Weisburd）指出的那样，一般情况下巡逻效果难以显现，所以即使巡逻人数达到双倍也不可能产生任何可测量到的影响。[84]

第二，单靠巡逻不能阻止许多犯罪，因为这些犯罪发生在室内且常常是冲动行为。全国犯罪调查数据表明，33.7% 的性侵案件发生在家里，21.3% 发生在离家不远的地方。更多的袭击案件发生在家里、饭店、商务建筑中，比发生在街道上的犯罪案件多。[85] 同时，60% 的谋杀案中，受害人与罪犯互相认识。发生在室内的犯罪不可能被街道上的巡警所阻止。然而，许多罪犯在犯罪中没有预测到被抓捕和被惩罚的风险，特别是不会去估算这一区域巡逻的情况。总之，传统的对巡逻进行研究的方法夸大了许多犯罪的可控性程度和警察巡逻制止犯罪能力的程度。[86]

第三，人们不会察觉到在堪萨斯城市采用了不同的巡逻标准，一部分是因为“幻影效应”[87]，犯罪学家称为剩余的威慑。尽管此区域没有警察巡逻，大多数人还是认为警察就在现场。他们看见警察平时在其他地方巡逻，就假设警察现在也在他们的区域巡逻。这种假设会有残余的影响让他们认为警察在其他时间和其他地方仍然存在。

第四，堪萨斯城实验仅仅检测了警察巡逻的水平，但是没有研究巡警做了什么、他们应该参与何种活动等问题。社区警务和问题导向警务是重要的创新措施，因为两者强调警务活动不同于传统的巡逻。有评论家发现了堪萨斯城实验的一些缺点：警车从其他区域（不是实验的一部分）进入回应型警区中，因此增加了见警率。回应型警区的警察也会不经指派自发地参与到处置中去，并在处置中经常使用警笛和灯光。同时，两辆或更多的警车对求助电话做出响应的概率特别高。所有这些行为都可能会制造出警察实际存在于现场的感觉。[88]

数据中最重要的一项暗示说明了警察未被指派的时间（大约是当班时间的 60%）可能利用的更有效率。安东尼·佩特（Anthony Pate）认为，降低了巡逻层级并没有导致犯罪的增长，“巡逻的取消，至少是暂时的不会导致消极的结果”，警察可以重新部署，到其他地区完成特定的任务。[89]

四、纽瓦克步巡实验

堪萨斯城的实验包括了警察的车巡。这个发现迅速诱发了一些问题，关于徒步巡逻是否会对犯罪和公众的态度产生不同的影响等。这些问题引发了纽瓦克步巡实验（1978－1979）。这项实验的设计与堪萨斯城实验十分相似，一些区域增加了额外的步巡，一些地区减少了步巡，一些地区维持不动。实验检验了不同层级的徒步巡逻对犯罪、逮捕率、社区居民态度方面的影响。[90]

纽瓦克步巡实验发现增加徒步巡逻没有减少严重犯罪的案件数量。“一般来说，在步巡时回答居民和商户的问题，对于降低犯罪率没有影响”。但是，不同层级的步巡对公民的态度的确有明显的影响。公民清楚地觉察到不同层级的徒步巡逻，那些居住在增加了步巡区域的居民觉得“增加徒步巡逻使严重性犯罪在他们附近减少了”。[91]

增加徒步巡逻有另外的积极影响，对犯罪恐惧感的降低也与公民对警察行为的积极态度相关，包括无关徒步巡逻的警察行为。同时，步巡的警察对市民有更积极的态度，相信市民能对警察有更多的支持。步巡警察把“帮助公众”作为警察的第二重要的工作，而车巡警察则将其列为第五项。数据表明步巡对态度的积极影响是双向的。

五、新问题与新途径

堪萨斯城和纽瓦克巡逻实验是对警察思考的分水岭。通过对巡逻传统假设的质疑，这两项实验鼓励创造新理念。步巡降低恐惧感的调查结果鼓舞人心。同时，正如许多观察员指出的那样，实验仅仅检测了巡逻的水平，而没有调查巡警在当班时到底在做什么。这个新理念直接导致了社区警务的新理念出现。[92]

关于社区警务与其他创新警务模式的详述见第十章

第十一节　提升传统的巡逻

除社区警务外，许多警察局引入了提高传统巡逻效率和效果的创新方法。最重要的创新会在本节中讨论。

一、报警的差别反应

警方是否必须立刻响应每个报警呢？正如巡警所了解的，许多报警涉及无关紧要的问题。除了众所周知的“猫在树上”的这类报警，许多侵财犯罪都是冷却型的犯罪，出警人员仅仅需要写一份犯罪报告。警方面对大量的911报警和公众强加给警察的重担，是否有更好的途径为公众提供服务呢？

一些警察局尝试对报警实施有效的管理来解决问题。这种方法否定了对警察传统的设想，即警方应该尽可能对每一起报警迅速做出响应。

差别反应是根据报警的严重程度对报警进行分类处理的。接到电话后：（1）宣誓警察立即反应；（2）宣誓警察延迟反应；（3）没有警察反应，因为可以通过电话接待处理或通过邮件或者报警人员亲自到警察局报警，无须处警。实现差别反应要求制订书面的指导文件和对指挥中心的工作人员进行严格有效的培训。[93]

一项对差别反应实验的评估发现实验很成功。在北卡罗来纳州的格林斯博罗，只有大约一半（53.6%）的报警需要立刻指派警察处警；19.5%的报警完全不需要出警（其中大多数报警是电话就可以接待处理的冷却型盗窃犯罪），另外26.7%的电话需要延迟出警。警察和公民对警方的差别反应标准都很满意。除了无须预约直接到警察局的报警以外，格林斯博罗的市民对90%的选择性响应表示满意。在延迟响应的情况下，市民的满意度直接取决于是否通知报警人可能会发生延迟响应。这个发现证实了早期研究揭示的市民的期望不是固定的实体，而是取决于警方告知人们应期待什么情况。[94]

实验也发现差别反应标准提高了报警服务系统的整体水平。新的程序增加了从报警人那里获取的信息量；为报警人提供了更多关于如何回应他们报警的精确信息；在未到达现场之前为处警巡警提供更详细的信息。[95]

罗伯特·伍德对密歇根州兰辛警察局的差别反应进行研究发现，差别反应不仅有效率而且公平。一些冷却型犯罪和优先等级低的报警获得了延迟反应，平均反应时间是16分钟，超过90%的市民对这种反应表示满意。其他的报警是通过电话进行报告（大多是盗窃和故意破坏他人财产的案件）来处理，超过90%的市民对这种服务表示满意。差别反应是公平的，因为白人或者其他种族和少数族裔同样都是满意的（只是在满意度上有所差别：满意或者非常满意）。[96]

二、电话处警组

电话处警组（TRUs）通过电话处理报警。几乎一半的报警是发生盗窃而且这些犯罪几乎都是冷却型犯罪，巡警对这些报警不需要采取其他措施，只需要作出报告。许多TRUs为受伤的警察配备了轻型车辆，电话处警在一些轮班上处理了总报警数的10%到20%和总犯罪报警的35%。一个警察局发现，电话处警组作出报告的时间仅仅是巡警的一半（16分钟和34分钟）。[97]

三、311非紧急号码

巡警是否需要通过911系统回复所有不重要的报警呢？当研究者开始对日常巡逻进行研究的时候，他们注意到有很多报警不重要，因而不需要有逮捕权力的警察处警。他们认为这些报警消耗了巡警的时间。因此，专家开始考虑减轻警察负担的方法。最近的解决方法是在无严重犯罪的情况下使用311非紧急报警系统。

1996年，巴尔的摩警察局参与了311非紧急报警系统实验。只有那些需要警察立刻到场的报警按照911系统进行派遣，其他按照311系统转给其他部门或者延迟反应。根据该市的311网站，通过311系统的报警包括不在进行的犯罪、清除动物尸体、鼠类问题、交通标志或信号灯、清除涂鸦、卫生问题和其他非紧急情况问题。[98]

结果是什么呢？311报警系统是否像所期望的那样为巡警减轻了负担？警察是不是有更多的时间处理严重犯罪呢？巴尔的摩报警模式的改变引人注目。证据显示，许多优先等级低的报警（优先类别3、4和5）从911报警系统转到311报警系统。严重犯罪（优先类别1）的911报警量的确增加了，但是911总体报警量下降了35%（从200万起降到130万起）。评估发现，311报警系统的整体作用有限，因为警察局并未完全改变它们的勤务。警察局还把所有报警，包括911和311，指派给警察，因此设计311报警系统的重要目的没有达到，并没有让警察从优先等级低的报警中解脱出来，在某种程度上反应时间并未减少。警察也未享有比以前更多的自由时间。[99]

关于警察与种族和少数族裔群体的详述见第十二章

边注栏7-3

北卡罗来纳州夏洛特-梅克伦堡警察局的非紧急警察服务（NEPS）

犯罪报告部门是311系统的协作部门，公民拨打311以便和犯罪报告部门取得联系。311的工作人员参加培训以回答各种与警察有关的问题。如果需要对警察的报告存档，311的工作人员就会把报警电话转接到犯罪报告部门。如果报警人需要把一些信息添加到先前已递交的警察部门报告中，311系统也会为报警人连线犯罪报告部门。

非紧急犯罪报告的类型

电话接待处理的报警

- □闯入或者进入存储库房、工具库或车库
- □闯入或者进入车辆
- □通信威胁
- □破坏财产
- □金融诈骗
- □欺诈
- □骚扰电话
- □不得体的裸露
- □盗窃
- □单纯攻击（相关的非家庭暴力）
- □补充现有的警察报告
- □未经授权使用机动车辆
- □超过2000美元的空头支票

资料来源：Reprinted by permission of the Charlotte - Mecklenburg Police Department Website：www. charmeck. org/Department/Police/Home. htm。

四、非英语的911 报警服务

美国的面貌正在发生变化，不同国家和不同文化背景的移民不断迁移到美国，不会讲英语或者只对英语有一点点了解的人越来越多。这给警察带来了很大的困难，因为他们需要对非英语语言的报警进行受理和反应。语言障碍是西班牙裔美国人很少报警的原因之一，警察局可以订购24 小时的翻译服务，由私人工作有偿提供。目前最大的公司能够提供150 种不同语言的现场翻译。警察可以拨打免费号码（由警察局支付全年费用），几乎马上就能找到翻译人员。

五、911 的逆转

新的通信和犯罪地图技术已经创造了911 的逆转。新系统允许警察打电话给公民，代替了公民向警方报警的旧模式。如果警察局接收到发生在某一特定社区的事件的重要信息，系统可以自动识别是该地区的电话号码，并打电话给当地居民询问细节。例如，在印第安纳州的比奇格罗夫，系统能够提醒企业发生在社区的一系列盗窃事件。在另一个城市，系统通过提醒该区域的居民从而在30 分钟内定位一个失踪的孩子。911 的逆转系统可以在报警后的5 分钟内被激活，可以在1 小时之内用成百上千的电话覆盖所有受事件影响的区域。[100]

六、巡逻车中的电脑和摄像机

为了提高巡逻的效率，警察局在巡逻车上安装了电脑。电脑终端使巡警在接收信息和撰写报告时更加高效。2000 年，75% 的警察都在使用巡逻车中的电脑，比1990 年的30% 提高了很多。[101]

警察局也在巡逻车上安装了摄像机，主要是作为问责工具。新泽西州在1起关于种族歧视的诉讼之后，颁布了一项法令要求警察对所有的交通截停行为进行记录。录像带能够记录公民和警察的行为，有助于解决争议。例如，一个警察是否滥用了武力。到了2000 年，LEMAS 的数据表明，45% 的城市警察局在巡逻车上安装了摄像机。[102]

七、警察助手或学员

另一种处理优先等级低的报警的方法是使用非宣誓人员或警察助手，不是所有警察任务都需要宣誓警察去完成。总统犯罪委员会建议由社区服务人员来处理许多日常任务，从而使宣誓警察可以处理更多的犯罪案件。[103]这种方法类似于其他行业的运作方式：把日常任务委派给受过培训的专业人员的助手处理

（例如，律师使用法律文员，大学教授使用研究生助理）。

在马萨诸塞州伍斯特市的一项实验中，警察服务助手（PSAs）处理了24.7%的报警，并协助处理了其他8.2%的报警。这些都是非紧急的报警，并不需要宣誓警察处理。公民对他们从警察助手（PSAs）那儿得到的帮助表示满意，并没有对宣誓警察的服务表示不满。[104]西雅图社会服务计划（CSO）始于1991年，到了1993年雇用了17名社区服务人员（CSOs），他们受到1名宣誓警察和1名宣誓的助理人员（lieutenant）的监管。社区服务人员受过专门的社会服务培训，主要工作是为街面上的人员提供服务和帮助。社区服务人员步行到闹市区，把无家可归的人带到相关机构，为他们提供住所、食物、衣服和酒精或药物滥用方面的治疗。[105]

目前，警察学员训练项目在全美很常见。最典型的是俄勒冈州波特兰市的警察学员计划。年龄在16~20岁、高中的平均成绩一直保持为C、无挂科、没有被逮捕或定罪记录，并且是美国公民或持有合法移民绿卡的人员都可以参加。学员可以搭乘警车；在犯罪现场、交通事故、查办交通超速等方面协助宣誓警察；协助检查空的住所、维护游行秩序以及履行其他多种职责。警察学员不享有警察职权，但要接受道德规范、文化意识形态、防御战术、驾驶技能、法律等其他科目的培训。[106]

八、巡警的街头工作技能培训

2001年，西雅图警察局制订了一项特别的街头工作技能专项培训计划。两天的培训课程集中在“高风险、低频率”的项目，如高压力驾驶、射击策略等。第一堂课采取了巡警自愿听课的原则，收效显著。警察局便将课程拓展为面向全体巡警的4天必修课。1名巡警这样评价：“这样的培训名副其实。”拓展课程涵盖了其他方面，包括防御战术、如何上手铐、游行示威的处置方法。课程还包括了提高服务的方法，包括探讨民情积愤的原因以及怎样缓和矛盾。截至2001年年底，有216名巡警参加了4天必修课的培训，同时有153名侦查员参加了两天的课程培训。[107]

九、定向巡逻和“重点地区”

定向巡逻赋予了巡警在没有911报警系统指派任务的时间里履行的具体的职责。常规巡逻一般只要求巡警巡逻其所辖地区和应对报警。而定向巡逻则可能包含如搜寻某些特定的人或特定的犯罪、在特定地区集中巡逻等指令。[108]

柯德那（Cordner）在密歇根州庞蒂亚克的一项关于定向巡逻的调查评估中得出了不同结论：证据表明，通过这项计划积极预防犯罪的活动也许会减少，甚至转变成其他类型的违法犯罪活动。然而，这种效果的精确性还难以定论。柯德那认为，这些证据支持了这样一个观点：巡警的实际行动远比巡警的数量重要。[109]

关于定向巡逻的最新实验集中在“重点地区”或投诉较多的地区。明尼阿波利斯进行的一项实验显示，采取集中整治的技巧可以使巡警在短时间内集中巡逻重点地区，而潜在的假设是警察短时间在场的影响力会因剩余的威慑而继续存在。[110]

关于重点地区警务的深入研究见本章的案例研究和第九章

十、服务对象的反馈

西雅图警察局对报过警的人进行了一项调查，以此评估他们对服务的满意度。客户反馈调查是当今广泛应用于汽车商家、医疗服务机构来评估他们的服务效果和如何改善服务的一个参考。

西雅图抽取了其中的 200 人进行了调查。2007 年 4 月，77% 的人对警察服务满意，仅 5% 的人不满意。同样重要的是，“非常满意”的比例相比 2006 年 6 月的调查有所上升（从 38% 上升到 49%）。[111]

十一、超越传统巡逻

警务工作中最重要的创新是提升传统巡逻。社区警务和问题导向警务的支持者们认为 911 驱动的警务是被动的且局限于孤立的事件。他们认为警方应该更加积极主动，与社区居民更紧密地合作，集中解决一些深层次的问题。

关于社区警务和问题导向警务的详述见第十章

结　语

巡逻是警务的主干。尽管最近社区警务有诸多创新，但大多数警察局的工作仍然包含巡警在分配区域巡逻和响应报警。巡逻的工作量由报警主导，主要处理非犯罪事件。因此，警察的工作被定义成维护治安秩序而不是打击犯罪。证据显示提高巡逻层级并没有比降低巡逻层级更有效地阻止犯罪。巡逻的创新强调更有效地利用巡警队伍和减少大量的报警服务。

关键术语

警务的主干	巡逻的功能	警民比率	重点地区
步巡	警察发起的行为	守门人机制	法律机制
服务机制	911 报警系统	指挥中心	治安警情
求助电话	反应时间	发现时间	堪萨斯城预防性巡逻实验
剩余的威慑	警察助手	定向巡逻	

讨 论

1. 费城步巡实验通过巡逻进行犯罪预防，提供了一种特殊的方法。讨论这种方法与传统巡逻的不同点是什么？实验的关键要素是什么？在实验中，步巡的警察与以往巡警的做法有何不同之处？实验中的巡警与其他巡警之间是什么关系？

2. 费城步巡实验是一次性的。讨论这种方法从长远来看如何与警察局的实践结合？这种方法在哪一类的社区中会起到最好的效果？在哪一类的社区中不会起作用？你预期会产生什么样的问题？通过周密的计划和管理，这些问题能否被克服？

3. 假定你是警察局局长，警察局被大量 911 报警电话所困扰。巡逻警察除了应付报警电话之外几乎没有时间，他们也会经常故意拖延反应。你已决定采用 311 报警系统。何种电话会放在较低的等级类别？何种电话会是最高等级？你会如何处理有“可疑声音”类的报警电话，又会如何处理“隔壁有噪声”类的报警电话？

注 释

[1] James Q. Wilson, Varieties of Police Behavior (New York: Atheneum, 1973), p. 7; Michael Lipsky, Street – Level Bureaucracy (New York: Russell Sage, 1980).

[2] National Advisory Commission on Criminal Justice Standards and Goals, Police (Washington, DC : Government Printing Office, 1973), p. 189 ; Wesley G. Skogan and Susan M. Hartnett, Community Policing, Chicago Style (New York: Oxford University Press, 1997), Ch. 4.

[3]T. A. Critchley, A History of Police in England and Wales, 2nd ed. (Montclair, NJ: Patterson Smith, 1972), p.52.

[4]O. W. Wilson and Roy C. McLaren, Police Administration, 4th ed. (New York: McGraw - Hill, 1977), p.320.

[5]U. S. Department of Justice, The Police and Public Opinion (Washington, DC: Government Printing Office, 1977), pp.39 - 40.

[6]Albert Reiss, The Police and the Public (New Haven, CT: Yale University Press, 1971), p.3.

[7]Bureau of Justice Statistics, Law Enforcement Management and Administrative Statistics, 1997 (Washington, DC: Department of Justice, 1999), Table 8a.

[8]Bureau of Justice Statistics, Census of State and Local Law Enforcement Agencies 2008(Washington, DC: Department of Justice 2011).

[9]Thomas B. Marvell and Carlisle E. Moody, "Specification Problems, Police Levels, and Crime Rates," Criminology 34 (November 1996), pp. 609 - 646.

[10]The original workload formula was developed by O. W. Wilson in 1941. See O. W. Wilson, Distribution of Police Patrol Force (Chicago: Public Administration Service 1941). Excerpts are found in Wilson and McLaren, Police Administration, pp.633 - 655, Appendix J.

[11]Police Executive Research Forum, Organizational Evaluation of the Omaha Police Division (Washington DC: PERF, 1992).

[12]Philadelphia Police Study Task Force, Philadelphia and Its Police (Philadelphia: The City, 1987), p.49.

[13]Police Executive Research Forum and the Police Foundation, Survey of Police Operational and Administrative Practices - 1981 (Washington, DC: PERF, 1981), pp.428 - 432.

[14]James, Fyfe, "Who Shoots? A Look at Officer Race and Police Shooting," Journal of Police Science and Administration 9 (December 1981), p.373.

[15]Bureau of Justice Statistics, Criminal Victimization in the United States, 2004 (Washington DC, Department of Justice, 2005), available at www.ncjrs.org, NCJ 210674.

[16] Philadelphia Police Study Task Force, Philadelphia and Its Police, pp.48 - 49.

[17]James L. O'Neill and Michael A. Cushing, The Impact of Shift Work on Polite Officers (Washington, DC: Police Executive Research Forum, 1991).

[18]Lawrence W. Sherman, James W. Shaw, and Dennis P. Rogan, the Kansas City Gun Experiment (Washington, DC: Department of Justice, 1995).

[19]John Eck and Emily Eck, "Crime Place and Pollution," Criminology and Public Policy 11, No. 2:2012, Volume 11Issue 2, pp. 281 – 316.

[20]Anthony Braga, David Hureau, and Andrew Papachristos, "The Relevance of Micro Places in City Wide Robbery Trends," Journal of Research in Crime and Delinquency 48 (2011), pp. 7 – 32; Anthony Braga, Andrew Papachristos, and David Hureau, "The Concentration and Stability of Gun Violence at Micro Places in Boston, 1980 – 2008," Journal of Quantitative Criminology 26 (2010), pp. 33 – 53.

[21]Lawrence W. Sherman, Patrick R. Gartin, and Michael E. Buerger, "Hot Spots of Predatory Crime: Routine Activities and the Criminology of Place," Criminology 27, no. 2 (1989), pp. 27 – 55.

[22]Bureau of Justice Statistics, Law Enforcement Management and Administrative Statistics, 1997, p. xv.

[23] William A. Westley, Violence and the Police (Cambridge, MA: MIT Press, 1970), p. 35.

[24]President's Commission on Law Enforcement and Administration of Justice, Task Force Report: The Police (Washington, DC: Government Printing Office, 1967), p. 54.

[25]Bureau of Justice Statistics, Local Police Department, 1997 (Washington, DC: Government Printing Office 2000).

[26] Santa Barbara Police Department, "Tactical Patrol Force," available at www. sbpc. com.

[27] "Officers Denounce Proposal for One – Person Patrol Cars," New York Times (February 16, 1996).

[28]Bureau of Justice Statistics, Law Enforcement Management and Administrative Statistics, 1997, Table 8a.

[29]John E. Bodystun, Michael E. Sherry, and NicholasMoelter, Police Staffing in San Diego: One – or Two Officer Units (Washington, DC: The Police Foundation, 1977).

[30] City of Buffalo, Press Release, July 17, 2003.
[31] Philadelphia Police Task Force, 31. Philadelphia and Its Police, p. 48.
[32] Quoted in Jerome E. McElroy, Colleen A. Cosgrove, and Susan Sadd, Community Policing CPOP in New York (Newbury Park, CA: Sage, 1993), p. 133.
[33] David H. Bayley and James Garofalo, "The Management of Violence by Police Patrol Officers," Criminology 27 (February 1989), pp. 1 – 25.
[34] Bureau of Justice Statistics, Criminal Victimization in the United States, 1994 (Washington DC, Department of Justice, 1997), p. 100.
[35] Wilson, Varieties of Police Behavior.
[36] Christopher Commission, Report of The Independent Commission on the Los Angele Police Department (Los Angeles: The Commission, 1991); Erwin Chermerinsky, An Independent Analysis of the Los Angeles Police Department Board of Inquiry Report on the Rampart Scandal (Los Angles: Police Protective League, 2000).
[37] Bureau of Justice Statistics, Performance Measures for the Criminal Justice System (Washington DC: Government Printing Office, 1993), pp. 109 – 140, available at www. ncjrs. org, NCJ 193505.
[38] McElroy, Cosgrove, and Sadd, Community Policing: The CPOP in New York City, p. 138.
[39] Wilson and McLaren, Police Administration, p. 83.
[40] Special Counsel to the Los Angeles Sheriff's Department, 9th Semiannual Report (Los Angeles: Special Counsel, June 1998), p. 23.
[41] Peter K. Manning, Symbolic Communication: Signifying Calls and the Police Response (Cambridge, MA: MIT Press, 1988), p. xiii.
[42] Malcolm K. Sparrow, Mark H. Moore, and David M. Kennedy, Beyond 911: A New Era for Policing (New York: Basic Books, 1990).
[43] Manning, Symbolic Communication: Signifying Calls and the Police Response.
[44] George Antunes and Eric J. Scott, "Calling the Cops: Police Telephone Operators and Citizen Calls for Service" Journal of Criminology Justice 9, no. 2 (1981), p. 167.
[45] "Licensing May Loom for 911 Dispatchers in Pa.," Law Enforcement News (May 15, 1995), p. 1.

[46] Kent W. Colton, Margaret L. Brandeau, and James M. Tien, A National Assessment of Police Command, Control, and Communications Systems (Washington, DC: Government Printing Office, 1983); Bureau of Justice Statistics, Local Police Departments, 2003 (Washington, DC: Government Printing Office, 2006), p. 11, available at www. ncjrs. org, NCJ 210118.

[47] Tom McEwen, Deborah Spence, Russell Wolff, Julie Wartell, and Barbara Webster, Call Management and Community Policing: A Guidebook for Law Enforcement (Washington, DC: U. S. Department of Justice 2003), p. 7.

[48] Peter K. Manning, "Information Technologies and the Police," in Michael Tonry and Norval Morris, eds., Modern Policing (Chicago: University of Chicago Press, 1992), pp. 349 – 398.

[49] Manning, Symbolic Communication, p. 145.

[50] Seattle Police Department, www. cityofseattle. net/police/.

[51] Eric J. Scott, Calls for Service: Citizen Demand and Initial Police Response (Washington, DC: Government Printing Office, 1981).

[52] Bayley and Garofalo, "The Management of Violence," p. 7.

[53] James F. Gilsinan, "They Is Clowning Tough: 911 and the Social Constitution of Reality," Criminology 27 (May 1989), pp. 329 – 344.

[54] Ibid., p. 99.

[55] Manning, "Information Technologies and the Police," p. 371.

[56] Sarah J. Tracy, "When Questioning Turns to Face Threat: An Interactional Sensitivity in 911 Call – Taking," Western Journal of Communication 66 (Spring 2002), pp. 129 – 157.

[57] Stephen D. Mastrofski, Roger B. Parks, Albert J. Reiss Jr., Robert E. Worden, Christina DeJong, Jeffrey B. Snipes, and William Terrill, Systematic Observation of Public Police (Washington, DC: Government Printing Office, 1998), p. 25.

[58] Ibid.

[59] Bureau of Justice Statistics, Law Enforcement Management and Administrative Statistics, 1997, Table 9a.

[60] McElroy, Cosgrove, and Sadd, Community Policing: The CPOP in New York City, p. 132 – 133.

[61] Elaine Cumming, Ian Cumming, and Laura Edell, "Policling as Philosopher, Guide, and Friend," Social Problems 12 (Winter 1965), pp. 276 –

286.
[62] Reiss, The Police and the Public, p. 73.
[63] Arthur L. Stinchcombe, "Institutions of Privacy in the Determination of Police Administrative Practice," American Journal of Sociology 69 (September 1963), pp. 150 – 160.
[64] Reiss, The Police and the Public, p. 63.
[65] Sherman, Gartin, and Buerger, "Hot Spots of Predatory Crime."
[66] William Spelman and Dale K. Brown, Calling the Police: Citizen Reporting of Serious Crime (Washington, DC: Government Printing Office, 1984).
[67] Kansas City Police Department, Response Time Analysis: Experiment Summary (Washington, DC: Government Printing Office, 1978), p. 6; Gary W. Cordner, Jack R. Greene, and Tim S. Bynum, "The Sooner the Better: Some Effects of Police Response Time," in Richard R. Bennett, ed., Police at Work (Beverly Hills, CA Sage, 1983), pp. 145 – 164.
[68] Cordner, Greene, and Bynum, "The Sooner the Better."
[69] Spelman and Brown, Calling the Police, p. 74.
[70] Frank F. Furstenburg Jr., and Charles F. Wellford, "Calling the Police The Evaluation of Police Service," Law and Social Review 7 (Spring 1973), pp. 393 – 406.
[71] J. Tomas McEwen, Edward F. ConnorsIII, and Marcia Cohen, Evaluation of the Differential Police Response Field Test (Washington, DC Government Printing Office 1986).
[72] National Academy of Sciences, Fairness and Effectiveness in Policing: The Evidence, p. 227.
[73] Parks Mastrofski, Delong, and Gray, "How Officers Spend Their Time with the Community."
[74] Christine N. Famega, JamesFrank, and Lorraine Mazerolle, "Managing Police Patrol Time: The Role of Supervisor Directives," Justice Quarterly 22 (December 2005), pp. 540 – 559.
[75] Herman Goldstein, The Drinking Drive in Madison: Project on the Development of a Problem – Oriented Approach to the Improvement of Policing, Vol. 2 (Madison: University of Wisconsin Law School, 1982), pp. 67 – 68.
[76] Jonathan Rubenstein, City Police (New York: Ballantine 1974), pp. 117 – 119.

[77] National Institute of Justice, Restrictive Policies for High – Speed Police Pursuits (Washington, DC: Government Printing Office, 1989), p. 1.

[78] Geoffrey P. Alpert and Roger D. Dunham, Police Pursuit Driving: Controlling Responses to Emergency Situations (New York: Greenwood Press, 1990), p. 37; L. Edward Wells and David N. Falcone, "Organizational Variables in Vehicle Pursuits by Police: The Impact of Policy on Practice," Criminal Justice Policy Review 6, no. 4 (1992), p. 317.

[79] Wells and Falcone, "Organizational Variables in Vehicle Pursuits by Police," pp. 324 – 325; Bureau of Justice Statistics, Local Police Departments, 2000, p. iv.

[80] Alpert and Dunham, Police Pursuit Driving, p. 80.

[81] Experiments regarding the effectiveness of patrol are reviewed in University of Maryland, Preventing Crime: What Works, What Doesn't, What's Promising (Washington, DC Government Printing Office, 1997), Ch. 8, "Policing for Crime Prevention"; see also John Eck and Edward Maguire, "Have Changes in Policing Reduced Violent Crime?" in A. Blumstein and J. Wallman, eds., The Crime Drop in America (New York Cambridge University Press, 2000), Ch. 7.

[82] Discussed in James Q. Wilson, Thinking About Crime (New York Basic Books, 1975), Ch. 4.

[83] George Kelling et al., The Kansas City Preventive Patrol Experiment (Washington, DC: The Police Foundation, 1974).

[84] Lawrence W. Sherman and David Weisburd, "General Deterrent Effects of Police Patrol in Crime 'Hot Spots': A Randomized Controlled Trial," Justice Quarterly (December 1995), pp. 627 – 628.

[85] Bureau of Justice Statistics, Criminal Victimization in the United States 1994, p. 59.

[86] Wesley G. Skogan and George E. Antunes, "Information, Apprehension, and Deterrence: Exploring the Limits of Police Productivity," Journal of Criminal Justice 7 (Fall 1979), p. 229.

[87] Lawrence W. Sherman, "Police Crackdowns: Initial and Residual Deterrence," in Michael Tonry and Norval Morris, eds., Crime and Justice: A Review of Research (Chicago University of Chicago 1990), pp. 1 – 48.

[88] Richard C. Larson, "What Happened to Patrol Operations in Kansas City?"

Journal of Criminal Justice 3, no. 4 (1975), p. 273.

[89] Anthony M. Pate, "Experiment with Foot Patrol: The Newark Experience," in Dennis P. Rosenbaum, ed., Community Crime Prevention: Does It Work? (Beverly Hills, CA: Sage, 1986), p. 155.

[90] The Police Foundation, The Newark Foot Patrol Experiment (Washington, DC: The Police Foundation, 1981); Pate, "Experimenting with Foot Patrol."

[91] The Police Foundation, The Newark Foot Patrol Experiment, pp. 4 – 5.

[92] James Q. Wilson and George L. Kelling, "Broken Windows: The Police and Neighborhood Safety," Atlantic Monthly 249 (March 1982), pp. 29 – 38.

[93] McEwen, Connors, and Cohen, Evaluation of the Differential Police Response Field Test.

[94] Ibid., p. 102; Scott, Calls for Service, p. 97.

[95] McEwen, Connors, and Cohen, Evaluation of the Differential Police Response Field Test, p. 8.

[96] Robert E. Worden, "Toward Equity and Efficiency in Law Enforcement: Differential Police Response," American Journal of Police XII, no. 1 (1993), pp. 1 – 32.

[97] Margaret J. Levine and J. Thomas McEwen, Patrol Deployment (Washington, DC: Government Printing Office, 1985), pp. 40 – 41.

[98] U. S. Department of Justice, COPS Office, 311 for Non – Emergencies: Helping Communities One Call at a Time (Washington, DC: U. S, Justice Department, August, 2003), p. 20.

[99] Lorraine Mazerolle, Dennis Rogan, James Frank, Christine Famega, and John E. Eck, Managing Calls to the Police with 911/311 Systems (Washington, DC: Department of Justice, 2005), NCJ 206256.

[100] Mike Johnson, "A New Twist on 911 Capability," American City and County 112 (December 1997), p. 10.

[101] Bureau of Justice Statistics, Local Police Departments, 2000, p. iv.

[102] Author analysis of Law Enforcement Management and Administrative Statistics (LEMAS), 2007, Data are available at www. icpsr. umich. edu/icpsrweb/ICPSR/studies/31161? archive = ICPSR&q = lemas + 2007.

[103] President's Commission on Law Enforcement and Administration of Justice, The Challenge of Crime in a Free Society (Washington, DC Govern-

ment Printing Office, 1967),pp. 108 – 109.

[104] James M. Tien and Richard C. Larson, "Police Service Aides Paraprofessionals for Police," Journal of Criminal Justice 6 (Summer 1978), pp. 117 – 131.

[105] Martha R. Plotkin and Ortwin A. "Tony" Narr, The Police Response to the Homeless: A Status Report (Washington, DC: Police Executive Research Forum, 1993), pp. 116 – 117, Appendix C, pp. 85 – 90.

[106] Portland police Bureau, www. portlandonline. com/police/.

[107] Seattle Police Department, 2001 Annual Report (Seattle: Seattle Police Department, 2002), p. 6.

[108] Department of Justice, Improving Patrol Productivity (Washington, DC: Government Printing Office, 1977), Ch. 4.

[109] Gary W. Cordner, "The Effects of Directed Patrol: A Natural Quasi – Experiment in Pontiac" in James Fyfe, ed., Contemporary Issues in Law Enforcement (Beverly Hills, CA: Sage 1981), pp. 37 – 58.

[110] Lawrence W. Sherman and David Weisburd, "General Deterrent Effects of Police Patrol in Crime 'Hot Spots': A Randomized, Controlled Trial," Justice Quarterly 12 (December 1995),pp. 625 – 648.

[111] Seattle Police Department, How Are We Doing? Getting Feedback from the People We Serve, www. cityofseattle. net/police.

第八章 维护治安秩序

本章概要

除了打击犯罪之外，警察工作还包括维护社会秩序和社会稳定。人们会因为各类问题报警，包括争吵、打架斗殴和家庭纠纷；医疗紧急情况，包括死亡、自杀或者伤害；救助特定人员，包括醉酒人员、失踪人员或者离家出走的青少年；妨害公众利益的人或事物，包括噪声、非法侵入或者可疑人员。在上一章的图表7－6中，提供了因这些情形报警求助频次的数据。维护治安秩序的许多情形涉及"特殊人群"，如精神病人、青少年和流浪人员。[1]本章探讨了警察在维护社会秩序和社会稳定方面的行动。本章还特别关注了经常发生的几类特殊情形，调查了警察对这些情形的不同反应模式。

第一节 警察的任务

关于维护治安秩序的报警引发了关于警察任务的讨论，如同在第一章中所讨论的一样，有些人认为警察最主要的功能是打击犯罪，并且认为那些非犯罪的报警不重要。很多警察同意这种观点，把很多维护治安秩序的报警当作"废话"[2]、"社会工作"、"胡说八道"。警察实际做什么与警察重视什么之间的分歧导致了警察任务的冲突。

同时，有些人认为这种非犯罪的报警是重要的，主要是因为可以有效地打击犯罪。史蒂芬·马斯托夫斯基（Stephen Mastrofski）定义了4种有助于提升警察打击犯罪效率的不同的求助型报警。一是犯罪预防类报警，能使警察提前干预一些潜在的犯罪问题，避免发展成真正的犯罪。二是警察知识类报警，可使警察对社区有更深的了解，这种了解有助于警察更好地解决犯罪问题。三是社会工作类报警，有助于警察将一些潜在的违法犯罪人员变成守法人员。四是社区合作类报警，有效响应非犯罪型的求助报警有助于警察在社区中树立更高的威信。[3]

然而，上述所有类型的求助型报警的假设是，打击犯罪依然是警察工作的核心部分，并且非犯罪型求助报警从属于打击犯罪。目前，大部分警务专家认为如果不能说维护治安秩序比打击犯罪更重要的话，至少可以说与其同等重要。[4]解决公民认为存在的问题是警察合法的任务，治安秩序良好和稳定的社会是个更好的社会。如果警方对这些问题不响应，那么其他人就必须响应。社区警务、问题导向警务以及零容忍警务都是基于一个观点提出来的，即警察应该重视所有的社区问题，而不只是关注与犯罪有关的社区问题。[5]

关于社区警务、问题导向警务和零容忍警务的详述见第十章
关于警察在犯罪控制中维护治安秩序的作用的详述见第九章

第二节　交通执法

交通执法很可能是警察维护治安秩序中最普通的一种执法类型。尽管市民的求助报警集中于任何社区内的相对较少的人群，但是几乎所有的成年公民都会开车，轻微的交通违法行为非常普遍。例如，10%的16岁以上的人（或约2370万人），每年因为交通违法与警察有接触（见图表8－1），一半以上的接触是因为超速。[6]

图表8－1　2008年被警察拦停的驾驶员人数及百分比（按照人口统计的特征）

被截停驾驶员的特征		最近警民接触中警察截停的驾驶员	
		人数（百万）	百分比（%）
总人数		17.7	8.4
性别	女性	10.3	9.9
	男性	7.3	7.0
种族	白人	12.9	8.4
	非洲裔	1.8	8.8
	西班牙裔	2.0	9.1
	其他种族	0.7	7.0
	混血	0.1	7.9

续表

被截停驾驶员的特征		最近警民接触中警察截停的驾驶员	
		人数（百万）	百分比
年龄	16～19岁	1.3	11.0
	20～29岁	4.9	13.0
	30～39岁	3.7	9.8
	40～49岁	3.5	8.4
	50～59岁	2.6	7.0
	60岁及以上	1.7	4.1

注：由于四舍五入，数字相加与总数有误差。
资料来源：Christine Eith and Matthew R. Durose, Contacts between Police & the Public, 2008 (Washington, DC: Government printing Office, 2011)。

交通截停是警察与公众之间最轻微却又非常常见的摩擦之一。被截停时，公民非常厌恶被拦停、出示证件以及被开罚单。由于被截停时公民所表现出的厌恶，通常警察会觉得交通执法是一份特别没有意思的工作。但研究显示，被截停后的公众通常会理解他们为什么被截停。大约85%被警察截停的人认为他们是因为一个合法的理由被截停的，尤其是白人以及那些因为超速而被截停的人，他们更可能认为是因为合法理由而被截停的（见图表8－2）。[7]

图表8－2 那些认为警察以合法原因截停的驾驶员的各族裔占比（%）

被截停的理由	总数	白人	非洲裔	西班牙裔
所有理由	84.5	86.3	73.8	82.5
超速	90.0	91.8	78.7	88.7
车辆缺陷	82.6	86.8	60.7	84.3
记录检查	89.1	91.6	83.5	82.4
路边检查酒驾	76.9	73.8	na	na
没系安全带	84.7	84.7	86.6	79.0
不合法的转弯或者变道	75.4	72.9	72.3	85.3
违反停车标志/闯红灯	71.3	73.9	66.9	57.5

资料来源：Christine Eith and Matthew R. Durose, Contacts between Police & the Public, 2008 (Washington, DC: Government printing Office, 2011)。

根据警察在值班期间死亡或者受伤的统计数据，交通截停是最危险的警务工作之一，因为大部分截停会涉及武力或者危险的犯罪。利希滕贝格和史密斯（Lichtenburg & Smith）的报告称：自 1988 年以来，约 13% 的警察死亡发生在日常交通截停中。同时期 9.4% 的攻击警察的行为发生在交通拦停中。[8]

各个警察局对违反交规的执法也各不相同。例如，亚利桑那州的格兰代尔和斯科茨代尔，尽管两市在人口规模及地理位置上比较相近，但是前者要比后者多开近 50% 的罚单。[9]詹姆斯·Q. 威尔逊（Jame Q. Wilson）在其具有相同历史的警察组织研究中发现了交通执法上的类似的不同。[10]

交通执法政策通常是警察局正式政策或者非正式政策的结果。有些案例表明，来自社区的压力会导致强有力的交通执法，而在其他情况下，交通执法政策是警察局最高行政长官的决定。有些警察局给警察下发了关于罚单数量的正式或不正式的指标，[11]警察局偶尔会高调开展强力打击交通违法行为的行动。没有证据表明这样的行动能有效减少交通事故或其他犯罪。例如，在俄亥俄州丹顿市，警察局在交通流密集区域进行了长达 6 个月的集中执法整治。警察局要求警察开出更多的交通罚单以及进行更加频繁且可见的交通截停行为。对这一特定区域与其他没有进行集中打击的区域在犯罪、逮捕以及交通事故等方面相比较，警察局发现这种集中打击行动并没有多大的效果。[12]

集中打击行动没有效果主要有三个可能的原因：一是可能在交通执法和犯罪之间并没有必然的联系。换言之，增多的执法行为没有阻止犯罪的效果。二是可能增加的执法行动的强度太小，不足以产生任何影响（同样的情形也发生在堪萨斯城巡逻实验当中）。三是可能产生了一些效果，但在评价方法上缺少足够的数据支持。[13]同样的问题也出现在其他的警察执法项目研究中。

关于堪萨斯城主动预防式巡逻实验的详述见第七章

打击酒驾

20 世纪 80 年代，公众对于酒驾行为的关注引发了一场全国范围内的改革。大部分州都加强了对酒驾行为的处罚，联邦法律迫使各州提高了饮酒的合法年龄（21 岁），[14]地方警察局也加强了对酒驾行为的打击。打击酒驾行为包括了这样的策略，如对司机的随机检查或者是在路边设置路障检查所有司机。这些行动的目标是逮捕所有真正饮酒的司机以及预防那些潜在可能饮酒的司机。

这些执法打击能否减少醉酒驾驶问题依然存在一些争论。英格兰和斯堪地纳维亚的研究表明，这些执法打击短期内会使交通违法行为数量减少，但从长期来看，不久就会恢复到之前的水平。[15]出现这种现象有几个因素：当公众处于密集型检查的环境时，就会改变他们的行为，人们会减少喝酒或者是请其他人载他们回家或者朋友拦住他们不让他们开车。然而，集中打击的环境一旦消失，人们又会恢复以前的习惯方式，醉酒驾驶的死亡事故又会增加。

真正因为醉酒驾驶而被逮捕的风险实际上非常低。警察发现醉酒司机的可能性主要受以下几个因素的限制：一是在所有司机中只有少部分人会喝酒。工作日的晚上大概只有5%的司机会喝酒，周末的数据会高一些。二是因为在特定时间与在路上行驶的大量车辆相比，只有少量警察在值班。三是并不是所有喝酒的司机都表现出不当的驾驶行为。[16]

同时，每次逮捕行动会使抓住其他醉酒司机的可能性大大降低。逮捕是个非常耗时的事情，需要一个或更多来自其他地区的警察花费1～4个小时。在这段时间里这些警察将不会再提供其他服务，也不会进一步执行逮捕或者发现酒驾。此外，对酒驾的密集型打击将很难持续。警察就像这些醉酒的人一样，应恢复他们日常的工作并且减少逮捕的频率。

从1920年起，与酒精相关的交通死亡事故已逐渐减少（基于上牌的机动车和司机的数目）。专家们认为主要有以下几个原因：更安全的车辆、更好的道路、交通安全措施、安全带、安全气囊以及最近的合法饮酒年龄的提高。警察强力地打击酒驾执法行动充其量也只是对这一趋势产生了一些影响，但这些行动仅仅是巨大社会控制行动的一小部分。[17]

关于警察接到的报警类型的详述见第七章

第三节　对家庭纠纷的处理

处理家庭纠纷是秩序维护的重要情形。据PSS的数据显示，家庭纠纷报警占所有报警的4.5%。[18]在过去的25年中，警察处理家庭纠纷一直是人们讨论的焦点。公众对家庭暴力态度的变化导致了新的法律和政策，包括提高处罚力度、对施暴人进行干预和治疗项目以及警察局政策的变化。[19]

一、如何定义家庭纠纷

警察如何应对家庭事件的困惑部分原因是很多人难以分辨一般的家庭事件和暴力事件。警察处理了很多被冠以纠纷标签的事件。这些行为包括在酒吧打架斗殴的行为、邻里之间的争吵以及其他一些问题。家庭纠纷涉及两个人或者更多具有亲密关系的人之间的纠纷，包括已婚或离婚的夫妻、住在一起的情侣或第一次约会的人之间的纠纷，还包括成人与子女之间或者成人与年老父母之间的问题纠纷，也包括同性恋双方之间的纠纷。其中，这些纠纷大约有33%涉及一定形式的暴力，[20]这种暴力事件通常是攻击行为。

二、普遍存在的家庭暴力

全国犯罪被害人调查（NCVC）估计，2010年约有509230件亲密伴侣之间的暴力事件发生。亲密伴侣被定义为夫妻、前任夫妻、男朋友或女朋友。默里·施特劳斯和理查德·盖乐思（Murray Straus & Richard Gelles）是这个领域里领先的专家，对于家庭暴力事件进行了一个全国范围的调查研究。[21]他们估计约有13%的妻子经历过不同程度的家庭暴力，其中1/3的经历过严重的暴力。[22]

司法统计局报告称，2010年具有亲密关系的伴侣之间发生的暴力事件占到所有针对妇女暴力事件的22%。研究人员同时称，1993年至2010年，亲密的伴侣之间发生的暴力事件已在稳步下降。他们特别指出，亲密的伴侣之间针对妇女的暴力事件在这段时期大概下降了50%。换言之，大概在1993年有110万的妇女遭受了家庭暴力，而2010年只有55万的妇女遭受了家庭暴力。这一时期，女性受害人的比例也呈下降趋势，从每千名妇女中有9.8个受害人下降为3.1个受害人。[23]

三、报警求助

很多家庭暴力事件的受害人并不会报警求助。全国犯罪被害人调查数据显示，只有62%的女性受害人会在案发时报警求助。[24]家庭暴力的报警因受害人的社会地位不同而有所不同。低收入人群会更频繁地报警求助。在奥马哈地区的家庭暴力事件研究中，50%的被害人以及1%的侵害人并不是因为报警被发现的。只有7.4%的报警来自该市的西部地区，这里住有中产阶级以及上流社会的居民。[25]全国犯罪受害人调查表明，非白人女性受害人比白人女性受害人更倾向于报警求助[26]

中产阶级妇女更倾向于寻求私人的帮助，如朋友、家庭成员、社区的咨询员或者社工。如果寻求警察的帮助，他们可能会感到更尴尬，并且担心邻居或者朋友会怎么看待这件事情。中产阶级妇女可能在经济上更加依靠伴侣，尤其当她是家庭主妇且她的丈夫是家庭收入的主要来源时，而低收入的妇女则可能在经济上与丈夫或者男朋友相对更平等。[27]

家庭暴力的受害人不会报警存在几方面的原因。全国犯罪被害人调查的数据显示：只有28%的受害人会报警；大部分受害人不会报警，因为她们可能认为这是隐私或小事；约4%的受害人不会报警是因为她们认为这件事情对警方来说不重要；3.4%的受害人不会报警是因为她们害怕被报复；2.9%的受害人不会报警是为了保护侵害人。[28]

家庭暴力总是集中在一定的家庭中，在大多数家庭中并不存在。因此，同一地址反复报警是经常发生的情形。在奥马哈地区进行的研究表明，65%的侵害嫌疑人曾因为侵害行为而被逮捕过；11%的侵害嫌疑人被逮捕是因为过去曾经对受害人有过攻击行为；3%的侵害嫌疑人被逮捕是因为他们在过去6个月中对被害人有攻击行为。[29]施特劳斯和盖乐思发现，一个女性受害人在1年之内平均会被攻击3次。[30]

第四节 对家庭暴力的处置

警察在处理家庭纠纷方面享有很大的自由裁量权。可供选择的处理方式包括逮捕、调解、隔离当事人、建议向社会服务机构寻求帮助或者根本不采取任何行动。逮捕并不是最常见的处置方式。在马斯托夫斯基、斯奈普斯和苏皮纳关于警察的研究中发现，相比逮捕，警察通常会要求行为人停止非法行为。[31]研究表明，逮捕率从之前的高达40%下降到12%（有些研究并未严格区分暴力事件和家庭纠纷）。在肯塔基州关于家庭暴力的研究表明，所有暴力事件中41%的侵害人会被逮捕，但在早前的研究中却发现逮捕只占到所有重罪暴力事件的25%和轻罪暴力事件的20%。[32]

调解包括了多种不同的口头回应，如充满同情心的谈话，采用不同情或敌视的态度谈话，询问被侵害人希望怎么处理，命令双方安静或者以逮捕相威胁。警察通常会把争执的双方当事人分开，要求其中一人离开现场。如果此人是一栋房屋或一间公寓的合法居住者，那么警察无权强迫他离开。大部分情况下人们会遵照警察的要求离开。在奥马哈家庭暴力研究中发现，在实际中当警察要求有人离开时，所有当事人都会离开他们的房屋。除此，夫妻一般会保持分离3天（大概70小时），87%的受害人会向警察报告，称其干预行为帮助他们解决了所面临的问题。[33]

警察通常会建议一方或争端的多方去社会服务机构解决纠纷：进行婚姻咨询，酒精或药物治疗，或者寻求法律的帮助（如分居、离婚或其他法律事务）。虽然很多警察局为警察提供了一系列的社会服务机构的名单，但警察却无权强迫任何人寻求专业的帮助。一项研究表明，警察只会在5%的案件中选择这种方式解决纠纷。[34]

有时警察也会不作任何处理。一项对波尔德县警察局的研究表明，大概只有20%的案件中警察会离开现场而不作出任何处理。[35]

一、影响决定逮捕的因素

从历史上看，有几个原因导致警察在家庭暴力问题上不作出逮捕的决定：一是有些警察认为家庭暴力事件是私人事务，应当在家庭范围内解决。二是很多警察从经验中得出，对家庭暴力的执行逮捕常常会被解除，因为受害人会拒绝提起诉讼。三是家庭暴力事件中受害人经常会报警求助，他们想让警察做些什么，但是并不要求逮捕。[36]四是逮捕是一项工作，逮捕需要警察完成很多项任务（收押嫌犯、撰写报告等），其中一些任务还存在潜在的危险。逮捕也会增加警务工作的可见度，引起其他警察的关注，其他警察也许会认为执行逮捕不恰当。而如果警察不作出逮捕决定，其他警察就不会知道。事实上，其他岗位上的警察也经常会设法减少工作量。[37]五是警察局通常不重视对家庭暴力的逮捕（被认为只是维护秩序案件），而是将逮捕的重点放在谋杀、强奸、抢劫、毒品等案件中。

边注栏 8－1

警察在家庭纠纷中面临的危险

家庭纠纷报警在多大程度上会给警察带来危险存在相当大的争议。约珥·加纳和伊丽莎白·克莱默（Joel Garner & Elizabeth Clemmer）关于 FBI 的一项数据分析显示，警察在执勤过程中因为家庭纠纷报警被杀害或者被攻击的数量非常少。抢劫和入室盗窃被认为是所有的事件中最危险的。而没有明确的证据证明家庭纠纷中的袭警是最危险的，一些数据表明家庭纠纷报警是最危险的情况，然而，另外一些数据表明他们排到第 3 位或者更低。[a]希舍尔、迪恩和卢姆（Hirschel，Dean & Lumb）分析了 10 类警察活动中报警的频次以及导致警察被攻击和受伤的数据。他们认为家庭纠纷在警察受攻击原因中排到第 4 位，在警察受伤原因中排到第 5 位。[b]

与其说家庭纠纷危险不如说是让警察感到挫败。警察经常需要解决现实问题，但是他们无法解决深层次的问题，如失业问题、酒精或者药物滥用问题或者精神问题。布莱克发现，一些警察故意拖延解决家庭纠纷，希望在他们到达之前纠纷就已经解决了。[c]

[a] Joel Garner and Elizabeth Clemmer, Danger to Police in Domestic Distributes – A New Look(Washington DC:Government Printing Office,1986).

[b] J. David Hirschel, Charles Dean, and Richard Lumb, "The Relative Contribution of Domestic Violence to Assault and Injury of Police officers", Justice Quarterly 11 (1994), pp. 99–117.

[c] Donald Black, "Dispute Settlement by the Police," in Donald Black, ed., The Manners and Customs of the Police(New York: Academy Press,1980), p. 146.

二、警务政策的变革：强制逮捕

公众对于家庭暴力事件态度上的改变始于20世纪70年代。女权运动认为配偶权利滥用是个非常严重的问题，并且希望对受害的妇女进行保护。在两项非常重要的法律诉讼中，纽约和奥克兰的妇女组织把当地警察局告上法庭，起诉他们没有根据法律对在家庭暴力事件中实施攻击的侵害人执行逮捕，违反了法律对妇女的平等保护。这一诉讼使警察局制定了警察处理家庭暴力的新政策。[38]在布鲁诺诉科德案中（1978），纽约市警察局同意对一些重罪攻击案件采用书面的强制逮捕政策。针对奥克兰警察局的斯科特诉哈特案（1979）也导致了相似的警务政策。[39]

执行强制逮捕政策是在控制警察逮捕自由裁量权方面的第一次尝试。书面政策的方式被称为制定行政规则，通常也应用于控制警察的其他自由裁量权，尤其是在使用致命性武器、高速追捕以及其他警务政策领域。[40]

关于制定行政规则的详述见第十一章

三、逮捕对于家庭暴力的影响

许多人认为逮捕会震慑以后的家庭暴力。在明尼阿波利斯家庭暴力实验（1981－1982）中研究了影响震慑功能的因素和在轻微家庭暴力事件中逮捕、调解和隔离的震慑效果。案件会随机采用3个解决办法中的1个。每个警察将会分到一个有颜色标记的文件，警察需要根据文件确定好解决办法处理案件。调查者会通过对受害人的跟踪访谈和警察局对受害人同一家庭地址报警的记录，观察接下来6个月的重复家庭暴力事件。[41]

明尼阿波利斯的研究表明，相比调解和隔离而言，逮捕对于反复暴力事件的震慑效果更好。在逮捕案件中，只有10%的案件实行了再次逮捕；而在调解案件中有19%实行了再次逮捕；在采用隔离方法处理的案件中，这一比例是24%。实验引起了全国大范围的关注，并对1984年至1986年期间的公共政策产生了巨大的影响。一些大城市警察局采取逮捕政策的比例从10%上升到了46%。[42]现在99%的城市警察局具有关于家庭暴力的书面政策（尽管并不一定是强制逮捕政策），46%的警察局设有处置家庭暴力的特别工作组。[43]

关于明尼阿波利斯的实验也有一些批评的声音，主要集中在几个尖锐的问题上。有些警察损害了实验的真实性，他们没有按照指派的要求处理案件，损害了案件抽取的随机性，一小部分参与实验的警察执行了绝大部分的逮捕。他们可能也是遵守实验规则进行的。但是当只对他们办理的案件进行检验时，震慑效果就消失了。[44]这个课题还存在许多影响其客观性的问题。只有62%的受害人（330人中的205人）被找到并做了访谈，只有49%的受害人能完成访谈的所有12个项目。

有些批评认为实验的负责人谢尔曼将结论“过早以及不恰当地公布于众”。他们认为，只根据一项还没有经过复制检验的实验就做出重大的公共政策调整是不明智的。[45]在警务研究中，缺乏复制检验是普遍存在的问题。大部分重要的实验，如堪萨斯城主动预防式巡逻实验，根本没有被复制检验。把公共政策改革建立在1个或少数几个实验的基础上是非常危险的。[46]

关于堪萨斯城主动预防式巡逻实验的详述见第七章

边注栏8-2

研究你们当地的警察

你所居住的区域主要的执法部门是否对家庭暴力事件有书面政策？获得这些政策副本并且比较它们。有无强制逮捕或者倾向于逮捕的政策？警察在这方面享有多大程度的自由裁量权？这些警察局有无专业处置家庭暴力的工作组或者项目？这些项目包括哪些方面？

在其他城市中对明尼阿波利斯的实验进行了检验，实际上并没有发现逮捕有持续的威慑作用。在奥马哈、夏洛特、科罗拉多的斯普林斯、密尔沃基的实验中同样也没有发现逮捕有威慑作用。奥马哈、夏洛特、科罗拉多的斯普林斯3个城市的实验结果令人不安。对于失业人员的逮捕明显要高于对那些从业人员的逮捕。这些数据清楚地表明，至少在家庭暴力方面，逮捕对于不同的人群有不同的效果。[47]

四、强制逮捕法律和政策的影响

当前，关于家庭暴力事件的处理主要有三种立法：逮捕是强制性的；逮捕是优先考虑的；逮捕是警察的自由裁量权。[48]赫歇尔（Herschel）等人最近的报告指出，22个州和哥伦比亚特区规定了强制逮捕，6个州规定了优先考虑的逮捕，11个州规定了赋予警察在处理家庭暴力问题时有自由裁量权。[49]

强制逮捕法律和政策的全部影响至今尚不明确。第一，一些评论家已经提出警告，认为强制逮捕将会影响那些只希望警察控制现场局面而不是采取进一步干预的报警量。例如，马丁的早前研究报告称，康涅狄格州实行强制逮捕政策后，双重逮捕（意思是同时逮捕了侵害人和受害人）占所有警察处理家庭暴力案件的33%。最近更多的一些研究支持了这一结论。[50]赫歇尔在他全国性的双重逮捕的研究报告中称，尽管双重逮捕远远没有马丁所说的那么普遍，但是强制性逮捕的法令的确导致了警察逮捕冲突双方当事人的可能性增加。[51]相应地，强制逮捕法律可能无意中会使一些人不敢报警，因为他们自己也害怕被逮捕。[52]第二，强制逮捕很可能对低收入男性产生更大的影响，特别是男性非洲裔美国人。[53]这主要是因为，除了警察他们通常没有其他人可以求助。另外，传统上不予逮捕的解决方式主要对贫穷的女性非洲裔美国人有消极作用，因为不予逮捕的方式拒绝了她们在法律上享有的平等保护。

边注栏8-3:

警察管辖的家庭暴力事件

1996年的联邦法律（劳滕伯格修正案）禁止任何被指控有家庭暴力的人拥有武器。这个法律对警察和军人都有严重的影响，因为拥有和使用武器是警察和军人工作中最重要的部分。警察局已经着手如何全力应对这部法律。

在这部法律实施中有几个问题需要思考：

1. 这部法律是有利于社会的政策吗？对于有家庭暴力记录的人禁止使用武器合适吗？

2. 一部法律的执行有溯及力公平吗？或者符合法律和宪法吗？

3. 曾有任何形式的被刑事定罪的人能被雇用为警察吗？

五、其他的法律和政策

除了强行逮捕政策，很多警察局对他们的警察进行了特殊培训以应对家庭暴力案件。然而，对于受害人的调查显示，受害人并不会对经过特殊训练的警察感到更满意。[54]

同时，许多州已经修改了家庭暴力方面的法律。例如，艾奥瓦州就要求警察确认并且逮捕最主要的侵害人；至少有8个州要求执法部门制定书面政策以应对家庭暴力事件；其他几个州也扩大了逮捕的权限，允许警察对于他们不在场时发生的轻罪侵害也可以逮捕当事人；[55]有18个州授权警察对侵犯人身保护令的人直接逮捕。传统上，警察在这些情形中并没有逮捕权限，以致很多女权倡导者保护令沦为一纸废文。[56]

六、家庭暴力执法政策的未来

警察对家庭纠纷和家庭暴力执法政策的未来并不是很清晰。强制逮捕政策仍然极为普遍，但是影响还不确定。在对家庭暴力的执法政策进行综合考察后，杰弗里·费根（Jeffery Fagan）认为，对逮捕、控告、保护令以及虐妻者的治疗等方面的威慑效果依然缺乏有力的和持续的证据。[57]另外，曾经负责实施明尼阿波利斯实验的专家劳伦斯·谢尔曼（Lawrence W. Sherman）也不再支持所有情况下都执行强制逮捕。[58]

第五节　对妨害风化类犯罪的整治

整治妨害风化类犯罪需要对有关公共道德的行为进行执法和管理，如卖淫、色情文学、酒业法律以及其他与性有关的行业。妨害风化类犯罪是一个非常特殊的执法问题，因为它们是“无受害者犯罪”，没有提出控告的一方。[59]首先，警察必须自己启动调查。窃听装置、线人、卧底以及依据其他秘密调查手段，都会导致一系列法律和道德上的问题。其次，无受害人的犯罪包括一些很多人认为是合法的或者只是私人事务的行为。结果使公众对法律在多大程度上应该被严格执行的问题产生了困扰。最后，无受害人的犯罪经常被规定为轻罪。相应的执法通常是有选择性的、不连贯的，有很大随意性的。全美的许多大型警察局成立了惩治妨害风化类犯罪的专门工作组，专门工作组通常执行关于卖淫方面的法律。下面我们将会讨论卖淫行为的概念以及警察的应对方法。

卖淫

卖淫是在全美很多社区中很普遍的问题。据估计，每周大概有 25 万全天候的卖淫女为 150 万顾客提供性服务。[60]一项对招妓（即嫖客）逮捕调查的全国性研究估计，大概 2% –3% 的美国男性在 2 到 5 年内至少有过 1 次招妓行为。[61]在美国，每年从卖淫中获得的总收入是 72 亿至 90 亿美元。[62]米特和麦克克勒（Miethe & McCorkle）指出，目前存在 5 种不同的卖淫形式，包括站街女、酒吧女、吸毒女、妓院女以及应召女。

站街女。顾名思义，就是公开在街头招嫖。对于公众和警察而言，这是一种可见的卖淫行为，并且就卖淫的社会和经济规模来说是最低层次的一种卖淫行为。很多站街女非常贫穷。少数卖淫妇女因没有更多的职业选择只能去卖淫。[63]

酒吧女。一般靠酒吧或者其他娱乐公司工作，并有合作管理关系。酒吧或公司的管理人员收取酒吧女收入的一定比例作为“介绍费”或者卖给酒吧女更多的高价酒水，当然这些酒水都是酒吧女的客人付费。在军事基地附近的酒吧是特别受酒吧女欢迎的从业之处。[64]

吸毒卖淫女。这是最新的卖淫形式，出现在20世纪80年代，随着快克可卡因的流行。这些卖淫女的性交易通常是为了换取可卡因，她们通常是“瘾君子”。[65]研究显示，出卖肉体换取毒品的人通常经历过巨大的心理创伤或有严重的精神问题。[66]

妓院女。一般在由个人所有或者群体所有的大型公司里从业。但是，合法的妓院只存在于内华达州的几个县里，按摩院及色情陪侍服务是新的卖淫形式。很多非法妓院通过介绍和非正式的社会网络中介运行。[67]

应召女。处于卖淫群体中收入较高的层次。她们通常迎合更有钱的客人，通过电话来约定交易。因为她们不在街头，她们的行为对于警察和公众而言是不可见的。然而，这一类型的卖淫行为如果发生在汽车旅馆或者公寓中，并且引起了其他人的注意，使其他人生气或者抱怨，就会进入公众的视线。[68]

在大部分城市，警察局会把执法行动集中在站街女身上，部分原因在于站街女是最可见的，同时也因为其他的卖淫形式更难抓获。虽然这样说，但是在很多城市低层次的站街女也会为警察所容忍，因为通常这只被限制在中心商业区的特定部位，大部分的公众看不到。

例如，在亚利桑那州菲尼克斯的卖淫女主要被限制在市中心的一条大街上两英里的狭长地带。警察报告称，这个区域在妓女提供服务方面通常组织的还不错。这个狭长地带的第一个区域由女性卖淫人员组成，第二个区域由男性卖淫人员组成，第三个区域由异装癖人员组成。历史上，卖淫行为从某种程度上被社区所容忍，只要被严格限制在城市的特定区域范围内，并且不要太醒目就可以接受。

也正因如此，对于巡逻警察来说，站街女卖淫本质上是一个治安秩序问题，与对贫民窟的警察管理类似。警察的主要任务是把站街女限制在某个特定的地域内（围堵政策）和避免扰乱秩序的行为发生（维护治安秩序）。[69]

卖淫经常会伴随其他犯罪行为：更严重的犯罪由卖淫引起。例如，因卖淫而导致的攻击行为，如嫖客被抢劫或者卖淫女被皮条客或者管理人员攻击。这一问题由于“克雷格杀手”一案被媒体放大了，克雷格被怀疑至少杀死了1个卖淫女、伤害了另外几个卖淫女。这个案件不仅引起了人们对越来越多的互联网卖淫的关注，而且也引起了人们对参与互联网卖淫的嫖客和卖淫女面临危险的注意。

对妓女的逮捕通常有不同的动机，定罪和处罚并不总是主要目标。许多逮捕只是为了控制卖淫女站街，要么限制在特定区，要么完全制止。定罪通常适用于轻罪，至多判处几百美元的罚款和在县监狱几个星期或几个月的监禁，卖淫人员会把这些处罚当作日常的经营开销。[70]

每隔一段时间，卖淫女站街就会达到更容易被公众看见的程度。公众对此强烈呼吁往往促使警察采取集中整治行动：对所有卖淫人员进行扫荡式抓捕。就像打击其他犯罪一样，这种打击活动只具有短期效果，一旦结束，就会恢复到平常的状况。

对卖淫人员的逮捕给警察提出了很多的法律问题。最难的问题就是警察圈套问题，警察提出付费进行性交易时就会出现警察圈套问题。同样，卖淫问题也会引发平等保护问题。虽然卖淫和嫖娼双方都违反了性交易法律，但传统上警察只逮捕卖淫人员（通常是女性）而忽略了嫖客（通常为男性）。最后，将站街女限定在特定区域的执法涉及了非法的选择性执法问题：在一些区域中执法而在其他区域中却不进行类似的执法。[71]

第六节　对流浪人员的管控

流浪人群是警察所面临的另一个维护治安秩序的问题。流浪人员问题从20世纪80年代开始变得越来越严重。一直以来都存在究竟有多少流浪人员的争论。最近美国住房和城市发展部的数据显示大概有64万流浪人员。[72]这些新的流浪人群相比以往包括更多的家庭、妇女和儿童。一些评论家认为，精神健康方面的服务政策变化也导致流浪人员中比过去有更多的精神病人。[73]

20世纪90年代，洛杉矶的贫民窟特别划定了一个“睡觉区”，即50个方块区域，允许流浪人员睡在大街上。一份报纸报道发现，某天晚上一个69岁的奶奶和另外一个怀着双胞胎的32岁妇女争抢着进入纸盒子过夜。据估计，约有12000人在附近区域生活，大部分生活在单人间的旅馆，没有人确切知道有多少人睡在大街上。[74]

流浪人员问题也给警察带来了一系列的挑战。流浪人员在公园里搭建临时性的帐篷，拒绝转移到庇护所，而在一些城市的公共汽车站或者地铁站里睡觉。流浪人员的支持者已经发起了法律诉讼来挑战警察的行为以及当地那些限制无家可归的人的法令。但是，并不是所有的起诉都是成功的。[75]警察行政管理研究论坛（PERF）调查警察局，以确定这些警察局怎样应对流浪人员问题。坐落于大都市区域的超过70%的大城市警察局报告称，流浪人员给社区带来了或大或小的问题。[76]

但是，最近警察在处理流浪人员的问题上与以往的处理方式有所不同。第一，警方开始对流浪人员的求助作出回应，要求警察必须对流浪人员的报警求助作出回应，这就导致了警务策略的大调整，必须把重心放在处理投诉人的报警上，而不是首先处理流浪人员。第二，最近的警务策略重在对流浪人员的围堵。警察们试图把流浪人员限制在社区的一个区域，最大程度地减少混乱，使流浪人员消失在公众视野中。[77]

然而，一些警察局已开始使用积极的策略解决流浪人员的相关问题。例如，在西雅图警察局利用社区服务警察（CSOs）来处理很多流浪人员的相关问题。社区服务警察街头工作队把流浪人员带到庇护所或者带到酒精和药物滥用治疗中心或者带到其他一些经济援助机构。在特别寒冷的季节里，社区服务警察还会发放捐助的衣服和睡袋，并在小巷里巡逻来寻找那些由于暴露于街面而有生命危险的人们。[78]

也许最著名的大规模打击流浪人员相关犯罪的行动发生在洛杉矶。正如之前所提到的，洛杉矶城的流浪人员及其相关犯罪问题在20世纪末21世纪初非常严重。洛杉矶贫民窟不仅被认为是全国最大的流浪人员集中区，并且那里还有很多严重的犯罪，如抢劫、黑帮暴力、卖淫、公开的毒品交易以及盗窃。为了解决该问题，局长威廉姆·布拉顿（William J. Bratton）于2005年启动了名为“安全城市行动”（SCI）的项目，SCI项目很大程度上是基于布拉顿曾在纽约市成功实施的“零容忍”警务战略。SCI项目由局长把50名警察分配到这一区域开始，这些警察有权对那些露营居住的人进行传讯和罚款，项目目标是缓解流浪人员在该区域的高度聚集。随后，警察通过传讯和逮捕在公众场合酗酒、卖淫以及药物滥用人员以打击该区域的混乱秩序。布拉顿相信，减少失序状态最终将会导致低犯罪率。在一段相对较短的时间以后，对警察来说，该项目已经达到了预期的效果。大批无家可归者很快离开了贫民窟，他们的露营地也被拆除。[79]伯克和麦克唐纳（Berk & MacDonald）进一步评估安全城市行动项目，检验该项目在8年时间里对该区域犯罪和失序的影响。最后，他们称该项目对减少犯罪有“不太显著”的意义。他们也调研了周边的环境来验证犯罪是否只是转移到周边的区域，结果发现并没有。[80]

当有人宣扬安全城市行动项目成功的时候，而其他人却认为该项目给警务工作带来了令人不安的趋向。迈克尔·怀特（Michael White）回应了伯克和麦克唐纳的研究，指出洛杉矶警察局在贫民窟所采用的“零容忍”警务战略使专业化警务发生了改变。他认为，好的警务政策不仅是打击犯罪，而且还要承担其他责任——包括维护治安秩序。他指出，通过实施社区警务和问题导向警务政策，警务工作已在过去20年里取得了巨大的进步。洛杉矶警察局本来可以采取对流浪人员和贫民窟有更加巨大和长远影响的警务政策，然而，洛杉矶警察局却采用了使流浪人员入罪化的战略，而没有对流浪人员和流浪人员相关犯罪采用长远的、系统的处理方法。[81]

第七节　对精神病人的管控

精神病人是警察维护治安秩序的另一个重要问题。警察通常要介入，因为有人把这种情况定性为问题，并且没有其他合适的解决办法。因为精神疾病而引发的案件的具体数据很难精确统计，因为对于精神疾病有不同的定义。很多研究估计警察接触的7%至10%是与精神病人接触，[82]甚至精神病人比其他人群更容易被逮捕，并且占重复报警的很大部分。[83]例如，在马萨诸塞州，研究人员发现，曾接受过马萨诸塞州精神健康局服务的18至25岁人员中有50%在接下来的10年治疗中曾被逮捕过。[84]

一、警察对于精神病人的处置

警察与精神病人接触的方式很多。最常见的是对精神病人家庭成员（32%）的报警求助进行回应。家庭成员通常会试图自己解决问题，但是当情况变得不可控时，会向警察求助。商人或者房东向警察求助的数量占到所有警察与精神病人接触数量中的1/3。因为精神病人经常住在中心商业区及其周边。商人经常要求警察“驱赶”精神病人，因为精神病人很可能干扰他们的生意。[85]

精神病人也很可能成为犯罪的受害人，因此他们更容易引起警察的关注。泰普林（Teplin）和她的同事们指出，在过去一年里大概有25%的严重精神疾病患者成了犯罪受害人，甚至在控制了统计学的变量之后，那些严重精神疾病患者依然比一般人成为犯罪受害人的概率高出10倍，比一般人受到严重暴力侵害的概率高出3倍。[86]

但更普遍的是，警察被叫到现场是因为精神病人被视为威胁，一项研究表明，差不多一半以上的有关精神病人的事件会涉及持有某一类型枪支的人。有财产损害情况的也占到警察与精神病人接触事件的33%。[87]

由于处理精神病人有关问题的复杂性，常常需要大量的时间。珀格雷宾（Pogrebin）发现处置1个普通精神病人警情平均需要74分钟，明显高于其他维护治安秩序的事件。[88]

警察在处置精神病人问题上享有很大的自由裁量权，最常用的选择会包括送医治疗、逮捕和非正式处置。一项研究表明，在警察与精神病人之间的接触中有75%是通过非正式方式处置的。最典型的方法是警察利用非正式的手段让精神病人冷静下来。有人把这种方式称为“精神病急救”。[89]

当遇到不能用非正式方式处理时，警察不得不把精神病人送入医院或者监狱。是否把精神病人送入医院或者监狱取决于几个因素，包括侵害的严重性、警察本身所受的训练、酒精或者药物滥用情况以及精神病患者当时的精神状态。[90]然而，由于社区的精神病医疗条件有限，警察有时更倾向于以轻罪逮捕精神病人，这个行为被称为“善意拘留”。在许多地区，在监狱中比在社区中更容易获得精神疾病的治疗。在这些社区中，警察会因为小的违法行为而对精神病人执行逮捕，以确保精神病人能够获得所需要的治疗。[91]

根据具体情形和社区资源情况，精神病人也可能被警察直接送医院治疗。一项研究表明，送医院治疗的精神病人通常有自杀倾向并且有暴力史、精神上较为紊乱或者有家族精神病史，这些精神病人都需要精神药物治疗。[92]

还有一些直观因素和法律因素会影响警察的处置。第一，法律限制警察把一个人非自愿地带到精神治疗机构，只有在精神病人对自己或者他人造成危险时警察才能这样做。法律文书要达到这一标准的要求，因此警察只有在极端情形下才会对精神病人作出处理。[93]第二，精神健康服务高度分散，由不同的医院、流浪人员庇护所以及其他戒毒机构组成。大部分机构都有各自的准入标准，可以拒绝收治警察送来的人。有时，警察不得不从一个机构到另一个机构寻找可以接收精神病人的机构。

二、老问题和新方法

过度依赖对精神病人实施逮捕和使用强制力产生了很多问题。这些问题导致部分警察局制定具体政策和相关程序、配备相关人员，以完善警察对处于危机的精神病人的处置方式。第一代的努力开始于20世纪80年代，这个阶段主要集中于对警察的培训。现在，基本上所有警察局都对他们招录的人员至少提供一些处置精神病人的培训。然而，投入此类问题的学院培训时间非常有限，一般少于6.5个小时，大部分警察局每年提供不到1小时的处理精神病人的学院在职培训。[94]

第二代的努力开始于20世纪90年代，重点是通过提供更专业和更专注的处置方式来提高警察对精神病人的处置能力。现在，大约1/3的大型警察局称有专业化处置精神病人的方式。这些专业的反应方式一般符合3个标准：(1) 为警察提供几种选择，警察可根据不同情况对精神病人采取合适的处置方式。(2) 把精神病人与社区服务联系起来。(3) 把警察局与精神健康机构、社区成员以及其他刑事司法部门紧密地联系起来。[95]

通常这些机构会采取以下3种模式中的一种。[96]

警察专业应对模式

这种模式由那些受过处置精神病人事件专门训练的宣誓警察执行。这些警察负责对涉及精神病人的报警作出回应，并成为与精神病治疗机构联系的联络员。

警察雇用精神病治疗人员专业应对模式

这种模式包括利用专业的精神病治疗机构而不是警察来进行处理。警察局雇用这些专业人士处置涉及精神病人的问题。专业的精神病人治疗专家通过现场或者电话为处理事件的警察提供专业的意见。

精神病治疗人员专业应对模式

这种模式是警察和社区精神健康机构之间签订正式的合同或者协议，由精神疾病危机小组（MCTs）处理精神病人问题。这个小组受警察派遣为需要服务的精神病人提供现场服务。

第八节　对艾滋病人的管控

20 世纪 80 年代，艾滋病患者给警察带来了新的难题。由于警察经常会处理艾滋病患者，因此存在被感染的危险。大部分危险来自警察与血液的接触。尽管艾滋病病毒能在唾液或痰中发现，但是并没有警察被唾液感染的案例。艾滋病病毒同样也不会通过肢体接触，如通过触摸方式传播。[97]

疾病控制中心（CDC）估计全美大概有 110 万 HIV 病毒携带者或艾滋病患者。[98]尽管艾滋病的传播总体上在下降，但在有些人口中，如在少数族裔或女性中的比率正在上升，至今仍没有系统的研究可以评估警察被感染艾滋病病毒的风险有多大。最近，在被逮捕的人中进行了一项艾滋病病毒携带者和艾滋病患者的实验，选择一组经常与警察接触的人员作为实验对象。实验表明，警察被艾滋病病毒感染的潜在可能性要比其他职业高，导致对吸毒人员实施了更多强制措施。在全美大部分城市中，60% 至 70% 被警察逮捕的人是近期吸毒人员，其中很多人使用注射毒品，因此他们被艾滋病病毒感染的可能性较高。[99]

尽管对于警察接触艾滋病病毒问题的关注度较高，但是极少有人被感染。一项由 FBI 进行的调查报告称，1981 年至 1991 年只有 7 位警察因工作感染艾滋病病毒。然而，最近疾控中心的研究表明，美国没有一位警察因工作原因曾感染了艾滋病病毒。[100]

福莱文（Flavin）指出，尽管在实践中警察感染艾滋病病毒的可能性较小，但这仍然是个威胁。第一，艾滋病病毒通过小的细菌传播而非可见的方式传播。第二，如果警察感染了艾滋病病毒，需要花费 3 至 6 个月的时间才能知道是否已感染了艾滋病病毒。第三，与其他的威胁不同的是，艾滋病是一种不可治愈的、致命的疾病。[101]

由于害怕被艾滋病病毒感染，一些警察不愿意为艾滋病患者提供医疗帮助。一项对于一个警察局的研究表明，30%的警察表示他们会避免帮助艾滋病人，因为他们害怕感染艾滋病病毒。[102]在其他一些研究中，研究者发现大多数警察都采取了防护措施以减少感染艾滋病的概率，如帮助正在流血的人时，他们会戴上手套。尽管如此，防护措施并不可能完全预防。因此，警察有时不愿意给予帮助，取而代之的是在原地等待医疗人员的到来。[103]

对感染艾滋病的恐惧导致部分警察局对已感染的人进行非正式的记录。当警察局接到报警时，如果当事人已感染艾滋病病毒，接警员将会提醒相应的处警警察，这个措施试图保护警察免于在那些未知的状态中发生危险。然而，对此类信息的收集可能导致侵犯个人隐私权。艾滋病人经常会成为遭受不公正待遇或者是歧视的对象。例如，在印第安纳州的科科莫，因为警察提醒餐馆管理人员其中一位服务人员是艾滋病病毒携带者，最后导致这个服务员丢了工作，信息是警察在工作时获得的。这个服务员后来起诉了科科莫市，获得了6万美元的赔偿，法院要求警察局培训警察对此类信息保密。[104]

司法部门的一个报告建议所有执法部门应该为警察提供对艾滋病相关的教育以及培训，培训正式警察在日常接触中、逮捕过程中和在拘留所中怎样应对HIV阳性人员。[105]大约已有86%的州警察局为新招录人员提供关于艾滋病人案件相关的培训，78%的警察局提供在职培训，[106]几乎一半的机构都被要求提供类似的培训以满足相应的法律需求。

第九节　对青少年问题的管控

对警察来说青少年问题是个特殊问题。第一，警察会经常与18周岁以下的人接触。青少年比成年人更有可能在街面上活动，在那儿警察可以看到他们。青少年在外面“晃悠”或者“开车漫游”，会因过度使用公共区域与其他市民产生矛盾。第二，相比较成年人，青少年会对警察持续表达更多的消极态度。例如，一项调查表明，18至29岁的年轻人中约72%的人对于警察的公正性表达了积极肯定的态度，而年龄在40至49岁的人中有90%的人表达了积极肯定的态度。[107]第三，青少年成为美国犯罪问题的重要部分：占了16%的所有暴力指数犯罪逮捕和26%的所有财产类犯罪的逮捕。青少年在3类犯罪中的比率特别高：占到所有纵火案件逮捕的43.2%、所有故意毁坏财物逮捕的36.8%、所有扰乱秩序逮捕的27.3%。[108]

一、关于警察角色的争论

关于警察在青少年问题方面的角色是什么存在巨大的争议。有人支持警察应该是严厉的执法者，警察应把重点放在对违法者的逮捕上。有些人则倾向于警察是预防犯罪的角色，他们认为警察应该通过建议、咨询以及不用逮捕的方式，把重点放在帮助那些处于危险中的青少年。[109]然而，由于公众对犯罪，特别是青少年暴力犯罪的恐惧日益增加，最近几年警察局更加强调执法的角色。除了 G. R. E. A. T. 这样的项目以外，传统的犯罪预防项目已不再被重视。

关于 G. R. E. A. T. 项目的详述见第九章

对于青少年问题不确定或者矛盾的警察局政策经常会导致街面警察角色的混乱。一份关于警察—青少年行动的研究报告指出，“犯罪预防被认为是‘社会工作’角色，警察把这个角色看作从他们认为是主业的抓捕罪犯中抽出时间来做的”。[110]

由于矛盾的警察职责，致使警察处置青少年违法问题变得复杂起来。警察处理大街上闲逛的青少年的案例说明了这个问题。一方面，警察被期待成为秩序的维护者。为了达到这个目的，很多城市通过了青少年宵禁和禁止“帮派闲逛”法令。同时，警察也有义务尊重公民的权利。年轻人也享有宪法第一修正案在公众场所集会的权利。

关于帮派的详述见第九章

二、青少年犯罪专业队

在警察局内与青少年接触的警察分布在两个部门：巡警和青少年犯罪专业队。巡警在日常巡逻中与青少年接触最多，他们经常看见或者与在街上闲逛的青少年以及被怀疑是黑帮成员的青少年有接触。

大多数大型警察局都设立了青少年犯罪专业队。他们经常被冠以“青少年犯罪分部”或“犯罪预防局”。约 50% 的大型地方警察局设有青少年犯罪专业队，很多警察局也设立了处置虐待儿童和失踪儿童案件的专业队。抵制毒品教育计划（D. A. R. E.）特别受欢迎，该计划是警察在学校中为孩子们提供远离毒品教育。最近，约 51% 的大型警察执法机构在学校设立了远离毒品教育的专门机构。[111]

通常，青少年犯罪专业队的责任主要包括：（1）调查青少年犯罪的报警；

(2) 逮捕青少年罪犯；(3) 准备庭审；(4) 出席庭审。然而，有些青少年专业队还有其他责任，如宾夕法尼亚州罗斯警察局的青少年犯罪专业队不仅需要调查青少年的犯罪行为以及处理案件，还有以下职责：(1) 调查针对儿童的侵害行为，包括虐待、疏于照顾或者剥削；(2) 作为与其他青少年司法机构（也就是法院和缓刑机构）的联络员；(3) 维护警察局内所有的青少年犯罪记录。[112]

青少年犯罪专业队一般不处置帮派问题。帮派问题通常由帮派专业队处置。

边注栏 8－4

青少年犯罪的重点地区

作为第一个进行这方面研究的专家，维斯博德和他的同事们调查了西雅图是否存在青少年犯罪的重点地区。研究者们在地图上对所有涉及青少年犯罪的地点进行了标注，发现青少年犯罪地区高度集中。大约 50% 的青少年犯罪发生在 1% 的街区；所有青少年犯罪集中发生在大概 5% 的街区中。研究指出，这些重点地区是青少年经常出入的地区，如学校、商店、大型购物商场，而不是更容易发生成年人犯罪的私人场所或者酒吧。维斯博德认为，在被划定的重点地区，通过地区管理者或者警察的干预以加强监督以及对青少年行为的监管能够有效地减少青少年犯罪。

资料来源：Davis Weisburd，Elizabeth Groff，and Nancy Morris，"Hot Spots of Juvenile Crime：Findings From Seattle，" Juvenile Justice Bulletin（Washington，DC：Office of Juvenile and Delinquency Prevention，2011）。

三、街面接触

在警察与青少年接触的一项具有历史意义的考察中，布莱克和瑞思（Black & Reiss）发现警察与青少年之间 72% 的接触是因为报警。相比警察与成年人的接触，自发地与青少年接触的比例稍高，大概占所有接触的 28%。[113]这是由于青少年比成年人在街上游荡的可能性更大，警察更有可能把青少年当作犯罪嫌疑人。

正如其他的警察行为一样，在处理街面青少年问题上警察享有很大的自由裁量权。警察可选择的处理方式包括以下几种：[114]

1. 不采取任何正式行动。这是最常见的结果。如同处理家庭纠纷或者精神病人问题，警察会根据具体情况作出非正式的处理。主要是仅仅通过与人们交流来处理，这种交流包括交谈、提供建议、警告、调解纠纷或者仅仅是倾听。

在很多情况下，即使有充分的法律证据可以逮捕，警察也不会作出逮捕决定。

2. 对青少年进行羁押，之后把他们交给父母或者监护人。大约对20%至30%被羁押的青少年都会采用这种方式。[115]

3. 对青少年进行羁押，之后把他们交给其他执法部门或者社会福利机构。大约对3%被羁押的青少年会采用这种方式。[116]

4. 对青少年执行逮捕并转送给青少年法庭。大约71%被羁押的青少年会被交给青少年法庭，其中一些青少年（约占总数的7%）被交给刑事法庭并像成年人那样被起诉。[117]

关于警察任务安排和分布的详述见第七章

涉及青少年犯罪自由裁量权的影响因素与对成年人犯罪自由裁量权的影响因素类似，包括犯罪的严重程度、受害人或者控诉方的倾向、控诉人和犯罪嫌疑人之间的关系以及犯罪嫌疑人的态度。[118]

四、种族歧视问题

从比例上看，警察逮捕非洲裔美国青少年的数量远多于白人青少年。造成这一现象有几个因素：第一，警察局通常派驻更多的巡警在少数族裔聚集区。这样一来，警察就更可能经常地观察到少数族裔青少年。[119]第二，与白人青少年相比，少数族裔青少年被截停和盘问的概率更高。多项种族形象定性的研究发现，少数族裔青少年在特定区域内被盘查、搜身以及车辆遭受不当搜查的概率更高。[120]第三，种族在逮捕问题上存在的差异与其他一些影响逮捕决定的因素相关。布莱克和瑞思发现，针对非洲裔美国人的逮捕率高，主要原因在于他们涉嫌严重的犯罪。当去除严重犯罪后，白人和非洲裔美国人的被捕率就较为相近了。[121]伦德曼（Lundman）发现，非洲裔美国成年人比白人成年人更倾向于要求警察逮捕犯罪嫌疑人，因为大多数控告方与犯罪嫌疑人之间是种族内部问题，黑人青少年比白人青少年被逮捕的概率要高。[122]

史密斯、维舍尔和戴维森（Smith, Visher & Davidson）在关于逮捕年龄的研究中发现，当受害人是白人而不是非洲裔美国人时，警察更倾向于实施逮捕。另外的研究也表明，当成年人是控告方时，警察更倾向于逮捕青少年。

嫌疑犯的态度同样也影响了警察的逮捕决定。在不同的研究中，布莱克和瑞思还有佩里埃文和布莱尔（Piliavin & Briar）均发现，非洲裔美国青少年比白人青少年会更加频繁地表现出对警察的敌视态度，因此他们被逮捕的概率更高。佩里埃文和布莱尔把这一现象称为“警察最初对待黑人青少年的态度和行为自我实现的结果”。[123]警察认为非洲裔美国青少年参与了较多的违法活动，对他们进行截停、盘问的比例更高，结果造成了被骚扰的感觉，产生了更多的敌视反应。[124]然而，大卫·克林格尔（David Klinger）提出了态度影响逮捕的新问题，他认为之前的研究没有对逮捕后的敌视态度的变量进行控制，因此并不能说明态度能影响到逮捕决定本身。[125]

五、犯罪预防计划

通常，警察预防犯罪的努力是通过教育、咨询或者树立典型让青少年远离犯罪行为。对于警察而言，最根本的是让警察自己成为青少年的朋友和帮助者，而不只是执法者。

目前，警察局组织协调作为预防工作一部分的青少年项目非常普遍，如警察竞技联盟、午夜篮球赛、野外俱乐部、探险和辅导项目。最近有些犯罪预防项目成为社区警务的一部分。在这种模式下，警察机构努力提高邻里预防犯罪的能力。通常是警察机构组织协调社区和社会福利机构共同完成的，旨在对有青少年犯罪风险的年轻人和邻里进行预防。换言之，警察局作为社会服务的中介人，可以确保那些最需要帮助的人有机会获得帮助。[126]

最受欢迎的犯罪预防项目是 D. A. R. E（减少毒品需求项目）和 G. R. E. A. T.（预防黑帮项目），这两个项目是为了努力预防毒品滥用、青少年违法犯罪以及与帮派犯罪有关的行为。这些犯罪预防策略将会在第九章中进行讨论。

案例研究

非法的性交易（摘录）

非法性交易的罪魁祸首科里·戴维斯（Corey Davis）利用了大概 20 名女性（包括未成年少数族裔妇女）至少在 3 个州组织和促使非法性交易犯罪，位于康涅狄格州布里奇波特的联邦法院根据联邦公民权利法案于 2008 年 12 月对戴维斯进行了判决。戴维斯被处以 293 个月的监禁，释放后也将受到终身监管。他承认了多项非法性交易犯罪，包括强迫一名 18 岁以下女孩卖淫。戴维斯还承认，他招聘了未成年人实施卖淫。同时，他是性交易的组织者，利用武力、诈骗以及强制力迫使受害人从事商业的性交易行为。

根据起诉书，戴维斯通过许诺签订模特合同和优越的生活来诱惑受害人进行性交易。他还强迫她们进行高强度的舞蹈表演或者在康涅狄格州、纽约州和新泽西州的脱衣舞俱乐部里进行表演。当这些俱乐部营业时间结束后，戴维斯强迫受害人在凌晨4点至5点上街招揽顾客进行卖淫。同时，起诉书认为他殴打了很多受害人以强迫她们为他工作，他还对不遵守规则的人实施肢体暴力以示惩罚。

正如在本案例以及其他例子中所展现的，非法性交易案件在全美都会发生。这几个例子仅是日益增长的集团犯罪的冰山一角。地方和州刑事司法官员必须要认识到这些案件与那些不常发生的案件之间存在的联系。他们必须在管辖区内警惕性交易行为的种种迹象，并且对一些小的线索实施调查。大多数公开的网站（尽管他们会试图掩盖犯罪行为）会为卖淫行为做广告。这些网站里有很多非法性交易受害者。很多网站上的图片被改动以后，给人感觉从事这些行为的成年女性是自由和自愿的。然而，就像公诉人一样，笔者也遇到了一系列涉及未成年女孩的人口贩卖案件。

一篇题为“邻家女孩”的文章提到了位于新泽西州普莱恩菲尔德的一栋传统的中世纪房屋。这栋房子位于中产阶级的社区内，周边居住的大多数人不知道这栋房子实际上是网络卖淫组织的聚居点，来自其他国家的很多未成年女性和年轻女性被监禁于此从事非法性交易活动。警察在2002年1月突袭了这座房子，他们以为发现了一个地下妓院。相反，警察却发现了4名14至17岁的少女，她们来自墨西哥，都没有合法的身份证明文件。

这些女孩并不是妓女而是性奴隶，因为她们并不是为了利益或钱而工作的。那些控制她们所有举动的人贩子和看守囚禁了她们。警察还发现了一艘19世纪的贩奴船，警方看到的是肮脏、腐臭且没有门的浴室，光秃秃的席梦思，没有被子，一堆盘尼西林、提神的药丸和抗溃疡的药物。这些女孩苍白无力且严重营养不良。

非法性交易的警示信号可以从站街女和脱衣舞俱乐部中发现。即使对站街女和脱衣舞俱乐部缺乏管辖权，也并不意味着司法部门应当对非法性交易问题免责。因为这一问题涉及高额的利益，如果已获取了利益，性奴隶就会被卖掉。非法性交易在任何地方都有可能发生。调查人员应当警惕那些非法的性交易行为，并且要密切地监视非法性交易行为的迹象和征兆。

资料来源：Excerp from Amanda Walker – Rodriguez and Rodney Hill,“Human Sex Trafficking,”FBI Law enforcement Bulletin (March 2011), www. fbi. gov/stas – services/publications/law – enforcement – bulletin/march_2011/human_sex_trafficking, accessed March 8,2012。

结 语

维护治安秩序是警察最重要的职能之一。原因很简单，因为大部分报警属于求助类。在警察如何应对这些报警方面提出了一个最基本的问题，就是第一章关于警方任务的讨论。怎么认识警察？希望警察去做什么？

传统上，警察通常把维护治安秩序工作当成“垃圾活”或者“社会工作”，而更重视打击犯罪。然而，目前大部分专家认为，维护社会秩序是警务的核心部分。社区警务、问题导向警务和“零容忍”警务在应对非犯罪问题上起到了非常重要的作用。而且，维护治安秩序的情形还包括对一些特殊人群的管控：流浪人员、精神病人和青少年。如果根据赫尔曼·戈德斯坦关于警察的定义，即警方是为公众提供广泛服务的部门，实施一些专项计划和建立一套程序应对这些问题对于警方而言就非常重要。[127]

关键术语

维护治安秩序	犯罪预防类报警	警察知识类报警
社会工作类报警	社区合作类报警	反击行为
家庭纠纷	家庭暴力	明尼阿波利斯家庭暴力实验
妨害风化类犯罪	站街女	酒吧女
吸毒女	妓院女	应召女
精神病急救善意拘留		

讨 论

1. 说出不涉及犯罪报警的 4 个原因。
2. 解释美国关于家庭暴力的政策如何变成当地警察局的政策。
3. 讨论关于在家庭暴力的轻罪上执行强制逮捕的效果的研究成果。
4. 解释站街女和应召女之间的不同，讨论这两种卖淫形式各自对治安秩序的影响。

注 释

[1] Peter E. Finn and Monique Sullivan, Police Responseto Special Populations

(Washington, DC: Government Printing Office, 1988).
[2] David Bayley, Police for the Future (New York Oxford University Press, 1994).
[3] Stephen Mastrofski, "The Police and Non－crime Services," in G. Whitaker and C. Phillips, eds., Evaluating the Performance of Criminal Justice Agencies (Beverly Hills, CA: Sage, 1983), pp. 44－47.
[4] Charles M. Katz, Vincent Webb, and David Schaefer, "An Assessment of the Impact of Quality of Life Policing on Crime and Disorder," Justice Quarterly 18, no. 4 (2001), pp. 826－876.
[5] Ibid.
[6] Christine Eith and Mathew R. Durose, Contacts between Police § the Public, 2008 (Washington, DC: Government Printing Office 2011).
[7] Ibid.
[8] Illya Lichtenberg and Alisa Smith, "How Dangerous Are Routine Police－Citizen Traffic Stop?" Journal of Criminal Justice 29 (2001), pp. 419－428.
[9] Arizona Criminal Justice Commission, Crime and the Criminal Justice System in Arizona, The 2003 White Paper (Phoenix: Arizona Criminal Justice Commission, 2003).
[10] James Q. Wilson, Varieties of Police Behavior (New York: Atheneum, 1973), pp. 95－99.
[11] Ibid.
[12] Alexander Weiss and Sally Freels, "The Effects of Aggressive Policing: The Dayton Traffic Enforcement Experiment," American Journal of Police XV, no. 3 (1996), pp. 45－64.
[13] Ibid.
[14] James B. Jacobs, Drunk Driving: An American Dilemma (Chicago: University of Chicago Press, 1989); H. Laurence Ross, Confronting Drunk Driving: Social Policy or Saving Lives (New Haven, CT: Yale University Press, 1992).
[15] Ross, Confronting Drunk Driving.
[16] Ibid.
[17] Ibid.
[18] Eric J. Scott, Calls for Service: Citizen Demand and Initial Police Response (Washington, DC: Government Printing Office 1981); Craig D. Uchida,

Laure Brooks, and Christopher S. Kopers, "Danger to Police during Domestic Encounters: Assaults on Baltimore County Police, 1984 - 1986," Criminal Justice Policy Review 2(1987) ,pp. 357 -371.

[19] Jeffrey Fagan, The Criminalization of Domestic Violence: Promises and Limits (Washington, DC: Government Printing Office, 1976) ;Lawrence W. Sherman, Policing Domestic Violence: Experiments and Dilemmas (New York: Free Press, 1992).

[20] Sherman, Policing Domestic Violence.

[21] Jennifer Truman, Criminal Victimization, 2010 (Washington, DC: Bureau of Justice Statistics, 2011).

[22] Murray A. Straus and Richard J. Gelles, Physical Violence in American Families: Risk Factors and adaption to Violence in 8, 145 Families (New Brunswick, NJ: Transaction, 1990).

[23] Callie Marie Rennison, Intimate Partner Violence, 1993 - 2001 (Washington, DC: Bureau of Justice Statistics, 2003); Michael Rand, Criminal Victimization, 2007 (Washington, DC: Bureau of Justice Statistics: 2008); Jennifer Truman, Criminal Victimization, 2010.

[24] Catalano, Intimate Partner Violence, bjs. ojp. usdoj. gov/content/pub/pdf/ipvus. pdf, Accessed July 25, 2012.

[25] Franklyn W. Dunford, David Huizinga, and Delbert S. Elliot, "The Role of Arrest in Domestic Assault: The Omaha Police Experiment," Criminology 28 (May 1990), pp. 183 - 206. Some of these data appear in the unpublished technical report.

[26] Catalano, Intimate Partner Violence.

[27] Donald Black, "Dispute Settlement by the Police," pp. 125 - 126, in Donald Black, ed., Manners and Customs of the Police (New York: Academic Press, 1980).

[28] Richchard Felson, Steven Messner, Anthony Hoskin, and Glenn Deane, "Reasons for Reporting and Not Reporting Domestic Violence to the Police," Criminology 40, no. 30 (2002), pp. 617 -647.

[29] Dunford, Huizinga, and Elliot, "The Role of Arrest in Domestic Assault."

[30] Richard J. Gelles and Murray. A, Straus, Intimate Violence: The Causes And Consequences of Abuse in Schuster, 1988), p. 104.

[31] Mastrofski, Snipes, and Supina, "Compliance on Demand."

[32] Ibid. , p. 181.

[33] Dunford, Huizinga, and Elliot, "The Role of Arrest in Domestic Assault."

[34] Lynette Feder, "Police Handling of Domestic Violence calls: An Overview and Further Investigation," Women and Criminal Justice 10, no. 2 (1999), pp. 49 – 68.

[35] Dana Jones and Joanne Belknap, "Police Responses to Battering in a Progressive Pro – Arrest Jurisdiction," Justice Quarterly 16, no. 2 (1999), pp. 249 – 274.

[36] Sherman, Policing Domestic Violence, 1992.

[37] Albert Reiss, The Police and the Public (New Haven, CT: Yale University Press, 1971), p. 14.

[38] Nancy Loving, Responding to Spouse Abuse and Wife Beating: A Guide for Police; Laurie Woods, "Litigation on Behalf of Battered Women," Women's Rights Law Reporter 5 (Fall 1978), pp. 7 – 34.

[39] Loving, Responding to Spouse Abuse and Wife Beating.

[40] Samuel Walker, Taming the System: The Control Discretion in Criminal Justice, 1950 – 1990 (New York: Oxford University Press, 1993).

[41] Lawrence W. Sherman and Richard A. Berk, "The Specific Deterrent Effect of Arrest for Domestic Assault," American Sociological Review 49, no. 2 (1984), pp. 261 – 272; Sherman, Policing Domestic Violence, pp. 91 – 96.

[42] Sherman, Policing Domestic Violence, p. 110.

[43] Bureau of Justice Statistics, Law Enforcement Management and Administrative Statistics, 2000 (Washington, DC: Government Printing Office, 2004).

[44] Patrick R. Gartin, "Examining Differential Officer Effects in the Minneapolis Domestic Violence Experiment," American Journal of Police 14, no. 3/4 (1995), pp. 93 – 110.

[45] Richard E. Lempert, "From the Editor," Law and Society Review 18, no. 4 (1984), pp. 505 – 513; Lawrence W. Sherman and Ellen Cohn, The Impact of Research on Legal Policy: The Minneapolis Domestic Violence Experiment, Law and Society Review 23, no. 1 (1989), pp. 117 – 144; Richard Lempert, "Humility as a Virtue: On the Publicization of Policy – Relevant Research," Law and Society Review 23, no. 1 (1989), pp. 145 –

161;Sherman, Policing Domestic Violence, pp. 92 – 124.

[46] University of Maryland, Preventing Crime (Washington, DC: Government Printing Office, 1997), Ch. 8.

[47] Lawrence Sherman, Janell Schmidt, and Dennis Rogan, Policing Domestic Violence: Experiments and Dilemmas (New York: Free Press, 1992).

[48] David Hirschel, Eve Buzawa, April Pattavina, Don Faggiani, and Melissa Reuland, Explaining the Prevalence, Context, and Consequences of Dual Arrest in Intimate Partner Cases (Washington, DC: National Institute of Justice, 2007).

[49] Ibid.

[50] M. Martin, "Double Your Trouble: Dual Arrest in Family Violence," Journal of Family Violence 12, no. 2 (1997), pp. 139 – 157.

[51] Hirschel et al., Explaining the Prevalence, Context, and Consequences of Dual Arrest.

[52] Martin, "Double Your Trouble."

[53] Susan L. Miller, "Unintended Side Effects of Pro – Arrest Policies and Their Race and Class Implications for Battered Women: A Cautionary Note," Criminal Justice Policy Review 3, no. 3 (1989), pp. 299 – 317.

[54] National Institute of Justice, Evaluation of Family Violence Training Programs (Washington, DC: Government Printing Office, 1995).

[55] Joan Zorza, "The Criminal Law of Misdemeanor Domestic Violence, 1970 – 1990," Journal of Criminal Law and Criminology 83 (1992), pp. 240 – 279.

[56] Barbara J. Hart, State Codes on Domestic Violence (Reno, NV: National Council of Juvenile and Family Court Judges 1992); Eve Buzawa and Carl Buzawa, Domestic Violence: The Criminal Justice Response (Newbury Park, CA: Sage 1990), pp. 110 – 135.

[57] Fagan, The Criminalization of Domestic Violence, p. 1.

[58] Sherman, Policing Domestic Violence, p. 253.

[59] RobertF. Meier and Gilbert Geis, Victimless Crime? (Los Angeles: Roxbury), 1997.

[60] Terance Miethe and Richard McCorkle, Crime Profiles: The Anatomy of Dangerous Persons, Places, and Situations (Los Angeles: Roxbury, 2001).

[61] Devon D. Brewer, John M. Roberts, Stephen Q. Muth, and John J. Potterat, "Prevalence of Male Clients of Street Prostitute Women in the United States," Human Organization 67, no. 3 (2008), pp. 346 – 356.

[62] Miethe and McCorkle, Crime Profiles: The Anatomy of Dangerous Persons, Places, and Situations.

[63] Ibid.

[64] Ibid.

[65] Ibid.

[66] Mindy Fullilove, Anne Lown, and Robert Fullilove, "Crack Hos and Skeezers: Traumatic Experiences of Women Crack Users," Journal of Sex Research 29, no. 2 (1992), pp. 275 – 287.

[67] Miethe and McCorkle, Crime Profiles: The Anatomy of Dangerous Persons, Places, and Situations, pp. 223 – 226.

[68] Ibid.

[69] Egon Bittner, "The Police on Skid Row: A Study of Peacekeeping," in Egon Bittner ed., Aspects of Police Work (Boston: Northeastern University Press, 1990), pp. 30 – 62.

[70] LaFave, "Arrest to Control the Prostitute," in Arrest, pp. 450 – 464; Frederique Delacoste and Priscilla Alexander, Sex Work (San Francisco: Cleis Press, 1998); Michael Scott, Street Prostitution (Washington, DC: Government Printing Office, 2002).

[71] LaFave, "Arrest to Control the Prostitute."

[72] U. S. Department of Housing and Urban Development Office of Community Planning and Development, The Annual Homeless Assessment Report to Congress (Washington, DC: U. S. Department of Housing and Urban Development, 2007).

[73] Christopher Jencks, The Homeless (Cambridge, MA: Harvard University Press, 1994).

[74] "Redevelopment Plans May Hem in Skid Row," New York Times (October 23, 1997), p. 1.

[75] George L. Kelling and Catherine M. Coles, Fixing Broken Windows (New York: Free Press, 1996).

[76] Colleen Cosgrove and Anne Grant, National Survey of Municipal Police Departments on Urban Quality – of – Life Initiation, in Tara O' Connor Shelley

and Anne C. Grant, eds. , Problem – Oriented Policing: Crime – Specific Problems, Critical Issues and Making POP Work (Washington, DC: PERF, 1998).

[77] David Snow and Leon Anderson, Down on Their Luck (Berkerly: University of California Press, 1993).

[78] Martha R. Plotkin and Ortwin A. Narr, The Police Response to the Homeless: A Status Report (Washington, DC: Police Executive Research Forum, 1993), Appendix, C – 85 – C – 116.

[79] Richard Berk and John MacDonald, "Policing the Homeless: An Evaluation of Efforts to Reduce Homeless Related Crime," Criminology &Public Policy 9, no. 4 (2010), pp. 813 – 840.

[80] Berk and MacDonald, "Policing the Homeless: An Evaluation of Efforts to Reduce Homeless Related Crime."

[81] Michael White, "Jim Longstreet, Mike Marshall, and the Lost Art of Policing Skid Row," Criminology &Public Policy 9, no. 4 (2010), pp. 813 – 840.

[82] Judy Hails and Randy Borum, "Police Training and Specialized Approaches to Respond to People with Mental Illness," Crime and Delinquency 49, no. 1 (2003), pp. 52 – 61.

[83] Elizabeth Biebel and Gary Cordner, "Repeat Calls for People with Mental Illness: An Application of Hot Spot Analysis," Police Forum 13, no. 3 (July 2003), pp. 1 – 3.

[84] William Fisher, Kristen Roy – Bujnowski, Albert Grudzinskas, Jonathan Clayfield, Steven Banks, and Nancy Wolff, "Patterns and Prevalence of Arrest in a Statewide Cohort of Mental Health Care Consumers," Psychiatric Services 57, no. 11 (2006), pp. 1623 – 1628.

[85] Robert Panzarella and Justin Alicea, "Police Tactics in Incidents with Mentally Disturbed Persons," Policing: International Journal of Police Strategies and Management 20 no. 2 (1997), pp. 339 – 356.

[86] Linda Teplin, Gary McClelland, Karen Abram, and Dana Weiner, "Crime Victimization in Adults with Severe Mental Illness: Comparison with the National Crime Victimization Survey," Archives of General Psychiatry 62, no. 8 (2005), pp. 911 – 921.

[87] Robert Panzarella and Justin Alicea, "Police Tactics in Incidents with Men-

tally Disturbed Persons," Policing: International Journal of Police Strategies and Management 20, no. 2 (1997), pp. 339 – 356.

[88] M. Pogrebin, " Police Responses for Mental Health Assistance," Psychiatric Quarterly 58, no. 1 (1986 – 87), pp. 66 – 73.

[89] Richard Lamb, Linda Weinberger, and Walter DeCuir, "The Police and Mental Health," Psychiatric Services 53, 10 (2002), pp. 1266 – 1271.

[90] Ibid.

[91] Ibid.

[92] Robert Redondo and Glenn Currier, "Characteristics of Patients Referred by Police to a Psychiatric Emergency Service," Psychiatric Services 54, no. 6 (2003), pp. 804 – 806.

[93] Lamb, Weinberger, and DeCuir, "The Police and Mental Health."

[94] Judy Hailsand Randy Borum, "Police Training and Specialized Approaches to Respond to People with Mental Illnesses," Crime $ Delinquency 49 (2003), pp. 52 – 61.

[95] Melissa Reuland and Matt Schwarzfeld, Improving Responses to People with Mental Illness (New York: Council of State Governments Justice Center, 2008).

[96] Ibid.

[97] Minnesota Department of Health, Facts of AIDS: A Law Enforcement Guide (Minneapolis, MN: Department of Health, July 2003).

[98] HIV/AIDS in the United States: HIV/AIDS Fact Sheet, revised August 2008, retrieved May 22, 2009, from www. cdc. gov/hiv/resources/factsheets/us. htm.

[99] National Institute of Justice, Annual Site Reports, 2002 (Washington, DC: National Institute of Justice 2003).

[100] R. Alan Thompson and James Marquart, "Law Enforcement Responses to the HIV/AIDS Epidemic," Policing: An International Journal of Police Strategies and Management 21, no. 4 (1998), pp. 648 – 665; Jeanne Flavin, "Police and HIV/AIDS: The Risk, the Reality, the Response," American Journal of Criminal Justice 23, no. 1 (1998), pp. 33 – 58.

[101] Flavin, "Police and HIV/AIDS: The Risk, the Reality, the Response."

[102] C. Herlitz and B. Brorsson, "Facing AIDS: Reactions among Police Officers, Nurses and the General Public in Swrden," Social Science Medi-

cine 30 (1990),pp. 913 - 918.

[103] Flavin, "Police and HIV/AIDS: The Risk, the Reality, the Response."

[104] Ibid.

[105] Theodore M. Hammett, "AIDS and the Law Enforcement Officer Concerns and Policy Responses," National Institute of Justice—Issues and Practices (1987),p. 31.

[106] Terry Edwards and Richard Tewksbury, "HIV/AIDS: State Police Training Practices and Personnel Policies," American Journal of Police 15, no. 1 (1996),pp. 45 - 62.

[107] W. S. Wilson Huang and Michael S. Vaughn, "Support and Confidence: Public Attitudes toward the Police," in Timothy J. Flanagan and Dennis R. Longmire, eds., Americans View Crime and Justice: A National Public Opinion Survey (Newbury Park, CA: Sage, 1996), p. 40.

[108] Office of Juvenile Justice and 115. Delinquency Prevention, Statistical Briefing Book, www. ojjdp. gov/ojstatbb/ezaucr/asp/ucr_display. asp, accessed March 8, 2012.

[109] National Institute for Juvenile Justice and Delinquency Prevention, Police - Juvenile Operations: A Comparative Analysis of Standards and Practices, Vol. 2 (Washington, DC: Government Printing Office, nd), pp. 3 - 10.

[110] National Institute for Juvenile Justice, Police - Juvenile Operations, Vol. 2, p. 3.

[111] Author analysis of data from Bureau of Justice Statistics, Law Enforcement Management and Administrative Statistics, 2007. Data are available at www. icpsr. umich. edu/icpsrweb/ICPSR/studies/31161? archive = ICPSR&q = lemas + 2007.

[112] See http://trfn. clpgh. org/rosspd.

[113] Donald Black and Albert J. Reiss, "Police Control of Juveniles," American Sociological Review 35 (February 1970),pp. 63 - 77.

[114] Adapted from Office of Juvenile Justice and Delinquency Prevention, Police - Juvenile Operations, Vol. 2, p. 57.

[115] Office of Juvenile Justice and Delinquency Prevention, Juvenile Offenders and Victims: A National Report (Washington, DC: Government Printing Office 1995).

[116] Ibid.

[117] Office of Juvenile Justice and Delinquency Prevention, Juvenile Offenders and Victims: 2006 National Report (Washington, DC: Government Printing Office, 2006).

[118] Black and Reiss, "Police Control of Juveniles."

[119] Samuel Walker, Cassia Spohn, and Miriam DeLone, The Color of Justice, 2nd ed. (Belmont, CA: Wadsworth, 2000) , Ch. 4.

[120] J. McMahon, J. Garner, R. Davis, and A. Kraus, How to Correctly Collect and Analyze Racial Profiling Data (Washington, DC: Government Printing Office 2002).

[121] Black and Reiss, "Police Control of Juveniles."

[122] Richard J. Lundman, "Police Control of Juveniles: A Replication." Journal of Research in Crime and Delinquency 15 (1978), pp. 74 – 91.

[123] Douglas A. Smith, Christy A. Visher, and Laura A. Davidson, "Equity and Discretionary Justice: The Influence of Race on Police Arrest Decisions," Journal of Criminal Law and Criminology 75 (Spring 1984), pp. 234 – 249.

[124] Carl Werthman and Irving Piliavin, "Gang Members and the Police" in David J. Bordua, ed., The Police: Six Sociological Essays (New York: Jorn Riley, 1968), pp. 58 – 59.

[125] David Klinger, "Demeanor or Crime? Why 'Hostile' Citizens Are More Likely to Be Arrested," Criminology 32 (1994), pp. 475 – 493.

[126] Gordon Bazemore and Scott Senjo, "Police Encounters with Juveniles Revisited," Policing: An International Journal of Police Strategies and Management 20, 1 (1997), pp. 60 – 82.

[127] Goldstein, Policing a Free Society. (Cambridge, MA: Ballinger Publishing Company) 1977.

第九章 警察与犯罪控制

本章概要

网上练习
注释

犯罪控制是警察的主要职责之一,涉及应对犯罪事件的一系列具体活动,如犯罪调查、逮捕罪犯等。本章探讨警察如何控制犯罪活动,描述警察要做什么,同时围绕警察与犯罪这一主题所流传的神话给予了特别的关注。

第一节 犯罪控制

人们通常从巡逻和逮捕的角度来思考警察与犯罪的主题,实际上这个主题更加复杂,因为涉及一系列不同的假设和策略。

一、犯罪控制的策略

劳伦斯 · W. 谢尔曼(Lawrence W. Sherman)为警方提供了可以运用或者警方可能用到的最系统的犯罪控制策略分类。[1]

(一)主动式与被动式

有些警察打击犯罪实施积极主动式犯罪控制策略,即警察自己把自己调动起来,这反映了警察局自身主动优先的意识。例如,大多数缉毒执法机构就是主动出击,其他则是被动反应式犯罪控制策略,因为这些策略应对的是公民的报警求助,公民来电报案就是一种被动的警务反应。

(二)一般与特殊

有些警务活动是一般性的,通常针对社区而不是任何特定的犯罪。日常的预防性巡逻在一般意义上是犯罪控制策略中最重要的。另外,特定的犯罪控制活动则针对特定的犯罪行为、地点、罪犯或受害人。

(三)特定犯罪

日常巡逻和911 报警系统是回应各种类型的犯罪活动的一般服务。其他程序则针对特定犯罪,包括严厉打击酒后驾车、毒品或枪支以及为抓捕抢劫者而设计的监视系统。

(四)特定地点

日常巡逻服务于整个社区而没有特定的巡逻重点。而犯罪“重点地区”项目针对的是那些被看作高水平犯罪活动中心的特定地点。

(五)特定罪犯

有些整治犯罪的活动针对特定罪犯。惯犯计划就是最好的例证,是当前在严重犯罪上有着高犯罪率的可疑的目标人群。

（六）特定受害人

有些反犯罪方案针对的是受害人而不是罪犯。其中,最重要的是许多警察局采用的针对家庭暴力的方案与政策。例如,为保护家庭暴力受害人今后不受侵害而制定的强制逮捕政策。

二、犯罪控制的假设

（一）警察与公民

警察与犯罪的一个基本问题涉及警方角色与其他社会控制机制角色之间的基本假设,许多人将警察以及整个刑事司法系统看作犯罪控制的社会基本机制。作为专业化进程中的一部分,警方强调打击犯罪的角色,并在职业领域里监视犯罪。[2]现在许多专家认为,警察专业化的定义使警察孤立并且脱离了公众。为解决此问题,社区警务的倡导者们强调发展与社区居民亲近的合作关系。[3]这一方法是基于公民是包括打击犯罪在内的警务活动共同参与者的假设。[4]

（二）警察与其他社会机构

在马里兰大学的关于犯罪预防计划的报告中,把警察活动置于其他社会机构背景下。报告认为,执法和犯罪预防之间在传统上的区别是没有根据的。执法,如逮捕,目的就是通过威慑或使对方丧失能力来防止犯罪。因此,将所有方案和制度都当作一个预防犯罪的统一体也是合适的。[5]

报告确定了在犯罪预防中起到作用的 7 个机构,包括社区、家庭、学校、劳动力市场、地区（就特定场所的意义而言）、警方以及其他刑事司法项目。这种创新方法提出了两个犯罪预防的重点:第一,报告表明警方只是对犯罪产生一定影响的几个机构之一,不能依赖警方承担主要责任。第二,报告强调不同机构之间相互依存的关系。因此,以学校为基础的有效犯罪预防计划需要依靠稳固的家庭,并且还要依赖于健康的社区和良好的劳动力市场。正如学校犯罪预防计划依赖于这个更大的社会网络一样,警方犯罪控制方案的有效性也是如此。[6]

三、有效性评估

评定警察犯罪控制方案的有效性,要对衡量对象进行准确定义,产生预期结果的数据还要准确和可靠。衡量警察工作效率的传统方法存在严重的问题,随后会进行探讨。此外,向社区警务和问题导向警务发展涉及的有关警察需要做什么工作和最终对有效性的诸多评定提出了不同的假设。[7]

四、小结

本章节所涵盖的不同的警务活动可以按照策略、基本假设和绩效考核进行分类。

第二节 犯罪预防

警方犯罪预防的基本活动是日常巡逻。正如第七章阐述的,在社区里可以看到警务人员的存在,这是为了震慑犯罪。

关于随机的预防式巡逻有效性的详述见第七章

除警察负责随机的预防性巡逻外,如今许多警察局都安排了警察负责犯罪预防工作,尽管这些警察的数量非常少。全美现在被指派到犯罪预防专业组的警察只占警察总人数的3%。[8] 从事犯罪预防的专门警察往往负责与公民会面并向公民宣传如何保护自己免受侵害,与社区团体合作并建立和维护邻里守望组织以及教育青少年如何远离毒品、犯罪和枪支。他们通常被安置在与社区相关的单位。

关于社区关系的详述见第十二章

自20世纪80年代早期以来,警方的犯罪预防战略经历了一场革命。犯罪预防已从巡逻和犯罪调查的基本功能中分离出来,如今被看作警务活动的中心,而不再是次要的警务活动。[9]

犯罪预防是社区警务和许多问题导向型警务方案的一项基本要素。[10] 社区警务的基本原则是警察需要建立与社区居民很好的合作关系,潜在的假设是公民是警察服务的共同参与者。该警务观点否定了警察或只有警察对犯罪控制肩负主要责任的专业警务模型。[11]

关于社区警务与问题导向警务的详述见第十章

以社区为基础的犯罪预防计划包括建立社区组织、提升社区的外部形象、根除毒品活动的中心、减少逃学等。其中,警察扮演了规划师、问题解决者、社区组织者和情报信息提供者等角色。他们的作用不再是以传统的方式打击犯罪(如巡逻、逮捕),而是帮助市民调动资源来预防犯罪。[12]

因为社区警务和问题导向警务的犯罪预防计划形式多样,并且是现代警务的重要组成部分,第十章包含了其详细内容。

第三节 抓捕罪犯

警察打击犯罪的第二个职责是在犯罪发生后抓捕罪犯。抓捕罪犯的过程涉及一系列复杂的社会因素和组织因素。警察首先必须了解犯罪已经发生,且警方已记录在案,最后试图找到并逮捕犯罪嫌疑人。

一、公民报案

警方从以下三方面获知犯罪:(1)居民报案;(2)警察视线中观察到的犯罪;(3)警方发起的调查。前两个是被动式的反应;第三个是主动式的反应。

如图表9-1所示,引起警方注意的大多数犯罪都源于居民报案。报案是在刑事程序中最重要的自行决定权利。在这个意义上,公民是刑事司法系统真正的"把关人"。而巡逻警察在实际工作中很少发现犯罪。

然而,大多数犯罪案件的受害人没有向警方报案。根据全国犯罪受害人调查(NCVS)显示,只有51%的暴力犯罪和39.3%的侵财犯罪案件的受害人向警方报案。[13]不报案对于警方而言影响巨大,因为他们无法对他们不知道的刑事案件负责破案。

图表9-1 警察局报案情况

案件类型	报案百分比(%)
暴力犯罪	51.0
强奸/性攻击	50.0
抢劫	57.9
严重袭击	60.1
一般袭击	47.0
财产犯罪	39.3
入室盗窃	58.8
汽车盗窃	83.4
盗窃	31.9

资料来源:Bureau of Justice Statistics, Criminal Victimization, 2010 (Washington, DC: Government Printing Office, 2011)。

边注栏 9－1

如果所有犯罪都报案

如果所有犯罪的受害人都向警方报案将会发生什么呢？是否会导致逮捕增加和犯罪减少呢？可能不是这样。首先，警察的工作量会大量增加。需要警察服务的电话会更多甚至超过200%。巡逻警察和侦探们将会忙得不可开交。其次，大多数额外增加的犯罪都不是严重犯罪。NCVS的数据表明，受害人举报严重犯罪的比例相对较高。最后，没有理由假定会产生更多的逮捕。正如我们看到的，当开始有个好的方向时，警方就能够破案。也没有任何理由假定，警察在没有好方向时能够破获更多不起眼的入室盗窃及扒窃案件。

总之，是否因为公民自行决定不举报大多数犯罪案件，警察的境况就更好呢？

报案是根据犯罪类型和情形等个别相关情况的变化而变化的。一般来说，公民更可能举报重大犯罪而不是轻罪、暴力犯罪而不是财产犯罪、造成人身伤害的犯罪而不是未产生伤害的犯罪、高额损失的犯罪而不是损失很小的犯罪等。与白人和高收入人群相比，非洲裔美国人和低收入人群更有可能报案。女性举报财产犯罪的比率小于男性，但女性向警方举报暴力犯罪的比率却高于男性。除在报案中所占比率极低的青少年以外，年龄对报案不产生影响。[14]

正如图表9－2所示，大多数情况下受害人没有报案，因为他们认为罪行不严重或者认为报案也于事无补。受害人还可能认为某些犯罪是隐私或者私人事务。同样，警察的看法也会影响受害人报案的决定。根据全国犯罪受害人调查（NCVS）显示，约6%的受害人没有报案，因为他们觉得警方会认为事件不重要。[15]

图表9－2 暴力案件未报案的原因

未报案原因	百分比（%）
私人或个人原因	20.7
被盗物找回；犯罪未遂	17.3
已向其他部门举报	13.0
害怕报复	7.3
警方不想被打扰	6.3
重要程度不够	6.2
太麻烦或者耽误时间	4.7
警方效率低、能力差或者有所偏好	4.6
缺乏证据	3.4
太晚意识到犯罪发生	0.4
不能找到财物；没有身份证号码	0.3
保险范围覆盖不到	0.1
其他原因	15.7

资料来源：Bureau of Justice Statistics，Criminal Victimization in the United States，2006：Statistical Tables（Washington，DC：Government Printing Office，2008）。

二、报案和不立案

公民报案后，警方必须对案件进行正式的记录，以便将案件录入统一犯罪报告（UCR）系统。然而，警察经常没有完成对公民报案的记录，被称为不立案。唐纳德·布莱克（Donald Black）发现，无犯罪嫌疑人在场的案件中只有64%的案件警方完成了案件登记和记录，即使有控告方称犯罪确实已经发生。[16]

无论是在法律中、联邦调查局的法规中还是警察局的政策中，警察未完成报案登记都不会受到惩罚，这属于不受约束的警察自由裁量范围。

警察完成报案登记的决定受到与警察实施逮捕相同的因素的影响。布莱克发现，警察更可能登记重大犯罪、控告方能够清楚表达倾向报案的犯罪、陌生人实施的犯罪以及顺从警察的控告方的报案。[17]

警察不立案可能有以下几个原因：第一，公民并不都懂刑法且他们可能把事实上不是犯罪的事件当作犯罪。例如，芝加哥所有报警电话中58%的报警被公民定义成犯罪，但仅有17%的报警被警察登记为与犯罪有关。[18]第二，可能无足够证据让警察确认犯罪已经发生。例如，公民可能报了1起非法闯入未遂案件，但是警察没有发现证据来支持这种说法。居民可能听到的是门被大风刮响的声音。这些例子都表明了要正确行使报警的自行决定权。第三，警方也可能在不立案中滥用自由裁量权。例如，由于对受害人的偏见，警察可能对遭遇袭击的报案不做记录。当警方察觉到受害人有以下不确定的行为时，警察可能不会对实施攻击的犯罪嫌疑人实施逮捕：受害人饮酒或者吸食毒品、在“错误的地方”或卷入可疑的活动。

在很多情形下，为了降低发案率而实施有组织地不立案的警察局已被发现。例如，最近已经证实亚特兰大、巴尔的摩、新奥尔良、纽约、费城警方在一项表明他们打击犯罪取得成功的努力中捏造了报案登记的数据。[19]

犯罪报警也能在后期作出改动。例如，犯罪可以不予登记或者能改成较轻的刑事犯罪。例如，强奸案可以改为人身袭击案，抢劫案可以改为盗窃或人身袭击案。如果是基于新的犯罪信息作出更改，就是合法的。然而，如果是为了降低犯罪率，就是不合法的。在危害级别较低的类别里记录犯罪可以改变公众对社区安全的看法，新闻媒体和公众往往把注意力集中在少数“高恐慌”的犯罪：杀人、抢劫、强奸和入室盗窃，将抢劫案记录为盗窃案会使社区看起来比实际上更安全。

聚焦警察

纽约警察局操控犯罪统计数据

纽约市警察局最近承认了众多可疑的行为。为了保持低犯罪率，他们操控了犯罪数据。据悉，警察局指挥官们悄悄地通知警长，再由警长悄悄地通知警员暗中保持低发案率。为此，警员们采取了多种策略。他们有时仅仅是把重罪降为轻罪，有时他们会婉转地说服受害人放弃控告，但在有些情况下他们只是不给案件编号建档。许多受害人在州众议院听到控告说犯罪受害人要求查看案件详情时，才得知警察局从未立案建档。其他批评家还提出，纽约市警察局还出台了一些降低犯罪统计数量的政策。他们举了这样一个例子：依据2009年出台的政策，被抢劫者必须亲自去警察局报案，而管理者称此政策有助于调查员更加快速地获取案件信息，省去了通过巡逻警察获悉案件的程序。批评家回应道：这样的流程会减少受害人向警方报案的数量，因为受害人不得不在警察局等待数小时才能报案。

以上问题皆由警界之外的批评家提出。直到2009年12月，布鲁克林81选区的亚卓安·斯库克拉夫特（Adrain Schoolcraft）警官向内政部举报了警察局操控犯罪统计数据的问题，引起了社会的广泛关注，警察局内部随即展开了调查。斯库克拉夫特举报后不久，便呈交了作为证据的录音带，包括他在工作中受到了同事的骚扰，在自己的公寓被高级官员上铐带走。他在当地医院的精神病房被关押了6天之久，官方称他被诊断为情绪困扰者，而他坚持认为警察局采取这些措施是为了让他沉默。

可以登录 http://schoolcraftjustice.com，收听斯库克拉夫特在家中与闯入的警察之间的对话录音，也可以查阅他向法院起诉的部分内容。

资料来源：Al Baker and Joseph Goldstein, "Police Tactic: Keeping Crime Reports off the Books," The New York Times, December 30, 2011, www.nytimes.com/2011/12/31/nyregion/nypd-leaves-offenders-unrecorded-to-keep-crime-rates-down.html? pagewanted=all (accessed March 16, 2012); Chris Francescanl, "NYPD Report Confirms Manipulation of Crime Stats," Chicago Tribune, March 9, 2012, www.chicagotribune.com/sns-rt-crime-newyorkstatistics-corrected12e8e941f-20120309,0,7269806.story (accessed March 16, 2012)。

第四节 刑事调查

犯罪一旦引起警方的注意就会被正式记录在案，但警方不会立刻逮捕犯罪嫌疑人，而是开始刑事调查程序。

一、关于侦探工作的神话

刑事调查或者侦探工作被神话所包围着，影视中以警察为题材的节目通常将侦探工作描绘得既刺激又危险。侦探被塑造成英雄人物，既拥有卓越的个人勇气又具备非凡的技能。媒体经常树立这种观念：如果给予一名优秀的侦探自由和足够的时间去侦查，他就“能够破获任何刑事案件”。[20]

这些虚构的情节并无事实基础，并且对公众和警察造成了不利的影响。第一，造成公众对警察控制犯罪能力不合理的预期。当警方无法破案时，导致公众的不满。第二，侦探工作富有魅力的形象使很多警员视之为真正的警察工作，而贬低了日常的巡逻工作。[21]事实上，有些侦探模仿了电影中演绎出来的侦探行为。赫曼·戈德斯坦（Herman Goldstein）观察到，“现在的侦探们使用的很多技巧受到了渴望模仿影视中模式化形象的严重影响，而不是为破案制订合理的计划”。[22]

二、侦探工作的组织

刑事调查通常是警察局中相对独立的部门（除了小警察局）。全国范围内，所有宣誓警察中只有15%的人被分配到侦探部门。[23]较大的警察局设有负责侦破特定犯罪类型的专门队组（如谋杀、财产犯罪等），中等规模的警察局通常设有独立但非专门化的队组负责侦破所有类型的犯罪，非常小的警察局则没有专门的侦探部门。

侦探的任务通常被大多数警察视为地位高的工作。在多数警察局中，这是一项可以自由裁量的工作，并且是可能获得高层颁发的最高奖励的工作之一。在40%的警察局中，侦探工作具有独立的职级，薪酬高于巡警，而且必须通过一项竞争程序才能取得。[24]

侦探工作吸引警察之处有很多。侦探警察为掌控自己的工作和发挥积极性提供了更多机会。相反，巡逻工作更大程度上是被动地应对公民的诉求。同时，社区警务被设计成巡逻警察需承担更多的责任。而侦探具有相当大的自由裁量权，可以决定着手调查哪起案件，每起案件花费多长时间以及如何开展调查。着便衣更强调了个人感，使侦探从公众对制服警察的固有认知中解脱出来。

刑事调查也提供了衡量成功的明确方法：逮捕犯罪嫌疑人。以逮捕数量、特定逮捕的重要程度（如与媒体高度曝光的犯罪相关的逮捕）以及逮捕后定罪的比例来衡量工作的质量。[25]相反，巡逻工作主要涉及维护治安秩序活动，对此还没有任何真正的绩效评定方法。[26]

关于维护治安秩序的详述见第七章

然而，并非所有侦探工作都一样。威廉姆·B. 桑德斯（William B. Sanders）指出，一名侦探的地位与他所调查的犯罪类型有关。[27]通常，负责侦查凶杀案件的侦探地位最高，随后分别是负责抢劫案和性侵案的侦探。犯罪性质越严重，侦查所具有的道德意义越深刻,因为其中涉及伤害。如命案组具有最少的工作量和最高的破案率。而财产犯罪组(盗窃和偷窃)在道德意义上地位最低,却有着最多的工作量和最低的破案率。

风化组(针对毒品、赌博、卖淫问题)则情况特殊,因为这些是不涉及被害人的犯罪,所以这些工作需要有前瞻性,要求侦探们发挥积极主动性。侦探工作也需要特殊的技能,涉及最大的危险以及面临最大的道德风险。从传统上看,最恶劣的警察腐败案件就发生在风化组。[28]基于上述理由,有些警察不会在风化组中找工作(后文讨论)。[29]

关于警察腐败的详述见第十三章

第五节 调查程序

调查犯罪的程序包括两个基本阶段:初步调查和后续调查。

一、初步调查

初步调查包括 5 个基本步骤:(1)确定和逮捕任何犯罪嫌疑人;(2)向任何需要医疗救助的被害人提供帮助;(3)保护犯罪现场,防止证据遗失;(4)收集所有相关物证;(5)准备初步调查报告。[30]

实践中,巡逻警察而非侦探执行了约 80% 的逮捕。[31]对此的解释很简单,因为多数逮捕发生在犯罪嫌疑人在犯罪现场或者就近被马上指认出来的情况下。当犯罪嫌疑人没有被立刻逮捕并且没有犯罪嫌疑人的明确信息时,逮捕的可能性则相对较小。总之,巡逻警察处理简易逮捕,而侦探则负责难以解决的情形。

二、逮捕的自由裁量权

警察在执行逮捕中可以发挥自由裁量权。布莱克发现,在具有充分合法依据表明可以实施逮捕的案件中,警方只执行了半数的逮捕。[32]大多数情况下,警方仅仅要求当事人停止不法行为。例如,在印第安纳州的印第安纳波利斯和佛罗里达州的圣彼得斯堡,80% 的市民都很配合警方的要求。[33]

逮捕决定受到诸多情境因素的影响。总体上,当证据证明力较强、犯罪性质较为严重、被害人要求逮捕、被害人和犯罪嫌疑人是陌生人而不是熟人以及犯罪嫌疑人对警察充满敌意或不敬时,逮捕的可能性会增加。[34]最近,关于种族犯罪嫌疑人对警察逮捕决定产生影响的一项定量与定性结合的分析显示,种族对作出逮捕决定起到了很重要的作用。莱因哈特·克歇尔和同事们分析了 40 份报告研究该课题。他们报告称，“少数族裔犯罪嫌疑人被逮捕的概率比白种犯罪嫌疑人高30%”。[35]

关于家庭暴力情形和青少年犯罪中逮捕的自由裁量权的详述见第八章

三、后续侦查

在已经作出逮捕后或者没有逮捕的情况下，案件会移送到侦探部门进行后续调查。警察行政管理研究论坛（PERF）的研究将后续侦查分成3种活动类型：日常活动、二级活动和三级活动。[36]

日常活动包括询问被害人和检查犯罪现场，约90%的盗窃和抢劫案件会采用这些步骤。二级活动包括游说目击者、询问证人和其他人、与主管们讨论案件以及收集物证。三级活动包括与巡逻警察一起研究案件、讯问犯罪嫌疑人、与其他侦探讨论案件、翻阅警察局的记录、检索国家犯罪信息中心（NCIC）的计算机档案、检查其他记录、询问信线人以及进行监视。

四、侦探工作的现实

与公众的认知相反，侦探工作既不光彩夺目又不振奋人心。20世纪70年代早期，兰德公司通过邮件调查了153个警察局，以访问29个警察局警察的方式首次开展了对侦探部门的详细评估。研究发现，侦探工作浮于表面、平淡无奇且效率低下。很多犯罪只受到了“表面”的关注，而对有些犯罪则完全没有进行调查。例如，侦探只对30%的入室盗窃案件和18%的盗窃案件展开了调查，且多数调查工作只是“检查报告、文件归档、试图找到和询问被害人”。[37]多数案件调查的时间只有一天甚至更少，这些调查工作仅停留在一些书面工作上：在一堆报告之间传递信息。

同时，警察行政管理研究论坛（PERF）一项关于入室盗窃和抢劫案件调查情况的研究发现，约25%的入室盗窃案件的侦查时间不足两小时，而仅有11.9%的案件调查时间达到三天或者更多（平均每天一个小时）。同时，只有24.8%的抢劫案的调查时间超过两天。[38]哈罗德·派宾斯基（Harold Pepinsky）认为，大多数侦探把大把的时间用在办公桌上浏览文件和打电话上。[39]

五、案件筛选

实践中，侦探通常对案件进行筛选来决定要花费多少精力在不同的案件中。这种筛选主要基于犯罪的严重程度和可以执行逮捕的证据是否存在。有些警察局已经采纳了基于“破案因素”的正式筛选程序。这些因素在过去已被证明与破案可能性高度相关。研究显示,综合各项破案因素能够准确预测67%至93%的调查结果。在入室盗窃、抢劫和盗窃汽车案件的调查中,案件筛选程序被广泛采纳。[40]

警察行政管理研究论坛研究发现,侦探的案件量实际上由三部分构成:额定案件量,包括所有分配给侦探的案件;可行案件量,包括那些具有充分线索且具有破案价值的案件;实际案件量,包括“事实上由侦探承担的案件”。[41]

第六节 刑事调查效率的评估

一、破案率

传统上,破案率是衡量刑事调查成功与否的标准。[42]美国联邦调查局将破案定义为:“发现犯罪分子,掌握足以控告他的充分证据,将其送进监狱,或者在例外情况下,由于警方不可控的一些因素导致无法将犯罪分子送进监狱。”[43]

全国仅有21%的记录在案的指数显示犯罪告破。图表9－3显示了2008年8项UCR指数的全国破案率。[44]

破案率不是一个可靠的衡量标准,理由如下:一是基于被举报的犯罪,因为只有39%的犯罪向警察局报了案,所以真实的破案率远低于官方数据。只有51%的入室盗窃案件报了案,因此,实际上入室盗窃案件的破案率是7%而非12%。

二是尽管有UCR的指导方针,警察局并没有按照同样的标准侦破犯罪。例如,警察行政管理研究论坛研究发现,在一个城市记录在案的入室盗窃案件中,只有58%的案件登记为侦破,但实际上这里的侦破只是逮捕。[45]

三是数据可以通过人为地处理以制造更高的官方破案率。[46]例如,如果警方没有发现大量的犯罪,那么分母减少,从而产生了较高的破案率。另外,警方可以将在被监禁犯罪嫌疑人身上查处的其他罪名一并作为已破案件记录下来,这也会提高官方破案率。有些情况下,给犯罪嫌疑人附加其他的罪名是合法的。即使可能有证据证明犯罪嫌疑人犯了这些罪,但仍不足以提交给检察官提起诉讼。此时,就没有理由去寻找另一个犯罪嫌疑人了。最后,警方可以通过造假来操纵官方破案率。换句话说,侦探可能在即使没有证据指向犯罪嫌疑人的情况下破案。例如,马里科帕县治安官办公室被发现在没有调查的情况下就破案了。有报告表明,2006年至2008年之间75%至82%的已破案件都是通过非常规方式破案的。[47]

图表 9－3　2010 年通过逮捕或特殊手段破获的案件所占比重

谋杀和无过失误杀	64.8%
强奸	40.3%
抢劫	28.2%
严重袭击	56.4%
入室盗窃	12.4%
偷盗	21.1%
盗窃汽车	11.8%

资料来源：Federal Bureau of Investigation, Crime in the United States, 2010 (Washington, DC: Government Printing Office, 2011)。

在整个 UCR 系统中，破案率数据不被外人所监督。例如，警察基金会的一项研究发现，逮捕数据的质量变化很大。[48] 据此，我们可以推断官方破案率数据也应该存在同样的问题。

边注栏 9－2

例外的破案

UCR 手册指出通过例外破案要遵循以下政策：如果机构能够肯定回答下列问题，那么为了向 UCR 报告的目的就能例外地侦破案件。

1. 调查是否明确地建立在犯罪者的身份上？
2. 是否有足够的证据支持逮捕、控告以及移送至法院起诉？
3. 是否知道犯罪者准确的住址以便现在能将之送入监狱？
4. 是否有法律之外的其他原因阻碍对犯罪者进行逮捕、控告以及起诉？

虽然联邦调查局的指导原则被授权，但实质上警察局对政策的解释各不相同，并且警察机构的解释很大程度上影响了破案率。下面的例子表明来自于同属于菲尼克斯大都会区的五个警察机构通过例外规则的破案率比较，菲尼克斯警方极少通过例外规则破案（0.08%）、梅萨警察局（6%）、格兰岱尔警察局（11%）、斯科茨代尔警察局（24%）以及马里科帕县治安官局（89%）。由于破案率经常被用作衡量警察机构调查及侦破犯罪能力的评估手段，一些机构解释 UCR 政策作为夸大破案率的手段时比解释其他政策更“随意”。

2008 年菲尼克斯城区警察通过特殊手段所破案件

	破案数（起）	例外破案所占的百分比
菲尼克斯警察局	29043	0.08
梅萨警察局	4938	6.0
格兰岱尔警察局	8933	11.0
斯科茨代尔警察局	6687	24.0
马里科帕警察局	7265	89.0

资料来源：Joe Dana," Many Msco Solved without Arrests," 12 News, 1/19/2010, www. Azcentral. com/12news/news/articles/2010/01/15/20100115mcsocases01152010 (accessed March 16. 2012)。

二、定义逮捕

官方逮捕数据也是很有问题的。一个事件被称为逮捕有四个维度:法律上的、行为上的、主观意识上的以及官方的。[49]

当一个人的自由被合法剥夺时,他就被依法逮捕或拘禁了。警察一定要有逮捕意图,要向被逮捕的人传达这个意图,并且一定要真正将此人拘禁。[50]许多人在大街上被扣押又被当街释放,其他一些人被带到警察局后又被释放。在这段时间内他们被警察羁押而不能自由离开,他们处在被依法逮捕的状态。[51]

当警察执行以下任何一项行动指令时:停下(即警察告诉他不许动),口头声明他“被逮捕了”或身体上约束一个人,那是行为上的逮捕。

当一个人认为不能随意离开时,是主观意识上的逮捕。警察可能觉得仅仅是截停,但他可能觉得自己被逮捕了。

只有当警方作出官方的逮捕报告时,才是正式的逮捕。然而各个警察局在记录逮捕数据上存在很大的不同,甚至在个别部门内部也不尽相同。程序上,警察局不会在某一阶段同时作出扣押和拘禁某人的逮捕报告。警察基金会研究发现,仅有16%的警察局只要犯罪嫌疑人被限制人身自由就记入逮捕数据;仅有11%的警察局在犯罪嫌疑人被带到警察局后记入逮捕数据。当犯罪嫌疑人被定罪时所有警察局都记入逮捕数据。[52]

结果在很多警察局,许多人被依法逮捕了(在街上或在局里被拘留的),但是这些逮捕并没有记入官方数据,标准程序的缺乏导致不可能通过逮捕数据对各个警察局进行比较。例如,相比于在定罪阶段才做记录的警察局,在早期阶段就记录了所有逮捕的警察局显得工作更加努力和打击犯罪更加积极。事实上,这两个警察局的拘留率可能是相同的。因此,官方数据不是他们真正工作水平的可靠指标。

第七节 破案的成败

警方每年的破案率仅为20%。正如图表9-3所示,警察对某些类型案件的破案率远高于其他案件。研究人员已经关注了影响调查效率的三个破案因素,即案件结构因素、组织因素和环境因素。

一、案件结构因素

案件结构因素与警察正在调查的犯罪有关。例如,有无好的破案方向是一个结构因素,在这个意义上,它涉及犯罪属性和警察工作的独立性。研究一再表明,破案最重要的一个因素是警察是否及时掌握了犯罪嫌疑人的姓名或者特征描述。例如,图表9－4呈现的是洛杉矶警察局关于1905起刑事调查的样本。洛杉矶警察局已破的349起案件中86.2%的犯罪嫌疑人的姓名都被掌握了,而这些案件中只有11.6%的犯罪嫌疑人的姓名没有掌握。[53]

图表9－4　洛杉矶警察局所破案件

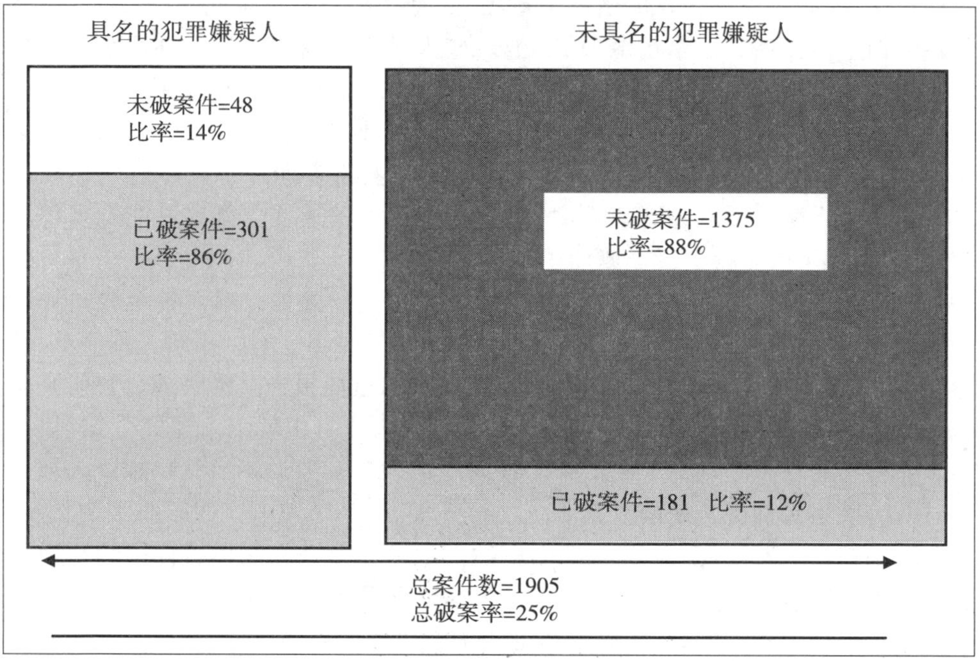

瑞斯和波尔多(Reiss & Bordua)认为最容易破案的犯罪案件"在某种程度上都是这样的:犯罪刚开始进入警察关注范围的时候,犯罪分子就被控告人或者警察'认识'"。[54]暴力案件的破案率最高,因为涉及的罪犯和受害人之间有直接接触。财产犯罪几乎没有直接接触,因此破案率很低。抢劫是暴力犯罪,通常都是陌生人犯罪,结果导致确认犯罪嫌疑人身份的概率较低以及破案率低。

案件的侦探筛选(见上文)主要的依据在于是否一开始就有很好的破案线索。桑德斯发现,"抢劫、强奸、人身攻击案都被划分到有线索的一类,因为被害人自己就是一个目击者"。[55]另外,一般都认为入室盗窃和盗窃案没有什么调查线索。

二、组织因素

最近,组织因素对于破案成败的影响也得到了验证。许多研究发现,警方工作努力程度的变化——增加侦探人数、增加或开展不同层次的培训、实施不同的管理措施——对破案率的影响不大。兰德公司研究刑事调查得出结论:在有更多侦探,或在案件中投入更多精力,或接受更多培训的警察局,其破案率并不高。[56]尽管侦探们抱怨工作强度大,且案件负担确实很重,但资源的缺乏并不是导致低破案率的根本原因。

然而,艾克、布兰德尔和弗兰克(Eck,Brandl & Frank)在后续的研究中得出了稍好于兰德公司关于刑事调查研究的结论。他们认为,对调查工作尽心尽力会带来不同的结果。他们将案件按照证据证明力分为 3 个等级:弱、中、强,提出了"分流"模型。弗兰克和布兰德尔发现,努力增加更多的调查,结果可以提高证据证明力为中度的入室盗窃案和抢劫案的逮捕可能性。[57]

三、环境因素

环境因素很少被讨论,即使警察对此也不怎么了解,但对破案率却有着显著的影响。环境因素指的是警察工作的那些社区的特点,如社区规模、社区中的犯罪类型、社区的经济结构以及社区居民的特点。柯德纳(Cordner)研究了组织和环境因素对破案率的影响。他得出了一个结论:"在警方调查的效率上,环境变量产生的影响比组织变量更大。"[58]

柯德纳指出,社区规模可能是最重要的环境因素。在解决案情上小社区有许多优势。小社区的居民更容易观察和识别可疑的行为和可疑的人。同样,小社区的警察更有可能对犯罪形态了如指掌,而且更加熟悉可能牵涉犯罪活动的人。

菲尼克斯警察局进行的一项研究充分表明了社区环境对破案的影响。自 2000 年以来,该警察局凶杀案的破案率一直在 30% 至 50% 之间徘徊,而同比其他类似规模的城市却达到 60% 。菲尼克斯警方发现,城市里较低的破案率与西班牙裔居民杀人有关。西班牙裔涉及 61% 的凶杀案,其中只有 21% 的案件被侦破。警方认为他们无力破获这些案件,因为西班牙裔居民社区缺乏凝聚力,亚利桑那州的墨西哥移民也存在同样的问题。[59]

四、办案效率

如果以逮捕数进行衡量,侦探们的工作效率存在显著差异,有些侦探的逮捕数远高于其他侦探。工作效率取决于一系列因素,负责侦办抢劫这种高破案率的侦探比负责侦办盗窃这种低破案率的侦探有更多实施逮捕的机会。并且,研究表明,即使是同样的任务,付出更多精力的侦探也会有更多的机会实施逮捕。里乔和希非(Riccio & Heaphy)发现,平均每个侦探的逮捕数从低的 2. 18 人到高的12.06人不等。[60]

比逮捕总数更重要的是逮捕的质量。换言之，逮捕后是否得到了起诉和定罪。例如，法律与社会研究所发现，一个警察局里只有15%的警察最终能将超过一半的逮捕定罪。[61]

五、案件消耗问题

只有大约一半的重罪嫌疑人被捕后最终被定罪。[62]这些数据导致了警察是否消极怠工或其他因素导致案件消耗这一严重问题。在加利福尼亚州已经得到验证，11%被捕的人被警方释放了；15%被捕的人被检察官拒绝起诉；18%被捕的人在案件最后被撤销起诉或被宣判无罪。[63]案件总消耗率为44%（这种分析未将警察的合法逮捕且又未做逮捕记录的案件纳入统计）。皮特西莉亚、亚伯拉罕赛和威尔逊（Petersillia，Abrahamse & Wilson）试图找出与案件高消耗率相关的警察工作因素。他们对25个警察局进行研究后发现，几乎无法解释各警察局案件消耗率的不同。研究涉及25个警察局的案件的筛选过程、办案文书、已知罪犯的文件、特殊的被害人或证人以及其他一些内容。利用逮捕数作为评价标准的警察局实际上造成了更低的破案率。报告还发现，在每起逮捕中花费更多财力的城市，其错案率会低一些，但结果似乎说明了破案率和更多可使用资源之间的联系。[64]

INSLAW机构的一项研究发现，侦探们对采取措施降低案件消耗率没什么兴趣。采访的侦探们都不知道自己被检察官拒绝起诉的案件比例是多少，也没有监督者通过案件被定罪的比例来评价侦探的工作效率。没有侦探对从检察官那里得到的对自己工作质量的反馈感兴趣。[65]

第八节　目击者辨认、刑事侦查学和DNA在调查中的运用

一、目击者辨认

尽管在破案中受害人和目击证人辨认犯罪嫌疑人极其重要，但目击者辨认也存在很多问题。受害人通常会受到心理创伤，往往对犯罪嫌疑人描述得不完整，可能夸大犯罪嫌疑人的某些特点（如身高或体重）或者可能无法分辨出某个种族或族裔群体的个人特征。作为这个领域的权威专家，心理学家伊丽莎白·洛夫斯特（Elizabeth Loftus）提出警告：尽管目击者很重要，却“并不总是可靠的”。因为这些问题与人类的感知和记忆相关联。[66]虽然目前尚不清楚目击者错误的频率，但最近的一项研究表明，230人通过DNA测试已被证明无罪，75%以上的

案件涉及错误指认。[67]

二、刑事侦查学

犯罪研究实验室的技术专家可能会出现在一些调查中，有些大规模的警察局有自己的刑事侦查专家，一些小警察局会利用临近大警察局和州警察局的服务。几乎所有警察局，包括规模最小的警察局，通过与其他机构合作都可以获得相关的技术服务。[68]

尽管受到极大的关注，但指纹很少作为破案的重要证据，主要问题在于很难获得有用的指纹。例如，纽约市警察局仅仅能够在10%的入室盗窃案中获得有用的指纹，甚至即使获取了有用的指纹，也只有3%的罪犯能够被逮捕。也就是说，发生在纽约市的126028起入室盗窃案中（在调查的这一年中），仅有300起案件能够通过指纹破案。[69]

三、DNA

20世纪80年代末，科学家已经能够利用获取到的DNA样本准确鉴定出其来自于何人。DNA存在于所有细胞的组成物中，如血液、皮肤、骨头、精液、唾液和汗水。警察可以通过很多物品收集DNA，如餐巾纸、衣服、眼镜以及其他人接触过的物品。联邦调查局指出，仅仅在一个人的身上提取一些细胞就能够恢复DNA。[70]

将地方、州和联邦的执法人员获取的所有DNA数据都汇总到联邦调查局。通过整合所有数据，联邦调查局建立了国家DNA检索系统（NDIS）。这个系统用于储存两种类型的数据。第一种是法医检索数据，包括从犯罪现场收集到的遗传基因证据DNA剖面图。第二种是前科罪犯检索数据。被定前科罪犯检索数据包括采集血液样本获得的罪犯的遗传基因信息。现在所有州都会从已定罪的罪犯身上采集DNA数据。有些州，如路易斯安那州，允许警察在任何被逮捕者身上提取DNA。[71]作为项目的一部分，在联邦调查局工作的科学家通过电脑数据库储存遗传数据。法医实验室通过交换电子数据以确认是否有匹配的结果，以便联邦调查局通知相关机构来调查案件，这个过程通常需要3至7天。[72]

把DNA数据作为证据的应用得到了媒体的广泛关注，对于警察调查的影响程度尚不清楚。一项关于纽约市的调查称，DNA极少在杀人案件中被应用，即使DNA被应用，也没有提高破案的可能性。研究者称，研究期间（1996年至2003年）收集、分析、应用DNA的可能性仅占案件的6.7%，并且仅仅被用作破案的“最后手段”。[73]另外，另一项研究表明，DNA对于侦破盗窃案件是有帮助的。具体来说，研究人员与5个县警察局合作，要求他们在随机选择的一定数量的入室盗窃案件中收集生物样本。研究者称，除了使用传统的侦查技术，DNA 数据也被用于其中，从而以两倍的速度逮捕了 1 名嫌犯。[74]

第九节　提高刑事调查水平

当前在改善刑事调查过程中，最引人关注的提议与社区警务有关。社区警务的内容将在第十章进行更深入的讨论，在此我们仅提出刑事调查中发生的三个变化，这些变化都是从社区警务中得到的启示，从而提高了侦探办案效率。[75]

第一，社区警务导致调查队组的结构性变化。过去刑事调查员通常会分配到“总部”，现在很多调查人员离开办公室到一线，被分配到特定的地区，如警区或者辖区。这种变化是警察局努力加强调查人员、巡逻警察与公众之间沟通和合作的结果。将调查人员分配到特定区域确实能让调查人员更加了解当地的犯罪模式，并且与在该地区生活和工作的居民与警员建立更为紧密的关系。

例如，新墨西哥州的阿尔伯克基警察局裁撤了所有的专门调查组，如专门侦办凶杀案、抢劫案、盗窃案的调查组，并在每个管辖区里建立了若干通用的侦查组。侦探们负责调查被分配到该区域内所有的犯罪，而不是只负责调查某一类型的犯罪。警察局局长认为，巡警和侦探之间将会开展更多的合作，侦查单位的负责人将对责任区域内的所有案件负责。[76]

第二，为了使刑事调查更成功、更高效，许多警察局在程序上做出了更加适合社区警务的变化，特别是许多机构采用了一些程序和做法来实现更高级别的政府间的合作。过去大多数机构和他们的调查人员，很少允许“外人”协助他们调查犯罪和研究如何应对犯罪的方法。然而，随着社区警务开始渗透到警察调查工作中，警察各机构和调查人员在发展更广泛的犯罪应对方法上开始认同其他刑事司法组织和社区服务组织的援助。例如，目前由来自不同地方、州和各种机构的联邦组织组成的凶杀案调查小组并不少见，他们通过翻阅凶杀案的各种证据资料以便探索出更有效的策略来调查和应对凶杀案。

第三，具有创新意识的警察局正在对调查人员的角色和职责做出功能性的改变。例如，斯波坎县治安官局侦探的主要职责是负责解决问题。管理者认为侦探们在日程安排中具有最大的灵活性以及可以随手获得最全面的犯罪信息。其他机构，如亚利桑那州梅萨市的警察局要求调查人员（基于他们在社区调查中的角色而使他们掌握大量可利用信息）参加社区会议，培训居民有关犯罪的知识以及如何预防犯罪。

第十节 特殊调查手段

一、卧底警察工作

卧底警察在警务工作中呈现出一些特殊问题。[77]第一,涉及蓄意隐瞒的警员:给自己编造一个身份。危险的是警员养成了说谎的习惯,并且在其他环境中可能由于受到诱惑而说谎,如宣誓作证时。第二,卧底警察与犯罪分子合作并且假装成为朋友。这种现象可能侵蚀警务工作的价值观和标准,削弱警察与同事和家人之间的关系。有些卧底警察已经“入乡随俗”,信奉了犯罪亚文化,并且自己也变成了罪犯。第三,卧底警察往往比其他警察接受的直接监管更少。尤其是对于深度秘密的行动,他们需要利用数周或数月的时间打入犯罪组织。例如,纳普委员会(The Knapp Commission)发现,在纽约市的特别调查组(SIU),如果侦探们在数周里都没有见过他们上司,就会滋生腐败。[78]

传统上,警察局对卧底工作有意义的控制即使有也极少,警察往往从资深卧底警察的非正式培训中学习如何做卧底。[79]

为防止一切可能发生的违规行为,警察局制定了正式规则以控制卧底警察的工作。认证委员会要求执法机构具有“对卖淫、毒品和有组织犯罪采取监视、卧底、诱饵和突击检查行动的书面程序”。这些程序应包括诸如“为卧底警察提供虚假身份、用作伪装的东西和必要的凭证”“指定一个人作为监督者或者协调人员”“进行密切的监督”等。[80]

二、线人

线人是获取犯罪活动信息的重要来源。对于侦破无受害人的犯罪和其他隐蔽的犯罪活动,线人尤为重要。线人能够获取特殊的信息,因为通常他们自己就是罪犯或者与罪犯有着密切的来往。发展一组线人是一项具有技术含量的警务工作。乔纳森·鲁宾斯坦(Jonathan Rubinstein)指出,“有关风化犯罪的信息是一种商品,巡警清楚他们必须在管控市场买到它”。[81]

J. 米切尔·米勒(J. Mithell Miller)通过对南部几个州的84个前线人的访谈,研究出一个人如何成为线人。他发现有四种类型的线人:压力型线人、雇用型线人、报复型线人和警察迷。压力型线人,是指因有被逮捕的压力而同意成为线人的人员。许多压力型线人都是吸毒人员、底层或中层的贩毒人员,为了避免被逮捕或其他的法律制裁,他们愿意向警方提供情报。雇用型线人的动机是钱。他们随时向警方提供可卖的线索或案件信息。米勒指出,这类线人最容易出问题，因为他们为了赚钱可能会伪造情报。报复型线人提供线索的目的是针对某个人实施报复并使其遭受惩罚，这类线人包括被骗财的人或被抛弃的前任恋人。警察迷是第四种类型的线人。他们是警察的支持者，因为他们可以接触到某一特定类型的信息而在一段时间内向警方提供情报。这类线人通常不会持续地向警方提供情报。[82]

然而，使用线人会造成一系列的潜在问题。警察牵涉到一个与他人交换信息的关系中，并且线人通常是一个已知的罪犯。警察必须给付一些东西以确保获得他们想获取的信息，最有价值的交换物品是对线人宽大处理的承诺：达成不逮捕协议或者建议检察官或法官宽大处理。在不逮捕罪犯方面，警察故意无视其犯罪活动，这存在严重的道德问题。批评者认为，这种关系损害了警察的正直性，为腐败留下了可乘之机。20 世纪 70 年代，纽约市警察局的警员因向罪犯提供毒品而变成毒贩。[83]线人提供的信息也可能存在一些问题，可能仅仅是为了取悦处理他们的警察或者仅仅提供了他们的敌人的信息。杰罗姆·斯科尔尼克（Jerome Skolnick）发现，在“韦斯特维尔”毒品案件中，缉毒探员允许他们的线人盗窃，盗窃案探员允许线人从事毒品交易。[84]正如加里·马尔克思（Gary Marx）指出，这样做的危险是线人开始“控制宣誓的探员而不是听从他们”。[85]

为了控制包括线人使用在内的潜在问题，执法机构认证委员会要求警察局具备一套“政策和程序”，包括线人的主要档案、“情报档案的安全性”、“对线人的支付标准”和其他“对线人采取的预防措施”。[86]在司法援助局和警察行政管理研究论坛上（A Joint Bureau of Justice Assistance – Police Executive Research Forum），一位与会者在报告中建议：“所有与犯罪线人的协议都应采用书面协议的形式。”[87]

第十一节　缉　　毒

20 世纪 80 年代末，毒品已成为警察、刑事司法系统和整个美国社会所面临的最严重的问题。吸食可卡因的疯狂流行导致美国许多大型城市毒品市场的反复无常，对于控制毒品市场的竞争导致凶杀案件的剧增。在过去的十年中，尽管亚文化的影响有所缓解，但由于暴力事件仍保持严峻态势，国家仍然耗费大量财力与毒品问题作斗争。[88]根据白宫的报告，美国斥资 88 亿美元进行国内缉毒执法、毒品封锁以及国际禁毒工作；37 亿美元用来帮助吸毒人员进行治疗；15 亿美元用来实施毒品预防。[89]

一、禁毒策略

地方警察使用两种基本策略来打击贩毒和吸食毒品。传统的减少供给策略具体包括以下四种不同的策略:第一种策略是简单的"购买—拘捕"的策略:便衣警察先购买毒品,然后逮捕供货者。第二种策略是通过"升级交易"摧毁贩毒集团:逮捕低级别供货者并且给他们宽大处理,以换取高级别供货者的信息。[90]第三种策略是通过长期的卧底工作来摸清整个涉毒团伙。第四种策略是在一段时间内集中精力对某一特定区域进行毒品打击与整治。[91]

减少需求策略旨在努力减少部分潜在人员的毒品需求。这个策略包括毒品教育项目,如D. A. R. E项目。

边注栏9-3

被捕者的毒品使用情况

亚利桑那州被捕人员信息网络提供的数据显示,警察经常与吸毒人群打交道。在亚利桑那州马里科帕县最近被捕男性的随机尿液分析标本中发现,41.9%的人呈大麻阳性,14%的人吸食可卡因,21.7%的人吸食冰毒和7.8%的人吸食鸦片类毒品。

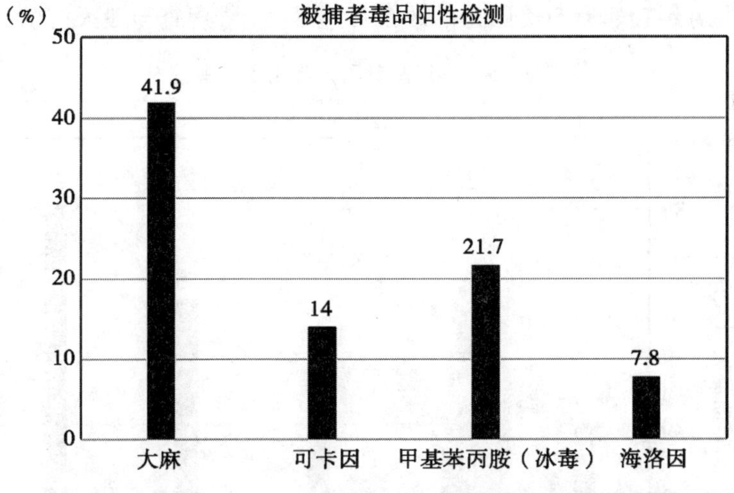

资料来源:Michael White:《AARIN Annual Adult report》(菲尼克斯:亚利桑那州立大学,2012年4月)。

传统的打击毒源策略并没有什么效果。非法使用毒品的数量依然停留在很高的位置,并且在最贫困的社区,毒品走私是公开且十分猖獗的。有几个原因可以解释这种策略的失败。

第一,并无有力的证据支持逮捕本质上可以阻止毒品的使用或出售(或者为此阻止其他任何形式的犯罪活动)。第二,通过所谓的"替代效应",新毒贩的数量迅速取代那些被逮捕的毒贩数量。其实,贫穷社区的合法就业机会有限,在减少需求策略中,被控制的毒贩不会影响其他新的潜在毒贩。第三,逮捕低级别毒贩并与其交易从而获得贩毒组织关键人物的策略从未被验证可以有效地破坏这些组织。[92]

一个重要的问题是"为什么警察还是继续实施这些行动呢?尽管这些行动明显无效"。彼得·曼宁(Peter Manning)认为逮捕毒贩是为了他们的"戏剧化效应":警察公开宣传并且制造了一些关于治理毒品问题的表象。[93]正如克兰克和兰沃西(Crank & Langworthy)提到的,警察局存在于一个更大的社会和政治环境之中,他们无论如何都要创造出他们正在专业领域中处理问题的印象。[94]

二、少数族裔与毒品的战争

在少数族裔和种族地区抓捕毒犯有着显著区别。在全美家庭调查中发现,特定月份里非洲裔美国人比白人更有可能使用非法药物。[95]如图表9-5的数据显示,非洲裔美国人更有可能因为毒品犯罪被逮捕。杰罗姆·米勒认为,整个刑事司法制度对年轻非洲裔美国人的政策传递了一个"搜查与毁灭"的使命。[96]

图表9-5　非洲裔美国人与毒品持有情况

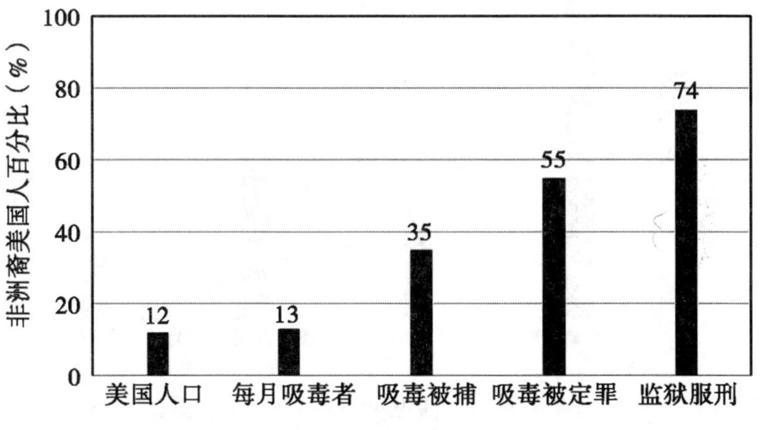

资料来源:The Sentencing Project: Young Black Americans and the Criminal Justice System: Five Years Later. (Washington DC: The Sentencing Project, 2001)。来源于2004年1月15日 www.sentencingproject.org/pdfs/9070smy.pdf。

许多评论家认为,在毒贩逮捕问题上的种族差异是有关部门故意把少数族裔地区作为目标的结果。正如卡斯泰拉诺和内田(Castellano & Uchida)所指出的,“在很大程度上逮捕毒贩是警察发起(积极主动)而不是市民发起(被动反应)”。所以,“当地毒贩逮捕率和逮捕情况在很大程度上依赖于警察局的逮捕政策和执行时的优先顺序”。[97]换言之,这并不是在街上的某些个别警察歧视的结果,而是指挥者的政策决定的。

三、减少需求:D. A. R. E. 项目

最著名的减少需求策略就是人们熟知的 D. A. R. E. (抵制药物滥用)毒品教育项目。D. A. R. E. 项目起源于洛杉矶警察局 1983 年与洛杉矶公立学校的合作。该项目包括由正式警察 17 个小时的课堂讲授。该项目的内容包括非法药物基本常识、使用后果以及抵制非法药物滥用的社会技能培训。[98]

D. A. R. E. (抵制药物滥用)毒品教育项目非常受欢迎。现在,全美 75% 的公立学校都开设了该项目,每年花费约 7. 5 亿美元。该项目已经被其他 44 个国家采用。[99]该项目会获得成功的原因可以通过以下几个因素进行解释:第一,该项目使父母开始关心青少年的毒品滥用问题。第二,人们普遍相信教育是禁毒的一个有效途径。第三,警察和公立学校的官员都想为毒品问题做点事情。

大多数关于实施 D. A. R. E. 项目的效果评估显示,实施该项目并没有使毒品滥用情况显著减少。然而,批评人士称,这些评估仅局限于 1 年的随访期。[100]最近,检验 D. A. R. E. 项目长期影响的两个研究发布了结果。其中一个研究检验了 D. A. R. E. 项目实施 6 年后产生的影响,另外一个则检验了 D. A. R. E 项目实施 10 年后的影响。两项研究都随机将学生分为两组,一组学生接受了 D. A. R. E. 项目的教育,另一组则没有接受教育。两项研究都分别评估了 D. A. R. E. 项目对学生态度、信仰、社会技巧和吸毒行为的影响。两项研究均发现参加过该项目的人和没有参加过的人相比并没有可以量化出来的不同之处。[101]

第十二节 黑帮与黑帮犯罪的防控

1982 年,沃尔特·米勒(Walter Miller)报告称,仅有 27% 的人口规模在 10 万人以上的城市存在黑帮问题,说明该问题很大程度上只存在于美国的大型城市。[102]然而,今天街面黑帮几乎可以在全美所有州和所有主要城市中找到。一项名为“全国青少年犯罪团伙调查”的项目声称,青少年黑帮在美国 86% 的大城市中都十分盛行。此外,该调查显示,全美有 28100 个黑帮和 731000 名黑帮成员

正活跃着。[103]

因此，官方和学者宣称，黑帮的增长主要是由青少年暴力和毒品滥用所导致的，该论断的理论依据在于官方的记录显示黑帮成员总是大量被卷入犯罪活动中。例如，亚利桑那州的梅萨警察局发现当把记录在册的黑帮成员数量和未记录在册的少年犯被捕的数量相比较时，由于暴力犯罪、持有武器或毒品以及人身攻击而被捕的黑帮成员几乎是普通少年犯的 2 倍。此外，黑帮成员因为这些原因被捕的概率比普通少年犯高出 4 倍。[104]

地方警察局主要依靠两条策略对付黑帮犯罪问题：一是打击，二是预防。

一、打击黑帮

在过去 20 年里，随着黑帮数量增长的还有专门应对黑帮犯罪的执法行动。传统上，警察局应对黑帮犯罪问题的手段是将对团伙的控制分配给各个队组，如巡逻队、青少年犯罪组、社区关系组、侦查组和犯罪预防组，[105]但从 20 世纪 80 年代开始，很多警察局都设立了控制黑帮的专门工作组。黑帮治理组是警察局中的一个二级部门或者功能分支机构，至少有 1 名正式警察专门负责黑帮犯罪的控制。[106]因此，黑帮治理组自然具备了专门性，有独特的管理政策和步骤，往往不同于其他并列机构，而且有着受过独特训练的一线专家从事专项工作。

司法援助局（BJA）称，在正式警察超过 100 人的大型警察局中，约 1/3 的当地执法机构都设有专门的黑帮治理组，大多数黑帮治理组成立于 2004 年之后。约 33% 的黑帮治理组称其主要时间用于情报信息的收集、维护和传递；32% 称其主要时间用于调查；13% 称其主要精力用于打击；只有 4% 称其主要精力用于预防；剩余的（18%）表示，他们在黑帮犯罪方面还与其他部门进行了合作。[107]

当成立专门黑帮治理队组成为美国警务工作中呈现的一个新特征时，它也成为很多警察局设立各种专门队组大潮流的一部分，这些专门机构负责应对执法中的特殊问题，诸如累犯、家庭暴力和仇恨犯罪。这些队组的创设旨在集中警务资源、精力和减少团伙犯罪的技巧。另外，这样一种尝试实则是一个象征性的行动，预示着警察局将黑帮犯罪问题视作十分重要的任务。[108]

设立专门队组不仅标志着警察局重视黑帮犯罪问题，还标志着警察应对黑帮犯罪问题的决心，队组或者特遣队的名称就向公众传达出了这一信号。例如，位于明尼阿波利斯都会区的特遣队使用了“双子城都会打击黑帮队”的名称，洛杉矶县治安官局使用了“GET”（黑帮执法队）的名称。这类首字母缩写传递出警察局打击黑帮斗争的好莱坞形象，表示只要我们努力集中打击，黑帮问题就能解决。

洛杉矶的克莱因和他的同事们开展了为数不多的一项关于黑帮犯罪治理警

察专业队工作效率的研究。研究者比较了洛杉矶市警察局和洛杉矶县治安官局定性为黑帮所为的凶杀案和非黑帮凶杀案。研究者说黑帮性质的凶杀案相对于非黑帮凶杀案而言有更多的调查记录,询问和讯问目击证人和与非黑帮凶杀案相比被起诉的犯罪嫌疑人。克莱因和他的同事们还称,在两个警察局中,由专门黑帮犯罪治理队调查的凶杀案更容易水落石出。因此,这说明至少在初期,黑帮犯罪治理队能对黑帮犯罪的调查工作提供专业支持。[109]

二、预防黑帮:G. R. E. A. T. 项目

警察主导的黑帮预防项目被称为抵制黑帮的教育和培训(G. R. E. A. T.)项目最常见。菲尼克斯警察局于 1991 年设立了这个项目,是继 D. A. R. E. 项目后建立的。G. R. E. A. T. (抵制黑帮的教育和培训)包括九周的课程,由一位制服警察每周给中学生上一次课。这个项目向学生介绍解决冲突的技巧、文化差异性以及与黑帮及黑帮有关行为等方面的问题。目前,G. R. E. A. T. 项目已在全美 50 个州和其他几个国家得到开展。[110]

到目前为止,对 G. R. E. A. T. 项目的评估还很少。最深入的一项研究就是使用多点纵向设计来评估该项目的成效。研究者对来自 22 所学校约 1750 个已完成了 G. R. E. A. T. 课程的八年级学生与没有参加该项目的学生进行了比较。两个组在超过 4 年的时间里被调查了 4 次。在研究期间,与那些没有参加黑帮预防项目的学生相比,参加过 G. R. E. A. T. 项目的学生并没有体现出加入黑帮的可能性更小,并且研究人员在报告中提到,该项目对青少年违法行为没有影响。[111]

第十三节　职业罪犯的防控

20 世纪 80 年代,几个警察局试行了针对职业罪犯的项目,职业犯罪被视为当前高发案率犯罪之一。这个想法是基于沃尔夫黑帮的群体研究,这些黑帮里有一小部分人(任何黑帮里 6% 的年轻人)在所有严重犯罪中都占有极高比例。[112]有人认为逮捕、定罪和监禁职业罪犯会在减少犯罪方面带来巨大的回报。[113]

针对惯犯的方案包括三种不同类型:(1)针对涉嫌高犯罪率的目标罪犯进行监视和逮捕;(2)针对未被执行逮捕或者因违反缓刑或假释规定而被通缉的涉嫌高犯罪率的罪犯执行特殊的逮捕令;(3)加强案件项目向检察官提供涉嫌高犯罪率惯犯犯罪历史的全面信息。[114]

华盛顿特区的惯犯计划(ROP)中,有一个由 88 人组成的队伍(后来减少到

60 人）专门查找并逮捕那些每周有 5 宗或 5 宗以上系列犯罪的人。这些犯罪嫌疑人的筛选是根据其他警察局提供的信息，犯罪嫌疑人会在名单上保留 72 小时。ROP 工作人员试图通过机动车管理部门、移动通信公司或者其他途径提供的犯罪记录定位犯罪嫌疑人，许多目标人物都已经被列入拘捕令中。[115]

警察协会的一项评估对 ROP 单位记录的 212 名犯罪嫌疑人与一组 212 名相似的犯罪嫌疑人进行了比较，还对 ROP 工作人员的逮捕活动与一个对照组工作人员的活动进行了比较。评估发现，ROP"增加了逮捕目标惯犯的可能性"。与对照组的 4%（212 人中的 8 人）相比，实验组里一半的犯罪嫌疑人（212 人中的 106 人）被 ROP 人员逮捕了（另有 17 人是由其他人员逮捕的）。

然而，其他数据提出了对该项目效率问题的质疑。ROP 工作人员实施的逮捕比对照组工作人员实施的逮捕少（虽然对照组工作人员其他大部分的逮捕不是严重犯罪）。ROP 项目直接开支 60000 美元，让该项目的工作人员从其他的警察职责中分离出来，对该项目的成本效益提出了严重的质疑。[116]

第十四节　枪支与涉枪犯罪的防控

枪械，尤其是手枪，是美国的一个严重问题。梅斯纳尔和罗森菲尔德指出，从犯罪中枪支使用的数量和比例来看，美国比其他所有工业化国家都要高。然而，涉枪犯罪却在减少。全国犯罪受害人调查（NCVS）研究表明，1993 年至 2007 年（能够得到数据的最近一年）枪支犯罪率下降了 70.6%。但仍有约 71% 的凶杀案、25% 的抢劫案和 5% 的人身袭击案都是涉枪犯罪。[117]

涉枪犯罪的受害人更有可能是非洲裔、印第安人和西班牙裔，其次是白人和亚裔。涉枪犯罪案件受害人中，男性大概是女性的 2 倍。同样，年轻人更容易成为受害人（见图表 9 -6）。

图表 9－6 枪支犯罪被害人情况（每千人中 12 或 12 岁以上人员按照种族、性别和年龄的划分）

种族	比率（%）
白人	2.8
非洲裔	8.4
印第安人	7.7
亚裔	2.7
西班牙裔	6.0
性别	比率（%）
男	5.4
女	2.4
年龄（岁）	比率（%）
12－14	2.4
15－17	8.1
18－20	11.8
21－24	8.4
25－34	5.0
35－49	3.2
50－64	1.4
65 或以上	0.6

资料来源：Bureau of Justice Statistics, National Criminal Victimization Survey, UNK。

抑制枪支

尽管警察局尝试了不少战略以减少涉枪犯罪，如枪支回购计划、大力执行枪支相关法律，但这些战略一般都失败了。[118]现在，解决涉枪暴力犯罪最具创新性的战略都把焦点集中在定向巡逻和组建跨机构的特遣队上。

堪萨斯市枪支实验或许是减少涉枪暴力最著名的定向巡逻实验，该实验把问题导向警务（通过集中于特定问题）和定向巡逻（通过专注于犯罪高发地区）结合起来。[119]

该实验把堪萨斯市的一个犯罪高发区域作为目标警区。该区域在 1991 年的凶杀案比例是 177∶100000，而全国的凶杀案比例为 10∶100000。在 1992 年至 1993 年的 29 周内，从晚 7 时到凌晨 1 时，该地增加了 2 人一组的 6 小时机动车巡逻。警察可以截停他们认为非法携带枪支的车辆，但警察仅可以作出合法停车指示（如违反交通法规），然后进行合法的武器搜查（如为了实施逮捕而进行的搜查）。这个项目的出发点是基于从街面缴获枪支和在该地区传达一个积极执法的威慑信息来减少犯罪。

在实验过程中，专业队的警察缴获了 29 支枪，另有 47 支枪由其他人员在专项打击中缴获。涉枪犯罪在目标警区下降了 49%，而在控制警区只下降了 4%。该市其他警区涉枪犯罪的变化不太明确，没有证据表明有涉枪犯罪转移或者利益扩散。实验表明，以重点地区为主的反犯罪计划有潜在的积极影响。在印第安纳波利斯市复制的枪支实验也发现了类似的结果。[120]

另一创新性减少涉枪暴力的项目是安全社区项目（PSN）。该项目是乔治·W. 布什总统在 2001 年为鼓励刑事司法机构共同致力于减少涉枪暴力而设立的，目标是：（1）设计出以数据为导向减少涉枪犯罪的有效策略，以提高 PSN 特遣队的能力；（2）提高联邦、州以及地方合作伙伴（包括警察局）的长远能力，以便在他们的管辖权内解释、起诉和预防涉枪暴力犯罪。90 多个基于 PSN 模式的地方项目获得了布什政府的资金支持。[121]

边注栏 9－4

枪支回购计划

减少涉枪犯罪的一个著名方案是枪支回购计划。这些计划呼吁公民个人和家庭将枪支上缴给警察或其他组织，并且他们不会受到任何提问。公民不会被问及姓名，也不会被收集其他个人重要信息。相反，上缴枪支的公民通常会获得现金或商场礼品卡等奖励。开展这项计划是基于减少枪支供应涉枪犯罪就会减少的思维。通过综合分析，马克里奥斯和普拉特（Makarios & Pratt）检验了 16 项研究以评估枪支回购计划的影响。他们的结论是枪支回购计划对涉枪犯罪没有影响。

资料来源：Matthew D. Makarios and Travis C. Pratt，"The Effectiveness of Policies and Programs That Attempt to reduce Firearm Violence：A Meta－Analysis，" Crime & Delinquency 58（2012）：222－244。

PSN 项目的 1 个例子是内华达州拉斯维加斯的 EFFECT 项目。该项目由分别来自拉斯维加斯都市警察局、酒烟火器管理局（BATF）、美国联邦检察官办公室以及克拉克县检察官办公室的人员组成特遣队，目的是通过联邦诉讼程序制裁涉枪暴力犯罪分子，案件由地方警察局通过酒烟火器管理局提交给美国联邦检察官办公室。如果这个策略成功的话，那么罪犯面临的刑期比地方法院的判决更长。

第十五节 仇恨犯罪的防控

对警方而言,仇恨犯罪或偏见动机型犯罪代表了一个相对较新的问题。因为仇恨犯罪本身不是独立的或不同的犯罪,它仅仅是由犯罪者的偏见引发的犯罪。根据1990年仇恨犯罪统计法案,仇恨犯罪的定义是"针对公民人身或财产,全部或部分由于罪犯的人种、宗教、残疾、种族/民族或性取向引起的犯罪"。[122]因为动机是主观的,对警察而言往往难以确定该犯罪行为是否由于偏见引起的。

一、仇恨犯罪的范围及特点

2003年至2009年,全国犯罪受害人调查数据显示,平均每年约有195000名受害人遭遇仇恨犯罪侵害。如图表9－7所示,大多数犯罪由人种或种族偏见(88%)、性取向(15%)、宗教偏见(12%)引起(百分比相加并非100%原因是犯罪分子可能因为1种以上的偏见而对受害人实施犯罪)。只有约45%的受害人向警察报案,而且受害人的处理方式多种多样。最常见的处理方式是向学校领导报告或者他们私下解决。未报案的受害人称,他们没有向警方报案的原因是认为受到的侵害不够严重,警察也做不了什么,或者认为警察不会提供帮助。[123]

图表9－7 涉嫌仇恨犯罪动机的受害人人数(2003年至2009年)

人种	58%
种族	30%
党派	25%
性取向	15%
感官的特点	13%
宗教	12%
失能	10%

注意:因为受害人能列举出不止一种类型的仇恨犯罪动机,所以具体加起来时会超过100%的比例。

资料来源:Lynn Langtonand Michael Planty, Hate Crime, 2003－2009(Washington, DC: Bureau of Justice Statistics, 2011), Figure 2。

联邦调查局指出,仇恨犯罪有5大特点:(1)仇恨犯罪比一般犯罪涉及更严重的人身袭击;(2)仇恨犯罪通常更加残暴,约2/3的犯罪针对人身,其余1/3的犯罪针对财产;(3)袭击前往往出现一系列对抗事件的严重升级;(4)仇恨犯罪比其他犯罪活动更容易凸显出加害者的群体性;(5)大多数针对个人的罪行都是被害人认识的人实施的,而仇恨犯罪更有可能是陌生人犯罪。

二、警方应对仇恨犯罪

为了应对社会对偏见犯罪的不断关注,有些警察局已经建立了专门负责偏见犯罪的队组。像针对黑帮犯罪的队组一样,这些队组旨在集中资源和精力,努力提高打击仇恨犯罪的成效,并向公众传达警察局重视仇恨犯罪的信息。苏珊·马丁认为,还有其他3个原因使仇恨犯罪受到特殊关注:一是因为仇恨犯罪建立在受害人是谁的基础上,所以受害人很难应对可能受到的侵害。二是仇恨犯罪似乎对社区的影响极其恶劣,加剧了民众之间的不信任、恐惧和群体间紧张关系的等级。三是因为仇恨犯罪在刑法上还不算很严重的犯罪,因此警察的重视很少,甚至近乎没有重视。[124]

警察局已成立了不少专门组织以打击仇恨犯罪。例如,纽约偏见犯罪事件调查组(BIIU)就是一个具有诸多官僚特点的中心单位。当遇到认为是偏见犯罪的案件时,警察必须通知主管,主管则需要通知指挥官。指挥官随后进行初步调查,如果罪行被证实,行动小组就会收到通知,然后他们通知偏见罪案组。[125]

相反,巴尔的摩警察局使用的是分散策略。该局没有建立专门的偏见犯罪队组,而是委托巡警将这些案件作为社区警务职责的一部分,以此解决这类的问题。如果该辖区的指挥官认为某事件需要更多关注,该指挥官就可以要求调查部门、社区机构或情报部门提供帮助。[126]

外部评估机构对两地警察局不同模式的工作效率进行了评估。评估机构发现,与负责非偏见案件的对照组相比,纽约的偏见犯罪事件调查组的人员调查了更多偏见犯罪的指控,也破获了更多的偏见案件。此外,相比对照组的受害人,偏见犯罪事件调查组的受害人对警方的满意度更高。因为偏见犯罪的犯罪分子与受害人通常是不认识的,不像偏见犯罪往往都是受害人认识的人实施的,因此偏见案件更高的破案率令人惊讶。事实上,调查者可以根据较少的线索来破案,证明专门组织能够通过积极的努力带来更高的破案率。[127]

同样,在巴尔的摩也证实了偏见犯罪得到了广泛而深入的调查,与相似的非偏见犯罪相比,偏见犯罪破案率更高。研究人员发现,警察局已向巡警传达了偏见犯罪应受重视的精神,并且巡警也非常重视偏见犯罪问题。[128]

第十六节 恐怖主义的防控

一、恐怖主义的范围和属性

恐怖主义被美国联邦调查局定义为“对人身或财产非法使用武力或暴力,恐吓或胁迫政府、平民或任何有关部分,以达到其政治或社会目的”。[129]

在美国,“9·11”事件以后恐怖主义袭击次数急剧下降。马里兰州立大学的1份报告显示,1991年至2000年,美国平均每年遭受41起恐怖袭击,而在2002年至2010年,平均每年仅发生16起。报告还显示,恐怖袭击造成的死亡人数也在下降。恐怖主义的类型分为两种:国内恐怖主义和国外恐怖主义。1991年至2000年,恐怖袭击共造成217人死亡,而在2002年至2010年造成25人死亡。将恐怖主义划分为国内恐怖主义和国外恐怖主义,非常有助于探讨恐怖主义。

二、国内恐怖主义

国内恐怖主义是由美国人在美国本土策划并实施的,是迄今为止最常见的恐怖主义形式,国内恐怖主义占恐怖袭击事件数量的80%。[130]马里兰州大学的全国恐怖主义及恐怖主义应对研究联盟(START)建立了全球恐怖主义数据基地,并且对世界范围内的恐怖袭击进行跟踪。他们报道称,9·11事件以来,美国国内3/4的恐怖袭击都是地球解放阵线(ELF)和动物解放阵线(ALF)所为。[131]地球解放阵线(EFL)反对森林破坏、新发展、运动型多功能越野车(SUVs)、全球化等。[132]2008年,他们共毁坏了西雅图、华盛顿地区价值近700万美元的豪华别墅。[133]动物解放阵线(ALF)目标是保护动物、阻止虐待动物、曝光虐待动物的公司。[134]全球恐怖主义数据基地显示,全美2010年发生的10起恐怖袭击中有3起是动物解放阵线所为。这3起恐怖袭击事件都涉及纵火行为:1起针对犹他州桑迪的一家餐馆,1起针对犹他州盐湖城一家皮革店,另外1起发生在科罗拉多州丹佛市一家羊毛加工厂。[135]当地球解放阵线和动物解放阵线已声称对国内恐怖袭击事件中数额巨大的财产损失负责时,陆军少校尼达尔·哈桑在得克萨斯州胡德堡市的枪击事件中造成了13人死亡,他制造了9·11事件后国内最致命的恐怖袭击。

三、国外恐怖主义

国外恐怖主义包括由外国人或者由其他国家组织、实施的针对美国的恐怖活动,这些恐怖袭击发生在美国境内或境外。美国历史上最严重的国外恐怖袭击发生在2001年9月11日，基地组织分别劫持了四架民用客机并联合实施恐怖活动。在这次恐怖袭击中近3000人死亡——他们中的很多人是消防员和警察。

9·11事件所造成的损失不仅仅局限于受害人和他们的家庭，美国公民也在很大程度上受到了影响。一项调查表明，“9·11”事件发生后，约11%的美国人遭遇到睡眠问题，14%的人难以集中精力，30%的人回想起当时的情景感到沮丧和不安。此外，47%的美国儿童对自己和家庭成员的安全感到担忧。[136]

这次袭击并不是一般的国外恐怖分子，特别是伊斯兰恐怖分子进行的第一次或最后一次恐怖袭击。例如，早在9·11事件之前，拉姆齐·艾哈迈德和易亚德·穆罕穆德（Ramzi Ahmed & Eyad Mahmoud）就曾在1993年对世贸中心实施了爆炸恐怖袭击，1998年美国驻肯尼亚和坦桑尼亚大使被炸身亡。[137]9·11事件之后，2009年12月25日，尼日利亚籍恐怖分子奥马尔·法鲁克·杜穆塔拉布（Umar Farouk Abdulmutallab）搭乘从荷兰阿姆斯特丹前往美国底特律载有253名乘客的西北航空公司客机，并企图在半空中引爆炸弹。2010年5月，塔利班组织声称对1起纽约爆炸未遂案负责。[138]

四、应对恐怖主义

为应对“9·11”事件，布什总统创建了国土安全部。国土安全部的职责是联合之前分散的22个机构以达到保护本土免受恐怖袭击侵害的目的，作为任务的一部分，国土安全部也负责协助布什总统加强国土安全计划的实施。

关于国土安全部的详述见第三章

首先，总统的这项计划为恐怖袭击的第一响应者提供了35亿美元的资金援助，援助的对象诸如警察、消防员、医疗人员等，承担这些人员的培训、装备以及地方反恐计划的实施。其次，近110亿美元被划拨以加强边境安全，尤其是增加美国海岸警卫队和海关人员的数量，并强化出入境数据库和追踪系统。再次，60亿美元被用于防止生物恐怖袭击，尤其是部分资金被投入新疫苗和新药物的研究中，以提高识别生化恐怖袭击的能力。最后，70亿美元用以加强联邦政府同其他联邦机构及州和市政府收集和共享情报信息的能力。[139]

9·11事件后，FBI也作出一系列改革以应对恐怖袭击。他们最主要的应对是建立了信息情报工作室，致力于提高FBI涉恐情报信息的收集和分析能力。FBI使国际恐怖主义情报信息的分析数量提高了400%。情报办公室雇用了“报告专员”，负责识别关键趋势并将情报信息发送给关键人员，情报办公室还引入25名中央情报局官员到FBI办公室，用以协助加强对恐怖主义相关情报的识别和报送。[140]

FBI还建立了反恐监测站(CT Watch),是用以阻止恐怖主义的24小时全天候的全球指挥中心。恐怖主义的威胁不间断地被反恐监测站的工作人员审核和评估,一旦发现可疑信息就会立刻传递给FBI调查员以便快速反应。反恐监测站每天向总统及其他国家安全决策者报送相关信息。[141]

当集中讨论联邦政府防范与应对恐怖主义所进行的重组时,几乎没有人关注地方警察局在其中承担的角色。但令人有些惊讶的是公民更倾向于向地方警察局报告可疑的恐怖分子活动而不是向联邦执法机构报告。一项关于菲尼克斯的研究显示,95%的居民可能向当地警察局报告可疑的恐怖分子活动,而只有61%的居民称其可能会向联邦执法机构报告。[142]

各地方警察局通常最先对恐怖袭击事件作出回应。然而,各地执法机构应对恐怖主义的能力不得而知。在全美范围内做的调查表明,只有19%的地方机构为应对恐怖袭击作出广泛的改革。大部分地方机构仅作出适度改革(占47%),还有一部分没有改革(占9%)。这项调查直指政治和权力范围争夺是更有效应对恐怖主义的最大屏障。[143]

地方执法机构与联邦执法机构之间因争夺权力范围引发的问题最为显著。地方警察坚称联邦执法机构不情愿和他们分享恐怖主义关键信息。有些地方警察局已经威胁称,除非他们能够更广泛、更及时地接触到情报信息,否则他们将不再参与国土安全部的信息分享计划。美国最大城市的警察首长称,他们被国土安全部当作二等公民对待,但同时他们又负有确保当地居民安全和对当地安全威胁首先作出反应的职责。国土安全部的官员认为,地方机构确实需要获得接触更高级别情报信息的权限,但他们又担心这些情报被滥用或者泄露给公众。[144]

案例研究

执法机构未经分析的证据

2009年,国家司法研究所(NIJ)公布了全国范围进行的一项调查结果,内容涉及警察局没有提交给犯罪实验室进行分析的法医学证据。超过2000个州和地方执法机构对调查进行了回应。

结果显示,2002年至2007年,警察局还没有将法医学证据——包括DNA、指纹和痕迹等提交给犯罪实验室的案件包括:

- 18%未破获的强奸案

- 14% 未破获的谋杀案
- 22% 未破获的财产犯罪

尽管警察局没有将法医学证据提交给犯罪实验室是有原因的——这些证据可能被认为是没必要送检的、已放弃指控的、已进入有罪辩护的等——国际三角研究所的研究人员推断，有些警察可能尚未完全理解这些证据对发现新的调查线索方面的价值。

在回应的警察局中，44% 的警察局称，没有将法医学证据提交给犯罪实验室的原因之一是不需要识别犯罪嫌疑人。15% 的警察局称，没有提交法医学证据缘于检察官并没有要求这么做。33% 的警察局称，没有提交的原因是不确定这些法医学证据的有用性。

法医学证据是非常重要的调查结果，因为能够确认所谓的无犯罪嫌疑人案件的犯罪嫌疑人。例如，DNA 证据能够通过国家 DNA 综合查询系统（CODIS）和国家 DNA 数据库查找到作案人；而指纹证据可以通过诸如国家综合自动化指纹识别系统（IAFIS）等数据库比对出作案人。

国家司法研究所的调查暴露了“知识缺口”问题，尤其存在于小部分国家执法机构（少于 25%）中，这应主要归结于缺乏培训。专门的培训有助于减少此类现象的发生，并会带来不同的结果。与此同时，11% 的警察局认为没有向犯罪实验室提交法医学证据是因为实验室没有能力及时得出结果。6% 的警察局认为犯罪实验室由于积压问题拒绝接受新的证据。

当考虑到“知识缺口”问题时，牢记“国家 DNA 综合查询系统（CODIS）直到 20 世纪 90 年代才开始运转并且是相对新鲜的事物”就很重要。侦探们没有提交法医学证据是因为他们根本搞不懂一个“没有嫌疑人”的案件，国家 DNA 综合查询系统怎样才能帮助他们进行调查，或是否因为一直采用的策略或方法阻止他们这么做，这是一个值得进一步研究的问题。

此外，将国家司法研究所这项调查中没有揭示的事项弄清楚也很重要。例如，这项调查没有揭示实际上到底有多少没被送到犯罪实验室的案件能够得益于法医学证据分析。调查也没有指出通过之前证据没有破案但受益于更大的犯罪嫌疑人数据库和新的法医学知识能够破案或者获得调查头绪的案件数量。例如，1 枚几年前提交给国家综合自动化指纹识别系统（IAFIS）的指纹没有比对成功，但现在却比对成功了。

有些警察局提出，对这项调查的回应是基于推测的基础之上。规模大的警察局（包括大的县和州警察局）报告称，提供性侵案件信息的难度在于这些记录在一个中央集权系统中没有保留。大警察局中，财产犯罪在辖区范围内进行调查（案件信息也在辖区范围内保存），强奸案件也是一样。还有一点也非常重要，即这项调查的数据都来自警察局自我上报的信息,缺乏独立证明的数据。

尽管存在诸多问题,但这项调查无疑揭露了收集、处理和保存法医学证据方面现存程序和制度上的缺陷,包括涉嫌性侵案件。在不同管辖范围内,证据提存的制度和实践各不相同。例如,近乎一半的警察局称,他们在被告有罪的案件中具有保存生物学证据的权力。

开展这项调查的研究者提出一系列建议以解决这些问题,包括:

• 从法医学证据的益处和使用方面开展警察培训,包括将案件送交犯罪实验室的协议等。

• 在警察局、实验室和检察机关之间建立(或完善)信息管理系统,以法医学证据追踪和增强部门之间的沟通;包括证据追踪系统的联网、专门的案件管理人员、定期开展的案件会商。

• 为已分析和未被分析的法医学证据提供更多存储空间,并且建立标准化证据保存制度。

• 开展更多的研究以确定到底有多少公开的案件受益于法医学检测,以及到底何种案件应优先进行法医学检测。

结　语

控制犯罪是警察的首要职责。与犯罪相关的计划涉及一系列不同的策略和假设。然而,这些策略在减少犯罪的有效性方面的作用各不相同。巡逻对于犯罪的威慑作用有限,警察只能破获引起他们注意的 20% 的犯罪案件。如果犯罪嫌疑人被警方及时掌握的话,则可能带来更高的破案率。许多专家认为,现在最有希望的计划就是基于社区警务和问题导向警务的犯罪预防计划。

关键术语

主动式犯罪预防策略	被动式犯罪预防策略	不立案
初步调查	额定案件量	可行案件量
实际案件量	破案率	依法逮捕
行为上的逮捕	主观意识上的逮捕	正式逮捕
破案因素	法医检索	前科罪犯检索
压力型线人	雇用型线人	报复型线人
警察迷	减少供给策略	减少需求策略
抵制药品滥用(D. A. R. E.)项目		

抵制黑帮的教育和培训(G. R. E. A. T.)项目
堪萨斯市枪支实验　　仇恨犯罪　　恐怖主义
国内恐怖主义　　国外恐怖主义

讨　论

1. 分组讨论什么是仇恨犯罪,你是否认为警察机构应当管辖“仇恨”犯罪?

2. 正如上文中所提到的,警察减少毒品使用的策略主要有两点:减少供应或者减少需求。在课堂上讨论哪种策略你认为最有效,如果你是警察局局长,你如何有效处理所在社区的毒品犯罪问题。

3. 在课堂上探讨抵制药物滥用项目(D. A. R. E.)能在全国范围内的课堂上推行的可能原因。

4. 在课堂上观看一部讲述调查人员或者当地警察局侦探的电视节目或电影,并根据你在课堂上的所学准确描绘侦探的工作。

网上练习

练习 1　在网络上检索最近的破案率数据。查看最新的联邦调查局统一犯罪报告系统数据。国家对各种犯罪的破案率是否有变化? 检索出一些地方警察局的网站。他们是否提供了当地的破案率? 如果提供了,各警察局在某种犯罪的破案率上与国家整体的破案率有何不同?

练习 2　兰德公司已经进行了一项犯罪测算。他们允许用户改变警官的数量以检验警力增加或减少对犯罪以及应对犯罪经费投入的影响。访问网址 www. rand. org/ise/centers/quality_policing/cost - of - crime. html,填写你所在社区的信息,改变警察局警力数量以评估其对犯罪的潜在影响。

练习 3　登录全球恐怖主义数据库(www. start. umd. edu/gtd/),调查当前全球恐怖主义发展趋势。

注　释

[1] Lawrence W. Sherman, “Attacking Crime: Police and Crime Control,” in Michael Tonry and Norval Morris, eds., Modern Policing (Chicago: University of Chicago Press, 1992), pp. 159 – 230.

[2] Jihong Zhoa, Ni He, and Nicholas Lovrich, “Community Policing: Did It

Change the Basic Functions of Policing in the 1990s? A National Follow - Up Study," Justice Quarterly 20, no. 4 (2003), pp. 697 - 794.

[3] Vincent J. Webb and Charles M. Katz, "Citizen Ratings of the Importance of Community Policing," Policing 20, no. 1 (1997), pp. 7 - 24.

[4] Ibid.

[5] Lawrence W. Sherman et al., Preventing Crime (Washington, DC: Government Printing Office, 1997).

[6] Ibid.

[7] Edward Maguire, "Measuring the Performance of Law Enforcement Agencies," CALEA Update Online, accessed at www. calea. org/newweb/newsletter/No83/measurement. htm on January 7, 2004.

[8] David Bayley, Police for the Future (New York: Oxford University Press, 1994).

[9] Ibid.

[10] Jeffrey Roth, Jan Roehl, and Calvin Johnson, "Trends in the Adoption of Community policing," in Wesley Skogan, ed., Community Policing: Can It Work? (Belmont, CA: Wadsworth, 2004).

[11] Zhoa, He, and Lovrich, "Community Policing: Did It Change the Basic Functions of Policing in the 1990s?"

[12] Wesley Skogan and Jeffrey Roth, "Introduction," in Wesley Skogan, ed., Community Policing: Can It Work? (Belmont, CA: Wadsworth, 2004), pp. xvii - xxxiv.

[13] Bureau of Justice Statistics, Criminal Victimization, 2010 (Washington, DC: Government Printing Office, 2011).

[14] Bureau of Justice Statistics, Reporting Crime to the Police, 1992 - 2000 (Washington, DC: Government Printing Office, 2003).

[15] Bureau of Justice Statistics, Criminal Victimization in the United States, 2006: Statistical Tables (Washington, DC: Government Printing Office, 2008).

[16] Donald Black, "Production of Crime Rates," in Donald Black, ed., The Manners and Customs of the Police (New York Academic Press, 1980), p. 69.

[17] Ibid.

[18] Albert J. Reiss Jr., The Police and the Public (New Haven, CT: Yale U-

niversity Press, 1974), p. 95.
[19] Fred Grimm, "Cops' Number Game Not Unique," Miami Herald, March 9, 2004, p. 6b.
[20] Herman Goldstein, Policing a Free Society (Cambridge, MA: Ballinger, 1977), pp. 55 - 57. For example, see Carmine Motto and Dale June, Undercover (Boca Raton, FL: CRC Press, 2000), pp. 1 - 2.
[21] William A. Westley, Violence and the Police (Cambridge, MA: MIT Press, 1970), p. 36. For example, see Motto and June, Undercover.
[22] Goldstein, Policing a Free Society, p. 55. For example, see Motto and June, Undercover.
[23] Bayley, Police for the Future.
[24] Mary Ann Wycoff and Colleen Cosgrove, Investigations in the Community Policing Context: Final Report (Washington, DC: Police Executive Research Forum, 2001).
[25] William B. Sanders, Detective Work: A Study of Criminal Investigations (New York: Free Press, 1977), pp. 39 - 47.
[26] Geoffrey Alpert and Mark H. Moore, "Measuring Police Performance in the New Paradigm of Policing," in Bureau of Justice Statistics, Performance Measures for the Criminal Justice System (Washington, DC: Government Printing Office, 1993), pp. 109 - 140.
[27] Sanders, Detective Work.
[28] Victor Kappeler, Richard Sluder, and Geoffrey Albert, Forces of Deviance, 2nd ed. (Prospect Heights, IL: Waveland Press, 1998); John Dombrink, "The Touchables: Vice and Police Corruption in the 1980s," in Police Deviance, 3rd ed. (Cincinnati: Anderson, 1994), pp. 61 - 97.
[29] David Giacapassi and Jerry Sparger, "Cognitive Dissonance in Vice Enforcement," American Journal of Police 10, no. 2 (1991), pp. 39 - 51.
[30] John E. Eck, Solving Crimes: The Investigation of Burglary and Robbery (Washington, DC: Police Executive Research Forum, 1983), pp. 69 - 93.
[31] Reiss, The Police and the Public, p. 104.
[32] Donald Black, Manners and Customs of the Police (San Diego, CA: Academic Press, 1980).
[33] John McCluskey, Stephen Mastrofski, and Rod Parks, "To Acquiesce or

Rebel: Predicting Citizen Compliance with Police Requests," Police Quarterly 2 (1999),pp. 389 -416.
[34] Donald Black, "The Social Organization of Arrest," in W. Clinton Terry III, ed., Policing Society (New York: JohnWiley, 1985), pp. 290 -309.
[35] Tammy Rinehart - Kochel, David Wilson, and Stephen Mastrofski, "Effect of Suspect Race on Officers' Arrest Decisions," Criminology 49, no. 2 (2011),pp. 473 -512.
[36] Eck, Solving Crimes,pp. 124 -127.
[37] Peter W. Greenwood et al., The Criminal Investigation Process, Vol. 1, Summary and Policy Implications (Santa Monica, CA: Rand, 1975), p. 35.
[38] Eck, Solving Crimes, pp. 106 -110.
[39] Harold E. Pepinsky, "Police Decision Making," in Don Gottfredson, ed., Decision Making in the Criminal Justice System (Washington, DC: Government Printing Office, 1975), p. 27.
[40] Wycoff and Cosgrove, Investigations in the Community Policing Context: Final Report.
[41] Eck, Solving Crimes, p. 250; Maguire, "Measuring the Performance of Law Enforcement Agencies."
[42] Alpert and Moore, "Measuring Police Performance in the New Paradigm of Policing."
[43] Federal Bureau of Investigation, Crime in the United States, 1999 (Washington, DC: Government Printing Office, 2000).
[44] Greenwood et al.,The Criminal Investigation Process, p. 32.
[45] Eck, Solving Grimes, p. 203.
[46] Black, "The Production of Crime Rates"; Maguire, "Measuring the Performance of Law Enforcement Agencies."
[47] Clint Bolick, Justice Denied: The Improper Clearance of Unsolved Crimes by the Maricopa County Sheriff's Office (Phoenix, AZ: Goldwater Institute, 2009).
[48] Lawrence W. Sherman and Barry D. Glick, The Quality of Police Arrest Statistics (Washington, DC: The Police Foundation, 1984).
[49] Edna Erez, "On the 'Dark Figure' of Arrest," Journal of Police Science and Administration 12 (December 1984),pp. 431 -440.

[50]Steven H. Gifis, Law Dictionary, 2nd ed. (New York: Barron's, 1984), pp. 28 – 29.

[51]Floyd Feeney, Arrests without Conviction (Washington, DC: Government Printing Office, 1983).

[52]Sherman and Glick, The Quality of Police Arrest Statistics.

[53]President's Commission on Law Enforcement and Administration of Justice, Task Force Report: The Police (Washington, DC: Government Printing Of6ce, 1967), p. 8.

[54]Albert Reiss and David J. Bordua, "Environment and Organization: A Perspective on the Police," in D. J. Bordua, ed., The Police: Six Sociological Essays (New York: John Wiley, 1967), p. 43.

[55]Sanders, Detective Work, p. 96.

[56]Greenwood et al., The Criminal Investigation Process, Vol. 1, Summary and Policy Implications.

[57]Steven G. Brandl and James Frank, "The Relationship between Evidence, Detective Effort, and the Disposition of Burglary and Robbery Investigations," American Journal of Police XIII, no. 3 (1994), pp. 149 – 168.

[58]Gary Cordner, "Police Agency Size and Investigative Effectiveness," Journal of Criminal Justice 17 (1989), pp, 145 – 155.

[59]Judi Villa and Ryan Konig, "Murders Go Unsolved as Smuggling Grows," Arizona Republic, November 9, 2003, p. 1.

[60]Lucius J. Riccio and John F. Heaphy, "Apprehension Productivity of Police in Large U. S. Cities," Journal of Criminal Justice 5 (Winter 1977), pp. 271 – 278.

[61]Brian Forst et al., Arrest Convictability as a Measure of Police Performance (Washington, DC: Government Printing Office, 1982).

[62]Bureau of Justice Statistics, Felony Defendants in Large Urban Counties, 2000 (Washington, DC: Government Printing Office, 2003).

[63]Joan Petersilia, Racial Disparities in the Criminal Justice System (Santa Monica, CA: Rand, 1983), p. 21.

[64]Joan Petersilia, Allan Abrahamse, and James Q. Wilson, Police Performance and Case Attrition (Santa Monica, CA: Rand, 1987).

[65]Brian Forst, Judith Lucianovic, and Sarah J. Cox, What Happens after Arrest? (Washington, DC: INSIAW, 1977).

[66] Elizabeth Loftus, Eyewitness Testimony (Cambridge, MA: Harvard University Press, 1979), p. 7.
[67] Gary Wells and Deah Quinlivan, "Suggestive Eyewitness Identification Procedures and the Supreme Court's Reliability Test in Light of Eyewitness Science: 30 Years Later," Law and Human Behavior 33 (2009), pp. 1 - 24.
[68] Elinor Ostrom et al., Patterns of Metropolitan Policing (Cambridge, MA: Ballinger, 1977), Ch. 7.
[69] New York Times, August 17, 1986.
[70] John Smialek, Charlotte Word, and Arthur Westveer, "The Microscopic Slide: A Potential DNA Reservoir," FBI Law Enforcement Bulletin 69 (November 2000), pp. 18 - 21.
[71] Barry Fisher, Techniques of Crime Scene Investigation (Boca Raton, FL: CRC Press, 2004).
[72] Smialek, Word, and Westveer, "The Microscopic Slide."
[73] David Schroeder and Michael White, "Exploring the Use of DNA Evidence in Homicide Investigations: Implications for Detective Work and Case Clearance," Police Quarterly, 12 (September 2009), pp. 319 - 342.
[74] Nancy Ritter, "DNA Solves Property Crimes," National Institute of Justice Journal 261 (October 2008).
[75] Wycoff and Cosgrove, Investigations in the Community Policing Context: Final Report.
[76] Personal communication with Chief Galvin of the Albuquerque Police Department, 1999.
[77] Gary T. Marx, Undercover: Police Surveillance in America (Berkeley: University of California Press, 1988).
[78] Knapp Commission, Report on Police Corruption (New York: Braziller, 1973).
[79] Marx, Undercover, pp. 188 - 190.
[80] Commission on Accreditation for Law Enforcement Agencies, Standards for Law Enforcement Agencies, 4tb ed. (Fairfax, VA: CALEA, 1999), Standard 43. 1. 6.
[81] Jonathan Rubenstein, City Police (New York: Ballantine, 1973), p. 381.
[82] J. Mitchell Miller. Becoming an Informant. Justice Quarterly, 28 (2) 2011,

pp. 203 – 220.

[83] Robert Daley, Prince of the City (Boston: Houghton Mifflin, 1978).

[84] Jerome Skolnick, Justice without Trial (New York: Macmillan, 1994), p. 129.

[85] Marx, Undercover.

[86] Commission on Law Enforcement Accreditation, Standards for Law Enforcement Agencies, 4th ed., Standard 42.2.9.

[87] Bureau of Justice Assistance, Informants and Undercover Investigations (Washington, DC: Government cover Investigations Washington, DC: Government Printing Office, 1990), p. 16.

[88] Elliot Currie, Reckoning: Drugs, the Cities, and the American Future (New York: Hill and Wang, 1993); Bruce Johnson, Andrew Golub, and Eloise Dunlap, "The Rise and Decline of Hard Drugs, Drug Markets, and Violence in Inner – City New York," in Alfred Blumstein and Joel Wallman, eds., The Crime Drop in America (Cambridge, UK: Cambridge Press, 2000).

[89] National Drug Control Policy: FY 2011 Budget Summary (Washington, DC: Executive Office of the President of the United States), found at www. whitehouse. gov/sites/default/files/ondcp/policy – and – research/fy11budget. pdf on March 19, 2012.

[90] Mark H. Moore, Buy and Bust (Lexington, MA: Lexington Books, 1977).

[91] Lawrence W. Sherman, "Police Crackdowns: Initial and Residual Deterrence," in Michael Tonry and Norval Morris, eds., Crime and Justice: A Review of Research 12 (Chicago: University of Chicago Press, 1990), pp. 1 – 48.

[92] Currie, Reckoning; Arnold S. Trebach, The Great Drug War (New York: Macmillan, 1987).

[93] Peter K. Manning, The Narcs' Game (Prospect Heights, IL: Waveland, 2004).

[94] John Crank and Robert Langworthy, "An Institutional Perspective of Policy," Journal of Criminal Law and Criminology 83, no. 2 (1992), pp. 338 – 363.

[95] Department of Health and Human Services, Results from the 2002 National Survey on Drug Use and Health (Washington, DC: Government Printing Office, 2003).

[96] Jerome G. Miller, Search and Destroy: African – American Males in the Criminal Justice System (New York: Cambridge University Press, 1996).

[97] Thomas C. Castellano and Craig G. Uchida, "Local Drug Enforcement, Prosecutors and Case Attrition: Theoretical Perspectives for the Drug War," American Journal of Police IX, no. 1 (1990), p. 147.

[98] U. S. Bureau of Justice Assistance, An Introduction to DARE: Drug Abuse Resistance Education, 2nd ed. (Washington, DC: Government Printing Office, 1991).

[99] Found at www. dare. com/home/about_dare. asp on March 19, 2012.

[100] Susan T. Emmett et aI., "How Effectives Is Drug Abuse Resistance Education?: A Meta – Analysis of Project DARE Outcome Evaluations," American Journal of Public Health 84 (September 1994), pp. 1394 – 1401.

[101] Dennis Rosenbaum and Gordon Hanson, "Assessing the Effects of School – Based Drug Education: A Six – Year Multi – Level Analysis of Project D. AR. E" (unpublished manuscript: University of Illinois at Chicago, 1998); Donald Lynam et aI., Project DARE: No Effects at 10 – Year Follow – Up: Journal of Consulting and Clinical Psychology 67 (1999), pp. 590 – 593.

[102] Walter Miller, Crime by Youth Gangs and Groups in the United States (Washington, DC: Government Printing Office, 1982).

[103] Arlen Egley and James Howell, Highlight, of the 2009 National Youth Gang Survey (Washington, DC: Office of Juvenile Justice Delinquency Prevention, 2011).

[104] Charles M. Katz, Vincent J. Webb, and David R. Schaefer, "The Validity of Police Gang Intelligence Lists: Examining the Differences in Delinquency between Documented Gang Members and Non – documented Delinquent Youth," Police Quarterly 3 (2000), pp. 413 – 437.

[105] C. Ronald Huff Gangs in America (Newbury Park, CA: Sage, 1993); Jerome Needle and William Stapleton, Police Handling of Youth Gangs, Reports of the National Juvenile Justice Assessment Centers (Washington, DC: Government Printing Office, 1983).

[106] Charles M. Katz, Edward Maguire, and Dennis Roncek, "The Creation of Specialized Police Gang Units: Testing Contingency, Social Threat, and Resource – Dependency Explanations," in Policing: An International

Journal of Police Strategies and Management 25, no. 3 (2002), pp. 472 – 506.

[107] Lynn Langton, Gang Units in Large Local Law Enforcement Agencies, 2007 (Washington, DC: Office of Juvenile Justice and Delinquency Prevention, 2010).

[108] Charles M. Katz, "The Establishment of a Police Gang Unit: An Examination of Organizational and Environmental Factors," Criminology 39, no. 1 (2001), pp. 37 – 73.

[109] Malcolm Klein, Margaret Gordon, and Cheryl Maxson, "The Impact of Police Investigations on Police Reported Rates of Gang and Nongang Homicides," Criminology 24 (1986), pp. 489 – 511.

[110] Finn – Aage Esbensen, Preventing Adolescent Gang Involvement (Washington, DC: Office of Juvenile Justice and Delinquency Prevention, 2000).

[111] Finn – Aage Esbensen, D. Wayne Osgood, Terrance J. Taylor, Dana Peterson, and Adrienne Oreng, "How Great Is G. R. E. A. T.? Results from a Longitudinal Quasi – Experimental Design," Criminology and Public Policy 1, no. 1 (2001), pp. 87 – 118.

[112] Marvin E. Wolfgang, Robert Figlio, and Thorsten Sellin, Delinquency in a Birth Cohort (Chicago: University of Chicago Press, 1972).

[113] William Spelman, Repeat Offender Programs for Law Enforcement (Washington, DC: PERF, 1990), pp. 25 – 26.

[114] Ibid., pp. 25 – 26.

[115] Susan E. Martin and Lawrence W. Sherman, Catching Career Criminals: The Washington DC Repeat Offender Project (Washington, DC: The Police Foundation, 1986).

[116] Ibid.

[117] Steven Messner and Richard Rosenfeld, Crime and the American Dream (Belmont, CA: Wadsworth, 1997).

[118] Samuel Walker, Sense and Nonsense about Crime and Drugs (Belmont, CA: Wadsworth, 2000).

[119] Lawrence W. Sherman, James W. Shaw, and Dennis P. Rogan, The Kansas City Gun Experiment (Washington DC: Government Printing, Office, 1995).

[120] Edmund McGarrell, Steven Chermak, Alexander Weiss, and Jeremy Wilson, "Reducing Firearms Violence through Directed Police Patrol," Criminology and Public Policy 1, no. 1 (2001), pp. 119 – 148.

[121] U. S. Department of Justice, "Project Safe Neighbor – hoods," USA Bulletin 50, 1 (January 2002).

[122] Lynn Langton and Michael Planty, Hate Crime, 2003 – 2009 (Washington, DC: Bureau of Justice Statistics, 2011).

[123] Federal Bureau of Investigation, Hate Crime Statistics, 2007, accessed at www. fbi. gov/ucr/hc2007/incidents. htm on June 8, 2009.

[124] Susan Martin, "Police and the Production of Hate Crimes: Continuity and Change in One Jurisdiction," Police Quarterly 2 (1999), pp. 417 – 437.

[125] James Garofalo and Susan Martin, Bias – Motivated Crimes: Their Characteristics and the Law Enforcement Response (Carbondale: Southern Illinois University, 1993).

[126] Ibid.

[127] Ibid.

[128] Ibid.

[129] Terrorist Research and Analytical Center, Counter – Terrorism Section Intelligence Division, Terrorism in the United States 1982 – 1992 (Washington, DC: U. S. Department of Justice, Federal Bureau of Investigations, 1993).

[130] Christopher Hewitt, Understanding Terrorism in America (New York: Routledge, 2003). For more recent trends see the Global Terrorism database that can be found at www. start. umd. edu/gtd/.

[131] Violent Extremism in the U. S. , December 9, 2011, found at www. start. umd. edu/start/announcements/announcement. asp? id = 277 on March 20, 2012.

[132] Found at www. earthliberationfront. com/news/2004/011304r. shtml on January 20, 2004.

[133] Miyoko Ohtake, "From Green to Black," Newsweek, March 6, 2008.

[134] Found at www. start. umd. edu/start/data_collections/tops/terrorist_organization_profile. asp? id = 14 on March 20, 2012.

[135] Found at www. start. umd. edu/gtd/search/ on March 20, 2012.

[136] Found at www. RAND. org/publications/RB/RB4546/index. html on Jan-

uary16, 2004.

[137] Federal Bureau of Investigation, Terrorism in the United States, 1999, found at www. fbi. gov/publications/terror/terror99. pdf on January 20, 2004.

[138] Found at www. start. umd. edu/gtd/search/ on March 20, 2012.

[139] Found at www. dhs. gov/dhspublic/display? theme = 12&content = 19 on January 20, 2004.

[140] Found at www. fbi. gov/terrorinfo/counterterrorism/analysis. htm on January 20, 2004.

[141] Ibid.

[142] Stephen Schnebly, Steve Ballance, and Charles Katz, Data Sharing between the Police and the Public (Phoenix: Arizona State University, 2006).

[143] National Crime Prevention Council, Building the Homeland Security's Network: What Will It Take? The Wirthlin Report (Washington, DC: National Crime Prevention Council, 2002).

[144] Robert Block, "Big – City Police Chiefs Assail Homeland Security's Secrecy," Wall Street Journal Online, June 30, 2006, p. B1.

第十章　警务战略的革新

本章概述

第一节　警务改革的推动力
第二节　社区警务的理论根源：破窗理论
　失序的类型
第三节　社区警务的特征
　一、社区合作
　二、社区合作的有效性
　三、组织转变
　四、组织转变的证据
　五、问题解决模式
第四节　组合：在警察局层级上实施社区警务战略
　芝加哥替代警务战略计划
第五节　社区警务：存在问题和前景展望
　一、合法的警察角色
　二、政治警察
　三、分权和责任机制
　四、对贫穷社区和少数族裔社区的影响
　五、社区利益争端
　六、社区警务战略起作用吗
第六节　问题导向警务的根基
第七节　问题解决的过程
　一、观察
　二、分析
　三、反应
　四、评估

近三十年来，社区警务战略及其许多不同形式已逐渐成为警务领域的正统。[1]社区警务战略的倡导者声称，社区警务代表着警察服务质量的新型警务理念。[2]

本章旨在研究社区警务战略以及其变化形式——问题导向警务战略和零容忍警务战略——并讨论它们的效果、特征及影响。

第一节　警务改革的推动力

社区警务战略和问题导向警务战略均起源于20世纪70年代末和80年代初，是一系列警务危机的结果。

第一，20世纪60年代的警察社区关系问题已经产生了合法性危机。地方警察局被孤立且从社区的重要组成中被分离出去，这种情况在某些少数民族地区表现得更为明显。[3]

第二，近期的研究动摇了传统警察管理和警察改革的假设。堪萨斯城的主动预防式巡逻实验发现，传统警察巡逻阻止犯罪有一定的局限性。对刑事调查程序的研究引起了对警察增加逮捕数量能力的质疑。此外，该项调查研究还表明更快的警察反应时间并不能提升抓捕的可能性。总之，更多的警察、更多的巡逻、更快的反应速度的传统警务改革被认为不一定能提升警务水平。同时，不管报警的性质，为所有报警提供快速反应的传统目标使警察背负了巨大的工作量。

关于警察传统巡逻效果的详述见第七章
关于刑事调查效果的详述见第九章

第三，专家认为警察的角色十分复杂，包含不同的任务和职责。研究表明，警务活动中只有很少的一部分与刑事司法有关，绝大多数警务工作往往涉及维护秩序和提供相关服务。于是，专家发现如果警察想要发挥更大作用，他们必须将警务工作的角色定位从单一的犯罪控制扩展到社区生活质量、维持秩序和社区安全感等问题上。

关于20世纪60年代警察社区关系危机的详述见第二章

第四，专家们开始意识到公民作为警务工作共同参与者的重要性。警察依赖于公民报案，依靠公民的帮助处理一些失序问题。[4] 警方作出逮捕决定很大程度上受到部分公民表达逮捕意向的影响。成功起诉罪犯在很大程度上也依赖于受害人和目击者的倾力合作。更为重要的是，在社区层面的社会控制有利于预防、限制犯罪和维护良好的社会秩序。总之，我们逐渐意识到单靠警察自己的力量已不能有效地控制犯罪。

关于警察反应时间的详述见第七章
关于警务现实的详述见第一章

第二节　社区警务的理论根源：破窗理论

詹姆斯·Q. 威尔逊和乔治·L. 凯琳（James Q. Wilson & George L. Kelling）合作创作的《破窗》一文在《大西洋月刊》上发表时，对警务历史产生了深远的影响。他们认为警察应将注意力转移到影响社区生活质量的失序问题上，[5] 特别是警察应当处理对犯罪的恐慌和导致社区衰退的问题。破窗形象表明了失序、社区衰退和犯罪之间的关系。威尔逊和凯琳认为，破窗表明无人在意楼房的存在。破窗户在那儿没人修理，促使其他社区居民对他们的楼房疏于看管，从而使它持续地受到破坏。房屋被破坏后，房主迁出，居民楼进而转化成了租赁财产，房屋由单个家庭居住转化成了多户家庭宿舍，有些房屋则直接被遗弃。随着社区居民收入的下降，社区商场倒闭，房产贬值，社区内的犯罪也逐渐增长，如图表10－1所示。[6]

关于警察工作实际类型的详述见第七章

图表 10－1　破窗理论

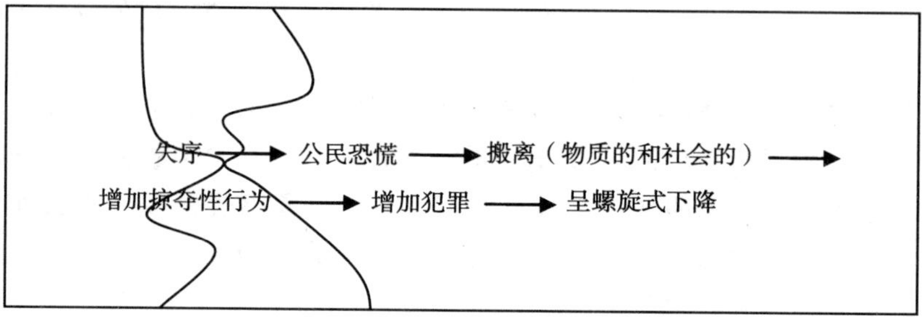

资料来源：George Kelling and william Bratton. Declining Crime Rates：Insiders "Views of the New York City Story," Reprinted by specialpermission of Northwestern University School of law. The Journal of George Kelling and William Bratton, "Declining Crime Rate：Insiders' Views of the New York City Story," Reprinted by Special permission of Northwestern University School of Law, The Journal of Criminal Law and Criminology。

边注栏 10－1

破窗理论还是破碎理论?

虽然围绕破窗假设曾有大量的讨论，但很少有实验能够说明骚乱、恐慌和严重犯罪之间的关系。关于破窗理论的研究很少，其中一项研究是韦斯利·斯考根实施的，他对6个主要大城市的40个社区进行了有关失序和犯罪的调研，发现犯罪认知、犯罪恐惧及受害者均同所有物质失序和社会失序有关。[a]

然而，哈考特（Harcourt）重新研究了斯考根的调研数据，发现斯考根的研究结果受到少数失序和犯罪高发社区的影响。[b]特别是在斯考根的分析中发现，如果去除了新泽西州纽瓦克的社区，那么他就不可能得到失序和犯罪之间的关系。哈考特将这种现象称为"纽瓦克效应"。

艾克和马奎尔（Eck & Maguire）通过再次分析斯考根的调研数据解决这个争论。他们报告称，斯考根如果在分析中已去除了别的社区（失序和犯罪之间没有关系的异常值），那么斯考根所发现的失序同犯罪之间的关系可能更为紧密。"斯考根的研究结果对于异常值可能过于敏感。并且不能为制定政策提供一个强有力的基础。"[c]

辛普森和劳登巴什（Sampson & Raudenbush）在芝加哥进一步调查了这类问题，并且发现失序和犯罪与同一个问题有关，即社会整合。特别是他们发现，当社区居民之间不愿意干涉或帮助他人时，失序和犯罪就同时增加。[d]另外，徐、费德勒和弗莱明（Xu,

Fiedler & Flaming）在科罗拉多州科泉市的破窗和犯罪的实验中控制了社会整合。作者特别关注了社会整合所发挥的作用，并报告称社区中物质水平和道德的下降会直接或间接地引起犯罪。[e]

最终的结论还有待揭晓。没有确定的证据可以证明失序是否导致犯罪或者失序和犯罪两者之间的关系是否伪造的。

[a] Wesley G. Skogan, Disorder and Decline: Crime and the Spiral of Decay in American Neighborhoods（New York: Free Press 1990）, pp. 21 – 50.

[b] Bernard Harcourt, "Reflecting on the Subject: A Critique of the Social Influence Conception of Deterrence, the Broken Window Theory, and Order – Maintenance Policing New York Style" Michigan Law Review97 (1998), pp. 1 – 51.

[c] John Eck and Edward Maguire, "Have Changes in Policing Reduced Violent Crime? An Assessment of the Evidence," in Alfred Blumstein and Joel Wallman, eds., The Crime Drop in America（Cambridge, MA: Cambridge University Press, 2000）, pp. 207 – 265.

[d] Robert Sampson and Stephen Raudenbush, "Neighborhoods and Violent Crime: A Multi – level Study of Collective Efficacy," Science 277 (1997), pp. 918 – 925.

[e] Yily Xu, Mora Fiedler, and Karl Flaming, "Discovering the Impact of community Policing: The Broken Window Thesis, Collective Efficacy, and Citizens' Judgment" Journal of Research in Crime and Delinquency 42 (2005), pp. 147 – 186.

失序的最初迹象包括醉汉在街道上闲逛，或者成群的青少年聚集在街角。这些迹象可能会引发遵纪守法的社区公民对个人安全感的恐慌。由于恐惧，他们选择待在家里且不积极参加社区活动。在极端情况下，他们都会搬出社区。遵纪守法公民的离开破坏了社区的合理结构，失序因素侵蚀着公共区域、街角和公园，社区的衰败进程逐步加快，最终导致严重的掠夺式犯罪，如入室盗窃和抢劫犯罪。

威尔逊和凯琳认为，传统的警务模式更加关注社区失序过程的最终结果，即严重犯罪。虽然有证据表明警察打击犯罪的能力十分有限，但他们认为在社区衰败之初，即有漏洞或者失序的迹象出现，警察就应当开始介入和干预。

失序的类型

威尔逊和凯琳强调失序的重要性而非严重犯罪。失序的种类十分宽泛。韦斯利·斯考根区分了两种主要的失序：社会性的失序和物质失序。社会性的混乱即社会失序，包括公众酗酒、街角团伙犯罪、街头骚乱、街头贩卖和吸食毒品、吵闹的居民和性交易。与此同时，物质失序，则包括故意破坏行为、建筑物的失修和闲置以及垃圾。[7]

第三节 社区警务的特征

随着全美警察局引入了社区警务战略，研究已经表明很少有人理解社区警务的理念。例如，一项全美执法机构的调查表明仅有50%的被访问的警察局局长和治安官局局长对社区警务的意义有明确的理解。[8]因此，社区警务对不同的人意义不同也就不足为奇了。最流行的策略包括实行步巡和自行车巡、建立社区警务工作站、确认社区问题、处理失序、组织社区会议或者进行社区调查。[9]事实上，各式各样的活动和计划都贴上了社区警务的标签，一些改革者对社区警务已经变成美国警务所有的新生和创新表示担忧。[10]

尽管存在困惑，但是社区警务的基本组成部分以及与之前警务策略的区别还存在共识。其中，最重要的不同是社区警务意味着警察职能的重大变化。警察在明确控制犯罪这一传统上的主要任务的同时，社区警务还寻求扩大警察的任务和职能，把消除公民对犯罪的恐惧、维护社会秩序、解决冲突、处理社区衰退问题以及解决社会失序和物质失序作为警察的基本功能。

马斯特洛夫斯基（Mastrofski）认为，警察的首要任务是从制止严重犯罪到维护治安秩序的转换，有两种方式：第一，减少不严重的失序可以减少严重的犯罪。就像上文提及的破窗理论主张社区的衰退在一定程度上增加了严重犯罪，并且只有当警察的服务转向社区恶化和失序时，才可以有效地制止犯罪。第二，他认为维护治安秩序是公民“正当的”权利，对建立公民社会和和谐的生活环境有所贡献，如此一来公民不再恐惧犯罪，实现谋生的权利。[11]

然后，在理想的角度上，社区警务战略力图改变包括警察在内的大多数美国人的基本信条，维持警察的功能和优先权。因为实施社区警务战略涉及一系列哲学层面、组织层面、战略层面、策略层面的转变，[12]有助于集中强调社区警务改革的三个经常被讨论的目标：（1）社区合作；（2）组织的转变；（3）问题的解决。

一、社区合作

社区警务战略是减少社区衰退和失序、实现警民良性互动的最有效的方式。这个更为宽广的视野认为警察与公众协作会更有利于警察从社区中获取情报信息，更有利于警察根据社区需求而及时反应。[13]相应地，社区警务模式更加强调警察与公众的互动，警察与公众充当了预防犯罪和犯罪控制的联合主体。[14]从理想的角度来看，这种做法可能会建立警察和社区的新型双向关系，警察会更好地融入当地社区和居民中，在犯罪控制和预防方面充当积极角色。[15]

贝利在他的重要著作《未来警察》中坚称，成功实行警察与公众之间的社区合作需要两个要素：协商和动员。

（一）协商

在实施社区警务战略过程中，警察机构需要与居民和社区协商以促进控制和阻止犯罪。这项策略旨在帮助警察和社区定义和优化问题。

在警察和公众之间的协商，通常以社区会议的形式进行，可以发挥四方面功能：（1）为居民反映问题和需求提供了平台；（2）让警察教育居民了解他们社区的犯罪和失序情况；（3）使居民可以表达涉及警察的投诉；（4）为警察向社区通告社区居民的成功和失败经验提供了平台。[16]大多数警察机构保持与社区团体会面的一种或几种形式[17]（见图表 10－2）。

图表 10－2　警察机构与以下团体之间合作关系的百分比

	总计	城市警察	县治安官	州警察
游说团体	60%	64%	55%	33%
商业团体	59%	67%	45%	36%
地方公共机构	73%	77%	68%	60%
社区组织	74%	81%	66%	29%
宗教团体	49%	54%	44%	16%
青年服务组织	59%	66%	51%	27%
老年团体	54%	54%	57%	22%

资料来源：Law Enforcement Management and Administrative Statistics, Bureau of Justice Statistics, 2007。

例如，迈阿密戴德警察局创建海上咨询支援队（MAST）项目，以“促进社区参与，并召集有关各方提供意见，商讨如何改善警务工作，服务于船民和相关利益方”。支援队的代表包括在比斯坎湾及周边居住和工作的商人以及在海湾有管辖权的联邦、州和地方执法机构 MAST 支援队成员每个月一次开会讨论犯罪和失序。除让机构认识到问题外，会议还确定优先解决的社区问题，并共享资源解决问题。[18]

研究发现，虽然理论上说协商的四个功都能得以实现，但是警察和公众之间双方的参与程度和对对方的期望方面差别很大。在一些机构，社区成员都只是被鼓励成为警察的耳目。在另一些机构，警察在社区会议上讲话，或者与市民一起工作。还有一些机构，警察与市民之间建立了正式的关系，社区与警察一起发现问题，制订可能的解决方案，积极参与并应对问题。[19]

无论如何，社区警务下警察的一个显著特点是警察寻求自己的重新定位，让他们成为社区生活中不可或缺的一部分，而不是像过去一样远离社区。通过融入社区，有人断言警察和公众在共同生产公共安全。[20]

（二）动员

由于警察承认在预防犯罪和无序方面存在一定的局限性，采用社区警务的警察机构已经动员社区提供援助。动员以邻里守望计划（Neighborhood Watch）、身份识别行动（Operation ID）和灭罪方案（Crime Stopper）的形式出现。这些社区组织战略不仅是一种威慑机制，也增加了社区的凝聚力，并提供了一个平台，警察可以向社区告知预防犯罪的技巧。[21]贝利补充说，尽管大多数动员工作都涉及一般公众，但是城市其他部门在预防犯罪方面也起着关键作用：公共卫生部门可以拖走废弃的汽车、公园和娱乐机构（可以）为年轻人在夜间开放场所、开发年轻人的节目，消防和建筑检查员（可以）追究建筑物废弃的责任。[22]

因此，在社区警务中，警方扩充了可用的工具，警察不再依赖逮捕来解决问题。例如，他们还利用民法和行政法来提高他们处理社区生活质量问题的能力。许多警察机构与分区督察和其他城市官员共同处理影响社区生活质量的与当地企业相关的问题（如性用品商店、酒吧）以及没有合理保持自己房产的楼主和房东。[23]今天，在许多社区，警察与城市其他机构合作以解决城市违规行为，如杂草、杂物、无法使用的车辆以及涂鸦等，以保证社区生活的质量并不少见。

例如，在俄勒冈州的波特兰市，警察局看到仅仅一年内用于毒品交易的房屋数量从几个增长到超过200个。但警察局没有足够的时间或资源解决此类问题，传统的方法如卧底工作已不适用。作为一种替代策略，他们决定动员房东和楼主驱逐毒品交易的租户。警察局开始着力于教育和培训业主了解自己的权利和责任，警察教会房东如何筛选租房申请人、如何确定毒品行为、如何拒绝不良房客并与邻居配合警方工作。在一个两年的时期内，有5750名（共拥有100000间租房单元）房东接受了培训。[24]

因此，社区警务主要是注重建立和维护社区与警察之间的关系，无论是与市民、社会团体还是其他公共或私人机构的关系，都有利于解决社区犯罪和无序的问题，警方试图扩展他们的角色，“从政府第一响应者向社会诊断专家和社区动员者转变”。在社区中与其他人“建立联系和关系”，使警察汇集多种服务方式，以解决特定问题或可能影响社会安全的问题。[25]

二、社区合作的有效性

(一) 步巡

警察机构最常见的方式是通过使用徒步巡逻把警察和公民联系在一起，同时减少犯罪的发生。20 世纪 80 年代检验徒步巡逻成效的许多评估报告称，虽然增加徒步巡逻并没有减少犯罪，但它确实增强了安全感。而且，市民把这些积极的情绪推广到了警察局——不仅面对巡逻警察，也面对整个警察局。[26]这一发现使一些研究人员推测，警察可能无法减少犯罪，但或许可以减少对犯罪的恐惧。如果人们不再恐惧，他们也许就不会搬离社区，社区恶化的过程可能也不会发生。[27]

其他关于警察努力提高警民之间的互动的研究发现，这样的策略可以有效地减少犯罪。例如，在奥克兰和伯明翰，研究人员发现，警察与居民保持挨家挨户的联系后，居民对犯罪的恐惧和暴力犯罪数量大幅下降。[28]在休斯敦，关于社区警务的研究人员发现，警察的家访使城市的暴力犯罪和失序现象减少。[29]最近在费城，研究人员发现，暴力犯罪减少的地区正是徒步巡逻警察参与问题导向警务的地方。[30]

(二) 邻里守望

邻里守望预防犯罪计划是另一个流行的社区警务合作战略。然而，邻里守望计划一再被发现对犯罪的影响不大。[31]在英格兰进行的此类实验表明："英格兰自 20 世纪 80 年代起实施社区警务以来，还没有足够证据可以表明邻里守望计划可以有效阻止一种犯罪。"[32]这些研究发现，在一些犯罪很少的富裕的郊区，邻里守望计划一般更积极，与警察有更紧密的工作关系。但生活在犯罪高发区的居民和市内少数族裔社区的居民，不太愿意参加邻里守望计划或者其他与警察合作的活动。[33]

(三) "社区"瓦解地区的警务

社区警务所面临的最主要的问题就是能否对最贫困地区和犯罪最高发地区提供一个行之有效的策略。社区组织理论假定，要存在一个切实可行的社区来帮助组织。许多大城市中最差的社区被有些评论家称为"下等社会"，被诸如失业、犯罪以及所有没有社区意义的相关的社会问题所困扰。大部分的自然社区领导者已经离开：那些有稳定工作、有家庭、对邻里有承诺的社区，在没有积极影响的情况下，帮派常常成为年轻人生活的焦点。

在《警务透析》系列丛书中，休伯特·威廉姆和帕特里克·墨菲（Hubert William & Patrick v. Murphy）警告，"在大多数社区有效的社区导向模式，在低收入黑人社区和其他少数族裔社区中运行效果不佳，或者根本无效"。[34]他们的观点在马里兰地区的一个《预防犯罪》的报告中被证实。谢尔曼和他的同僚们发现，针对最不需要帮助的家庭、学校、社区的计划往往更有效，针对最需要帮助的家庭、学校和社区的计划反而最没有效果。马里兰的这份报告有助于我们深入了解通过强调家庭、学校、社区居民联系和经济机遇（也被称作劳动场）的相互关系可以预防犯罪。[35]

边注栏 10-2

警方需要你的建议

全美大多数警察机构正在利用调查收集来自公众且有助于指导警察机构的工作。州和地方执法机构比县治安官局从市民那里获得信息的可能性更高。

相关机构实施的关于人们对犯罪、犯罪的恐惧及对警察服务满意度的调查

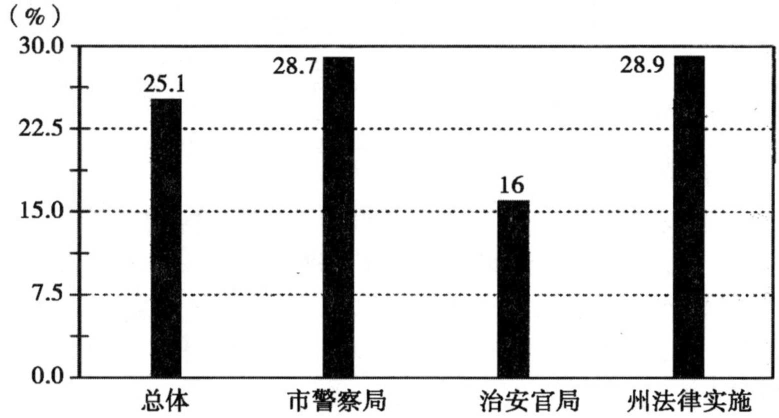

资料来源：Law Enforcement Management and Administrative Statistic，Bureau of Justice Statistic 2007。

与此同时，传统意义上的社区在一些新兴快速扩展的城市中通常不存在。休斯敦关于减少对犯罪恐惧的实验发现，该城市“几乎不存在社区生活”。[36]

也许社区组织工作仅仅有助于组织中产阶级。休斯敦关于减少对犯罪恐惧的实验和明尼苏达州的社区组织计划遇到了同样的现象：这些计划在中产阶级、房东和白人中比在的确很穷的人、租户和少数族裔群体中更加成功。[37]在白人房东中成功实施的社区组织计划可能是受到种族主义的激励：他们担心黑人和西班牙人搬入社区中。如果是这样的话，警察支持的社区组织活动会激化种族冲突。事实上，一项对社区组织的活动调查得出一个令人不安的结论，即可以确定的最强大的社区组织“出现在对即将发生或者已经发生种族变化的应对之中"。如果社区警务努力帮助阻碍了平等的住房机会，那将是一个悲剧。[38]

芝加哥社区合作的努力已经开始对社区警务经常引用的批评提出了质疑。韦斯利·斯考根（Wesley Skogan）实施的新研究表明，随着警察四年间不断加强与社区合作的努力，在芝加哥犯罪高发地区生活的居民开始加入社区控制犯罪计划中。他们发现定期参加会议最多的是生活在高犯罪地区和每年收入少于15000美元的黑人。[39]

三、组织转变

社区警务战略要求组织转变，艾克和马奎尔（Eck & Maguire）认为，向社区警务方向转变的警察机构的组织变化是必要的，主要有以下两点原因：首先，更好地激励警察发挥社区警务的功能；其次，使组织更加灵活、更加有责任开展社区合作计划和创新性的问题解决战略。[40]作者认为如果想要更好地实施社区警务战略，警察机构须在以下三个层面作出转变：（1）组织结构；（2）组织文化；（3）管理。

（一）组织结构

传统的警察局是依据高度集中的组织理念建立的，而社区警务战略是一种去中心化的战略理论。这就意味着它们具有较少的管理层级、较少的专门机构，并且给予一线警察更多的自由裁量权。[41]社区警务最重要的原则就是警察机构必须保持更大的灵活性以便更好地处理不同社区的不同问题。因此，为达到这一目的，一线警察在诊断当地问题时被赋予了更大的自由裁量权。[42]

社区警务组织的另一个特征是始终要把警察分配到一个特定的社区或某一区域。这种策略不仅旨在培养警察的地域责任感，也是让警察对他们警区所发生的事情负责的一种方式。社区警务战略的支持者也认为这项策略是必要的，目的是充分利用警察更深入社区并从中得到反馈的特定知识。[43]

（二）组织文化

传统警务组织文化强调打击犯罪的重要性，所以，向社区警务的转变对警察的感情与理智都是巨大的挑战。[44]许多社区警务的支持者表示，随着社区警务战略的实施，"新一代"警察将会出现，他们在问题解决和社区互动方面有丰富的知识和经验，他们的工作将会更富有成效并对自己的工作感到更满意。[45]

许多警察局试图通过组织化改革来改变他们的组织文化，如使用参与型管理模式，使警察参与警察局的决策；为警察提供社区合作、问题解决和其他社区警务战略的正式培训；改变晋升标准，以便使用社区警务战略的警察在组织内得到提升；

改变警察局的评价标准，以便使评价可以强化社区警务行动的价值。[46]

关于参与管理的详述见第四章

（三）管理

社区警务战略的采用也影响了警察管理。过去警察管理者主要是通过警察局的规则和规章来强调纪律控制问题。[47]在社区警务中，管理者期望帮助社区警察建立社区联系，与社区警察商讨政治问题，帮助社区警察获得资源，并为社区警察提供培训机会。因此，社区警务组织的特点是拥有更多的管理者和更少的监管者。[48]

例如，在圣彼得斯堡警察局，戴维斯局长实施了一些以管理为导向的职能转变，目的是加强警察局的社区警务工作。在转变之前，警长负责监督警察对报警求助的反应，这恰好与警长监督社区警察的职责相冲突。同样，监管人员很少有时间帮助警察实施相应的计划或者培训警察实施社区警务战略。在警察和社区退出后，戴维斯局长实施了一系列组织转变，包括增加社区警长的轮班，警长直接向地区主管汇报，而不是按日常要求的向警督和警监汇报，警长只接负责管理社区警察。局长认为，这个战略可以允许警长有更多自由时间与社区警察一起工作，更有利于他们获得处理社区犯罪和失序所需的更多资源。[49]

四、组织转变的证据

很少有证据显示由于实施社区警务战略使警察组织改变了他们的组织结构。一项对警察组织的研究发现，警察的组织结构从 1987 年起就没有发生重大的转变。特别是该研究发现，当引入社区警务战略后，警察组织不太可能有更少的规则和政策或更少层级的监督。[50]

同样，另一项全国性的研究表明，警察并未为与社区警务战略一致而改变他们的优先权。赵警官对 200 多个城市警察局的主要组织和核心职能进行了调查，他在报告中称，美国警务的核心职能仍与专业化模式非常接近，这些主要职能并不会因为额外增加警力、提供社区警务的培训基金、采用社区警务的训练计划，而发生重大转变。[51]

另外，转变组织结构的目的是使警察持续负责某一警区，这一做法有一些好的效果。例如，芝加哥社区持续的警区设置提高了当地居民的见警率。这有利于鼓励警察参与社区活动，从而使警察对于警区警务工作有更加深刻的了解。[52]类似的结果同样也在费城得到证实，费城警察被分配到公共住宅区。当警察被分配到公共住宅区时更倾向于先期开展调查，相比较那些没有分配到固定区域的警察来说，这些警察的自主权和职责不断增加。[53]

有研究表明，因为社区警务的实施，许多警察机构的职业文化已经发生了重大的转变。赵警官和他的同事调查了西北部一个因实施社区警务而出名的警察局的警察，他发现，实施社区警务战略后，警察的职业观念发生了重大的转变。研究者还报告称社区警务理念对于提升公民幸福感、舒适度和安全感的影响。[54]其他的研究也发现了类似的结果，在一个警察局里实行社区警务后，警察对社区警务的认可度随着他们对于社区警务的深入了解而不断得到提升。[55]

许多警察机构将社区警务的理论纳入他们学院培训的课程之中以促进其文化的转变。哈尔对亚利桑那州培训的研究发现，社区警务原则的培训起到了预想的效果。然而这种影响在警察离开学院进入工作环境之后很快就消失了。研究也发现社区警务原则在新警的实地训练中并没有得到加强。[56]

一般来说，这些研究表明，只有培训并不能对培养有利于社区警务的文化产生重要的影响，但是这些研究也表明，警察文化会随着社区警务的实施而改变，尽管这个改变要很长时间。

研究发现，社区警务战略在改变警察职能的过程中也发挥着积极的作用。马斯特洛夫斯基（Mastrofski）在印第安纳波利斯社区警务战略的研究中发现，社区警务战略可能已经改变了监管者的角色。印第安纳波利斯的警长发现，帮助警察解决社区中实际存在的问题，比诸如执行警察局政策或监督警察等限制性活动要重要得多。[57]

五、问题解决模式

社区警务的最后一个要素就是解决问题。在这种模式下，警察和社区共同解决社区问题。解决问题的特征是：要求参与者发现问题的潜在原因，而不是简单地对问题作出反应。问题解决模式可通过多种方式实施：可以包括警察动员社区居民与社区居民商讨；可以使社区居民找到问题的根源并且动员警察或者其他政府机构来解决问题；或者由把与社区居民广泛接触作为基本职责的社区警察来做。

大约29%的地方警察机构鼓励警察加入问题解决计划中，有22%的警察机构根据警察参与问题解决计划和参与问题解决的成功来评价警察，如图表10－3所示。[58]

图表 10－3　地方警察参与解决社区问题

积极鼓励巡警参与到社区问题的处理过程中	29%
将问题解决计划作为评估巡警工作绩效的评估标准	22%
资料来源：Law Enforcement Management and Administrative Statistic，Bureau of Justice Statistics，2007。	

柯德纳（Cordner）谈道，通常实行社区警务过程中的问题解决容易与问题导向警务（将在下一部分中讨论）混淆。他说道，问题解决模式只是社区警务战略的一种形式，却被提及社区的层面来解决长期存在的问题。同时，他认为这种问题解决模式本质上更渺小。[59] 正如他所说，问题导向警务在全美的许多警察局中成为社区警务的重要组成部分。在实践中，问题导向警务可以被单独实施，也可以作为社区警务的一部分。

由于问题解决模式和问题导向警务通常被纠缠在一起，随后我们在接下来的章节将详细讨论两者的不同、特征以及影响。

第四节　组合：在警察局层级上实施社区警务战略

虽然社区警务战略已经被说成在全美警察局层级上实施，但人们对社区警务在警察局层级上实施到多大程度几乎没有达成共识。马奎尔和卡茨（Maguire & Katz）参照警察基金会提供的数据，对 1600 个实施社区警务战略的警察局进行了调研，发现声称实施社区警务的警察局比其他警察局更有可能接受社区警务的部分理念。他们发现，特别是实施社区警务的警察局更倾向于将社区警务工作同巡逻和有组织的一些活动联系起来，而不是仅仅实施与社区警务相关的管理活动。作者总结说："在社区警务中，中层管理和市民的角色改变特别困难，因为需要警察机构在实际工作中作出真实和巨大的改变。"[60]

芝加哥替代警务战略计划

芝加哥替代警务战略计划（CAPS）代表了美国最雄心勃勃的社区警务行动。芝加哥警察局有 13000 名宣誓警察，是美国第二大警察局。韦斯利（Wesley）正在开展一个持续性评估研究，这项评估旨在对大城市警察局实施替代警务模式的可能性及潜在问题作出有价值的评判。[61]

（一）芝加哥替代警务战略计划

芝加哥替代警务战略计划以一个广泛计划为开端，包括大批来自警察局之外的专家共同制订计划，经过一系列讨论和修改之后，芝加哥替代警务战略计划围绕以下六点进行设计：

1. 整个警察局和整个城市的参与。相比之下，一些社区警务计划只包含从警察局分离出来的特别队组或者特定社区。

2. 为警察分配固定的警区。目的是强化警察对社区问题的了解与参与，警察被分配到固定的警区。

3. 对训练的郑重承诺。如果社区警务真正代表着不同的理念，就必须培养警察对从事的工作拥有新的期望。

4. 社区居民的大范围参与。社区警务的基本准则之一就是引入大批居民参与，并同警察建立伙伴关系。

5. 警务工作同其他城市机构的服务有着紧密的联系。芝加哥替代警务战略计划旨在解决社区中存在的问题，通过帮助居民动员其他机构来提升服务质量。

6. 重视犯罪分析。强调通过计算机的精密计算对犯罪形势进行地理分析以发现问题。

芝加哥替代警务战略计划（CAPS）的发起者最初计划需要 3 年至 5 年时间来实施。尽管芝加哥替代警务战略计划是在全市实施的，但有 5 个地区被选择作为原型地区，并接受广泛的评估调查。每个地区有近 50 万人口——与许多大城市规模相当。

（二）转变遇到的阻碍

芝加哥替代警务战略计划在实施过程中遇到了一系列的阻碍。

第一个是资源问题。增加税收的提议遭到公众强烈反对而被扼杀。然而，咨询人员确定了近 1600 名警察被重新分配以提供更高效的警察服务工作。最终，该城市获得了联邦政府和州的补助以雇用更多警力来支持芝加哥替代警务战略计划。

第二个问题是公众强烈反对关闭警察所的计划。虽然设计的是一项极为有效的措施，但仍有许多居民感到见警率的流失，并认为他们之前的建议被否定。

第三个也是最主要的问题是芝加哥替代警务战略计划要求一些基层警察加入其中。同其他社区警务战略不同的是，芝加哥替代警务战略计划不依赖于志愿者。警察文化严重阻止改变，通过对芝加哥警察的调查发现，基层警察的态度截然不同。通常，年长的、少数族裔和女性警察比年轻的、白人和男性警察对改变采取更为开放的态度。大部分警察一开始对社区警务战略都持悲观态度，他们认为社区警务战略打乱了警察和公民的权力界限，并不合理地要求警察解决所有的社区问题。

基层警察与另一个严重问题有关，即监管和绩效考核。因为芝加哥替代警务战略计划代表了新的理念和警察的新角色，所以需要新的监管形式和绩效考核。基层警察合乎情理地想知道在芝加哥替代警务战略计划中应当做什么工作以及他们应当如何被考核。这种情况被看作目前存在的主要争议，尚未得到有效解决。

另一个主要的问题是911系统。传统的电话报警解决问题的模式使警察脱离了问题解决的事情，把警察派遣至警区以外的地区（这就违反了该计划警区统一性的原则）。芝加哥替代警务战略计划从以下几个方面解决难题：第一，限制警察被外派到他们自己警区外的次数。第二，创建了快速反应小组以处理突发事件。第三，试图通过优先派警顺序限制处警数量。[62]

（三）CAPS在行动中

CAPS的中心任务就是促进警民互动。他们努力通过一系列的警区会议，居民和警区警察能够讨论社区问题和可能的解决办法。

正如斯考根和哈特尼特（Skogan & Hartnett）所说，“使警区会议有效果十分困难”。[63]警察们认为会议占用了“实际”警察工作的时间。这类会议通常有25个公民和5名警察参加，历时1.5小时。每次会议的谈话议程仅仅是“坦率地交谈”。[64]参加人员以非洲裔美国居民居多，主要是因为他们对犯罪较为关注。

斯考根对5个地区的警区会议确认的问题进行汇总后发现，毒品问题成为最被关注的问题，其他与犯罪相关的问题也常被提及。许多问题被归类为失序问题：年轻人问题、大声放音乐，诸如此类。显然，第四个常被提及的问题是警察对公民的冷淡，这是CAPS面临公众不信任的一个显著问题。

通过对警区会议的研究可以发现其警民合作的目标没有实现。警察通常主导着会议节奏，并且控制着会议日程。某些社区（Roger Park，罗杰公园）比其他地区（Morgan Park，摩根公园）的目标实现率要高。

让其他城市机构参与问题解决是芝加哥所面临的重大难题，这对其他实施社区警务战略的城市也是一个共同的问题。例如，通过对实施社区警务的8个城市的评估发现，其中7个城市所付出的努力都功亏一篑。[65]在芝加哥，市长咨询和信息办公室主要负责监督其他机构同CAPS的合作。最重要的测评工具是一页服务请求表格，表示存在问题及相应负责的机构。一些特别的请求包括对于重装遗失街道路标、关闭或者拆除遗弃的建筑物、清除涂鸦、拖走遗弃的汽车。这些情况都属于物质失序的类型。

CAPS创造出一系列问题解决的行动。在警区步行行动中（Operation Beat Foot），60个罗杰公园的居民夜间在社区中以“积极闲逛”的形式步行行进，来阻止犯罪分子。恩格尔伍德（Englewoode）社区成员也以同样的行进方式反对毒品犯罪。罗杰公园的居民将一个被作为犯罪活动中心的建筑物的拥有者告上了法庭，而摩根公园地区创设了一个警区联系计划，允许商户可以通过传呼机直接同警察联系。

（四）对 CAPS 的评价

人们对 CAPS 的评价不同。电话调查发现，人们对这项计划的关注度很高，但这种关注并未随着时间的延续而增长。在实施评估的大部分社区里的居民提到，他们发现社区的见警率比之前有所提高。在多数被评估的社区中，人们发现警察同公民非正式接触的可见度明显提高。还有一项重要的增长就是公众对警察的认可度有所提高，警察能够及时关注公民的诉求，并且有效处理犯罪，减少了人们对犯罪的恐惧。特别需要指出的是，超过 80% 的被采访者表示警察截停了太多的人，态度过于强硬。与之前的调查一致，非洲裔的美国人（占 13%）比白人（占 3%）更有可能说过分使用武力是一个问题。

此外，CAPS 达到一些但并未完全实现目标。最重要的是，警察不愿意改变他们的工作方式，将太多时间浪费在解决问题上。然而，其中重要的转变是原型社区的生活质量有显著的可以感知到的改变：犯罪更少、恐慌更少、黑帮更少以及对警察反应的感觉更好。然而，警察局却没有在实施犯罪地图计划中取得成功，在达到公民参与的预想程度方面也有问题。

芝加哥的最大成就是在实施警务战略中全市范围内所取得的较小而不明显的转变。大多数其他城市的社区警务计划是小型的试点项目，集中在限定的地区和问题，通常有志愿者参与。CAPS 的经验表明，大型警察局的重新定位是可能的。

CAPS 的主要失误就是没有覆盖到社区的一些部分，芝加哥的拉美裔租户、低收入家庭以及未毕业的高中生很少关注 CAPS。这与其他社区主导计划部分一致，一般而言，对白人和房主比对其他少数族裔和租户更为有效，如图表 10－4 所示。

图表 10－4　人物背景和对芝加哥替代警务战略计划的了解情况

	1996 年	1998 年	2003 年
对芝加哥替代警务战略计划的认识	53%	79%	80%
白人	52%	78%	81%
黑人	58%	84%	89%
拉丁裔	51%	73%	70%
西班牙裔	47%	56%	65%
英裔	54%	80%	86%
18～29 岁	46%	76%	69%
30～49 岁	61%	83%	84%
50～64 岁	53%	80%	86%
65 岁以上	46%	65%	77%
案件数量（件）	1868	2937	3141
承租人	50%	75%	74%
房主	58%	83%	85%
低收入者	48%	69%	68%
中等收入者	59%	84%	86%
尚未毕业的学生	41%	62%	65%
高中毕业生	56%	82%	83%
女性	50%	76%	80%
男性	59%	87%	79%

资料来源：Wesley Skogan. Community Policing in Chicago, Year Ten：An Evaluation of Chicago’s Alternative Policing Strategy. Chicago, IL：lliois Criminal Justice Information Authority, 2004。

第五节　社区警务：存在问题和前景展望

虽然社区警务取得了长足的发展，但仍存在一些未解答的问题。[66] 支持者声称社区警务的时代已经到来；[67] 然而，批评者认为，宣称社区警务引领现代警务战略，或者已经证明长久成功，都为时尚早，这里仍有许多关于社区警务的重要问题亟待解决。

一、合法的警察角色

社区警务中的一个重要问题是关于警察合适角色的争论。警察可以作为社区组织者来解决房屋问题和清理空地吗？这是拥有逮捕权警察的合适角色吗？警察应当在严重犯罪问题上花费时间和精力吗？

这个问题的答案无所谓正确或错误，它只是个政策选择问题。如果愿意这样做的话，一个社区会从这些方面来定义警察的角色，而另一个社区可能会更倾向于传统的警察角色。警察的角色以一种方式已被定义了多年，但并不意味着不能以不同方式被定义，改变不是不可能的。警察历史学家指出，今天主导的打击犯罪角色并不像许多人认为的那样传统。事实上，打击犯罪的角色也仅仅发展了50多年。

关于警察角色变化的详述见第二章

二、政治警察

大卫·贝利（David Bayley）警告说，改变警察角色的一个方面是警察卷入政治的危险。英、美、法的一项基本原则是明确限制所有政府的权力，特别是警察的权力，[68]贝利将其称为警务的“简约主义”传统。这些限制被包含在人权法案之中，然而，社区警务扩大了警察角色，并且削弱了传统的限制，贝利将其称为“极多主义”警务。但是，当居民没有报警向警察求助时，警察应该挨家挨户登门拜访守法的居民吗？如果警察组织社区团体，就有这样的危险，警察将会加入政治支持团体，为警察支持的候选人或议题游说。[69]

此外，贝利（Bayley）补充说，警察涉及揭示社区问题根源的社会结构问题越深，他们越有可能对个人自由加以限制。例如，当俄勒冈州波特兰市的警察探究公民对小型超市周围社区不断增多的无序抱怨之后，他们发现是麦芽啤酒和廉价白酒吸引帮派成员和暂住人员。为了解决这一问题，警察请求这些商店店主自愿停止销售麦芽啤酒和廉价白酒。然而，这些商店店主，是某个种族群体的成员，会认为警察让他们停业是歧视他们。最终，问题虽然得到解决，但是警察意识到鼓励居民认识到各自的社会职责是警察职责的一部分，但同样拥有一些消极的副作用。[70]

三、分权和责任机制

社区警务的一大原则是决策权分散：给予基层警察更多的决策权并由他们决定处理什么问题和怎样利用时间。然而，分散可能会导致对警察行为的潜在性失控问题，导致权力滥用。赫尔曼·戈德斯坦（Herman Goldstein）又问道："社区警察选择问题解决方案的自由究竟有多大?"[71]

控制警察失当行为的最大成效，包括遏制腐败和警察权力的使用，是通过统一命令和控制实现的。其中最主要的工具就是行政立法：为警察提供规定哪种行为是禁止的书面命令。[72]

关于制定行政立法的详述见第十一章

对纽约市 CPOP 计划的评估发现，传统监管巡逻警察的方法并不适用于社区警务战略，其在本质上有点官僚主义，要求警察管理好自己的时间并同公众保持一定的接触，初衷是为了控制警察的不当行为。在纽约，有人担心给警察更多的权力会导致腐败——纽约市警察局的问题重复出现。CPOP 计划需要警长更多的是充当管理者的角色，而不是严格的纪律执行者。警长必须帮助警察解决问题，让 CPOP 工作组代表其他部门（部分部门有些敌意），并代表社区利益。[73]

乔治·凯琳和詹姆斯·斯图尔特（George Kelling & James Stewart）指出了鼓励警察对社区居民作出反应的潜在危险性，大多数居民都有抵制违法行为和不合理行为的诉求。乔治·凯琳和詹姆斯·斯图尔特指出："在多民族杂居区中，一个纯粹由白人房主组成的社区反犯罪组织，只会加剧社区内的种族冲突。"社区警务的评论者指出了威尔逊和凯琳在《破窗》里描述的"了不起"的警务模式。在文章中，芝加哥的一位警察介绍了警察如何将犯罪团伙清理出公共居住区的计划："我们了不起。"威尔逊和凯琳指出，这种做法同公平对待的观念并不一致。[74]其主要问题是社区居民对良好秩序的需求和如何实施平等保护之间的紧张关系。

四、对贫穷社区和少数族裔社区的影响

韦伯思代尔（Websdale）指出，社区警务对于贫穷的和少数族裔居民的生活有所干扰。他解释道，社区警务通过增加对公共住房居民的出警授权以打击少数所谓的破坏社区"生活质量"的轻微违规行为，以此增加对社区的监管。他认为，受少数人欢迎的社区警务减少对少数贫穷社区的关注，可能导致逮捕量和关押量增加，使社区在通常情况下人会越来越少。因为被逮捕和关押的人被释放以后，由于前科记录很难找到工作。[75]

五、社区利益争端

社区警务工作，理论上听起来很美好，然而迈克尔·布尔格（Micheal

Buerger）通过明尼阿波利斯市的 RECAP 计划研究发现，一些社区的利益同警务改革的利益相冲突。一项警务计划的目标是预防控制便利店的行窃，然而结果却是合作官员更加担心顾客潜在的诉讼，而不是商店行窃行为，他们把它看作生意的正常成本。与此同时，一些店主还认为高见警率可能会疏远或者使他们的好客户受到惊吓。宵禁之后禁止青少年进入商店的建议与为孩子们提供安全庇护所的计划相冲突。同时，警察也努力阻止房东向有毒品交易嫌疑的人出租房屋，但有些房东却愿意将房子出租给从事毒品交易的人，因为他们能准时用现金付清房租且尽量避免引起注意。总体来说，一些社区居民的冲突的利益，特别是经济利益，是阻碍解决社区问题创新计划的障碍。[76]

六、社区警务战略起作用吗

社区警务服务办公室（COPS）实施了一系列实验，目的是检验社区警务的效果，其中最大的实验是由赵和瑟曼（Zhao & Thurman）实施的。研究者们在6年期间共评估了 6100 个城市，目的是调查早期实施社区警务战略（由 COPS 办公室资助）对于控制犯罪所产生的影响。作者总结：社区警务战略在克林顿执政时期特别有效。他们特别指出，“每个居民捐赠 1 美元会有助于降低每 10 万人中 12.26 个暴力犯罪和 43.85 个财产犯罪”。[77]

第六节　问题导向警务的根基

赫尔曼·戈德斯坦（Herman Goldstein）1979 年对问题导向警务理念的提出开创了警察角色的新途径。[78]戈德斯坦通过 20 世纪 50 年代的美国律师基金会刑事司法调查项目，在重新组织警察角色复杂性中起到了重要作用。[79]随后，他帮助美国律师协会（American Bar Association）起草标准，强调警察的许多不同职责。[80]1977 年，在其著作《自由社会的警务》中，戈德斯坦认为我们应当将警察视为提供更宽广综合服务的政府机构。[81]

在戈德斯坦最初的关于问题导向警务的文章中，其中心理念是传统警察的职责是模糊和笼统的分类：打击犯罪，秩序维护和服务。然而，在实践中，每种分类又包含不同种类的问题。例如，犯罪的类型包括谋杀、入室盗窃和醉酒驾驶，其中的每一种犯罪都是很不同的社会事件。失序的类型包括家庭争端、精神健康问题、公众酗酒和其他许多问题。戈德斯坦认为警察应当采取这种分类形式，同时将它们分成许多不相关的问题，然后对每种问题作出特定的反应。简言之，就是问题导向警务。[82]

戈德斯坦同时也指出传统评估警察效率的方法并不起作用。不仅官方的统一犯罪报告（UCR）系统的数据存在问题，而且统一犯罪报告系统笼统地将所有的犯罪合并为一个大的类型，问题导向的方法针对特别的问题需要特别的解决途径。[83]

随着专家数量逐渐增长，戈德斯坦认为警察是他们通信系统的囚犯。911系统迫使他们成为反应者角色：将大多数资源运用于应对报警求助。这种反应角色意味着警察按照一个个的警情思考问题。[84]戈德斯坦同样认为，这种做法阻碍警察针对根本问题作出任何重要计划。

在传统方式下，每起案件被作为一起独立事件被处理。警察只关心对每起事件作出反应。而问题导向警务注重对问题的分析并寻求合适的解决方法。这种模式需要警察局做到权力非中心化，以便基层警察不仅有能力鉴别问题，而且有权力进行处置。[85]

问题导向警务经常与社区导向警务相混淆，或者被作为警察局社区警务战略的一部分而实施。然而，如图表 10 - 5 所示，问题导向警务和社区警务的不同之处在于它更加注重警务的最终结果，而不注重警务工作的方式是什么。[86]艾克和马奎尔（Eck & Maguire）指出，“简单来说，社区警务中建立警察同公民的更积极的关系是最终目标，而处理问题是其次的。然而，在问题导向警务中最终目标就是减少公众所关注的问题，紧密的社区合作通常是解决社区问题的重要因素，但不是最终目标”。[87]

图表 10 - 5　传统警务与问题导向警务对照

a.

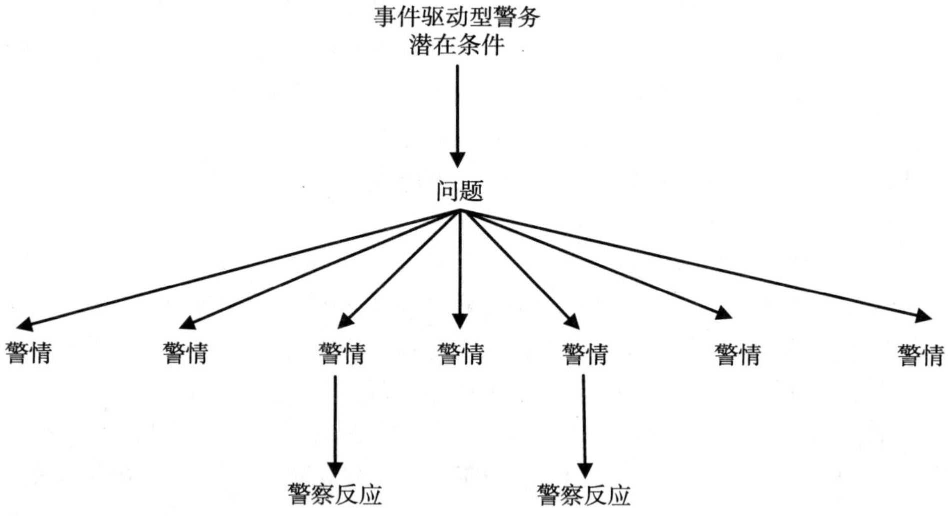

b.

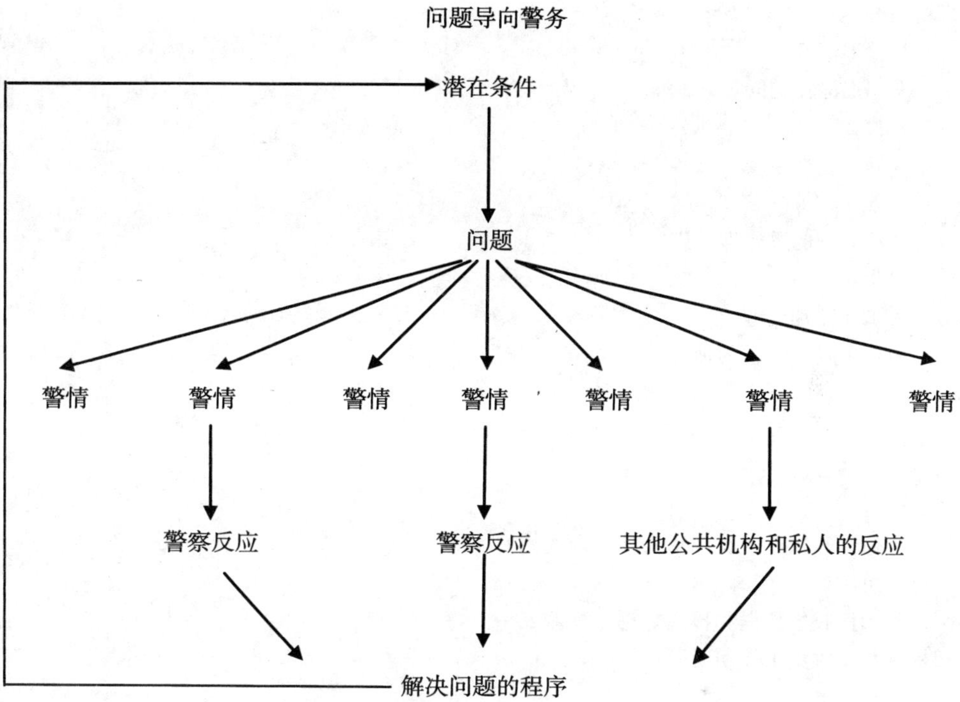

资料来源：John Eck and Willam Spelman，Problem – Oriented Policing in Newport News（Washington，DC：PERF，1987）. Figure1. p. 4。

第七节 问题解决的过程

艾克和斯佩尔曼（Eck & Spelman）指出，问题导向警务一般包括 4 个阶段，被称为 SARA ：（1）观察；（2）分析；（3）反应；（4）评估，如图表 10 – 6 所示。

图表 10－6　SARA 解决问题模式

观察的概述

步骤 1

- 列出潜在的问题。

步骤 2

- 问题定性。

步骤 3

- 按问题的重要性排序。

步骤 4

- 陈述特殊问题。
- 列出发生问题的地方。
- 哪种环境下产生的问题最多？

检查和准备分析

假设

- 你已经知道的和你认为产生问题的原因。
- 总体目标。
- 如何收集数据和报道数据？
- 数据收集工作何时开始？

分析步骤的总述

步骤 1

- 在问题前状况或事件是什么？
- 在问题中状况或事件是什么？
- 问题的结果是什么？
- 问题造成的负面影响有哪些？

步骤 2

- 问题发生的频率？
- 此类问题形成的时间有多久了？
- 每次发生问题的持续时间是多久？
- 因为数据已经收集，你应该继续分析或返回观察和重审问题阶段。

步骤 3

- 确定一个暂定目标。
- 寻找有利于解决问题的相关资源。
- 解决问题中可能建立的程序、政策和规则是什么？

续表

反应步骤的总述 步骤 1 • 干预潜在问题的集思广益。 步骤 2 • 考虑灵活性并且从中转换。 • 在计划实施之前需要做什么？ • 谁对最初的行为负责？ 步骤 3 • 对计划进行总体规划并指定专人对具体部分负责。 • 此计划能否实现所有或部分目标。 • 陈述此类计划能实现的具体目标。 • 相关数据收集的方式。 步骤 4 • 实际上，实施计划可能存在的问题是什么？ • 当计划不能正常运行或准确实施时，会伴随产生哪些可能的程序？ 实施计划 • 评估步骤的概述。 步骤 1 • 计划是否实施了？ • 警察作出反应的具体目标是什么？ • 目标实现了吗？ • 你是如何知道目标已经实现的？ 步骤 2 • 计划被取消会产生什么后果？ • 计划正常进行会产生什么后果？ • 确定增强计划时效性的新策略。 • 将来计划在实施过程中如何被监督？ 步骤 3 • 实施后的计划。 • 计划的修订。 • 实时性的评估。
资料来源：Police Executive Research Forum, SARA Problem Solving Model, www.policeforum.org/sara.html。

一、观察

SARA 模式的第一阶段是观察，观察可以通过不同的方式实现。例如，在值班期间，警察可在警区内发现和确定潜在的问题。同时，另一个策略是让警察回顾报警和投诉来发现潜在问题，还有一种策略是与辖区内生活或工作的居民商讨。然而，在 SARA 模式下，所要鉴别的问题不是一个个没有联系的孤立问题，而是需要共同探究潜在原因的问题。

二、分析

SARA 模式的第二阶段是分析，这一阶段要求警察收集相关问题的信息，目的是发现分析其范围、本质属性和原因。这通常促使警察关注“问题特征的三个类别”：参与者（受害者、犯罪分子、第三方）、事件（物质环境、社会环境、事件的结果）和过去的反应（通过社区和相应的机构）。[88]

三、反应

SARA 模式的第三阶段是反应。通过分析阶段收集到的数据开发一种处理问题的策略，并进行反应。这种反应通常包括使用一些可供替代的解决方法，包括居民、警察局内的其他队组、其他政府机构、当地商人、私人组织以及其他任何对反应提供帮助的个人或组织的协助。问题导向警务强调应当在传统控制犯罪策略之上作出反应，并对产生犯罪和失序的环境作出有影响的策略和措施，而不仅是处理问题本身（比如犯罪和失序）。然而，这样的策略试图在警察工具带上增加更多的工具。

四、评估

SARA 模式的最后阶段是评估。评估包含对反应效率的评价，目的是超越一些印象派和道听途说的对成功的标准，同时纳入严格的反馈，允许警察在所作反应不成功的情况下进行重新修正。这种反馈也允许警察重新检验他们是否对问题作出了正确的判断。因为警察需要处理广泛而又多样的问题，警察反应的方式也是广泛而又多样的，没有一个简单的评价类型是可行的。因此，警察有时需要超出现存的数据资源，如用报警求助来测量犯罪变化；必须收集和分析非传统的数据，如用图像来测量物质失序的变化。

第八节　问题导向警务的效果

问题导向警务的评估总体上比社区警务的评估更有积极的意义。本部分讨论的是，使用了强大的研究设计或者引起了全国广泛关注的项目计划。

一、纽波特纽斯的问题导向警务

首个重要的问题导向警务试验在弗吉尼亚州的纽波特纽斯实施。数年来，这里的警察面临着新布莱尔菲尔德公寓大楼中入室盗窃犯罪高发的问题。见警率的提高使入室盗窃犯罪减少了60%，而当警察被调换到其他地方以后，入室盗窃犯罪又有所提高。到了1984年，这个公寓大楼的报警求助电话较该市其他任何居民区域的都要多。基于此，警察局计划摒弃传统的方法，进而对问题导向警务进行实验。[89]

这个问题导向警务计划利用了SARA模式。观察阶段起始于对该地区犯罪类型的分析和对当地民意的调查，这项调查说明了建筑物的损坏助长了入室盗窃犯罪。警察局分配到新布莱尔菲尔德的特遣队采取相应措施来处理建筑物的物质环境，警察还组织了一个由许多负责住房计划的政府机构参加的会议。图表10-7列出了相关的公共机构。会议的目的在于开展改善公寓楼环境的合作策略，分配到该项目的警察帮助组织租户群体向城市官员施压来改善公寓楼环境。然而，最后作出的决定是，拆除旧公寓和重新安置居民。

图表10-7 公共机构交流关于新布莱尔菲尔德公寓大楼盗窃问题的信息

纽波特纽斯的城市机构

- 商业营业执照办理办公室——营业执照记录
- 法院书记员——行为记录
- 法规遵守部门——建筑安全信息
- 消防部门——火灾和纵火数据
- 规划部门——土地使用和人口普查数据
- 公共工程部门——街道清理和环境卫生信息
- 重建和房屋管理局——房屋补贴项目数据
- 估税办公室——财产估价和纳税

州立机构

- 弗吉尼亚公司委员会——公司记录
- 加利福尼亚公司委员会——公司记录

联邦机构

- 联邦调查局（地方办公室）——欺诈调查事宜
- 国税局——所有权模式
- 住房和城市发展部（华盛顿，总局）——住房标准和贷款拖欠数据
- 管理与预算办公室——多家庭住房问题和HUD资助项目

续表

资料来源：John E. Eck and William Spelman，Problem – Oriented Policing in Newport News，Washington，DC：Police Executive Research Forum 1987，Table 9，p. 70。

官方数据的确表明，实施问题导向警务战略使犯罪率有所下降。更为重要的是，警察参与一些活动代表了警方在问题导向警务和社区警务中的新角色：通过在公众之间开展民意调查发现社区中存在的问题。通过召开关于公寓楼的会议，警察担当起了社区组织者和政府机构代理人的职责。

二、圣地亚哥的问题导向警务

圣地亚哥问题导向警务战略的实施效果被认为处于世界领先地位，赢得了国际赞誉，并已成为每年举办国际问题导向警务的定点会址，且经常作为努力推行问题导向警务战略的示范警察局。

盖里·柯德纳（Gary Cordner）通过对警察局 8 个警区 320 名警察的采访和对当地 1/4 的巡逻警察与他们的警长的调查，对圣地亚哥的问题导向警务进行了全面的评估。[90]

他发现，问题导向警务对圣地亚哥正在实施的警务战略有重大影响。例如，近 70% 的警察表明最近使用了问题导向警务的一些原则，且近一半的警察表示问题导向警务战略是警务工作的重要组成部分。警官们同时也表明他们的监管者对此十分支持并且鼓励他们采取相应的行动。最有意义的发现是那些习惯于依赖传统警务战略的圣地亚哥警察现如今已可以采用更为广泛的应对措施，如同政府机构合作或者同社区共同处理特殊问题。

然而，柯德纳认为大多数问题导向警务计划没有按照“教科书模式”实施。例如，大多数警察都没有参与非常精细的观察和分析，问题通常是在个人观察和同他人的交流中发现的。很少有警察参与任何形式的犯罪分析，大多数警察将注意力主要集中在与毒品、暂住人口、特殊人群和公共秩序相联系等问题相关的小型问题上，只有不到 10% 的警察从事处理犯罪问题的工作（不是毒品相关问题）。

柯德纳在圣地亚哥的研究中得出了结论，即在实施问题导向警务的二十年时间里，警察们学会了运用相关的策略，但并不像学者或者政策制定者设计得那么正式和完整。[91]

三、波士顿枪支计划：实施停火令

波士顿枪支计划是一项问题解决计划，涉及波士顿警察局、酒烟火器管理局、联邦政府和县检察官、县缓刑机构和巡逻人员、波士顿市外展服务工人、波士顿学校警察以及青少年矫正机构等。在20世纪90年代初，波士顿青少年杀人犯罪呈井喷态势。犯罪分析表明，1991年至1995年波士顿平均每年有43个青少年实施杀人犯罪。哈佛大学的相关研究人员对此进行了精细的研究分析，研究者发现非法枪支买卖市场向青少年提供武器。同时，他们还发现被卷入杀人犯罪的年轻人中近60%与三个波士顿社区的帮派团伙有关。

这项分析使计划的参与者坚信成功的反应必须是打击枪支的供给和需求。警察将信息传达给犯罪团伙，告知他们必须停止出售和滥用枪支，否则会面临执法部门的严密检查，同时会造成很严重的后果。“警察告知这些犯罪团伙：我们会关闭毒品交易市场，会签发逮捕令，街道上会有大量执法官员（包括联邦政府官员），将会对缓刑人员实施查床，房间将会被巡逻人员搜查，无牌车辆将被清走，扰乱秩序的行为，如在公共场合饮酒将会被追究”。在一个案例中，在实施多起暴力犯罪案件的一个犯罪分子身上搜查时只发现了他口袋中有一颗子弹，但由于他曾经被定重罪，因此他被作为职业犯罪起诉并判处20年监禁。[92]

评估发现这项计划对预防犯罪和减少人们对犯罪的恐惧，以及社区居民对警察的满意度有重要的影响。计划实施两年后，青少年故意杀人罪减少了70%。受到影响区域的居民对犯罪的恐惧减少了21%，坚信警察能有效阻止犯罪的居民增长了33%。[93]

基于波士顿枪支计划执行的效果，联邦政府资助了许多全国范围内努力应对枪支犯罪的类似计划。[94]这项警务的具体做法被称为集中威慑战略，或者“拉杆”。虽然在问题导向警务战略框架内对集中威慑战略进行了概念化，并超越了问题导向警务战略。[95]邦纳、沃登和麦克莱恩（Bonner，Worden & Mclean）解释说，针对集中威慑战略依赖于“加强对高危犯罪分子刑事制裁的威胁，并有意宣传威胁以最大限度地发挥其对犯罪分子行为的影响”。[96]这个战略通常包含以下三个要素：一是警方高度重视对少数罪犯在少数街区实施的大量犯罪行为。二是呼吁警察成立与其他刑事司法机构以及其他利益相关方的工作团队，如学校和以诚信为本的社区组织，以便他们可以广泛实施各种制裁措施。三是使用“谈话节目”的形式，警察和其他部门邀请确认的违法分子参加会议，通知他们暴力事件将不被容忍。违法分子被告知后，如果参与暴力事件，将会受到工作组织的加重制裁。策略假定这些罪犯会通知其他罪犯关于他们的经验和他们也会受到影响。[97]

四、问题导向警务的未来

总的来说，犯罪学家和政策制定者认为问题导向警务的前途是光明的。许多持久性复杂的测试发现问题导向警务是有用的。例如，韦斯伯德（Weisburd）和他的同事研究了5500多份问题导向警务的评估报告，并找到了其中最精细的研究设计。他们认为适当施行问题导向警务可以显著减少犯罪和失序。例如，作为分析的一部分，他们依靠预先测试并后期测试研究调查了45项研究，发现利用问题导向警务平均使犯罪和失序减少了44%。作者得出结论，问题导向警务是有用的，并且可以作为解决广泛问题的有效方法使用。[98]

第九节　零容忍警务的特征

零容忍警务是基于破窗理论而产生的。零容忍警务要求警察主要关注失序、轻微犯罪和面上犯罪。它以严格执行刑事法律和民事法律为特征，目的是维护社区秩序的稳定。[99]人们普遍认为只有通过加强打击失序为目标的执法，当地居民才会更加关注自己的社区，才会有利于社区的秩序，最终又反过来降低人们对于犯罪的恐惧，并对潜在犯罪分子形成无形明确的警告，违法是不会被容忍的（见图表10－8）。[100]

图表10－8　零容忍警务的社会影响

警方实践 ——→	社会意义 ——→	社会标准 ——→	对社区的影响
警方消除社会失序的迹象	社区关怀 犯罪分子不再受控制	整洁有序	守法者感到安全，犯罪分子停止实施犯罪

资料来源：Dorothy Roberts，“Forward：Race，Vagueness，and the Social Meaning of Order－Maintenance Policing，” Reprinted by special permission of Northwestern university School of Law，The Journal of Criminal Law and Criminology。

图表 10 - 9 社会干预型警务和其他类型警务模式的比较分析

社会互动与结构范围	传统警务	社区警务	问题导向警务	零容忍警务
警务的焦点	执法	通过犯罪预防构建社区	法律、秩序、恐惧犯罪的问题	秩序问题
干预的形式	被动反应，基于刑法	积极主动，针对犯罪分子、民众和行政法规	混合的，针对犯罪分子、民众和行政法规	积极主动，利用犯罪分子、民众和行政法规
警务活动的范围	范围狭窄，仅关注减少犯罪	广泛关注犯罪、秩序、安全感和生活质量	范围由小到大，关注的问题	范围狭窄，关注地点与行为
纵向的判断标准	高，无责任	高，对社区或地方指挥官负责	高，主要对警方的管理高度负责	低，但主要对警方的管理高度负责
警察文化的焦点	内部的，拒绝社区	外部的，对外建立合作关系	混合的，依赖于对问题的分析	内部的，重点打击目标问题
决策的焦点	警方指导，公众和其他部门参与度限制在最低水平	警方和社区联动，共同对社区安全负责和进行评估	呈现多样化，警方确定问题，与社区共同参与和行动	警方主导，有时需要相关部门协助
交流	警察到社区是从上到下的关系	警方和社区在同一水平线	警方和社区在同一水平线	警察到社区是从上到下的关系
社区参与度	低和消极被动	高和积极主动	混合的，以问题为导向	低和消极被动
与其他机构的联系	贫乏和间歇的	在总体发展上积极参与、形成一体化	在解决问题上积极参与、形成一体化	适中和间歇的
组织类型和指挥重点	集中的控制和指挥	分散与社区联系的权力	分散当地指挥权，并对管理中心负责	集中或分散的，但内部集中的

续表

社会互动与结构范围	传统警务	社区警务	问题导向警务	零容忍警务
组织变革/组织发展的措施	极少，战略组织脱离环境	很多，有活力的组织高度关注社会环境变化及应对措施	呈现多样化，集中在问题的解决，并对组织结构和情报具有重要意义	极少、受限制的干扰，且利用方法集中于处理传统问题
成功的措施	逮捕和犯罪率，特别是严重的一级犯罪	呈现多样化，犯罪、报警服务、恐慌度下降、公共区域的使用、与社区的接触和联系、更加安全的社区环境	呈现多样化，问题的解决、问题的最小化、问题的转移	逮捕、截停、实战行动、在专项行动中针对特定地点的行动

资料来源：Jack R Green，“Community Policing in America：Charging the Nature，Structure，and Function of the Police.” in Julie Horney，ed. Policies，Process，and Decisions of the Criminal Justice System，Criminal justice 2000. Vol. 3 （Washington，DC：Government Print office，2000），p. 311。

如图表 10 －9 所示，零容忍警务战略与其他警务战略在很多方面存在不同之处。

第一，社区警务战略和问题导向警务战略以警察应致力于预防犯罪的理念为基础，而零容忍警务战略将其注意力放在对犯罪的打击方面。[101] 格林（Green）提到，“零容忍警务战略在打击型警务方面有其产生的根源。在有些方面，又使警察回到一个较为传统的状态，致力于强制执行法律，这也是许多美国警察局积极推行的行动方向”。[102]

第二，零容忍警务另一点不同之处在于它基于这样的假设，即最需要警察的社区也最有可能是没有强有力社会组织的社区。因此，社区警务基于社区是犯罪控制最主要的共同提供者的观点，而零容忍警务基于“社区可能无法提供警察负主责的犯罪控制策略，而警察必须对犯罪控制负起责任”的观点。[103]

第三，零容忍警务战略与问题导向警务战略的不同之处在于，零容忍警务不会鉴别犯罪种类并对犯罪的原因进行分析。[104] 而零容忍警务战略特别关注一些特定的行为类型。轻微犯罪和失序：在公共场所小便和逃票行为（不买地铁票直接从旋转门上跳过去）、卖淫行为、闲荡行为、沿街乞讨行为、涂鸦行为和“橡皮刮水刷”（年轻男性在红灯时为停下的车辆清洗车窗）等行为都是警方主要关注的。[105]

第四，零容忍警务战略特征是重点对特定地区的干预。之前一些关于重点地区的研究发现，少数地区占了犯罪和失序的总量的很大比例。相应地，许多警察局开始制订犯罪地图，促使零容忍警务战略应用到一些重点地区中。[106]

第五，零容忍警务战略与其他警务战略改革不同，因其代表了从文化上和组织上重新实施一些基本的战略。零容忍警务战略强调打击犯罪的理念，使其具有军事化组织的设计理念，即兼顾集权化和事前关注（相关信息从管理者直接传达到一线管理警察），是个令大多数警察感到舒适和熟识的任务形式和组织结构。此外，与社区警务和问题导向警务不同的是，由于更加强调积极主动执法，零容忍警务不需要警察在警察文化方面作出根本性的调整改变。[107]

第十节 零容忍警务的效果

虽然生活质量警务（民生警务）已经在法律界官员中赢得了广泛的支持，但人们很少将注意力集中于零容忍警务的实效性上。下面会探讨已在两个城市实施并接受独立评估的零容忍警务战略。

一、纽约市的零容忍警务

零容忍警务可能是美国实施的最著名的警务战略。基于破窗理论，警察局局长威廉·布拉顿（William Bratton）和市长鲁道夫·朱利安尼（Rudolph Giuliani）于1993年创立了零容忍警务战略。在此之前，纽约以社会失序（没有营业执照的小贩、无家可归的流浪者、街面的毒品交易）、物质失序（涂鸦）和犯罪为特征。人们大致形成了一种纽约市无法控制犯罪的观念。[108]布拉顿局长评论说：“我能回想起飞抵拉瓜迪亚机场，走出机场，进入那条高速公路。高速公路两侧的墙已被各种涂鸦布满，随处可以看到多年未处理的橡胶轮胎、被烧毁的汽车，还有被随意丢弃的垃圾，它们看起来就像从科幻电影中跑出来的。”[109]

为了处理这一问题，纽约市警察局创立了零容忍警务战略，目的是加强对沿街乞讨泛滥、破坏行为、公众酗酒和卖淫行为的有效控制。[110]零容忍警务战略基于将警力运用于失序和轻微犯罪的理念，警察局恢复秩序，从而导致犯罪下降。一项犯罪数据的分析表明，警察局哲学层面的转变，对警察的行为有重大的影响。1993年至1996年期间，纽约市警察局逮捕轻罪人员的数量急剧上升，从 133446 人增长到了 205277 人。[111]

20 世纪 90 年代中期到晚期，纽约许多观察家认为新型警务战略有助于降低严重犯罪。自 1993 年以来总犯罪率下降了 27%，杀人犯罪下降了 40%（是 30 年来的最低水平），抢劫犯罪下降了 30%，入室盗窃犯罪下降了 25%。这些犯罪的下降是整个国家平均下降量的两倍。大批专家们就这些结果得出结论：维护治安秩序的警务比其他警务更为有效。[112]

然而，零容忍警务战略是否真的值得实行仍然存在争论。创立零容忍警务战略的警察局局长威廉·布拉顿和犯罪学家乔治·凯琳（George Kelling）声称零容忍警务直接负责的是减少犯罪。[113]前纽约市市长大卫·迪金斯（David Dinkins）和前警察局局长李·布朗（Lee P. Brown）声称他们在 20 世纪 80 年代发起的社区警务战略（CPOP）已经开始减少犯罪。

许多犯罪学家指出，严重暴力犯罪在其他城市都有所下降，纽约城犯罪率下降只是大趋势的一部分。例如，华盛顿特区的严重犯罪也下降了，而华盛顿特区警察局被贴上了丑闻和低效率的标签。洛杉矶也发生了同样的情况，警察在 1991 年罗德尼·金（Rodney King）事件中后逮捕量也减少了。[114]理查德和他的合作伙伴检验了这一理论，特别是通过比较美国 95 个大城市的犯罪趋势和对控制暴力犯罪相联系的因素的分析，检验了美国实行的零容忍警务控制策略是否同杀人犯罪数量下降有关系。他们的分析表明，在实施零容忍警务之前，纽约杀人犯罪的趋势与全国的平均水平没有明显的不同；在实施零容忍警务之后，纽约杀人犯罪数量的下降与那个时期其他城相比也并不是“非典型的”。[115]

二、运行恢复

亚利桑那州钱德勒市对零容忍警务战略做了更为系统的检验。[116]在 1995 年的亚利桑那州城市议会上渐渐了解到城市中心的许多地方都经历过自然层面和社会层面上的混乱。这些地区到处都是破碎的窗户和丢失窗户的房屋，门从铰链上脱落，四处是垃圾和瓦砾，以高犯罪率、街面毒品交易和卖淫行为而出名。

该城市通过将规划和建设部门的区域执法职责转移给警察部门来予以应对。这一组织通过加强城市对违反城市规定行为的执法来减少城市自然层面的骚乱。警察局同时也建立了一个特别机构来加强法律的实施。两个组织相互合作，他们将警力主要集中在四个区域，每个区域大约有一平方公里的面积。这项计划以破窗理论为基础，被命名为修复计划。

研究发现这项计划对于公众的道德犯罪（如卖淫）、行为的混乱、物质混乱等方面有重要的影响。在相邻的目标区域中也可以得到验证，这项计划对于周围区域都有所影响。这项发现使作者得出结论：对于犯罪和微小犯罪的打击不可能对严重犯罪产生持续影响，同时，这种做法的收益也会因为计划本身的问题而受到局限，即自然层面和社会层面的混乱。这使研究人员对零容忍警务战略的理论基础提出了质疑。

三、零容忍警务战略的潜在问题

虽然零容忍警务战略在全国范围内迅速得到推广，但仍存在一些问题。一些批评人士指出，至今尚无有效证据可证明这种策略可以有效地减少犯罪，还有一些人发出疑问认为这种策略可能会对社区管理产生负面影响。

（一）警察同公众间的冲突

零容忍警务战略因鼓励警察更富有攻击性而被严重批评。更有甚者称为“骚扰警务”。[117]例如，警方四年里在布鲁克林的八条街区范围内共截停、盘问、搜身52000人，而这里的居民总共14000人，说明每个居民平均每年都被纽约市警察局截停过一次。一个月内，警方在八条街区每天平均截停60人。[118]

哈考特（Harcourt）认为，自从零容忍警务战略在纽约被创立以来，公众对于警察局的抱怨与日俱增。1994年至1996年，纽约市共收到了8316起投诉，较之前三年增长了39%。此外，居住点或者管辖区域的投诉增长了46%。同之前三年花费48万美元相比，1994年至1996年政府花费了70万美元为警察的过失行为埋单。[119]

国际特赦组织（Amnesty International）曾报道了同样的发现。公众针对纽约市警察局警察不当行为的起诉从1987年的977起增长到1994年的2000起。警察粗暴行为对公众的补偿从1992年的1350万美元增长到1994年的2400万美元。[120] 2001年，作为零容忍警务的一部分，纽约市同意向在1996年至1997年被捕的58000人支付总计5000万美元的赔偿金。其中有一个案例，一些从未被逮捕的男人和女人投诉说，他们的轻微犯罪没有被处以罚单（这项政策过去就是这样推行的），而是被警察局登记在案，关在了拘留所内，要求他们脱下衣服、拨弄他们的乳房或生殖器并蹲下咳嗽。[121]

有人声称，投诉数量增加主要是由于逮捕数量增加，是实施零容忍策略的结果，但是，纽约市申诉审查委员会曾报告说，未被警方逮捕的人员投诉最多，委员会进一步指出很多投诉的人员之前从未被警方逮捕过。[122]

（二）从长远来看，助长了犯罪

谢尔曼（Sherman）指出，零容忍警务战略可能会在短时间内遏制犯罪，从长远来看必将导致严重犯罪的发生。他认为犯罪记录会对个人及其未来的就业产生重要影响。同时，他还认为对于轻微犯罪人员的逮捕会使这些人的脾气变得更加暴躁和更具反抗性，从而导致他们实施更严重的犯罪。[123]

（三）对于贫穷和少数地区的影响

一些批评者指出，零容忍警务行动主要集中于穷人和少数族裔社区。以2009年为例，被纽约市警察局截停的人员中90%为非洲裔美国人。[124]哈考特（Harcourt）认为，因为零容忍警务更关注诸如闲荡、沿街乞讨和公众酗酒行为，可能会直接指向一些较为贫困的社区，也就意味着一些少数族裔社区。通过对因不当行为被逮捕人员的调查表明，少数实施轻罪的犯罪分子同总体的人口情况不成比例。这种情况对于犯罪分子来说最为明显，如一些嫌疑犯，就要求警察时刻保持警惕。因此，零容忍警务可能会使警察在少数族裔人眼中失去合法性，少数人认为警察拥有随意惩罚的权力。[125]

哈考特强调，极贫困和少数族裔人员，以及其他“文化边缘人”可能会受影响更大。他认为，“通过向警察和一些社区成员移交正式权力来限制异常行为，可能是一种同本国的民主理论和宪法原则相对立的方式，会使我们向政治、文化和性别边缘者施压”。[126]

亚利桑那州钱德勒市有这样的案例，有些地方的商人希望将打零工的人（其中许多都是非法移民）清出街道，因为他们在街道上闲逛影响当地商业。作为应对措施，30名钱德勒市的警察和6个INS（移民局）警官花费了5天时间专门打击非法移民。打击小组成员搜查房屋、截停司机、拘留行人，并且盘问了一些上学途中的孩子以便询问其是否具有合法的公民身份。总共有432名移民和两名美国的公民被驱逐出境。这次集中行动之后，州司法部部长发现且认为有几个搜查行为是非法的，一些居民也抱怨投诉因为国籍问题而被警察所骚扰和打击。逮捕数量反映了受歧视的程度。一个INS（移民局）特工在其报告中对逮捕作出决定时称他：“立即注意到对象表现出个人卫生不良，散发出一种非法移民的常见气味”。这次打击最终导致了一起3500万美元的诉讼案件，之后被庭外和解（更详细的叙述见本章“关于零容忍警务成效”）。[127]

关于零容忍警务影响的争议一直存在，仍有一些关于其有效性的研究。这种警务模式的有效性和采用这种模式的过程中是否会产生消极影响仍需更多的研究来进行评估。

案例研究

预测型警务：执法的未来发展

多年来，商业中便已经使用数据分析来预测市场状况或行业趋势，并以此指导销售策略。

以沃尔玛为例，通过分析了解到当天气预报发布重大气候事件时，3 项商品的需求会上升：胶带、瓶装水、草莓味蛋挞。掌握这些信息，受影响地区的商店可以保证他们的货架库存充足，以满足顾客的需求。

警察可以使用相似的数据分析以帮助他们更加高效地工作，这种想法被称为预测警务，并且该领域有些人认为预测警务有可能改变执法，使警务预测和阻止犯罪成为可能，而不单单是应对犯罪。

2009 年 11 月，国家司法研究所与司法援助局、洛杉矶警察局合作举办了预测政策研讨会来讨论这种新兴观点以及对警务发展的影响。研究员、执法人员、犯罪分析人员和科学家在洛杉矶齐聚三天，探索政策意义、隐私问题及预测警务的技术问题。

一、什么是预测型警务

预测警务，本质上是从不同的资源获取数据，分析数据，然后运用结果去预测、阻止和更有效地应对未来的犯罪。

预测型警务要求不能被动反应。“这种预测性的视野将执法从关注已经发生的事情转移到关注将要发生的事情，以及如何有效地在犯罪发生之前配置资源从而改变结果。”洛杉矶警察局局长查理·贝克写道。

贝克告诉参与者，也许预测性警务最大的好处是发现了一种新的或者说是以前不知道的模式和趋势，正如沃尔玛发现在重大气候事件之前草莓蛋挞的需求会升高。当洛杉矶警察局检测帮助警察局精确地预测和阻止犯罪的数据时，洛杉矶警察局发现了预测性警务自身微妙的模式。

研讨会发言者解释说，预测性警务并不意味着取代被验证正确的警务技术。相反，预测性警务采纳了问题导向警务、社区警务、询证警务警务、情报主导警务以及其他经过实证的警务模式的原则。

比尔·布拉顿是洛杉矶警察局前局长和 Altegrity 风险国际组织主席，他说：“这是在行业发展进程中向前发展的非常重要的一步。”“我们正在所有警务策略的本质元素做得更好。”

国家司法研究所科学和技术办公室主管约翰·摩根补充道：“这是一个框架，帮助我们在信息时代把警务组织成为信息密集的产业。预测性警务并不意味着替代其他任何警务模式。相反，它能使我们将这些事情做得更好。”

再者，考虑到当下经济形势，更好地实现各种警务模式至关重要。

旧金山警察局局长乔治·加斯肯认为，在预算持续降低的情况下，预测型警务是帮助警察局变得更加高效的完美工具。他说：“通过预测性警务，我们掌握了这种工具，可以把警力在合适时间部署到合适地点或者引入其他力量来打击犯罪，这样我们可以做得更有效率。”

二、那么在该领域预测型警务看起来是什么样？

科琳·麦丘是MC2解决方案公司的董事长和首席执行官，这家公司在预测分析领域提供专业服务，她解释道：“预测型警务并不能被固化。”她建议：“让问题来引导解决方案。”

目前，分析工具和技术如重点地区、数据挖掘技术、犯罪地图、地理空间预测以及可以应用到更为广泛的刑事司法问题领域的社交网络分析。例如，可以用来预测本地化犯罪高峰，为城市和社区规划提供信息，指导警务管理决策。

以下是两个预测型警务发挥作用的例子：

（一）里士满减少随意开枪

每年新年前夕，弗吉尼亚州的里士满随意开枪都在不断增加。警察开始观察数年来收集的数据，根据信息，可以预测未来事件的时间、地点和性质。2003年新年前夕，里士满警察局在那些地区配置更多警察以更加迅速地阻止和处理犯罪。最终，随意开枪事件减少了47%，并且武器收缴上升了246%。警察局在人员支出上节省了15000美元。

（二）得克萨斯州阿灵顿把偷盗和违反法规相联系

得克萨斯州阿灵顿警察局运用有关入室盗窃的数据去鉴定重点地区，然后与违法区域相比较。根据局长塞隆·鲍曼的观点，警方发现社区环境每衰退一个单位就会导致超过6起住宅区入室盗窃。因此，可以推测出衰减程度越高的社区就会出现更多住宅区入室盗窃。因此，阿灵顿开发了一个公式来帮助鉴定这些“脆弱社区”的特性。现在，警察局和其他城市机构在帮助阻止犯罪方面更加高效。

资料来源：Beth Pearsall，“Predictive Policing : The Future of Law Enforcement?” NIJ ournal 266（June 2010），found at www. nij. gov/journals/266/predictive，htm on March 23，2012。

结 语

对许多警察官员来说，社区警务、问题导向警务和零容忍警务只是掩盖传统警务的一些流行词，或是许多警察认为已经实践了数十年的警务模式。[128]

尽管如此，社区警务、问题导向警务和零容忍警务的理念明显激发了美国警务相当程度的革新。贝利总结说，自1829年现代警察在伦敦街上巡逻以来，20世纪最后十年也许是警察领域最具创造性的时期。[129]

最后一个需要注意的是，戈德斯坦、斯考尼克和贝利都指出，不应该太急迫地争辩这些战略的革新是否被证明有效。同样，大多数被贴上传统警务标签的行动也不能被证明有效。据目前所知，巡逻（第七章）、犯罪调查（第九章）和其他行动很少接受严格评估，更是几乎没有什么评估可以证明他们是有效的。[130]

关键术语

破窗	协商	分析
社会失序	动员	反应
物质失序	解决问题	评估
社区警务	问题导向警务	集中威慑战略
犯罪控制的联合主体	SARA	观察
社区合作	零容忍警务	

讨 论

你所在社区的执法机构是正在实行社区警务、问题导向警务还是零容忍警务？讨论你所在地警察局的活动。

1. 用什么名称来称呼项目计划（COP，POP）？

2. 项目计划的内容是什么（社区会议、严厉的毒品执法、与非刑事司法机构的合作）？

3. 这些项目是整个警察局的，还是一个特别队组的？

4. 这些项目已经被评估了吗？如果被评估，那么评估结果会如何？

5. 如果没有实行社区警务、问题导向警务或零容忍警务，原因是什么？

网上练习

练习 1　赫尔曼·戈德斯坦奖奖励那些世界范围内杰出的警察和警察机构，他们参与了在减少犯罪和相关问题上被证明有效的先进的问题解决模式。浏览问题导向警务网站中心，回顾过去两年的奖励获得者。网址是 www. popcenter. org/library/awards/goldstein/，比较一下美国之外的获奖者和获奖机构与美国当地获奖者与获奖机构。他们之间的相同与不同点是什么。

练习 2　浏览网页 http：//cops. usdoj. gov/html/dispatch/index. asp ，然后点击社区警务办公室的网上杂志《社区警务快讯》的最新版本，去发现已经被确认的重要社区警务项目。挑选一项并讨论它对当下的警务有何重大贡献和影响。

练习 3　许多警察机构在网络上描述他们的社区警务、问题导向警务以及零容忍警务。检查你所在地区的几个警察局的网站，你可以从中学习到什么？他们所详细描述的项目对你有用吗？

注　释

[1] John Eck and Dennis Rosenbaum, "The New Police Order: Effectiveness, Equity, and Efficiency in Community Policing," in Dennis Rosenbaum, ed., The Challenge of Community Policing: Testing the Promises (Thousand Oaks, CA: Sage, 1994).

[2] Jack R. Greene and Stephen D. Mastrofski, Community Policing: Rhetoric or Reality (New York: Praeger, 1988).

[3] George L. Kelling and Mark H. Moore, "The Evolving Strategy of Policing," Perspectives on Policing, No. 4 (Washington, DC: Government Printing Office, 1988), p. 8; John P. Crank, "Watchman and Community: Myth and Institutionalization in Policing," Law and Society Review 28, No. 2 (1994), pp. 325 – 351.

[4] Wesley G. Skogan and George E. Antunes, "Information, Apprehension, and Deterrence: Exploring the Limits of Police Productivity," Journal of Criminal Justice 7 (Fall 1979), p. 232; James Frank, Steven G. Brandl, Robert E. Worden and Timothy S. Bynum, "Citizen Involvement in the Coproduction of Police Outputs," Journal of Crime and Justice XIX, No. 2

(1996),pp. 1 –30.
[5]James Q. Wilson and George L. Kelling, "Broken Windows: The Police and Neighborhood Safety," Atlantic Monthly 249 (March 1982),pp. 29 –38.
[6]Wesley G. Skogan, Disorder and Decline: Crime and the Spiral of Decay in American Neighborhoods (New York: Free Press, 1990), pp. 21 –50.
[7]Ibid.
[8]Mary Ann Wycoff, Community Policing Strategies(Washington, DC: National Institute of Justice, 1995).
[9]Dennis Rosenbaum, ed., The Challenge of Community Policing: Testing the Promises (Thousand Oaks, CA: Sage, 1994).
[10]David Bayley, Policing in America: Assessment and Prospects (Washington, DC: Police Foundation, 1998); Jerome Skolnick and David Bayley, "Theme and Variation in Community Policing," in Michael Tonry and Norval Morris, eds., Crime and Justice: A Review of the Research (Chicago: University of Chicago Press, 1988).
[11]Stephen Mastrofski, "Community Policing as Reform: A Cautionary Tale," in Stephen Mastrofski and Jack Greene, eds., Community Policing: Rhectoric or Reality (New York: Praeger, 1988); the preceding section was taken from Edward Maguire and Charles Katz entitled "The Validity and Reliability of Police Agencies' Community Policing Claims," presented on November 22, 1997, at the annual meeting of the American Society of Criminology in San Diego, California.
[12] Gary Cordner, "Community Policing: Elements and Effects," in Roger Dunham and Geoffrey Alpert, eds., Critical Issues in Policing (Prospect Heights, IL: Waveland, 1997).
[13] Community Policing Consortium, Understanding Community Policing: A Framework for Action (Washington, DC: Bureau of Justice Assistance, 1994).
[14]Jerome Skolnick and David Bayley, The New Blue Line: Police Innovation in Six American Cities (New York: Free Press, 1986).
[15]The preceding paragraph was taken from Maguire and Katz, "The Validity and Reliability of Police Agencies' Community Policing Claims."
[16]David Bayley, Police for the Future (New York: Oxford Press, 1994).
[17]Law Enforcement Management and Administrative Statistics, 2007. Author

analysis. Data available at http://bjs. ojp. usdoj. gov/index. cfm? ty = dcdetail&iid = 248.

[18] Daniel W. Flynn, Defining the "Community" in Community Policing (Washington, DC: PERF, 1998).

[19] Community Policing Consortium, Understanding Community Policing: A Framework for Action.

[20] Jack Green, "Community Policing in America: Changing the Nature, Structure, and Function of the Police," in Julie Horney, ed., Policies, Processes, and Decisions of the Criminal Justice System (Washington, DC: National Institute of Justice, 2000).

[21] David Carter, "Community Alliance," in Larry Hoover, ed., Police Management: Issues and Perspectives (Washington, DC: PERF, 1992).

[22] David Bayley, Police for the Future; the preceding paragraph was taken from Maguire and Katz, "The Validity and Reliability of Police Agencies' Community Policing Claims."

[23] Green, "Community Policing in America: Changing the Nature, Structure, and Function of the Police."

[24] E. J. Williams, "Enforcing Social Responsibility and the Expanding Domain of the Police: Notes from the Portland Experience," Crime & Delinquency 42, No. 2 (1996), pp. 309 - 323.

[25] Green, "Community Policing in America: Changing the Nature, Structure, and Function of the Police." p. 314.

[26] The Police Foundation, The Newark Foot Patrol Experiment (Washington, DC: The Police Foundation, 1981).

[27] James Q, Wilson and George L. Kelling, "Making Neighborhoods Safe," Atlantic Monthly 263 (1989), pp. 46 - 53.

[28] Craig Uchida, Brian Forst, and Sampson Annon, Modern Policing and the Control of Illegal Drugs: Testing New Strategies in Two American Cities, Final Report (Washington, DC: The Police Foundation, 1992).

[29] Wesley Skogan, "The Impact of Community Policing on Neighborhood Residents: A Cross - Site Analysis," in Dennis Rosenbaum, ed., The Challenge of Community Policing (Thousand Oaks, CA: Sage, 1994), pp. 167 - 181.

[30] Jerry Ratcliff, Travis Tanigushi, Elizabeth Groff, and Jennifer Wood, "The

Philadelphia Foot Patrol Experiment," Criminology 49, No. 3 (2011), pp. 795 – 831.

[31] David Kessler and Sheila Duncan, "The Impact of Community Policing in Four Houston Neighborhoods," Evaluation Review 20 (1996), pp. 627 – 669.

[32] Trevor Bennett, "Community Policing on the Ground: Developments in Britain," in Dennis Rosenbaum, ed., The Challenge of Community Policing (Thousand Oaks, CA: Sage, 1994), p. 240.

[33] Ibid.

[34] Hubert Williams and Patrick v. Murphy, "The Evolving Strategy of Police: A Minority View," Perspectives on Policing No. 13 (1990), p. 12.

[35] University of Maryland, Preventing Crime: What Works, What Doesn't, What' Promising – A Report to the Attorney General of the United States (Washington, DC: U. S. Department of Justice, Office of Justice Programs, 1997), pp. 8 – 1 to 8 – 58.

[36] Skogan, Disorder and Decline, p. 95.

[37] Ibid., p. 148.

[38] Wesley G. Skogan, "Fear of Crime and Neighborhood Change," in Albert Reiss and Michael Tonry, eds., Communities and Crime (Chicago: University of Chicago Press, 1986), p. 222.

[39] Wesley Skogan, Susan Hartnett, Jill DuBois, Jennifer Comey, Karla Twedt – Ball, and Erik Gudell, Public Involvement: Community Policing in Chicago (Washington, DC: National Institute of Justice, 2000).

[40] John Eck and Edward Maguire, "Have Changes in Policing Reduced Violent Crime? An Assessment of the Evidence," in Alfred Blumstein and Joel Wallman, eds., The Crime Drop in America (Cambridge, MA Cambridge University Press, 2000), pp. 207 – 265.

[41] Green, "Community Policing in America: Changing the Nature, Structure, and Function of the Police."

[42] Jerome Skolnick and David Bayley, Community Policing: Issues and Practices around the World (Washington, DC: National Institute of Justice, 1988); Bayley, Police for the Future.

[43] Jerome Skolnick and David Bayley, Community Policing: Issues and Practices mound the World (Washington, DC: National Institute of Justice,

1988）,p. 14.

[44] Arthur Lurigio and Wesley Skogan, "Winning the Hearts and Minds of Police Officers," in Ronald Glensor, Mark Correia, and Kenneth Peak, eds., Policing Communities (Los Angeles: Roxbury Publishing, 2000).

[45] Ibid.

[46] Deb Weisel and John Eck, "Toward a Practical Approach to Organizational Change," in Ronald Glensor, Mark Correia, and Kenneth Peak, eds., Policing Communities (Los Angeles: Roxbury Publishing, 2000).

[47] Stephen Mastrofski, Roger Parks, and Robert Worden, Community Policing in Action: Lessons from an Observational Study (Washington, DC: National Institute of Justice, 1998).

[48] R. Trojanowicz and B. Bucqueroux, Toward Development of Meaningful and Effective Performance Evaluations (East Lansing, MI: National Center for Community Policing, 1992); Bayley, Police for the Future.

[49] Dennis J. Stevens, Case Studies in Community Policing (Upper Saddle River, NJ: Prentice Hall, 2000 – 2001).

[50] Edward Maguire, "Structural Change in Large Municipal Police Organizations during the Community Policing Era," Justice Quarterly 14, No. 3 (1997), pp. 547 – 576.

[51] Jihong Zhao, Nicholas Lovrich, and Hank Robinson, "Community Policing: Is It Changing the Basic Functions of Policing?" Journal of Criminal Justice 29 (2001), pp. 373 – 400.

[52] Wesley G. Skogan and Susan M. Hartnett, Community Policing, Chicago Style (New York: Oxford University Press, 1997).

[53] Robert Kane, Permanent Beat Assignment in Association with Community Policing: Assessing the Impact on Police Officers' Field Activity: Justice Quarterly 17, No. 2 (2000), pp. 259 – 280.

[54] Jihong Zhao, Ni He, and Nicholas Lovrich, "Value Change among Police Officers at a Time of Organizational Reform: A Follow – Up Study Using Rokeach Values," Policing: An International Journal of Police Strategies and Management 22, No. 2 (1999), pp. 152 – 170.

[55] Dennis Rosenbaum, Sandy Yeh, and Deanna Wilkinson, "Impact of Community Policing on Police Personnel: A Quasi – Experimental Test," Crime and Delinquency 40, No. 3 (1994), pp. 331 – 353.

[56] Robin Haarr, "The Impact of Community Policing Training and Program Implementation on Police Personnel: A Final Report," presented to the National Institute of Justice, 2000.
[57] Mastrofski, Parks, and Worden, Community Policing in Action: Lessons from an Observational Study.
[58] Bureau of Justice Statistics, Law Enforcement Management and Administrative Statistics, 2000 (Washington, DC: Government Printing Office, 2004).
[59] Gary Cordner, "Problem – Oriented Policing vs. Zero Tolerance," in Tara O'Connor Shelly and Anne Grant, eds., Problem Oriented Policing (Washington, DC: Police Executive Research Forum, 1998).
[60] Edward Maguire and Charles Katz, "Community Policing Loose Coupling and Sensemaking in American Police Agencies." Justice Quarterly 19 (3), pp. 501 – 534.
[61] Skogan and Harnett, Community Policing: Chicago Style.
[62] Ibid., pp. 67 – 68.
[63] Ibid., p. 113.
[64] Ibid., p. 114.
[65] Susan Sadd and Randolph Grinc, "Innovative Neighborhood Policing: An Evaluation of Community Policing Programs in Eight Cities," in Dennis P. Rosenbaum, ed., The Challenge of Community Policing: Testing the Promises (Thousand Oaks, CA: Sage, 1994), pp. 27 – 52.
[66] David Bayley, "Community Policing: A Report from the Devil's Advocate," in Jack R. Greene and Stephen D. Mastrofski, Community Policing: Rhetoric or Reality (New York: Praeger, 1988), pp. 225 – 237.
[67] George L. Kelling and Mark H. Moore, "The Evolving Strategy of Policing," Perspective on Policing, No. 4 (Washington, DC: Government Printing Office, 1988).
[68] Bayley, Police for the Future, pp. 126 – 128.
[69] Bayley, "Community Policing: A Report from the Devil's Advocate."
[70] Williams, "Enforcing Social Responsibility and the Expanding Domain of the Police: Notes from the Portland Experience."
[71] Herman Goldstein, "Toward Community – Oriented Policing," Crime and Delinquency 33 (January 1987), p. 12.

[72] Jerome McElroy, Colleen Cosgrove, and Susan Sadd, Community Policing: The CPOP in New York (Newbury Park, CA: Sage, 1993).

[73] George L. Kelling and James K. Stewart, "Neighborhoods and Police: The Maintenance of Civil Authority," Perspectives on Policing 10 (1989), p. 4.

[74] Wilson and Kelling, "Broken Windows."

[75] Neil Websdale, Policing the Poor (Boston: Northeastern University, 2001).

[76] Michael E. Buerger, "The Problems of Problem – Solving, Resistance, Interdependencies, and Conflicting Interests," American Journal of Police XIII, No. 3 (1994), pp. 1 – 36.

[77] Jihong "Solomon" Zhao and Quint Thurman, A National Evaluation of the Effects of COPS Grants on Crime from 1994 to 1999 (Omaha: University of Nebraska at Omaha, December 2001), p. 2.

[78] Herman Goldstein, "Improving Policing: A Problem – Oriented Approach," Crime and Delinquency 25 (1979), pp. 236 – 258; Herman Goldstein, Problem – Oriented Policing (New York: McGraw – Hill, 1990).

[79] Samuel Walker, "Origins of the Contemporary Criminal Justice Paradigm: The American Bar Foundation Survey, 1953 – 1969," Justice Quarterly 9 (March 1992), pp. 47 – 76.

[80] American Bar Association, Standards Relating to the Urban Police Function, 2nd ed. (Boston: Little, Brown, 1980), Standard 1 – 2. 2.

[81] Herman Goldstein, Policing a Free Society (Cambridge, MA: Ballinger, 1977).

[82] Goldstein, "Improving Policing."

[83] See the discussion in Geoffrey Alpert and Mark H. Moore, "Measuring Police Performance in the New Paradigm of Policing," in Department of Justice, Performance Measures for the Criminal Justice System (Washington, DC: Government Printing Office, 1993), pp. 109 – 140.

[84] Malcolm K. Sparrow, Mark H. Moore, and David M. Kennedy, Beyond 911 (New York: Basic Books, 1990).

[85] Green, "Community Policing in America."

[86] John Eck and William Spelman, "Who Ya Gonna Call: The Police as Problem Busters," Crime and Delinquency 33 (1987), pp. 31 – 52.

[87] Eck and Maguire, "Have Changes in Policing Reduced Violent Crime? An

Assessment of the Evidence," pp. 47 – 48.
[88] John Eck and William Spelman, Problem Solving: Problem – Oriented Policing in Newport News (Washington, DC: Police Executive Research Forum, 1987), p. 47.
[89] Ibid.
[90] Gary Cordner and Elizabeth Perkins Biebel, "Problem – Oriented Policing in Practice," Criminology and Public Policy 4, No. 2 (2005), pp. 155 – 180.
[91] Ibid.
[92] David Kennedy, Juvenile Gun Violence and Gun Markets in Boston (Washington, DC: National Institute of Justice, 1997).
[93] Operation Cease Fire (Boston: Boston Police Department, 1998).
[94] Ibid.
[95] Edward Maguire, personal communication March 23, 2012.
[96] Heidi S. Bonner, Robert E. Worden, and Sarah J. McLean, Focused Deterrence Initiatives: A Synopsis (Albany, NY: Finn Institute, 2008).
[97] Edmund McGarrell, Steven Chermak, Jeremy Wilson, and Nicholas Corsaro, "Reducing Homicide through a Lever Pulling Strategy," Justice Quarterly 23, No. 2 (2006), pp. 214 – 231.
[98] David Weisburd, Cody Telep, Joshua Hinkle, and John Eck, "Is Problem – Oriented Policing Effective in Reducing Crime and Disorder?" Criminology and Public Policy 9, No. 1 (2010), pp. 139 – 172.
[99] Cordner, "Problem – Oriented Policing vs. Zero Tolerance."
[100] Dorothy Roberts, "Forward: Race, Vagueness, and the Social Meaning of Order – Maintenance Policing," Journal Criminal Law & Criminology 89, No. 3 (1992), p. 811.
[101] Green, "Community Policing in America."
[102] Ibid., p. 318.
[103] Ibid.
[104] Cordner, "Problem – Oriented Policing vs. Zero Tolerance."
[105] George Kelling and Catherine Coles, Fixing Broken Windows (New York: Free Press, 1996).
[106] Green, "Community Policing in America."
[107] Ibid.

[108] William Bratton, "Remark: New Strategies for Combating Crime in New York City," Fordham Urban Journal 23 (1996), pp. 781 – 785.

[109] Ibid.

[110] Dan Kahn, "Social Influence, Social Meaning, and Deterrence," Virginia Law Review 83, (1997), pp. 349 – 395.

[111] Bernard Harcourt, "Reflecting on the Subject: A Critique of the Social Influence Conception of Deterrence, the Broken Windows Theory, and Order Maintenance Policing New York Style," Michigan Law Review 97 (1998), pp. 291 – 389.

[112] Kahn, "Social Influence, Social Meaning, and Deterrence."

[113] William Bratton, Turnaround: How America's Top Cop Reversed the Crime Epidemic (New York: Random House, 1998).

[114] Kelling and Coles, Fixing Broken Windows; Samuel Walker, Sense and Nonsense about Crime, 4th ed. (Belmont, CA: Wadsworth, 1998), pp. 273 – 279.

[115] Richard Rosenfeld, Robert Fornango, and Eric Baumer, "Did Cease Fire, COMPSTAT, and EXILE Reduce Homicide," Criminology and Public Policy 4, No. 3 (2005), pp. 414 – 477.

[116] Charles M. Katz, Vincent J. Webb, and David R. Schaefer, "An Assessment of the Impact of Quality – of – Life Policing on Crime and Disorder," Justice Quarterly 18, 4 (2001), pp. 825 – 876.

[117] Robert Panzarella, "Bratton Reinvents 'Harassment Model' of Policing," Law Enforcement News (June 15 – 30, 1998), pp. 13 – 15.

[118] Ray Rivera et al., "A Few Blocks, 4 Years, 52,000 Police Stops," New York Times, July 12, 2010, p. A1.

[119] Harcourt, "Reflecting on the Subject."

[120] Amnesty International, United States of America: Police Brutality and Excessive Use of Force in the New York City Police Department (New York: Amnesty International, 1996).

[121] Benjamin Weiser, "N. Y. Agrees to Pay $50 Million over Strip Searches in Minor Offenses," International Herald Tribune, January 11, 2001, p. 3.

[122] Harcourt, "Reflecting on the Subject."

[123] Lawrence Sherman, "Policing for Crime Prevention," Preventing Crime:

What Works, What Doesn't, What's Promising – A Report to the Attorney General of the United States, pp. 8 – 1 to 8 – 58.

[124] AI Baker, "City Minorities More Likely to be Frisked," New York Times, May 13, 2010, p. A1.

[125] Green, "Community Policing in America."

[126] Harcourt, "Reflecting on the Subject," p. 48.

[127] Christian Parenti, Lockdown America: Police und Prisons in the Age of Crisis (New York: Verso, 2000).

[128] R. D. Hunter and T. Barker, "BS and Buzzwords: The New Police Operational Style," American Journal of Police 12, No. 3 (1993), pp. 157 – 168.

[129] Bayley, Police for the Future, p. 101.

[130] Goldstein, "Toward Community – Oriented Policing," p. 27; Skolnick and Bayley, The New Blue Line.

第四部分　警务的议题

第十一章　警察的自由裁量权

本章概要

在执行日常勤务时警察通常要行使自由裁量权。他们往往在是否拦截车辆、是否执行逮捕等问题上作出影响公民生活的重要决定。本章探讨了有关警察自由裁量权的现象，包括自由裁量权的影响因素、如何行使自由裁量权、滥用自由裁量权造成的问题以及控制自由裁量权的不同策略。

第一节　警务工作中的自由裁量权

巡逻的警察看到3名年轻男子在城市公园里闲逛。他进行了调查，发现他们在公共场合喝啤酒的行为违反了当地法规。他们之中至少有一个，也可能是两个是未成年人。警察只是没收了他们的啤酒，将啤酒倒掉，并责令他们离开公园。他本可以给他们开罚单，但警察行使了自由裁量权并未那样做。

这是警察行使自由裁量权的典型事例。警察通常不对明显违法人员作出逮捕决定，甚至他们作出的关键决定会涉及公民的生命和自由。相关的例子包括：

- 逮捕家庭纠纷中的施暴者：唐纳德·布莱克（Donald Black）发现，警察在家庭暴力场合中只逮捕了58%的涉嫌严重暴力伤害的人员。[1]
- 收监精神病人：琳达·特普林（Linda Teplin）报告称，只有11.8%的被诊断为精神异常的人被遣送到医疗机构。[2]
- 交通执法：根据司法统计局的警民联系调查显示，大约25%的因超速被拦停的司机仅仅受到警告而不是收到罚单。[3]
- 移送少年法庭：南森·高曼（Nathan Goldman）发现，在一座城市中8.6%的被逮捕的青少年被送上少年法庭，相比之下在另一座城市这一比例却高达71.2%。[4]
- 致命武力：使用致命武力是警察作出的关乎生死的最终决定。[5]

第二节 自由裁量权的定义

自由裁量权的定义如下：（1）一项官方行动；（2）由刑事司法官员作出；（3）基于个人判断的最好的做法。[6]

自由裁量权的行使遍布整个刑事司法体系。韦恩·拉费（Wayne Lafave）认为，“将整个刑事司法体系视为一系列内在联系的裁量决定是有用的”。[7]司法行政本质上是从逮捕、起诉、审判、判决到假释这些司法程序中作出的所有裁量决定的总和。

第三节 警察自由裁量权的相关方面

一、街面官僚

911指挥中心接到报警，在一所公寓中发生了骚扰事件，两名巡警当即被派往现场处置。警察到达现场后发现了人身攻击的明显证据：女人身上有瘀伤，而男人也被打了。该警察局有一项强制逮捕政策，即当存在能够证明严重暴力伤害的证据时，警察必须执行逮捕。距换班只剩下20分钟，两名巡警也因一整晚的警情忙碌得疲惫不堪，所以仅仅给予这两人口头警告就离开了。事实上，这两名巡警破坏了警察局的强制逮捕政策。

这个案例说明警务工作的一个特点：最底层的警员，即巡警，行使自由裁量权的次数最多。詹姆斯·威尔逊（James Wilson）指出："在警务中，组织层级越低，行使自由裁量权的频率越高。"[8]基于这一点，巡警被称作"街头官僚"，他们作出的决定构成了影响公民的实际警务政策。[9]通过裁量是否执行逮捕，警察成了整个刑事司法体系的守门人，他们决定了这个系统的工作量。如果他们不执行逮捕，刑事司法体系的其余部分将没有案件可处理。警察自由裁量权也决定了公共政策。例如，如果警察不经常性地逮捕持有少量大麻的人，那么事实上他们就使这种犯罪合法化了。

二、潜在滥用自由裁量权的情况

滥用自由裁量权的多种不同方式。

- 歧视：滥用自由裁量权包括对少数民族或种族的歧视，种族形象定性就是个典型的例子。[10]
- 违反法定程序：故意骚扰毒贩、妓女和皮条客，将他们赶出社区而不逮捕他们是滥用自由裁量权的一种形式。[11]
- 系统弱化执法：系统弱化执法会严重破坏该地区的生活质量，如在特定社区容忍夜店的存在。历史上，警察在贫困的少数民族聚集区容忍赌博、卖淫行为和夜店的存在。[12]
- 不完善的人事管理：有效的监督需要明确的绩效标准。需要向警察提供处置不同情况的明确指导。如果没有相关指导，并且自由裁量权的行使完全不受规制的话，就不可能对警察绩效作出公正的评价。[13]
- 不一致的政策：如果警察在现场作出的决定与警察局的政策不一致时，那么政策就得不到贯彻和执行。

关于警察与社区关系的详述见第十二章

三、合理行使自由裁量权

凌晨1点，一名巡警被派往处理一起企图盗窃案件。该户居民正在睡觉时，听到破门而入的声音。警察调查后却没有发现企图入室盗窃的证据（任何门、窗上均没有痕迹）。警察告诉该居民他们听到的一定是噪声，然后没有作犯罪报告就离开了。这名警察使用了其自由裁量权对犯罪作了"不立案"的处理。这是积极行使自由裁量权的例子。

合理行使自由裁量权有助于提高警务工作效率，事例如下：

- 良好的判断力：上述例子显示，警察在确定没有犯罪发生和决定不完成犯罪报告时运用了他的专业判断力。该案中没有客观证据证明犯罪存在，因此不需要完成犯罪报告。

- 有限警力的高效使用：警察不可能执行所有的刑事法律，警察局没有足够的警力逮捕每个违法分子，法院也不可能处理所有案件。[14] 通过运用良好的判断力关注相对较严重的犯罪（如抢劫），而忽视相对较轻微的犯罪（如青少年在公园饮酒），警察得以有效利用时间。戴维斯说："在刑事立法中，警察的常识总是胜过立法过度。"[15]
- 个案正义：合理行使自由裁量权使警察能够实现个案正义，针对特定事例选择最好的做法。一个青少年可能事实上违反了法律，但只是相对较轻微的犯罪，就这个案例来说，逮捕可能不是最好的应对措施。
- 完善的公共政策：合理行使自由裁量权使警察局能够对公共政策作出准确的判断。例如，很多无家可归的人因所做的事情有正当理由被逮捕（如露宿街头的行为阻碍了人行道），但是逮捕他们并不一定是对待无家可归人员的最好方式。

关于不依赖逮捕解决问题的警务创新项目的详述见第十章

第四节 决策点和决策者

警察行使自由裁量权的情况并不局限于逮捕。不同级别的警察能够裁量的行为范围相当广泛，以下列举了一些警察在不同任务中所作出的主要自由裁量决定。[16]

一、巡警的决定

巡警在有关犯罪情形中作出的自由裁量的决定包括：

- 在一个地区集中巡逻
- 实施高速追捕
- 截停、盘问和搜查嫌疑人
- 撰写犯罪报告
- 执行逮捕
- 使用肢体或者致命武力

巡警在维护治安秩序情形中作出的自由裁量决定包括：

- 调解家庭纠纷而不是执行逮捕
- 建议纠纷一方离开住所
- 将一个人转送至社会服务机构（如酗酒治疗）

• 将精神异常的人送至精神病治疗机构

关于自由裁量的搜查和可能的种族形象定性的详述见第十二章

二、刑警的决定

刑警在刑事调查中所作出的自由裁量决定包括：

• 因缺乏线索而中止调查犯罪
• 申请搜查证
• 实施监视
• 讯问或不讯问可能的嫌疑人

关于犯罪调查战略与策略的详述见第九章

三、警察管理者的决定

警察管理者对执法政策和优先事项作出的自由裁量决定，其中包括：

• 采取社区警务或者问题导向警务
• 优先处置违反交通法规的行为
• 忽略轻微的毒品犯罪，如持有少量大麻
• 打击卖淫行为
• 将社会赌博行为置于较低优先级

第五节　警察自由裁量权的根源

自由裁量权是与警务自身性质相关的诸多因素相互作用的结果。

一、刑法的性质

接到报警后两名警察被派往处置发生在酒吧中的骚乱，他们到达现场后平息了事态。事件肇始于谩骂攻讦，双方恶语相向，其中一个人可能向另一个人说了些挑衅的话，这些话是否构成了肢体伤害的威胁？出言不逊的那个人以一个具有威胁性的方式挥动手中的台球杆，这一举动是否构成了使用危险武器的威胁？处置案件的警察必须据此决定是否逮捕。

刑法的性质要求警察行使自由裁量权。刑法规定了特定的犯罪，如人身攻击，但是警察必须判定特定案件的事实是否符合犯罪的定义。像扰乱秩序的犯罪行为的规定就特别模糊，为自由裁量权的广泛使用和可能的滥用开了方便之门。拉费（Lafave）认为，“没有立法机关成功地制定出一部明确包含所有意图犯罪行为和明确排除其他所有行为的实质性刑法典”。[17]

二、与公众期望的冲突

在何种行为是违法的问题上，美国刑法与公众期望存在冲突。美国刑法把很多人们能够接受的娱乐行为规定为犯罪，如赌博、饮酒、特定形式的私人性行为等。警察经常处于法律与公众期待的冲突中，此时他们将利用自由裁量权采取最好的处理方法。[18]

三、社会医疗问题

刑法广泛应用于处理如无家可归、慢性酗酒和精神病等社会医疗问题。[19]街头警察必须使用他们的自由裁量权以决定是否逮捕一个存在精神问题的人，以及决定是否将其送进社会服务机构，或者只是恢复现场秩序后离开。

四、警务工作环境

良好的警务工作环境有助于行使自由裁量权。斯科尔尼克（Skolnick）调研后发现，“警务工作构成了刑事司法已经很隐蔽的系统中最隐蔽的部分，因此为专断行为创造了最大的机会”。[20]警务工作环境的三个方面有助于行使自由裁量权：

- 巡警单独执勤或者两人一组执勤（社区治理项目在研究了两个城市警察巡逻勤务的情况后发现，在所有警民遭遇的场合中，有半数只有一个警察在场）。[21]
- 许多重要事件并没有受到警长的直接监督（通常在作出重要决定之后警长才到达现场）。
- 大多数警民接触发生在私人场所，没有其他旁观者在场，而旁观者能够证明警察的行为。[22]

基于所有这些理由，警务工作被称为能见度低的工作。[23]隐藏在公众视线之外，警察拥有很多机会，能够选择任何他们偏好的做法，这样的工作环境为自由裁量权的使用和潜在的滥用创造了机会。

五、有限的警力资源

星期六晚上，911 指挥中心充斥着报警求助电话。巡警在众多警情中奔走，约两个小时内就有数个警情等待处警。其中一个，巡警能够对发生在酒吧外停车场的扰乱秩序行为执行逮捕。但是，还有其他的警情等待处理，其中有些情况可能更严重，所以警察只给了当事人严重警告便继续处理下一个案件。

只有这么多警察，在一轮值班中也只有这么多时间。此外，因为他们队组中一些人员请病假和休假，警察往往面临人手不足的状况。而报警电话不断涌入911系统。他们不可能处理发生的任何案件，必须对如何利用时间作出裁量。[24]

更糟糕的是，一个简单的事实是逮捕是件耗费时间的事情。逮捕、押送、登记犯罪嫌疑人将花费2至3小时。此外，有些逮捕可能不只一名警察参与。[25]

第六节　限制巡警自由裁量权的因素

巡警的自由裁量权并不是完全无限制的，其受到许多法律因素和官僚主义因素的制约。这些因素包括：[26]

一、法律因素

• 最高法院的判决：警察不得不担心，辩护律师将在审判中质证，并要求法官排除非法搜查获得的证据。

• 州法院的判决：州最高法院可能作出类似于马普案或者与其他警察行为相关的判决。

• 各州法律：许多州有规定在家庭暴力事件中如何裁量逮捕的法律，警察必须考虑是否违反了该法中关于强制逮捕的规定。

二、行政因素

• 警察局政策：警察局政策可能会限制高速追捕，警察必须考虑到在特定情形下遵守政策。

• 监管：警长通常对所有的逮捕予以签署。警员必须考虑到当证据不足或者决定中掺杂种族偏见时他或她的监管者将对批捕不予签署。

三、组织文化因素

• 同僚警察文化：例如，一个警察局的同僚文化不能容忍毫无理由地欺负人，一个警察一定担心同僚会为此向上级报告；而另一个警察局的同僚文化能够容忍这种行为，警察经常卷入轻微的打斗。

第七节　影响自由裁量的因素

在特定情境中使用自由裁量权是诸多不同因素相互作用的结果。

一、情境因素

警察自由裁量权受每个情境中具体情节的影响。例如，对逮捕决定的研究发现，自由裁量权的使用受到如下情境因素的影响。

• 犯罪的严重程度：犯罪越严重，警察实施逮捕的可能性就越高。布莱克发现，在涉嫌重罪的场合警察实施逮捕的概率是58%，而在涉嫌轻罪的情况下逮捕率仅为44%。于是他下结论说："在法定重罪比较轻性质犯罪的情况下遭到逮捕的可能性更高。"[27] 情节的严重程度也会影响对精神病人的处理。秩序越混乱或者精神病人攻击他人的可能性越大，越有可能遭到逮捕或者被遣送到医疗机构。[28]

• 证据的效力：犯罪证据的效力越大，警察越有可能实施逮捕。在人身犯罪和很多财产犯罪中，被害者或者目击者证言是最重要的证据。当这类证据或证言不存在时，逮捕的可能性就更低了。[29]

• 被害者的选择：两名警察处置了一起家庭纠纷报警，有证据表明男人殴打了女人。其中一名警察问那女人："你想让我们把他关起来吗?"她回答："不想。"另一名警察问："你确定？你知道的，我们可以这么做。"她再次答道："不。"于是，警察警告了那男人后离开了。

许多研究发现，当被害人或者控告方要求逮捕侵害人时，警察更有可能实施逮捕。相反，当受害者明确表示不希望警察逮捕侵害人时，警察就不太可能实施逮捕。布莱克发现，"逮捕措施反映了控诉人的选择"。[30]

• 被害人与犯罪嫌疑人的关系：当侵害人是陌生人时，警察很可能实施逮捕；当双方是夫妻时，警察不太可能实施逮捕。传统上，警察会将此类案件视为私人事务。[31] 在涉及夫妻的家庭暴力案件中，对警察没有进行逮捕已经存在许多争议，并已被告上法庭。近期出台的强制逮捕政策旨在确保对所有严重暴力伤害案件中的侵害人都必须实施逮捕，而不管双方是何种关系。

关于警察应对家庭暴力的详述见第八章

• 犯罪嫌疑人的态度：布莱克和其他研究人员发现，犯罪嫌疑人的态度是影响警察决定是否逮捕的重要因素："犯罪嫌疑人对警察无礼时，被逮捕的可能性增大，同时警察使用武力的可能性也增大了。"[32]

然而，犯罪嫌疑人的态度是一种复杂的现象。克林格尔（Klinger）认为，多数情况下犯罪嫌疑人对警察无礼的举动发生在被捕之后，因此，犯罪嫌疑人的无礼行为是逮捕后的结果而不是起因。[33]同时，警察的态度或行为也会引发公民的敌意或无礼。

邓纳姆和阿尔伯特（Dunham & Alpert）在对警民互动中一连串事件的研究中实现了重大突破。他们发现，随着交互过程的发展，警察和公民的态度都发生了变化。在1/4的警民接触中，警察的态度发生了变化。其中在这些警民接触中有一半的情况是警察态度变好了（即变得更加有礼貌），另一半的情况是警察的态度变坏了（即变得更加不礼貌）。与此同时，在52%的警民接触中公民的行为好转，而剩下的48%却变得更糟。[34]

邓纳姆和阿尔伯特研究中的重大发现是随着双方态度和行为的经常性变化的，警民交互过程呈现出流动性的特点，单单记录某一时间内发生的情况往往会曲解事实。

警民之间的往来大多数是日常而平静的互动，任何一方都不会对对方无礼或使用暴力。马斯特夫斯基、斯奈普斯和苏皮纳（Mastrofski，Snipes & Supina）通过观察346个警民互动的案例，调查了公民遵从警察要求的程度。在这些警民互动过程中，警察要求或告知公民做如下事情：（1）让另一个或几个人单独留下；（2）使其镇静下来或者停止制造混乱；（3）停止不法行为。在78%的案例中，公民遵从了警察的要求。不遵从警察的要求增加了被逮捕的概率，在28%的不遵从警察要求的案例中，警察实施了逮捕。[35]

• 被害人的特征：一些基于被害人的特征而作出的决定反映了警察对被害人的道德判断。拉弗雷发现了实质性证据，能够证明警察不太相信生活作风不守传统的强奸受害者的陈述。[36]被害人包括不符合传统中产阶级女性行为方式标准的女性。

• 公民的种族、族裔和性别：有证据表明，警察根据种族作出逮捕决定。对40份研究报告的考察说明，与白人犯罪嫌疑人相比时，非白人犯罪嫌疑人更容易被逮捕，即使考虑了诸多情景因素。同样，也已发现受害人的种族与逮捕相关。[37]例如，史密斯、威舍尔和戴维森（Smith，Visher & Davidson）发现，警察对白人指控黑人犯罪嫌疑人的案件更易作出反应，特别是在财产犯罪中。[38]

关于“黑人驾驶”的争论表面，在一些交通执法场合，截停司机的决定深受种族和族裔因素的影响。在马里兰州和新泽西州的调查数据显示，州警在州际高速公路上截停的司机中，非洲裔美国人所占的比例与其在美国人口中的占比不符。[39]

关于种族形象定性争议的详述见第十二章

威舍尔发现，犯罪嫌疑人的性别会影响逮捕决定，虽然这取决于女性的认知行为。符合传统性别角色定性的女性比涉嫌同样犯罪的男性更能得到宽大处理。然而，违反性别角色定性的女性犯罪的话，就不能得到优待。[40]

• 社区的特征：直接的工作环境也会影响警察行使自由裁量权。法伊夫发现，警察在犯罪高发地区开枪的概率是犯罪低发地区的两倍。[41] 在犯罪高发地区有更多犯罪案件（特别是抢劫），警察更有可能遭遇全副武装的歹徒，并使用武器反击。

同时，史密斯、威舍尔和戴维森还发现，相比高收入社区，警察在低收入社区更有可能实施逮捕，导致贫穷的白人和黑人都比来自高收入社区的人更容易被逮捕。[42] 警察很少逮捕贫民区的流浪者，但是流浪者在商业中心闲逛时经常遭到逮捕。[43]

大卫·克林格尔在巡逻工作中对协商性秩序的开创性研究中，为警方提供了应对犯罪的社区理论。他坚持认为，警方应对犯罪的能力取决于社区的犯罪水平。随着社区犯罪水平提高，警察的工作量就会增加，导致巡警无暇顾及社区的问题。反过来，巡警会更加冷嘲热讽，更可能认为受害者不值得他们关注。因此，在高犯罪社区工作的警察不太可能执行法律。克林格尔的理论认为警察执法中的自由裁量在很大程度上受到他们工作所在社区的影响。[44]

• 警察个人特征：很多人认为不同种类的警察在街头的表现不一样，即他们会以不同的方式行使自由裁量权。我们已在第六章对此进行了讨论，但仍有必要在此回顾一下。白人警察和黑人警察行使自由裁量权的方式是否不一样呢？他们不同的决定会导致不同的结果吗？对于同一种情况，女警察和男警察会作出不一样的决定吗？他们行使自由裁量权的方式不一样吗？

关于警察特征与行为之间关系的深入讨论见第六章

警察个人特征对警察行为似乎没有太大的影响。有关证据有力地说明了在逮捕、使用肢体武力和致命武力时，白人、黑人和拉美裔警察的表现是一样的（见第六章）。同样，证据表明男警察和女警察的行为没有显著区别，正如第六章中所讨论的，但有证据显示男警察更可能介入严重不当行为中（如他们更可能接到投诉，成为过度使用暴力被指控的对象）。最后，没有证据显示受教育水平越高，警察执法水平就越高，可能使用自由裁量权的水平就越高。

边注栏 11－1

讨论：影响警察自由裁量权的法定因素和法外因素

情境因素分别从以下两个方面影响警察自由裁量权：法定因素和法外因素。法定因素，是指与行为合法性相关的因素，如犯罪的严重程度和证据的效力。法外因素是与行为合法性无关的因素，如被害人的选择。

许多专家认为，警察应该在自由裁量中将法定因素考虑在内。

你同意吗?

警察在决定逮捕时考虑犯罪的严重程度是否适当？为什么？如果你不同意，为什么？

警察在决定逮捕时考虑证据的证明效力是否适当？为什么？如果你不同意，为什么？

二、组织因素

• 正式的警察局政策：正式的警察局政策对警察自由裁量权的行使具有很大的影响。法伊夫发现纽约市警察局在 1972 年采取限制枪支使用政策，在之后三年半的时间里开枪射击减少了 30%。[45] 采取限制使用枪支政策后，孟菲斯警察持枪射杀重刑逃犯的情况消失了。限制高速追捕的政策减少了追捕的数量。[46] 阿尔伯特发现，引进限制政策后，迈阿密戴德县警察局的追捕量下降了 82%。同时，重新采取准许枪支使用政策后，奥马哈市的追捕量增加了 6 倍。[47]

我们将在警察自由裁量权的控制部分和第十四章警察责任中详细讨论警察自由裁量权政策的影响。

• 非正式组织文化：警察局自身也存在影响自由裁量权的非正式组织文化。在威尔逊对《警察行为多样性》的经典研究中，他鉴别了 3 种不同的警察组织风格，即警戒、守法、服务。[48]

历史上，洛杉矶警察局以严格遵守法律的组织风格著称，其中包含了积极同违法犯罪作斗争的战略（如高现场讯问率和高逮捕率）。[49] 一个警察局的组织文化并不完全由书面政策建立，更多的是受到价值观和警察之间非正式交流的传统的影响。社区邻里警务项目发现，在 6 个警察局之间的比较中，警察自发联系市民的比例有的低至 20%，而有的高达 50%。这些不同的工作模式明显反映了 6 个警察局在巡逻中奉行着不同的非正式规范。[50]

三、社会和政治因素

• 地方政治文化：几乎在每个州的小城镇，根据当地的风俗，你必须在限速内驾驶车辆。这些城镇以对超速驾驶大量实施逮捕而闻名。

警察自由裁量权也受到了地方政治文化的影响。例如，一个社区可能将交通执法摆在优先的位置，导致警察局卷入积极的执法活动中。[51]另一个社区可能将维护治安秩序放在最优先的位置上，导致警察大力打击扰乱治安秩序、街头流浪等行为。地方的政治文化通过非正式的方式影响着警察局（如通过与被选举的官员或者社区领导人的交流），并不一定通过书面政策。虽然专家相信地方政治文化对警察有着重要影响，但是该问题尚未被详细研究。[52]

第八节 对自由裁量权的控制

一、控制自由裁量权的必要性

几乎所有专家都认为，为了防止警察权的滥用，有必要控制自由裁量权。戴维斯和戈德斯坦（Davis & Goldstein）都认为：控制警察自由裁量权的第一步是承认自由裁量权的存在，自由裁量权会造成问题，有必要对其进行控制。[53]历史上，警察曾否认他们在执法中行使了自由裁量权，并声称他们全面执行了所有法律。

所谓“全面执法的谬见”的存在有几个原因：[54]第一，警察想要维持警察权威的公众形象。如果承认警察有时不执行法律，将会破坏警民接触中警察的权威。这给犯罪嫌疑人质疑逮捕提供了依据，他们会辩解道：“为什么是我?”，“你没有逮捕每一个人”。第二，如果警察承认他们没有逮捕每一个人，那么就会引起关于法律平等保护的严重问题。第三，承认警察执行特定法律中行使自由裁量权就会引起对所有警察政策和警察局怎样决定采取何种执法政策的质疑。第四，大多数州有要求警察全部执行所有法律的法律，一些州还对不执法的警察和其他官员实施刑事制裁。基于这个理由，有些法律学者对警察自由裁量权的合法性提出了质疑。[55]第五，否认自由裁量权的存在使监管者不用仔细审查警察的行为、不用设定绩效预期。指挥员可以为这样的疏于管理辩解说，他们相信街头警察具有专业的判断力。尤维勒针对纽约市警察的调查发现，监管者远比受他们领导的警察更赞成运用自由裁量权。[56]

关于最高法院限制警察自由裁量权的详述见第十四章

戴维斯、戈德斯坦及其他专家认为，对完全执法的谬见会产生一系列严重的问题。最重要的是，这是对警察工作的基本事实的一种否认。正如之前所提到的，这产生了可能的正当程序和平等保护问题，增加了发生警察社区关系问题的可能性。这也将使警察难以对人事进行有效管理，使一些有意义的计划无法实施。[57]

有三个控制自由裁量权的基本策略：废除自由裁量权，加强警察的专业判断，通过书面政策进行规制。

二、废除自由裁量权

对警察自由裁量权进行的第一批研究中的其中一项研究中，约瑟夫·戈德斯坦认为，自由裁量权是不合法的，应该被废除。[58]他认为，警察没有通过不对犯罪分子实施逮捕而使刑法无效的法定权力。几乎所有的其他专家都不同意废除自由裁量权的观点，他们认为，自由裁量权必不可少，正如在本章前面部分所指出的，自由裁量权经常可以用于积极目的。

与废除自由裁量权的讨论并存的是关于在刑事司法体系其他部分如何控制自由裁量权的类似讨论：辩诉交易、判决和假释等。在其他领域，现在已经达成一种共识，认为废除自由裁量权既在原则上是不明智的又在实践中是不可行的，最好的对策是通过书面规则控制自由裁量权。审判指导给法官留有自由裁量的余地，这是关于该对策的好例子。[59]

三、加强专业判断力

当你因为一些困扰你的症状求助医生时，医生会向你询问一系列的问题，决定对你进行哪一种检测，决定是否把你移交给专家进行进一步的检测，决定给你开什么样的药方。医生所做的这些决定并不是遵循一系列死板的规则，而是运用其专业判断。

加强警察的专业判断力是控制自由裁量权的另一个方法。这是被医学、法律和教育等职业领域的专家采纳的专业模式。在这些职业中，从业者被授予广泛的自由裁量权进行判断，以处理特定的事情。对这些职业成员的录取、培训和社会化过程中进行控制。例如，医学院的录取标准很高，培训过程漫长而严格，培训过程是为使未来的医生融入职业文化中。一旦医生获得从业资格，人们期望他或她在没有直接监督的情况下作出专业判断。[60]

或许警察应该在教育和培训中增强对使用自由裁量权的训练。这种观点认为，受到良好教育和培训的警察能够更好地理解遭遇情况的复杂性，更好地理解特定行为给人带来的后果和社会后果，更好地理解并遵守规范他们使用自由裁量权的法院裁决和警察局政策。不幸的是对警察行使自由裁量权进行培训的影响尚不清楚，国家科学院发表了《警务中的公平和效率：证据》，证据显示很少有精心设计的研究，分别对警察受教育水平和培训水平对警察的影响进行测量。例如，对“评估培训项目对实际工作绩效的影响”的研究就很少。[61]

关于警察培训的详述见第五章

很多评论家认为，传统的专业模式不适用警务。第一，相比法律、医学，警察录用标准较低。相比其他职业（法学院三年），警察职前训练时间较短（即使在最好的警察局也只有6个月）。第二，同僚警察文化总是容忍甚至遮盖不当行为。[62]第三，警察被当作手艺而非职业。言下之意，它包含一系列通过实践习得的技能。警察没有同税务律师或心脏病专家一样拥有一套专业的知识体系。警察是通才而不是专家。因为这些理由，詹姆斯·威尔逊认为“警察不是通常意义上的专家”。[63]因此，控制自由裁量权的传统模式不适用于警务。

四、非正式的官僚主义控制

在一定程度上，警察自由裁量权受到刑事司法体系中的官僚主义的控制。例如，逮捕提高了警察行为的“能见度”。逮捕会受到主管、检察官、辩护律师以及一个或者多个法官的审查。一个有能力的辩护律师将质疑逮捕中的不当或非法行为，并成功地说服法官撤销案件。总之，警察并不能完全自由地表现他的偏见。例如，瑞思发现，在他实地调研中有75%的警察对调查人员口头表示本人具有种族偏见，但逮捕数据并没有显示出任何种族歧视的直接图式。[64]总之，警察的态度没有自动地转化成行为。官僚主义程序，包括其他人的常规检查，限制了警察的行为。

关于警察态度与行为之间关系的详述见第六章

五、书面政策

经过演变的控制方法是通过规范警察行使自由裁量权的书面政策施行的，这个方法被称为行政立法。因为这是现今美国警察管理中采取的主要手段，将在下面进行详细讨论。

第九节　行政立法

行政立法通过制定警察局的书面政策规范警察行使自由裁量权，这些政策特别说明：（1）警察在特定情境下必须做什么；（2）在这些情境下禁止做什么；（3）警察在什么情况下能恰当地行使自由裁量权。几乎所有警务专家都认同这个方法。执法机构认证委员会（CALEA）的《执法机构认证标准》要求“用书面指令对程序进行规范，以确保符合所有适用的宪法性要求”。[65]美国律师协会（ABA）为警察制定的标准提供了一些类似的建议（见图表11－1）。[66]

图表11－1　美国律师协会规范1－4.3行政立法

警察局通过出台行政规则，可以很好地规范和控制警察自由裁量权。因此，警察局局长应该优先制定规范行使自由裁量权的行政规则，特别是在选择性执法、调查技术和执法方法领域。

一、行政立法的实例

●致命武力：使用致命暴力保卫生命的标准准确阐明了何时使用致命武力（警察或他人的生命受到威胁），何时禁止使用致命暴力（一个没有武装的重刑逃犯）。[67]很多警察局政策也规定了具体的禁令，包括鸣枪警告，对伤人者开枪和对行驶的机动车开枪。

●家庭暴力：家庭暴力的强制逮捕政策要求警察在发生严重人身伤害时必须实施逮捕。选择逮捕政策规定，逮捕是一种预料中的行为，但是允许警察根据各种情况作出不同的判断。[68]

●高速追捕：警察局关于高速追捕的政策要求警察在开始追捕前考虑路况、行人是否在场以及其他潜在危险。[69]

二、行政立法的原则

行政法界的著名权威专家肯尼斯·戴维斯（Kenneth Davis）根据填补法律和实践间差距的策略，阐述了行政立法的原则。[70]法律以宽泛的语言写出来。例如，刑法笼统地描述犯罪行为种类（“严重人身伤害的威胁”）。在实践中，他或她必须行使自由裁量权以将这些一般规定适用于具体情况中。行政立法通过为如何处理具体情境提供具体细节指导以消除差距。根据戴维斯的观点，行政立法的具体目标就是限制、安排和检查自由裁量权。[71]

●限制自由裁量权：法律通过“界定边界”限制自由裁量权。例如，保卫生命标准中关于使用致命武力部分，通过明确规定警察禁止开枪的情况来界定边界。关于家庭暴力的强制逮捕政策通过要求警察在发现案件中存在严重人身伤害时必须实施逮捕来界定边界。

●构成自由裁量权：根据戴维斯的观点，在一个改进政策的合理系统中就构成了自由裁量权。这样的系统要求公开政策和公开法条，能够减少自由裁量权的暗箱操作。对于警务工作，使公众知道警方的政策是什么，这也为反对现行政策提供了机会。肯尼斯·戴维斯和赫尔曼·戈德斯坦（Kenneth Davis & Herman Goldstein）都认为，一个开放的行政立法体系将营造开放的氛围，将对警察与社区之间的关系产生积极的作用。[72]

● 检查自由裁量权：由他人复核自由裁量权的行使是否得当。要求警察填写每一次开枪的报告，并自动由主管审核该报告，以检查致命武力的使用情况。[73]这些程序警告警察他们的执法决定将受到包括警察局局长在内的其他人的检查。

三、成文法规的作用

巡警发现一辆疑似被盗的车辆，开启闪烁灯示意该车辆停下来，突然，嫌疑车辆加速试图逃跑。警察必须尽快作出决定：追捕还是不追捕？他知道路面潮湿且极滑，而这辆车又冲入了车流中。警察想起了警察局高速追捕政策规定，在该道路交通状况下实施追捕会对无辜的旁观者造成危险，不能追捕。于是，他没有追捕那辆车，而是将该逃逸车辆的特征报告给 911 指挥中心。

书面规则具有明显的优势，它们能为警察处理危机事件提供指导。在司法部门的《“破窗”理论和警察自由裁量权》报告中，乔治·凯琳（George Kelling）认为，为了让警察能够有效地处理社区中的民生问题，警察需要有明确的规则指导，告诉他们什么是应该做的，什么是不应该做的。[74]

书面规则促进了整个警察局行动的一致性，反过来有助于确保法律平等保护每个人。书面规则为有效监管奠定了基础，警察因遵守政策而受到奖励，因违反法规而受到处罚。[75]最后，比起强加给他们的外部规范，警察更可能尊重和遵守警察局内部规范。[76]

支持行政立法的主要观点之一是行政立法比其他手段更有效。废除自由裁量权是不现实的，而不加限制的自由裁量权是潜在的自由裁量权滥用，如不当使用暴力和歧视行为。

四、行政立法的影响

证据表明，行政立法极大地促进了警务的发展。在全面了解各项警察研究后，国家科学院得出如下结论：“明确规定暴力使用的行政法规，对滥用暴力的行为持续不断地施加制裁，降低了过度使用武力的发生率。”[77]例如：

● 法伊夫（Fyfe）发现，纽约市警察局在 1972 年采取的限制使用致命武力的政策使平均每周开枪次数降低了约 1/3（29.1%）。[78]

• 阿尔伯特（Alpert）研究了高速追捕政策后发现，采取限制政策后，追捕次数、事故次数以及警察和公民受伤的次数都减少了。[79]

• 洛杉矶县治安官局采取新的措施控制养狗后，被烈性犬咬伤的人数减少了 90%。

五、确保遵守法规

控制自由裁量权的主要问题是警察是否遵守部门政策。保证警察遵守政策的主要策略是要求警察在处理完每起案件后填写书面报告，并将报告交予督察检查。执法机构认证委员会的认证标准要求警察在开枪造成其他人伤亡、使用致命或非致命武器或者使用部门规定的肢体暴力时，都要填写书面报告。[80]

直接工作环境是影响遵守政策的另一个因素。开枪是高曝光的事件，因为开枪发生在公共场合，伴随巨大的枪声，至少有一个人在场，有其他潜在的目击者。高速追捕也是发生在众目睽睽的大街上的公共事件，高关注度和潜在目击者的在场促使警察按照规定完成报告，可能有目击者向警方举报警察没有填写报告或者提供与报告相矛盾的证据。

然而，家庭暴力案件是曝光度非常低的案件。大多案件发生在私人家中，通常除了当事人没有目击者。因此，使警察更容易忽视政策和报告要求。[81]

六、归类准则：标准操作程序手册

部门的标准操作程序手册是对成文法规和政策进行收集和归类。标准操作程序手册（SOP）是现代警务管理的核心工具。在大城市，典型的标准操作程序手册长达数百页。

现在，很多警察局将标准操作程序手册发布到网站上，明尼阿波利斯、堪萨斯和洛杉矶的警察局是三个典型的例子（见边注栏 11－2）。

边注栏 11－2

网上的标准操作程序手册

越来越多的警察局将他们的政策和标准操作程序手册发布到网上。这些警察局包括：

洛杉矶警察局：www. lapdonline. org

明尼阿波利斯警察局：www. ci. minneapolis. mn. us/police/about（转“Inside MPD”）

夏洛特－梅克伦堡警察局：www. charmeck. org/CMPD（转“Inside CMPD”，“CMPD Directives”）

菲尼克斯警察局：www. phoenixpolice. com（转“About Us”，“Operations Manual”）

在网站上发布标准操作程序手册具有很多优势：一是朝着更好的政务公开和行政透明的方向发展迈进了一步，让市民知道警察局政策是什么，以提高公众理解和信任，促进了警察和社区之间的关系（见第十二章）。二是促进了改革。市民和当地的专业组织能够将警察局的政策同特定的主体进行比较，从中发现警察局制定的政策与其他大多数部门的政策不一致时，以此推动政策的修订，如电击枪的使用。

关于警察社区关系的深入论述见第十二章

标准操作程序手册有一定的局限性。第一，标准操作程序手册过于关注较为琐屑的事项（如着装），而忽视了法律执行能力（如逮捕和致命武力）这一重要事项。近年来，虽然警察局采取了规定致命武力使用和追捕的政策，但是重要事项仍未在政策中予以规定。很多警察局依然没有制定关于检举者或者除家庭暴力之外其他情境中裁量逮捕的政策。第二，手册规定中的“危机管理”程序。为应对诸如法官或社会抗议等突发危机，新的政策将被采纳。皮特·曼宁（Peter Manning）引用英国警长的话以说明部门程序手册代表了“140 年来所犯的错误，每次犯错就会对此制定法规”。[82]危机管理的结果是标准操作程序手册不成体系。手册涵盖了一部分使用自由裁量权的领域，但大部分没有包含在内。通常标准操作程序手册多年未修改，结果导致重要的事项未被审核或更新。

七、系统立法

警察自由裁量权的权威专家强烈要求警察参与系统化立法。戴维斯和戈德斯坦认为，系统化立法能使警察在问题演变成危机之前预见到存在的问题，并制订专业计划。尽管有这些建议，但警察局仍没有参与到系统规划中。戴维斯指出，很多警察局在“研究和计划”阶段常常掺杂着许多琐事。[83]

为鼓励系统立法已经作出很多努力。执法机构认证委员会的认证标准要求认证部门建立规范警察政策的书面指令体系。[84]然而，由于认证与否是自愿的，截至 2006 年，美国 18000 家执法机构只有 500 家获得认证。[85]1987 年，国际警察局局长协会建立了国家执法政策中心，开始发布关于特定裁量决定的一般政策，[86]警察行政管理研究论坛也制定了关于警务工作各个方面的一般政策。最后，许多公民监督机构参与到政策审核中，建议在出现公民投诉的领域制定新的政策。[87]

韦恩·施密特（Wayne Schmidt）提出，为了使行政立法系统化，每个州都应建立一个执法的行政法庭。这个机构拥有为该州内所有警察局制定政策的权力。[88]沃克建议，各州颁布法律要求警察局制定涉及一系列重要决定的法规。[89]在一定程度上，一些执法决定中已经采用了这种做法。例如，州法律中有关警察使用致命武力的规定。1985年，田纳西州最高法院以违宪法规的形式具体表达了重罪逃犯的标准，一些州已经颁布了规范追捕的法律。沃克建议警察采纳更多关于警察自由裁量权的法规。

八、公众监督和政策制定

一些公众监督机构通过政策审核的程序也促进了立法（见第十四章关于警察审计员的政策审核）。这些机构通过分析公民投诉，判断其根源是否警方政策缺失（或者政策不当），然后向警察局提出新的政策建议。旧金山公民投诉办公室每年都会提出多条政策建议。沃克认为政策审核是公众监督警务工作最重要的方式之一。[90]

关于警察审计师政策研究的更多论述见第十四章

九、行政立法的局限性

行政立法也存在严重的局限性。

第一，法规不可能将所有情况规定在内。虽然政策可以限制自由裁量权，但总有一些模糊的情境需要警察进行裁量。

第二，正式法规可能促使警察做出故意规避和说谎的行为。例如，证据排除法则刺激了警察谎报他们获取的证据。对于麻醉毒品，调查者引用“水肿”现象来说明：警察谎称犯罪嫌疑人将麻醉毒品弃于地上（因此使没收毒品行为合法化）。[91]法伊夫发现，纽约实行限制开枪政策后，关于枪支意外走火的报告数量增加了，他认为导致这一结果的原因是警察利用这一政策掩盖不当开枪的行为。但是，意外走火报告的数量只占警察所有开枪报告数量的3%至9%，表明如果确实存在逃避政策的行为，这样的情况也是有限的。[92]

第三，迈克尔·布朗（Micheal K. Brown）在《街面工作》中提出，复杂的法规只会让情况变得更糟，会给警察工作造成更多的不确定性。他发现只是用制度控制和限制警察，而没有认清警务工作的严峻现实，并不能明确责任，只会使问题更加恶化。[93]

哈罗德·比宾斯基（Harold Pepinsky）同意上述观点，并引用米兰达警告加以说明。他认为决定创造了更多不确定性。何时拘留犯罪嫌疑人？何为讯问？成文法规支持者的回答是当提供了处理重要事件的明确的书面指导时，警察更易于开展工作。虽然仍有一些案件需要使用自由裁量权，但是这些情况极其有限。戴维斯把这看作限制自由裁量权的主要贡献。[94]

第四，详尽的法规只会在警察局中营造消极的氛围，警察认为这些法规只是用来限制他们的，导致了警察主观认为尽可能少工作。正如凯琳认为，在这种组织环境中警察不可能参与到创新、积极的警务工作中。[95]

警察组织已成为以处罚为主的官僚机构，禁止性条令很多，而对积极警务工作的奖励却很少。造成这个现象的部分原因是，警察管理人员更关心对警察的控制以及防范警察的不当行为，而较少关注对警察得当行为的引导。

沃克对那些批评的观点予以反驳，他认为不确定性是警务工作的内在特性。有规范比没有规范好得多，如果警察规避了法规，那么警察局的任务就是确保警察更好地遵守规定而不是废弃这些法规。[96]

案例研究

“破窗”理论和警察自由裁量权

维护秩序的哲学

纽黑文市警察局总是利用尽可能少的暴力手段实现目标。然而，当必须传讯或逮捕违法者时，我们所有层级的机构采取的措施却是试图教育公民遵守法律法规。

无论是管理者、监督者还是警察，第一层次的干预都是教育公众文明礼貌，让公众认识到不文明行为的后果，告知公众规定公民行为义务的法律。这种干预可以在社区会议、学校或者与市民的交流中进行。一些市民并不完全清楚他们的义务，如不要制造汽车噪声或在公园饮酒，如果这些义务经过警察耐心解释后，他们就会遵守法律。

第二层次的干预是当市民违反秩序时，提醒他们的责任，告诉他们违法了，如果坚持这么做就会受到处罚。这也可以通过很多其他方式实现。通过走访问题高发地区，警告人们如果继续这么做将受到处罚。同样地，长期出现这种问题的地方的主人也会受到警察的警告。

最后一个层次的干预是执法，也就是使用传讯和逮捕措施。

介绍了警察使用最低限度干预的措施后，不能解读为警察在任何一起案件中都要首先教育违法者。因为警察可能会处理有违法历史的案件（如涉及很多问题），因此最好在发现违法者有暴力行为前科时，就采取强有力的措施（如警告或传讯）。

结　语

自由裁量权在警务工作中普遍存在。警察通常会作出影响公民生命和自由的重要决定。不加控制的自由裁量权会造成严重的问题，包括违反法定程序和法律的平等保护原则。

自由裁量权可以通过警察局采取正式的书面政策加以控制；政策并不是完全消除自由裁量权；通过指导警察在特定情况下应该做什么、不应该做什么来规范自由裁量权。有证据证明，书面政策已经减少了被警察枪杀的人数。然而，关于书面政策能够有效控制所有裁量决定的争论仍然存在。[97]

关键术语

自由裁量权	街头官僚	积极行使自由裁量权
警务工作环境	能见度低的工作	情境因素
被害者的选择	犯罪嫌疑人的态度	非正式组织文化地方
政治文化	全面执法的谬见	行政立法
标准操作程序手册		

讨　论

纽黑文市警察局要求警察在行使自由裁量权时必须经过三个程序：（1）教育；（2）提醒；（3）执法。作为课堂作业，按照以下步骤讨论警察自由裁量权的经验和看法：

1. 作为课堂讨论，识别警察参与治安秩序维护的不同情境。

2. 通过让每一个同学完成匿名报告，调查同学的经历。报告内容是：（a）参与其中一个或多个情境的经历；（b）他们的经历/观察警察的反应。

3. 教员宣读匿名报告，在课上讨论警察的反应。

网上练习

练习 1　上网查找 3 个大城市警察局的标准操作程序手册。

1. 比较三者使用武力的政策。三者之间有何显著区别？找出更多其他方面的细节。

2. 比较它们的高速追捕车辆的政策。其中有些是否限制得更为严格？这些政策是允许还是禁止对涉嫌违反交通规则的人的追捕（对照暴力犯罪或财产犯罪)？

3. 比较它们的家庭暴力政策。它们中是否有在特定情况下强制逮捕的规定？什么情况下适用？是否有警察局没有对家庭暴力案件实施逮捕政策？

练习2 为应对种族形象定性的辩解（一种滥用裁量权的方式)，很多执法机构采取了新的政策和程序以控制警察的交通执法活动。

哪些部门采取了这些步骤？这些政策和程序包含了哪些内容？一些政策只有收集停车的数据。还有哪些其他的控制措施已经被采用？

上网查找关于种族形象定性的报告。关键词“种族形象定性”或“黑人驾驶”。登录 www. officer. com ，查找一些机构的报告。

在课上讨论你所发现的政策和程序。你认为这些政策和程序能否有效控制自由裁量权？数据收集的方式能够控制自由裁量权吗？如果警察知道他们必须记录使用自由裁量权的情况，他们会避免可疑的行为吗？还是数据收集打消了他们的执法行动？

练习3 行使警察自由裁量权的一个重要场合是处理家庭暴力的场合。很多州通过颁布旨在控制自由裁量权的法律解决这个问题。一部分是强制逮捕法律；另一部分是选择逮捕法律。

调查你所在州的法律。是否有与家庭暴力相关的州立法？是强制逮捕吗？如果不是，怎么区分？法律是否为警察处理家庭暴力案件提供了指导？这些指导是怎么表述的？你认为这部法律是否为警察提供了明确且有效的指导呢？

如果你所在的州没有这样的法律，找一个有这方面立法的州，参照以上问题对其进行研究。

可以在网上的一些法律资源网站找到州法律。可以从参考桌面网站（www. refdesk. com）入手。另一条途径是可以查找涉及家庭暴力法律的州，就是以家庭暴力为关键词进行搜索，看那些网站是否有关于州法律的相关材料。

注 释

[1] Donald Black, “The Social Organization of Arrest,” in D. Black, The Manners and Customs of the Police (New York: Academic Press, 1980), p. 90.

[2] Linda Teplin, Keeping the Peace: Parameters of Police Discretion in Relation to the Mentally Disordered (Washington, DC: Government Printing Of-

fice, 1986).

[3]Bureau of Justice Statistics, Contact between Police and the Public: Findings from the 2002 National Survey (Washington, DC: U.S. Justice Department, 2005), Table 9.

[4]Nathan Goldman, The Differential Selection of Juvenile Offenders for Court Appearance (New York: National Council on Crime and Delinquency, 1963).

[5]William A. Geller and Michael Scott, Deadly Force: What We Know (Washington, DC: Police Executive Research Forum, 1992).

[6]Kenneth Culp Davis, Discretionary Justice: A Preliminary Inquiry (Urbana: University of Illinois, 1971), p.4.

[7]Wayne R. LaFave, Arrest (Boston, Little, Brown, 1965), p.9.

[8] James Q. Wilson, Varieties of Police Behavior (New York: Atheneum, 1973), p.21.

[9] Michael Lipsky, Street – Level Bureaucracy (New York: Russell Sage, 1968); Janet Coble Vinzant and Lane Crothers, Street – Level Leadership: Discretion and Legitimacy in Front – Line Public Service (Washington, DC: Georgetown University Press, 1998).

[10]ACLU, Driving While Black: Racial Profiling on Our Nation's Highways (New York: ACLU, 1999).

[11]Kenneth C. Davis, Police Discretion (St. Paul, MN: West, 1975).

[12]Samuel Walker, Cassia Spohn, and Miriam DeLone, The Color of Justice, 4th ed. (Belmont, CA: Wadsworth, 2007).

[13]Frank J. Landy, Performance Appraisal in Police Departments (Washington, DC: The Police Foundation, 1977); Timothy N. Oettmeier and Ann Wycoff, Personnel Performance Evaluation in the Community Policing Context (Washington, DC: PERF, 1997).

[14]Herman Goldstein, Policing a Free Society (Cambridge, MA: Ballinger, 1977), p.9.

[15]Davis, Police Discretion, pp.62 – 66.

[16]Herman Goldstein, Policing a Free Society, pp.94 – 101; Albert J. Reiss Jr., "Consequences of Compliance and Deterrence Models of Law Enforcement for the Exercise of Discretion," Law and Contemporary Problems 47 (Autumn 1984): pp.88 – 89.

[17] LaFave, Arrest, pp. 70, 84 – 87.

[18] Ibid., pp. 83 – 101.

[19] Raymond T. Nimmer, Two Million Unnecessary Arrests (Chicago: American Bar Foundation, 1971).

[20] Jerome Skolnick, Justice Without Trial, 3rd ed. (New York: Macmillan, 1994), p. 13.

[21] Albert Reiss, The Police and the Public (New Haven, CT: Yale University Press, 1971); Stephen D. Mastrofski, Roger B. Parks, Albert J. Reiss Jr., Robert E. Worden, Christina DeJong, Jeffrey B. Snipes, and William Terrill, Systematic Observation of Public Police: Applying Field Research Methods to Policy Issues (Washington, DC: Department of Justice, 1998), p. 25.

[22] Herman Goldstein, "Administrative Problems in Controlling the Exercise of Police Authority," Journal of Criminal Law, Criminology, and Police Science 58, no. 2 (1997): p. 165.

[23] Joseph Goldstein, "Police Discretion Not to Invoke the Criminal Process: Low Visibility Decisions in the Administration of Justice," Yale Law Journal 69, no. 4 (1960): pp. 543 – 588.

[24] Herman Goldstein, Policing a Free Society, p. 9.

[25] Davis, Police Discretion, pp. 62 – 66.

[26] Steve Herbert, "Police Subculture Reconsidered," Criminology 36 no. 2 (1998): pp. 343 – 368.

[27] Black, "The Social Organization of Arrest."

[28] Teplin, Keeping the Peace.

[29] Black, "The Social Organization of Arrest."

[30] Ibid., p. 101.

[31] Ibid., p. 104.

[32] Ibid., pp. 107 – 108; Albert Reiss, "Police Brutality – Answers to Key Questions," Transaction 5 (July – August 1968), pp. 10 – 19.

[33] David A. Klinger, "Demeanor or Crime? Why 'Hostile' Citizens Are More Likely to Be Arrested," Criminology 32, no. 3 (1994): pp. 475 – 493.

[34] Roger G. Dunham and Geoffrey P. Alpert, "Officer and Suspect Demeanor: A Qualitative Analysis of Change," Police Quarterly 12 (March 2009): pp. 6 – 21.

[35] Stephen D. Mastrofski, Jeffrey B. Snipes, and Anne E. Supina, "Compliance on Demand: The Public's Response to Specific Police Requests," Journal of Research in Crime and Delinquency 33 (August 1996): pp. 269 – 305.

[36] Gary LaFree, Rape and Criminal Justice (Belmont, CA: Wadsworth, 1989), p. 76.

[37] Tammy Rinehart KocheI, David Wilson, and Stephen Mastrofski, "Effect of Suspect Race on Officers' Arrest Decisions," Criminology 49, no. 2 (2011): pp. 473 – 512.

[38] Douglas A. Smith, Christy A. Visher, and Laura A. Davidson, "Equity and Discretionary Justice: The Influence of Race on Police Arrest Decisions," Journal of Criminal Law and Criminology 75 (Spring 1984): pp. 234 – 249.

[39] ACLU, Driving While Black.

[40] Christy A. Visher, "Gender, Police Arrest Decisions, and Notions of Chivalry," Criminology 21 (February 1983): pp. 5 – 28.

[41] James J. Fyfe, "Who Shoots? A Look at Officer Race and Police Shooting," Journal of Police Science and Administration 9 (December 1981): pp. 367 – 382.

[42] Smith, Visher, and Davidson, "Equity and Discretionary Justice."

[43] Egon Bittner, "The Police on Skid Row: A Study in Peacekeeping," in Egon Bittner, Aspects of Police Work (Boston: Northeastern University Press, 1990), pp. 30 – 62.

[44] David Klinger, "Environment and Organization: Reviving a Perspective on the Police," Annals of the American Academy 593 (May 2004), pp. 119 – 36; David Klinger, "Negotiating Order in Patrol Work: Criminology 35, no. 2 (1997): pp. 277 – 306.

[45] James J. Fyfe, "Administrative Interventions on Police Shooting Discretion: An Empirical Examination," Journal of Criminal Justice 7 (Winter 1979): pp. 309 – 323.

[46] Jerry R. Sparger and David J. Giacopassi, "Memphis Revisited: A Reexamination of Police Shootings after the Garner Decision," Justice Quarterly 9 (June 1992): pp. 211 – 225.

[47] Geoffrey P. Alpert, Police Pursuit: Policies and Training (Washington,

DC: Department of Justice, 1997).
[48] Wilson, Varieties of Police Behavior.
[49] Lou Cannon, Official Negligence (New York: Times Books, 1997), Ch. 3.
[50] Mastrofski et al., Systematic Observation of Public Police, p. 25.
[51] John A. Gardiner, Traffic, and the Police: Variations in Law - Enforcement Policy (Cambridge, MA: Harvard University Press, 1969).
[52] Wilson, Varieties of Police Behavior.
[53] Herman Goldstein, Policing a Free Society, pp. 93 - 130; Davis, Police Discretion, pp. 70 - 78.
[54] Davis, Police Discretion, pp. 52 - 78.
[55] Ibid.; Ronald Allen, "The Police and Substantive Rulemaking: Reconciling Principle and Expediency," Universit 7 of Pennsylvania Law Review 125 (Spring 1976): pp. 62 - 118.
[56] H. Richard Uviller, "The Unworthy Victim: Police Discretion in the Credibility Call," Law and Contemporary Problems 47 (Autumn 1984): p. 28.
[57] Davis, Police Discretion, pp. 70 - 78; Joseph Goldstein, "Police Discretion Not to Invoke the Criminal Process," pp. 146 - 47.
[58] Joseph Goldstein, "Police Discretion Not to Invoke the Criminal Process."
[59] Samuel Walker, Taming the System: The Control of Discretion in Criminal Justice, 1950 - 1990 (New York: Oxford University Press, 1993).
[60] Wilbert E. Moore, The Professions: Roles and Rules (New York: Russell Sage, 1970).
[61] The National Academy of Sciences, Fairness and Effectiveness in Policing: The Evidence (Washington, DC: National Academy Press, 2004), p. 141.
[62] William A. Westley, Violence and the Police (Cambridge, MA: MIT Press, 1970).
[63] Wilson, Varieties of Police Behavior, p. 20.
[64] Reiss, The Police and the Public, p. 147.
[65] Commission on Accreditation for Law Enforcement Agencies, Standards for Law Enforcement Agencies, 4th ed. (Fairfax, VA: CALEA, 1999), Standard 1.2.2.
[66] American Bar Association, Standards Relating to the Urban Function, 2nd

ed.（Boston：Little，Brown，1980），Standard 1－4.3.
[67] Fyfe，“Administrative Interventions on Police Shooting Discretion.”
[68] Lawrence W. Sherman，Policing Domestic Violence（New York：Free Press，1992）.
[69] Geoffrey P. Alpert and Roger D. Dunham，Police Pursuit Driving：Controlling Responses to Emergency Situations（New York：Greenwood，1990）.
[70] Davis，Discretionary Justice.
[71] Ibid.
[72] Davis，Police Discretion；Herman Goldstein，Policing a Free Society，pp. 119－120.
[73] Fyfe，“Administrative Interventions on Police Shooting Discretion.”
[74] George L. Kelling，“Broken Windows” and Police Discretion（Washington，DC：Department of Justice，1999）.
[75] Walker，Taming the System.
[76] Herman Goldstein，“Administrative Problems in Controlling the Exercise of Police Authority.”
[77] The National Academy of Sciences，Fairness and Effectiveness in Policing：The Evidence，p. 282.
[78] Fyfe，“Administrative Interventions on Police Shooting Discretion.”
[79] Geoffrey P. Alpert，Pursuit Policies and Training（Washington，DC：Government Printing Office，1997）.
[80] CALEA，Standards for Law Enforcement Agencies，Standard 1.3.6.
[81] Walker，Taming the System.
[82] Peter K. Manning，Police Work（Cambridge，MA：MIT Press，1977），p. 165.
[83] Davis，Police Discretion，pp. 32－33.
[84] CALEA，Standards for Law Enforcement Agencies，Ch. 1.
[85] 2009 Annual Report，found at www. calea. org/sites/default/files/2009%20Annua1%20Report. pdf on March 27，2012.
[86] National Law Enforcement Policy Center，Police Review（Washington，DC：IACP，1987）.
[87] Ibid.
[88] Wayne Schmidt，“A Proposal for a Statewide Law Enforcement Administrative Law Council，” Journal of Police Science and Administration 2，no. 2

(1974): pp. 330 – 338.

[89] Samuel Walker, "Controlling the Cops: A Legislative Approach to Police Rulemaking," University of Detroit Law Review 63 (Spring 1986), pp. 361 – 391.

[90] Samuel Walker, Police Accountability: The Role of Citizen Oversight (Belmont, CA: Wadsworth, 2001).

[91] Dallin H. Oaks, "Studying the Exclusionary Ride in Search and Seizure," University of Chicago Law Review 37 (1970): pp. 665 – 757.

[92] Fyfe, "Administrative Interventions on Police Shooting Discretion."

[93] Michael K. Brown, Working the Street: Police Discretion and the Dilemmas of Reform (New York: Russell Sage, 1981).

[94] Davis, Discretionary Justice, pp. 52 – 96; Harold E. Pepinsky, "Better Living through Police Discretion," Law and Contemporary Problems 47 (Autumn 1984): pp. 249 – 267.

[95] Kelling, "Broken Windows" and Police Discretion, pp. 1 – 2.

[96] Walker, Taming the System.

[97] New Haven Police Division, "Order Maintenance Training Bulletin 96 – 1," in Kelling, "Broken Windows" and Police Discretion, pp. 49 – 50.

第十二章　合法性与社区关系

本章概要

第一节　从警察社区关系到合法性
　一、多元文化社会的治理
　二、种族与民族的定义
第二节　主要的少数族裔群体
　一、非洲裔美国人社区
　二、西班牙裔和拉丁裔美国人社区
　三、美国原住民社区
　四、亚裔美国人社区
　五、阿拉伯裔美国人社区
第三节　歧视与区别对待
第四节　警民互动的情境手段
第五节　警察与舆论
　一、种族和民族
　二、社会等级
　三、年龄
　四、其他因素
　五、争议事件的影响
第六节　对警察的信任和信心的复杂维度
第七节　对警察态度的三个视角
　一、警察和社会
　二、警察和其他职业
　三、其他国家的警察
　四、对警察态度的总结
第八节　警察对市民的看法
　一、警察态度的来源

美国社会对警察的信任存在巨大分歧。“黑人驾驶”的争议突显出很多非洲裔美国人认为被针对性的歧视以及在警务其他方面中不被信任。种族问题习惯上被称为警察社区关系问题，这个考虑来源于20世纪60年代的种族骚乱（见第二章）。现在，警察专家认为种族关系的确是个问题，且其中问题更深，影响着社会的所有群体。这个问题用合法性来描述最合适，意思是警察作为社会机构，行为应当恰当有效，并获得公众支持。[1]

本章研究了合法性问题，特别关注其中的种族维度问题。本章将回顾公众对警察态度、破坏公信力的警察行为以及为解决问题设计的项目。

第一节　从警察社区关系到合法性

《纽约时报》1999年的一篇文章称，“警察看待黑人的方式，以及这些观念如何形成和歪曲犯罪打击，成了美国最具争议的种族问题。”“任何一方都不理解对方”，还称“一个无罪的黑人在拦停搜查时被训斥羞辱后，问：第四修正案到底怎么了？”警察反问，“我在搜寻犯罪时为什么不能考虑种族？黑人超比例犯罪又不是什么国家秘密，所以‘种族形象定性’简单来说是好的警务工作”。[2]公正对待和警务效能的观念冲突是警民关系问题的核心，很多没感觉被歧视的美国人也不信任警察，因为他们认为警察并未有效打击犯罪和保护社区。

警察社区关系（PCR）这一旧称最初是指警察与少数民族和种族社区的关系。白人和警察关系从未和有色人种一样，因过度使用武力或歧视而卷入同样的冲突。PCR是美国种族不平等这一更大问题的一方面。沃克、施波恩和德龙（Walker，Spohn & DeLone）认为“刑事司法体系有明显的种族不平等特征”。[3]

社区警务运动改变了对这个问题的思考。新的重点在于与社区群体建立工作合作关系，突出了警察与所服务社区的各个部门建立信任与合作的这一现实情况，合法性是对这个问题更好的构想。

关于社区警务的深入讨论见第十二章

一、多元文化社会的治理

美国人口结构的改变为所有社会机构，包括警察在内带来了新的挑战。警察行政管理研究论坛《多元文化社区治理》的一篇报道认为“预防、缓和与谈判解决社区内种族之间冲突要成为警务实践的必要组成部分。为了保持并确实提高有效性，警察要做熟练的跨文化手艺人”。[4]

虽然过去最严重的警察社区关系（PCR）问题涉及非洲裔美国人社区，但类似的问题在其他种族和民族群体中也存在。各种民族和种族的经历区别很大。例如，西班牙裔和非洲裔美国人的经历和对警察的态度就不同。美国原住民在美国有着独特的历史。“少数群体”这个术语并不恰当，因为它不能区分种族和民族，使所有群体经历都显得一样。[5]

二、种族与民族的定义

种族与民族的定义存在很多误解。一般使用的定义没有科学的依据。

种族一般是指世界人类的主要生物学分类。传统分类有高加索人种（白人）、尼格罗人种（黑人）和蒙古人种（黄种人）。然而，如今人类学家认为我们所观察到的肤色、发质和身体比例等差异不能代表人之间的根本区别。例如，在传统种族分类下的各人种内，也有大量的身体特征差异（如浅色的黑人、橄榄色或深色的白人）。美国人类学协会于 1998 年作出了正式声明：按照肤色、发质等身体特征将人类分成不同种族的传统分类方式没有科学根据。而且，最近对 DNA 的研究表明，身体差异只占不同“种族”群体差异的 6%。[6]

民族指的是文化的差异，如语言、宗教、家庭模式和饮食习惯。民族是种族之外的分类方式。例如，在美国，一个人可能民族是西班牙，但可能是黑人人种，也可能是白人人种或者美国原住民。[7]

官方数据

美国人口普查以个人报告为基础，要求人们同时上报自己的种族和民族。种族方面，官方分为：白人；黑人或非洲裔美国人；美国印第安人和阿拉斯加原住民；普通亚洲人；印度人；中国人；菲律宾人；日本人；韩国人；越南人；夏威夷原住民；查莫罗人；萨摩亚人；其他太平洋岛民；其他种族。有多种族背景的人可以填一项或多项种族。民族方面，分为西班牙裔和非西班牙裔。因此，个人报告可以是非西班牙裔黑人、西班牙裔黑人、非西班牙裔白人或西班牙裔白人。

官方刑事司法数据存在疑问，因为各州和地方机构使用由各自机构官员决定的分类方式（而不是个人报告），结果前后矛盾，让人迷惑。《正义在哪里?》的报告中将“胡安妮塔”作为虚拟示例，她父亲是波多黎各人，母亲是非洲裔美国人。在亚利桑那州，她可以选择自己的种族和民族。在加利福尼亚州，她会被定为非洲裔美国人；在伊利诺伊州，她被定为“双种族人”。[8]

第二节　主要的少数族裔群体

一、非洲裔美国人社区

非洲裔美国人社区一直是警察社区关系问题的主要焦点。1964 年至 1968 年，全国城市发生重大骚乱，大部分都由涉警事件引起。警察和非洲裔美国人的紧张状态涉及非正当致命射击、过度使用武力、截停搜身中过度使用侵犯性警务战术、交通截停中的歧视（“黑人驾驶”）和就业歧视。[9]

二、西班牙裔和拉丁裔美国人社区

PCR 问题在西班牙裔和拉丁裔美国人社区中也存在。国家种族委员会的一项报告称，“随着拉丁民族人口数量增长，报告民事权利滥用的人口比例一同增长，全国西班牙裔社区和当地警察关系紧张”。[10]西班牙裔社区遭遇了涉及联邦移民执法的特殊问题。除被沿美国和墨西哥边境的联邦机构虐待外，全国的西班牙人还会在就业场所受到突袭搜查。在部分事件中，当地警察配合联邦移民和海关执法局工作。

西班牙裔和拉丁裔社区在美国迅速扩大，如今成了最大的少数民族社区。2010 年，西班牙裔占美国人口的 16.3%，超过了非洲裔美国人所占的 12.6%。西班牙裔社区高度分化，包含了来自墨西哥、波多黎各、古巴、海地以及中美、南美国家的几个不同群体。每个群体分成近期移民的人和在美国居住了一代或多代的人，英语流利的人和英语水平有限的以及不会英语的人。最后，移民被分为合法入境的和非法入境的。

三、美国原住民社区

警察社区关系问题同样存在于警察和美国原住民社区之间，无论是市区还是印第安保留地都是如此。部落警察服务的印第安保留地有着特别的问题。司法部的一篇报告发现保留地的犯罪率比一般美国人群要高得多。许多部落警察部门人手不足，并缺乏装备和资源以对幅员辽阔的保留地提供足够的警察保护。而且，部落警察和当地警察局在保留地对英裔美国人犯罪经常发生管辖权问题。[11]

四、亚裔美国人社区

亚裔美国人社区也非常分化，包括来自日本、中国、越南、老挝、柬埔寨和其他国家的人。每个来源国群体又分为长期居民和近期移民，会讲流利英语、会部分英语和不会英语。最后，移民者分为有证明文件的和无证明文件的。

五、阿拉伯裔美国人社区

阿拉伯裔美国人也是一个高度分化的群体，包含了不同国籍、不同语言、不同民族传统的人。接近1/3（30%）的阿拉伯裔美国人来自黎巴嫩，12%来自埃及，9%来自叙利亚。多数阿拉伯裔美国人是在美国本土出生的，80%以上是美国公民。宗教方面，很多人是穆斯林，也有基督教徒和其他宗教教徒。美国人口普查局将阿拉伯裔美国人定为“白人”或“高加索人”。然而，关于阿拉伯裔美国人的人口数量并没有权威的估计。[12]

第三节　歧视与区别对待

警察社区关系问题包含对种族和少数民族歧视的申诉。歧视，是指基于法律之外，如对种族、民族和性别等分类进行区别对待。例如，雇主拒绝雇用某个民族群体，这就是歧视。另外，区别对待，是指并非由不同待遇导致的不同结果。例如，大部分大学生年龄在18至20多岁。这不是歧视造成的结果，而是正常的人生进程：年轻人还没有高中毕业，中年人要么毕业要么没读大学。

边注栏 12－1

不只是种族和民族：性别和性取向

警察社区关系问题在社会其他群体中也存在，尤其是女性、男同性恋、女同性恋和变性人。在女性中存在的一个特定问题是有些年轻警察以骚扰的形式对年轻女性进行交通截停。对于男女同性恋和变性人，问题在于不尊重和身体虐待。

资料来源：Amnesty International USA，Stonewalled：Police Abuse and Misconduct Against Lesbian，Gay，and Transgendered People in the U. S.（New York：Amnesty International USA，2005）。

第四节　警民互动的情境手段

警民互动在不同的环境下发生。警民互动的情境手段有助于理解美国警务的复杂性。警察的经历因警察局、警察行为（如交通截停、使用致命武力）、警种（如巡警、反帮派组、交通组）等不同而不同。[13]

有些警察局与少数族裔社区的关系较好。有的警察局里社区警察和居民的关系可能较好，但是特殊的警种，如携枪警或缉毒警与群众关系就很差，因为他们要用到攻击性强的战术。总之，在某个环境适用的方式在另一个环境可能不行。

最严重的种族形象定性案例是在马里兰州和新泽西州州际高速公路上的交警截停。此外，这些案例中的截停模式看起来与缉毒执法直接相关。这些证据为警民互动的情境手段提供了支持：互动因地点、警种、执法活动等不同而不同。这种方法认为警察社区关系问题集中于特定环境下。

第五节　警察与舆论

20 世纪 60 年代开始，许多关于警察民意态度的全国性和地方性调查显示民意态度一直十分稳定，数据在 40 年内都没有重大改变。[14]调查发现，多数美国人一贯对他们社区里的警察感到满意。2008 年，88% 的美国人表示对警察有“大量”或“一些”信任，其中包括 91% 的白人和 75% 的非洲裔美国人。对警察的负面态度都集中于特定群体或特定事情，如使用武力。[15]

一、种族和民族

不同种族和民族群体对警察看法十分不同。在 2011 年的调查中，24% 的非洲裔美国人基本或完全对警察没有信任，而同期白人只有 6%。这个数字从 20 世纪 60 年代以来就基本没有改变过。调查发现，西班牙裔美国人的态度一贯处于白人和非洲裔美国人之间。遗憾的是，早期的调查并没有对西班牙裔美国人进行独立分类，而且现在一些调查仍然没有。[16]然而，不同种族和民族社区存在巨大差别。邓纳姆和阿尔伯特（Dunham & Alpert）发现，迈阿密居民对警察的看法除因种族和民族不同外，还因社会等级而不同，非洲裔美国人的中产阶级和下层阶级对警察的态度就不一样。[17]

白人、西班牙裔美国人和非洲裔美国人对警察使用武力的态度存在很大的差异。图表 12 - 1 中表明，西班牙裔和非洲裔美国人认为警察在他们社区中过度使用武力的可能性是双倍的。

少数族裔社区还很担心会遭受警察的骚扰。在辛辛那提市的居民调查中，46.5%的非洲裔美国人表示他们被警察“找过麻烦”，而白人只有9.6%。找过麻烦的意思是“即使没有做错事情，也会被警察截停并近距离观察”。此外，66%的非洲裔美国人表示他们知道有别人被警察找过麻烦，而白人只有12.5%。[18]许多非洲裔美国家庭对警察存有恐惧，《纽约时报》1997年的一篇文章描述了有些非洲裔或西班牙裔家长努力教自己的小孩尊重警察，主要因为他们害怕小孩如果不尊重警察，警察会对他们实施逮捕、殴打甚至开枪。[19]

图表 12-1 关于警察使用武力的看法（2008 年）

你对警察在你社区不会使用过度武力有多少信心？		
	很多	很少
白人	73%	21%
西班牙人	46%	47%
黑人	38%	48%

资料来源：Mark Hugo Lopez et al.，Hispanics and the Criminal Justice System：Law Confidence. High Exposure（Los Angeles：Pew Hispanic Center，2008）。

二、社会等级

种族、民族和社会地位互相作用会影响警察的观念和经历。2011年，收入在2万美元以下的人有30%的对警察不信任，收入在5万美元以上的只有7%。

维泽（Weitzer）采访了169名华盛顿居民，分别代表三种社区：中产阶级白人、中产阶级非洲裔美国人和低收入非洲裔美国人。低收入非洲裔美国居民认为警察存在无正当理由截停的可能性，比中产阶级非洲裔美国居民高7倍，比中产阶级白人居民高3倍。一半（49%）的低收入非洲裔美国居民声称看到过警察在他们社区过度使用武力，而中产阶级白人居民无人声称看到过此类事件。[20]

三、年龄

“他们根据年龄判断人，”一个芝加哥高中生说，“他们认为十几岁的孩子都不好。”另一个学生说：“他们根据外表来判断人。”一个白人女学生补充道：“不能仅因为你有不同肤色或头发，或穿奇特的服装就意味着你是罪犯。”[21]

年龄作为公众对警察态度的影响因素，始终排在种族和民族后面。2011年的调查发现，在 18 至 29 岁有 12% 的人对警察不信任，而在 50 至 64 岁只有 8%（然而，年长者对警察的信任缺失增加了）。

四、其他因素

（一）社区生活质量

社区生活质量在形成对警察的看法中有着很大作用。认为警察有效控制了社区犯罪的人对警察更有信心，在社区里有安全感的人比没有安全感的人对警察的态度更加积极。[22]

（二）犯罪被害人

犯罪被害人对警察一致的评价没有未被害人的评价那么好。

（三）性别

先前调查基本没有发现男女对警察态度的区别。但在 2011 年的盖洛普民意测验表明，与男性相比女性对警察的信任明显要少。尚不清楚这是测验的异常结果，还是公众态度的转变。

（四）受教育程度

高中及以下受教育程度的人对警察的评价一贯没有上过大学或学历更高人员对警察的评价高。2011 年，15% 只有高中程度的人对警察很不信任，相比之下大学毕业生只有 4%。

（五）城市间的差异

对警察的态度因城市的不同而不同。在司法统计局的一项调查中，93% 的圣地亚哥居民对警察满意，相比之下芝加哥只有 80%，华盛顿只有 78%。白人和黑人的态度情况相同。调查中两个群体都对圣地亚哥警察评价很高，对芝加哥和华盛顿警察评价相对较低。[23]简言之，不同种族的人对警察局的行为和声誉的观念一致。

对警察观念受种族影响模式的例外情况是在一项底特律居民的调查中发现的。与之前的研究不同，比白人（52. 8%）更多的非洲裔美国人（71. 8%）表示他们对警察感到满意。这个研究可以用非洲裔美国人对当地政治建设的主导来解释，一位非洲裔美国人担任了底特律市市长，且大部分警察是非洲裔美国人。因此，当地非洲裔美国人比白人更加认可警察和政治体系的其他部门。[24]

五、争议事件的影响

乔治·哈勒帝（George Holliday）从未想到他录下了警察历史上最有名的录像带。1991 年 3 月 3 日，他看到窗外洛杉矶警察不停地殴打罗德尼·金（Rodney King），便录下了视频。这个录像很快在全世界的电视上播放，并引发了一系列事件，包括两次刑事审判，一次重大骚乱（1992）和对洛杉矶警察局的独立调查。这次事件给洛杉矶、全美以及世界其他国家的公众对警察态度带来了重大影响。[25]

像罗德尼·金被打这样的事件影响着公众态度。塔奇（Tuch）和维泽发现事件对洛杉矶警方的公众看法存在巨大的短期效应。事件之前，70%的白人表示赞同洛杉矶警察局的工作方式。到1992年3月，这个数字下降至40%，而到1993年，白人反应的数据又回升至70%。非洲裔美国人对洛杉矶警察局的支持率下降得更快（到1991年3月末只有14%），最终回到了之前的水平，但是比白人回升的速度要慢。[26]

第六节　对警察的信任和信心的复杂维度

大体上说，警察在群众信任的机构中排名很高。例如，在图表12－2中，最近一项全国性民意测试表明，公众对警察的信任几乎比其他所有机构都高。事实上，警察只排在军队和小型企业后面。

然而，对警察的信任和信心是十分复杂的现象。将这个问题设计成单一的提问（例如，“你对警察的信心有多少”）无法获悉所有不同的维度。莎拉·斯陶特兰（Sara Stoutland）在波士顿犯罪高发社区进行了一系列小组座谈会和个人访谈，其中有居民也有专业的青年工作者，总结出了对警察的四个信任维度。[27]

图表12－2　对机构的信任情况

机构	表示信任的人数百分比（%）
军队	76
小型企业	66
警察	59
教会或有组织宗教	48
医疗体系	40
最高法院	36
总统	36
公立学校	34
刑事司法体系	27
报纸	25
银行	23

续表

机构	表示信任的人数百分比（%）
电视新闻	22
工会	20
大型企业	19
健康维护组织（HMOS）	19
议会	11

资料来源：Lydia Sadd,"Congress Ranks Last in Confidence in Institutions," Gallup's 2010 Confidence in Institution Poll, www. gallup. com/poll/141512/congress - ranks - last - confidence - institutions. aspx(2010. 6. 28)。

斯陶特兰（Stoutland）强调不同人之间对警察能力和对公民尊重的感受有差别。尽管许多人认识到警察必须开展行动来打击犯罪，但不喜欢警察的无礼行为。具体来说，他们认为警察截停和盘问确有必要，但是不希望过程中有无礼行为。

斯陶特兰的发现和程序正义理论一致。这个理论认为人们将结果（在课程上获得的分数）和过程（老师解释为何考试和测试的分数低）分开来。研究一贯发现，即使结果令人不快，人们也会更容易对官方（警察、老师或雇主）给出的行为根据并表示满意。一个司机被拦停后，如果警察解释为什么要截停，那么不快的可能性就低一些；如果警察什么都不说，那么不快的可能性就高一些。

斯陶特兰对被警察截停人员的研究发现，如果他们认为警察做到了公平对待，并对他们解释当时的情况，有礼貌、注意倾听他们，那么对警察的评价就会更高。然而，非洲裔美国人和说西班牙语的人远不太可能说警察向他们解释为何拦停。少于半数的非洲裔美国人和西班牙裔美国人认为警察有礼貌，且两个群体都说警察对他们不公平。[28]

边注栏 12－2

斯陶特兰信任维度

信任维度 1：优先。是否感觉警察同样关心社区？斯陶特兰的小组座谈会发现许多居民不这么认为，他们觉得警察过于狭隘地集中于降低短期内的犯罪，忽略了更广泛的生活质量问题。

信任维度 2：能力。是否觉得警察具有完成目标的知识和技能？多数注意到警察在加强打击犯罪作出努力的座谈会参与者，感觉到涉毒犯罪的下降。

信任维度 3：可靠。是否觉得可以指望警察实现承诺？对于涉毒犯罪，大多数座谈会参与者相信警察会依照承诺来减少犯罪。

信任维度 4：尊重。是否觉得警察尊重他们？警察缺少尊重是小组座谈会最突出的主题之一。许多参与者表示对警察对待他们的方式感到愤怒。除了行为粗鲁，有些参与者认为在报警之后警察没有反应。最后，许多参与者感觉警察侵犯了他们的权利，尤其是对年轻人的骚扰。

第七节　对警察态度的三个视角

一、警察和社会

对警察的态度不一定反映个人与警察的经历，其经常表示对社会、政府和刑事司法体系更广泛的态度。对警察表示强烈不满的人对法院和法官也持负面态度，与对警察持积极态度的人相比，会更加远离社会、更少参与政治。[29]

公众对警察的态度也反映了警察作为权威机构和国家强制力量的象征角色。徽章、警棍、枪支在视觉上提醒着警察使用武力的权力，这点比特（Bitter）认为是警察角色的最典型方面。布卢姆伯格（Blumbeg）认为警察是公众对其他社会和政治问题态度的“社会避雷针”，而尼德霍夫（Niederhoffer）将警察称为“穿着制服的罗夏”——公民对他们充满恐惧和幻想。[30] 因此，受到歧视的人、感觉无助或远离社会的人，比感觉强大完整的人更可能对警察产生负面态度。

二、警察和其他职业

如果在网上搜索“律师笑话”，马上会发现很多笑话，且很多普通幽默的网站上还有律师笑话的分类。律师笑话很流行，大多将律师描述得不道德、贪娄，律师笑话可能比关于警察坐在甜甜圈店里的笑话更加普遍。

尽管许多警察认为他们没有得到公众足够的尊重，但警察和其他职业相比在公众态度上很受欢迎。如图表 12－3 所示，警察在诚信和道德标准观念上排名相当靠前。

图表 12－3 职业诚信和道德标准评级（2010 年）

职业	“评很高”或“高”的美国人数百分比（%）
护士	81
小学教师	67
医生	66
警察	57
牧师	53
法官	47
银行家	23
律师	17
汽车销售员	7

资料来源：Source Jeffery Jones，Nurses Top Honesty and Ethics List for 11th Year，Gallup’s annual Honesty and Ethics survey. Copyright© 2010 Gallup，Inc. All rights reserved. The content is used with permission；however，Gallup retains all rights of republication。

三、其他国家的警察

美国警察可能抱怨公众不够尊重他们，但与其他国家的同行相比，他们已经很不错了。萨尼娅·艾孚克维克（Sanja Ivkovic）在一项跨国研究中发现，美国警察在世界上获得了最多的公众信心。

四、对警察态度的总结

可用数据供我们得出公众对警察态度的几个结论：（1）绝大多数美国人对警察有正面肯定的态度；（2）有色人种始终没有白人对警察的评价高；（3）但是大多数非洲裔和西班牙裔美国人给警察基本良好的评价；（4）年轻人对警察的评价没有老人对警察的评价好；（5）穷人、受教育程度低的人和受害人比其他美国人倾向于给警察更低的评价；(6) 在社区中感觉安全的人比不安全的人对警察的看法更好；(7) 各城市对警察的看法不同；(8) 人们根据警察的行为(是否称职？对群众是否尊重?) 来做出重要区分；(9) 对警察的态度反映了对整个社会的态度。

这些调查结果支持警察社区关系的情境解释。在一般群众给警察良好评价的同时，特定部分人群对他们的评价要低得多，其中有色人种和低收入少数群体尤为突出，特别是少数年轻男性群体。

第八节 警察对市民的看法

一般来说，警察对公众和对公众的态度没有准确的观念。詹姆斯·Q. 威尔逊（James Q. Wison）认为警察“很可能夸大了公民的敌意程度”。[31] 在詹姆斯·A. 韦斯特利（William A. Westley）关于警察亚文化的先锋之作中，发现73%的警察认为公众“与警察对立或恨警察”。只有12%的警察认为公众“喜欢”警察。[32] 最近，当辛辛那提警察被问到“街上的公民是否行为无礼”时，半数的警察认为一半以上的人对待警察行为无礼。但当被问到犯罪嫌疑人是否暴力拒捕时，只有7%的警察说“经常如此”。警察观念中的公众敌意比现实经历中对他们权威的实际挑战要大得多。[33]

一、警察态度的来源

警察对公众态度的错觉是几个因素作用的结果。最重要的是警察和公众的选择性接触模式。警察并不是和全部社区的所有部分都有常规接触。明尼阿波利斯市紧急事件报警（911）分析发现，城市5%的区域发生了全部警情的64%。[34] 司法统计局2011年的一篇报道预测每年只有17%的16岁以上的美国人面对面地遇到过警察。[35] 此外，低收入人群和有色人种与警察有不成比例的接触程度。犯罪率更高，他们更有可能报警，因此警察部门在他们的社区部署了更多的巡逻警察。此外，警察与低收入年轻男性有相对多的接触，因为他们将公共场所作为他们的娱乐地点。[36]

警察态度还因选择性观念而形成。只有2%至5%的警察与公民接触时才会遇到敌意或冲突，但和多数人一样，警察更容易记住不愉快的事件。[37] 布莱克（Black）发现年轻的非洲裔美国人比白人更可能表现出敌意。结果，警察倾向于对年轻的非洲裔美国男性产生成见，认为他们是什科尔尼克（Skolnick）所称的“象征性攻击者”和潜在的冲突源。[38]

二、大卫·肯尼迪（David Kennedy）的种族区分

作为减少枪支暴力的主要专家之一，大卫·肯尼迪（David Kennedy）提供了一个关于美国警务种族鸿沟的诱发性观点。他认为双方都领受了对方的叙述，但双方之间并没有真正的对话。警方讲述的是在犯罪高发社区无人关心，这些社区的“道德支柱”已经坍塌，无人制止犯罪，没有“社区”来合作。社区讲述的是有阴谋地要摧毁非洲裔美国人社区，警察是其中的一部分，政府还引进了毒品“强效可卡因”作为阴谋的一部分。肯尼迪认为，这两种叙述都有夸大和虚假的成分。如果要找到有效解决非洲裔美国人犯罪高发社区问题的办法，就必须要消除它们。[39]

第九节　警察社区关系问题的来源

我们如何解释这个明显的矛盾：有色人群给警察的评价总体良好，而这些群体又总和警察发生公共冲突？是媒体夸大了少数的负面事件吗？还是因为有影响少数种族和民族的系统性问题？我们可以通过研究警务的两个详细方面来回答这些问题：（1）警察对不同社区的保护水平；（2）警察现场实战。

第十节　警察保护的水平

一、执法过多还是过少

警察在非洲裔和西班牙裔社区的执法过多还是过少？许多年轻非洲裔美国人抱怨和厌烦警察过度使用进攻性战术，而同一社区的其他居民抱怨警察保护不足。事实是两种观念都有现实依据。

历史上，非洲裔美国人是法律执行水平低下的受害者。贡纳尔·米达尔（Gunnar Myrdal）的美国种族关系经典研究发现，在南方的制度化隔离时期，非洲裔美国人社区的警察对许多犯罪置之不理。结果根据犯罪嫌疑人和受害人的种族成分关系确定了四种司法体系：（1）白人对白人犯罪被当作“正常”犯罪处理；（2）白人对非洲裔美国人的犯罪，即使发生了，也基本不起诉；（3）非洲裔美国人对白人的犯罪反应最为严厉；（4）非洲裔美国人对非洲裔美国人的犯罪经常被忽视。[40]

少数族裔社区执法不力经常牵涉到风化犯罪，以前赌博、酗酒、卖淫和吸毒在低收入少数族裔社区中允许存在。容忍风化犯罪对低收入少数种族社区有

以下危害。首先，造成对法律和警察的蔑视，其中部分原因是随之而来的腐败问题。纳普委员会对纽约警察腐败进行调查，结果发现哈雷姆的主要非洲裔美国人住宅区每月给警察的平均行贿额是1500美元（20世纪70年代的美元），相比之下白人主要社区是300美元。[41]其次，法律执行力低下，将少数族裔社区的守法公民暴露于卖淫、毒品交易和枪击与抢劫等相关犯罪环境之下。这些犯罪给个人和他们的家庭带来了人身风险，降低了社区生活质量，并增加了青少年参与犯罪的风险。

维泽和塔奇发现，白人、非洲裔和西班牙裔美国人都强烈支持警察对犯罪高发区加强巡逻和监视。然而，三个群体都不太支持对人们进行截停和搜身。[42]

二、报警反应延时

有些警察工作研究发现，巡逻警察经常故意拖延对报警的反应，尤其是在家庭纠纷的情形中。[43]福斯坦伯格和威尔福特（Furstenburg & Wellford）对巴尔的摩市报警市民的采访发现黑人市民更多地感觉到拖延。更多白人称警察的响应时间少于5分钟，而比白人数量多达近一倍的黑人称警察超过15分钟才作出响应。最近一项研究发现，在圣路易斯市犯罪高发地主要是非洲裔美国人社区，"最多的抱怨集中在效率低下的警察响应"，包括拖延响应时间和对911报警电话完全不作响应。[44]

总之，低收入和少数族裔社区警察保护不足的说法在一定程度上符合事实。然而，下一节我们将看到警察的某些行为也符合同一社区内年轻男性被不公平对待的说法。

第十一节 警察现场实践

警察现场行为是警察和少数族裔群体紧张关系的最大来源，包含警察的个人行为，如使用致命武力、身体武力、逮捕、截停搜身和言语训斥。

一、致命武力

1974年10月3日，爱德华·加纳（Edward Garner）是个重110磅、瘦高的15岁非洲裔美国男孩，现在他的名字成了刑事司法历史中最有名的名字之一。加纳（Garner）被怀疑盗窃后逃跑时，被两个田纳西州孟菲斯警察开枪击毙。他确实偷了一个钱包放在身上，里面有10美元。加纳的家人最终向美国最高法院起诉，强调一个问题，就是警察因怀疑的那个罪名而对他开枪是否正当。法院在田纳西州诉加纳案（1985）中规定了重罪逃跑规则，在此之下，孟菲斯警察的行为是违宪的。这个结论加速了保护生命标准采纳的趋势，大大限制了警察对致命性武力的使用。[45]

使用致命武力一直是少数群体与警察发生重大冲突的原因。詹姆斯·法伊夫（James Fyfe）总结道，“黑人和西班牙人跟其他人比，在任何地方都更多地表达了警察用枪的问题”。[46]然而，警察使用致命武力在过去40年里已发生重大改变。[47]20世纪60年代到70年代，非洲裔美国人和白人被警察开枪击毙的人数的比例是6:1，甚至8:1。在个人携带武器逃跑的情况下，白人和非洲裔美国人的差别最大。1969年至1974年间，警察开枪数量下降，部分原因是原来重罪逃跑规则被更严格的生命保护规则所替代。法伊夫发现，1972年纽约警方采用了保护生命规则后，开枪数量下降了30%。重罪逃跑的情形下，开枪的下降量更大。[48]

在孟斐斯，一项严格的开枪新政策禁止一切在犯罪嫌疑人未携带武器、不具攻击性的情形下开枪，在程序上大大降低了个人被开枪击毙的种族差别。由于其他警察局也采取了严格的政策，每年被警察开枪击毙的总人数在20世纪60年代到80年代明显下降。更重要的是，在此期间，非洲裔美国人与白人被击毙的比例从8:1降到了4:1。数据表明，宽松的开枪政策会放任种族歧视态度，从而影响开枪，而控制自由裁量的严格政策能限制个人态度的不利影响。[49]

目前重要的问题是，现在非洲裔美国人和白人被警察开枪击毙的差别反映的是体系歧视，还是具体环境歧视（如某个警察局）或者个人歧视（如某个警察）。有分析家认为，合适的标准应当包括每个种族和民族具有被警察开枪风险的人的数量。“有风险”可以指参与严重犯罪。盖勒和卡拉里斯（Geller & Karales）研究了芝加哥警方在1974年至1978年间警察的开枪行为。他们发现在总人数上，非洲裔美国人被警察开枪击毙的人数是白人的6倍。然而，当他们控制参与暴力犯罪情形时，差别就消失了。白人在重罪中被开枪击毙的比例是每1000次逮捕中的5.6人，相比之下同类犯罪的黑人被射击的比例是每1000次逮捕中的4.5人。[50]

关于警察使用致命武力自由裁量权的详述见第十一章

二、使用身体武力

警察暴力指身体武力的过度使用，是少数群体对警察抱怨最多的，过度使用身体武力的问题尤为复杂。部门政策授权警察在某些情形下可以使用武力：

为了保护自身，执行逮捕、对付抵抗、控制危险局面时。对应的问题是怎样算是过度使用？CELEA 认证标准规定，警察“只能使用为完成合法目的必要武力”。过度使用武力是超出必要范围使用任何等级的武力。[51] 例如，警察仅因为单纯的不尊重而使用身体武力是不正当的。

在特定情形下武力是否过度使用经常反映对事件的观念冲突。[52] 警察局采用了一套武力使用的连续统一体，来说明不同情形下适当的武力等级。

警察使用武力从数据上来看并不频繁。司法统计局 2008 年对 55000 多人进行了调查，发现在所有和公民相遇的情形中，警察使用或警告使用武力的占 1.9%（见图表 12－4）。[53] 其他研究估计的数据是 1%。据估算，在给定的情形下，2/3 的警察使用武力是正当的，1/3 的是不正当或过度的。所以，警察在与所有公民相遇的情形中，有 0.3% 过度使用了武力。[54]

图表 12－4　公民与警察接触和警察使用武力（2008 年）

美国总人口（16 岁以上）	236512000	
与警察接触	40015000	总人口的 16.9%
汽车截停	23708000	总人口的 10%
其他接触	16307000	总人口的 6.9%
使用武力	776000	总接触的 1.9%
资料来源：司法统计局：《警察与公众接触（2008）》，华盛顿政府印刷局 2011 年版。		

许多人认为 1% 的估计过低。然而，在更仔细地研究时，1% 的意义就不一样了。考虑到内布拉斯加州奥马哈市的情况，有 40000 人口和 850 名宣誓就职的警察。2010 年警察局对 230000 起 911 报警作出反应，其中案件的 1% 是 2300 起，再乘以 1/3 就是 760 起。这就意味着每天发生两起过度使用武力事件（分析你所在城市的数据作为练习）。

此外，如瑞斯（Reiss）指出，使用武力随着时间的积累，形成的结果是“很多市民在某个时间都经历过警察的不当行为”。[55] 因为大多数武力事件涉及年轻的低收入男性，尤其以少数族裔和民族地区的居多，所以这些群体的人对警察骚扰有很强烈的反感。这就可以解释同一社区有人厌烦警察，而有人抱怨警察执法不力。

三、使用武力的情境因素

某些情境因素可以解释警察何时更有可能使用武器。警察在遇到犯罪嫌疑人（占所有与犯罪嫌疑人相遇的4%至6%），主要是男性犯罪嫌疑人、男性黑人、醉酒的人或对警察有攻击性的人时，更可能使用武力。身体对抗或对警察无礼明显增加使用武力的可能性。[56]

杰弗里·阿尔伯特（Geoffry Alpert）创建了一套武力影响因素的框架，研究警察行为与公民行为的关系。如果警察在公民没有反抗或威胁的情况下使用武力，那么武力就被认为是过度的。在一个警察局里，阿尔伯特（Alpert）发现在19%的案例中，警察使用了与公民行为对应的更多的武力，32%的案例中使用了更少的武力。[57]

许多警察承认其他警察使用了过度的武力。一项警察基金会对警察的全国性调查发现，有21.7%同意所在警察局的警察有时、经常或总是在逮捕时使用超过必要的武力。调查发现白人和非洲裔警察之间有巨大的观念差距。一半以上（57.1%）的非洲裔警察认为在类似的情况下，警察对黑人或其他少数群体比对白人更可能使用身体武力，而只有5.1%的白人警察不这么认为。非洲裔警察中比白人警察中更多的人（非洲裔占54.4%、白人占8.8%）还认为警察对穷人比对中产阶级公民更可能使用武力。[58]

对警察的评论假定武力过度事件主要涉及白人警察和有色人种的互动。然而瑞斯（Reiss）发现，黑人和白人警察使用武力基本一致，而且对自己人种的成员使用武力的可能性更大。[59]与此同时，圣何塞市和纽约市的公民投诉数据显示，白人、非洲裔和西班牙裔警察收到投诉和他们在警察局的人数比例相同。[60]简言之，使用武力主要是警察角色和情境因素作用的结果，而不是警察的种族和民族造成的。

边注栏 12-3

武力使用的连续统一体：有作用吗？

武力使用的连续统一体（UOFC）出现后广泛用作指导警察使用武力的工具，据估计有80%的美国警察局都有这种统一体。

从理论上讲，使用武力统一体是设计和指导警察在不同情形下有权使用的何种等级武力。大多数使用武力统一体提出六七种公民抵抗的线性推进（如被动抵抗、主动抵抗、攻击性抵抗）和各种抵抗等级被授权使用的武力程度（如温和徒手控制、疼痛控制、化学药剂）。目的是禁止或减少与公民抵抗等级相应的过度武力，这可能会减少对过度武力的公民投诉或诉讼。

然而，特里尔（Terrill）和他的同事在2012年的一项使用武力统一体的全国性研究中发现，统一体的内容和他们对警务的影响十分复杂。统一体的内容千差万别。研究发现全国警察局通用的“行为标准很难认定”，有些“相当严格”，而有些对给定的情形下使用武力规定得很宽松。

研究深入调查了八个警察局总结出统一体在七个方面的影响：(1) 与警察工作负荷相关的使用武力程度；(2) 与公民抵抗相关的使用武力程度；(3) 公民受伤；(4) 警察受伤；(5) 警察对统一体使用的看法；(6) 警察对统一体学习培训的看法；(7) 公民对警察武力不当或无礼的投诉率。

统一体影响的实地考察结果十分复杂。八个警察局中，每个都在某些方面有正面表现，某些方面有负面表现。简言之，没有一个是在所有方面都做得好，也没有一个在所有方面都很差。

一个有意思的情况是警察受伤情况似乎和公民受伤情况高度相关。三个警察局在警察和公民受伤情况下的调查结果较好，另外三个在双方受伤的情况下的调查结果较差（八个警察局中的六个）。

特里尔（Terrill）的研究为警察责任的研究设立了新的标准。自1970年以来，警务改革的核心推动力就是通过正式成文的政策来控制警察的行为。特里尔（Terrill）的研究表明，“政策”可以采取任何形式，各局实施的具体环境不同，正式的政策可能有不同的影响，其中可能只有部分是积极的。

资料来源：特里尔（Terrill），威廉（William），尤金·保林（Eugene Paoline），杰森·英格拉姆（Jason Ingram）：《警察使用武力政策和结果评估》，载《国家司法协会总结报告》，2011年5月。

四、逮捕

和人口比例相比，非洲裔美国人被逮捕的更多一些。2010年，他们占所有逮捕人数的28%，暴力犯罪逮捕的38%，毒品逮捕的32%——而非洲裔美国人口只占美国总人口的12%。对市中心的年轻非洲裔美国男性而言，被逮捕是很寻常的经历。提尔曼（Tillman）估计有65.5%的非洲裔美国男性30岁之前被逮捕过，白人男性只有33.9%。同时，29.6%的非洲裔美国女性30岁之前被逮捕过，白人女性只有10.1%。[61]

第十一章已经谈过，之前的研究发现警察逮捕决定受一些情境因素影响。包括：（1）证据强度；（2）犯罪严重程度；（3）被害人的选择；（4）受害人与嫌犯的关系；（5）犯罪嫌疑人的态度。[62]此外，近期有证据表明嫌犯和受害人的种族在警察决定逮捕时也起到了重要作用，这部文献表示种族同时是影响逮捕决定的直接和间接因素。

尽管证据还不充分，但受害人的特征似乎对逮捕的种族模式有着一定影响。非洲裔原告比白人要求逮捕的更多，而因为大部分犯罪发生在种族内（受害人或原告和犯罪嫌疑人是同一种族），所以对非洲裔美国人的逮捕就会更多。警察服务研究数据表明，和其他的情形相比，警察更可能按照白人受害者的愿望对非洲裔美国人进行逮捕，尤其是财产犯罪。[63]

逮捕中犯罪嫌疑人的态度影响极为复杂。布莱克（Black）发现，非洲裔美国人更有可能对警察进行攻击，因而更有可能被逮捕。然而大卫·克林格（David Klinger）认为，之前的研究不应包括攻击性行为发生后的情形。他断定这些事件大部分都是逮捕过程中发生的，因此，这是逮捕的结果而不是原因。[64]

然而，还没有研究来确定警察引发犯罪嫌疑人行为的程度。贝利、迈斯特罗夫斯基和帕克斯（Bayley，Mastrofski & Parks）认为警察处理与公民遭遇的方式带着他们对这个情形的预设观念。[65]因此，警察处理与公民遭遇情形时预期可能有冲突，于是通过非正式的提醒或者下意识的行为激起不友好的回应。[66]不友好的回应反过来又导致了更高的逮捕率。边注栏12－4列出了遭遇中警察和公民双方的行为经常改变的证据。

一些研究发现非洲裔美国人跟白人相比，被逮捕的法律依据标准要低。赫伯恩（Hepburn）发现对黑人的逮捕跟白人相比更有可能被拒绝起诉，意味着逮捕不是为了执法而是别的原因。[67]对加利福尼亚州的刑事诉讼程序，兰德研究（RAND Study）发现，非洲裔美国人更有可能对警察或检察官实施的逮捕进行指控。尽管数据可能表示起诉阶段更宽松，但也可能表明非洲裔美国人被逮捕的证据基础更弱。[68]

逮捕中的巨大种族差异涉及毒品犯罪。2010年大约全部毒品犯罪的32%牵涉到非洲裔美国人，然而据2010年全国毒品使用调查估测，种族和民族间的非法使用毒品比例并没有很大不同，非洲裔美国人只比白人多一点，拉丁裔美国人比这两个群体都低。[69]这些数据表明了警察是以非洲裔美国人为目标进行禁毒执法的。全国刑事司法委员会总结说，“警察执行新的毒品法律……专门集中于少数群体社区的低级毒贩”[70]（这是环境下歧视的例子，见图表 12－1）。

泰米·莱因哈特·柯切尔（Tammy Rinehart Kochel）和她的同事表示，即使控制了上述因素，少数族裔犯罪嫌疑人仍然明显比白人犯罪嫌疑人更有可能被逮捕。她表示白人犯罪嫌疑人在遭遇中被逮捕的可能性是 20%，而少数族裔犯罪嫌疑人的可能性是 26%。[71]

边注栏 12－4

警察公民态度的复杂维度

公民和警察的行为模式极为复杂。邓纳姆和阿尔伯特（Dunham & Alpert）指出几乎所有研究都是对主体的行为在一个点上进行衡量。然而常识告诉我们，人们的行为是根据别人的行为经常改变的。邓纳姆和阿尔伯特在萨凡纳市的一项警察与公民互相作用的研究中确认了这一点，他们观察研究了警察与公民遭遇事件的连续过程。

公民和警察的行为在所有遭遇情形中有 1/4 发生了变化。警察和公民双方在一半情况下的行为发生改善（变得更有礼貌），一半情况下恶化（变得更没有礼貌）。最重要的是，公民和警察双方的行为都因为对方的态度或行为而做出反应。

邓纳姆和阿尔伯特认为最后一点对警察训练有很大启示。警察要接受训练，使他们的行为感染公民，学会降低潜在对峙和争取配合的技巧（一个这样的技巧叫作“语言柔道”）。这样可以减少使用武力事件和公民投诉的数量。

资料来源：罗杰·邓纳姆（Roger Dunham），杰弗里·P. 阿尔伯特（Goeffrey P. Alpert）：《警察和嫌犯行为：变化定性分析》，载《警察季刊》第 12 期（2009 年 3 月），第 6－21 页。

五、现场讯问和搜身

一名非裔华盛顿居民说出了他和他朋友对警察行为的看法：“如果他们（警察）凌晨三点截停一个白人，他们会想成他是加夜班了回家去见妻子。如果在凌晨三点拦住一个黑人，就会想成他不怀好意。对有色人种就想着最坏的。”[72]这种被警察骚扰的观念很强烈，特别是在街上警察主动发起截停时。这些行为被称为徒步截停或现场讯问，截停后有时要搜身。

现场讯问包含着发现和逮捕罪犯的控制策略，同时向街上的人传递震慑的信息，少数种族和民族的年轻男性尤其对它厌烦。总统犯罪委员会发现现场讯问和“主动性的防护式巡逻是造成警察和少数群体社区紧张关系的主要原因”。[73]在辛辛那提市，46.6%的非洲裔美国人称被警察“找过麻烦”，相比之下白人只有9.6%。[74]

对截停和搜身最精细的调查是纽约州总检察长对纽约市警察局的研究。研究发现，第一，以非洲裔美国人的人口比例来看，被截停的可能性更大。第二，在研究控制犯罪参与因素时，比较了八个选定的警区里非洲裔美国人被截停的比例和被逮捕的比例。这个分析基于这样的假定，逮捕数据是参与犯罪数据的代替（并不是所有犯罪学家都同意这个假定）。研究发现非洲裔美国人被截停率比逮捕数据所预示的要高。第三，研究分析截停搜身报告的样本，发现警察截停时缺乏充足的理由。而且，事实上对非洲裔美国人进行截停后很少实施逮捕。[75]

六、犯罪打击和成见

交通截停和现场讯问说明了与警务目标的一个重要冲突。警察认为这些做法是合法有效打击犯罪的战术。然而这些做法倾向于包含对公民的成见。这个问题深深根植于警务之中。就如斯科尔尼克（Skolnick）指出的，警察被训练的多疑，并根据经验，以视觉线索为基础，对犯罪嫌疑人进行视觉“速记”。这不可避免地包含了一定程度上对性别、年龄、种族的偏见。斯科尔尼克总结说，“对成见的去除是警察领域必不可少的部分”。[76]

将少数群体视作犯罪嫌疑人的定性可能被部门政策加强。洛杉矶警察局的克里斯多夫委员会（The Christopher Commission）推断洛杉矶警察局的进攻性打击犯罪模式“在某些情形下成了对（少数群体）社区的随意攻击。[77]在此情况之下，这些社区就被涂上了潜在的犯罪色彩”。进攻性执法的犯罪控制效能存在严重的问题。1991年罗德尼·金（Rodney King）事件之后，纽约警察局逮捕数量从1990年的312870人降到1995年的189191人（下降39%）。而且，在此期间洛杉矶的犯罪率也下降了。[78]

对是否属于社区的固有印象也会影响截停。一名华盛顿白人居民说道，“如果黑人在这个社区行走，警察可能会将他们拦下来，因为他们看起来好像不是这个社区的”。[79]

有些专家认为有一定数量的交通执法中的种族偏见（“种族形象定性”）是警察认为非洲裔或西班牙裔人在白人社区开车“不适宜”造成的。警察认为不住在这里的人却出现在这里，一定是想实施犯罪（下一部分有对种族形象定性的全面讨论）。

边注栏 12－5

固有印象和警察使用致命武力

一项使用视频游戏的社会心理试验发现，所有美国人常有的种族成见影响警察使用致命武力的可能性。试验参与者被指示对游戏中携带武器的人像进行射击。人像以一种潜在的威胁方式出现：蹲着或突然出现在屏幕上；有些确实有枪。一定程度上，他们对携带钱包、手机或相机的非洲裔美国人开枪的可能性更大。尽管种族差异小，但能够帮助解释种族成见如何影响警察对致命武力的使用决定。

资料来源：约书亚·克雷尔（Joshua Correll），伯纳黛特·帕克（Bernardette Park），查尔斯·M. 贾德（Charls M. Judd），贝尔恩德·维特恩布林克（Bernd Wittenbrink）：《警察的困境：用种族划分来澄清潜在威胁的人》，载《人格和社会心理学期刊》第 83 期（2002 年 11 月），第 1314－1330 页。

七、语言辱骂和种族、民族诋毁

洛杉矶警察局克里斯多夫委员会（The Christopher Commission）在 1991 年罗德尼·金（Rodney King）被打事件后为调查洛杉矶警察局，检查了 180 天中洛杉矶警察局警察利用计算机的交流信息。这些信息是通过洛杉矶警察局的高端 MDT（移动数据传输）系统发送的，许多信息包含了对非洲裔和西班牙裔人的无礼种族成见，有的公开转向使用身体武力。尽管这些信息是警察内部交流，而且没有被直接发送给公民，但他们表明洛杉矶警察局的文化容忍无礼语言的使用。[80]

语言侮辱，尤其是种族、民族诋毁也是警察和少数群体社区关系紧张的一个原因。言语不当占明尼阿波利斯市民事审查局收到对警察投诉的 17%。[81]瑞斯（Reiss）在他的研究中发现，所有警察中有 75% 被听到过说无礼语言（尽管和其他警察对话而不是对公民）。在这个研究中，警察“公然嘲笑或贬低”公民只占所有遭遇的 5%。[82]5% 是个小数字，但是他们容易在一部分人群中集中，随着时间的积累，变成社区对警察观念的一部分。

边注栏 12-6

对少数性别群体的虐待

对男女同性恋的调查发现了警察虐待他们的模式。报告警察虐待的回答者比例从高达30%低至8%。除了虐待，男女同性恋还经历了警察普遍的不尊重。当这个情况发生时，同性恋的不公待遇部分反映了对没有常规生活方式的人的歧视。虐待还反映出一个认识，同性恋在许多事件中很脆弱和无助，因为投诉和起诉会让他们被人知道是同性恋。警察局主动以不同方法应对这个问题：有的警察局主动招募男女同性恋警察；有的在同性恋社区建立了主动的延伸和联络服务；许多警察局在他们的人际关系训练中吸收了平等对待同性恋人群的内容。

资料来源：斯通沃德（Stonewalled）：《美国警察对男女同性恋、变性人虐待和不当行为》，纽约国际特赦组织美国分会，2005年。

第十二节 种族形象定性

近年来，警察和社区关系的主要争议在于种族形象定性问题。[83]种族形象定性，是指警察由于种族和民族，而不是违法而对司机进行截停的做法。明尼苏达州法律将种族形象定性定义为：

以个人种族、民族或国籍而非以下原因为基础的执法产生的任何行为：(1) 个人行为；(2) 对被发现正在或已经实施犯罪的特定个人的执法信息。

当定性涉及非洲裔美国人驾驶时，经常被称作“黑人驾驶”。涉及西班牙裔或拉丁裔美国人时，被称作“棕人驾驶”。20世纪90年代末种族形象定性争议引起全国注意，原因是新泽西州和马里兰州两个州都因州际高速公路警察执法带有种族形象定性而被起诉。马里兰州的考察数据表明，非裔司机仅占超速驾驶的17.5%，却占被截停搜查的72.9%。[84]

种族形象定性争议涉及十分复杂的问题，包括执法机构实际交通执法行为的决定，官方交通截停数据的合理分析和交通执法中种族、民族歧视偏见的最有效的解决方案。最重要的是，虽然绝大多数交通截停数据报告中都有截停搜索中的种族、民族差异的迹象，但不是所有报告中都有非法歧视的有力证据。

一、交通执法实践

交通执法是警务中极为重要的部分。司法统计局警察公众接触调查（The BJS Police Public Contact Survey）报告称，一半以上（59%）的警察与公民接触包括交通截停。[85]犯罪学家数十年来忽视了警务的这个重要方面。早前的研究有 1969 年加德纳（Gardiner）的《交通与警察》。[86]交通执法包含不同警察行为：（1）拦停汽车；（2）通过逮捕、交通罚单、警告或放行来处理拦停；（3）对汽车、司机或乘客进行搜查。

根据司法统计局的研究，警察公众接触调查是交通执法模式最周密的报告，男性被拦停的可能性比女性更大，年轻的（16 至 29 岁）被拦停的可能性比年老的大。同样地，少数群体被拦停的可能性比非少数群体大。例如，2008 年的 BJS 调查发现 9.1% 的非洲裔和 8.8% 的西班牙裔司机被拦停，相比之下白人司机是 8.4%。[87]

种族和民族差距的最明显的迹象发生在拦停后。非洲裔和西班牙裔司机被拦停后被搜身的可能性比白人要大得多。BJS 报告中称在被拦停的司机中，非洲裔被搜身的可能性是白人的 3 倍，西班牙裔是白人的 2 倍。[88]

许多执法机构收集了交通执法数据，有的州通过的法律要求收集数据。几乎所有州和地方数据集都能发现拦停搜查的种族、民族差别，但这些数据不能证明歧视。圣何塞警察局进行了当地第一个交通拦停研究，研究发现西班牙裔美国人占当地人口的 31%，但拦停司机却占 43%。与此同时，白人占人口的 43%，被拦停的司机占 29%。[89]

边注栏 12－7

崔温·马丁（Trayvon Martin）的案例

2012 年 2 月 26 日，一个 17 岁的非洲裔美国人崔温·马丁（Trayvon Martin）被一个邻里守望项目志愿者乔治·齐默尔曼（George Zimmerman）开枪击毙。齐默尔曼声称马丁对他进行袭击，并称根据佛罗里达州“站在原地”法律，开枪的决定是正当的。

案例的种族视角引起全国性抗议，成千上万人将它看作种族形象定性的又一个案例。这个案例涉及许多其他重要问题（至此，案例仍在解析。读完会发现更多细节）。

第一，涉及“站在原地”法律。然而这条法律只在“防止杀害或者重大身体伤害”时才使开枪正当化。马丁没有携带武器，也没有严重威胁伤害身体的证据。如果齐默尔曼是宣誓警察，根据数十年来实行的致命武器使用标准，开枪也是不正当的（见第十一章）。第二，携带枪支的事实与全国众多的邻里守望项目的标准相违背。网上有大量关于这些项目的信息。第三，没有遵守 911 接线员要求的不要以为是犯罪嫌疑人就与其正面对抗的详细操作指导。第四，争议大部分与佛罗里达州桑福德警察局没有因谋杀罪将齐默尔曼逮捕有关。写下这个的时候，事实还不是很清楚。似乎有一名桑福德警察建议提起诉讼但是州检察官（相当于其他地区中的地方检察官）拒绝受理此案。第五，有人认为应依据联邦民权对齐默尔曼提起诉讼。

问题讨论：

1. 这是一起种族形象定性案例吗？
2. 此时对马丁和齐默尔曼的遭遇有何已知事实？
3. 佛罗里达州的“站在原地”法律可以在此适用吗？
4. “站在原地”法律是个好主意吗？
5. 邻里守望项目有何标准？
6. 邻里守望项目是否以管理来保证符合它们的标准？
7. 齐默尔曼应当因谋杀罪被指控吗？如果是，是一级谋杀还是二级谋杀？
8. 联邦民权法律适用此案吗？

米汉和庞德（Meehan & Ponder）在一个毗邻黑人城市的白人社区交通拦停研究中发现，地点确实有重要影响。第一，非洲裔美国人一定程度上被拦停的可能性更大。第二，他们可能作为被盘问的对象是其他人的两倍。第三，也是最重要的一点，在白人社区中非洲裔美国人更有可能被拦停盘问。值得注意的是，不考虑地点，白人被盘问的概率也一样。这个研究支持警察更喜欢拦停“不属于本地”的司机的观点。[90]

二、解析交通拦停数据

通过解析交通拦停数据来确定种族、民族歧视模式是否存在极为困难。东北大学民族司法研究所指出，目前“没有衡量种族或性别定性的‘行业标准’”。[91]几乎所有的报告都是根据区域内的居民数量，发现了交通拦停中的种族和民族差别模式。然而差别不能说明存在歧视模式。

多数交通拦停研究把居民数量作为解析数据的基准或分母。然而大多犯罪学家不认为它是合适的分母。居民人口数据不代表在路上开车或交通违法的人数。非洲裔美国人可能比白人开车人数更多，交通违法概率可能更高（事实上，根据全国毒品使用和健康调查显示，白人酒后驾车的比例明显比非洲裔美国人高[92]）。东北大学研究所称，“种族和性别在驾驶习惯和汽车类型上的差异可能影响罚单或警告的比例。类似地，特定群体个人拥有或驾驶的汽车，更可能因为操作或登记问题而不成比例地被贴罚单和受到警告”。[93]居民人数也不能反映开车进入或经过区域的非本地居民，尤其是住在别地的通勤者。

极个别的基准可以使用（见图表 12－5）。一个替代的选择是“无过错”交通事故数据，无过错方司机是所有司机的随机选择代表（由于各种原因，过错方司机不能代表所有司机）。“无过错”交通事故数据有应用性强、费用低的研究优势。[94]

开车时谁有可能被拦停的最好的数据来源于直接观察。滚动测量技术是约翰·朗伯斯（John Lamberth）在新泽西和马里兰州警察被诉案中创建使用的。在滚动测量中，受过训练的观察者开车在路上思考并观察所有司机的种族结构，以及被发现违反交通规则的司机的种族结构，这个技术可以有效可靠地估测在这条特定的马路上实际有被拦停的风险的人。滚动测量技术可以得出良好的数据，但是价格很昂贵，而且需要对观察者仔细地培训和管理。

另一个可用的替代选择是内部基准（IB）。内部基准将警察的表现与同行进行比较，也就是任务相似的警察（班次、地点等）。基本假设是任务相似的警察工作模式也应大致相似，一个警察没有理由比其他警察拦停更多的非洲裔美国司机，内部基准试图发现比别人更多地拦停非洲裔或西班牙裔司机的警察。数据不能证明歧视，但是提出了对警察行为进行行政审查的依据的问题。因为它包含对同一个警察局的警察的比较，所以如果所有警察都有种族形象定性问题那么内部基准就无效了。[95]

边注栏 12-8

种族形象定性争议网络资源

种族形象定性争议的信息可查阅 www. racialprofilinganalysis. neu. edu. 东北大学种族司法研究所开设了一个网站，内容包括最近新闻、报道、立法和诉讼以及讨论。

图表 12-5 研究交通拦停数据的可选基准

居民数量。方便，但不能衡量驾驶人数和驾驶行为。
直接观察。昂贵，但能提供驾驶人数和驾驶行为的良好证明。
内部基准。相对方便，提供同等警察的有价值比较。
无过错交通事故数据。便捷有效，通过人口特征间接测量驾驶人数。
有证驾驶数据。方便，但不能反映实际的驾驶人数和驾驶行为。
资料来源：洛里·A. 弗瑞德尔（Lorie A. Fridell）：《依靠数据：汽车拦停的种族数据分析指导》，警察行政管理研究论坛，2004 年。

三、解释交通执法中的差异

对交通拦停中的种族和民族差异有几种不同的解释。恩格尔、卡尔农和伯纳德（Engel, Calnon & Bernard）指出“最广泛使用的解释是警察在偏见态度基础上作出的行为”。[96]然而，他们补充道，没有研究调查，更没有证明偏见态度是主要原因。

情境分析

种族形象定性可以在三种环境下发生。第一种环境是缉毒。毒品执法行动经常以非洲裔或西班牙裔美国人为目标，因为警察认为他们参与贩毒的可能性更大。第二种环境是警察拦停社区外的人。例如，白人社区里进入的黑人或黑人社区里进入的白人。两种情况下警察都觉得这个人在这个社区里出现就是可疑。[97]第三种环境包括一般犯罪打击。一般对贫穷、犯罪高发的社区进行打击，主要是非洲裔或西班牙裔社区。

四、警察对种族和民族差别的辩解

警察和一些社会学家为交通拦停中的种族和民族差别作出了解释。主要观点是非洲裔和西班牙裔美国人参与犯罪，尤其是贩毒的可能性更大。海瑟·麦当劳（Heather MacDonald）认为种族形象定性是一个“谜”，不同的执法模式都可以用少数种族和民族群体犯罪参与度来解释，尤其是贩毒的参与度。[98]

评论家认为，这个解释陷入了循环论证：少数种族和民族群体比白人被拦停与逮捕的次数多，造成了更高的逮捕率，这又反过来为高拦停率和逮捕率提供了理由。此外，全国毒品使用和健康调查一致发现，非洲裔美国人非法使用毒品只比白人多一点，而拉丁裔美国人比两者都少。对马里兰州和新泽西州州际高速公路的交通模式观察研究发现，白人和非洲裔美国人超速的可能性一样，因此非洲裔美国人拦停率高是没有正当理由的。[99]

圣何塞警察局在官方交警执法报告中解释，西班牙裔和非洲裔社区部署的巡逻等级更高的原因是这些社区的犯罪率和服务需求更高。作为结果，这些社区的居民更多地处于警察的观察之中，因而和警察少的地区相比更有可能被拦停。[100]

五、警察工作中种族和民族的合理对待

《基于种族偏见的警务报告》认为种族和民族可以在警察工作中合理对待，但仅在某些特定场合下。该报告大致描述了三种不同情形的标准：[101]

- 警察不能仅仅因为种族和民族就拦停一个人。也就是说，警察不能只因为一个驾驶员是非洲裔美国人就将他拦停。如果拦停，就会违反第十四修正案法律平等保护的保证。
- 警察也不能把种族和民族作为笼统定性中的一项对犯罪嫌疑人使用。也

就是说，警察不能使用笼统定性，如年龄、性别、种族和衣着。警察不能对所有年轻穿宽松牛仔裤的非洲裔男性拦停。

• 在种族或民族是某个具体犯罪嫌疑人的描述特征之一，并且信息来源可靠时，警察可以使用。例如，在一个便利店被抢劫的案例中，警察可以依据受害者提供的描述信息，判断犯罪嫌疑人是年轻、矮壮、有胡子、戴蓝色棒球帽的非洲裔美国人（或白人，或西班牙人）。

边注栏 12-9

"女性驾驶"

2001年年初，一名纽约长岛警察被停职检查，因为三名妇女控告他迫使她们停车，并威胁要她们脱光衣服裸体站着，否则就逮捕她们。这起案件公开后不久，另一名长岛警察被控告强迫一名妇女为其口交否则将她逮捕。

这些都是"女性驾驶"（DWF）的案例，一种基于性别的"黑人驾驶"的变形。这个问题的全部内容还不清楚，但有证据表明一些年轻的警察寻找年轻女性驾驶员作为目标以性骚扰的方式对其拦停。

资料来源：Samuel Walker and Dawn Irlbeck，Driving While Female：A National problem in Police Misconduct（Omaha University of Nebraska at Omaha，2002），available at www.policeaccountability.org。

六、防止交通执法偏见的政策

为防止交通执法偏见而设计的政策分为以下几种方法。第一种方法是执法机构制定明确的成文政策来禁止警务工作各方面的种族和民族歧视。丹佛市警察局的政策采用了警察行政管理研究论坛报告的建议。政策声明：[102]

"丹佛警察局的政策是一切警察发起的行动……要以合理的怀疑和根据为基础……"

"警察必须能够说清产生合理怀疑或原因的具体事实、环境和结论……"

"警察在形成合理怀疑和原因时不得考虑种族、民族、国籍、宗教、年龄、性别、性别认同和性取向……"

"警察对具体的犯罪嫌疑人可以将被描述的种族、民族或国籍考虑在内……"

第二种方法是改进警察训练。训练要包含具体交通执法的战略战术，也要说明种族和民族因素何时能够使用。2010年，弗吉尼亚州按照州偏见警务顾问小组的建议，为新警察设立了反歧视培训项目。现在警察会分阶段地受到同样的培训，作为对他们的常规在职训练。[103]

第三种方法是交通拦停数据收集与分析。这一直是公民权利组织支持的办法，结果是一些州通过了禁止种族形象定性或授权收集数据的法律（目前的州法律列表见 www. racialprofilinganalysis. neu. edu）。与此同时，许多执法机构自愿收集了交通拦停数据。交通拦停数据的分析问题在上一部分中已经讨论过。有些警察局局长反对收集数据，理由是没必要、费用高、耗时，而且不太可能产生有用的结果。然而，社区警务办公室的一篇报告认为，“数据收集和评估是纠正种族形象定性的合适办法。传闻证据不是做政策决定的有效工具”。[104]

边注栏 12－10

种族形象定性资源

综述

戴维斯·哈里斯（Davis Harris），不公正定性：为何不能用种族形象定性？（纽约：新出版社，2002 年版）。

全国交通拦停数据

司法统计局，警察拦停的驾驶员特点，1999（华盛顿：美国司法局，2002），可见 www. ncjrs. gov，NCJ#191548。

交通拦停数据收集与分析

洛里·弗瑞德尔（Lorie Fridell），依靠数据：汽车拦停的种族数据分析指导（华盛顿：警察行政管理研究论坛，2004）。

执法机构政策

警察行政管理研究论坛，种族偏见警务：原则性反应（华盛顿：警察行政管理研究论坛，2001），可见 www. policeforum. org。

七、正式政策能减少种族和民族差别吗

为减少种族和民族差别制定的正式政策真的有效吗？有一些证据证明，是有效的。每年，约有 7000 万人从其他国家来到美国；20 世纪 90 年代末，美国海关总署（后改组为美国海关和边境保卫局，隶属于美国国土安全部）对 50000 名可能有携带毒品或走私等违法行为的人进行搜身。在总审计局 2000 年的报告中发现，被搜身的人中有严重的种族、民族和性别差异。非洲裔女性比白人女性被搜身后拍 X 光片的可能性大 9 倍，但她们被发现携带毒品或走私的可能性是最小的。[105]

根据报告的结果，海关总署设立了新的指导原则来确定对谁进行搜身。第

一，警察要根据可能要搜查的对象的一些行为来确定嫌疑：紧张的身体动作、未经解释的衣物膨胀、回答问题不一致，等等。换句话说，他们不能凭“直觉”进行搜身。第二，他们采取某些行动时要经过监管者的批准。例如，警察在进行身体部分搜查时要经过直接领导的批准。新规定的影响巨大，被搜身的人数下降了差不多一半（47%），而被发现有走私物的人比例（“中签率”）上升了65%。5.8%的搜查发现了走私物，相比起来在以前的规定之下只有3.5%。人身搜查中的种族和民族差别也减少了。就如一些专家形容的，警察工作更“聪明”了。[106]

地方也有类似的结果。1999年，北卡罗来纳州通过了第76号参议院议案，立法规定执法机构收集和分析所有被拦停的驾驶员数据。研究人员发现在此立法之前，黑人驾驶员被拦停的可能性是白人驾驶员的4倍。然而，要求收集和分析所有被拦停的驾驶员数据的立法通过后，被拦停的黑人和白人的比例下降了大约一半。[107]

八、种族形象定性问题的解决方法

处理种族形象定性的可选方法之一是解决问题。东北大学民族司法研究所将这种方法形容成“可以展开关于警察与社区种族形象定性叙述的讨论”的“社区与警察特遣队”。社区警务办公室报告认为“如果社区没有对这个过程的参与感，那么数据收集和分析再精确也不起作用”。[108]

西雅图警察局着手开展一系列的步骤来研究这个问题。该局专业问责办公室的报告称，西雅图警察局主持了一些社区论坛，分析了关于种族偏见的投诉，同时修订了有关交通执法的部门政策和训练方法。总之，西雅图解决问题包括自我评估和政策调整的不断努力。[109]

东北大学《处理种族形象定性的应用指导》解释了建立社区和警察合作关系对种族定势问题的重要性。第一，合作关系可以建立信任。指导内容里包括一些案例：警察局做了自己的种族形象定性研究，但是在设计阶段没有加入社区代表。结果社区群众并不信任研究的结果。第二，合作关系是双向交流的有效途径。警察局可以得到关于声誉的有用观察并用这些信息进行改善。社区群众可以对警察局在做什么了解的更多。第三，合作关系可以帮助警察降低因不受欢迎的行为而导致被起诉的风险。[110]

九、总结：种族形象定性的争议

种族形象定性是个极为重要而复杂的问题。基于种族或民族偏见产生的歧视是不合法的，然而这个问题比交通执法范围广得多。警察行政管理研究论坛指出，它可能发生在警察工作的任何一个方面：“执法考虑种族和民族因素来决定对谁和以及如何来干预时，种族偏见警务就发生了。”[111]包括常规逮捕、致命武力或身体武力的使用，流浪人员的处置，秘密行动或其他种类的警务工作。

第十三节　改善警察社区关系

警察局尝试了多重方法来改善警察社区关系：维持多种族警员队伍，改善公民投诉处理方法，成立警察社区关系特别工作小组，改善训练方式。一些专家逐渐达成共识，认为好的社区关系需要不断改变和完善警察的基本工作。这包括实行社区警务和问题导向警务，改进警察问责制从而减少使用武力以及导致社区关系紧张的其他现场行为。这些改革不仅是为了处理种族形象定性而设计的，也是为了提高警察在社会各部分成员眼中的合法性。

一、有代表性的警察队伍

警察局的招聘歧视是造成警察社区关系紧张的另一重要原因。大多数警察局里少数种族和民族的警察都代表不足。代表不足的意思是，宣誓警察中的少数群体警察比例和少数群体所在警察局所服务社区内占的人口比例不相当。过去40年中几乎所有对警察进行研究的全国委员会都建议招聘更多少数族裔群体警察。[112]

CALEA 认证标准建议每个执法机构“按照与机构所在社区中实际工作人员构成相近的比例，在宣誓执法人员中招录少数群体和女性职工”。多样性和肯定做法已在第五章详细叙述。[113]

二、处理公民投诉

密尔沃基市的一名非洲裔居民告诉美国民事权利委员会，“不夸张地说，对警察不满的人害怕去警察委员会填写那些投诉”。[114]1978年美国民事权利委员会在孟菲斯的报告中发现，“最令人恼怒的一个因素……是警察不当行为预防和打击的内外机制缺失”。委员会引用了一个案例，讲述了两个警察开枪击毙了一个从盗窃现场逃跑的16岁男孩。这两名警察被停职调查了两天，然后复职。后来，另外两名警察因为杀死一条狗被开除。[115]

关于警务中解决问题的详述见第十一章

警察局对要投诉的人怀有敌意，不对投诉进行彻底调查，不对行为不当的警察进行纪律约束，这些观念是警察社区关系不和谐的一个重要原因。

佩特和弗瑞德尔（Pate & Fridell）发现，在市警察局，非洲裔美国人占人口的21.4%，被投诉警察人数却占42.3%。城市警察局认可非洲裔美国人投诉的可能性也比白人投诉要低，[116]这些数据一定程度上支持了民权领导者长期宣称的国内警察投诉程序将警察不当行为“洗白”的论断。

西班牙裔比非洲裔美国人填写警察投诉的可能性要小，一个可能的原因是语言障碍，不会讲英语的人可能无法进行投诉程序。为了克服这个障碍，有些公民监督机构用西班牙语印刷了投诉程序宣传册，在华盛顿警察投诉办公室网站上有除了英语之外的13种语言的投诉程序。文化因素对许多少数民族群体是另一个障碍，尤其是近期移民者。对奥马哈市一项公民对投诉程序看法的调查发现，讲西班牙语的西班牙裔居民极为害怕警察以及投诉警察可能发生的后果，害怕很多是因为担心没有正规的移民文件而被逮捕。[117]

由于对警察投诉程序不信任，民权领导者要求成立外部或公民监督机构来处理投诉。

关于公民监督在和警察问责机制的详述见第十四章

三、根据民族部署警力

有人认为如果将非洲裔警察指派到非洲裔社区，西班牙裔警察指派到西班牙裔社区，这样会对解决警察社区关系问题有所帮助。这个想法是基于警察管理同族成员会和社区群众关系更好，也更理解社区问题的假设。这个想法在美国公民之间并不普遍。在全国民意调查中，维泽和塔奇发现，超过90%的白人、西班牙裔和非洲裔美国人反对这个观点。[118]

事实上，华盛顿和纽约的调查都发现，大多数人更喜欢混合种族巡逻工作组。而且，他们对混合种族巡逻工作组的好处有很清楚的考虑。第一，混合种族巡逻工作组的警察更有可能互相交流种族、民族、文化和社区之间的差异。第二，混合种族巡逻工作组更有可能对公民平等对待。第三，混合种族巡逻工作组有平等和完整的象征意义。[119]

四、公民是否在意警察的种族和民族

将少数种族和民族的警察分配到少数群体社区会改善警察社区关系的猜想没有得到证据支持。罗恩·维泽（Ron Weitzer）采访了来自华盛顿3个社区（一个中产阶级非洲裔、一个中产阶级白人、一个低收入非洲裔）的169名居民。2/3的中产阶级居民，包括非洲裔和白人，称他们觉得非洲裔警察和白人警察没有区别。低收入非洲裔居民感觉到差异的可能性要大一些，但他们感受到的差异十分不同。有的居民认为白人警察更有礼貌，非洲裔警察不如他们。只有13%的低收入社区居民表示更愿意社区警察都是非裔警察。大体来说，社区受访者绝大部分表示更偏好混合种族警察工作组或者认为警察的种族没有影响。[120]

维泽研究的发现为斯陶特兰的警察信任维度分析提供了额外的间接支持，他发现人们注意并关心警察对待他们的方式。

第十四节　警察社区关系特殊工作组

为应对20世纪60年代的城市暴乱，大部分大城市的警察局成立了警察社区关系（PCR）特殊工作组，来实施为改善少数群体社区关系而设计的项目。工作组大部分时间用于对学校和社区群众进行讲演，[121]一起巡逻项目时允许公民在巡逻车上坐几个小时，在远处观察潜在的危险事件。[122]

有的警察局还由工作小组招录了社区店面警察，目的是让社区居民能更方便地找到警察。[123]警察总部大楼一般是不对公民开放而且很难进入的，底特律警察局于1975年在全市成立了52个“小型警察局”。犯罪预防警察对青少年组织暑期工读项目，鼓励在被忽视的区域捡垃圾，为老人提供志愿陪护服务。[124]休斯敦的减少恐惧试验（见第十章）也包括了社区工作室。[125]

成立特殊工作组来处理一项特定问题被机构形容为“表面策略”：试图提供处理问题的外部证明。[126]然而，很多案例中，这些努力仅仅是一种没有实质活动的表面现象。

PCR特殊工作组没什么成效。总统犯罪委员会发现少数族裔把多数警察社区关系项目当作“公共关系鼓吹”或“故意的骗局”。[127]与此同时，大部分警察不认为特殊工作组是警察工作的必要部分。司法部报告发现它们“处于警察局勤务工作的边缘”，和巡逻、犯罪调查活动很少没有关系。[128]

德克尔、斯密斯和乌兰（Decker，Smith & Uhlman）发现，有PCR特殊工作组的城市公众对警察的态度只比没有特殊工作组的城市公众的态度稍微积极一点。[129]

一起巡逻项目有助于吸引已经对警察持赞许态度的人，而不能影响对警察严重不满的人。有的警察局将一起巡逻项目换成建立公民警察学校，目的在于让感兴趣的公民更加理解警务活动。[130]PCR特殊项目倾向于对已经对警察持赞许态度的人更加有效：白人、有房子的人和老人。和别的试验一样，休斯敦降低恐惧项目中，为改善关系而设计的创新做法对少数种族不如对白人有效。[131]

一、种族关系和人际关系训练

过去30年里警察训练项目有了巨大的改进。除了岗前培训的平均时长翻倍之外，多数警察学院增设或扩展了种族关系和人际关系训练的内容。[132]

然而，没有研究将种族关系训练和改善警察行为或公众态度直接联系起来。旧金山的一项警察社区关系项目的研究发现，在与居民举行结构化会议之后，警察的态度发生了明显转变。训练课程结束后警察对非洲裔美国居民的态度更积极，也更少感觉来自社区的敌意了。但是没有对警察行为进行评估。1991年罗德尼·金（Rodney King）事件后洛杉矶警察局设立了文化意识训练项目。[133]然而，5年之后，全部的9000多名警察中，只有2700名接受了训练项目。[134]

比利·约翰逊（Billy Johnson）是波士顿警察局一名退休的指挥官，他在警察社区关系全国会议上发言介绍了自己的个人转变。他于1966年参警，被分配到防暴队。“我训练的目的是去战斗”，他回顾说，“为了这么做就先要有敌人”。在这种情况下“敌人”就成了社区的群众。约翰逊（Johnson）当卧底作为诱饵后观念发生了巨大改变。“我第一次理解了犯罪受害者的不同感受，觉得很恐惧。”他在离开一个同性恋酒吧后被人袭击并威胁。“我意识到被憎恨意味着什么。”约翰逊（Johnson）观念的改变并不是因为一堂课，而是现实生活的经历使他改变，让他对警察和社区关系有了新的观念。[135]

一些专家质疑课堂训练的价值。对警察文化多样性的训练项目进行回顾会发现，这些项目的内容自20世纪60年代以来就没大的改变，基本都保持着对少数种族的负面刻板印象，并集中于警察个人，而忽视了机构作为整体的相关问题。[136]阿尔伯特（Alpert）、斯密斯（Smith）和沃特斯（Watters）认为在种族关系的问题上“纯课堂训练不够”。他们强调警察在街上的表现，建议无论是新招录的警察还是老警察都去“体会与其他不同种族和文化成员交流的方法”。[137]底特律一项关于犯罪和受害者的训练项目发现，被招录警察对公民的态度经过仅仅四个月的训练后发生了巨大改变，这意味着街头经历比课堂训练对警察态度的影响要大。[138]

二、合法性的新范式

考虑到警察角色在过去的两个世纪中有巨大的演变。社区警务运动的领导者认为美国警务的基本问题，是在全体居民这一层面上缺失合法性。传统警察和社区关系的努力总是指向一部分人群：少数种族和民族。合法性的概念代表了改进警务的新范式。[139]

关于警察合法性损失的额外讨论见第十章

社区警务运动强调，警察丧失合法性是因为他们明显没有能力有效控制犯罪，也因为过度使用武力和其他的弊病疏远了群众。社区警务代表了从不同方面改善警察与社区关系的不同途径。第一，如阿尔伯特（Alpert）、斯密斯（Smith）和沃特斯（Watters）指出的，它代表了警务综合性的基本原理。它比20世纪60年代暴乱后出现的传统PCR项目对警察街头行为的处理更好，是警察基本行为的实质性补充。第二，社区警务指向的是整个社区，而不仅仅是少数族裔和民族的社区。一项对大警察局的调查发现，超过87%认为社区警务改善了与少数群体社区的关系。[140]社区警务已在第十章详细讨论。

第十五节　特别话题：移民警务

移民趋势正在改变着美国的面貌。国外出生的人口比例在1980年占6.2%，到2010年时几乎翻番，达到了12%。国土安全部2011年的一篇报告表明，当前有1080万未经批准的移民居住在美国。[141]美国城市里，合法和非法移民数量的增长，语言和文化的新种类的产生给警察部门带来了新的问题。

涉及移民的法律是联邦法律。按照传统，州和地方执法机构的警察没有权利执行这些法律——例如，对无证明文件的违反移民法律的人进行逮捕。然而，9·11事件之后，联邦政府开始提倡非法移民和相关犯罪最好是通过发挥联邦、州和地方各级别专长的多机构途径来应对。具体来说，他们明确表示，地方执法人员通常首先与可能对公共安全造成威胁的罪犯接触。现在，愿意用这种办法帮助联邦政法的机构可以通过287（g）项目要求移民与海关局（ICE）给予协助。287（g）协议允许地方警察在接受了ICE人事部门要求的训练之后，执行移民法律。到目前为止，来自24个州的68个执法机构与ICE签署了287（g）协议。[142]

国家科学基金会（NSF）最近发起了一项对地方行政执法的全国性调查，研究地方执法机构对非法移民应对的相关问题。调查暴露出地方警察对应对这个问题准备不足。不到一半的部门有关于管理移民的相关政策，只有45%的部门有对这个问题的培训。[143]

然而，许多警察局不想参与联邦移民执法。全国科学基金会发起的调查表明，超过70%的当地警察机构认为移民执法是联邦政府的责任。[144]事实上，许多大城市（纽约、洛杉矶、旧金山、哥伦比亚特区、芝加哥、巴尔的摩、波士顿、底特律、明尼阿波利斯、圣路易斯、纽瓦克、费城、奥斯丁、西雅图）通过了条例和决议来限制地方警察执行移民法的能力。同样，四个州（阿拉斯加、蒙大拿、新墨西哥、俄勒冈）通过立法禁止使用地方资源进行移民执法。[145]

地方警察官员和政客担心协助联邦机构发现和驱逐非法移民可能会导致警察和他们想处好关系的当地移民团体疏远。他们强调非法移民者通常是最脆弱的，因为他们害怕被驱逐出境而经常不敢向警察反映犯罪。主要城市警察局局长协会，包括来自57个大警察局的局长警告说，地方移民执法会破坏信任和合作。[146]

并不是说所有州和地方社区都认为移民执法只是联邦的责任。有些州，如亚利桑那州和亚拉巴马州的实行法律赋予了警察逮捕非法移民的权力，然而这些法律的合宪性目前正在被美国最高法院评估。[147]

一、警务管理中的文化障碍

警察和部分少数种族、民族群体的一个重要的冲突是警察文化能力的缺乏。文化能力的意思是恰当理解和应对不同种族、民族间的语言、传统、生活方式和交流方式的差异。这是近期迁入大量拉美、亚洲或非洲人的社区里的一个特殊问题。例如，明尼阿波利斯市有20000名来自索马里的移民，明尼阿波利斯市警察必须学会交流并知道索马里群众的文化传统。

《正义在哪里》报告中指出了交流方式差异的一个负面影响："在许多拉丁国家，避免眼睛直接对视被认为是礼貌"，但在美国这么做会被刑事司法官员认为是"无礼或心虚"。报告引用了一个案例：法官将一个拉丁美洲青年低垂的眼神视作认罪，结果给他判了很长的刑期。[148]

为对社区涌入移民做出反应，北卡罗来纳州的夏洛特－梅克伦堡警察局成立了一个特殊的国际工作组。乡下的新移民群体包括西班牙人、苗族人、越南人和南亚印度人。国际工作组为警察局的所有警察制作了一本手册，有一节提出了可能导致误解的文化传统。例如，里面写道，一些亚洲社区会使用压印和拔火罐等传统的医疗行为来治疗疾病。这些行为在身体上留下的痕迹有时会被误认为是身体虐待，包括儿童虐待。手册提醒警察注意这些行为，使他们能正确理解那些痕迹，避免以为是虐待而进行错误逮捕。[149]

与此同时，纽约市警察局制作了一份关于阿拉伯社区的情况说明书。有一节是"进入阿拉伯家庭时我应当注意什么？"里面解释说："许多阿拉伯的穆斯林家庭进门时要脱鞋，因为地毯是用来祷告的。"[150]

移民群体与警察的相处情况以及犯罪问题取决于他们被当地政治权力结构同化的程度。一项对纽约六个种族、民族的调查发现，他们对一些事件的反应的方式有明显区别，如家庭暴力。有80%的多米尼加人和哥伦比亚人说他们

“很有可能”向警察报告。只有66%的非洲裔美国人和65%的印度人说会向警察报告。在报告非法闯入或贩毒的可能性时也有类似的差别，解释这些的关键因素是一个群体对社区授权的感受程度。如果一个群体认为他们的种族或民族的社区“有可能合作解决当地问题”并相信社区有政治权力，他们就更有可能向警察报告犯罪。无权力感会降低报告犯罪的可能性。总之，各种族、民族群体在国家中经历不同，这些差异解释了他们是和警察怎样相处的。[151]

二、警务管理中的语言障碍

一名中西部城市的警察被指派到西班牙人不断增多的城镇巡逻。他说：“依我看来，我们是来提供服务的，如果你不能对特定群体的人提供服务，那就说明你做得不好。”这名警察特别提到的是和不会说英语的居民沟通的能力。[152]

因为警察工作包括和人的交流，对高质量警察服务的传送创造了潜在的严重语言阻碍。如果公民说的是警察不懂的非英语语言，障碍就升级了。如果警察两种语言都会，如会说英语和西班牙语，那么这些障碍就解决了。[153]

语言技能对人们和警察相处的情况有很大影响。司克根（Skogan）进行了首个对会英语和不会英语的西班牙人的调查，发现他们在报告犯罪和社区问题时有明显差别。不会说英语的报告犯罪的可能性小得多：只有9%的受访者。相比之下会说英语的占35%，非洲裔美国人占27%。不会说英语的报告社区问题的可能性也小（只占8%，比较之下，会说英语的占19%，非洲裔美国人占14%）。[154]结果很多犯罪没得到处罚，很多受害者很容易重复受到伤害。

在对一个中西部城市中的西班牙语潜在障碍研究中发现，语言引起了一些小的问题和延误，但没有严重的问题。潜在语言障碍在那个城市的拉丁社区中心所有的警察和公民接触中，仅占15%。延时在所有接触中占87%，公民或警察受挫有73%。27%的电话中因语言障碍发生了冲突，但这些冲突并不严重。大体上而言，不会讲西班牙语的警察和说西班牙语的公民接触时是“糊弄过去”的。他们要么使用“街头西班牙语”（工作中学到的一些基本词组）、正规西班牙语（正式学习到的），或找路人来翻译。[155]

警察局以不同方式应对他们社区的人口改变。最重要的原因之一是保证警察能和不会说英语的人沟通。例如，有的警察局对双语警察发奖励工资。与此同时，全国犯罪预防委员会强制要求警察局聘用来自近期移民群体的警察，让他们作为警察和新到达民族社区的联络人。[156]

有的警察局提供“街头西班牙语”使警察具备工作必要的基本单词和词组。如第七章所述，警察局拥有911翻译服务的定制选择来处理不同语言的电话求助。公民对机构进行监督，为想投诉警察的人印制不同语言的信息材料和投诉表格。西雅图职业责任办公室印刷了关于如何投诉警察的小册子，除了英语外还有八种语言，包括西班牙语、韩语和阿拉伯语。[157]

三、社区关系和新到的民族群体

全国犯罪预防委员会强烈支持警察局聘用新来民族群体的成员。委员会自己用一些词形容了这些包括许多近期移民者的群体成员："新来的"、"国外出生"、"非本土"。[158]

第一，对警察局执法有利。来自新来民族群体的宣誓警察可以缓解受害者不愿配合警察和法庭作证的情况，可以通过促进交流来加快案件进程；在巡逻勤务中，可以向社区新到者宣传警务做法。

第二，新来警察可以提升公共安全。尤其是他们可以克服可能造成危险情形的误解。委员会指出，一些近期的移民者按照自己的文化传统，在交通违法被拦停后下车鞠躬表示尊重。因为很多警察局要求驾驶员在车内不动，所以有的警察可能将下车的行为理解为潜在的威胁动作，并导致不必要地使用武力。

第三，无形的好处。本地出生的警察因与新来群体的警察共事并互相了解，对多文化有丰富的理解，因而受益。更好的文化理解可以提高警察局的专业性并改善公众对它的认识。

四、移民社区的延伸

一些警察局为应对越来越多样化的社区文化，开展了特殊的延伸项目，以建立警察和新移民社区双方更密切的关系和理解。北卡罗来纳州夏洛特 - 梅克伦堡警察局的国际关系工作组包括 6 名警察和 1 名警长，他们都要么会第二语言，要么懂第二种文化。[159]

数量最多的延伸项目包括警察和西班牙或拉丁社区。由于大型食品加工厂开放后西班牙人口激增，艾奥瓦州斯托姆莱克警察局设立了社区服务警察（CSO）项目，雇用会讲英语和西班牙语或老挝语的公民，负责交通违停罚单和其他非紧急服务。拉斯维加斯都市警察局成立了西班牙裔美国人资源小组（H. A. R. T. ），由讲西班牙语流利的警察组成，其他部门警察有需要时听候召唤。全国拉丁裔治安警官协会（NLPOA）研发了一些项目。协会在明尼阿波利斯分会成立了供一、二级成员同时阅读英语和西班牙语故事的项目。[160]

结　语

公众对警察的信任和信心是美国警务的一个严重问题。没有普通公民的积极配合，警察就无法在打击犯罪和维持秩序上有效地发挥作用。但合法性问题影响了所有美国人，对少数族裔社区来说尤为严重。尽管警务在各方面有了诸多改善，但证据证明歧视却存在于使用武力、处理公民投诉、警察招录和警察有效处理犯罪和失序中。合法性问题影响着警务各个方面和美国社会的各个部分。

关键术语

警察社区关系	种族	民族
歧视	差别	信任维度
程序正义	选择性接触	选择性观念
四种司法体系	重罪逃跑规则	生命防护标准
警察暴力	情境因素	受害人与嫌犯的关系
犯罪嫌疑人的态度	现场讯问	成见
语言侮辱	种族形象定性	基准
居民人口数据	滚动测量	内部基准
合作关系	招聘歧视	警察社区关系特别工作组
一起巡逻项目	人际关系训练	287（g）项目
联邦移民执法	文化能力	语言障碍

讨　论

1. 讨论你是否认为种族形象定性在你的社区存在以及它可能会怎样影响警民关系。

2. 班级讨论基于种族和民族分配警察的问题。

3. 将班级分成若干组。各组分别讨论如果你是警察局局长，将会采取怎样的步骤来处理种族形象定性问题。

网上练习

练习 1　根据合理的选择过程，选出 4 个警察局（4 个不同地理区域的，4 个不同大小的，1 个州内 4 个警察局等），登录他们的网站。搜索网站来确定以下内容：（1）是否有警察社会关系项目或小组？（2）如果没有，是否有社区警务或问题解决项目来解决警察社区关系的老问题？（3）对新到社区的移民者是否有特别项目？(4) 是否有为建立信任和合法性的特别报告或信息？

比较你获取的信息。你对这些警察局如何排名？有的看起来比其他的做得好吗？有没有一个警察局和其他的相比表现更为突出？

在班级里汇报你的发现。有多少警察局有任何一类项目？这些项目包含什么？(公民态度调查、一起巡逻项目、公民警察学校)

练习 2 登录 www. nij. gov/multimedia/presenter/presenter – tyler/ 观看汤姆·泰勒（Tom Tyler）的《执法合法性和社区合作》。按班级讨论警察和公众的互相作用如何影响警察合法性。

注 释

[1] American Civil Liberties Union, Driving While Black (New York: ACLU, 1999).

[2] Jeffrey Goldberg, "The Color of Suspicion," New York Times Magazine (June 20, 1999), p. 52、

[3] Samuel Walker, Cassia Spohn, and Miriam DeLone, The Color of Justice: Race, Ethnicity, and Crime in America, 4th ed. (Belmont, CA: Wadsworth, 2007).

[4] Henry I. DeGeneste and John P. Sullivan, Policing a Multicultural Community (Washington, DC: Police Executive Research Forum, 1997).

[5] Discussed in Walker, Spohn, and DeLone, The Color of Justice.

[6] American Anthropological Association, Statement on Race, May 17, 1998, available on the organization's website: www. aaanet. org.

[7] Definitions of race and ethnicity are discussed in Walker, Spohn, and DeLone, The Color of Justice, pp. 6 – 12.

[8] Francisco A. Villarruel and Nancy E. Walker, Donde esta la justicia? (Washington, DC: Building Blocks for Youth, 2002), p. 46.

[9] National Advisory Commission on Civil Disorders, Report (New York: Bantam Books, 1968).

[10] Alfredo Mirande, Gringo Justice (Notre Dame, IN: University of Notre Dame Press, 1987); National Council of La Raza, The Mainstreaming of Hate: A Report on Latinos and Harassment, Hate Violence, and Law Enforcement Abuse in the 90s (Washington, DC: National Council of La Raza, 1999), p. 15.

[11] Marianne O. Nielsen and Robert A. Silverman, eds., Native Americans, Crime, and Justice (Boulder, CO: Westview, 1996); Executive Committee for Indian Country Law Enforcement Improvements, Final Report to the Attorney General and the Secretary of the Interior (Washington, DC: October 1997); Eileen Luna, "The Growth and Development of Tribal Police," Journal of Contemporary Criminal Justice 14 (February 1998), pp. 75 – 86.

[12] Information is available on the website of the Arab – American Institute, www. aaiusa. org.

[13] Samuel Walker, Police and Minority Group Interactions (Washington, DC: Police Executive Research Forum, 2000).

[14] Steven A. Tuch and Ronald Weitzer, "Racial Differences in Attitudes toward the Police," Public Opinion Quarterly 61 (1997), pp. 642 – 663.

[15] Ronald Weitzer and Steven A. Tuch, Race and Policing in America: Conflict and Reform (New York: Cambridge University Press, 2006), p. 41.

[16] Mark Hugo Lopez and Gretchen Livingston, Hispanics and the Criminal Justice System: Low Confidence, High Exposure (Los Angeles: Pew Hispanic Center, 2009).

[17] Roger G. Dunham and Geoffrey P. Alpert, "Neighborhood Differences in Attitudes toward Policing: Evidence for a Mixed – Strategy Model of Policing in a Multi – Ethnic Setting," Journal of Criminal Law and Criminology 79, no. 2 (1988), pp. 504 – 523.

[18] Sandra Lee Browning, Francis T. Cullen, Liqun Cao, Renee Kopache, and Thomas J. Stevenson, "Race and Getting Hassled by the Police: A Research Note," Police Studies 17, no. 1 (1994), pp. 1 – 11.

[19] "From Some Parents, Warnings about Police," New York Times, October 23, 1997, p. A18.

[20] Ronald Weitzer, "Citizens' Perceptions of Police Misconduct: Race and Neighborhood Context," Justice Quarterly 16 (December 1999), pp. 1101 – 1128.

[21] Warren Friedman and Marsha Hott, Young People and the Police: Respect, Fear and the Future of Community Policing in Chicago (Chicago: Chicago Alliance for Neighborhood Safety, 1996).

[22] Weitzer and Tuch, Race and Policing in America: Conflict and Reform, p. 45.

[23] Bureau of Justice Statistics, Criminal Victimization and Perceptions of Com-

munity Safety in 12 Cities (Washington, DC: Government Printing Office, 1998).

[24] James Frank, Steven G. Brandl, Francis T. Cullen, and Amy Stichman, "Reassessing the Impact of Race on Citizens' Attitudes toward the Police: A Research Note," Justice Quarterly 13 (June 1996), pp. 321 - 334.

[25] The events of March 3, 1991, are described in detail in Jerome H. Skolnick and James J. Fyfe, Above the Law (New York: Free Press, 1993), pp. 1 - 3.

[26] Tuch and Weitzer, "Racial Differences in Attitudes toward the Police," pp. 647 - 649.

[27] Sara E. Stoutland, "The Multiple Dimensions of Trust in Resident/Police Relations in Boston," Journal of Research in Crime and Delinquency 38 (August 2001), pp. 226 - 256.

[28] Wesley G. Skogan, "Citizen Satisfaction with Police Encounters," Police Quarterly 8 (September 2005), pp. 298 - 321.

[29] Stan L. Albrecht and Miles Green, "Attitudes toward the Police and the Larger Attitude Complex," Criminology 15 (May 1977), pp. 67 - 86.

[30] Egon Bittner, "The Functions of the Police in Urban Society," in Egon Bittner, Aspects of Police Work (Boston: Northeastern University Press, 1990), pp. 89 - 232; Abraham Blumberg, Criminal Justice, 2nd ed. (New York: New Viewpoints, 1979), p. 58; Arthur Niederhoffer, Behind the Shield: The Police in Urban Society (Garden City, NY: Anchor Books, 1967), p. 1.

[31] James Q. Wilson, Varieties of Polite Behavior (New York Atheneum, 1973), p. 28.

[32] William A. Westley, Violence and the Police (Cambridge, MA: MIT Press, 1970), p. 93.

[33] Greg Ridgeway et al., Police - Community Relations in Cincinnati: Year Two Evaluation Report (Santa Monica: RAND Corporation, 2006), p. 72.

[34] Lawrence W. Sherman, Patrick R. Gartin, and Michael E. Buerger, "Hot Spots of Predatory Crime: Routine Activities and the Criminology of Place," Criminology 27, no. 1 (1989), pp. 27 - 55.

[35] Bureau of Justice Statistics, Contacts between Police and the Public, 2008 (Washington, DC: Government Printing Office, 2011).

[36] Albert Reiss, The Police and the Public (New Haven, CT: Yale University Press, 1971).

[37] Robert E. Worden, "The 'Causes' of Police Brutality: Theory and Evidence," in W. A. Geller and H. Toch, eds., And Justice for All (Washington, DC: Police Executive Research Forum, 1995), p. 44; John A. Groeger, Memory and Remembering: Everyday Memory in Context (New York: Addison Wesley, 1997), pp. 189 – 196.

[38] Irving Piliavin and Scott Briar, "Police Encounters with Juveniles," American Journal of Sociology 70 (September 1964), pp. 206 – 214; Donald Black, The Social Organization of Arrest, in Donald Black, The Manners and Customs of the Police (New York: Academic Press, 1980), pp. 85 – 108; Jerome Skolnick, justice without Trial, 3rd ed. (New York: Macmillan, 1994).

[39] David M. Kennedy, Don't Shoot: One Man, A Street Fellowship, and the End of Violence in Inner – City America (New York: Bloomsbury, 2011), David Kennedy, "Drugs, Race and Common Ground: Reflections on the High Point Intervention," NIJ Journal 262 (xxxx), pp. 12 – 17.

[40] Gunnar Myrdal, An American Dilemma: The Negro Problem and Modern Democracy (New York: Harper and Brothers, 1944); Samuel Walker, "A Strange Atmosphere of Consistent Illegality": Myrdal on "The Police and Other Public Contacts," in O. Clayton, ed., An American Dilemma Revisited (New York: Russell Sage, 1996), pp. 226 – 246; Guy B. Johnson, "The Negro and Crime," Annals of the American Academy of Political and Social Science 217 (September 1941), pp. 93 – 104.

[41] The Knapp Commission, Report on Polite Corruption (New York: Braziller, 1973), p. 75.

[42] Weitzer and Tuch, Raceand Policing in America, pp. 150 – 152.

[43] Black, The Manners and Customs of the Police, p. 117; Richard J. Lundman, "Domestic Police – Citizen Encounters," Journal of Police Science and Administration 2 (March 1974), p. 25.

[44] Frank Furstenburg and Charles Wellford, "Calling the Police: The Evaluation of Police Service," Law and Society Review 7 (Spring 1973), p. 402; Carolyn M. Ward, "Policing in the Hyde Park Neighborhood, St. Louis: Racial Bias, Political Pressure, and Community Policing," Crime, Law,

and Social Change, 26, 2 (1996), p. 169.

[45] The facts of the case are in Tennessee v. Garner, 471 U. S. 1 (1985).

[46] James J. Fyfe, "Reducing the Use of Deadly Force: The New York Experience," in Department of Justice, Police Use of Deadly Force (Washington, DC: Government Printing Office, 1978), p. 29.

[47] James J. Fyfe, "Blind Justice: Police Shootings in Memphis," Journal of Criminal Law and Criminology 73, no. 2 (1982), pp. 707 – 722.

[48] William A. Geller and Michael S. Scott, Deadly Force: What We Know (Washington, DC: Police Executive Research Forum, 1992); James J. Fyfe, "Administrative Interventions on Police Shooting Discretion: An Empirical Assessment," Journal of Criminal Justice 7 (Winter 1979), pp. 309 – 323.

[49] Jerry R. Sparger and David J. Giacopassi, "Memphis Revisited: A Reexamination of Police Shootings after the Garner Decision," Justice Quarterly 9 (June 1992), pp. 211 – 223; Lawrence W. Sherman and Ellen G. Cohn, Citizens Killed by Big City Police (Washington, DC: Crime Control Institute, 1986); Geller and Scott, Deadly Force: What We Know, Bureau of Justice Statistics, Policing and Homicide, 1976 – 1998: Justifiable Homicide by Police, Police Officers Murdered by Felons (Washington, DC: Department of Justice, 2001), available at www. ncjrs. org, NCJ 180987; Samuel Walker, Taming the System: The Control of Discretion in Criminal Justice, 1950 – 1990 (New York: Oxford University Press, 1993), pp. 21 – 53.

[50] William A. Geller and Kevin J. Karales, Split – Second Decisions: Shootings of and by Chicago Police (Chicago: Chicago Law Enforcement Study Group, 1981).

[51] Commission on Accreditation for Law Enforcement Agencies, Standards for Law Enforcement Agencies, 4th ed. (Fairfax, VA: CALEA, 1999), Standard 1. 3. 1.

[52] Carl B. Klockars, "A Theory of Excessive Force and Its Control," in W. A. Geller and H. Toch, eds., And Justice for AII (Washington, DC: Police Executive Research Fonun, 1995), pp. 11 – 29.

[53] Bureau of Justice Statistics, Contacts between Police and the Public, 2005 (Washington, DC: Department of Justice, 2007), available at www.

ncjrs. org. NCJ 215243.
[54] Kenneth Adams, "Measuring the Prevalence of Police Abuse of Force," in W. A. Geller and H. Toch, eds. , And Justice for All (Washington, DC: Police Executive Research Forum, 1995), pp. 61 – 97; Reiss, The Police and the Public, p. 142.
[55] Reiss, The Police and the Public, p. 151.
[56] Worden, "The 'Causes' of Police Brutality: Theory and Evidence on Police Use of Force," p. 52.
[57] Geoffrey P. Alpert, "The Force Factor: Measuring and Assessing Police use of Force and Suspect Resistance," in Bureau of Justice Statistics, Use of Force by Police: Overview of National and Local Data (Washington, DC: Government Printing Office, 1999), pp. 45 – 60.
[58] David Weisburd and Rosann Greenspan, Police Attitudes toward Abuse of Authority: Findings from a National Study (Washington, DC: Government Printing Office, 2000).
[59] Albert Reiss, "Police Brutality – Answers to Key Questions," Transaction 5 (July – August 1968), pp. 10 – 19.
[60] San Jose Independent Police Auditor, Annual Report 2006 (San Jose, CA: City of San Jose, 2007), p. 51; New York Civilian Complaint Review Board, Status Report, January – December 2007 (New York: CCRB, 2008), Table 11.
[61] Robert Tillman, "The Size of the 'Criminal Population,' The Prevalence and Incidence of Adult Arrest," Criminology 25 (August 1987), pp. 561 – 579.
[62] Black, "The Social Organization of Arrest."
[63] Douglas A. Smith, Christy A. Visher, and Laura A. Davidson, "Equity and Discretionary Justice: The Influence of Race on Police Discretion," Journal of Criminal Law and Criminology 75 (Spring 1984), pp. 234 – 249.
[64] Black, "The Social Organization of Arrest"; David A. Klinger, "Demeanor or Crime? Why 'Hostile' Citizens Are More Likely to Be Arrested," Criminology 32, no. 3 (1994), pp. 475 – 493.
[65] David H. Bayley, "The Tactical Choices of Police Patrol Officers," Journal of Criminal Justice 14, no. 1 (1986), pp. 329 – 48; Stephen Mastrofski and Roger B. Parks, "Improving Observational Studies of Police," Crimi-

nology 28, no. 3 (1990), pp. 475 – 496.

[66] Skolnick, Justice without Trial, pp. 44 – 47.

[67] John R. Hepburn, "Race and the Decision to Arrest: An Analysis of Warrants Issued," Journal of Research in Crime and Delinquency 15, no. 3 (1978), pp. 54 – 73.

[68] Joan Petersilia, Racial Disparities in the Criminal Justice System (Santa Monica, CA: Rand, 1983), pp. 20 – 33.

[69] Substance Abuse and Mental Health Services Administration, Results from the 2010 National Survey on Drug Use and Health: Summary of National Findings, NSDUH Series H – 41, HHS Publication No. (SMA) 11 – 4658 (Rockville, MD: Substance Abuse and Mental Health Services Administration, 2011).

[70] Steven R. Donziger, ed., The Real War on Crime: The Report of The National Criminal Justice Commission (New York: Harper, 1996), p. 115.

[71] Tammy Rinehart Kochel, David Wilson, and Stephen Mastrofski, "Effect of Suspect Race on Officers' Arrest Decisions," Criminology 49 (2011), pp. 473 – 512.

[72] Quoted in Ronald Weitzer, "Racialized Policing: Residents' Perceptions in Three Neighborhoods," Law and Society Review 34, no. 1 (2000), p. 138.

[73] President's Commission on Law Enforcement and Administration of Justice, Task Force Report: The Police (Washington, DC: Government Printing Office, 1967), pp. 183 – 186.

[74] Browning et al., "Race and Getting Hassled by the Police: A Research Note."

[75] Eliot Spitzer, The New York City Police Department's "Stop and Frisk" Practices (New York: Attorney General of New York, 1999).

[76] Jerome Skolnick, The Police and the Urban Ghetto (Chicago: American Bar Foundation, 1968).

[77] Christopher Commission, Report of the Independent Commission on the Los Angeles Police Department (Los Angeles: The Commission, 1991), p. 74, available at www.parc.info.

[78] Merrick Bobb, Special Counsel, Five Years Later: A Report to the Los Angeles Police Commission (Los Angeles: The Police Commission, 1996),

p. 5, www. parc. info.

[79] Quoted in Weitzer, "Racialized Policing," p. 137.

[80] Christopher Commission, Report of the Independent Commission on the Los Angeles Police Department, pp. 48 – 55.

[81] Minneapolis Civilian Review Authority, 1999 Annual Report (Minneapolis, MN: Civilian Review Authority, 2000).

[82] Reiss, The Police and the Public, p. 142.

[83] The best single book is David Harris, Profiles in Injustice: Why Racial Profiling Cannot Work (New York: The New Press, 2002).

[84] American Civil Liberties Union, Driving While Black.

[85] Bureau of Justice Statistics, Contacts between Polite and Public, 2008 (Washington, DC: U. S. Justice Department, 2011).

[86] John A. Gardiner, Traffic and the Police (Cambridge, MA: Harvard University Press, 1969).

[87] Bureau of Justice Statistics, Contacts between Police and Public, 2008.

[88] Ibid.

[89] San Jose Police Department, Vehicle Stop Demographic Study: First Report (San Jose: San Jose Police Department, 1999).

[90] Albert J. Meehan and Michael C. Ponder, "Race and Place: The Ecology of Racial Profiling African American Motorists," Justice Quarterly 19 (September 2002), pp. 399 – 430.

[91] The Northeastern University website is www. racialprofilinganalysis. neu. edu.

[92] U. S. Department of Health and Human Services, Results from the 2003 National Survey on Drug Use and Health: National Findings (Rockville, MD: Department of Health and Human Services, 2004), p. 254.

[93] The Northeastern University website is www. racialprofilinganalysis. neu. edu.

[94] The alternative measures are discussed in Lorie Fridell, By the Numbers: A Guide for Analyzing Race Data from Vehicle Stops (Washington, DC: Police Executive Research Forum, 2004). Data on drunk driving behavior is reported in U. S. Department of Health and Human Services, Results from the 2003 National Survey on Drug Use and Health: National Findings.

[95] Samuel Walker, Internal Benchmarking for Traffic Stop Data: An Early In-

tervention Approach (Omaha: University of Nebraska at Omaha, 2003), available at www.policeaccountability.org; Fridell, By the Numbers, pp. 143 – 159.

[96] Engel. R. S., Calnon. J. M. & Bernard. T. J. (2002). Theory and Racial Profiling: Shortcomings and Future Directions in Research. Justice Quarterly, 19, pp. 201 – 225.

[97] Meehan and Ponder, "Race and Place: The Ecology of Racial Profiling African American Motorists."

[98] Heather MacDonald, Are Cops Racist? (Chicago: Ivan Dee, 2003).

[99] Department of Health and Human Services, Results from the 2007 National Survey on Drug Use and Health: National Findings (Washington, DC: Department of Health and Human Services, 2007), available at www.samhsa.gov/oas/nhsda.htm#NHSDAinfo.

[100] San Jose Police Department, Vehicle Stop Demographic Study: First Report.

[101] Police Executive Research Forum, Racially Biased Policing: A Principled Response (Washington, DC: Police Executive Research Forum, 2001), Ch. 4.

[102] Denver Police Department, Operations Manual, Policy 118.00, "Biased Policing," available at www.denvergov.org.

[103] "Virginia to Train Police against Profiling," Washington Post, August 21, 2003; Governor's Advisory Panel on Bias – Based Policing, Report to the Governor of Virginia (July 2003).

[104] McMahon et al., How to Correctly Collect and Analyze Racial Profiling Data, p. 9.

[105] U. S. Customs Service, Better Targeting of Airline Passenger for Personal Searches Could Produce Better Results, GAO/GGD – 00 – 38 (Washington, DC: General Accounting Office, 2000).

[106] U. S. Customs Service, Personal Search Review Commission, Report on Personal Searches by United States Customs Service, (Washington, DC: Government Printing Office, 2003); Harris, Profiles in Injustice, p. 222.

[107] Patricia Warren and Donald Devey, "Racial Profiling and Searches: Did the Politics of Racial Profiling Change Police Behavior?" Criminology and Public Policy 8, no. 2 (2009), pp. 343 – 369.

[108] McMahon et al. , How to Correctly Collect and Analyze Racial Profiling Data, p. 2.

[109] Seattle Police Department, Office of Professional Accountability, Report on Seattle's Response to Concerns about Racially Biased Policing (Seattle: Seattle Police Department, 2003), available at www. cityofseattle. net/police.

[110] Lamberth Consulting, Practitioners Guide for Addressing Racial Profiling (Boston: Northeastern University, 2005).

[111] Police Executive Research Forum, Racially Biased Policing, p. 5.

[112] Walker, Spohn, and DeLone, The Color of Justice, pp. 110 – 116.

[113] Commission on Accreditation for Law Enforcement Agencies, Standards for Law Enforcement Agencies, Standard 31. 2. 1.

[114] U. S. Civil Rights Commission, Police Protection of the African American Community in Milwaukee (Washington, DC: Government Printing Office, 1994), p. 45.

[115] U. S. Civil Rights Commission, Tennessee Advisory Committee, Civic Crisis – Civic Challenge: Police Community Relations in Memphis (Washington, DC: Government Printing Of6ce, 1978), pp. 1, 88.

[116] Anthony M. Pate and Lorie A. Fridell, Police Use of Force, Vol. 1 (Washington, DC: The Police Foundation, 1993), p. 9.

[117] Ibid. , p. 195; Samuel Walker, "Complaints against the Police: A Focus Group Study of Citizen Perceptions, Goals, and Expectations," Criminal Justice Review 22 (Autumn 1997), pp. 207 – 226.

[118] Weitzer and Tuch, Race and Policing in America, pp. 112 – 116.

[119] Ibid. , p. 116.

[120] Ronald Weitzer, "White, Black, or Blue Cops? Race and Citizen Assessment of Police Officers," Journal of Criminal Justice 28 (2000), pp. 313 – 324.

[121] Fred A. Klyman and Joanna Kruckenberg, "A National Survey of Police – Community Relations Units," Journal of Police Science and Administration 7 (March 1979), p. 74.

[122] Charles E. Reasons and Bernard A. Wirth, "Police – Community Relations Units: A National Survey," Journal of Social Issues 31 (Winter 1975), pp. 27 – 34.

[123] Ibid.

[124] Jerome Skolnick and David Bayley, The New Blue Line: Police Innovation in Six American Cities (New York: Free Press, 1986), pp. 54 – 70.

[125] Lee P. Brown and Mary Ann Wycoff, "Policing Houston: Reducing Fear and Improving Service," Crime and Delinquency 33 (January 1986), pp. 71 – 89.

[126] Peter Manning, Police Work (Cambridge: MIT Press, 1977).

[127] President's Commission on Law Enforcement and Administration of Justice, Field Studies IV. Vol. 1 (Washington, DC: Government Printing Office, 1967), p. 58.

[128] U. S. Department of Justice, Improving Police/Community Relations (Washington, DC: Government Printing Office, 1973), pp. 3 – 4.

[129] Scott H. Decker, Russell L. Smith, and Thomas M. Uhlman, "Does Anything Work? An Evaluation of Police Innovations," in Baker and Meyer, eds., Evaluating Alternative Law Enforcement Policies, Lexington, MA: Lexington Press, pp. 43 – 54.

[130] Ellen G. Cohn, "The Citizen Police Academy: A Recipe for Improving Police – Community Relations," Journal of Criminal Justice 24, no. 3 (1996), pp. 265 – 271.

[131] Brown and Wycoff, "Policing Houston"; University of Maryland, Preventing Crime (Washington DC: Government Printing Office, 1997).

[132] Thomas M. Frost and Magnus E. Sherry, San Diego Community Profile: Final Report (Washington, DC: The Police Foundation, 1975).

[133] Ibid.

[134] Bobb, Five Years Later, p. 27.

[135] Quoted in the U. S. Department of Justice, Attorney Generals Conference: Strengthening Police – Community Relationships: Summary Report (Washington, DC: U. S. Department of Justice, 1999), pp. 9 – 10.

[136] Jerome L. Blakemore, David Barlow, and Deborah L. Padgett, "From the Classroom to the Community: Introducing Process in Police Diversity Training," Police Studies XVIII, no. 1 (1995), pp. 71 – 83.

[137] Geoffrey P. Alpert, William C. Smith, and Daniel Watters, "Implications of the Rodney King Beating" Criminal Law Bulletin 28 (September – October 1992), p. 477.

[138] Arthur J. Lurigio and Dennis P. Rosenbaum, "The Travails of the Detroit Police – Victims Experiment Assumptions and Important Lessons," American Journal of Police XI, no. 3 (1992), pp. 22 – 23.

[139] Alpert, Smith, and Watters, "Implications of the Rodney King Beating," p. 477.

[140] Ibid.

[141] Michael Hoefer, Nancy Rytina, and Bryan Baker, Estimates of the Unauthorized Immigrant Population Residing in the United States: January 2010 (Washington, DC: Department of Homeland Security, 2011).

[142] "Fact Sheet: Delegation of Immigration Authority Section 287 (g) Immigration and Nationality Act." www. ice. gov/news/library/factsheets/287g. htm, accessed April 6, 2012.

[143] Scott Decker, Paul Lewis, Doris Provine, and Monica Varsanyi, "Immigration and Local Policing," (Phoenix: Arizona State University, 2008), unpublished report.

[144] Ibid.

[145] Jessica Saunders, Nelson Lim, and Don Prosnitz, Enforcing Immigration Law at the State and Local Levels. (Santa Monica, CA: RAND Corporation, 2010).

[146] Judy Keen, "Big Cities Reluctant to Target Illegals," USA Today, usatoday. com, accessed June 20, 2006.

[147] Found at www. bloomberg. com/news/2011 – 12 – 12/supreme – court – to – hear – arizona – s – appeal – of – ruling – against – immigration – law. html on April 6, 2012.

[148] Villarruel and Walker, Donde esta la justicia?, pp. 1 – 2.

[149] Charlotte – Mecklenburg Police Department, International Unit, Law Enforcement Services to a Growing International Community (Charlotte: Charlotte – Mecklenburg Police Department, 2004).

[150] New York City Police Department, Fact Sheet, New York City's Arab Communities, available on the Vera Institute website at www. vera. org.

[151] Robert C. Davis and Nicole J. Henderson, "Willingness to Report Crimes: The Role of Ethnic Group Membership and Community Efficacy," Crime and Delinquency 49 (October 2003), pp. 564 – 580.

[152] Leigh Herbst and Samuel Walker, "Language Barriers in the Delivery of

Police Services," Journal of Criminal Justice 29, no. 4 (2001), pp. 329 - 340.

[153] Robert C. Davis and Edna Erez, Immigrant Populations as Victims: Toward a Multicultural Criminal Justice System (Washington DC: Government Printing Office, 1998).

[154] Skogan, "Citizen Satisfaction with Police Encounters," pp. 298 - 321.

[155] Herbst and Walker, "Language Barriers in the Delivery of Police Services."

[156] National Crime Prevention Council, Building and Crossing Bridges: Refugees and Law Enforcement Working Together (Washington, DC: National Crime Prevention Council, 1994).

[157] Seattle Office of Professional Accountability, www.cityofseattle.net.

[158] National Crime Prevention Council, Lengthening the Stride: Employing Peace Officers from Newly Arrived Ethnic Groups (Washington, DC: National Crime Prevention Council, 1995).

[159] University of Nebraska at Omaha and the National Latino Peace Officers Association, Police Outreach to the Hispanic/Latino Community: A Survey of Programs and Activities (Omaha: University of Nebraska at Omaha, 2002).

[160] Ibid.

第十三章　警察的腐败

本章概要

劳伦斯·谢尔曼（Lawrence Sherman）曾说：“只要有警察，就会有警察腐败。”[1]腐败是美国警务的痼疾之一。历史学者有证据表明，早在殖民地时期之初，美国就已存在贿赂。近年来，尽管许多警察局已经成功地减少了腐败，但是时至今日，腐败在一些警察局仍然是一个棘手的问题。例如，在20世纪90年代，莫伦委员会（Mollen Commission）发现，纽约警察局存在严重的腐败现象。一些警察的名字出现在毒犯的薪金名单上，这些警察的报酬高达每周4000美元。[2]2000年年初，一项对洛杉矶警察局的调查发现，该组织腐败严重，洛杉矶警察局兰帕特分局（Rampart Division）的警察涉嫌参与毒品盗窃、银行抢劫、不当监禁、伪造证据、殴打被逮捕者等非法行为。[3]类似的情况是，2011年美国联邦调查局逮捕了17名巴尔的摩警察局警察，另有超过12名警察被该局停职，他们参与了一项敲诈计划，在这个计划中，警察把交通事故受害者的情况透露给一家未经认证的交通事故拖车公司，以此获得回扣。[4]

本章对警察腐败的本质、导致警察腐败的诸多原因，以及控制警察腐败的策略，逐一进行探究。

关于早期警务中警察腐败的详述见二章

第一节 警察腐败的定义

根据赫尔曼·戈德斯坦（Herman Goldstein）的定义，警察的腐败是由警察实施的滥用权力的行为，其目的在于为自己或他人谋取个人利益。[5]在此定义中，有两个关键要素：(1) 滥用权力；(2) 个人利益。

腐败只是警察实施的不当行为或偏差行为的一种形式。在贝克和卡特（Barker & Carter）关于警察职业偏差行为的分类中，他们对警察职业偏差与警察滥用权力进行了严格区分。警察职业偏差包括犯罪与非罪行为，这些行为可以直接发生在警察日常工作之中；也可以发生在工作之外，警察仅仅凭借其权力为所欲为。警察职业偏差包括一些明显不当，却并不违法的行为。例如，警察在工作期间睡觉，虽然并不违法，同样也属于职业偏差。警察滥用权力，包括警察故意伤害、侮辱、侵犯人格尊严或者侵犯公民与生俱来的合法权利。[6]需要澄清几点：第一，非法逮捕或者过度使用武力皆为错误，但它们并不涉及任何个人利益，所以无关警察腐败。第二，警察的一些违法行为，并不都是职业偏差。例如，一名警察下班后对朋友或家人实施暴力袭击，这是个人行为，并非职业行为；因此这种行为不属于警察职业偏差。第三，需要说明的是，一些行为虽非明智，但并不一定违法。例如，有的警察部门明确规定，不允许警察接受在饭店免费就餐。很显然，免费就餐违背了部门规定，但绝非犯罪。

第二节 警察腐败的代价

警察腐败，对于警察自身、刑事司法体系以及整个社会都会产生巨大的危害。

第一，大多数警察腐败是犯罪行为。警察犯罪会损害法律实施最基本的公正和廉洁。

第二，腐败往往为其他犯罪活动提供保护。历史上，腐败曾经庇护赌博集团，当时赌博一度是有组织犯罪的主要收入来源。今天，腐败通常与毒品走私相关联。政府审计办公室（GAO）的一份报告披露，在联邦调查局负责的警察腐败案件中，约有半数警察涉嫌毒品犯罪。[7]

第三，警察腐败削弱刑事司法体系的有效性。纽约市打击警察腐败委员会

（The New York City Commission to Combat Police Corruption）强调，“警察的廉洁与公正，对于刑事司法体系的运作至关重要”。[8]警察需要在法庭上作证，如果背负欺诈之名，那么警察在刑事案件中的作证，其可信度就会大打折扣。举例来讲，2000 年的兰帕特丑闻事件（Rampart Scandal）后，数百名涉毒者受到警方威胁，事件背后的真相令人震惊，这些涉毒“犯罪嫌疑人”揭露，洛杉矶警察通过伪造证据和编造谎言陷害无辜。[9]

第四，腐败降低警察局的专业化水准。如果主管腐败，被下属发现并威胁要举报，在这种情况下，有效的规章制度将形同虚设。腐败鼓励警察撒谎，因为他们需要互相庇护。警察为了保护自己或者同事而撒谎，这种做法会蔓延到警务活动的其他领域。例如，为了掩饰过度使用武力的行为，警察也可能撒谎。[10]

第五，正如前《纽约时报》记者大卫・伯纳姆（David Burnham）所言：“在纽约，腐败是一项针对纽约市民的隐秘税收，总计高达每年数百万美元。”[11]在某些情况下，腐败甚至表现为一种直接征税，此时腐败的警察明目张胆地从商业中索取贿赂。

第六，腐败损害警察的公信力。如果公众普遍认为警察部门已经腐败，那他们就会失去对警察这一整体的尊重和支持。而这对于警察和社区的关系，影响非同一般，违法犯罪活动通常与低收入社区和少数族裔社区相关联。维泽与塔奇（Weitzer and Tuch）就公民对于警察不法行为的认知情况进行全国范围的研究，他们发现，少数族裔明显比白人更愿意相信，在他们所在城市的警察局警察卷入腐败的情况非常普遍或者比较普遍。[12]

关于警察社区关系的详述见第十二章

莫伦委员会（Mollen Commission）在一份名为“纽约市警察腐败”的报告中间接地提出了这个问题。报告指出，腐败和残暴最严重之所在，常常伴随犯罪猖獗和毒品滋生；同时，也是大量少数族裔聚居的地区。[13]然而，该报告并未触及要害，那就是这些地区的警察之所以肆无忌惮地加入腐败与残暴中来，是因为他们知道，当地居民在政治上身处弱势，毫无影响力。

积极的一面是，民意调查持续显示，依照人们所能感知的诚信度来评估，警察的排名相对靠前。例如，在 2010 年的盖洛普（Gallup Poll）民意调查中，警察在二十二种职业中排名第六，正好位于牧师之前，并遥遥领先于国会议员、银行家和企业高管。[14]

在民意调查中，有一项指标对警察的诚信与道德标准进行了评估。对此，选择“高”或“很高”的美国白人的比例，从 20 世纪 70 年代末到 90 年代初稍有提高，随后则略有下降。有色人种对警察的评价始终明显低于白人，升降情况与白人一致。[15]

图表 13-1　你认为腐败（如受贿、参与毒品交易）在你所在城市的警察局中有多普遍?

	白人	黑人	拉美族裔
非常普遍	6%	22%	9%
比较普遍	11%	26%	20%
不太普遍	50%	41%	47%
不普遍	33%	11%	24%
调查人数	613	555	592

资料来源：罗纳德·维兹尔，史蒂文·塔奇：《反思少数族裔之于警察的态度：终期技术报告》，国家司法研究所，2004 年 6 月 26 日。

第三节　警察腐败的类型

腐败，有多种形式。有些腐败远比其他腐败严重。对于某些行为，如免费就餐，是否将其定性为腐败，尚存在争议。不同的腐败行为有着不同的诱因。因此，针对不同的腐败，需要采取不同的控制策略。[16]

一、赠物

赠物，是最为常见的警察腐败形式，包括免费就餐、免费干洗或者其他购物折扣。一些警察部门严禁赠物，但是也并不尽然。一项调查发现，仅有半数的警察局针对免费就餐作出明文规定，而且，并非所有规定都明确禁止这种行为。[17]

对于商人而言，赠物背后有着复杂的动机。有时候，赠物的确表达的是商人对警察的诚挚谢意，感谢他们从事危险的工作，以保护社区；然而有时候，赠物仅仅代表个人利益。商人相信，警车如果在他们商店附近频繁出现，将震慑并阻止强盗和窃贼；商人期待，警察一旦接受赠物，作为回报，他们将在本地区提供额外巡逻和更多保护。例如，内华达州里诺市一项调查显示，在为警察提供免费品，如免费咖啡或者免费就餐的人们之中，约有 33% 的人明确表示，他们期待，自己给予警察的馈赠有所回报，物超所值。[18]

一些人相信，警察绝不允许接受赠物。他们认为，赠物是更加严重的腐败，打开了方便之门。赠物诱惑警察，让他们误以为自己拥有特权，并诱导警察去追求这种特权。[19]纳普委员会（Knapp Commission）曾在 20 世纪 70 年代初负责调查纽约市的腐败情况，该委员会对“食草者”与“食肉者”加以区分。所谓“食草者”，就是被动地接受他人的馈赠；而“食肉者”则是主动地向别人索取好处。[20]

对北卡罗来纳州居民的一项调查发现，人们对于警察接受赠物一事，见仁见智，看法各不相同。只有36%的人认为，警察在工作中，偶尔接受一次免费咖啡、无酒精饮料，或者打折午餐，是不妥当的；与此同时，仅有23%的人认为，警察在非工作期间接受免费就餐无可厚非。[21]

聚焦警察

“免费物品”，价值几何？警察腐败的真实成本

吉姆·瑞泽（Jim Ruiz）是新奥尔良州一位退休警长，后来成为一名教授。当年做警察时，他也曾接受赠物。回顾自身经历，他以公正坦诚的态度，完整全面地分析“赠物”这一现象，研究其中的职业伦理道德问题。吉姆·瑞泽指出，绝大多数学术性研究专注于单一事件，如警察接受免费咖啡、免费苏打水、免费或者打折就餐，诸如此类；研究者不曾整体把握，从赠物价值占警察收入的比重来考量，或者说，从每年警察收取赠物的累计总价值来分析。根据经验和观察，吉姆·瑞泽得出一个比较保守的估计，警察收取赠物，一年累计价值约为8731美元；如果对赠物征税的话，价值将远远超过这个数目。他指出，政策的制定者和研究者不应忽视，警察一年收取赠物的总价值，以及赠物在警察报酬中所占的比重，后者可能高达30%至40%。

以班为单位，讨论以下两个问题：

1. 针对赠物，警察部门是否应该制定政策？制定什么样的政策？
2. 禁止收受赠物，如果部门规章必不可少的话，具体应该采取哪些措施？

“保守的清单”，以及常见赠物的成本

赠物	年成本
咖啡/苏打水	$494.00
油炸圈饼	$444.60
午餐	$1482.00
香烟	$2002.00
酒	$2496.00
干洗	$962.50
电影院	$832.00
赠物总价值	$8713.10

资料来源：吉姆·瑞泽，克瑞斯汀·伯纳：《"免费物品"，价值几何？警察收受赠物的真实代价》，载《刑法伦理学》2004年版，第44－54页。

二、贿赂

接受贿赂，贪赃枉法，是一种更为严重的腐败。有些贿赂是孤立的行为。例如，警察接受贿赂而不开具交通罚单。有些贿赂则更加体系化，其中以涉毒保护尤为特别。警察定期获取报酬，为毒品交易提供保护。历史上，最为严重的情况是，警察定期收取保护费，为卖淫、酒吧超时经营、毒品交易这些从未间断的不法行为提供保护。警察定期获得的报酬被称为“the pad”，意思是，警察（对非法活动不采取必要的行动而）受贿，集体贪污，分黑钱。在纽约，仅仅保护一个毒品贩子，警察每月就可以获取高达 850 美元的黑钱。[22] 在新奥尔良，11 名警察被定罪，他们共同保护一间仓库，在里面存储了 286 磅的可卡因，这些警察因此得到了 10 万美元的回报。[23]

另外，腐败的警察还可以通过出卖犯罪调查信息而获利，这种事情在逮捕犯罪嫌疑人前后都有可能发生。警察透露调查信息，可以帮助毒犯逃脱抓捕。1978 年罗伯特·戴利报告称，纽约侦探经常向被告律师出售未决案件的信息。警察借职务之便，获取金钱。例如，他们会改变证词、站在证人席上却突然“遗忘”案件要点、销毁证据，或者披露公诉案件的重要细节等。[24] 民事案件中的一方可能会贿赂警察，要求警察销毁保存在警察局档案文件中的有关对手的信息。在保释制度改革之前，警察经常将犯罪嫌疑人交付给某些特定的担保者或被告律师，以此收取好处。

一些贿赂保护非法活动，然而，也有一些贿赂支持合法的生意。大卫·伯纳姆发现，纽约建筑承包商经常每周付给警察 50 美元，以避免因违规停车而收到罚单，如双排泊车、堵塞街道和人行通道。[25]

有必要指出，尽管收受贿赂仍是困扰美国警察机构的一大难题，但是与其他许多国家相比，美国警察索取贿赂的频繁程度远远低于他们的国外同行。各国民众被警察索取贿赂的情况如何？一项国际研究的调查发现，在 41 个被调查的国家之中，美国处在第 17 位，比一些发达国家逊色，但是，优于很多不发达国家和第三世界国家（见图表 13－2）。[26]

图表 13－2 关于贿赂的国际调查

国家	受调查者中，被警察索取贿赂的比重（%）	国家	受调查者中，被警察索取贿赂的比重（%）
英国和威尔士	0	波兰	2.36
法国	0	车臣	2.38
荷兰	0	白俄罗斯	2.61
苏格兰	0	哥斯达黎加	2.63
瑞典	0	乌克兰	3.30
瑞士	0	南非	3.50
加拿大	0.16	巴拉圭	3.92
斯洛文尼亚	0.28	印度	4.26
博茨瓦纳	0.63	立陶宛	4.37
马其顿	0.72	斯洛伐克	4.61
奥地利	0.75	吉尔吉斯	5.23
蒙古	0.77	克罗地亚	6.84
马耳他	0.93	南斯拉夫	7.09
阿尔巴尼亚	1.13	巴西	8.90
匈牙利	1.35	格鲁吉亚	9.18
爱沙尼亚	1.46	俄罗斯	9.90
美国	1.50	玻利维亚	11.34
菲律宾	1.56	保加利亚	13.54
罗马尼亚	1.63	印度尼西亚	17.64
拉脱维亚	1.73	阿根廷	20.92
津巴布韦	2.20		
		平均值	4.59

资料来源：Sanja Kutnjak lvkoviv：《服务与信息收集：评估警察腐败》，载《国际刑事司法评论》第93期，2003年经授权西北大学法学院再版。

三、偷盗与入室行窃

警察在工作期间实施偷盗或者入室行窃，这是一种特别严重的腐败行为。举例来说，如果有人因醉酒被捕，警察可能乘人之危，从醉酒者身上获取不义之财。一方面，受害者很难记住自己身上到底有多少钱；另一方面，他们更难以让人相信，警察竟然会偷他们的钱。另外的例子是，警察会从警察局的财务保管室盗窃财物、金钱或者毒品。20 世纪 90 年代，新奥尔良一共有 40 名警察因抢劫银行、盗窃汽车和其他非法行为被捕。随后，又有 200 名警察因参与犯罪活动而受到斥责、解雇或离职的处理。[27]

涉及毒品的逮捕，为警察盗窃提供了非同一般的诱惑，突击搜查的警察经常会在现场发现大量金钱和毒品。发生在佛罗里达州迈阿密的“汤姆斯河流警察局”一案（Toms River Cops），众多警察参与盗窃和出售可卡因。经过审查，19 名警察被捕、定罪、入狱服刑，另有 70 名警察被解雇。[28]

类似的情况是，莫伦委员会发现，在纽约，腐败的警察会从毒犯那里盗窃毒品、毒资和枪支，一名警察仅在一次盗窃中就拿走价值 32000 美元的金钱和财物。在某些情况下，警察甚至会安排虚假的 911 报警，以便堂而皇之地进入生意场所，伺机盗窃财物。[29]

四、性行为不端

警察的性行为不端，可能是最为常见的不端行为之一，然而，对它的讨论却最少。一项研究通过考察媒体报道后指出，13% 的有关行为不端的报道涉及性行为不端。[30]根据国际警察局局长协会的定义：“性行为不端，是指警察利用职务之便，实施的滥用权力包括武力的行为，其目的在于，发生性行为、产生性接触，或者回应对方的性暗示（对轻微暗示做出过度回应）。”[31]

根据这一定义，性行为不端有以下 7 种形式：

1. 性接触，包括强奸、性攻击。

2. 性敲诈，如警察接受性利益，作为回报，警察不逮捕对方。

3. 不必要的身体接触，包括不恰当的搜身。

4. 警察在工作中，不管是警察还是相对方发起的性接触或者性行为，即使对方同意。

5. 同事之间的性骚扰。

6. 不必要的接触，如出于性刺激的原因，案件证人或者受害人打电话。

7. 窥阴癖行为，包括出于性刺激的原因，通过窗户偷窥。[32]

对此，提姆思·马赫（Timothy Maher）在圣路易斯大都市地区，调查和采访了来自 14 个执法机构的警察。他指出，接受调查者认为，性行为不端极为常见。在接受调查的警察之中，平均每一名警察与对方发生 5 次非涉性的接触。所谓非涉性接触，包括拦截汽车进行检查，原因仅仅是警察觉得那个司机很有吸引力；约有 6.8 次与相对方发生性接触，可能是由对方引起，也可能是警察主动；3 起警察主动实施的窥阴癖事件，即靠近停驶的汽车，窥视车内发生的性行为；1.6 次与受害人或者罪犯发生性接触。但是，他指出，对青少年实施性敲诈或者性接触，比较少见。[33]

关于警察性行为不端，有四个基本的解释。第一，缺乏相关训练及书面政策。警察局局长们强调，他们的部下在这一方面缺乏正规的训练或指导，后果就是他们对此知之甚少，一旦卷入其中，难免自食恶果。第二，作为警察性行为不端的受害者，很多人不会向警察部门投诉，他们害怕报复，也担心投诉不被重视。第三，警察的工作为性行为不端提供大量可乘之机。首先，不受监督的工作环境。其次，特定情境下，对特定对象警察所拥有的权力，此两者的结合，使警察有机可乘。另外，有这样一些人，我们不妨称为“警察控”，他们极度迷恋警察，这些人对警察也会产生持续的诱惑。第四，警察亚文化对性行为不端的警察提供庇护，因为当此种行为发生时，同事多会保持沉默。[34]

五、内部腐败

在非常腐败的部门，晋升或者有利的任命必须通过贿赂来实现。整个19世纪，在纽约警察局，为了晋升而行贿是极为常见的事情，甚至在内部出现了一张印制的价格清单，上面对每一个警察职级均明码标价。[35]纳普委员会发现，警察行贿其他警察官员，以获得有利的职位任命，这在警察局是一个普遍存在的模式。据传一次行贿500至2000美元就可以得到侦探一职。[36]

六、腐败与暴行

莫伦委员会称，20世纪末，出现了一种新的警察腐败，其特征是腐败与残暴相结合。警察野蛮地殴打毒犯，盗窃其毒品、毒资，并将毒品卖给其他毒犯或者警察。必须指出的是，腐败并非都与残暴有关，而警察的残暴也并非都与腐败有关。然而，这二者之间确实联系紧密。更加令人不安的是，在一定程度上，警察证实了一个问题，残暴将开启其他一切罪恶。一旦突破了残暴这条界限，并无须承当任何后果，警察就很容易在其他方面也滥用权力，包括腐败。[37]

迄今为止，最臭名昭著的案件发生在洛杉矶警察局兰帕特分局（Rampart Division）。在这个案件中，警察成为犯罪活动的核心成员。以“摧毁”命名的防卫小组原本是一个打击黑帮的警察精英团队，但是后来发现，他们竟然主动袭击知名帮派成员，并以不实罪名对他们进行指控。对这一丑闻的调查揭露，使警察经常扼住对方咽喉，对其拳打脚踢，警察如此残暴，仅仅只是为了达到恐吓的目的。在一个案件中，警察把犯罪嫌疑人当成“人肉撞锤”，将其面部不断撞向墙面。在其他许多案件中，警察伪造毒品证据逮捕犯罪嫌疑人。在兰帕特分局，腐败的警官通过奖励警察的恶行，推波助澜助纣为虐，如某个警察因枪击一名手无寸铁的无辜者而受到奖励。[38]

第四节　腐败的程度

腐败的程度，因警察局的不同而不同。在有些地方，腐败仅仅和一个偶尔异常的警察有关；然而，在另外一些地方，腐败在整个警察局是系统化的。谢尔曼指出，问题在于，为什么不同的社区，或者同一社区的不同历史时期，存在不同种类和不同数量的警察腐败?[39]

衡量腐败的程度极其困难。众所周知，腐败是一种隐秘的犯罪，通常情况下，没有受害人站出来主动投诉，因为不管是受贿者还是行贿者，他们都有罪。调查发现，曾经遭遇警察索贿者，仅有5%的人选择向警方举报。[40]

因此，警察腐败究竟达到何种程度，这方面可靠的数据非常缺乏。绝大部分可以利用的数据来自对腐败丑闻的披露，以及紧随重大丑闻之后公布的调查报告。但是，一些研究者试图对公众和警察展开调查，进一步探究相关问题；然而，这些研究多数并不系统，典型的问题就是，研究者只关心人们对于腐败的认知程度，而不关心他们对于腐败的参与程度。[41]

在这个领域，罗伯特·凯恩和迈克·怀特的研究具有重大影响。从1975年至1996年，一些警察并非自愿地离开纽约市警察局。凯恩和怀特对这些离职警察的职业生涯和个人历程进行分析，他们发现，鲜有警察因为被查出腐败或者其他职业不当行为而离开警察队伍。数据显示有1543名警察（在这一时期，纽约市警察局先后雇用了78000名警察）因不法行为而终止其职业生涯，这个数字仅占到同期警察总数的2%。[42]

如图表13－3中所示，这1543名警察一共受到2465项指控。其中，大多数犯罪属于行政性的不当，其次是毒品犯罪（如贩卖、持有毒品），利益驱动型犯罪，与职业无关的侵犯人身罪、妨碍司法罪，与职业无关的妨碍公共秩序犯罪、滥用职权罪（即过度使用武力），以及一些服缓刑的行为。由此可见，很少有警察因为腐败而受到处罚。

图表 13－3 1975 年至 1996 年纽约市警察局警察接受指控情况

指控罪名	百分比（数量）
行政不当/行政不作为	30.1%（742）
毒品	19.0%（468）
利益驱动型犯罪	15.7%（387）
与职业无关的侵犯人身罪	11.6%（286）
妨碍司法罪	10.8%（266）
与职业无关的妨碍公共秩序犯罪	5.8%（144）
滥用职权罪	4.8%（119）
服缓刑的行为	2.2%（53）
总数	100.0%（2465）

以上是纽约市警察局警察因不当行为而终止其职业生涯的情况分析。据此，凯恩和怀特进一步探究，警察这一职业所拥有的风险和保护因素，他们得出结论：黑人警察，有过犯罪史，或者在以往工作中有过不良记录的，最有可能因严重不法行为而被开除出警察队伍；与之相反，拥有专科学位或者学士学位，在大学表现良好的警察因为发生不法行为而离职的可能性明显小于前者。

腐败在警察组织内部的渗透

谢尔曼的研究关注腐败的渗透、腐败的组织，以及贿赂的来源。在此基础上，谢尔曼将腐败分成三种类型：[43]

类型一："坏苹果"与"坏袋子"

警察腐败最轻微的情况是几个害群警察单独行动，各自为害。"坏苹果"理论描述的就是这种情形，也就是仅有几个警察各自腐败。与之相比，"坏袋子"理论，是指许多腐败的警察相互合作狼狈为奸，例如，缉毒警察在突击搜查行动中，乘机共同盗窃毒资或者毒品。莫伦委员会发现，警察腐败容易扎堆，一队或一组，成群结伙。例如，在纽约市警察局第三十区，警察通常三到五人一组，半独立地工作，他们相互庇护，相互配合。[44]

类型二：普遍存在的无组织腐败

当组织中出现大量腐败者，然而他们彼此之间并无联系，此时腐败已经进入更深层次。[45]许多警察可能会因收受贿赂而不开具交通罚单，但是，他们彼此之间并不主动合作。此时，尽管腐败在组织中普遍存在，但并没有形成有组织腐败的态势。

类型三：普遍存在的有组织腐败

最严重的腐败是有组织的腐败，并且会渗透到警察局高层。例如，为了保护非法活动而定期收取报酬；这些报酬由单位全体成员以及他们的主管共同分享。在对西海岸某个城市的研究中，威廉·钱布利斯描述了一个饭馆老板的艰辛。他每个月付给辖区警察200美元，由几个警察平分；此外，他还得付给高级警官250美元，同样由几人平分。如果饭店老板不肯交钱，后果堪忧。警察将频繁上门，反复向他引述建筑法典，并告知其违法。[46]纳普委员会发现，在纽约市，一个新上任的便衣侦探前两个月并没有资格获得这些额外报酬，但是，当他离开这个部门时，那两个月的经济损失会以两个月的“离职补偿金”的形式交还给他。[47]

第五节　关于警察腐败的理论

关于警察腐败的理论，可分为6个不同的类别。如何分类，取决于研究者不同的着眼点：警察个体、社会结构、邻里关系、警察工作的性质、警察组织，或者警察亚文化。

一、警察个体的解释

关于警察腐败，最流行的就是所谓“坏苹果”理论。它之所以受人关注，是因为它强调一个或多个警察的道德沦陷，不及其余。当腐败暴露后，很方便地抛出几名警察当替罪羊，而不必面对更棘手的问题。不仅如此，该理论还提出了一种简单的修正方法。

警察偏爱“坏苹果”理论，因为如此一来，他们大可将责任归咎于几个害群之马，而不必对警察局的问题进行深入调查。只要开除几个坏警察，似乎就万事大吉。“坏苹果”理论对民众同样具有吸引力，因为比起复杂的法律或组织问题，他们更容易理解个人犯罪。更进一步看，“坏苹果”理论使民众成功地回避了一个问题：警察腐败在多大程度上源于他们自己对违法活动的偏好？

然而，专家认为“坏苹果”理论不能充分地解释绝大多数警察腐败，它难以回答以下问题：其一，腐败何以有如此悠久的历史，以及腐败为什么在某些特定部门普遍存在。试想，怎么会有这么多“坏人”集中在同一个组织之中？其二，为什么一些诚实者也会变得腐败？有关警察招录的研究表明，对警察职业感兴趣的人，大多数并非天生道德低下。他们不过是芸芸众生，之所以选择当警察，与人们选择其他职业的原因并无不同。[48]其三，为什么有些警察局腐败的历史渊远流长，而另外一些警察部门则相对远离腐败。综上所述，纳普委员会得出结论，“坏苹果”理论，不能自圆其说，而且从各方面考察，该理论都将成为任何有价值、有意义的改革的根本障碍。[49]

二、社会结构的解释

大多数专家根据美国的社会结构来解释警察腐败。在他们看来，与刑法、文化冲突、政治紧密相关的某些方面，鼓励和支持警察腐败。[50]

（一）刑法

刑法是警察腐败的一个主要原因。州和联邦立法禁止或者力求规范许多行为，在一些人眼中，这些行为是合法消遣或者纯属个人选择，包括赌博、饮酒、毒品消费和各种性交易。根本问题是人们的文化与生活方式存在冲突。有人认为，这些行为是不道德的、有害的；然而，另外一些人则认为这些行为是可以接受的，对他人并无伤害。[51]

20世纪20年代，美国国会通过了《禁酒令》。这是一个极佳的实例，让人们见识了在法律禁止的情况下，一个产业在何种程度上可以顽强生存并提供法律禁止的产品或服务。非法物品和服务的提供者出于个人私利而维持自己的企业。来自这些非纳税企业的利润，为腐蚀司法部门提供了充足的金钱：必要时可以随时贿赂警察、检察官和法官。于是，警察腐败就成了他们的一项日常开支，如同购买一份保单，以确保企业的持续运转。根据艾瑞克·施洛瑟的报道，有组织犯罪和非法行为已成为美国经济的一个重要组成部分，大概占美国国内生产总值的4.6%，约合6500亿美元，它们与美国的地下经济息息相关。[52]在这些收益中，最大部分来自毒品走私和销售。仅毒品买卖一项，总计每年高达600亿美元。[53]

犯罪集团拥有充足的财力，可以鼎力支持其候选人谋取政治职位。一旦成功入选，这些政客将予以回报，他们会利用自己的权力来影响司法部门，如阻止对犯罪活动的调查。1935年V. O. 基（V. O. Keg）指出，随着色情、卖淫等非法服务的提供变得更加集中，加上犯罪集团呈现出合法大型企业的特征，警察腐败的性质已经发生根本改变。[54]

包括管制法令在内的法律也会促成警察腐败。例如，法律禁止双排泊车，这原本是为了保证交通顺畅。但是，一些店主担心严格执行此项法律会减少自己的顾客，尤其是在城市里，如果商店地处拥堵的中心商务区，店主就会贿赂警察，让警察对双排泊车等违法行为视而不见，网开一面。

上述事例揭示了不同种类腐败之间的一个重要区别：有些腐败采取非法手段进而达到非法目的，如通过贿赂来保护非法的毒品交易；其他一些腐败则是通过非法手段实现合法目的，如通过贿赂来保证生意兴隆。

威廉·钱布利斯（William Chambliss）强调，在法律、政治、警察和犯罪活动之间存在密切的联系。他指出，有组织犯罪不再是游离于法律和政府之外，反倒成为其产物。他进一步指出，在美国城市，有人操控运作各种组织，以提供色情、卖淫等非法服务。这些操控者根本就是商业、政治和执法机构的成员，而绝非简单的黑社会犯罪分子。[55]

（二）文化冲突

刑法是美国社会文化多元化的反映。不同的群体试图运用法律来禁止触犯其价值观的行为。然而，一些群体视为非法的行为，在另外一些群体看来，则认为合法。麦克马伦（McMullen）认为在法律体系下，因目标不同而导致冲突，这是腐败产生的一个根本前提条件。他指出，高度腐败是巨大分歧的必然结果。对于一个国家的政府来说，人们如果对它所持的态度、致力的目标以及使用的手段存在严重分歧，腐败就必然会出现。国家如此，社会亦然。[56]

（三）地方政治文化

警察部门的腐败程度深受地方政治文化的影响。谢尔曼认为，在一个崇尚“公众为本”的社区中，腐败较为少见。一些社区已经形成高效廉洁、服务大众的传统；而在另一些社区提倡自我服务，或者秉持“个人为上”的理念。两相比较，后者将更加鼓励腐败的产生。[57]在纽约和新奥尔良，警察腐败之所以成为痼疾，是因为腐败早已经蔓延到政府的其他各个部分。但是，在北卡罗来纳州的夏洛特、俄勒冈州的波特兰等城市，因当地的政治文化注重优质的政府，其所在城市的警察腐败大多得以根除。

尽管政治文化是一个重要的因素，但是，对于这一观念的定性及其研究并非清晰明确。为什么不同城市和国家拥有不同的政治文化？政治文化究竟如何影响法律的实施？对此，我们尚不清楚。

三、社区邻里关系的解释

正如一些个体对腐败负有责任，一些组织也会促成腐败。罗伯特·凯恩（Robert Kane）认为，邻里关系影响到所在辖区警察的非正常行为模式。他指出，自20世纪30年代以来，研究者发现违法犯罪与混乱无序的邻里关系高度相关。所谓混乱无序，是指极度贫困、人员流动频繁、族裔众多、非正式的社会控制水平低下。凯恩强调，因为警察长期工作在混乱无序的环境中，他们难以避免类似的邻里问题，而正是这些问题导致当地居民违法犯罪增加。这些原因或许也可以解释警察的不当行为。

为了验证这一点，凯恩收集了从1975年至1996年间被纽约警察局停职或者开除的警察信息。他试图了解，当导致警察离职的事件发生时其工作辖区在哪里？警察是否因为不当行为或腐败行为而被开除？凯恩发现，警察腐败更容易发生在人们流动频繁、贫困、失业、在外国出生的人口比例很高、教育水平低下的街区。[58]

四、警察工作的性质

巴克（Barker）认为，警察的职业环境为警察一系列的不轨行为提供了不胜枚举的机会。[59]

警察工作有3个方面可能促成警察腐败：

首先，警察工作使警察置身于许多腐败的机会之中。在执法过程中，警察不可避免会遇到这种情况，有人试图逃脱抓捕而主动贿赂警察。这时候，警察就面临着持久的诱惑。尤为严重的是，有组织犯罪集团掌握着巨额财富，可以自由支配，用于腐蚀警察。这有助于理解腐败为什么在堕落的警察之中如此严重和普遍。20世纪80年代开始，涉毒活动日益加剧，尤其随着强效可卡因的问世，警察面临的诱惑也比以往任何时候都更为强烈。

其次，警务是能见度低的工作。[60]警察通常独自或者两人配对工作，缺少直接的监督。在工作中，警察因自身违法犯罪被当场抓获的风险非常小。对巡警的监管非常缺乏；对于侦探的监管则更是少之又少。因此，一方面警察面临最大的诱惑，另一方面他们被抓住的风险又最小。

最后，警察工作难免影响警察的态度，这也会间接地促成警察腐败。赫尔曼·戈德斯坦认为，普通警察，尤其是大城市的警察，见识过人性中最丑陋的一面，他们终日与坏人坏事接触，对于人与人之间的弱肉强食、掠夺争斗，早已经熟视无睹习以为常。于是，警察很容易变得玩世不恭。天天和违法犯罪分子打交道，警察会理所当然地认为，人人都是如此。[61]

五、警察组织

有些警察局的腐败尤为严重，而另一些部门却能成功地减少腐败，原因何在？最重要的变量就是领导力，即管理和监督的品质。一个部门，如果对腐败持宽容态度，腐败就会日益猖獗愈演愈烈。假设腐败的诱惑或者邀请在所有社区都大行其道，而且警察自己相信腐败不会被抓，或者即使被抓，惩罚也不致严重，在这种情况下，警察怎么能不向腐败屈服就范？

以全美30家警察局为研究对象，卡尔·克劳卡斯（Cark Klockars）考察了组织文化对腐败的影响。他发现，不管供职何处，对于各种不同类型的腐败，警察就其严重性进行排序，结果非常相似。然而，他又发现，警察一旦因腐败被抓住，如果身处诚信度高的警察局，他很可能会受到更为严厉的惩罚，而且在这种警察局供职的警察也更倾向于认为应该严惩腐败者。[62]这些发现表明，尽管在警察眼中，各种形式的腐败对其严重性的排序非常相似，但如果他们所在的组织对腐败不纵容不姑息，警察就会受到较小的诱惑，不敢轻易涉足腐败。

罗宾·哈尔（Robin Haarr）则强调，组织认同感非常重要，而且与警察不法行为之间存在联系。她在对美国中西部的一个警察局巡警的研究中发现，缺乏组织认同感的警察更容易逃避工作，也更容易产生不法行为。例如，与妓女发生性关系，过度使用武力，诸如此类。但是，她又发现，组织认同感过高的警察容易因为组织而走向极端，导致行为不当。例如，篡改逮捕报告，在法庭上说谎，以提高工作绩效。[63]

六、警察亚文化

无论是通过教唆警察以促成腐败，还是通过庇护同人以维持腐败，警察亚文化都是一个重要因素。

1970 年，韦斯特利（Westley）在对警察亚文化的经典研究中指出，警察愿意撒谎以掩盖其他警察的非法行为。[64]近期研究表明，在过去 30 年间，这种情况并未改变。一项对 121 家警察局 925 名警察的调查中，维斯博德（Weisburd）和他的同事指出，52.4%的警察认为对其他警察的不当行为可以睁只眼闭只眼，这种做法并非罕见；只有 39%的警察认同对同事的严重犯罪行为，包括滥用权力进行举报。[65]

这样的结果很大程度上源于同行的压力。警察之间的这种压力尤为强大。警察亚文化重视忠诚与团结。面对批评，警察会互相保护，因为他们期待当自己需要帮助时同事也能伸出援手。然而，这种团结往往会助长谎言和庇护。[66]在警察内部背叛者经常会受到排斥。一项全国范围对警察的调查显示，67%的警察认为，举报同事的警察很可能会受到伙伴的鄙视。

关于警察团结的详述见第六章

边注栏 13-1

警察有责任参与到对腐败的内部调查和研究中来吗？

了解警察机构内部腐败的性质和程度是必不可少的第一步，随后才能采取应对之策。然而，在很多警察局中，腐败是个禁忌的话题。首先，警察行政主管对腐败问题三缄其口，唯恐丑闻爆发。其次，因深受警察亚文化的影响，出于忠诚，大多警察对同人的不端行为保持沉默。最后，许多警察工会不允许警察参与到对腐败的调查中来，声称要保护其成员。

以班为单位讨论，在参与腐败的内部调查和研究这一问题上，你认为，警察局的义务和责任是什么？对于自己警察局的腐败，警察官员是否应该持更加开放的态度，对内对外都应该如此？如果真是这样的话，警察和警察行政主管，结果将会怎样？

资料来源：Sanja Kutnjak Lvkovich：《服务和信息收集：评估警察腐败》，载《刑法和犯罪学》第 93 期，第 593－649 页。

第六节　腐败的演化过程

一、警察的职业道德

警察在其职业生涯开端，因为经历少，大都廉洁公正。例外的情况是一些有犯罪前科的人，在警察招募之时未曾将其剔除，以致让他们混入警界。莫伦委员会发现，大多数腐败警察在他们供职最初，廉洁公正且满怀理想。事实上，在纽约市警察局最臭名昭著的警察中，仅仅从书面文件来看，有些人在入警之时是几近完美的新成员。[67] 时过境迁，从当初理想的警察人选，变成现在彻头彻尾的腐败警察，他们都经历了同一个过程，这个过程由一系列阶段所组成：从很小到很大，逐渐容忍不同程度的腐败；从容忍腐败到参与腐败。谢尔曼把这个全过程形容成警察“道德生涯”的变迁。[68]

最初，不过是接受一些无足轻重的赠物。警察渐渐开始相信免费就餐是自己日常工作的一部分。在第一阶段，同行的压力极为重要，老警察给新警察传授腐败之道。谢尔曼指出，是否接受小费，这样的道德质疑通常发生在新警察上岗的前几天。前辈同行给予的巨大压力，迫使他们不得不接受这些额外的收入。[69] 莫伦委员会发现，因为在纽约对警察过度使用武力行为的姑息纵容，诱发了很多警察的不法行为，其中就包括腐败。[70]

与此同时，警察也处于行贿者的压力之下。在很多传闻中，警察被迫享受免费就餐，尽管他们非常愿意付款。

根据谢尔曼的研究，向腐败演化的第二、第三阶段，就是对管理规则的触犯。警察接受酒吧老板的免费饮料，然后允许酒吧在法定关门时间继续营业；或者警察从超速行驶的司机手中接受贿赂而免开罚单。如果该警察知道，这些事情对于其他警察而言，不过是家常便饭，那么同行的压力就变得非常重要。此时此刻，警察仍是被动地接受他人赠物。

在某一节点，质变发生。警察从“食草者”向“食肉者”转变，也就是说，警察从被动接受赠物到主动索取贿赂。[71]从此，腐败变得更加严重、更为常见，并涉及大量金钱，警察开始主动促成腐败。在谢尔曼猜想模型中，第四、第五和第六阶段包括警察因为保护卖淫、毒品走私等活动而定期收取回报。谢尔曼指出，接受与毒品有关的贿赂，是警察备受煎熬的道德经历。警察必须重新调整对于自我形象的塑造，才能接受这个不堪的事实：明知毒品非法且有害，自己却正在积极主动地促成毒品交易并散发毒品。此时，警察的职业道德已经彻底沦陷，警察腐败到达顶峰——不再仅仅只是接受贿赂，而是主动助长非法行为和有害行为。

二、腐败中的组织

随着组织中的警察都经历了从轻微腐败到严重腐败的相似阶段，整个组织已经变得腐败不堪。一个警察局的“职业道德”变迁也经历了几个阶段，谢尔曼将其确认为四个阶段：第一个阶段，腐败只涉及孤立的警察或者少数几个孤立的小组。当所有警察都卷入腐败，即达到第二、第三阶段。最后一个阶段，即普遍的有组织的腐败，在这个阶段，实际上所有的警察都服务于这样一种制度安排，其中每一个环节都带有犯罪元素。一个警察局日渐腐败，根本原因就在于该部门的领导阶层并不积极主动地打击腐败。

第七节　腐败的控制

控制警察腐败极其困难。警察发展的历史表明，许多看似成功的改革，仅仅只收获暂时之功。赫尔曼·戈德斯坦评论道，改革的历史为我们展示了许多设计精妙的尝试，这些尝试都致力于消除欺诈；但是努力过后，很快就故态复萌。[72]例如，自19世纪90年代以来，纽约每20年就会曝出一次腐败丑闻，随之而来的是有关丑闻的特别调查（见边注栏13－2）。每一次调查都会对改革提出建议，但是，腐败依旧猖獗，屡禁不止。

然而，也有警察局成功减少或消除腐败的例子，如20世纪50年代的洛杉矶和奥克兰。这一时期，奥克兰警察局的改革被谢尔曼称为“美国警察机构中最持久的改革之一”。[73]

控制腐败，包含两项不同的任务。首先，防患于未然，从一开始就要阻止腐败的发生。其次，一旦腐败出现，就要立即减少并消除它。控制腐败有两种基本途径。其一是内部途径，包括警察局所开展的行动。其二是外部途径，包括警察局以外的机构所采取的措施。

边注栏 13-2

关于警察腐败的调查，纽约

1885 年——Lexow 委员会

1913 年——Curran 委员会

1932 年——Seabury 委员会

1954 年——Gross 委员会

1973 年——Knapp 委员会

1994 年——Mollen 委员会

资料来源：Frank Anechiarico，James B. Jacobs：《追求绝对的廉洁公正》，芝加哥大学出版社 1996 年版，第 495 页。

第八节 腐败的内部控制策略

对于腐败有效的内部控制计划，应包含以下几个方面：

一、局长的态度

专家同意对腐败的成功控制始于首席行政官的态度。警察局的首长必须态度明确，对腐败绝不容忍。莫伦委员会认为，对于警察公正廉洁的承诺，绝不只是一个抽象的价值观。它不仅要反映到言语上，更要落实到行动中，包括警察局局长、警察局最高指挥官、基层一线的主管，正是后者塑造了普通警察的态度，警察公正廉洁的承诺应该落实到所有这些人的言行之中。[74] 在人们所熟知的成功控制腐败的事例中，都有局长的强力作为，这些局长是洛杉矶的威廉·帕克、奥克兰的怀曼·弗农、堪萨斯的克拉如斯·克里以及纽约市的帕特里克·V. 墨菲。

警察局局长如果公开表明反腐的强硬立场，需要承担一定的风险。公开谈论这个话题，就意味着承认腐败或者违法行为的存在。莫伦委员会发现，纽约反腐机制之所以在某种程度上失败，原因就在于纽约市警察局的官员并不希望有任何负面宣传。结果，对警察腐败的指控往往无从调查，无功而返。[75]

二、规章制度

在控制腐败的过程中，第二步就是明确对什么样的行为绝不可容忍。明确界限的一种方式是形成书面制度，详细列举所禁止的行为。书面制度，又称行政规则制定，也同样适用于控制警察的自由裁量权和实现警务问责制。卡特和贝克认为，针对腐败制定的行政规则，应该服务于六个基本目标：

1. 让警察了解他们应该拥有的行为标准；
2. 让社区了解这些标准；
3. 为警务操作的前后统一打下基础；
4. 为处罚提供依据，为犯错误的警察提供咨询；
5. 为警察主管提供标准；
6. 为警察训练指明方向。[76]

关于行政立法的详述见第十一章

对于某些界限的制定存在很大争议。[77]例如，并非所有的执法官员都认为有必要或者有可能禁止免费就餐或者其他折扣。俄勒冈州警察基金会的一项调查发现，62%的警察认为接受折扣是不恰当的，即使别的顾客也同样有此折扣；然而，也有20%的警察认为可以接受折扣。[78]

一些领导者认为必须明令禁止所有的赠物。帕特里克·V. 墨菲曾对他的下属说，“除了你们的薪金是干净的，其他一分一毫都是赃钱”。[79]洛杉矶的威廉·帕克和芝加哥的O. W. 威尔逊也认为，即使是一杯免费的咖啡，也会损害警察的诚信。他们之所以反对任何赠物是基于这样一种理念，勿以恶小而为之，一个细微的差错会创造一种氛围，在这种氛围下大的差错逐渐成为可能，所谓差之毫厘，谬以千里。但是，也有一些专家认为反腐努力应该集中于打击严重的腐败行为。

三、反腐调查的管理

对腐败的有效控制，需要对警察局自身的疑似腐败行为进行实质性调查。通常情况下，这是内务部（IAU）或者行业标准办公室（OPS）的职责所在（见图表13－4）。

图表 13－4 圣彼德斯堡警察局内务部

VI 内务部

A. 内务部的目标

1. 当接到对警察或警察局的指控或投诉，或者接到警察局局长的指令，立即展开调查，对指控做出平等公正的评价。

2. 随机进行检查，确保在以下方面，警察行为得当，公正廉洁。

a. 稽查并销毁已经被查封的控制物。

b. 手机的使用。

c. 保释程序。

d. 失事现场的服务。

e. 随机的药物检测。

B. 组织与人事安排

1. 内务部应该直接向警察局局长报告。内务部的人事安排由局长亲自任命；内务部的工作由部门指挥官指派。

2. 内务部的指挥官应该向警察局局长通报每一个收到的正式投诉，如果有必要，可能的正式投诉也要一并通报。这项工作绝不可以超过 7 个日历天数，从收到信息开始计算时间。

资料来源：圣彼德斯堡警察局内务部工作报告，2005 年。

成功的反腐工作需要方方面面的努力。正如前面已经提及的，首先，需要行政主管强有力的支持。国际警察局局长协会（IACP）建议，内务部负责人应该直接向局长报告或者能够定期见到局长，因为从根本上是局长对规制负责。[80]然而，莫伦委员会认为，纽约的警察官员应向调查者传递明确的信息，不要对腐败穷追不舍。迈克尔·多德是那个在丑闻中臭名昭著的警察，其实是在英国萨福克郡城郊警察调查毒品的行动中被捕的，而不是被纽约警察逮捕。[81]

此外，内务部需要充足的人员来承担反腐调查工作。帕特里克·V. 墨菲扩大了纽约警察局内务部的规模，将调查者与警察的比例，从 1∶533 提高到了 1∶64。谢尔曼发现，他所研究的其他两个部门中，该比例分别是 1∶110 和1∶216。[82]同时，墨菲下放权力，创建了内务部的网络中心。然而，20 年后莫伦委员会发现，内务部几乎很少调查关于腐败的指控，绝大多数案件委托给内务部网络中心，使后者负担过重，难以开展有效的调查。[83]问题的产生并不一定是由于反腐工作的构架，而是在于缺乏行政授权使反腐工作难以有效展开。

在警察局内部，反腐工作是否需要集中或者分散进行，同样也存在争议。大多数警察局已对腐败调查集中管理，由内务部的指挥官直接向警察局局长报告。但是，有些机构，诸如纽约市警察局却另辟蹊径，将反腐工作分散展开。[84]

在很多警察局为内务部配备人员也是一个棘手的问题。警察大多不看好内务部，将内务部人员视为告密者，也不希望与他们共事。在西南部某大都市地区，对前任和现任内务部人员的调查得知，他们身上背负着许多污名。一名内务部员工的朋友对他说："你疯了吗？你到底为什么要在那里工作？"另一名员工则被告知："我觉得，你在那里干简直就是明珠暗投。"[85]

在很多警察眼中，内务部破坏了组织团结的原则。同样，很多警察认为内部事务调查比犯罪调查更惹人讨厌。根据加里蒂规则，警察会因为拒绝回答内务部的提问而受到处罚甚至被开除（即便这名警察所揭露的事情，在刑事诉讼中并不能用作对其不利的证据）。最终，许多警察认为内务部心存偏见，他们想抓谁，心里早有预谋。[86]

一些警察局，因为工会合同的缘故，局长无权决定指派谁到内务部工作。常识就是，一个不想担任这项工作或者有过不良表现记录的人，不大可能成为有进取心的反腐调查者。另一些警察局局长则完全可以掌控内务部的人员委派，在这种情况下，内务部的工作就颇受青睐甚至被视为晋升的关键。

四、调查的策略

反腐调查的主要障碍与所有侦探面临的问题相同：如何获得可信的证据。腐败常常无受害人、无起诉方，调查者不得不依靠自身力量启动对腐败的调查。在腐败的警察局，主要问题是所谓的"蓝幕"，即警察拒绝为证实腐败作证。即使是最诚实的警察，也不愿意检举自己的同事。

成功的调查依赖于下决心与调查者合作的腐败警察。举例而言，在20世纪70年代的纽约丑闻中，警察罗伯特·莱齐为调查者提供了最为重要的证据。然而，这么做，举报者将付出巨大的代价——在部门内部受到排挤，甚至其生命也将面临潜在的威胁。类似情况，在洛杉矶的兰帕特丑闻中，警察拉斐尔·佩雷斯因盗窃汽车、伪造证据、贩卖可卡因等罪名遭到逮捕，检控方提出对他减刑，至此，他才向调查者提供信息，终于使腐败问题大白天下。[87]

五、撕开"蓝幕"，即打破沉默

所谓"沉默的蓝幕"，即"沉默原则"，是指警察拒绝做出不利于同事的证词，"蓝幕"是庇护警察腐败最主要的因素之一。在洛杉矶和纽约，人们首创新的方法，希望抓住并惩罚作伪证的警察。20世纪90年代末，洛杉矶警察局的总监察长推出一项新的办法，以期识别在调查中提供虚假证据或者误导性证据的警察。[88]打击警察腐败委员会，是效仿莫伦委员会而组建的调查部门，他们对警察部门处理伪证案件的工作进行评估，最终得出结论：警察局对说谎行为的处罚力度远远不够。他们给出建议：除非有特殊情形，否则，说谎警察应该自动解职。[89]

另外，一些警察机构发现上述做法可能产生南辕北辙的反效果，实际上还会进一步强化“蓝幕”效应，即强化沉默。根据洛杉矶兰帕特独立审查小组的报告，出于种种原因，如友谊、忠诚、害怕报复等，警察一般不会立即挺身而出，对事件进行报告。然而，他们会反思自己的决定，尤其是目睹同一名警察屡屡重复犯错时，他们会重新思考。显然，如果惩罚那些不立即举报者，会适得其反，让一些警察打消稍后报告的念头，进一步强化了警察之间互相保密、互为同盟的必要性。[90]

六、前摄性的廉政测试

廉政测试是警察部门识别腐败警察的另一策略。这一策略或者针对锁定目标，即有腐败嫌疑的警察，称为定向测试；或者随机抽取警察，称为随机测试。这种测试，试图刺激警察参与腐败，以考察其诚信度。例如，警察可能会被叫到设计好的盗窃现场。作为廉政测试的一部分，该犯罪现场空无一人，而珠宝或现金则随处可见。由于身处盗窃案现场，警察可能会偷走珠宝或现金，然后浑水摸鱼，将责任转嫁给子虚乌有的罪犯。

举例而言，纳普委员会在20世纪70年代，莫伦委员会在20世纪90年代均采用了这种做法，纽约市则效仿之。当时因地区而异，接受廉政测试的警察有12%至34%的人失败。1995年至1996年约有2500名警察接受测试，只有不到1%的警察没有通过测试。警察局认为，这是他们成功打击腐败的有力证据。[91]

同样地，为了应对一系列腐败丑闻，新奥尔良警察局于20世纪90年代中期建立了一个新的公共诚信部门。该部门对警察进行廉政测试以甄别腐败。去年进行的廉政测试，官方报道显示，48名接受测试的警察均顺利过关。[92]

七、有效的监管

廉洁公正的标准也要求对警察的日常行为进行有效监督。赫尔曼·戈德斯坦评论说：“腐败滋生于运转不良的组织中，在那里权限模糊、监督最少。”[93]如果警察凭经验得知，他们的日常行为不被监督或者他们并不会因轻微的失职行为而受到惩罚。他们就会得出结论：腐败不会被抓住。历史上，因腐败丛生而臭名昭著的部门，同样拥有管理低效的恶名。回顾洛杉矶兰帕特丑闻，人们发现在“摧毁”小组（CRASH）中，警长和督查指挥官并不参与日常行动，也没有咨询、参与或者监督其他警察的日常行动。[94]

警察自己也认为，良好的一线主管也许是控制警察不法行为的最佳方式。在一项全国性的调查中，近90%的警察相信，良好的一线监督对于预防警察滥用权力颇为有效。在焦点小组会议上，监督者认可，通过发挥榜样的模范和指导作用，监督者清楚地表达自己的观点，这样可以有效地防止警察不法行为。[95]

作为强化监督的一种方式，国际警察局局长协会（IACP）和司法部警察廉政会议建议，通过早期干预系统来甄别犯有痼疾的警察。早期干预系统的使用，其目的不是惩罚警察，而是防范于未然，在问题形成之初及时提出问题，并有望解决问题。[96]

关于早期干预系统的详述见第十四章

八、奖励优秀的警察

专家认为，腐败之所以泛滥，是因为警察局未能奖励优秀的警察。正如赫尔曼·戈德斯坦所指出的，很多称职的警察发现，腐败一经披露，哪怕只有一次，也会对自己的职业生涯产生永久性的损害。[97]莫伦委员会认为，改革的重点在于，应该使廉洁公正的警察感到负有责任，让其同事也保持廉洁公正，并摆脱腐败的警察。很遗憾的是，廉洁公正的警察常常不被鼓励如此作为。警察被告知，不要举报腐败行为；当他们真的举报之后，这些信息却往往被忽视。[98]

九、人员招聘

招录时的有效筛选，是遏制腐败的一个重要因素。然而，在这个阶段就识别出潜在的腐败警察并不一定可行。莫伦委员会发现，依据背景而言，一些最腐败的警察在招聘时竟然是极理想的警察人选。[99]

在佛罗里达州的迈阿密、华盛顿特区以及加利福尼亚州的洛杉矶，警察部门都曾经曝出重大丑闻，他们聘用有犯罪记录和涉毒历史的人员入警。然而问题在于，当时这些部门处在政治压力之下，亟须聘用更多警察，因而没有对聘用者的背景进行常规检查。[100]例如，在洛杉矶兰帕特丑闻中，涉案警察被发现有犯罪记录、经济问题、暴力记录以及毒品问题。进一步调查之后发现，所有这些警察都是在20世纪80年代末和90年代初被聘用的；其时，为了迅速填补内部的职位空缺，警察局往往在聘用协议上做出让步。[101]

如今，在所有大的地方执法机构中，98%使用了犯罪记录审查，97%使用了背景调查，78%使用了信用历史审查，以此作为选择新警察的筛查方法。[102]求职者的背景调查被视为有效反腐工作必不可少的组成部分。经验表明，有被捕记录者（即使最后没有定罪），尤其是涉毒人员，一旦录用入警，其成为腐败警察的风险很高。

基于以前的犯罪记录或者涉毒记录，求职者是否应该自动被剔除出警察队伍，对此，警察局存在极大争议。事实上，所有的机构都会拒绝录用一个有重罪记录的人。至于毒品，国际警察局局长协会（IACP）认为，选择警察的最佳标准是身世清白，不曾滥用任何类型的毒品。[103]但是，处于现代社会，考虑到毒品使用的程度及范围，秉持一个绝对的标准，将会筛掉很大一部分求职者。通常情况下，绝大多数警察局愿意聘用部分先前有使用毒品记录的人，并对以下三种情况加以区别对待：尝试毒品、使用毒品和滥用毒品。绝大多数警察部门可以接受曾经少量使用毒品或者尝试毒品的人，但是，目前仍在使用毒品或滥用毒品者会被排除。

许多警察局已经启动毒品检测项目以识别涉毒警察，其中，既包括求职者，也包括在职警察。对警察机构的一项调查发现，89%的警察局会对求职者进行毒品检测。[104]另一项研究指出，那些已经拥有毒品检测项目的部门中，如果警察正处于敏感任职期，或者正寻求调往敏感部门，如内务部、抓捕卖淫或者毒品的队组，对于这些警察，很多部门会进行毒品检测。一旦发现警察使用毒品，并非一定要将之开除，许多警察局表示，他们更希望对这些警察提出忠告和建议。[105]

第九节　腐败的外部控制途径

腐败一旦存在便难以消除。内部控制机制经常会失效，或者在腐败无处不在的情况下，内部控制机制往往不堪重任。此时，外部控制策略也许就很有必要。

一、特别调查

因为调查腐败的难度很大，有时会组成特别调查委员会。20 世纪 70 年代初，纳普委员会对纽约警察展开调查；20 世纪 90 年代，莫伦委员会则进行了另一项调查。类似的，在同时代的加利福尼亚州的洛杉矶，警察受到滥用职权的指控，克里斯多夫委员会就此展开了调查。

在新奥尔良，为了打击腐败和不法行为，至少有两项外部举措涉及特别调查。首先，2011 年两名联邦调查局的特工受命全天候在新奥尔良警察局工作。这两名特工与公共廉政局一起工作，调查关于警察腐败的指控；与此同时，他们还协助当地警察进行在职训练。[106]其次，新奥尔良警察局邀请司法部民权司（Justice's Civil Rights Division）就违宪行为的模式或行为，展开独立调查。[107]

特别委员会独立于警察部门之外，此为其优势所在；但是，特别委员会的委员们难以对警察内部事务了如指掌，此为其不足；同时，外部调查也会招致普通警察的敌意，使业已存在的“蓝幕”格局进一步强化，促使警察联合起来一致对外，拒绝与特别委员会合作。

二、刑事诉讼

警察腐败可能触犯刑法，所以运用州法律来控告腐败者也是一种可行的办法。犯罪行为包括特定的腐败行为、盗窃行为、持有和买卖毒品行为以及作伪证。

在全美缺乏这样的数据，有多少警察因为腐败而受到指控；尽管如此，通过对逮捕、定罪和监禁警察的分析，足以阐明美国依靠刑法体系来惩治腐败警察的能力。这种做法是否有效，对此，伊夫科维奇的研究表明鲜有警察因参与腐败而受到严厉惩罚。例如，纳普委员会调查发现，将 137 个涉及腐败的案件提交给检察官，其中 2/3 的被告最终被定罪或者认罪。约有 61% 被定罪者获得释放，或者处以缓刑，仅有 5 名警察被处以 1 年或者 1 年以上的监禁。[108]

运用联邦法律起诉当地警察的腐败行为，不失为另一种做法。因为联邦检察官与当地刑事司法官员联系很少，使前者在调查中能够保持更加独立的姿态。针对腐败案件起诉的调查，最广泛的研究之一是由凯瑟琳·马里和约翰·加德纳做出的。研究者将 1970 年至 1987 年间所有在芝加哥和库克县被起诉的腐败案件数据进行汇编，他们发现，16 年间，共有 114 个案件涉及腐败。马里和加德纳在报告中提出，联邦检察官起诉腐败案件的可能性要比县检察官高出 10 倍。[109]

相比较而言，在许多方面，对腐败的起诉，比对过度使用武力的起诉更为容易。通常情况下，证明一个警察收受贿赂并且有收受贿赂的犯罪动机，比证明一个警察有殴打他人的犯罪动机更加容易。然而，仅仅依靠刑事诉讼来实现对腐败的长期整治，对其有效性大可质疑。在纽约市警察局，几乎所有的腐败调查中都有警察被起诉和定罪，然而，腐败依然屡禁不止。这似乎带给人们一个教训，刑事诉讼治标不治本，它可以剔除个别腐败警察，但并不能消除导致警察腐败的根本原因。

边注栏 13 -3

司法部（DOJ）要求关注腐败和不法行为

当司法部对一个警察机构展开调查，指控通常会涉及腐败和不法行为。以下是去年司法部起诉执法机构几类案件的实例。

东港警察局（East Haven Police Department）

2009 年 9 月 30 日，特别诉讼条款启动了对东港警察局（EHPD）的调查，依据是《暴力犯罪控制与惩治法案》（1994）、《综合犯罪控制与街区安全法案》（1968）。随着调查的不断深入，依据进一步扩展到《民权法案》（1964）第六条。我们于 2011 年 12 月 19 日公布调查结果。调查发现，东港警察局局长长期以来对拉美裔人士采取歧视性的政策和做法，几乎成为定规，这种歧视违背了宪法和联邦法律。需要特别指出的是，东港警察局针对拉美裔人士实施歧视性的交通执法，在路检时，对待拉美裔司机异常严厉。与此同时，东港警察局刻意疏于对内部系统的设计和落实，而正是该系统能够识别和阻止歧视行为的发生。

马里科帕县治安官办公室（Maricopa County Sheriff' s Office）

2008 年 6 月，我们启动了对马里科帕县治安官（MCSO）的调查，依据是《暴力犯罪控制与惩治法案》（1994）、《民权法案》（1964）第六条。因为马里科帕县治安官拒绝合作，调查一度搁置。这迫使我们依据《民权法案》（1964）第六条，对马里科帕县治安官提起诉讼，以得到我们所需要的信息，最终完成调查。当马里科帕县治安官同意提供所需信息时，2011 年 6 月我们撤销起诉。在完成调查并彻底审查证据之后，2011 年 12 月 15 日，我们公布调查结果。调查发现，马里科帕县治安官深陷不法行为模式，触犯了宪法和联邦法律。特别是我们还发现了马里科帕县治安官对拉美裔人士实行种族形象定性的做法，也就是仅就种族来锁定犯罪嫌疑人或者犯罪嫌疑团伙。除此以外，马里科帕县治安官非法拦截、拘留、逮捕拉美裔人士，一旦他们的做法遭到投诉或者批评，则非法打击报复。目前，我们正与该城市合作，以达成协议，对我们发现的违宪行为予以纠正。

新奥尔良警察局（New Orleans Police Department）

2010 年 5 月 15 日，我们启动了对新奥尔良警察局（NOPD）的调查，依据是《暴力犯罪控制与惩治法案》（1994）、《综合犯罪控制与街区安全法案》（1968）、《民权法案》（1964）第六条。经过全面调查，2011 年 3 月 17 日我们公布调查结果。调查发现，新奥尔良警察局深陷不法行为模式，触犯了宪法和联邦法律，包括成为定规的，过度使用武力、非法拦截、搜查和逮捕。调查还发现，对于侵犯女性的暴力案件，新奥尔良警察局在惩治和调查这类案件的过程中，存在性别歧视的模式和做法。我们更进一步发现，有强烈的迹象表明，新奥尔良警察局存在歧视性警务活动，对于不同人种、不同族裔，对于同性恋、双性恋以及跨性别恋均存在歧视行为。与此同时，新奥尔良警察局对于少数语种社区未能提供危机警务救助。目前，我们正与该城市合作，以达成协议，此协议将由联邦法院强制实行，对上述种种违宪行为模式予以纠正。

波多黎各警察局（Puerto Rico Police Department）

2011年9月8日，司法部民权司（Civil Rights Division）公布了对波多黎各警察局（PRPD）全面调查的结果。波多黎各警察局拥有约17000名宣誓任职的警察，在全美各地的警察机构中，人数位居第二。本次调查的依据是《暴力犯罪控制与惩治法案》（1994）、《综合犯罪控制与街区安全法案》（1968）、《民权法案》（1964）第六条。需要特别指出的是，波多黎各警察局局长长期以来存在过度使用武力的模式和行为，对一些行使第一修正案赋予权利的个人使用不合理的武力，而且，还存在违宪搜查和扣押行为。此外，调查还发现其他一些问题，值得强烈关注。波多黎各警察局在调查性犯罪以及家暴事件中，因为证据困扰，往往流于失败。针对多米尼加族裔人士，波多黎各警察局往往采取歧视性的政策和做法。目前，我们正与波多黎各市合作，以达成协议，对发现的不法行为予以纠正。

西雅图警察局（Seattle Police Department）

2011年3月31日，我们启动了对西雅图警察局（SPD）的调查，依据是《暴力犯罪控制与惩治法案》（1994）、《综合犯罪控制与街区安全法案》（1968）、《民权法案》（1964）第六条。经过全面调查，2011年12月16日我们公布调查结果。调查发现，西雅图警察局局长长期存在过度使用武力的模式和行为，触犯了宪法和联邦法律。我们进一步表示强烈关注，西雅图警察局的一些政策和行为，尤其涉及行人的，可能导致歧视性警务执法。目前，我们正与该城市合作，以达成协议，对种种违宪行为模式，予以纠正。

资料来源：www. justice. gov/rt/about/spl/findsettle. php,2011年4月23日。

三、动员舆论

专家认为，因为地方政治文化对腐败的容忍，导致某些特定警察局的警察腐败泛滥成灾。因此，控制腐败需要动员舆论的力量，而媒体在形成舆论方面扮演着重要角色。媒体经常曝光腐败现象，并推动改革进程。例如，20世纪70年代，在揭露纽约市警察局的腐败中，《纽约时报》记者大卫·伯纳姆厥功至伟。1970年4月25日，他撰写的有关腐败的新闻报道成为头版头条，直接导致了纳普委员会介入警察腐败调查。[110]

需要指出的是,《纽约时报》之所以介入此事,仅仅因为在此之前,纽约市市长和警察局高层官员都拒绝就关于弗兰克·塞尔皮科警官和戴维·德克警官被指控一事进行深入调查。

最近,《哨兵卫报》(Journal Sentinel)的吉娜·巴顿(Gina Barton)在密尔沃基(Milwaukee,美国威斯康星州东南部港市)报道,93 名警察,约占密尔沃基警察局警察人数的 5%,因为触犯法律而受到惩处。她指出,很多行为不端的警察,如涉及性侵犯、家庭暴力、醉酒驾驶、在商店偷窃,从未被起诉或者被惩罚。她设法获取了 93 名警察的审判记录,进一步阐明这个问题。为此,她投入 2 年时间,花费 7500 美元,并创建了一个互动网站。在这个网站上,人们可以查阅到那些行为不端的警察,以及他们受到部门制裁和刑事裁决的最终结果(详情请登录 www. jsoline. com/watch – dog/131991558. html)。这个故事和网站都告诉人们,新技术在动员舆论反对腐败方面,可以大有作为。[111]

然而,依赖媒体反腐同样存在某些局限性。一是媒体报道丑闻往往是短时间的。媒体和大众对于事情的关注极为短暂,很快他们的注意力就会转移到其他危机事件上。二是媒体倾向于报道丑闻中最具戏剧性的一面,过于关注那些成为替罪羊的个体;但腐败潜在的、根本的原因极为复杂,这些原因并不能提供戏剧性的、有新闻价值的重大事件。三是丑闻往往带来戏剧性的回应,如某些官员被开除或者调任,但是这并不能解决根本问题。常见的做法是,为了应对丑闻,警察局经常重新委派人员。科恩布卢姆发现,纽约大规模的警察调动,对廉洁和腐败的警察均有影响,但这并不能从根本上解决腐败深层次的原因。[112]

四、改变外部环境

谢尔曼认为,警察部门并非完全受外部政治环境的支配。他引用了一个实例,20 世纪 50 年代的奥克兰,一名致力于改革的警察局局长声称要逮捕那些参与赌博和其他违法活动的政客们,警察局局长的言行起到了敲山震虎的效果,并因此影响到当地警方的外部环境。这种震慑有利于减少腐败,其影响不仅仅局限于警察局,也影响到整个城市。因此,新的政治环境应运而生,比较成功地遏制了腐败。[113]

五、反腐工作的局限

弗兰克·阿内卡里科和詹姆斯·B. 雅各布斯指出,反腐努力不仅自身无效,还会导致政府失效。在他们看来,预防腐败的规章制度限制了政府部门的能力，使它们难以富有创造性和灵活性地完成最基本的使命。[114]

阿内卡里科和雅各布斯的观点发人深省。正如他们所言，自20世纪90年代以来，尽管纽约市警察局每20年就要进行一次特别调查，但腐败现象依然屡禁不止。不过，上述观点存在两个缺陷：其一，也是最重要的，该观点仅限于纽约市，而其他城市的腐败程度与纽约并不相同；其二，确实有一些城市的警察局在减少腐败方面取得了成功。[115]

案例研究

卡特里娜飓风与新奥尔良市警察局

2005年8月29日，新奥尔良遭受了卡特里娜飓风的严重破坏，堤坝被冲垮，城市80%的土地被洪水淹没。尽管在强制撤离命令下，绝大多数居民离开了受灾城市，但仍有50000～100000名市民被洪水围困，很大程度上他们只能依靠自救。出于人道主义救援以及打击飓风过后街道上的不法行为，灾区急需大量警察。但是，新奥尔良市警察局的负责人很快就发现，他们的预期落空了，警力严重不足，难以提供所需服务。起初人们尚不清楚，那些失踪的警察到底发生了什么事情，是回去照顾自己的家庭，还是因洪水围困而无法上岗，还是单纯的擅离职守。

随着营救行动的启动，新奥尔良市警察局局长爱迪·肯帕斯（Eddie Compass）估计，有500名警察，即36%的警察擅离职守。新闻报道开始播出视频，在视频中警察抢劫非必需品，如电子产品和珠宝。

警方最新的统计数据显示，擅离职守的情况并没有最初想象的那么严重。然而，这些数据的确表明，紧随卡特里娜飓风之后出现的警察不端行为，未来将对新奥尔良警察局产生毁灭性的打击和影响。最后，66名警察因擅离职守被开除，11名警察因玩忽职守被开除，41名警察因行为不端而辞职，还有官方未公开数量的警察因行为不端而被处以停薪停职处分。

据估计，在事件调查结束后，新奥尔良警察局总计共失去了7%的警察。

资料来源：凯文·杰森：《卡特里娜飓风让警察面临选择：职责还是爱人》，载《今日美国》，2006年02月21日；Willoughby Anderson：《这并非我们的责任》，一份未公开发表的手写稿。

结 语

警察腐败一直是困扰警界最为严重的问题。它拥有漫长的历史，而当前毒品问题使其日益严重。控制警察腐败异常困难，不单纯只是几个“坏苹果”的问题，警察腐败已经深深根植于美国社会和美国刑法之中，并且受到诸多其他因素的影响，如警察工作的社区以及警察就职的部门，等等。尽管问题重重，但是希望依然存在。一些部门已经通过有效的控制方法，成功地减少和消除了警察腐败。

关键术语

警察腐败	职业偏差	滥用权力
赠物	食草者	食肉者
贿赂	性行为不端	“坏苹果”理论
“坏袋子”理论	普遍存在的无组织腐败	警察“道德生涯”
加里蒂规则	沉默蓝幕	

普遍存在的有组织腐败能见度低的工作

讨 论

1. 腐败的代价是什么？你所在的社区，腐败的代价是怎样的？
2. 腐败的五种形式？各举一例。
3. 什么是食草者和食肉者？哪种类型的警察给社区带来的危害最大？
4. 解释腐败的三种程度，各举一例。
5. 识别六种不同的关于警察腐败的理论。你认为，哪种理论最好地解释了这个问题：为什么警察腐败会发生？
6. 随着卡特里娜飓风的来临，许多警察被置于两难困境：他们必须在警察责任与家庭责任之间做出选择。以班为单位讨论：在公共紧急事件如卡特里娜飓风期间，警察所承担的个人义务和职业义务，以及警察部门可以采取哪些策略来解决此类问题。

网上练习

练习1：登录网址 http：//www. policeabuse. org，在诸多电话和视频记录中，调查者试图评估警察局投诉程序的质量。选择其一观看，然后讨论：警察表现如何？好的方面有哪些？警察如何更好地处理投诉？

练习二：登录你所在城市的报社网站，对当地警察局的腐败情况进行研究：多长时间发生一桩腐败丑闻？有固定的模式吗？例如，涉及毒品、卖淫、赌博活动。警察局通常如何解决这些问题？是将责任归咎于几个“坏苹果”，还是尝试从根本上解决问题？

练习三：登录纽约市警察局打击警察腐败委员会的网站（http：//www. nyc. gov/html/ccpc/html/home/home. shtml），关注纽约市警察腐败的最新报道。以班为单位讨论，就处理腐败问题而言，该委员会哪些事情做得好？还有哪些事情有待改进？

注 释

［1］Lawrence W. Sherman, ed. , Police Corruption：A Sociological Perspective（Garden City, NY：Anchor Books, 1974）, p. 1.

［2］Mollen Commission to Investigate Allegations of Police Corruption, Commission Report（New York：The Mollen Commission, 1994）.

［3］Bernard Parks, Rampart Area Corruption Incident：Public Report（Los Angeles：Los Angeles Police Department, 2000）.

［4］Found at http://articles. baltimoresun. com/2011 – 02 – 23/news/bs – md – towing – corruption – 20110223_1_police – officers – field – office – towing – scheme on November 21, 2011.

［5］Herman Goldstein, Police Corruption：A Perspective on Its Nature and Control（Washington, DC：The Police Foundation, 1975）, p. 3.

［6］Thomas Barker and David L. Carter, “A Typology of Police Deviance,” in T. Barker and D. L. Carter, eds. , Police Deviance, 2nd ed.（Cincinnati, OH：Anderson, 1991）, pp. 3 – 12.

［7］Government Accounting Office, Report to the Honorable Charles B. Rangel, House of Representatives, Law Enforcement：Information on Drug – Related Police Corruption（Washington, DC：Government Printing Office, 1998）,

p. 35.
[8] New York City Commission to Combat Police Corruption, The New York City Police Department's Disciplinary System (New York: The Commission, 1996), p. 10.
[9] Parks, Rampart Area Corruption Incident: Public Report.
[10] William A. Westley, Violence and the Police (Cambridge, MA: MIT Press, 1970), pp. 109 - 152.
[11] David Burnham, "How Police Corruption Is Built into the System - And a Few Ideas for What to Do about It," in Lawrence W. Sherman, ed., Police Corruption: A Sociological Perspective (Garden City, NY: Anchor Books, 1974), p. 305.
[12] Ronald Weitzer and Steven Tuch, Rethinking Minority Attitudes toward the Police: Final Technical Report (Washington, DC: National Institute of Justice, June 26, 2004).
[13] Mollen Commission, Commission Report, p. 45.
[14] The Gallup Organization, The Gallup Poll, www. gallup. com/poll/145043/Nurses - Top - Honesty - Ethics - List - 11 - Year. aspx, accessed on November 21, 2011.
[15] Sanja Kutnjak Ivkovich, "To Serve and Collect: Measuring Police Corruption," Journal of Criminal Law and Criminology 93 (2003), pp. 593 - 649.
[16] Goldstein, Police Corruption, pp. 16 - 22.
[17] Tom Barker and Robert O. Wells, "Police Administrators' Attitudes toward the Definition and Control of Police Deviance," Law Enforcement Bulletin, March 1982, p. 11.
[18] Robert Sigler and Timothy Dees, "Public Perception of Petty Corruption in Law Enforcement," Journal of Police Science and Administration 14 (1988), p. 18.
[19] Richard Kania, "Should We Tell the Police to Say 'Yes' to Gratuities?" Criminal Justice Ethics 7, no. 2 (1982), pp. 37 - 49.
[20] Knapp Commission, Report on Police Corruption (New York: George Braziller, 1973), p. 4.
[21] Mark Jones, "Police Gratuities and Public Opinion," Police Forum, October 1997, pp. 6 - 11.

[22] Victor Kappeler, Richard Sluder, and Geoffrey Alpert, Forces of Deviance: Understanding the Dark Side of Policing (Prospect Heights, IL: Waveland, 1994).

[23] Government Accounting Office, Report to the Honorable Charles B. Rangel.

[24] Robert Daley, Prince of the City (Boston: Houghton Mifflin, 1978).

[25] Burnham, "How Police Corruption Is Built into the System – And a Few Ideas for What to Do about It," p. 305.

[26] Ivkovich, "To Serve and Collect: Measuring Police Corruption."

[27] Kappeler, Sluder, and Alpert, Forces of Deviance: Understanding the Dark Side of Policing.

[28] Ibid.

[29] Mollen Commission, Commission Report, pp. 22 – 31.

[30] NPMSRP 2009 Semi – Annual Police Misconduct Statistics Report, http://www.ucimc.org/content/national – police – misconduct – statistics – released, accessed on November 23, 2011.

[31] International Association of Chiefs of Police, Addressing Sexual Offenses and Misconduct by Law Enforcement (Alexandria, VA: International Association of Chiefs of Police, 2011).

[32] Ibid.

[33] Timothy Maher, "Police Sexual Misconduct: Officers' Perceptions of its Extent and Causality," Criminal Justice Review 28, no. 2 (2003), pp. 355 – 381.

[34] Timothy Maher, "Police Chiefs' Views on Police Sexual Misconduct," Police Practice and Research 9, no. 3 (2008), pp. 239 – 250.

[35] Jay Stuart Berman, Police Administration and Progressive Reform: Theodore Roosevelt as Police Commissioner of New York (New York: Greenwood Press, 1987).

[36] Knapp Commission, Report on Police Corruption, pp. 3, 167 – 168.

[37] Mollen Commission, Commission Report, p. 47.

[38] "Testimony: Alleged Corrupt LAPD Cops Gave Each Other Awards," CNN. com, February 10, 2000, www. cnn. com/2000/us/02/16/lapd. scandal/; "Outside Probe of LAPD Corruption Scandal Demanded," CNN. com, February 16, 2000, www. cnn. com/2000/us/02/16/lapd. scandal/.

[39]Sherman, ed., Police Corruption, p.3.
[40]Ivkovich, "To Serve and Collect: Measuring Police Corruption."
[41]See the attempt to resolve this problem in Lawrence W. Sherman, Scandal and Reform: Controlling Police Corruption (Berkeley: University of California Press, 1978).
[42]Robert J. Kane and Mike White, "Bad Cops: A Study of Career – Ending Misconduct Among New York City Police Officers." Criminology & Public Policy 8, no 4 (2009), pp.737 – 768.
[43]Sherman, ed., Police Corruption, p.7.
[44]Mollen Commission, Commission Report, p.17.
[45]Sherman, ed., Police Corruption, p.9.
[46]William Chambliss, "The Police and Organized Vice in a Western City," in Lawrence W. Sherman, ed., Police Corruption: A Sociological Perspective (Garden City, NY: Anchor Books, 1974), pp.153 – 170.
[47]Knapp Commission, Report on Police Corruption, p.74.
[48]David H. Bayley and Harold Mendelsohn, Minorities and the Police (New York: Free Press, 1969), pp.1 – 33.
[49]Knapp Commission, Report on Police Corruption, p.7.
[50]Goldstein, Police Corruption, pp.32 – 38.
[51]Robert F. Meier and Gilbert Geis, Victimless Crime (Los Angeles: Roxbury, 1997).
[52]Eric Schlosser, Reefer Madness (New York: Houghton Mifflin Company, 2003).
[53]Commission on Behavioral and Social Sciences and Education, National Research Council, Committee on Law and Justice, Transnational Organized Crime: Summary of a Workshop (Washington, DC: National Academy Press, 1999).
[54]V. O. Key, "Police Graft," American Journal of Sociology 40 (March 1935), pp.624 – 636.
[55]Chambliss, "The Police and Organized Vice," p.154.
[56]M. McMullen, "A Theory of Corruption," Sociological Review 9 (June 1961), pp.184 – 185.
[57]Sherman, ed., Police Corruption, pp.16 – 17.
[58]Robert Kane, "The Social Ecology of Police Misconduct," Criminology 40,

no. 4（2002）, pp. 867 – 896.
[59] Thomas Barker, "Peer Group Support for Police Occupational Deviance," Criminology 15（November 1977）, pp. 353 – 366.
[60] Joseph Goldstein, "Police Discretion Not to Invoke the Criminal Process: Low – Visibility Decisions in the Administration of Justice," Yale Law Journal 69, no. 4（1960）, pp. 543 – 588.
[61] Goldstein, Police Corruption, p. 25.
[62] Carl Klockars, SanjaIvkovich, William Harver, and Maria Haberfeld, The Measurement of Police Integrity（Washington, DC: Nation Institute of Justice, 2000）.
[63] Robin Haarr, "They're Making a Bad Name for the Department: Exploring the Link between Organizational Commitment and Police Occupational Deviance in a Police Patrol Bureau," Policing: An International Journal of Police Strategy and Management 20, no. 4（1997）, pp. 786 – 817.
[64] Westley, Violence and the Police.
[65] David Weisburd and Rosann Greenspan, Police Attitudes toward Abuse of Authority: Findings from National Study（Washington, DC: National Institute of Justice, 2000）.
[66] Westley, Violenceand the Police.
[67] Mollen Commission, Commission Report, pp. 5, 20.
[68] Lawrence W. Sherman, "Becoming Bent: Moral Careers of Corrupt Policemen," in Lawrence W. Sherman, ed., Police Corruption: A Sociological Perspective（Garden City, NY: Anchor Books, 1974）, pp. 191 – 208.
[69] Ibid., p. 199.
[70] Mollen Commission, Commission Report, p. 47.
[71] Knapp Commission, Report on Police Corruption, p. 4.
[72] Goldstein, Police Corruption, p. 37.
[73] Sherman, Scandal and Reform: Controlling Police Corruption, p. xxxiv.
[74] Mollen Commission, Commission Report, p. 112.
[75] Ibid., pp. 70 – 109.
[76] David L. Carter and Thomas Barker, "Administrative Guidance and Control of Police Officer Behavior: Policies, Procedures, and Rules," in T. Barker and D. L. Carter, eds., Police Deviance, 2nd ed.（Cincinnati, OH: Anderson, 1991）, pp. 22 – 23.

[77] Kania, "Should We Tell the Police to Say 'Yes' to Gratuities?".
[78] Karen Amendola, Assessing Law Enforcement Ethics: A Summary Report Based on the Study Conducted with the Oregon Department of State Police (Washington, DC: The Police Foundation, 1996), p. 12.
[79] Goldstein, Police Corruption, p. 29.
[80] International Association of Chiefs of Police, Building Integrity and Reducing Drug Corruption in Police Departments (Washington, DC: Office of Justice Programs, U. S. Department of Justice, September 1989), p. 68.
[81] Mollen Commission, Commission Report.
[82] Sherman, ed., Police Corruption, p. 10.
[83] Mollen Commission, Commission Report, pp. 85 – 90.
[84] Sherman, ed., Police Corruption, p. 8.
[85] Aogán Mulcahy, "'Headhunter' or 'Real Cop': Identity in the World of Internal Affairs Officers," Journal of Contemporary Ethnography 24 (April 1995), pp. 99 – 130.
[86] Ibid., Garrity v. New Jersey, 385 U. S. 493 (1967).
[87] Parks, Rampart Area Corruption Incident.
[88] Inspector General, First Annual Report (Los Angeles: Los Angeles Police Commission, 1997).
[89] New York Commission to Combat Police Corruption, The New York City Police Department's Disciplinary System: How the Department Disciplines Members Who Make False Statements (August 1998), pp. 32, 39.
[90] Richard Drooyan, Report of the Rampart Independent Review Panel (Los Angeles: November 16, 2000).
[91] Ivkovich, "To Serve and Collect: Measuring Police Corruption," pp. 593 – 649.
[92] New Orleans Police Department, 2003 AnnualReport (New Orleans: City of New Orleans, 2004).
[93] Goldstein, Police Corruption, p. 42.
[94] Parks, Rampart Area Corruption Incident.
[95] Weisburd and Greenspan, Police Attitudes toward Abuse of Authority: Findings from a National Study, p. 6.
[96] Department of Justice, Police Integrity (Washington, DC: Government Printing Office, 1997).

[97]Goldstein, Police Corruption, pp. 50 –51.

[98]Mollen Commission, Commission Report, p. 5.

[99]Ibid., p. 20.

[100]"D. C. Police Force Still Paying for Two – Year Hiring Spree," Washington Post (August 28, 1994), p. 1; Parks, Rampart Area Corruption Incident.

[101]Parks, Rampart Area Corruption Incident.

[102]Bureau of Justice Statistics, Law Enforcement Management and Administrative Statistics, 2000 (Washington, DC: Bureau of Justice Statistics, 2004).

[103]International Association of Chiefs of Police, Building Integrity and Reducing Drug Corruption in Police Departments, p. 26.

[104]Bureau of Justice Statistics, Law Enforcement Management and Administrative Statistics, 2000.

[105]J. Thomas McEwen, Barbara Manili, and Edward Connors, Employ Drug – Testing Policies in Poke Departments (Washington, DC: Government Printing Office, 1986).

[106]Brendan McCarthy, "FBI to Assign Two Agents to Work in New Orleans Police Department's Internal Affairs Unit," The Times – Picayune, September 12, 2011, www. nola. com/crime/index. ssf/2011/09/fbi_two_assign_two_agents_to_w. html, accessed on November 23, 2011.

[107]Department of Justice, Investigation of the New Orleans Police Department (Washington, DC: Department of Justice, 2011).

[108]Ivkovich, "To Serve and Collect: Measuring Police Corruption," pp. 593 – 649.

[109]Kathryn Malee and John Gardiner, "Measurement Issues in the Study of Official Corruption: A Chicago Example," Corruption and Reform 2 (1987), pp. 267 –278.

[110]David Burnham, The Role of the Media in Controlling Corruption (New York: John Jay College, 1977).

[111]Gina Barton, "At Least 93 Milwaukee Police Officers Have Been Disciplined for Violating Law," Journal Sentinel, October 23, 2011, www. jsonline. com/watchdog/watchdogreports/at – least – 93 – milwaukee – police – officers – have – been – disciplined – for – violating – law –

132268408. html, accessed on April 23, 2012.
[112] Allan Kornblum, The Moral Hazards (Lexington, MA: D. C. Heath, 1976), pp. 58 – 59.
[113] Sherman, ed., Scandal and Reform, pp. 140 – 145.
[114] Frank Anechiarico and James B. Jacobs, The Pursuit of Absolute Integrity (Chicago: University of Chicago Press, 1996).
[115] Comments, Samuel Walker, "Author Meets Critics," American Society of Criminology, Annual Meeting, 1997.

第十四章　警察的责任

本章概览

结语
关键术语
讨论
网上练习
注释

在民主社会中，警察对自己的行为负责极有必要。不过，责任的落实是一个极其复杂的问题。本章将探讨何为责任、警察应为何负责、为谁负责以及保证负责的具体机制或程序。

第一节　责任的定义

责任就是对自己的行为负责。在民主社会中，警察及其他社会机构应对公众负责，如美国的市长、州长及总统等官员直接对选民负责。反过来说，他们也要为在其管辖权范围内的执法机构的表现负责。

何为警察的责任？这个问题涉及警务工作的两个范围。国家科学院认为美国警察有两大授权：公正和效率。[1]公众期待警察兼顾二者，既要有效控制犯罪及混乱，又要保证公平与正义。

但从另一方面看待这个问题，警察则应该为其工作负责，即衡量他们在控制犯罪、维持秩序及为公众服务方面表现如何。他们要为完成工作负责，参考标准包括完成任务时是否高效、是否遵守法律、对待市民是否有礼、合法。

边注栏 14－1

责任的范围

警察因工作职责产生的责任	控制犯罪 维持秩序 日常勤务
警察因工作方式产生的责任	警察个人层面 尊敬 平等待遇 公平
警察局层面	职业行为的高标准 社区服务的平等性

一、民主社会中警务工作的困境

责任原则将民主社会与极权社会区分开来。在极权制度中，警察既不需要对公众负责，也无须对法律负责。他们本身就是“非法的”。犯罪学家路易斯·谢利（Louise Shelley）评价说：“70 年来正规警察队伍第一次开始遵守法治。”[2]

在民主社会里，警务工作面临最严峻的挑战就是警察经常要求获得不合法的犯罪控制方法，如围捕行迹“可疑”的人。杰罗姆·斯科尔尼克（Jerome Skolnick）在其经典著作《未经审判的正义》中说：“对有效犯罪控制的要求常常与法律规定的要求发生冲突。”[3]如果警察能让人屈打成招，那他们可能会破获更多的案件，但这却是以失去合法性为代价换取打击犯罪的效果。

二、历史视角的责任

直到 20 世纪 60 年代中期，如果洛杉矶警察损坏了巡逻车，他仍会面临严格的内部调查，然而他开枪伤及市民却不会接受类似的调查。[4]这一事例说明针对警察有约束力的问责是近代产物。如美国警察，从其历史来看，警察局腐败无能、警察逃避责任、肆无忌惮地对市民动粗，但大多数情况，他们根本无须为自己的行为承担责任。当选的官员利用警察为其贪污、保护非法企业、为朋友谋职提供方便，他们对控制警察的不检行为几乎毫无兴趣。

关于警察责任的历史的详述见第二章

20 世纪 50 年代后期，警察责任程序开始缓慢发展。联邦最高法院颁布了一系列裁决，对搜查和讯问等常规警务工作施以宪法约束。警察局对致人死亡的武力使用、追捕及其他行为也出台了明文规定以约束警察的行为。到 20 世纪 90 年代，COMPSTAT（以计算机统计分析为基础的纽约警务模式）系统及早期干预系统陆续出现，用以审查犯罪控制效果及警察个人行为。[5]

第二节　警察因工作职责产生的责任

一、传统方法

警察职责涉及执法、维持秩序和服务等方面（见第一章）。不过，传统警务工作主要强调的是在执法或控制犯罪方面承担责任。警察工作效果的衡量标准包括犯罪率、破案率及反应时间。[6]如在我们第九章中的讨论，这些数据并非衡量警察业绩的可靠标准。统一犯罪报告（UCR）的官方犯罪率仅限于八种犯罪，而且并未明确提供包括白领犯罪、有组织犯罪及毒品犯罪在内的几种主要犯罪类型的数据。在这八种犯罪中，UCR 也只包括接到报案的犯罪活动，而忽略了占 2/3 未报案的犯罪活动。警察未发现、未登记报案的具体数目不详，其中还有大量犯罪报告因警察的效率低下而丢失。由于各个警察局在犯罪登记和记录保存方面存在极大差异，因此 UCR 数据并非是衡量不同警察局业绩的可靠标准。[7]

另外，官方公布的逮捕数据也不是可靠标准，因为不同的警察局在如何记录逮捕数据方面存在很大差异。有些警察局在立案时就对犯罪嫌疑人制作了正式的逮捕报告，还有一些警察局在拘留及讯问犯罪嫌疑人时才完成逮捕报告。由于无法以统一标准认定报告，所以通过逮捕数据的比较不同的警察局业绩也是不可靠的。[8]

破案率（警方破案总数占报案总数的百分比）同样不是衡量业绩的可靠标准。结案数据并非独立审计，警察可以声称未接到报案或随意将案件结案，所以存在数据造假从而达到较高的结案率。

关于警察官方犯罪数据的详述见第九章

此外，传统的犯罪率及结案率等数据忽视了警察们在维持秩序及与提供服务方面的活动。实际上，这两个方面占到警察全部工作的 70% 至 80% 。此外，传统方法也未强调警察服务的质量，如市民对警察行为方式的感受等。

二、衡量警察服务的新标准

俄勒冈州波特兰市的审计部门曾在 2005 年对城市居民进行了一项调查，询问他们是否愿意协助警方解决辖区内的问题。不同辖区在此项调查中反应各异，在城镇一个地区，有 65% 的居民称他们“愿意”或者“非常愿意”帮助警方，但在另一个地区，却只有 58% 的居民作出积极响应。有趣的是，在全市范围内近 40% 的居民不愿意或者对此未作出任何反应。[9]

波特兰审计部门每年都对所有政府服务（包括警察工作）向居民进行调查，这种做法与考量警察业绩的新标准——社区警务的观点不谋而合。早些年，波特兰市的审计员还会询问居民对社区安全有何感想、是否认识社区警察等问题。

三、COMPSTAT：新方法

每隔两周的星期四，约有 30 名来自马萨诸塞州洛厄尔市警察局的局长、最高指挥官、警长和巡警在会议室召开 COMPSTAT 会议。此会议的目的在于回顾 3 个地区每个警察局近期的犯罪数据，以分析识别犯罪活动的模式，并完善针对犯罪的迅速反应机制。[10]

COMPSTAT 是警察责任领域最为重要的一大创新。最初是由纽约市警察局在 20 世纪 90 年代率先提出的，现已被全美多地警察局采纳。COMPSTAT 包括下列创新要素：

- 明确控制犯罪的任务。
- 运用发生犯罪和骚乱的实时数据（某些项目中，犯罪数据在 24 小时内皆可使用）。
- 地理位置聚焦，侧重特定辖区或社区的犯罪模式。
- 加强内部责任机制，警区指挥官对其辖区的犯罪活动作出快速反应。
- 创新问题解决机制，警区指挥官争取对犯罪作出及时、有效的反应。

COMPSTAT 将过去 20 年中警察工作的数个创新结合在一起。地理位置聚焦就是对“重点地区”概念的具体适用，重点关注犯罪活动集中的特定街道和街区。实时犯罪数据运用也类似于早期干预系统中的警察业绩数据的利用，问题解决机制则是对以问题为导向的警察工作的适用，管理者责任的强化则与本章探讨的其他责任衡量标准密切相关。

关于重点地区警务管理的详述见第十章

COMPSTAT 作用如何？在减少犯罪方面是否有效？纽约市的项目开展恰好与 20 世纪 90 年代犯罪活动的显著下降相一致。很多人正是因此成就对 COMPSTAT 褒奖不已。另外，纽约市警察局同期落实的政策还有“零容忍”警务工作办法及大幅增加警察数量。不过，在没有进行过这三项创新的其他城市里，严重犯罪活动也在下降。因此，纽约市 COMPSTAT 的真正影响力并不好判定。[11]

关于 COMPSTAT 与警方犯罪控制的努力的详述见第四章和第九章

COMPSTAT 是一项重大创新，但也产生了很多严重的组织问题。洛厄尔（Lowell）市警察局的一项研究表明其在实施中存在很多问题：COMPSTAT 虽成功地将工作重心聚焦在控制犯罪上，但在促进地理位置聚焦或灵活解决问题方面并没有那么成功，而传统的警察体制则强调指挥与标准程序的集中。根据著名社会学家马克斯·韦伯（Max Weber）的理论，这是所有官僚机构的一项主要成就。在对洛厄尔市的 COMPSTAT 项目评价中提到了 COMPSTAT 的目标与现代警察组织的官僚结构之间存在内在的紧张关系。简而言之，COMPSTAT 对于警察组织及犯罪的作用并不是很明确。

第三节　警察因工作方式产生的责任

警察因工作方式产生的责任，可以从警察应负责任的对象来探讨这些不同问题。从这个角度来看，关于责任有两种基本方式：责任的内部机制，即警察局内部的责任程序；责任的外部机制，即警察局以外的程序。

第四节　责任的内部机制

警察为其行动所负的责任主要来自警察局内部。赫尔曼·戈德斯坦（Herman Goldstein）认为："警察职能的性质就是将警察活动的控制继续依托在内部控制系统之上。"[12]这些系统包括日常监督、警察对于重大事件的报告、定期业绩评价、由内务部门（IAU）或行业标准办公室（OPS）对被指控警察的不端行为进行调查。

第五节　监　　督

一、例行监督

在一则新闻报道中，萨福克县警察局的夜班被描述为"迷路的兵营"。这是因为，警察在数小时的巡逻中都不与监督员通话，或者数周不联系他们所属辖区的上级管理者。[13]该警察局也未对凌晨至上午8时工作的警察进行例行监督，而这与自20世纪40年代就在警察管理教科书中力荐的方式背道而驰。一系列的指控表明这一时段工作的男警察总是拦住年轻、单身的女司机，对其进行性骚扰甚至侮辱。

例行监督是警察管理部门的一项核心任务，这一责任主要落在巡官的肩上。警察基金会的一项调查表明90%的人都认同："最好的一线监督者有助于防止警察滥用其权力。"[14]

（一）控制幅度

20世纪90年代，洛杉矶县治安官局经历了很多"世纪警察分局"警察参与的枪击事件。由特别顾问梅里克·鲍勃（Merrick Bobb）（该局的市民监督员）进行的调查发现，该问题并非只是几个"坏家伙"在作祟，而是源于糟糕的管理方法。鲍勃发现最严重的问题是每名警长要监管20名至25名警察，这一比率远远超出了警察局自己制定的1:8的标准。[15]

巡官与警察的比率被称为控制幅度。控制幅度的理论假定任何一名监管员都能有效监管一定数量的人。[16]在警务工作中，合理的控制幅度为1名警长监督8名至10名巡警。超过这一控制幅度，监管效果就会大打折扣，继而可能导致警察业绩的下降。

关于在巡逻警长不同监督形式的详述见第七章

（二）警长的职责

达利尔·斯蒂芬斯（Darrel Stephens）（前夏洛特－梅克伦堡警察局局长）指出，警长和其他一线主管在很大程度上负责设定部门目标，将警察局的任务、前景、价值观、政策、规则和制度付诸实践。因为他们与巡警和群众接触最多，他们可以判断什么是可行的什么是不可行的。[17]

警长的监管涉及多种活动。首先，他们要通过面对面的会见或用无线电监控执行常规任务的警察。万一有潜在危险的严重事件发生，巡官应出现在现场，并提供必要的建议。如有必要，还应控制现场状况。其次，警长审查并批复警察的报告，比较典型的方式是警长审查并签署逮捕报告。再次，如果其监督的警察表现欠佳，警长可以对其提出建议并指导他们遵循合适的工作程序。最后，如果警长知悉某警察违反了警察局规定或有渎职行为，可以向内务部门或职业标准部门递交报告，由这些部门调查相关指控。[18]

恩格尔（Engel）对主管工作方式进行分析并发现了不同的监督和肃纪方法。“支持性”主管将其角色定义为保护其监督下的警察，使其免受上级管理部门的批评和处罚，而“传统性”主管与其他的主管相比更有可能惩罚这些警察。[19]总之，除了不同的组织文化之外，不同的警察局还存在不同的监管方式。

警长们还经常与其监督的警察建立密切的私人关系，这势必会影响他们行使监督职责的能力。他们可能不愿批评警察，也不愿对那些警察进行应有的控制和惩罚，这些关系是警察“亚文化”的一个重要组成部分（见第六章）。那些任由私人关系影响监督和惩罚的警察局都有一个通病，即都没有为责任设定高标准。

二、密切监督

纽约市警察局第42区和第44区的指挥官们采取了亲力亲为的监督方式。他们亲自与那些常遭到居民投诉的警察约谈，向其传达一则信息，那就是对居民有不当行为是不能容忍的。如果这些警察依然遭到投诉，其工作就会从巡逻改为警察局的接待咨询。维拉（Vera）机构的一项研究表明，这种密切监督的方式有助于减少投诉并能改善警方与社区居民的关系。[20]

密切监督并不局限于常规的业绩评价，它还涉及具体问题的改正措施等方面。在维拉（Vera）的研究中，两个辖区的指挥官都曾与警察沟通，让他们将减少市民投诉放在优先位置，他们都在点名会上亲自讲话，而且还为年轻警察配备有经验的老警察做搭档。更重要的是，他们都亲自与那些遭到市民投诉的警察谈话，这既为帮助他们改正不当行为，也为警告他们遭到更多投诉或存在其他问题时产生的后果，他们也会对那些继续遭到市民投诉的警察重新安排工作或阻止其晋升。这些行动也向所有社区警察表明他们将为其不佳业绩承担责任。维拉（Vera）机构的研究还表明，两个辖区都存在市民投诉，且针对警察局整体的投诉也上升了。

三、指导、辅导、领导

监督员在让警察为自己行为负责方面的作用并不仅限于正式的惩罚。威斯康星州麦迪逊（Madison）市警察局的《标准作业程序》解释说："监督员的主要工作就是鼓励、咨询，如有必要还应对雇员进行惩罚或纠正其行为。此举旨在将个人努力转向有效、有成果的行动。"该警察局还进一步解释说明某些工作业绩问题"可能与嗜酒、药物依赖、情感失常或其他个人问题有关"。[21]如同很多部门一样，该局还有雇员帮助项目（EAP），其雇员可通过该项目获得与具体问题相关的专业心理咨询。参加 EAP 项目是保密的，为了改善业绩而采取的非正式矫正行动也是早期干预系统的关键因素（见本章第七节）。

四、组织文化的影响力

洛杉矶警察局对其人事评估系统提出了严厉批评，该局认为："我们的人事评估在机构的任何层面都鲜有或毫无可信度。"这一批评源于 2000 年由洛杉矶警察局内部调查委员会对兰帕特丑闻发表的报告。该报告还在有关警察局诚信体系的章节中确认了 30 项旨在确保警察诚实和承担责任的规定及步骤，但这份报告也坦承表示所有努力都未能阻止兰帕特丑闻的发生。[22]

调查委员会的报告结果引发了有关人士评价效果及其他内部责任机制的问题讨论。实际责任与表面责任存在重要区别：前者针对的是行动造成的后果，而后者针对的是某个组织虽有诸多详细规定和形式，却未能对其进行合理利用。

有效肃纪能否落实取决于警察局的组织文化。针对洛杉矶警察局内部调查委员会报告，乔姆伦斯基（Chemerinsky）认为："每个警察局都有一种文化，包括不成文的规则、道德观念、习惯、准则、价值观及外观，这些共同营造出警察工作的环境及方式。”他的报告还总结说：“洛杉矶警察局的文化就是执行大量的规定，但其实有些并不重要。”由于执行了某些并不重要的规定，导致严重的渎职行为被掩盖。首先，沉默的规则导致警察并不愿举报其他警察的渎职行为。其次，警察如果告发了渎职行为，他们非但不会因此得到奖励，反而常常遭到警察局的处罚。[23]事实上，有90名现任或前洛杉矶警察局的警察控告该局，他们都曾因为举报其他警察的渎职行为被降级或处罚。

一个警察局的非正式组织文化会对警察责任产生重要影响力。巴尔的摩警察局的一项报告将其组织文化确定为：“包容的价值观、活动、规定及标准的集结并使之获得核心认同”。由250名警察组成的专题小组还发现警察局积极的“文化财产”包括职业水准、英勇献身精神等。不过，这种文化也包括痛苦、对警察的讥讽、对组织中他人的不信任以及低下的道德水准。因此，警察局“现行的文化”就包括“个人的生存、团体的忠诚、沮丧和憎恨”。[24]

五、矫正行动：非正式矫正与正式矫正

监督员的一项重要任务就是采取矫正行动以提高警察的业绩，而有些行动则非常不正式。例如，警察与市民发生冲突，一名警长可能会与该警察谈话，指出他对待市民的方式粗鲁，或指出他在现场已将自己置于潜在的危险之中。警长也可能注意到，某名警察看起来心事重重或者对人充满敌意，其实和其他职业的雇员们一样，警察也常受家事困扰。如果警长遇到这种情形，可能会与该警察谈论这些事或者建议他参与心理咨询项目。[25]

很多警察局还有改善警察业绩的正式项目活动。例如，警长可能建议某位警察参加交通管理或武力使用策略等培训活动。洛杉矶警察局就为警察设立了正式的支持项目，这一项目由已接受为期40小时的培训的警察组成，他们都可与其他警察进行极其保密的谈话。大多数警察局还参与正式的雇员帮助项目（EAP）。在这一项目中，警察们可以就情绪低落、家庭矛盾或滥用药物等问题接受专业的心理咨询。[26]

六、明文规定及报告要求

让警察为自己行为负责的重要工具之一就是遵循明文规定，以此来约束处理紧急事件时的恣意妄为：使用致命武力、高速追捕等，并要求警察在事件处理后完成书面报告。上级警官会审查这些报告以判定警察行为是否符合警察局的规定。如果警察违反了规定，就会遭到相应处罚。

关于控制警察自由裁量权的成文规则的详述见第十一章

七、业绩评估

常规的业绩评估是使雇员承担责任的标准化技术手段。由直接负责的监督员进行年度评估，目的在于通过确认雇员出色的、尚可的或欠佳的业绩为他们提供反馈。确认警察欠佳的业绩是为其提供反馈以便于他们有机会提高，考虑晋升时也可参考业绩评估。[27]

纽约市警察局第 75 区的警察迈克尔·多德（Michael Dowd）获得了优异的业绩评估。他的监督员评价他："拥有丰富的基层知识，与同事关系融洽、对社区工作充满热情、可以成为其他警察学习的榜样。"不幸的是，多德却是整个纽约市警察局最腐败和最残暴的一名警察，最终受到刑事犯罪的指控。[28]

多德的事例形象地说明了一个事实：标准的业绩评估有时候根本不能精确衡量一名警察的真实业绩。警察局里标准的业绩评估存在很多严重问题，1997 年的一份报告发现："警方目前正在使用的大多数业绩评估并不能反映警察所做的工作。"[29] 另外，绩效评估还有很多技术问题，评估种类和标准往往不够清晰透明。例如，很多报告都要求监督员为警察的"工作质量"定级，可既没有考虑工作性质，也没有考虑如何衡量工作质量。报告还饱尝"光环"效应之苦，这指的是某一区域较高的定级易影响其他区域的定级。评估还受到中心集中现象的影响，也就是说，所有警察的定级易集中在一个评估等级上（例如，每个人都是从 1 到 5 等级中的第 4 级）。此外，还存在同情心泛滥或等级膨胀的问题：每个人都比"普通级"高，甚至连定为"普通级"也被视作对警察的否定。[30]

业绩评估的另一大失败在于，它往往不能有效用于晋升或执行重要任务时的选拔。总之，一旦完成评估，他们就尘封在档案中，而不会被用来判定不同警察的工作质量，也不会用来衡量他们是否可以得到晋升或更高任命。

克里斯多夫委员会（Christopher Commission）曾确认了 44 名多次遭到市民投诉的洛杉矶警察，但他们当中的很多警察却得到了业绩优异的评价。一名警察曾被指控用猎枪枪托猛击一名戴手铐的犯罪嫌疑人，但不知出于何种原因，这位警察被评价为"性格随和"并以此出色地完成了本职工作。[31]

第六节　内务部和职业标准办公室

内务部（IAU）或职业标准办公室（OPS）具体负责调查警察被指控的渎职行为。调查既可以是被动的，即对市民的投诉或正式的报告作出回应；也可以是主动的，即警察局掌握的一些证据表明某名警察可能涉嫌渎职行为，需要对其进行调查，有些警察局还故意设置圈套以侦破潜在的警察腐败行为。[32]

内务部或职业标准办公室被认为是现代警察管理中必不可少的组成部分。执法机构认证委员会（CALEA）的合格标准第 52. 1. 2 条规定：“一份书面指令明确规定内务部门的负责人员有权直接向该机构最高行政长官汇报。”[33]

在警察局里，内务部的处境非常尴尬。因为他们负责调查其他警察，所以他们总要面对同事们的敌意，分在内务部工作的警员总被视作向局长“告密的人”。[34]对西南部一个大城市警察局内务部门的调查援引了内务部助理的话：“他们就是一群猎头，一群为警察局局长服务的猎头。”警察们传统上并不喜欢在内务部门工作。一名曾主动要求去该部门工作的人说他的朋友们都认为“他疯了”。[35]

内务部的工作效力取决于以下几个因素。其中最重要的因素就是局长的态度和行为。事实上，所有警务专家都一致认为，局长必须向警察表示渎职行为是无法容忍的，然后再适当处罚那些已经被证实有罪的警察。[36]

内务部门还需要充足的资源。这是以每个宣誓就职的警察所对应的内务部调查员来衡量的。20 世纪 70 年代在纳普委员会对纽约市警察局的腐败案进行调查之后，警察委员会的成员帕特里克 · V. 墨菲（Patrick V. Murphy）将内务部调查员与警察的比例从 1∶533 调整为 1∶64。[37]

对内务部门的调查员进行培训也非常重要。许多警察局并未对有关调查市民投诉或警察腐败的指控方面提供特殊的培训，警察行政管理研究论坛（PERF）对奥马哈警察局的评估：“未提供任何正式的培训，所有的培训全部来自于实践工作。”[38]大多数内务部的调查员都是在犯罪调查中获得了一些经验，然而，调查同行的警察与侦查罪犯存在很大不同。

一、内部纪律问题

内部纪律程序包括很多重要问题。

（一）人员

内务部需配备充足人员以便有效调查被指控的渎职行为。在洛杉矶兰帕特丑闻发生之后，有报告称洛杉矶警察局的内务组“资金匮乏、人手短缺”。[39]

（二）对调查员进行培训

针对警察渎职行为指控的调查对内务部调查员来说非常棘手，谁都不喜欢调查朋友或同事。杰森 · 威希特（Jayson Wechter）的一份报告显示，旧金山市民投诉机构的一名工作人员表示，调查市民投诉极其困难，所有机构在面对外部批评时都倾向于自我保护。调查员也自然倾向于相信警察，而非市民。[40]

大多数警察局并没有为内务部调查员们进行特殊培训。他们想当然地认为这些调查员曾经在犯罪调查中积累的经验已经足够，但正如威希特所说的那样，针对投诉警察的调查，特别是来自市民的那些投诉，与一般调查完全是两回事。他建议应对 IAU 的调查员们进行特殊培训。

（三）适当的纪律处分

在任何组织中，对已被证明的渎职行为都要进行相应处分。在刑事法庭中，这一原则也同样适用：严重的犯罪应该受到严厉惩罚。费城廉政与问责办公室（IAO）的一项报告发现，在 2000 年至 2003 年被内务部证实有罪的警察中，几乎有一半“从未受到任何正规处罚”。[41] 洛杉矶警察局的独立审查办公室（OIR）发现，几乎在一半的轻微处罚中，警察都未按要求采取行动（例如，进行滥用药物心理咨询或参加制怒课程等）。[42]

人们认为警察局不会公正处罚那些已被证明有渎职行为的警察，这种观念是造成警察与社区居民关系紧张的主要原因。

关于警察社区关系问题根源的详述见第十二章

（四）一致且公正的纪律处分

处罚要保持一致而且公平。2000 年，针对洛杉矶警察委员会的一项报告发现，由于内务部门缺乏指导原则，导致处罚随心所欲且裁量各异。偏袒某些警察以及处罚的不一致导致了普通警察群体中产生严重的道德问题。[43] 为纠正这一问题，联邦法官命令加利福尼亚州奥克兰市警察局制定类似于判刑原则的处罚规定，做出了纪律处分模型。此矩阵的目的是规范警察的行为，记录警察可能出现的失职行为和历史纪律，[44] 这有可能是强化警察责任[45] 的有效工具。

前警察局局长达利尔·斯蒂芬斯（Darrel Stephens）认为，警察对此矩阵表示欢迎，因为他们能直观地了解部门处罚措施且省时省力。他解释道，警察们不用开展耗时的内部调查而只是承认自己的错误并且接受相应的处罚。[46]

图表 14－1　创新——以教育为基础的处罚：洛杉矶县治安官局

2008 年，县治安官李·巴卡（Lee Baca）发起了一项创新型项目“以教育为基础的处罚”（EBD）。县治安官巴卡认为，很多事件中传统的处罚都会让警察离开工作岗位数日。这一机械的程序“不要求警察局与警员密切接触以便纠正其行为，以便减少警察违反纪律的事件再次发生的可能性”。 在以教育为基础的处罚中，警察可以选择听课、做情况说明或写道歉信给他冒犯的人以示歉意。 在一起事件中，1 名警察因向法庭提交了含有不准确信息的宣誓口供而受到处罚。调查认定这些不准确信息的根源在于其懒散、仓促应付了事的工作方式，并非有意为之。即便如此，这起针对犯罪嫌疑人的案件也被法院驳回。 该警察并未受到常见的休假数天的处罚，而是有机会就此问题完成 1 份培训公告，并在 2 个辖区的警察局里就准确书写宣誓口供的重要性进行情况说明。完成的培训公告与发布情况说明都是为了教育警察和其他有此问题的警察。
资料来源：洛杉矶警察局独立审查办公室：《第七年度报告》（2009 年 4 月），第 32－34 页。

二、内部事务部（IA）市民投诉程序的标准

新泽西州有一部特别的法律，规定了授权该州检察长对当地警察局的市民投诉程序制定标准。2000 年，内务规定与程序（IAPP）要求每个警察局都应接受来自“任何人的投诉，其中也包括匿名投诉”；如果投诉人无法出行，内务部门应该到其家中或其他场所与之见面；内务部门还应调查投诉人未指控的与可能的渎职行为相关的其他问题（例如，内务部门也许会免除使用暴力的警察的责任，但会调查当初的逮捕是否合法）；在内务部门工作的警察应接受与调查市民投诉相关的具体培训，并符合其他要求。[47]

新泽西内务规定与程序标准之所以重要是因为没有针对内务部门及市民投诉调查的国家统一标准。不过在 2009 年，由新泽西美国公民自由联盟（ACLU）完成的调查发现警察局经常违反检察长的指导原则。例如，60% 以上的警察局要求市民亲自去投诉，这就违反了指导原则。[48]

人事决定中使用纪律处分记录

1991 年，克里斯多夫委员会关于洛杉矶警察局的一份报告发现，该局在晋升或调职决定时并未使用警察纪律处分记录，结果那些曾被惩戒或停职的警察照样晋升。[49]

为了纠正这一问题，加利福尼亚州奥克兰市的同意令意在让该局在处罚事件

中将“先前的处罚记录作为加重因素”加以考虑。具体而言，意在说明“在权衡过程中可能要考虑的因素包括但并不仅限于：过去违反纪律的性质及严重程度；过去违反纪律的次数；前次违反纪律与此次事件间隔的时间；前次违反纪律与当前渎职行为之间的关系；前次违反纪律的历史是否表明现在的事件是前次的延续或者渎职行为的模式相同或类似；前次违反纪律的历史是否表明这是持续的渎职行为，即使并不严重，但也能证明其未遵守纪律或更正不当行为”。[50]

三、“沉默规则”

纽约市的一名腐败警察直率地解释了“沉默规则”。但负责调查腐败事件的莫伦委员会问他是否担心遭到同僚举报时，他的回答是“从不担心”。调查员问：“为什么不担心呢?”他说：“是因为沉默。警察不会告发警察的。”任何可能告发他贪腐行为的警察都会被他人称作“告密者”。[51]

沉默规则是警察组织文化的重要部分。许多专家都将此规则视为警察承担责任的主要障碍，沉默规则（也被称为“蓝幕”）被看作警察不愿意告发其他警察的渎职行为。韦斯利在其警察亚文化[52]开拓性的研究中确认了这一规则。克里斯多夫委员会发现沉默规则是招致洛杉矶警察[53]滥用暴力行为的主要因素。20 世纪 90 年代，由警察基金会对警察的一项全国性调查发现，过半数的调查对象（52.4%）都认为“警察对其他警察的不当行为熟视无睹、司空见惯”。[54]

很少有人试图打破沉默规则并惩处那些在渎职行为调查中作伪证的警察。纽约市民投诉审查委员会，称其曾将数起警察撒谎的事件通报给纽约市警察局，但该局并没有对这些通报采取行动。[55]

第七节　早期干预系统

一、业绩欠佳的警察

波士顿警察局的两名警察从 1981 年至 1990 年间每人累计收到 24 起市民投诉。针对其中一名警察的投诉中只有 3 起得到支持，而另一名警察的 24 起投诉都未获得支持。由《波士顿环球报》进行的一项调查发现只有极少数警察为市民的大多数投诉承担责任：11% 的警察收到的起诉占全部起诉的 62%。[56]波士顿警察局发现的投诉模式似乎在每一个警察局都存在。

针对这种现象，警察局建立了早期干预系统，以此作为警察承担责任的新机制。早期干预（EI）系统的经验主义基础证明几乎在每个警察局里，只有很小一部分警察收到过多的市民投诉，他们被称作“容易出现问题”的警察。克里斯多夫委员会在洛杉矶警察局确认了44名问题警察，他们因过度使用暴力或不当做法平均收到7.6次投诉，而其他警察却只有0.6次投诉。而在堪萨斯城，2%的警察收到的投诉占所有市民投诉的50%之多。[57]

图表14－2 COMPSTAT与早期干预的比较

早期干预系统与COMPSTAT非常相似（见本章第二节）。两者都收集并分析系统的数据，其目的在于着力更正那些已经被确认的问题。		
COMPSTAT		早期干预
主体	犯罪与混乱	警察个人行为
系统的数据	实时官方数据	警察应对犯罪及市民拨打服务电话时工作表现的实时数据
问题确认	入室盗窃、涂鸦等	极高的市民投诉率
反应	加强巡逻以解决问题； 对居民进行教育	非正式谈话 再培训

二、早期干预（EI）系统的性质

EI系统一直都被视为强化警察责任的“最好方法”。由公共开放政策服务（COPS）办公室完成的一份报告将EI系统定义为：

> 早期干预（EI）系统是以数据为基础的管理工具，旨在确认业务工作出现问题的警察，然后对其进行干预，通常采取咨询或培训的形式纠正他们在工作中存在的问题。EI系统是确保警察承担责任的重要机制。[58]

在EI系统中，警察业绩的数据资料被输入数据库。这些数据随后在数据库中被分析以确认那些使用暴力、市民投诉率高的警察，或者其他与业绩问题相关的指数。这些警察接下来要受到警察局的干预，通常采取的形式如下：由直接负责监督的人员为其提供咨询，或对其进行特殊培训以提高他们的工作业绩。EI系统的组成要素已在上表中列出。

美国司法部将EI系统收入所有的同意令及谅解备忘录，以解决对市民施暴的“模式或行为”引发的诉讼（见本章第十节）。在新泽西州警察局，法庭采用的EI系统被称为管理意识及人事业绩系统；在辛辛那提警察局，这被称为风险管理系统（RMS）。[59]

边注栏 14－2

早期干预系统的组成要素

确认
　　业绩指数
　　数据分析
　　对业绩欠佳警察的确认
选择
　　对确认的警察的评估
　　选择要干预的警察
干预
　　改善警察业绩的努力
　　监督员的咨询
培训
　　推荐接受职业咨询
跟进
　　监控警察的业绩、后期干预

资料来源：Samuel Walker：《执法机构的早期干预系统：策划及管理指南》，华盛顿哥伦比亚特区司法部，2003 年。

三、业绩指数

有些 EI 系统包含了很多业绩指数，所以非常庞大。也有的只包含几个指数，所以很小。菲尼克斯人事评价审查系统（PARS）使用了 18 个指数。最常用的指数包括：[60]

- 警察使用武力的报告
  - a. 使用致命武力
  - b. 警察参与的致命枪击
  - c. 使用非致命武力
- 市民投诉
  - a. 针对一名警察的所有投诉
  - b. 持续投诉
- 涉及民事诉讼的警察
- 车辆追击
- 抵制警察提出的逮捕指控

- 请病假
- 针对警察的处罚

一些较大的系统还包括每名警察的所有逮捕、审讯讯问及路检情况。使用诸多指数的系统能对警察业绩进行更好的分析，但庞大的系统管理起来也会遇到挑战。

四、干预

一旦 EI 系统确认某警察存在业绩问题，该警察就要受到正式的干预。干预是非正式的，不会作为正式处罚被记录，在警察的个人档案中没有干预的记录，传统的干预方式是由直接负责的监督员单独进行咨询的。很多时候，监督员只是建议警察改善工作业绩，监督员也可能判定这名警察需要在某个方面再次接受培训，并为此目的推荐他去相关的培训部门。有时候，警察的业绩问题可能是其个人问题所致，如家庭问题、酗酒或经济压力等，监督员也许会建议该警察在上述某个适当的方面接受专业咨询。[61]

有些 EI 系统强调干预，甚至在某警察尚未被 EI 系统确认之前就对其进行干预。由警察行政管理研究论坛（PERF）和社区警务服务（COPS）办公室联合完成的一份报告发现，有几个警察局的巡官们密切监控警察的态度和行为。许多巡官声称他们能根据警察的微小变化发现潜在的问题，如一名平时性格开朗的警察突然变得非常沉默和孤僻，一名总和同事开玩笑的警察突然变得有敌意，或者一名警察的文字工作从严谨变得敷衍了事。这些往往都是个人问题出现的征兆，这些警长会和警察谈话，建议他们向同事寻求帮助，或者建议他们接受专业咨询。警察的许多业绩问题都源于他们的个人问题，所以一名工作积极的监督员完全能注意到这些问题并采取措施。[62]

五、EI 系统的目标

EI 系统针对不同目标群体有几个目标。[63]

- 警察本人：EI 系统目的是让无法有效满足居民需求的警察改善工作业绩。
- 监督员：EI 系统目的是通过提供由监督员直接负责的警察的业绩数据助其改善监督工作。
- 警察局：EI 系统能够系统地确认不合格警察的工作表现，并集中精力减少或消除存在的问题从而提高警察局的整体能力。
- 警察与社区的关系：EI 系统能够通过减少具体问题，如过度使用暴力，向公众传达警察局特别重视社区问题并努力改善与社区关系的信息。

六、不断进化的工具

EI 系统能随着时间的推移不断改进并成为更综合全面的问责工具。根据监督员的报告，新泽西州警方在利用管理意识及人事业绩系统的过程中，着眼点已不再狭隘，侧重系统组织问题，并且在造成明显负面效果之前就探讨解决办法。[64]

七、EI 系统的效果

在美国西南部，一个规模较大的警察局的一名警察曾有过多次使用武力的记录。但该局的 EI 系统经过确认，发现她特别害怕脸部遭到攻击，因为她无法控制冲突场面，所以常常遭袭，因此不得不使用暴力来控制场面。EI 系统对她进行了防御技巧方面的特殊训练，这不仅使她能控制局面，也增强了安全感，结果她的工作业绩大大提升。

上述事例是早期干预系统成功运作的一件逸事。还有其他很多系统研究也表明这一系统在减少警察使用武力和市民投诉方面非常成功。

对 3 种 EI 系统进行的国家司法研究所（NIJ）评估发现，这些系统在确认存在工作问题的警察及改正其工作表现方面都有效果。在明尼阿波利斯和迈阿密，起初被 EI 系统确认的警察与同行（同期被招募的警察）相比，业绩记录差很多（例如，更多的投诉及使用暴力的报告）。在干预后的数月里，这些警察收到的市民投诉及使用暴力的次数都大幅降低。[65]

对拥有 EI 经验的警察管理者进行调查后发现，他们都积极评价自己的干预系统。这些管理者们都报告说自己的 EI 系统改善了管理和监督工作，65% 的管理者说系统具有积极的效果；21% 的管理者说系统具有“混合”效果；最为重要的是，只有 2% 的管理者说系统对管理和监督工作产生了负面影响（12% 的管理者未发表意见）。另外，有 6% 的管理者说他们的 EI 系统对警察的道德有负面影响。对系统的积极贡献评价如下：

- 警长在见到警察之前就能评价警队的优势和弱点。
- 管理者们在应受惩罚的渎职行为发生前就进行干预以帮助警察。[66]

管理者们还报告说 EI 系统有助于改善监督工作。一位管理者评价说干预的过程就是帮助他的警察局确认那些需承担责任的非宣誓人员，这些人都曾有违反警察局规定和标准的行为。另一位管理者则解释说，见面之前就评价警队的优势和弱点，警长们可以制定出先发制人的策略来强调人事及领导问题。

八、风险管理及警察的法律顾问

风险管理（RM）是一种广泛用于私人企业和卫生机构的程序，目的是降低针对该组织的诉讼成本。RM 的基本原则是组织收集关于诉讼成本的系统数据，分析潜在诉讼的原因，采取措施减少或消除这些原因。例如，一个警察局有很多诉讼都与执行命令时造成的财产损害有关（特别是“不敲门即进入”的命令。No-knock warrant 是一种搜查令，授权警察在进入某幢房屋前无须叩门并表明身份，这极易造成房屋财产损失），警察局可就这一问题对警察进行培训，并且制定书面规定以减少财产损害。

不过，风险控制尚未在美国执法过程中广泛采用。阿奇博尔德（Archbold）对警察法律顾问和风险控制部门的一项调查发现，在被调查的 354 个执法机构中，没有任何警察局设置风险控制员或风险控制部门，有风险控制部门的警察局也都设在当地政府的其他部门。更糟糕的是，有些警察局虽然拥有风险控制项目或警察法律顾问，但几乎都不收集或公布警察工作对诉讼成本影响方面的数据。[67]

最积极的风险控制项目由洛杉矶警察局的特别顾问负责，他定期报告关于该警察局的诉讼数量及年度诉讼成本方面的数据。

与警察责任相关的还有警察法律顾问，就是一名或一组受雇于警察局的律师。堪萨斯市警察局设有由两名律师组成的总顾问办公室，北卡罗来纳州的夏洛特－梅克伦堡警察局的警方顾问办公室拥有 5 名律师，它出版的警察法律简报总结近期影响警方的法院判决以及其他相关信息。[68]

警察法律顾问的目的是起到预防性作用：审查警察规定及行动以防止违反法律、侵害居民或引起法律诉讼等行为发生。

九、调查社区

让警察局对公众负责的方法之一是调查居民与警察打交道时的经历及感受。对居民的走访调查是许多社区警务项目的组成部分。

关于社区警务的深入讨论见第十章

西雅图警察局在 2006 年和 2007 年对居民拨打 911 电话的情况进行了调查。70% 多的居民对他们的求助经历很满意，只有 5% 的居民对此不满意。在 5 分制标准中，居民对“是否相信你的社区警察很专业，而且彬彬有礼”这一问题的答复平均分为 4.2 分。俄勒冈州波特兰市的审计人员定期会对包括警方在内的所有市政机构的工作表现进行评价。2007 年至 2008 年间，66% 的被调查者认为警察局的工作质量为“好”或“非常好”。因为这项调查每年都进行，所以能够看出 2007 年至 2008 年的报告在这一问题上取得了符合前十年趋势的数据。[69]

十、调查被羁押者

警察局评判警察行为的另一方法是调查那些不太愿意与警察交流的人。主要是采访最近被立案审查的犯罪嫌疑人，询问他们面对警察时的感想。这些调查机构一般会把此工作外包给大学或是其他调查公司。

例如，在洛杉矶警察局的试点研究中，工作人员采访了最近被捕的犯罪嫌疑人（在被捕后几小时之内就进行采访）。仅仅有超过半数的受访犯罪嫌疑人称他们认为洛杉矶警察表现出色。33%至50%的受访者称警察工作变得更加专业化并且尊重犯罪嫌疑人的居住权。[70]

第八节　认　　证

一、认证的性质

认证是专业自我调节过程，在法律、医学、教育和其他职业中广泛适用。执法认证创设于1979年，一些主要的专业协会同盟创设了执法机构认证委员会（CALEA），最初的成员包括国际警察局长协会（IACP）、全国治安警官协会（NSA）、全国非洲裔执法人员组织以及警察行政管理研究论坛（PERF）等组织。执法机构认证委员会在1983年发布了它的第一套《执法机构标准》，并在1984年认证了首批警察局。到了2009年，已经有500多家机构获得了认证。[71]

执法机构认证委员会为所有执法机构设置了最低标准。有些标准是强制实施的，其他的则是建议实施或选择性实施的。有些标准对于大机构是强制的，但并不强制要求小机构也实施。1999年的第四版《标准》包括了超过445项的具体标准。例如，要求获得认证的警察局要制定有关使用暴力和致命暴力的书面规定、成体系的明文规定和规章制度、肯定性行动计划、处理市民投诉等问题。[72]

二、认证的益处

认证的倡导者说这是每一个渴望获得地位肯定的职业必不可少的部分。比起外部团体的管理和控制，自我管理应更受青睐，毕竟从事这个职业的人对这个领域最了解。[73]

执法机构认证委员会网站（www. calea. org）有个页面叫“认证成果”，上面有警察局局长陈述的认证为其警察局带来的益处。以下是一些事例：

• 减少的保险成本：田纳西州金仕堡的警察局（该局有 99 名正式警察）局长在 1997 年的报告中提到认证使每名警察每年的保险费减少了 100 美元，这样一来，一年就能为警察局节省差不多 1 万美元。

• 使用武力情况的改善：加利福尼亚州康克德警察局的报告说认证过程指出该警察局审查警察使用暴力的报告不合规定，所以认证使这一问题得到了改正。

• 针对青少年的工作程序的改善：认证过程开始时，新奥尔良警察局在处理青少年犯罪方面不符合执法机构认证委员会的标准。针对这一不足，这家警察局拨款 31 万美元改善青少年犯罪办公室的状况，并修订了与处理青少年犯罪有关的规定和程序。

三、对认证的批评

不过，认证也受到了限制。

首先，这是一个自愿参与的过程，警察局不被认证也不会受到惩罚。而在教育界，未经认证就意味着学生的证书也许不会被其他学校接受，而且这家学校也没有资格获得联邦教育基金。

其次，有批评人士指出，认证标准设定了最低条件，但并未确定优异的最高标准，即他们只是设定了“地板”，却并未设定“天花板”。例如，大多数执法机构认证委员会标准都要求一个警察局需要就某事制订书面规定。但除了使用暴力和其他几个方面，执法机构认证委员会标准未能明确这些规定的具体内容。

再次，一些批评者说认证标准单纯强调管理的形式，并没有强调具体内容，或是在医学领域所谓的“护理的标准”。[74]

最后，很多执法官员认为认证过程过于昂贵、耗时过长。

边注栏 14－3

责任与警察使用武力：需要更有说服力的数据

警察使用武力承担更多责任的主要障碍是缺乏可靠的、系统的数据。这项重要的研究需要：

- 明确暴力及过度武力的定义：警察什么样的行为构成使用暴力？有些警察局将“控制人”的行动包括在常规逮捕中，使用手铐包括在此概念内。而什么又构成过度暴力？
- 改进衡量使用武力的标准：关于警察使用暴力的基本数据来源都是警察局的正式记录。那些报告的可信度如何？警察会按照要求将每起事件记录在案吗？对此我们有信心吗？这些报告都准确地反映了当时发生的事，对此我们也会信心满满吗？
- 确认使用武力中的变化及关联：在什么样的情形下警察最有可能使用暴力？有没有警察具有与频繁使用暴力相关联的特征？
- 评价使用武力控制策略：有没有被证明的在控制警察使用暴力方面非常有效的管理策略？会比其他策略更有效吗？

资料来源：Kenneth Adams：《警察使用暴力的研究备忘录》，载《警察使用暴力：对全国及地方数据的概述》，华盛顿哥伦比亚特区政府印刷所 1999 年版，第 61－73 页。

第九节　责任的外部机制

政治过程

市长有权任命警察局局长，在大多数州，选民也会选举治安官。如此一来，一方面，代表了让警察对公众负责的直接参与方式；另一方面，当市长将警察局局长撤职时，它往往又代表了政治干预，或者是选民们可能选了一位不合格的人当警察局局长。为了限制政治干预，有些地方限制市长将警察局局长撤职的权力。例如，明尼阿波利斯警察局局长就签了为期 3 年的工作合同，洛杉矶警察局局长的工作合同的期限是 5 年。

市民们通过政治过程控制警察和其他政府机构。[75]政府的行政部分——选举产生的市长，任命的市政经理、州长，总统主要通过任命警察局局长、州警察局的长官、美国司法部部长等进行控制。政府的立法部分——市议会、县委员会、州立法者及国会通过预算进行控制。政府的司法部分则通过保证遵守法律完成对行政和立法机构的制衡。

有几个城市还设立了特殊委员会来管理警察局。19 世纪时这种方法非常普遍，[76]不过，只有很少几个委员会保留至今。例如，洛杉矶警察委员会由五名成员组成，他们都由市长任命，全权负责管理洛杉矶警察局，[77]底特律和旧金山也都设有警察委员会。[78]

关于警务历史的深入讨论见第二章

管理警察的正式结构（委员会、无委员会；市民监督机构、无市民监督机构）只是过程的一部分。政府官员得做出承诺保证警察具有很高的职业标准，并将这一承诺告知警察局的领导者。露娜和沃克（Luna & Walker）将这一承诺称为“政治愿景”。他们的言论建立在新墨西哥州阿尔伯克基市市民监督的基础上，这一机构拥有很大权力，但工作效果并不明显，因为无论是市长还是其他政治领导人都没能使其发挥作用。[79]

第十节 法　院

一、最高法院与警察

在美国联邦最高法院裁决的最有名的一个案件中，克利夫兰市的警察在1957 年闯入了德尔雷·马普的家中，手里晃动着他们所谓的搜查令。之前已经到过这所房子并寻找他们认为藏匿于此的一名犯罪嫌疑人。当未能找到犯罪嫌疑人时，他们就逮捕了马普女士，理由是她房子里有一些淫秽作品。马普女士被认定有罪，但她提出了上诉，最终该案到了最高法院。无论是在警察的档案里，还是在法庭上，都没能找到警察所谓的搜查令，所以可以怀疑警察实际上根本没有搜查令，美国联邦最高法院因此推翻了马普有罪的判决。

马普诉俄亥俄州的判决目前仍是美国联邦最高法院历史上最有争议的判决之一。[80]法院裁决指控对德尔雷·马普的证据都是非法取得的，违反了宪法第4 修正案中保护公民免受“非法搜查和扣押”的权利。法院采用了非法证据排除规则，认为“所有通过违反宪法的搜查和扣押不得为州法庭接受”。最高法院之前曾于 1914 年（威克斯诉美国案）的联邦刑事诉讼中适用了非法证据排除规则，马普案的意义在于联邦最高法院将非法证据排除规则通过第 14 修正案适用于州及地方警察，该修正案规定任何州都不可剥夺公民的正当法律程序。因此，最高法院为所有警察机构设定了国家标准，也有理由认为该标准同样约束地方警察。[81]

政府的司法部分是政治过程的重要组成部分，但却只是间接的组成部分。

尽管联邦法官由总统任命并由参议院批准，以保证某种政治控制的存在，但他们一旦被任命，司法独立使他们免受直接的政治影响。各级法院在保证警察承担责任方面发挥作用，具体形式有保释、预审、审判、地方法院的法官对证据的可采性以及其他影响警察工作的事情作出裁决。在确保警察承担责任方面最为重要的法院就是美国联邦最高法院。[82] 20 世纪 60 年代，联邦最高法院作出了一系列裁决，这些裁决都为警察的行为规定了新标准。

二、最高法院判决的影响力

最高法院的判决对警察会有什么样的影响力呢？它们能保护宪法赋予公民的权利吗？马普案的判决已经消除了非法搜查吗？还有米兰达诉亚利桑那州（Mirada v. Arizona）案，就是要求警察就权利提醒公民的那起案子，是否真的有助于警方？抑或是这些判决阻碍了警察的工作？是否使警察打击犯罪变得困难重重，却任由罪犯逍遥法外呢？这些问题只是 50 年来围绕最高法院与警方的辩论中的部分内容。

2000 年，法学教授保罗·卡塞尔（Paul Cassell）几乎全凭自己单打独斗将官司打到了联邦最高法院，他要求推翻米兰达案的判决。卡塞尔的研究估算出米兰达已对社会打击犯罪的能力造成了巨大成本，不过他并未如愿以偿。在美国诉迪克森（U. S. v. Dickerson）（2000 年）案的判决中，最高法院驳回他的主张，以 7:2 的判决结果重新肯定了“米兰达警告”。[83]

卡塞尔的努力是关于最高法院对警方影响的辩论中最新的内容。在本案中，卡塞尔本人的证据并没有支持他的结论。他估算米兰达案造成定罪净损失的案件只占全部刑事案件的 3.8%。许多观察人士都认为这算不上太大的影响，事实上，在他的研究中，有 84% 的犯罪嫌疑人自动放弃行使他们的沉默权。[84]

理查德·里奥（Richard Leo）曾在西海岸警察局观看了讯问并发现 78% 的犯罪嫌疑人放弃行使他们的沉默权转而跟警察交谈。他还发现在 30% 的案子中，警察向犯罪嫌疑人撒谎，声称他们已经从犯罪嫌疑人的同伙那里得到供词或其他可归罪的证据。总之，警方和犯罪嫌疑人常常都会削弱米兰达警告的特定作用。[85]

已有研究发现非法证据排除规则没有限制警察打击犯罪的能力。这一规则主要限于毒品、赌博及武器案件，这些案件都会带来警察如何获取证据的问题，这一规则对谋杀、抢劫、强奸或盗窃等案件影响甚微。谢尔顿·克兰茨（Sheldon Krantz）在审查波士顿的刑事案件时发现“几乎没有提出查禁证据的请求，而且这样的请求也几乎不会获准”。在地区法院审理的 512 件案件中只有 48 件提出了查禁证据的请求（占 9.4%），而这 48 次请求中也只有 10 次获准。被告成功的次数只占到请求的20.8%、全部案件的1.9%。总会计办公室（GAO）的一项研究发现被告的律师在2804起案件中提出请求查禁证据的只占11%。这些请求中只有不到20%的部分获得成功，总成功率仅为2.2%。[86]

最高法院关于警察判决的支持者们认为这些判决有三个积极效果。第一，法院确定了正当程序的基本原则。第二，像马普及米兰达案那样的判决结果都要求对警察的渎职行为进行惩罚（排除争取或自首），这是追究警察责任的基本机制。第三，这些判决还促使警察整改，包括在招录、培训及监督等方面的改善。[87]

欧菲尔德（Orfield）对芝加哥缉毒警的采访发现了非法证据排除规则的几个积极作用。马普案的判决使警察得到了更好的培训，包括检察官更谨慎使用监督搜查令等，侦探们也更有可能使用搜查令而不是“无令搜查”冒犯公民。很多警察都表明非法证据排除是一条很好的规则，有助于警察保持高职业水准。[88]

最高法院的判决也增强了公众对警察工作程序细节的了解。这些知识，以及由此产生的要求个人权利的倾向都是对警察的限制，避免滥用权力的事件发生。日渐增强的个人权利意识也导致公众对警察工作业绩有更高的期待。法院的判决确定了一个典范，警察可对照着衡量自己的真实工作业绩。通过提高公众期待，判决对持续进行的警察整改施加了压力。

与此同时，对于法院在追责机制方面的作用发挥也有很大限制。第一，法院并不能监督警察每天的工作，它无法保证每个警察事实上都遵守判决。[89]第二，大多数警察的工作并不涉及逮捕，所以也不会出庭。[90]一个人只有在他被逮捕并判有罪时才能获得救济。第三，警察也许知道，也许不知道当前的法庭判决。瓦斯白（Wasby）发现马萨诸塞州和伊利诺伊州小镇上的警察并没有收到20世纪70年代[91]任何系统的法庭判决的信息。第四，有些批评人士说法庭施加的规则只是鼓励警察去逃避或撒谎。第五，权利的行使也许会成为空洞的形式，很少有真正的意义。例如，卡塞尔和里奥都发现大多数犯罪嫌疑人放弃自己的沉默权，同意接受警方的讯问。

边注栏 14－4

最高法院判决的长期影响：里奥的论点

理查德·里奥（Richard Leo）根据自己关于米兰达案对审讯影响的观察性研究，认为这一判决具有四大“意义深远的”长期效果。

第一，“米兰达案对讯问室内警察的行为产生了文明的影响”。这一判决有助于消除过去警察在获取口供时常常采用的野蛮手法，这些手法都记录在1931年《执法中的目无法纪》的报告中。

第二，里奥认为米兰达案有助于转变警察文化，确定警察在讯问中牢记在心的道德和法律标准。

第三，米兰达案及其他最高法院的判决加强了公众对于宪法赋予权利的认识。同时，公民的权利意识也成为警察行为的制约因素，因为公众认为有权利挑战不公正的警察行为。

第四，米兰达案促使警察去研究出更精妙的讯问技巧。从一定程度上来看，这已经是非常明显的进步。警察已经摒弃了强制或野蛮的手段，与此同时，正如里奥研究表明的那样，有些新的手段包含一些微妙的把戏，它们损害了米兰达判决精神及本意。

资料来源：Richard A. Leo，George C. Thomas，III：《米兰达辩论：法律、正义及警察》，波士顿东北大学出版社1998年版，第217－219页。

三、针对警方的民事诉讼

2000年至2009年间，因为警察失职纽约市大约支付了10亿美元赔偿金，[92]其中，仅2010年民事诉讼的赔偿金就高达13580万美元。被警察滥施暴力的那些受害者们可以起诉，要求获得民事赔偿，[93]人们可以按照州或联邦的法律在联邦法院提起诉讼。1871年的联邦法律（现在是1983年《美国法典》第42卷）规定任何人如果被一名以法律名义行事（也就是以官方的身份）的公职人员剥夺了权利，可以提起诉讼要求赔偿，根据这部法律提起的诉讼常常被称为“1983案件”。[94]

损害赔偿诉讼的主要目的是补偿因警察渎职行为造成伤害的一名或数名受害者。不过，这些诉讼非常昂贵、耗时过长、难以胜诉、只在极度伤害的情况下才可能提供救济，轻微渎职行为案件可能获得的赔偿数额根本不值得打官司。一项关于警察渎职行为引发的民事诉讼的报告发现即使在原告胜诉的案件中，法庭判定的赔偿数额也只是原告最初要求数额的10%。事实上，平均赔偿数额只有8000美元而已。[95]

一些研究表明通过状告警察局的方式促进整改的策略并不成功。20世纪

70 年代，爱德华·利特尔约翰（Edward Littlejohn）在对底特律因警察渎职行为引发的诉讼进行研究时发现诉讼几乎没有带来什么整改。[96]一项对 1970 年至 1977 年康涅狄格州 149 起警察渎职行为诉讼的研究发现，它们对警方并没有明显的影响。由于陪审团容易同情警察，所以原告很少能胜诉，警察个人或警察局也不会直接承担败诉导致的损失。[97]

麦克考伊（McCoy）认为，20 世纪 70 年代末，警察使用暴力案件不断增加的损害赔偿在很多城市引发了保险危机，迫使警方采取措施控制渎职行为。他建议城市检察官为警察局提供信息反馈，并不局限于要求巨额赔偿的少数案件，而是所有案件。责任管理机构的主任认为，一个有效的风险控制项目必须包含对所有警察进行的培训、保证警察局的规定人手一册、对监督员进行定期培训、警察局的追责氛围、对相关法律变化的持续监控以及良好的法律建议。[98]

由警察渎职行为引发的民事诉讼不断上涨的成本促使一些城市和县采取先发制人的措施来减少渎职行为。1993 年在洛杉矶警察局设立的特别顾问就是为了调查警察局内部出现的问题、建议进行整改、降低渎职行为引发的诉讼成本。[99]特别顾问其实也是公民监督的一种形式（见本章第十一节）。特别顾问梅里克·鲍勃（Merrick Bobb）调查了警察局的各个方面：招录、培训及警员任务分配；使用致命武力及警犬；工作场所的性骚扰及其他问题，结果发现在这些领域都有所改善。目前，针对洛杉矶警察局过度使用暴力的待判决案件已从 1992 年至 1993 财政年度及 1993 年至 1994 财政年度的 300 起降至 2002 年至 2004 年的 63 起左右。洛杉矶警察局警犬咬伤事件也从 1991 年的 58 起降至 2001 年的 22 起。[100]

边注栏 14－5

作为责任衡量标准的民事诉讼引发的问题

很多人都将因警察渎职行为引发的民事诉讼视作警察局责任的衡量标准。一个警察局如果与其他警察局相比遭到更多起诉，或因警察的渎职行为在法庭判决和调解中支付更多，就比官司少、支付少的警察局差很多，这是人们的普遍认识。

其实，把民事诉讼视为责任衡量标准存在很多问题。

1. 起诉的案件数量也许只是反映出有很多律师愿意接手有关警察渎职行为的官司。

2. 起诉的案件也许只是反映出一个城市解决诉讼的方法。更多的诉讼有可能在对案件进行调解而非判决的管辖区提出。

3. 每年用于调解和判决的金钱数量也许只反映出因警察渎职行为而给予受害者高额赔偿的法律文化。

4. 关于调解和判决的趋势数据是有误导性的。由于这类案件通常都是在第一起事件发生的很多年后才进行调解，因此，2002 年支付的美元数额并不能反映出当时警察的做法。

第十一节　联邦“模式或行为”的诉讼

一、司法部的诉讼

1997 年，司法部与匹兹堡警察局达成的一份同意令，命令该局在管理和追责程序方面进行彻底变革。协议命令该局建立一套有关所有警员使用暴力的数据系统以创设早期干预系统，同时还要求警察记录被他们截停讯问的人们的种族和民族，包括行人和机动车驾驶员。[101]

这个同意令是美国司法部民权司提起的二十多起诉讼的一种解决方式。1994 年的《暴力犯罪控制法案》授权美国司法部针对存在滥用公民权利“模式或行为”的执法部门提起民事诉讼。除匹兹堡外，司法部还起诉了新泽西州警察局、洛杉矶警察局、辛辛那提警察局及其他机构。[102]

“模式或行为”诉讼通过同意令、议定书（MOA）或者调查结果函等方式解决。同意令或议定书由一名联邦法官进行监督，如果警察局未能按要求整改，则可以进行处罚。如果警察局不遵守，法官还可将议定书改为同意令。调查结果函只表明需要进行的整改，但没有执行机制。

警察渎职行为的“模式或行为”到底是什么？美国司法部解释说：“它远非一个偶尔表现糟糕的警察偶发的不好事件或行为。”“它必须包含足以显示渎职行为的模式或渎职行为中潜在的系统做法的信息”。[103]

二、州与私人的诉讼

大多模式或行为诉讼都是由美国司法部提起的。不过，也有几起是由州检察长或者作为个人诉讼提起的。加利福尼亚州的检察长曾因加利福尼亚州瑞沃塞得警察局一系列过度使用暴力的事件对其提起了民事诉讼，这起诉讼也以同意令的形式得到解决，这种协议与司法部提起的那些诉讼的同意令非常相似。[104]纽约的检察长曾起诉纽约瓦基勒小镇的警察局多次对公民滥用权力，一名监督员负责审计该局对要求整改项目的实施情况。这起诉讼的结果仍是达成同意令，同时还任命了一名监督员负责审计要求进行整改的实施情况。[105]

三、法院下令进行的整改

2001 年司法部在《促进警方诚实的原则》报告中总结道：“每个同意令或议定书都会下令在与责任相关的管理方面进行改变。”[106]具体包括：

- 采用暴力报告制度：修订使用暴力报告制度以明确暴力的定义及报告的

要求。

●早期干预系统：要求警察局创设 EI 系统或者修正并加强现有系统。

●改善市民投诉程序：实际上几乎所有的同意令都要求警察局修正其接待及调查公民投诉的步骤。

●警察的培训：同意令一般都要求在培训方面进行改进，包括使用暴力的政策及其他警察局的新举措。

辛辛那提因采用了与众不同的解决办法。2000 年该市发生骚乱，因在 5 年内有 15 名非洲裔男性被射杀而实施戒严。司法部的议定书下令进行追责制度的整改，这与其他城市的解决办法非常相似：与包括美国公民自由联盟（ACLU）及黑人统一战线组织等当事人达成合作协议（实际上就是同意令），命令警察局采纳社区警务及解决问题的方式，并在工作中与社区代表密切合作。辛辛那提合作协议是唯一的命令警察局改变其警务策略的解决方法。[107]

边注栏 14－6

新泽西州警方同意令的主要要求

1. 警察要求。州警在选择机动车进行停车检查时不得有任何关于司机种族、国籍或族裔的偏见。

2. 路检文件编制。巡逻的州警应记录作为其路检对象的所有机动车驾驶员的种族、族裔及性别。

3. 对路检的监督审查。监督员应定期审查州警察有关停车检查执法行动及做法的报告、巡逻车进行停车检查的录像以保证警察运用适当的做法或程序。

4. 对行为模式的监督审查。该州应建立并实施被称为“管理部门知晓项目”的早期预警系统。该系统使用计算机处理停车检查、渎职行为调查及其他事项的信息，从而帮助州警察的监督员确认并修正有潜在问题的行为。

5. 渎职行为指控。州警察局应制作在各地都能取到的投诉表格及信息材料，还应该开通 24 小时免费电话热线。

6. 培训。州警察局应继续采取措施以提高对招募的新警察及在职警察的培训工作。

7. 独立监督员。独立监督员是一名法院的工作人员，由联邦和新泽西州选出对该州执行同意令的情况进行监控和报告。

资料来源：美国诉新泽西案（1999 年），www. usdoj/gov/crt/split。

四、法院指定的独立监督员

联邦的同意令和议定书都包括由法庭任命一名独立的监督员。监督员要发挥以下功能：监督法庭下令进行整改的实施情况、协助警察局完成整改、发布实施进展的公开报告。不过，华盛顿哥伦比亚特区的监督员发现有很多失败的事例。例如，2002 年 6 月，监督员报告说："尽管在过去数月中非常努力以弥补开始阶段的进度，MPD 仍未能在规定时间内完成议定书中确认的所有关键内容。"[108]监督员在促进和建议警察局方面起到重要作用，到 2008 年该局在这些要求实施整改的方面取得显著进步。

五、同意令的影响力

同意令和议定书取得预期的成就了吗？法院下令进行的整改真正得到实施了吗？警察局最终是否承担了更多责任？有证据表明尽管匹兹堡迅速进行了整改，但其他一些警察局却出现了拖延和抵制。人们发现辛辛那提的警察"违反"了议定书的规定，而针对新泽西州警察局和洛杉矶警察局的同意令由于拖延实施早已超过了 5 年的时限。

虽然存在上述问题，但独立的评估还是发现这些同意令都已成功实现了预期目标。匹兹堡维拉评估机构发现同意令都已成功实施，许多消极作用的传闻并不真实。同意令极大改进了该局使用暴力的规定，尽管有关匹兹堡警察道德问题的传闻很多，但没有证据表明因同意令而出现策略性执法或怠工现象（策略性执法是美国警察对少数族裔的一种执法策略，警方以忽视非重大交通违规事件及微罪不举的方式对待少数族裔，以免被人说成欺压少数族裔）。[109]

2007 年，法院任命的新泽西州警察局监督员总结说："新泽西州警方看上去在过去两个报告期限内已经进入分水岭，已有充足证据表明该警察局进行的自我监控及自我纠正已经达到美国执法中罕见的程度。"[110]

同样，2008 年 8 月，辛辛那提的监督员发现"辛辛那提市的情况与 2002 年完全不同。在议定书实施的五年以及同意令实施的六年中，该市在管理城市的警务工作方式上出现了明显变化。该局在培训工作、规定及工作程序、对使用暴力和市民投诉的调查、风险管理及责任制度等方面得到明显改善"。[111]

2008 年 1 月，华盛顿哥伦比亚特区的监督员总结道："在备受关注的核心领域（武器发射、警犬咬人、使用武力的培训、文件记录及调查使用武力事件），自 20 世纪 90 年代末该局的工作已得到很大改善。"[112]

总之，这些警察局的经验表明由法院下令进行的、由独立监督员支持的整改能为警察局带来巨大变化。

六、对法院下令整改的思考

法院指定的这三位监督员都宣称同意令在这三个执法机构起到了积极作

用。他们的言论引发了很多值得思考的重要问题：诉讼是导致执法机构组织变化的有效工具吗？如果真是这样，诉讼是适合所有情形的工具吗？那些在某些领域有问题，却没有系统问题的警察局又如何呢？

另一个重要问题是在同意令或议定书终止后是否仍要进行整改。这些整改将成为制度化或永久性的吗？这些警察局是否又会重新采取那些让人无法接受的做法？这一基本问题关乎警务工作中各种形式的变化。社区警务或以解决问题导向的警务工作在警察局里会是制度化的吗？制度化的条件有哪些？什么能使整改坚持下去？[113]

七、禁令

在警察的做法系统地侵犯了公民权利的情况下，民权团体就会寻求针对警察的禁令以阻止这些受到指控的做法。例如，警察没有确定的嫌疑对象，却拦下了某一社区里所有的黑人男性，对其进行询问并搜身，那么该团体成员就可以要求禁令，命令警方停止这种做法。不过，大多数禁令并不是警察渎职行为的有效救济。在 1976 年涉及费城警察局里索诉古德（Rizzo v. Goode）的重要案例中，美国联邦最高法院认为原告无法证明警察局局长和其他官员应直接对其指控的警察渎职行为负责，也无法证明他们日后很有可能成为这种渎职行为的实施者。[114]

八、刑事指控

有 4 名纽约市的警察被指控在 1999 年年初对阿马杜·迪亚洛实施了致命的枪击。枪击事件以及随后进行的审判都是这个城市最具争议的事件，种族和民族将人们鲜明地区分开来。迪亚洛是一名海地移民，就站在自家的门道上被警察射杀，当时身上未携带任何武器。许多民权积极人士都将这一枪击事件视为警方针对少数种族的例证，他们要求判定警察有罪。然而，在审讯结束时，4 名警察却被宣判无罪。迪亚洛一案形象地展示了刑事指控作为一种警察问责机制的作用。[115]

那些违反法律的警察可以作为罪犯受到控诉。不过，成功控告一名警察绝非易事。首先，地方检察官宁愿每天和警察打交道，也不愿意对这些警察进行刑事指控。美国司法部刑事司规模非常小，这个部门还对许多其他种类的刑事行为负责。[116]其次，在指控警察过度使用暴力时，证明该暴力事实上是过度的，且证明警察具有刑事案件上的主观故意往往是非常困难的，警察往往会辩称他的行为在那种情况下属于警察权力的合法使用。在这种情况下，区分警察的不当行为与非法行为就变得非常重要了。前者是应受警察局内部处罚的行为，而后者必须证明其存在刑事故意的行为。3 名洛杉矶警察参与对罗德尼·金（Rodney King）的殴打后被联邦指控有罪是非常少见的例外情况。在腐败案中，判定警察有罪往往要容易得多，因为在这类案子中，事实部分不像使用暴力的案件事实那样模棱两可。最后，正如维拉机构的研究发现的那样，之所以难以判定警察有罪，主要是因为陪审团往往同情警察、对警察滥用权力的受害人心存疑虑。[117]

刑事控诉本身在那些没有其他有效控制手段的警察局里威慑作用非常有限。在20 世纪70 年代至80 年代的丑闻中，很多纽约市的警察都被控诉，而且被判定有罪。然而，莫伦委员会发现在20 世纪90 年代依然存在严重的违反刑法的行为。很显然，在这之前数年间的控诉和被判有罪对警察并没有起到威慑作用。

第十二节　市民对警方的监督

从20 世纪60 年代起，民权团体就认为警察局未能彻底、公正地调查市民投诉。作为替代性选择，他们要求创设市民监督（也被称作外部审查或市民审查）。市民监督被定义为普通人（非宣誓就职的警察）以某种方式参与审查针对警察的市民投诉的过程。市民监督基于一种假设，即由于警察亚文化的存在，警察无法客观地调查针对警察同行的投诉。

市民监督在最近三十年有了显著发展，几乎所有的大城市都有某种形式的监督机构。美国司法部建议将公开的市民投诉过程作为其与诚实相关的“最好做法”之一。它还建议“执法机构应该使这一过程便捷可用，每个社区和机构成员都有信心相信那些针对机构行动和程序的指控都将得到及时公正的关注”。[118]

一、市民监督的两种模式

公民审查委员会

市民监督机构有两种基本形式。一种是公民审查委员会，由一些市民组成，他们审查市民的投诉并向警察局局长提出建议。审查委员会的具体形式还有很多不同，旧金山市民投诉办公室（OCC）有自己的调查员，可对投诉进行最初的调查，纽约市民投诉审查委员会（CCRB）也可以进行最初的调查。[119]

警察审计员

第二种市民监督的形式是警察审计员。警察审计员并不调查每起市民投诉。他们的作用在于审计或监控警察局的工作。具体包括投诉程序、规定、与使用暴力或路面检查相关的规定及其他方面。例如，洛杉矶警察局的特别顾问调查了自1993年以来的雇用方法、民事诉讼数据、警犬部门、追踪等很多问题。圣何塞独立警察审计员也调查了很多方面的问题。审查规定和程序、提出改变的建议等可被视作“政策审查”。圣何塞独立警察审计员们曾在该岗位设置的15年里提出了一百多条规定方面的建议。[120]

目标及目的

审查委员会和警察审计员两者的工作都建立在一种假设之上：某些公民参与将改善警察的工作。无论是审查委员会还是警察审计员都寻求增强警察局的开放程度或透明度。为增强开放程度，监督委员会及警察审计员会发布有关警察局详细信息的公开报告，这些报告在监督机构的网站上都能找到。纽约市市民投诉调查委员（CCRB）的报告中就有关于投诉、投诉人及投诉对象的详细数据。洛杉矶县治安官局特别顾问的报告详细讨论了有关使用暴力或追踪的规定问题。[121]

公民审查委员会和警察审计员的目标及目的都有所不同。前者关注每一起投诉，目的是判定警察是否因对公民滥用权力以及违反警察局规定而有罪，其基本目标是保证每一起案件的公正性。而后者关注的是组织本身，其目标是带来组织的改变，其长期目标是影响这些改变以避免日后出现渎职行为。

社区延伸是一种活动方式，通过这一方式审查委员会和警察审计员寻求公众的理解。延伸活动包括社区会议、公众关于某些问题或争议的论坛、出版解释警方工作及投诉程序的小册子、发布公众关心问题的报告。例如，艾奥瓦州的博伊西（Idaho Boise）社区的监察专员就发布了很多有关争议事件的报告，这些报告提供了对实施的独立审查以及对需要改进问题的评定。[122]

边注栏 14－7

洛杉矶警察局特别顾问的审计活动（选例）

1993 年	警察参与的枪击及其他严重使用暴力事件 第 1 份半年期报告（1993 年 10 月）
1995 年	警察局警犬部门 第 4 份半年期报告（1995 年 6 月）
1999 年	性骚扰事件 第 11 份半年期报告（1999 年 10 月）
2002 年	风险控制及诉讼成本 第 15 份半年期报告（2002 年 7 月）
2003 年	对警察局最终规定的审查，建议采用新规定 第 16 份半年期报告（2003 年 2 月）
2005 年	（对嫌疑犯进行的）光身搜查 第 19 份半年期报告（2005 年 2 月）
2007 年	审查使用武力事件的程序 第 24 份半年期报告（2007 年 12 月）

资料来源：警察评价资源中心的网站上刊登了特别顾问的所有报告：www. parc. info.

二、市民监督：支持与反对

反对市民监督的人们认为：（1）它干扰了警察的职业独立性；（2）普通人没有资格对警察工作进行审查；（3）实施起来很费钱，而且也是对内务部门工作没有必要的复制；（4）内务部门仍处理更多针对警察的投诉。[123]

然而，支持市民监督的公民却认为它可以让警察局敞开大门，不再像过去那样与公众隔离。他们援引了相关证据证明在拥有外部监督的城市里，市民投诉数量会更多，表明公众监督让公众对投诉程序更有信心。[124]哈德森（Hudson）对费城进行的研究发现内务部门之所以仍在处理更高比例的投诉，其主要原因是内务部门一般都负责处理违反警察局规定的事件，这要比处理市民关于使用暴力的投诉容易得多。[125]

对于市民监督程序鲜有评价。克尔斯特特尔（Kerstetter）发现公众对投诉程序的信心的确随着市民监督程序[126]的存在而增强，维拉机构对纽约市市民投诉委员会（CCRB）的研究发现投诉人和警察都认为它对他们存在偏见，[127]纽约市市民投诉委员会经常遭到纽约公民自由联盟的批评，这个组织是提倡市民审查的领导者。[128]

总之，有些形式的市民审查看上去要比其他形式有效果。效果其实取决于以下因素，包括该机构对自己的角色定位、他的资源、他成员的质量、他从社区获得的政治支持等。

三、新范例：将市民投诉作为“学习”工具

从历史上看，警察局对市民的投诉是充满敌意的，经常不能彻底调查这些投诉。目前这种范式就是将投诉视为一种“学习”的工具，警察局可以从中获得有用的信息，这些信息都与需要重视的、可能出现的问题有关。

北卡罗来纳州夏洛特－梅克伦堡警察局的《雇员行为：调查与处罚》指南解释说，警察局可能获知“某位雇员有一些行为模式或行为与我们的期待不一致”。然后，他接着解释了对这类问题从再培训到解雇的不同的解决办法。[129]

四、蓝带委员会

1931 年，威克沙姆委员会（Wickersham Commission）在一份有力的陈述中总结道：“通过造成身体或精神上的痛苦以获取供认或供述……在全国都非常普遍。”这份关于警察非法使用暴力的报告是空前的，它发动了全国努力控制警察渎职行为。罗德尼·金事件发生后，克里斯多夫委员会关于警察使用暴力的报告再次引起了全国的广泛关注。[130]

威克沙姆委员会和克里斯多夫委员会是警界历史上最著名的“蓝带委员会”的两大典范。蓝带委员会是外部责任的一种形式，有以下几个重要功能。首先，全国委员会将这一领域具有领导地位的专家汇集在一起，他们共同确定用来谋求地方警察局改进的最低标准。其次，正如总统“犯罪委员会”所做的那样，委员会能组织进行初始研究并生成警务工作新知识。最后，蓝带委员会通常是综合性的，重视警察工作的各个方面，而不局限于某一问题。[131]

蓝带委员会的最大弱点是它们都是临时机构，在出具最终报告后就被解散了。这样一来，它们无法跟进并监控所提建议的实施情况。沃克（Walker）认为新的警察审计员制度可以克服这种局限。[132]新的市民监督形式、警察审计员都是常设机构，既可以监控建议实施的情况，也可以向公众发布跟进报告。其中，洛杉矶警察局的特别顾问就是最成功的警察审计员（见 www. parc. info 网站上特别顾问的报告）。

五、新闻媒体

《纽约时报》记者大卫·伯纳姆（David Burnham）几乎是单枪匹马地揭露

了纽约市警察局最大的腐败丑闻。这一丑闻得到了警官弗兰克·塞尔皮科（Frank Serpico）的确认，他为那些腐败警察出庭作证。伯恩汉姆于1970年4月25日在《时报》的头版上率先披露了这一丑闻。警察局及市政府的很多人其实早就知晓这些腐败情况，但人人对此无动于衷。伯恩汉姆将这些腐败现象揭露后，他们被迫采取行动，市长任命纳普委员会进行调查，很多警察因腐败行为被认定有罪，帕特里克·V. 墨菲（Patrick·V. Murphy）作为警方特派员负责清理整个警察局。[133]

新闻媒体在警察问责方面起着重要作用。[134]媒体可以每天报道警方的工作，这样公众可对此知情，而且有助于在警察工作方面做出明智的政治选择。就像媒体在1970年揭露的纽约市警察的丑闻一样，它们在揭露警察的严重问题时也非常重要。

与此同时，新闻媒体还经常导致警察问题的发生。首先，他们易于强调一些耸人听闻的故事，特别是暴力犯罪或严重的警察渎职行为。他们不会正面地报道警察的日常工作，因为这些工作平淡无奇。其次，媒体总是聚焦犯罪而忽略警察与犯罪无关的那些工作，这无疑会让人曲解警察的工作。最后，媒体易于强调警察工作的负面。例如，他们会大篇幅地报道警察的一次可疑射击，而不会去报道已经很长时间没有射击事件发生的事实。新闻媒体有一条不成文的规则，那就是好新闻不是新闻。

六、公益组织

美国公民自由联盟（ACLU）在加利福尼亚奥克兰的分支于1996年安排志愿者给奥克兰警察局的各个部门打电话，询问他们如何提起市民诉讼。结果，打电话的人发现没有几个接电话的警察能提供正确的信息，许多警察明显不知道警察局的投诉程序，其他警察也许故意不提供正确的信息。美国公民自由联盟关于奥克兰警察局工作不力的这份报告只是该组织一系列关于警察渎职行为的调查和报告中的一份而已。[135]

美国公民自由联盟是一家非营利性的私人公益组织。私人团体在警察问责中起着重要作用，它们大多参与批评警察的渎职行为。全国有色人种进步协会（NAACP）有份警察针对非洲裔美国人过分使用暴力的冗长记录，[136]这是美国公民自由联盟负责联邦最高法院与警察相关的最重要的案例，该组织的摘要成为法院对具有重要意义的马普案件和米兰达案件判决的基础，美国公民自由联盟提倡对纽约、洛杉矶及其他许多城市警方进行市民监督的引领者。同时，美国公民自由联盟还在一些案件中捍卫警察的权利，如涉及梳理标准及警察局对被指控警察的渎职行为的调查。美国公民自由联盟还出版了一本手册，名为

《警察的权利》。[137]

七、责任与犯罪控制：一种交易

多年来，有些人认为严格的责任衡量标准限制了警察控制犯罪的效果。例如，20 世纪 60 年代，警察认为米兰达案的判决要求警察为犯罪嫌疑人的权利提出建议，而这影响了他们取得口供的能力。对警察进行市民监督持批评意见者也认为让市民审查投诉是对警察的“事后清算”，它会使警察在打击犯罪时不再勇往直前。

赫伯特·派克（Herbert Packer）在其经典文章中对追责与犯罪控制之间的紧张关系做了解读。犯罪控制模式对于刑事司法官员（不限于警方）几乎没有正式的限制，其目的是有效控制犯罪。正当程序却为了保护公民权利对官员设置了许多正式的限制。[138]

大卫·贝利在最近的一篇文章里有力地论证了在责任（包括正当程序要求）与犯罪控制之间所谓的冲突其实是一种错误的观点分歧。[139]事实上，违反法律或警察局的规定并不能提高犯罪控制，而且实际上是在伤害警方。贝利认为主要存在以下问题：

- 他援引了几项研究后总结说：“违反法律规定只是最低限度的威慑。”例如，对纽约市警察和美国海关的截停和搜身的研究显示这些手段在发现违禁品方面没有什么效果。
- 违反法律的确降低了犯罪控制的效果。贝利援引了很多警方的研究，认为警察非常依赖市民的合作（举报犯罪、作证等合作）。如果警察因为不当或非法的行为疏远市民，那就很难得到市民的配合。这种观点也是社区警务工作的一项基本原则（见第十章）。
- 违反法律会“削弱法律的权威性”。贝利援引了社会心理学家汤姆·泰尔（Tom Tyler）的研究，认为当人们尊重包括警察在内的法律机构时，他们也更有可能遵守法律。

贝利的论证适用于本章讨论的所有责任衡量标准，包括早期确认系统和市民监督机构。

第十三节 警察责任的混合方法

任何一种机制都不可能单独成为实现警察问责的关键，每一种机制都有自己的优势和弱点。内部机制是强大的，因为它们是内部运行的，而且涉及的官员都很熟悉情况。但它也有弱点，因为这些官员与他们要监督的警察关系过于密切。同样，外部机制也是强大的，因为独立于警方，但弱点在于他们与试图监督的行为相距太远。

目前“警察责任的混合管理法”是内部和外部机制的混合（见图表 14－3）。从重要性来说，它反映了制衡的概念，这是美国式民主的一项基本原则。当选的官员对警察局进行了很多控制，但却不能完全控制。警方的管理者有很大自治权，但也不是完全的自治。市民们也有参与，但并不是直接干预警方的工作。从历史的角度来看，责任的内部和外部形式的混合发生了变化。由于职业化运动，对警察工作的直接干预已经衰落（见第二章），而外部责任的其他形式，尤其是法院和市民监督，在最近几十年里不断发展。与此同时，随着控制渎职行为更好的机制的发展及对警察日常工作的监督，一些内部责任形式也在不断进步。

关于专业化运动的深入讨论见第二章

图表 14－3　警察责任混合方法示例

俄勒冈州波特兰警察局
内部责任
职业标准办公室
内务办公室
风险责任
外部责任
市审计员
独立的警察审查室
市民监督委员会
咨询委员会
北卡罗来纳州夏洛特－梅克伦堡警察局
内部责任
内务办公室
警方律师办公室
外部责任
社区关系委员会

结 语

警察工作及其工作方式对公众负责是民主社会必不可少的特征。过去几乎不存在有意义的问责机制，结果就是大范围的效率低下、侵犯公民权利及腐败现象的存在。近年来，各种责任机制已经应运而生，它们就是内部方法和外部方法的混合。

关键术语

责任	COMPSTAT	内部的责任机制
外部的责任机制	例行监督	控制幅度
雇员帮助委员会	组织文化	绩效考核
克里斯多夫委员会	内务部门	纪律处分模型
沉默原则	早期干预系统	风险管理
警察法律顾问	认证	马普诉俄亥俄案
非法证据排除规则	米兰达诉亚利桑那案	民事诉讼
同意令	模式或行为诉讼	独立监督员
公民审查委员会	公民监督	政策审查
蓝带委员会	公益组织	警察责任的混合管理法

讨 论

丹佛警察局将《纪律手册》载于网上，请阅读《手册》。它的目的是什么？它阐述了什么原则？潜在的价值追求是什么？为达目标采用了哪些措施？

讨论丹佛警察局《纪律手册》中本书的相关内容。《手册》中是否提及警察亚文化？（见第六章）是否有影响警察社区关系的特征？（见第十二章）特别是纪律体系的特征如何改善责任机制？

网上练习

练习 1　美国公民自由联盟最近发行了一本帮助公民调查当地警察局是否提供优质服务的指南，报告的名称是《调查新泽西州地方警察局》，可以登录 www. aclu - nj. org/files/7913/1600/6017/090911ptkc. pdf。每个班级选一个警察机构来评估，然后分组讨论，每组讨论报告中的一个话题，并做出发言。

练习 2　有些执法机构因为侵犯公民权利被提起“模式或行为”诉讼。有的诉讼最终形成同意令，机构因为这些同意令有责任要做出一系列的整改。

找到一个同意令（提示：最初的机构有匹兹堡警察局、新泽西州警察局和洛杉矶警察局，也可以到美国司法部民权司找其他的机构），研究此同意令。哪些是必须整改的？这些改变是否可以改善责任机制？同意令中对诉讼之前的做法是怎么说的？什么是警察局该做而没做的改善责任机制的做法？

练习 3　圣何塞独立审计员是一个重要的公民监督机构。找到其网站并浏览从 1993 年到现在的报告。这些年来独立审计员做了些什么？它认为的重要成就是什么？你认为有哪些对警察责任机制的贡献？你认为他的行动对圣何塞警察局的管理有影响吗？如果有，是哪些？与同学讨论为什么有影响。

练习 4　是否有警察局在网站上介绍自己的 COMPSTAT 项目？先查找纽约、新奥尔良和明尼阿波利斯。有的警察局用的是不同的名字（例如，明尼阿波利斯用的是 CODEFOR）。你是否能够找到其他类似的系统？

这些警察局对系统介绍的详细吗？他们是否声称系统有效？你从网站上了解了多少？

注　释

[1] National Academy of Sciences, Fairness and Effectiveness in Policing: The Evidence (Washington, DC: National Academy Press, 2004).

[2] Louise Shelley, “The Soviet Police and the Rule of Law,” in David Weisburd and Craig Uchida, eds., Police Innovation and Control of the Police (New York: Springer - Verlag, 1993), p. 127.

[3] Jerome H. Skolnick, Justice Without Trial: Law Enforcement in Democratic Society, 3rd ed. (New York, Macmillan, 1994).

[4] Paul Jacobs, Prelude to Riot (New York: Vintage Books, 1968), p. 38.

[5] Samuel Walker, “Historical Roots of the Legal Control of Police Behavior,” in David Weisburd and Craig Uchida, ed., Police Innovation and Control of the Police (New York: Springer - Verlag, 1993), pp. 32 - 55.

[6] Geoffrey P. Alpert and Mark H. Moore, “Measuring Police Performance in the New Paradigm of Policing,” in Bureau of Justice Statistics, Performance Measures for the Criminal Justice System (Washington, DC: Government Printing Office, 1993), pp. 109 - 142.

[7]Bureau of Justice Statistics, Criminal Victimization,2002 (Washington, DC: Government Printing Office, 2003); Donald Black, "Production of Crime Rates," in Donald Black, The Manners and Customs of the Police (New York: Academic Press,1980), pp. 65 – 84.

[8]Lawrence W. Sherman and Barry G. Glick, The Quality of Police Arrest Statistics (Washington, DC: The Police Foundation, 1984).

[9]Portland, Office of The City Auditor, Service Efforts and Accomplishments: 2003 – 05 (Portland: Office of the Auditor, 2005), available online at www. portlandonline. com.

[10]James J. Willis, Stephen D. Mastrofski, and David Weisburd, "Compstat and Bureaucracy: A Case Study of Challenges and Opportunities for Change," Justice Quarterly 21 (September 2004),pp. 463 –496.

[11]Eli Silverman, NYPD Battles Crime: Innovative Strategies in Policing (Boston: Northeastern University Press, 1999); William Bratton and Peter Knobler, Turnaround: How America's Top Cop Reversed the Crime Epidemic (New York: Random House, 1999). For a skeptical view, see Samuel Walker, Sense and Nonsense about Crime and Drugs, 6th ed. (Belmont, CA: Wadsworth, 2006).

[12]Herman Goldstein, "Administrative Problems in Controlling the Exercise of Police Authority," Journal of Criminal Law, Criminology, and Police Science 58, No. 2 (1967),p. 171.

[13]"The Lost Battalion," Newsday, February 2, 2001, p. 1.

[14]David Weisburd and Rosann Greenspan, with Edwin E. Hamilton, Hubert Williams, and Kellie A. Bryant, Police Attitudes Toward Abuse of Authority: Findings from a National Study (Washington, DC: Department of Justice,2000), p. 7, www. ncjrs. org, NCJ 181312.

[15]Special Counsel Merrick Bobb, 9tb Semiannual Report (Los Angeles: The Special Counsel, 1998), pp. 22 –23, available at www. parc. info.

[16]James J. Fyfe, Jack R. Greene, William F. Walsh, O. W. Wilson, and Roy Clinton McLaren, Police Administration, 5th ed. (New York: McGraw – Hill, 1997), p. 139.

[17]Darrel W. Stephens, Police Discipline: A Case for Change (Washington DC: National Institute of Justice and the Harvard Kennedy School, 2011).

[18]John Van Maanen,"The Boss: First – Line Supervision in an American Po-

lice Agency," in Maurice Punch, ed. , Control in the Police Organization (Cambridge, MA: MIT Press, 1983), pp. 275 – 317.

[19] Robin Shepard Engel, How Police Supervisory StylesInfluence Patrol Officer Behavior (Washington, DC: Department of Justice, 2003), www. ncjrs. org. NCJ 194078.

[20] Robert C. Davis and Pedro Mateu – Gelabert, Respectful and Effective Policing: Two Examples in the South Bronx (New York: Vera Institute of Justice, 1999).

[21] Madison, Wisconsin, Police Department, Standard Operating Procedure Manual, Section 4 – 1400, Administration of Sanctions/Discipline.

[22] Los Angeles Police Department, Board of Inquiry into the Rampart Area Incident (Los Angeles: LAPD, March 2000), Executive Summary, p. 7.

[23] Erwin Chemerinsky, An Independent Analysis of the Los Angeles Police Department' s Board of Inquiry Report on the Rampart Scandal (Los Angeles: September 11, 2000).

[24] Baltimore, Maryland, The Mayor' s Plan to Dramatically Reduce Crime in Baltimore, "The Cultural Diagnostic" (Baltimore: The City of Baltimore, 2000).

[25] Samuel Walker, Stacy Osnick Milligan, and Anna Berke, Strategies for Intervening with Officers through Early Intervention Systems: A Guide for Front – Line Supervisors (Washington, DC: Police Executive Research Forum, 2006), available at www. cops. usdoj. gov.

[26] Ibid.

[27] Fyfe et al. , Police Administration, Ch. 10, pp. 318 – 363.

[28] Commission to Investigate Allegations of Police Corruption (Mollen Commission), Commission Report (New York: City of New York, 1994), p. 81, available at www. parc. info.

[29] Timothy N. Oettmeier and Mary Ann Wycoff, Personnel Performance Evaluations in the Community Policing Context (Washington, DC: Police Executive Research Forum, 1997), p. 5.

[30] Frank J. Landy, Performance Appraisal in Police Departments (Washington, DC: The Police Foundation, 1977), pp. 11 – 13.

[31] Christopher Commission, Report of the Independent Commission on the Los Angeles Polite Department (Los Angeles: Christopher Commission, 1991),

p. 43, available at www. parc. info.

[32] Fyfe et al., Police Administration, "The Internal Affairs Unit," pp. 467 – 475.

[33] Commission on Accreditation for Law Enforcement Agencies, Standards for Law Enforcement Agencies, 4th ed. (Fairfax, VA: CALEA, 1999), Standard 52. 1. 2.

[34] Aogan Mulcahy, "'Headhunter' or 'Real Cop'? Identity in the World of Internal Affairs Officers," Journal of Contemporary Ethnography 24 (April 1995), p. 106.

[35] Ibid., p. 108.

[36] Herman Goldstein, Police Corruption (Washington, DC: The Police Foundation, 1975), pp. 40 – 41.

[37] Lawrence W. Sherman, Controlling Police Corruption (Washington, DC: Government Printing Office, 1978), p. 10.

[38] Police Executive Research Forum, Organization Evaluation of the Omaha Police Division (Washington DC: PERF, 1992), p. 75.

[39] Los Angeles Police Commission, Report of the Rampart Independent Review Panel (Los Angeles: Los Angeles Police Commission, 2000), pp. 93 – 96.

[40] Jayson Wechter, Investigating Citizen Complaints Is Different (Omaha, NE: Police Professionalism Initiative, 2004).

[41] Integrity and Accountability Office, Disciplinary System (Philadelphia: Philadelphia Police Department, 2003).

[42] Office of Independent Review, Second Annual Report (Los Angeles: Los Angeles Sheriff's Department, 2003), p. 63.

[43] Los Angeles Police Commission, Report of the Rampart Independent Review Panel, pp. 97 – 99.

[44] Samuel Walker, The Discipline Matrix: An Effective Police Accountability Tool? (Omaha, NE: Police Professionalism Initiative, 2004), p. 2.

[45] Ibid.

[46] Stephens, Police Discipline: A Case for Change.

[47] New Jersey Attorney General, Internal Affairs Policy and Procedures (Rev. November 2000).

[48] New Jersey ACLU, The Crisis Inside Police Internal Affairs (Newark: ACLU of New Jersey, 2009), www. aclu – nj. org.

[49] Christopher Commission, Report of the Independent Commission on the Los Angeles Police Department.

[50] Denver Police Department, Discipline Handbook: Conduct Principles and Disciplinary Guidelines (Denver: 2008), www.denvergov.org/police/.

[51] Mollen Commission, Commission Report, p.53.

[52] William Westley, Violence and the Police (Cambridge, MA: MIT Press, 1970).

[53] Christopher Commission, Report of the Independent Commission on the Los Angeles Police Department, pp.168 – 171.

[54] Weisburd et al., Police Attitudes toward Abuse of Authority: Findings from a National Study.

[55] Public Advocate for the City of New York, Disciplining Police: Solving the Problems of Police Misconduct (New York: The Public Advocate, 2000), pp.31 – 36.

[56] "Wave of Abuse Claims Laid to a Few Officers," Boston Sunday Globe, October 4, 1992, p.1.

[57] Christopher Commission, Report of the Independent Commission on the Los Angeles Police Department, pp.39 – 48; "Kansas City Police Go After Their 'Bad Boys'," New York Times (September 10, 1991).

[58] Samuel Walker, Early Intervention Systems for Law Enforcement Agencies: A Management and Planning Guide (Washington, DC: Department of Justice, 2003), www.ncjrs.org, NCJ 201245.

[59] All the consent decrees and memoranda of understanding are available at www.usdoj.gov/crt/split.

[60] Walker, Early Intervention Systems for Law Enforcement Agencies: A Management and Planning Guide.

[61] Samuel Walker, Geoffrey P. Alpert, and Dennis J. Kenney, Early Warning Systems: Responding to the Problem Police Officer (Washington, DC: Department of Justice, 2001), available at www.ncjrs.org, NCJ 188656.

[62] Samuel Walker, Stacy Osnick Milligan, and Anna Berke, Strategies for Intervening with Officers through Early Intervention Systems: A Guide for Law Enforcement Chief Executives (Washington, DC: Department of Justice, 2006), available at www.ncjrs.org. NCJ 212299.

[63] Walker, Early Intervention Systems for Law Enforcement Agencies: A Man-

agement and Planning Guide, Ch. 4.

[64]Samuel Walker, Popular Justice: A History of American Criminal Justice, 2nd ed. (New York: Oxford University Press, 1998); New Jersey State Police, Seventeenth Monitors' Report (April 2009), p. vii, www. nj. gov/oag/monitors. htm.

[65]Walker, Alpert, and Kenney, Early Warning Systems: Responding to the Problem Police Officer.

[66]Walker, Early Intervention Systems for Law Enforcement Agencies.

[67] Carol A. Archbold, Police Accountability, Risk Management, and Legal Advising (New York: LFB Scholarly Publishing, 2004).

[68]Kansas City Police Department Office of the GeneralCounsel, www. kcpd. org/kcpd2004/legalteam. htm; Charlotte – Mecklenburg, www. charek. org, go to Inside CMPD, Police Attorney's Office.

[69]Seattle Police Department, "How Are We Doing? Getting Feedback from the People We Serve," www. cityofseattle. net/police/; Portland, City of Portland Service Efforts and Accomplishments, 2007 – 2008 (Portland: City Auditor, December 2008), available at www. portlandonline. com/auditor.

[70] Christopher, Todd Foglesong, and Christine Cole, Policing Los Angeles Under a Consent Decree (Cambridge, MA: Harvard Kennedy School, 2009).

[71]Current information is available on the CALEA website, www. calea. org.

[72]CALEA, Standards for Law Enforcement.

[73]Jack Pearson, "National Accreditation: A Valuable Management Tool," in James J. Fyfe, ed., Police Management Today (Washington, DC: ICMA, 1985).

[74]James J, Fyfe, comments to author.

[75] Herman Goldstein, "Directing Police Agencies through the Political Process," in Policing a Free Society (Cambridge, MA: Ballinger, 1977), pp. 131 – 156.

[76]Samuel Walker, A Critical History of Police Reform (Lexington, MA: Lexington Books, 1977).

[77]C. A. Novak, The Years of Controversy: The Los Angeles Police Commission, 1991 – 1993 (Washington, DC: The Police Foundation, 1995).

[78]Edward Littlejohn, "The Civilian Police Commission: A Deterrent of Police

Misconduct," University of Detroit Journal of Urban Law 59 (Fall 1981), pp. 5 – 62.

[79] Eileen Luna and Samuel Walker, "Institutional Structure vs. Political Will: Albuquerque as a Case Study in the Effectiveness of Citizen Oversight of the Police," in Andrew Goldsmith and Colleen Lewis, eds., Civilian Oversight of Policing: Governance, Democracy and Human Rights (Portland, OR: Hart, 2000), pp. 83 – 104.

[80] Mapp v. Ohio, 367 U. S. 643 (1961).

[81] Walker, "Historical Roots of the Legal Control of Police Behavior."

[82] Herman Goldstein, "Trial Judges and the Police," Crime and Delinquency 14 (January 1968), pp. 14 – 25.

[83] Dickerson v. U. S., No. 99 – 5525 (June 26, 2000).

[84] Paul G. Cassell and Bret S. Hayman, "Police Interrogation in the 1990s: An Empirical Study of the Effects of Miranda," UCLA Law Review 43 (February 1996), p. 860.

[85] Richard A. Leo, Police Interrogations and American Justice (Cambridge, MA Harvard University Press, 2008).

[86] Walker, Sense and Nonsense about Crime, pp. 99 – 103; Sheldon Krantz et al., Police Policymaking (Lexington, MA: Lexington Books, 1979); Controller General of the United States, Impact of the Exclusionary Rule on Federal Crime Prosecutions, Report #GGD – 79 – 45 (April 19, 1979).

[87] Walker, "Historical Roots of Legal Control of Police Behavior."

[88] Myron W. Orfield Jr., "The Exclusionary Rule and Deterrence: An Empirical Study of Chicago Narcotics Officers," University of Chicago Law Review 54 (Summer 1987), pp. 1016 – 1055.

[89] Carl McGowan, "Rulemaking and the Police," Michigan Law Review 70 (March 1972), pp. 659 – 694.

[90] "Administrative Problems in Controlling the Exercise of Police Authority," p. 168.

[91] Stephen Wasby, Small – Town Police and the Supreme Court (Lexington, MA: Lexington Books, 1976).

[92] "NYPD Paid Nearly $1 Billion To Settle Lawsuits" October 14, 2010, http://newyork.cbslocal.com/2010/10/14/nypd – paid – nearly – 1 – billion – to – settle – lawsuits/ accessed April19, 2012.

[93] Bob Hennelly, "Amid City Budget Crisis, New Scrutiny on Millions in NYPD Settlements," NYNC, www.wnyc.org/articles/its – free – country/2011/jun/08/amid – city – budget – grappling – new – scrutiny – millions – nypd – settlements/, accessed April 19, 2012.

[94] Michael Avery, David Rudovsky, and Karen Blum, Police Misconduct: Law and Litigation, 3rd ed. (St. Paul, MN: West, 1997).

[95] Charldean Newell, Janay Pollock, and Jerry Tweedy, "Financial Aspects of Police Liability," ICMA Baseline Data Report 24 (March – April 1992), pp. 1 – 8.

[96] Edward J. Littlejohn, "Civil Liability and the Police Officer: The Need for New Deterrents to Police Misconduct," University of Detroit Journal of Urban Law 58 (1981), pp. 365 – 431.

[97] "Project: Suing the Police in Federal Court," Yale Law Journal 88 (1979), pp. 781 – 824.

[98] Candace McCoy, "Lawsuits Against Police: What Impact Do They Really Have?" Criminal Law Bulletin 20 (January – February 1984), p. 53. Cited in Newell, Pollock, and Tweedy, "Financial Aspects of Police Liability," p. 8.

[99] Special Counsel, Los Angeles County Sheriff's Department, 6th Semiannual Report (Los Angeles: Los Angeles County, 1996), pp. 33 – 39, available at www.parc.info.

[100] Merrick Bobb, 11th Semiannual Report (Los Angeles: October 1999); Merrick Bobb, 15th Semiannual Report (Los Angeles: July 2002), p. 103, available at www.parc.info.

[101] United States v. City of Pittsburgh (W. D. Pa., 1997).

[102] Samuel Walker and Morgan Macdonald, "An Alternative Remedy for Police Misconduct: A Model States 'Pattern or Practice' Statue," George Mason University Civil Rights Law Journal 19, No. 3 (2009), pp. 479 – 552.

[103] Pattern or practice suits are discussed in detail in Samuel Walker, The New World of Police Accountability (Thousand Oaks, CA: Sage Publications, 2005).

[104] Californiav. City of riverside (2001), available at www.ci.riverside.ca.us/rpd.

[105] People of the State of New York v. Town of Walkill (2001); Dean Esserman, First Report of the Monitor (Los Angeles, CA: Police Assessment Resource Center, January 2002), available at www. parc. info.

[106] Department of Justice, Principles for Promoting Police Integrity (Washington, DC: Department of Justice, 2001), available at www. ncjr. org. NCJ 186189.

[107] United States v. Cincinnati (2002); Walker and Macdonald, "An Alternative Remedy for Police Misconduct."

[108] Michael R. Bromwitch, Special Report of the Independent Monitor for the Metropolitan Police Department (Washington, DC: Special Monitor, June 2002), available at www. policemonitor. org.

[109] Robert C. Davis, Christopher W. Ortiz, Nicole J. Henderson, Joel Miller, and Michelle K. Massie, Turning Necessity into Virtue: Pittsburg's Experience with a Federal Consent Decree (2002), available at www. policemonitor. org.

[110] New Jersey State Police, Sixteenth Monitors' Report Sixteenth Monitors' Report (August 2007), Executive Summary, available at www. nj. gov/oag/monitors. htm.

[111] City of Cincinnati, Independent Monitor's Final Report (December 2008), p. 37.

[112] Independent Monitor for the Metropolitan Police Department, Twenty – Third Quarterly Report (January 2008), p. 4, available at www. policemonitor. org.

[113] TrentIkerd, "Examining the Institutionalization of Problem – Oriented Policing," Ph. D. dissertation, University of Nebraska at Omaha, 2007.

[114] Avery, Rudovsky, and Blum, Police Misconduct: Law and Litigation, Ch. 15; Monrad G. Paulson, "Securing Police Compliance with Constitutional Limitations," National Commission on the Causes and Prevention of Violence, Law and Order Reconsidered (New York: Bantam Books, 1970), pp. 402 – 405; Rizzo v. Goode, 423 U. S. 362 (1976).

[115] U. S. Commission on Civil Rights, Revisiting Who Is Guarding the Guardians? (Washington, DC: Government Printing Office, 2000).

[116] Vera Institute of Justice, Prosecuting Police Misconduct (New York: Vera Institute, 1998).

[117] Ibid.; Goldstein, "Administrative Problems in Controlling the Exercise of Police Authority," p. 162; Jerome Skolnick and James J. Fyfe, Above the Law (New York: Free Press, 1993).

[118] U. S. Department of Justice, Special Litigation Section, available at www.usdoj.gov/crt/split.

[119] Samuel Walker, Police Accountability: The Role of Citizen Oversight (Belmont, CA: Wadsworth, 2001).

[120] San Jose Independent Police Auditor, Year End Report, 2008 (San Jose: City of San Jose, 2009).

[121] The reports of the special counsel are available at www.parc.info.

[122] Outreach activities are discussed in detail in Chapters 11, 12, and 13 in Justina Cintron Perino, ed., Citizen Oversight of Law Enforcement (Chicago: American Bar Association, 2006).

[123] Americans for Effective Law Enforcement, Police Civilian Review Boards AELE Defense Manual, Brief 82 – 83 (San Francisco: AELE, 1982); Douglas Perez, Common Sense about Police Review (Philadelphia: Temple University Press, 1994).

[124] The arguments on both sides are reviewed in Walker, Polite Accountability: The Role of Citizen Oversight, pp. 54 – 60.

[125] James R. Hudson, "Organizational Aspects of Internal and External Review of the Police," Journal of Criminal Law, Criminology, and Police Science 63 (September 1972), pp. 427 – 432.

[126] Wayne A. Kerstetter and Kenneth A. Rasinski, "Opening a Window into Police Internal Affairs: Impact of Procedural Justice Reform on Third – Party Attitudes," Social Justice Research 7., No. 2 (1994), pp. 107 – 127.

[127] Michele Sviridoff and James E. McElroy, Processing Complaints against Police in New York City (Newt York: Vera Institute of Justice, 1989).

[128] New York Civil Liberties Union, A Third Anniversary Overview of the Civilian Complaint Review Board, July 5, 1993 – July 5, 1996 (New York: NYCLU, 1996).

[129] Charlotte – Mecklenburg Police Department, Employee Conduct: Investigations and Discipline (2005), available at www.charmek.org.

[130] National Commission on Law Observance and Enforcement, The Third De-

gree (Washington, DC: Government Printing Office, 1931), p. 153; Christopher Commission, Report of the Independent Commission on the Los Angeles Police Department, available at www. parc. info.

[131] Samuel Walker, "Setting the Standards: The Efforts and Impacts of Blue - Ribbon Commissions on the Police," in W. A. Geller, ed., Police Leadership in America: Crisis and Opportunity (New York: Praeger, 1985), pp. 354 - 370.

[132] Walker, Police Accountability: The Role of Citizen Oversight.

[133] David Burnham, The Role of the Media in Controlling Corruption (New York: John Jay College, 1977).

[134] See the contributions in "The Chief and the Media," in W. A. Geller, ed., Police Leadership in America: Crisis and Opportunity (New York Praeger, 1985), pp. 99 - 146.

[135] Walker, Police Accountability: The Role of Citizen Oversight, p. 128.

[136] NAACP, Beyond the Rodney King Story: An Investigation of Police Misconduct in Minority Communities (Boston: Northeastern University Press, 1995).

[137] Samuel Walker, In Defense of American Liberties: A History of the ACLU (New York: Oxford University Press; 1990); Gilda Brancato and Eliot E. Polebaum, The Rights of Police Officers (New York: Avon Books, 1981).

[138] Herbert Packer, "Two Models of the Criminal Process," in Packer, The Limits of the Criminal Sanction (Stanford, CA: Stanford University Press), pp. 149 - 173.

[139] David Bayley, "Law Enforcement and the Rule of Law: Is There a Tradeoff?" Criminology and Public Policy 2 (November 2002), pp. 133 - 154.

第五部分　新世纪的挑战

第十五章　美国警务的未来

第十五章　美国警务的未来

本章概要

前面章节讨论了美国警察机构的各种改革与创新，本章将进一步探讨马奎尔和金（Maruire & King）提及的规模巨大与宏观层面的趋势，因为这种趋势很可能会改变未来警务的格局。[1]现在你已认识到，了解现代警务还有许多需要学习的知识，如果要对未来警务作出预测的话，就要学习更多。有了这样的认识，接下来就要探讨当前趋势可能对未来警察机构产生深远与持久的影响，包括六个领域：（1）警察科技；（2）犯罪分析；（3）执法机构的招录的做法；（4）警察研究；（5）反恐战争；（6）经济低迷。

第一节　警察科技

当今警务发展中最有影响力的变革之一或许与信息技术有关。许多警察机构通过互联网向公众发布信息，在实战中使用移动电话同其他人联系以及使用电脑即时检索信息。然而，这显然还只处于起步阶段，信息技术的进步将会对未来警务产生广泛而深远的影响。例如，国际警察局长协会执法信息管理分部的创办人汤姆·斯蒂尔认为："人们才刚刚意识到信息技术带来的变化。没有一个，我重申没有一个执法文化领域不受到影响。我们如何工作的实质已受到发达的通信和信息共享的影响。再过 15 年到 20 年，你将会目睹罗伯特·比尔和伦敦大都市警察时期以来警务的最大转型、重组与改进。"[2]

一、主要的技术应用

吉姆·朱是加拿大温哥华市警察局的管理者，同时也是警务信息技术方面的专家，他认为主要有四项技术应用会影响未来警察机构的变革：（1）数据库和信息技术；（2）计算机辅助指挥系统；（3）档案管理系统；（4）移动计算机处理技术。[3]

（一）数据库和信息技术

以往警察在调取信息时，需要人工检索档案索引卡，索引卡记录着诸如嫌犯姓名、出生日期、案件编号和犯罪前科等基本信息。当某一地区发生犯罪时，警察可以根据系统提供的信息发现潜在的嫌犯，因而这种系统对打击盗窃、伪造、卖淫等一些特定的犯罪活动尤为有效。

如今，大部分警察局都已建立或在建关联电子数据库。关联电子数据库操作起来与人工档案索引卡类似，但实际功能更为强大。警方可以通过关联数据库存储和检索大量来自各种渠道的信息，如警察在调查某起案件时，他可以使用关联数据库同时进入本部门的犯罪历史记录系统、黑社会团体的情报系统以及州机动车管理部门收集相关信息。

关联数据库不仅有助于收集、存储犯罪嫌疑人和罪犯的信息，而且还可以用于日常管理。关联数据库能够识别哪些区域的警务水平有待提高，也可以提供特定区域的犯罪动态信息。警察部门还可以借助关联数据库了解单位内部每名警员逮捕嫌犯的数量、逮捕嫌犯所犯罪名以及公民对其投诉等情况，进而对警员工作进行评估。[4]

（二）计算机辅助指挥系统

早在20世纪70年代，计算机辅助指挥系统（CAD）就被作为一种高效的工作方法，用于处理公众报警求助，提高了警方的接警效率。当时，人们很快就发现了这个系统的诸多优势。首先，警察可以通过计算机辅助指挥系统及时有效地与出警警员进行交流。指挥员可以把相关信息输入该系统，即刻发送到警员的笔记本电脑上，这更像是即时短信。但与无线电指挥系统相比，计算机辅助指挥系统还可以提供清晰的图像信息，从而降低警员混淆信息内容的可能性。其次，计算机辅助指挥系统通过监视警员的动态以保障其人身安全。若警员出警结束后没有更新其状态栏，系统便会自动发出警报，提醒指挥员联系其他人员确认该警员的人身安全。最后，通过计算机辅助指挥系统，调度员和警员还可以对公民的报警求助进行排序。系统将会把各类报警按照事件的严重程度进行排序，从而引导指挥员和警员采取适当的行动。

（三）档案管理系统

过去，警察部门中最耗时的工作之一就是对文书档案的管理。由于纸质文书的收集、整理、存储和分发过程极为烦琐，在多数警察机构中，这项工作通常都难以完成，而且还经常会出现信息遗漏的情况。警察机构内杂乱的纸张极易导致文书的丢失，这使管理者和警员无法获取所需的所有信息。

档案管理系统（RMSs）的出现解决了很多“纸张浪费”的问题。该系统便于警方使用一种检索的方式将各类报告中的信息输入并进行整理。例如，通常情况下，采用该项技术的警察局无须对纸质文件进行归档，而是将所有的信息录入一个移动终端，然后由移动终端传输给相关人员，节约了警员在纸质文件上花费的大量时间。另外，由于移动终端机中的电脑程序具有信息质量监测的功能，能促使警员获取特定类型的信息并且确保输入数据连贯、准确，因而更能提高警方搜集信息的准确性。

档案管理系统的出现还解决了获取信息的便利性问题。警察机构的报告文件类型很多，有案件登记表、现场访问笔录、交通违法告知书、采购计划书、犯罪历史记录和调查报告等，通过一些档案管理系统程序可随时在任意移动终端中获取各类文件资料，使警员获取信息的过程更为快捷。[5]

（四）移动计算机处理技术

二三十年前，主管或者调度员只能通过电话亭或警用移动无线电同警员沟通。而对于市民来说，要联系上出警警员就更为困难了。现在警务通信的方式已经很多，当然以后会更多，然而每种通信方式都有其自身优势和缺陷。

最早于1877年出现电话亭时，警员只有到达特定地点才能使用电话，而且他们只能通过电话亭获取、传达事故地点和支援请求等特定类型的信息——与现在的通信装置相比，既不高效也不实用。此后，自20世纪30年代开始普及的警用无线电则消除了警员之间通信的地理障碍，警员、主管和调度员之间可以随时通过无线电进行交流。但那些无权使用双向无线电的非警务人员无法同警员进行通信，移动电话的问世则解决了这一难题。比如，负责某特定区域或是与商业、社区组织工作密切相关的警员如今可以轻松地同其他的社会成员通信交流。从电话亭到双向无线电再到移动电话，通信技术的进步充分提高了警员之间以及警察与公众之间的通信能力，但是，尽管通信媒介的形式不断更新，传递的信息内容却没有太大的变化，主要还是特定案件、事件的信息。

移动计算机和工作站在供巡警使用的信息类型与数据量方面有了一定的革新。尤其是在技术应用最为发达的一些警察局中，使用移动计算机和工作站是内部警员存储与获取信息的主要途径。例如，以前需纸质文件存储的资料现在可以直接输入电脑中，不但节约了纸张，还可以使其他警员即时获取该信息。而且，警员在任意时间、地点都可以使用移动计算机进入其部门的计算机辅助指挥系统和档案管理系统，在拦截车辆与犯罪现场调查时都可以获取该系统的辅助和支持。例如，当警员发现有交通违章的嫌疑人时，在令其靠边停车后可以立即使用移动计算机进入警察部门的计算机辅助指挥系统和档案管理系统获取嫌疑人的信息，核查驾驶员的犯罪记录，查验车辆的归属以及确定嫌疑人是否明显具备需要被捕的正当理由等。此外，警员在实战中还可以通过在线检索所需信息来推进案件的侦查和相关信息的收集。[6]

关于早期技术创新的影响：电话、双向无线电和警车的详述见第二章

二、实战中的技术运用

（一）COMPSTAT 模式

在打击犯罪活动中，最重要的一项创新成果就是 COMPSTAT 模式。COMPSTAT 模式通过管理电子数据及时向警方提供周边犯罪和治安秩序混乱的相关信息，警察局局长多会每周或每月定期举行会议对这些数据进行分析、讨论，分局局长则会在会议中分析数据、发现问题并针对新型的犯罪或不断恶化的治安失序状况制订出相应的控制方案（如某一街区的系列入室盗窃行为或是某区域服刑毒犯数量剧增的现状）。[7]

关于 COMPSTAT 模式的深入讨论见第四章

计算机技术通过 COMPSTAT 模式使警察功能获得了更为宽广的延伸空间。首先，一些程序是 24 小时不间断提供信息的，所以数据资料非常及时。其次，计算机技术有助于分析犯罪活动和治安失序状况的发展动态。再次，系统有助于绘制犯罪分布图，使警方把重心放在特定的社区甚至是街道上。最后，系统还提升了警察局局长追究各分局指挥官在辖区内打击犯罪和维护治安方面责任的能力。

（二）早期干预系统

早期干预系统（EI）是为了提高警员的责任感而对人事档案进行管理的一种应用，是由每名警员的日常工作表现资料构成的电子数据库。不同的系统涵盖的内容不同，但大多都包括警察使用武力、公民投诉、表彰以及起诉警察局的民诉案件的牵涉情况。一些早期干预系统包含了多达 18 个甚至 20 个绩效考核指标。[8]警察局局长可通过该系统分析警员的工作表现，从而发现那些在执法过程中可能会出现问题的警员，这样警察局就可以对这些警员采取一些干预措施（日常咨询、专业疏导、再培训）使其走出执法误区。[9]

关于警察职责的额外信息见第十四章

（三）车牌识别系统

美国所有的警察局都已开始使用车牌识别器——也被称为车牌识别系统（LPRs）或是标签识别器。车牌识别器安装于警车以及一些特定位置（像是十字路口和高速公路）。20 世纪 90 年代，为抵御爱尔兰共和国军的进攻，英国军队将车牌识别器作为一种军事策略开始普及并投入使用。随后，美国便采用该技术来识别失窃和违章停放的机动车。[10]例如，在亚利桑那州梅萨市，车牌识别器被装于巡逻警车和街角处，系统在识别出被盗车辆时会立即向巡警发出警报提醒。目前，车牌识别器可应用于以下方面：1. 案件分析；2. 警报可疑车辆；3. 人员追踪；4. 侦查之前未被发现的案件；5. 创造收益。

一些警察局可能会选择使用车牌识别器对犯罪活动进行战略性分析。例如，通过在银行附近安装车牌识别器，警方就可以确定抢劫案件发生时周边区域的所有车辆。另外，警方还可以使用车牌识别器锁定涉案人员或是对执法构成威胁的人员的车辆，因为这些车辆都在可疑车辆列表中。而可疑车辆列表是由包括巡警、国家反保险犯罪局、国土安全部、国家犯罪信息中心和安珀警报（公开宣布儿童失踪）在内的多个信息源提供的车辆信息所产生的。车牌识别器一旦发现可疑车辆列表内的车辆牌照就会立刻发出警报，从而便于警察采取适当的行动。同时，车牌识别系统还可用于对人员的追踪。通过该系统，一些辖区的警察可以掌握辖区内毒贩、黑社会成员、逃犯及获得假释和缓刑人员的动态行踪，国土安全部可以对恐怖分子监控名单上人员的行踪进行监控，当地警方则可以确定那些登记在案的性犯罪人员的车辆是否进入学校或托儿所的停车场。另外，车牌识别器还可用于警方侦查前未被发现的案件。例如，在美国许多州，若被发现驾驶未购买车险的车辆，驾驶员将被吊销驾驶证。除非由于其他原因被要求停车接受检查，警察一般是不会发现这种违规行为的。在这种情况下，如果有了数据共享协议，车牌识别器可能就会发现道路上行驶的无车险的车辆以及与被吊销驾驶证人员相关的车辆。最后，一些州的驾驶员还会因为未缴纳罚款或避税行为而被吊销牌照及驾照。有了车牌识别器，警方便可以发现那些欠政府税款的人员。[11]

目前，对车牌识别器实效性的研究少之又少，其中有一项开展于亚利桑那州的梅萨市。当地警方在四辆巡逻车上安装了车牌识别器，每当可疑车辆和牌照列表信息有所更新时，每台车牌识别器都会加载两次信息，从而找回失窃车辆、抓获盗车贼以及减少机动车失窃现象。研究人员认为，通过车牌识别技术载入信息系统中的牌照数要比传统的技术快八倍，从而有助于发现更多涉及机动车盗窃的相关车辆、查获更多的被窃车辆牌照、增加抓捕盗窃机动车人员的数量以及被窃机动车物归原主。然而，研究发现，车牌识别器对打击社区的车辆失窃现象作用不大。[12]

虽然警察对其前景十分看好，但是还是有人对该项技术的应用是否会侵犯公民的隐私权提出质疑。到目前为止虽然还没有关于车牌识别器侵犯隐私权的判例，但是警察公关部门称过去法庭上出现过类似的案件，从那些案件可以推断，车牌识别器并不违反宪法对个人隐私权的保护规定。[13]

（四）执法记录仪

执法记录仪是记录社会成员（如公众、犯罪嫌疑人和受害人）与警察之间的互动交流的技术产品，它可安置于警察身体或头部的多个部位，从而同佩带者的视线方向保持一致。执法记录仪主要用于捕捉犯罪嫌疑人、受害人与警察之间发生的事件和互动，警方不仅可以通过它记录陈述内容、事件经过、当事人行为和其他证据，还有助于预防和消除警察与公众的违反职业道德、违反法律以及不当的行为。因此，执法记录仪可以通过提供重要事件的记录信息来减少争议，从而提高警方的威信。[14]

警方最早使用执法记录仪是出于两个目的：其一是提高警察的责任感。因为这项技术能够记录不当行为、暴力执法和其他不良行为，有助于打消警察实施违反职业道德行为的念头；反过来也能用来反驳对警察行为的错误指证，减少警民之间发生暴力冲突的可能。因而一些人认为此项技术能够提高警民的责任感，减少市民的不满，从而实现提高公民法律认知度和满意度，增进警民间的信任。另外，此项技术还有一个优点，就是有助于减少由于警察实施不当行为或正当行为被误解而引起的人身伤害、财物损害等民事案件。[15]其二是执法记录仪还有助于提高警方侦破案件的效率。人们认为警察通过记录仪记录案件，会对警察在制作现场报告以及随后的庭审中还原案件事实有很大帮助。记录的视听资料还可以用作进一步“钓大鱼”的证据，从而提高警方的逮捕、指控、起诉和定罪率。[16]

虽然对执法记录仪作用的初步研究认可了它的实效性，但是对该技术的小范围测试还在进行之中。

（五）公众对技术产品的使用和问责

公众使用新技术产品的现象也很普遍，而且成为监督警察执法的一种新形式。公众的摄像机与手机都同时具备录音和录像的功能，在1991年3月3日发生了一起关于使用新技术产品的最著名事件——洛杉矶警察殴打罗德尼·金，市民将殴打的视频散播出去，引起了轩然大波。这可能是第一次将警察暴力执法带入广大公众的视线中，而近些年来也发生过类似的事件。过去由于没有客观的证据支持，关于警察不当行为的争论双方就像拔河比赛中僵持的对手，而正是技术产品提供的影像、视听证据改变了人们对警察行为的评判方式。但是，这些证据并非最后的定论，因为无论是事件刚开始的部分还是相机、录音机范围外的动态，影音资料通常都无法覆盖事件的全过程。不过，毋庸置疑的是这项技术为规范警察执法提供了一种新的监督方式。

三、未来警务信息技术

自9·11事件以来，执法机构间信息共享的基础设施建设成为需要优先考虑的事项。目前，除了联邦调查局（FBI）下属的国家犯罪信息中心（NCIC）

等少数的机构外，大多数警察机构实现信息共享的能力都极为有限。国家犯罪信息中心是一项数字化的数据库项目，项目需要地方警察机关向联邦调查局报告一些关于犯罪前科记录、逃犯、被盗财物和失踪人口的信息，同时联邦调查局还要根据其他机构的需要提供相关信息。[17]虽然警方高度重视这个项目，但是在实践中能够真正实现共享的信息量却很小。因此，国家有少数警察机关开始着手能够共享更为详尽信息的技术开发。

有一项重要的技术创新就是环球司法XML（可拓展标识语言）数据模式（GJXDM），通过该模式刑事司法机构能够使用标准化语言维护其信息，从而提高刑事司法领域内部使用统一格式共享资料的可行性。但从总体上来讲，创新信息共享机制的过程十分复杂，失败的风险也很大，其中有一个困境就是多数警察机关内部缺乏相应的技术人员来完成资料整合及信息共享任务。要解决这一难题，不仅需要警察机关外聘专业顾问来开发和完成信息共享功能，还需要花费大笔的资金（警方通常无力支付）。另一个困境就是这些计划的完成还依赖于警察机关之间的信任和尊重。警察机关是高度分散的组织，它们之间通常并不和谐，而且都特别注重保护在自己“地盘”上收集到的信息。在COPLINK公司（一家专注于信息共享研究的著名公司）工作的研究员指出，要推动信息的共享就要让机构看到直接的利润或是收益。然而对警方来说，该项目几乎无直接利益可言，因为计划并实施信息共享项目通常要耗费数年的时间。[18]

尽管信息共享难以实行，但也有证据表明其对警方有益。例如，扎沃斯基检测到地区司法自动化信息系统（ARJIS）在总体上提高了圣地亚哥州警察局警员和探员的工作绩效。具体来说，扎沃斯基在报告中称信息共享技术提高了巡警的逮捕率及探员的破案率。另外，报告还指出警员对共享的信息非常满意，因为这些信息不仅有利于他们执行职务，而且他们还认为丰富的信息提高了实战中警员的安全性。[19]

四、先进的武器

为了能够更好地帮助警察制伏那些极具危险性的犯罪嫌疑人，很多更为先进的非致命性武器应运而生。托马斯·A. 斯威夫特电子步枪（即泰瑟枪）就是这时迅速出现的一种技术产品。泰瑟枪（Taser）是一种由电池驱动，通过电击犯罪嫌疑人肌肉将对方制伏的武器，它能够发射出两个由电源线连接的金属爪钩钩住犯罪嫌疑人，并通过电源线和金属爪钩向犯罪嫌疑人发射功率约为26瓦特，电压超过5万伏特电击。这种电击能够导致犯罪嫌疑人肌肉剧痛，暂时痉挛。电流持续时间很短，据报道，泰瑟枪除了对被电击爪钩击中的位置有明显的伤害外，在犯罪嫌疑人身上的其他部位很少发现有持续性的伤害[20]（注："Taser"商标已经被泰瑟国际公司注册）。

目前，约有12000个警察机构购买了泰瑟枪或者其他类似的产品，大约有260000支泰瑟枪已经配发给执法人员。[21]这一技术已经得到广泛的认可，借助泰瑟枪技术执法人员能够制伏那些反抗抓捕的犯罪嫌疑人，同时也给执法人员在使用暴力过程中提供了一种区别于致命性暴力的选择。[22]

菲尼克斯警察局是拥有泰瑟枪最多的警察局。他们关于泰瑟枪使用情况的调查报告显示，在执法过程中配备和使用泰瑟枪能有效地减少对犯罪嫌疑人以及执法人员带来的损伤。报告显示，在过去的一年中，有475起事件的现场情况符合使用泰瑟枪的条件，但只有128起事件的处置中使用了泰瑟枪。在这其中，只有9%的犯罪嫌疑人因被泰瑟枪击中而受伤，而在没有使用泰瑟枪的事件中，受伤率高达33%。同样地，在没有使用泰瑟枪的事件中，执法人员的受伤率为9%，而配备泰瑟枪后，使用泰瑟枪处置事件中的执法人员受伤率降到了2%。[23]

然而，仍有一些组织谴责使用泰瑟枪的行为。他们认为泰瑟枪给犯罪嫌疑人带来的伤害要比警方对外公布的伤害程度更大，或者说泰瑟枪会对犯罪嫌疑人造成比警方预计要大得多的伤害。有报告显示，泰瑟枪的威力比公司人员公布的数据要高39倍。他们指出泰瑟枪实际上能产生704瓦的威力，这远远超过了制造商所宣称的18瓦。从2001年至2008年12月，在美国有334人在被泰瑟枪击中后死亡。[24]遗憾的是，至今仍然没有哪个独立的研究能对使用泰瑟枪是否会给犯罪嫌疑人留下后遗症这一问题给出答案。不过，研究表明，因使用泰瑟枪而导致犯罪嫌疑人骨折、眼睛损害或者头部严重受伤等中度或严重损伤的概率只有3%。[25]

第二节　犯罪分析

科学技术日新月异，警察局也与时俱进，将新的技术应用到犯罪分析当中。犯罪分析可以帮助警察局作出组织周密、深谋远虑的决定，而这些决定的作出是有依据的，而不是靠主观臆断。警察局在作出某些决策时必须要依据数据，例如，资源的配置、违法犯罪活动的预防，巡警以及侦查人员作出技术性的决定等，这时候犯罪分析就能帮上大忙。

奥谢和尼古拉斯（O' Shea & Nicholls）认为犯罪分析具有以下三个功能：

1. 评估违法犯罪的种类、程度并进行违法犯罪区域化的分析，针对不同区域的违法行为特点有效地分配资源、布置警力。

2. 确定违法犯罪嫌疑人相关事实、证据，为案件调查提供参考。

3. 通过分析确定容易滋生违法犯罪和不文明行为的情形，从而帮助决策者制定更为全面而有效的预防政策。[26]

为了实现这些功能，犯罪分析人员有责任进行一系列关于犯罪数据的收集、分析和共享的工作。第一，犯罪分析人员要收集那些基层警察局的日常工作信息，并将其中的大部分进行录入。这些信息主要来自犯罪情况报告、报警电话记录、逮捕报告以及现场调查记录等材料。第二，犯罪分析人员需要对收集到的数据进行分析以确定违法犯罪的特征和趋势。这项任务要求分析人员能够熟练使用数据库、复杂的统计软件以及地理信息绘制软件，这就需要对分析人员进行长期的培训。第三，在分析人员确定了犯罪模式后，会将这些信息发送给相应部门，而使用这些信息的人员将对信息进行反馈。[27]

如今，在人数过百的警察局中有75%的单位都任命了至少一人专门负责犯罪分析工作。由于从事信息分析工作需要对工作人员进行专门的业务培训，且聘用非正式警员的费用较低，所以这些职位通常由非正式警员来担任。大约72%的警察局为犯罪分析人员设立独立的编制。一般归行政部门管辖（44%），但也有可能会被安排到调查部门（27%）或者是巡逻部门（8%）。[28]

一、犯罪分析的类型

狄波拉·奥斯本和苏珊·韦尼克（Deborah Osborne & Susan Wernicke）认为警察局最常见或者说最可能使用的犯罪分析的方法有三种。[29]

（一）战术犯罪分析

战术犯罪分析，主要包括对特定区域内的特殊犯罪问题进行识别。这种分析的目的，是及时地向巡警和侦查人员提供信息，帮助他们应对正在发生的违法犯罪行为。例如，犯罪分析人员可以通过分析一系列汽车盗窃案件的发展趋势，分析预测出盗窃案件发生的地点、时间以及日期等。这些信息分析可以帮助巡警更好地部署工作，找准抓获违法者或者制止违法犯罪活动的最佳时机。

（二）策略犯罪分析

策略犯罪分析着眼分析较长时间内违法犯罪活动的趋势。这些信息通常用于制订解决特定问题的策略计划。策略犯罪分析与战术犯罪分析不同，策略犯罪分析主要用来解决长期性的、复杂性的犯罪问题。以亚利桑那州斯科茨代尔的一个策略犯罪分析项目为例，斯科茨代尔警察局的犯罪分析部门发现，近一年以来，打开车库门的入室盗窃案持续增长。于是策略犯罪分析人员与巡警、社区看守人员以及社区组织一起制定了针对此类案件的预防策略。而且，这一计划已被实行并被重复使用了很多年。

（三）行政犯罪分析

行政犯罪分析，是将统计数据总结概括后提供给警察局管理者。这些信息可以帮助管理者更好地掌握违法犯罪情况和治安混乱问题。举个例子，警察局领导可以使用警察局收集的犯罪分析数据，把自己所管辖区域的犯案数与其他类似的管辖区的犯案数进行比较。同样地，地方警察局领导可以要求分析部门提交一份每日犯罪情况分析报告，以了解本辖区内的犯罪的种类和数量，从而能够更好的掌握辖区内犯罪活动的信息。

二、犯罪地图

在过去 20 年中，警察专家开始认识到某一些区域的犯罪数量总是高于其他地区，这些地区被我们称为犯罪“热点”。它引导警察局的犯罪分析员开展新的专项工作，即犯罪地图。分析人员通过犯罪制图能够确认不同犯罪类型的空间分布特点和高发区域。截至目前，大约有 13% 的警察局用计算机来绘制犯罪活动轨迹。大约有 1/3 的较大规模的警察局（在职警察人数多于 100 人的）都在使用计算机进行犯罪活动绘图工作，而规模较小的警察局中只有 3% 在使用这种分析方法。一份来自亚利桑那州的研究报告显示，即便是使用犯罪制图方法的部门，能够熟练进行犯罪制图的分析人员也不过一半而已。[30] 同样地，使用计算机进行犯罪制图分析仍处于启蒙阶段，让全国的警察局完全习惯使用这一技术显然还需要一段时间。

关于重点地区的补充信息见第七章

当前，美国的司法部正在配置大量资源帮助警察局建立犯罪绘图系统。[31] 因为，这项技术可以帮助警察局清楚掌握哪些地区为犯罪高发区，从而分配更多的警力、物力到这些地方去。过去，这种分析很可能只是在局部区域里靠着在每个小区域内进行简单的案件数量计算与平均值进行对比的方法来寻找热点区域。然而，通过犯罪地图技术，警察局能够合理地分配更多的警力到那些特殊的区域、街道角落或者街区，犯罪绘图技术同样能够在其他领域发挥作用。例如，我们可以将某类信息与其他的数据如人口信息、学校周边信息以及财产评估信息进行碰撞分析，能够帮助警察局更为准确地了解区域地理情况、犯罪活动与地区特色之间的关系。[32] 一部分警察局还通过提供犯罪活动轨迹图使警员能够获得巡逻区域内实时更新的违法犯罪信息，从而帮助他们在巡逻区域内进行一些针对性的违法犯罪防范工作。同样地，犯罪活动轨迹图可以与社区的居民共享，提醒他们提防周围的犯罪活动。[33]

由国家司法研究基金所资助的一项研究表明，在所有使用计算机进行犯罪制图的部门中，94%的是将研判信息发送给办公人员和侦查人员，56%的部门是将信息应用于警务资源部署的方案，49%的用于警方评估预防违法犯罪方案的正确性，47%的是将信息用于告知居民生活区域的犯罪活动及其变化情况，同时还有44%将信息用于确定报警数目多的地区。[34]

边注栏15－1为犯罪制图技术应用的典型事例。

边注栏15－1

苹果手机、苹果平板电脑以及其他移动设备的使用

2011年，加利福尼亚州雷德兰兹警察局开始使用美国环境系统研究所研发的ArcGIS软件。有了这个软件，不管在什么地方，警方都可以通过智能手机以及其他移动设备获取地理信息。因此，警方以及侦查人员等都可以方便地获取实时更新的信息，他们随时都可以变成所在区域的犯罪信息员。除此之外，他们还可以通过电子设备与其他警察进行信息共享，并对案件最新动态进行跟进。

资料来源：Esri，“Redlands Police Deploy Mobile Apps on iPhone iPads，” Public Safety Log，Summer 2011，p. 1。

第三节　对于招录警察的展望

对于那些渴望在执法机构中成就一番事业的人来说，就业前景变得十分光明。社会越来越关注犯罪和不法行为的发生，针对国土安全的威胁日益增多，以及在婴儿潮里出生的那一代警察被替代的需要，都促成了对执法人员越来越多的需求，并且这种需求可能会持续很多年。举个例子，美国劳工统计局的报告显示，到2020年对警察的需求预计将会提高7个百分点。[35]

一、县、市以及州执法机构的就业机会

大部分执法工作机会存在于县、市以及州的执法机构。但是，需要特别指出的是，像城市警察、县治安官或者高速巡警这样的工作，并不是提供给你的仅有的选择。这里所有大量工作岗位可能会是你极为感兴趣或者能给予你一份也许你都未曾想到过的特殊经历。这些工作不仅能带给你经验和阅历，有助于获得你一直期望的执法职业，而且还能提供给你一个终身的事业。

警务工作中一些最被忽视的事业，往往都是由群众所主持的。时至今日，所有被县、市以及州执法机构雇用的员工中，有近1/3都是平民。许多警察部

门聘请一般群众去执行社区物理障碍条例，促进社区犯罪预防和收集证据。这些群众同样也被当作犯罪分析员、战略规划者以及各种各样的专业技术人员来使用。

同样，有许多州立机关允许个人警察力量去履行各种管理职能。这些工作的范围很广：从实施与赌博相关的法律政策到检查工厂是否存在过量的污染物，再到调节管理家畜和农场里其他的动物。例如，一个人认为警务工作很有意思同时也对户外活动有强烈的兴趣，他可能会考虑为保护野生动物的州立机关工作，就像各州的农业部门、园林文娱部门或者渔猎局。几乎所有人都可以找到契合自己兴趣的那个部门。

二、县、市以及州的收入情况

2006 年，警察和县治安巡警的平均年收入大约是 49980 美元，这也是能获得的最新数据。相比之下，警探的薪水要高于巡警。警探和刑警 2010 年收入的中间数大约为 68820 美元。同样在 2010 年，美国劳工统计局调查了美国各个城市中全职警务人员的薪水。图表 15－1 反映了他们的调查结果。[36]

警察同时还可以享受带薪休假、病假以及医疗和人寿保险——而许多其他的雇主则不会提供这样的福利给他们的雇员。原因在于警察通常被养老金计划所覆盖，在经过 20 年或者 25 年的工作之后许多退休人员可以享有半薪的待遇。[37]

图表 15－1　不同级别警察的年平均工资

	每年平均基本工资（美元）
警察局局长	95763
警佐	63783
警员	49980

资料来源：U. S. Department of Labor，Bureau of Statistics，http：//wwwbls. gov/oco/. accessed April 10，2012。

三、存在于联邦执法机构的机会

对于那些渴望在联邦执法机构里成就一番事业的个人来说，他们同样拥有充足的机会，特别是在国土安全部成立之后。类似于州立执法部门内部的变化，许多联邦机构扮演着各种各样的角色——如负责犯罪调查、情报收集、法律执行和相关安保职能。[38]

大多数机构要求应征者拥有本科学位。那些具有调研功能的机构常常还要求应征者拥有特殊的技能，如参与法律实务培训或者懂得关于税务和经济方面的知识。打个比方，现在的药品管理局就在寻找有制药背景的人才，而边境巡逻队在寻求精通西班牙语的人。[39]

那些对联邦执法部门工作感兴趣的人应该预料到他们或许会在全国范围内的另一个地方工作。首先，如果某人在联邦执法部门工作，很有可能被送到位于佐治亚州布伦瑞克的联邦执法部门的训练中心。其次，就算大多数机构会尽量让你住在你喜欢的城市，但仍然没人能够保证你能在哪一个城市或者州工作和生活。大约50%的联邦执法人员都被分配在了图表15－2所示的5个地点。[40]

图表15－2　职员人数最多的前5个地区

管辖区域	职员人数（人）
加利福尼亚州	10469
得克萨斯州	8836
纽约	6556
哥伦比亚特区	6508
佛罗里达州	4980

资料来源：Law Enforcement Career Starter，www. netlibrary. com/nlreader. dll？ bookid = 28378&filename = page_ 3. html。

四、联邦职员的收入情况

大约75%的执法人员的工资是根据GS总表的标准来决定的。这个GS的标准分为GS1－15，共15个薪资等级。在每一个等级内又会细化到10个小标准。最低等级的薪资水平根据发送薪资的单位不同而有所区别。不过也有些联邦政府会对探员和某些特殊任务的人员给予额外的酬劳LEAP（即执法人员的出勤工资类似我国加班工资）。这也就让剩下的25%的职员因为可以从加班当中获得额外的酬劳而变得渴望上班。

为FBI工作的人员根据职位不同初始工资是一年61000美元到70000美元。普通职员在若干年后即使不能进阶成管理层，其工资也会增长到一年116000美元左右。FBI的主管、高管、执行官的年薪根据职位不同大约是105000美元到155000美元不等。正如别的执法岗位一样，FBI的人员可以获得非常好的工作待遇，包括带薪的休假和病假、医疗保险和人寿保险。[41]

第四节 警务研究的未来

之前我们对警察的事情知之甚少，我们不知道巡逻的执法人员 8 个小时就会换一次班，我们不知道他们逮捕了什么人或者他们为什么不逮捕某些人。我们都相信他们是在阻止罪恶消灭犯罪，但是始终没有任何有效的证据能够支持我们的想法。我们也不知道是否存在另外一种更高效的方法来阻止犯罪。

现在，我们对那些之前不清楚的问题有了更多的认识。从 19 世纪 60 年代末开始关于警察方面的研究发生了非常大的改变，极大地拓宽了我们对警察的认识，堪称是一次“调查改革”。美国科学院认为“世界上没有任何一个国家可以像美利坚合众国那样努力进行如此严密的警务研究”。[42] 在这本书前面的章节有详细指出一些有事实根据的观点，包括在警务工作中哪些做法是切实有效的，哪些又是无用之功。当前这项警务研究的主要内容被总结在美国科学院的一篇报告中：《警务工作中的公平与效率：证据》（Fairness and Effectiveness in Policing：The Evidence）。[43]

知识来之不易。这次关于警察调查的改革需要归功于对于科学研究事业的大量投入和支持。最开始的投入来自联邦政府的资金支持，不过也有一部分的研究需要的资金会由私人的基金组织资助，如福特基金（Ford Foundation）。1968 年联邦政府设立了有特殊意义的执法援助行政部门（LEAA）以及随之设立的关于司法正义的基金组织。现在联邦政府主要是通过对国家司法研究所（NLJ）的资助来支持司法研究，还有一些别的研究会由国家科学基金（NSF）和美国司法部门提供资助。

一、警务研究是否有意义

很多人会对警察研究是否具有意义产生疑问。除了那些只是写研究著作的专家或被要求必须要在课堂上阅读相关文章的学生之外是否还有人阅读过这些研究著作呢？这个研究是否会对警察实务产生影响？关于警察的社会科学研究是否值得进行大量的资金投入呢？

答案是肯定的。大量事实数据证明有人会读这些调查报告并且这些研究报告对警察制度产生了影响，[44] 最能说明这一点的是社区警务的发展。因为这个研究使专家原有的对于警务方面的假设变得没有说服力了，进而开始形成了一个新的制度规范。例如：

- 堪萨斯的巡逻演习反映了提升巡逻层级并不能更有效地阻止犯罪。
- 不少研究显示快速响应民众的求助并不会导致逮捕率的增加。

• 美国的兰德（Rand）公司在对犯罪的调查中发现传统的侦查工作并不能提高犯罪的破案率。

这些调查研究促使制定规范的人开始反思警察到底是扮演什么角色以及在警务中需要达到什么目标。在大家的共同努力下，他们得到了更多、更重要的发现：

• 纽瓦克的巡逻研究证实巡逻的警察越多越能够降低民众对于犯罪的恐惧感（即使罪恶没有被马上消灭），而且民众对警察会产生好的印象。

• 不少研究显示民众非常信赖警察作出的犯罪报告，也非常重视警察提供的关于犯罪以及其他问题的信息。

综合以上的研究，研究人员和制度的制定者在社区警务原有的传统制度上提出了新的想法，传统的警务工作效率不高，想要高效的打击犯罪维护社会秩序就需要和群众紧密联系起来。

关于堪萨斯城主动与方式巡逻实验的讨论见第七章

二、政治与研究

政治是对研究效果产生影响的一个主要因素。此类主题能激起公众和政治家们强烈的反响，这里有一个来自警务范畴之外的最好的例子。长期以来，针对死刑是否能威慑犯罪、“正确携带”枪支的法律是增加了还是减少了犯罪以及更严厉的刑罚是否可以阻止犯罪的发生等问题存在大量的争论，以上的每个问题的正反两个方面都有研究结果支持。这三个问题所涉及的政治问题更是被人们激烈地讨论着，政治不仅影响着研究（特别是研究时方法论的选择），还影响着对特定课题的反应。

三、警务工作者与研究者的关系

在过去的20年里，许多专家和决策者们一直在呼吁密切警务工作者与警务研究者之间的关系。他们认为，二者间知识的传递交流可以使双方各自的工作变得更加有效。例如，警察部门与研究者搭档，可以拓宽接触尖端知识的途径，还可以获得与研究者们一起工作的机会，这些学者能够帮助警察部门理解犯罪学上的专业问题并对警察部门针对犯罪问题的应对作出评估。另外，研究者们可以借此机会使其所研究的领域更加契合社会、更广泛地获取研究所需的数据，在犯罪学和应对犯罪方面取得成绩的概率也大大提高了。

最近，美国司法部（DOJ）的一份调查说明了警务工作者和研究者之间合作关系的比例和特征。约50%的大型警察部门表示在过去的5年中曾经与研究人员进行过合作，相比之下规模相对小的警务机构只有不到25%。在这些与研究人员有过合作关系的部门里，超过80%的人认为这种搭档是成功的或是比较成功的。

司法部这份研究报告的作者们认为，警务工作者与研究者的合作十分常见，但经费的缺乏成为警察局与研究人员搭档道路上持续存在的一个主要障碍。同时，他们承认真正有资质的研究者数量太少以至于不能满足每一个警察机构，特别是规模属于小到中型的警察部门所拥有的研究人员数量太少。一些杰出的警务研究者正在号召通过创建地区性的研究中心与当地警察部门展开合作，以此加强警务从业者与研究者之间的联系。[45]

四、联邦政府资助警务研究的前景

考虑到社会科学研究对人们关于治安制度的认知作出的巨大贡献以及该项研究对联邦政府基金的高度依赖，联邦政府未来对警务研究的支持力度就很有必要进行考虑了。然而，政府未来对该研究的支持力度仍具有很大的不确定性。国家科学院发现，即使在过去，政府每年对该研究的支持力度的变化也很大，很难制订出一项平稳且专业的研究议程。更糟糕的是，由于联邦政府的预算危机，国家司法部门对该研究的支持力度正在被逐步削弱。考虑到该研究在过去作出的巨大贡献，这将对美国未来的治安构成潜在的危机。

鉴于社会科学研究对我们理解警务具有巨大帮助，以及这些研究对联邦资金的依赖，思考联邦对警务研究资助的未来就变得十分重要了。然而，联邦研究的资助的未来尚不确定。国家科学院发现，即使在过去，联邦政府每年的资助水平悬殊也很大，这样并不利于形成一个稳定且具有针对性的研究议程。更为严重的是，由于联邦政府的财政预算问题，经由国家司法研究所拨付的资助已经减少，并且可能进一步缩减。鉴于研究在过去所起到的重要贡献，这就对美国警察的未来来说是一个潜在的严重问题。

第五节 反恐战争的影响

2001年9月11日，针对世贸大厦和五角大楼的恐怖袭击，已经对美国社会产生了根本性的影响，我们在机场、政府大楼及其他地方都采取了新的安全措施。联邦政府对恐怖主义的宣战已经改变了美国的外交政策，这场反恐战争也对美国的国内政策产生了深远影响，直接影响了州及地方警察部门。

一、职责扩大

和联邦政府一样，州及地方执法机构都迅速提高了对潜在恐怖活动的关注。这种关注包括以下活动：（1）侦查嫌疑恐怖分子；（2）准备应对特定恐怖活动，如对大厦的爆炸；（3）应对大规模杀伤性武器（WMD），包括化学和生物武器（CBW）。

这些活动使州和地方警察部门的职责得以扩大。警察职责扩大，会使警力从原有职责转向新增加的职责中去，这种转变非常危险且成本巨大，因为承担这些新职责耗费大量警力。而且，正如所有的形式的训练一样，应对恐怖活动的训练十分昂贵。维持一个特殊组织，或者命令警官负责协调反恐活动就意味着不得不雇用额外的警官，或从原来的分配中抽调警力。[46]

二、种族和族裔形象定性

反恐战争导致更多的人对阿拉伯裔美国人产生偏见。阿拉伯裔美国人反歧视协会报道中显示，针对阿拉伯人民的歧视行为越来越多，这些行为与非洲裔美国人经历的种族歧视类似。民权领导人会议（www. civilrights. org）发布了一份报告，即《当时错，现在也错》。[47]为了解决这些问题，美国司法部创建了一个4小时的文化理解课程，以此来教育地方和联邦执法人员了解阿拉伯及穆斯林文化习俗。到目前为止，已经有2000名执法人员接受了这个课程的教育。[48]

三、警力不足的挑战

2001年9月11日之后，地方警察机构面临警力不足的挑战。第一，入侵阿富汗和伊拉克就动员了国民警卫队和军事储备。因此，几乎每个警察局都因军事原因被抽调了一些警员。在较大警察局造成了人员短缺，而在小警察局，这一问题更为严峻。一个只有三四名警员的农村警察局无法承受人员减少的压力。在某些情况下，警察局局长自己都参与到军事任务中。第二，当地警察机构正面临着日益增加的来自国土安全的压力。例如，许多地方已经将警力从传统的巡逻和侦查活动中转移到保护关键基础设施，如公共建筑、核设施、大坝和桥梁。此外，他们还承担情报收集任务及协助联邦机构保护海港和机场。兰德公司进行了一项关于长滩警察局在“9·11”事件后是如何应对不断变化的服务需求的调查。报道说，这些变化十分显著。

四、角色转变

一些政策制定者和学者认为，9·11事件过后，随着情报主导警务或前瞻警务的兴起，警务工作的新时代已经到来。情报主导警务起源于英国，一些问题仅经社区警务无法解决，而现存情报力量又要应对犯罪与安全威胁，情报主导警务就应运而生了。[49]基于这个需求，情报主导警务非常重视数据的搜集与分析，以此能够更容易和迅速地发现并逮捕犯罪嫌疑人。情报主导警务的核心是缩减警察的执法量，并且执法时优先采用逮捕或剥夺其再犯能力的方式。其干预行为由情报主导，并关注个体利益。想要情报主导警务发挥作用，需要警察组织机构高度整合，并且采用自上而下的管理体制。[50]

如今，情报主导警务在全美的警察部门广泛流行开来。2009 年，司法部向 7 个警察机构拨付了大约 120 万美元的首批基金，使其成为情报主导警务的示范点，来检测这种转变效益。这 7 个警察机构包括洛杉矶、华盛顿、芝加哥、纽约市、波士顿、路易斯安那州的什里弗波特以及马里兰州的警察局。[51]虽然情报主导警务在将来是否会发展壮大尚不确定，但能够确定的是，情报主导警务确实能在警务工作中占据一席之地，警察机构将增强自己收集、保持以及传递情报的能力。

第六节 经济低迷

即使在经济下滑之前，增加警务开销也已经引起了地方政府的关注，然而 2007 年 12 月到 2009 年 7 月的经济衰退以及从那时起的经济增长滞缓，更是让政府投入了更多精力削减警务工作的成本，[52]经济低迷至少影响了警察资源乃至警察的组织管理。

一、对于警察资源的影响

在全国范围内，经济下滑导致许多地方警察资源的萎缩。警察行政研究论坛（PERF）的一项调查显示，2009 年至 2010 年间，51% 的地方警察机构预算遭到了缩减，而这种缩减对于警员和政策都产生了影响。在地方警察机构中，66% 减少了加班费，58% 减少了工资，43% 招新只招文职或只招执法类，还有 22% 进行了裁员。大约 72% 为了减少出城的交通开支改变了其警务政策，68% 缩减或中断了培训，55% 减少或取消了添置新技术设施的计划。[53]这些转变不仅为警察机构带来短期影响（积极性不足、工作量大等），也会带来一些长期问题（如减少训练造成警察职业能力和服务质量的下降）。

二、对于警察组织管理的影响

在经济下滑的情况下，一些地方的警察机构遭受了比其他地区更为严重的影响，这些机构开始探索改变其组织资源和组织管理的方式。正式警察的执勤时间非常宝贵，让他们优先处理最重要的一部分事务，这样能够在保证在公共安全的情况下缩减成本。例如，匹兹堡警察局规定，在 324000 个报警电话中只有大约 1000 次真正需要警察赶赴现场出警。派遣员不再让警察去处理那些小型交通事故，而是告知相关人员通过保险渠道解决问题。与此同时，这些地区的警察机构将很多警察工作分担给公民完成。例如，2008 年，不算由警察发起的路检，33.2% 的报警处理仅由公民参与，16.8% 的报警处理由公民和警察共同参与，仅 50% 的报警处理完全由警察进行。这种警务向民众转移的做法是对过去工作方式的一个根本性转变。[54]

另外一些警察机构则采用整合服务这种更具根本性的措施。社区警务服务（COPS）办公室报道称，这种整合有四种方式：（1）服务分享；（2）本地区合并/整合；（3）地域划分；（4）有偿服务。[55]

服务共享，是指两个以上的警察机构通过共享资源来完成具体任务或实现既定目标。举例而言，中小型司法机构与专门部门合并，以此来增强彼此服务各自社区的能力，这种做法非常常见。[56]

本地区合并/整合，是指两个以上的执法机构合并为一个执法机构。2011 年，美国佛罗里达州的劳德代尔莱克斯市以 900 万美元的赤字领先全美。该市最终决定将其并入布劳沃德县警察局来解决他们的财政问题。[57]

关于合并的深入讨论见第三章

地域划分，是指几个司法机构联合起来共同为某一地区提供服务。举例而言，亚利桑那州的亚芳戴尔市、哥伦戴尔市、皮奥里亚市、斯普莱斯市以及马里科帕县社区学院地区一直保有一个公用的训练中心，来培训警察和消防人员。[58]

有偿服务，是指政府的一个单位向另一个单位付费享用警察服务。如第三章所述，小型机构经常向大型机构付费取得约定服务。举例而言，在马里科帕县源泉山上的一些小镇，凯夫克里克、卡利佛里、希拉本德、瓜达卢佩、利奇菲尔德公园以及坤克里克都与马里利帕县的警察局签订了合同，寻求警察服务。[59]

案例研究

循证警务：助你智对犯罪

一位前警长讲述了执法机构怎样更好地应用科学减少犯罪：

如今，越来越多的城市面临着财政方面的挑战，如何平衡对抗犯罪的需求与警务成本之间的矛盾就是其中之一。削减公共安全的拨款意味着警察局无法养活越来越多的执法人员，或者在许多情况下，甚至连现有的情况都不能维持。因此，警官们必须把他们的注意力转移到研究控制犯罪与骚乱的科学上来。这个模式就是循证警务，根据犯罪学家劳伦斯·希尔曼的说法，它代表了警务领域“转变的最强推力”。

针对循证警务，谢尔曼做了许多具有开创性意义的工作。他将循证警务定义为“对警察工作的结果进行研究，将最佳的研究成果运用到警察工作之中，从而将警务方针落到实处，并以其评估警察机构、警察分队和警员的工作”。其中，对于长期警察行为的评估是非常重要的，这种评估能够将根据研究结果制定的战略与提升公共安全效益联系起来，使警察机构改变过去被动的警务模式，更为机智地控制犯罪。

循证警务吸引了国家为警察及司法正义进行投资，以此发展、执行及评估主动打击犯罪的策略。它是一种控制犯罪与骚乱的途径，并且承担着比传统的反映导向模式（被动警务）更高效、更经济的预期效益，原因是传统的反映导向模式已经让许多城市负担不起。随着可用资源越来越少，只有控制犯罪的策略真正有效，警察去遵循才会合情合理。正如美国副检察长托马斯·皮雷利所说的那样，“我们不能把钱花在没用的地方”。

一、直面经济现实

警务成本高如今已经成为全美所有城市的难题。社区警务服务办公室的领导伯纳德·马雷基安在2011年社区警务服务大会上声称，越来越多的执法人员被迫休假或失业，职位空缺越来越多，情况达到了现任警察领导前所未见的程度。同时，他还表明，执法人员的薪水和福利缩水已经成为一种惯例。

从历史角度上看，在大多数地方警察局，这一次的执法人员失业以及警察预算的剧烈缩减都超越了过去的最高水平。但是经济衰退给城市带来了巨大影响，加之不断上涨的警察人工成本，这些引发了关于警务活动的负担能力的政策考虑。

社区警务服务办公室于2011年10月发布的报告显示，地方执法机构的巨大变化是目前经济情况下预算缩减的结果。社区警务服务办公室发现，2011年，大约10000至12000名执法人员和警官被解雇，而执法机构有30000个工作岗位空缺，大约53%的县比起它们在2008年10月时雇员更少。执法机构的这种转变在其提供执法服务中有所体现。例如，不对未引起伤害的盗车案件、入室盗窃、汽车事故进行处理，减少对于不同犯罪的研究调查（如财产或商业诈骗），并且缩减了对于技术、交流和人员训练的费用。

甚至是一直以来对于警察高度支持的官员，在保持他们的资助水平时都有些吃力，因为这样往往意味着要牺牲其他必要的或者更得人心的公共服务。根据马雷基安所说，对许多城市而言，负担得起已经成为所谓警务“新常态”背后的推动力量，同时他也相信，削减公共安全投资会从根本上对美国未来5年到10年的警务工作作出改变。

要兼顾公共安全、社区警务需求，财政预算以及纳税人的期待这些方面，而循证警务是一个能够满足的解决方案。它运用社区警务和问题应对的原则，将控制犯罪与骚乱的科学结合起来。循证警务帮助单位把精力集中于有意义、有收获的公共安全成果，且不会破坏他们的预算。循证警务的实施不需要增加执法人员，也不会干扰警察机构或是侵犯社区成员的利益，还能够帮助警察局强化其服务不同社区的合法性。

二、科学在警务工作中的作用

究竟什么对于控制犯罪有效，研究这个课题可以帮助地方警官们更好地制定和执行有效的策略，让社区变得更加安全。但是，如果增加警察局的科学素养这么有效，为什么在控制犯罪方面，科学主导的方法还没成为美国警务的主流呢?

不同于药物或食品，警务服务或公共安全作为警察提供的“产品”，并没有一个确切的政府标准。因此，警务实践要基于组织文化、政策以及社区期待来进行，而非根据科学发现做出。显然，当警察威胁到公民权利时可以求助于法律救济，但是没有任何一条法律或规章能够强制人们采用科学的方法制定和执行犯罪控制战略。虽然司法部做出了许多努力，社会行业组织以及许多学者仍然没有在怎样制定和执行警务战略上达成共识。循证警务在科学概念和标准的指导下，找到了一个协调一致的途径，提供了框架。

社会行业组织和学者之所以在涉及警务战略上无法达成共识，原因之一就是调查得出的结果与许多警察局实际采用的做法完全脱节。这种脱节背后有许多原因，也导致许多警察从业者和政策制定人将科学看作一种“有用的奢侈品而非必需品”。进行社会科学研究非常耗时，这与社区要求的快速反应和警长们所面临的警务现状背道而驰。并且有些时候，即使调查持续了数月甚至数年，研究人员仍然不知道某种现象发生的原因，还在要求继续调查下去。

然而，调查结果的不完善也不该成为“警察局借鉴最实用的科学来完善其警务战略”的阻碍，市长们和警长们应当接受科学的潜能并将其添加到解决犯罪问题的工具箱中。

从实践角度来看，倘若采用循证警务方法来控制犯罪是警察的任务，那么将循证警务的实践传播开来则属于研究团体的责任。为承担这项责任，研究人员可以把他们的研究成果写成与时俱进、通俗易懂的报道。大多数研究报告写手都习惯用冗长篇幅写成满是科学术语的文章，这种类型的报告更适合学者，而非执行者和政策制定者阅读。如果研究人员希望执行者将他们的发现付诸实践，就必须让自己的研究报告更加通俗易懂。美国司法研究中心的主管约翰·劳博在司法研究中心的一份陈述中谈及了这个问题，他表明："如果我们想要制止、减少和管控犯罪，科学研究的成果必须要转化为政策与实践。"如果每一项控制犯罪的研究成果都能够产出一份简短可靠、可行性强的总结，并且经得起实践考验，那么地方领导们也会开始要求警察遵循循证警务的方法。总结中可以包含研究事项、研究方法、研究成果以及它们在警务实践和犯罪控制中的应用。

要把科学与控制犯罪战略的发展与评估协调起来，首先有这样一个认识，即当地的实践经验和知识积累都很重要，并且要把它们融入科学的实证中，来创造出操作性强，政策性也强的现实战略。警察和社区成员对于地区情况的理解、期待，以及导致犯罪和骚乱的社会动因都十分重要，都不该忽略。

循证警务并非要取代社区警务专业知识，也不是要剥夺警察局在控制犯罪上作出决策的权威或责任。循证警务旨在用最合适的科学实证启发决策制定者，从警务战略到实现预期成果都有涉及。在它的帮助下，政策制定者能够创造或修订警务方法，并且得到了用于评估成果的框架。循证警务不能，也不想代替警察和上级领导的智慧与判断。

三、将循证警务应用于实践

警察局局长们不用非等到一个犯罪类别中的所有具体犯罪都得到解决才采取行动。如今，大量资源可以帮助他们制定有效的警务战略。运用这些资源，他们可以找到实证依据，来向社区的民众解释他们的行动，如为何要转移资源，让警官集中精力处理问题地区，增加犯罪现场技术人员，安装监控摄像机，雇用巡逻人员，或者不逮捕轻罪罪犯等。

另外，通过与当地学校联合，借助他们的学者、毕业生、实习生的帮助，警察局能够积累自己在控制犯罪有关科学方面的经验知识。警察局还可以自己聘用犯罪学家。加利福利亚州的雷德兰兹警察局就聘请了一位博士后学历的犯罪学家，来分析应用现存的研究结果，以帮助创造新的循证警务战略，评估现存战略，所用的花销与雇用一个巡逻警察相差无几。警察局想要效仿，但是缺乏财力无法独立负担开销，这种情况会促进他们与其他警察局和学术研究机构的合作，来把聘用机构内部犯罪学家的成本降到最低，利益升至最高。

这种机构采用某些科学方法来控制犯罪以及评估警务战略的方式，在许多地区都收到了良好的效果，如马萨诸塞州的波士顿警察局、北卡罗来纳州的海印波特、加利福尼亚州的雷德兰兹、宾夕法尼亚州的费城以及马萨诸塞州的萨克拉门托市以及联邦调查局国家学院，这些都是不错的案例。

然而，若要将控制犯罪科学的“所有权”由学术机构转移到警察机构，同样需要循证警务的实施。为了促进这种转移，那些对警察局局长的职位有生杀大权的人——如市长和其他城市管理人员——可以通过调整警察局领导奖励系统的方式来鼓励他们应用循证警务。正如希尔曼所倡导的，警察局将会更为精通有关犯罪控制的科学，并且越来越多地“用最佳依据打造最佳实践。”

通过促使警察局应用社区警务解决问题的方法论，以及运用最佳可用的实证来推动犯罪控制战略，政策制定者和其他人能够帮助执法人员使城市变得更加安全，同时也能让执法人员对他们服务的社区更加负责，增加他们服务这些社区的正当性，并且在执法过程中使自己的人身安全也更有保障。

循证警务的执行不仅需要重新构建政策制定者、执行者、研究人员和百姓对于公共安全产出成果的认识，也需要评估警务战略使民众的社区变得更加安全。我们已经展示过自己懂得如何使用铁腕应对犯罪，现在是时候证明自己也明白如何运用智慧达到目的了。

结　语

美国警察未来会面临诸多挑战。警务科技、犯罪分析、国家经济、反恐战争都需要改革，警察将如何应对这些挑战及外界未知的变化？唯一明确的就是：如果不会太快的话，从今往后的10年里，美国警务将与今天大为不同。

关键术语

计算机辅助指挥系统（CAD）	档案管理系统	泰瑟枪
战术犯罪分析	策略犯罪分析	行政性犯罪分析
犯罪地图	服务共享	本地区合并/整合
地域划分	有偿服务	

讨　论

1. 分组讨论今日警务科技的利与弊。思考科技给警察、警察机构及市民带来的影响。

2. 按照班级，讨论你们认为警察的薪酬是否太低或太高。警察的薪酬是否比类似的职业多或少？是否应该付给警察更多的薪酬？如果是，说明原因。

3. 按照班级，讨论如果研究者应该在警察组织中起作用，应该起何种作用？

网上练习

练习 1 登录 www. policefuturists. org/futures/fwg. htm，深入学习有关警务的未来。

练习 2 浏览你所在地方警察局的网页，找出关于成为警察的资质要求。阅读每一项要求，判断你是否在本局有适合的警察职位。

练习 3 登录 www. officer. com/，深入学习全国警察机构各类空缺的职位。思考你是否会对在国内其他地区警察局的工作感兴趣。何种因素会影响你的决定？

练习 4 登录 www. iaca. net/，了解国际犯罪分析专家协会。本网站会提供关于如何成为犯罪分析专家的资料与信息。

练习 5 按照班级，登录 www. nij. gov/multimedia/presenter/presenter – nij-conf2011 – collaboration/，观看和讨论有关"研究者与警察局局长之间如何合作可以提升性侵案件调查的水平：洛杉矶一瞥"的介绍。

注 释

[1] Edward Maguire and William King, "Trends in Policing," unpublished manuscript, Manassas, VA, 2004.

[2] As quoted in Jim Chu, Law Enforcement Information Technology (New York: CRC Press, 2001), p. 3.

[3] Ibid.

[4] Ibid.

[5] Ibid.

[6] Ibid.

[7] James J. Willis, Stephen D. Mastrofski, and David Weisburd, "Compstat and Bureaucracy: A Case Study of Challenges and Opportunities for Change," Justice Quarterly 21 (September 2004), pp. 463 – 496.

[8] Samuel Walker, Early Intervention Systems for Law Enforcement Agencies:

A Planning and Management Guide (Washington, DC: Department of Justice, 2003), available at www. ncjrs. org.

[9]Samuel Walker, Stacy Osnick Milligan, and Anna Berke, Strategies for Intervening with Officers through Early Intervention Systems: A Guide for Front – Line Supervisors (Washington, DC: Police Executive Research Forum, 2006), available at www. cops. usdoj. gov.

[10]Mary Beth Sheridan, "License Plate Readers To Be Used In D. C. Area," Washington Post, August 17, 2008, p. C1.

[11]International Association of Chiefs of Police, Law Enforcement Information Management Section, Issue Identification: Privacy Issues Concerning the Utilization of Automated License Plate Readers, Draft (Washington DC: International Association of Chiefs of Police, March 2009).

[12]Bruce Taylor, Christopher Koper, and Daniel Woods, "Combating Vehicle Theft in Arizona," Criminal Justice Review, (2012): 37 (1), pp. 24 – 50.

[13]International Association of Chiefs of Police, Law Enforcement Information Management Section, Issue Identification: Privacy Issues Concerning the Utilization of Automated License Plate Readers.

[14]From Charles M, Katz, "Monitoring and Evaluation Plan for the PPD On – Officer Video Camera Project," unpublished document, Arizona State University, Phoenix, AZ.

[15]Ibid.

[16]Ibid.

[17] Accessed at www. fas. org/irp/agency/doj/fbi/is/ncic. htm on June 20, 2006.

[18]M. Chau, H. Atabakhsh, D. Zeng, and H. Chen, "Building an Infrastructure for Law Enforcement Information Sharing and Collaboration: Design Issues and Challenges," presented at the National Conference on Digital Government, Los Angeles, May 21 – 23, 2001.

[19]Martin J. Zaworski, "Assessing an Automated, Information Sharing Technology in the Post '9 – 11' Era – Do Local Law Enforcement Officers Think It Meets Their Needs?" February 2005, accessed at www. ncjrs. gov/pdffiles1/nij/grants/208757. pdf.

[20]C. Uchida, "Outcomes of Police Use of Force: Evaluating the Use of Tasers

in the U. S. ," unpublished manuscript, Justice & Security Strategies: Silver Springs, MD, 2005, p. 2; Jim Weiss and Mickey Davis, "The Latest TASER Technology," Law and Order magazine, September 2003, pp. 1 – 5.

[21] National Institute of Justice, Study of Deaths Following Electro Muscular Disruption, NIJ Special Report (Washington, DC: National Institute of Justice, 2011).

[22] Ibid.

[23] C. Moss, "Less than Lethal Weapons," accessed at www. iejs. com/TechnologyandCrime/Law_Enforcement_Technology/less_than_lethal_weapons. htm on June 22, 2006.

[24] BBC, "New concern over TASER death tool," accessed at http://news. bbc. co. uk/2/hi/uk_news/northern_ireland/7784665. stm on March 9, 2009.

[25] William Bozeman, William E. Hauda, Joseph J. Heck, Derrel D. Graham, Brian P. Martin, and James E. Winslow, "Safety and Injury Profile of Conducted Electrical Weapons Used by Law Enforcement Officers Against Criminal Suspects." Annals of Emergency Medicine, in press, 2009.

[26] Timothy O'Shea and Keith Nicholls, Crime Analysis in America (AL: Center for Public Policy at the University of South Alabama, March 2002).

[27] See www. iaca. net/resources/faq. html, accessed on February 18, 2004.

[28] O'Shea and Nicholls, Crime Analysis in America.

[29] Deborah Osborne and Susan Wernicke, Introduction to Crime Analysis (New York: Hayworth Press, 2003).

[30] Arizona Criminal Justice Commission, Crime Mapping in Arizona Report (Phoenix, AZ: Statistical Analysis Center, 2002).

[31] See the National Institute of Justice's MAPS program at www. ojp. usdoj. gov/nij/maps/.

[32] Arizona Criminal Justice Commission, Crime Mapping in Arizona Report.

[33] Accessed at www. ojp. usdoj. gov/nij/maps/briefingbook. html on June 20, 2006.

[34] Cynthia Mamalian and Nancy LaVigne, The Use of Computerized Crime Mapping by Law Enforcement: Survey Results (Washington, DC: National Institute of Justice, 1999).

[35] U. S. Department of Labor, Bureau of Labor Statistics, www. bls. gov//ooh/protective – service/police – and – detectives. htm, accessed on April 10, 2012.

[36] U. S. Department of Labor, Bureau of Labor Statistics, www. bls. gov/oco/ocos160. htm, accessed on March 10, 2009.

[37] Ibid.

[38] Thomas Ackerman, Guide to Careers in Federal Law Enforcement (Traverse City, MI: Sage Creek Press, 1999).

[39] James Stinchcomb, Opportunities in Law Enforcement and Criminal Justice Careers (Chicago: VGM Career Books, 2003).

[40] Law Enforcement Career Starter, www. netlibrary. com/nlreader. dll?bookid528378&filename5page_3. html.

[41] www. opm. gov/oca/12tables/TXT/leotbl. txt, accessed on April 13, 2012.

[42] National Academy of Sciences, Fairness and Effectiveness in Policing: The Evidence (Washington, DC: National Academy Press, 2004), p. 34.

[43] Ibid.

[44] This issue is discussed in Samuel Walker, "Science and Politics in Police Research: Reflections on Their Tangled Relationship," Annals of the American Academy of Political and Social Science v. 593 (May 2004), pp. 1 – 20.

[45] Ibid.

[46] U. S. Department of Justice, Office of Community Oriented Policing Services, Local Law Enforcement Responds to Terrorism: Lessons in Prevention and Preparedness (Washington, DC: U. S. Justice Department, 2003), available at www. cops. usdoj. gov.

[47] Leadership Conference on Civil Rights, Wrong Then, Wrong Now: Racial Profiling before and after September 11 (Washington, DC: Leadership Conference of Civil Rights, 2003).

[48] A. Khashu, R. Busch, and Z. Latif, Building Strong Police Immigrant Community Relationships: Lessons from a New York City Project (New York: Vera Institute of Justice, August 2005).

[49] Gregory Treverton, Matt Williams, Elizabeth Wilke, and Deborah Lai, Moving Toward the Future of Policing (Santa Monica, CA: RAND Corporation, 2011).

[50] Ibid.

[51] Found at www. ojp. gov/funding/pdfs/FY2009221. pdf on April 17, 2012.

[52] George Gascon and Todd Foglesong, Making Policing More Affordable: New Perspectives in Policing (Washington, DC: National Institute of Justice, 2010).

[53] Police Executive Research Forum, Is the Economic Downturn Fundamentally Changing How We Police? (Washington, DC: Police Executive Research Forum, 2010).

[54] Gascon and Foglesong, Making Policing More Affordable: New Perspectives in Policing.

[55] Office of Community Oriented Policing Services, The Impact of the Economic Downturn on American Police Agencies (Washington, DC: COPS Office, 2011).

[56] Ibid.

[57] Ibid.

[58] Ibid.

[59] Ibid.

术语表

9

911 communications center（911 指挥中心）接受公民电话报警，并根据情形做出各种处理决定，某些情形下会派警车到事故现场。

A

abuse of authority（权力滥用）警察利用权力侮辱伤害公民，侵犯人格尊严或其他固有的人权的行为。

accountability（责任机制）对某人的行为负责任。警察组织和警察个人显然要对公众、当选官员和法院负责，按照法律规定控制犯罪，维持秩序。

accreditation（认可）作为一种在警务工作建立最低的国家标准的自发专业化调整的过程。

active officers（积极主动的警察）和公民接触更多、帮助其他警察更多、抓捕嫌犯更多的警察。

actual caseload（实际案件量）侦探实际处理的案件。

administrative crimeanalysis（行政性犯罪分析）重点为警务管理提供更好了解犯罪和秩序问题的总结性统计数据。

administrative rulemaking（行政立法）通过书面的部门政策来指导警察自由裁量的运用。

affirmative action（平权运动）创始于 1965 年的一项行动计划，为所有接受联邦资金的政府和私人雇主建立特定的目标与时间表，来赞助支持少数族裔和妇女就业。

Alice Stebbins Wells（爱丽丝·斯特宾斯·威尔斯）一位女性警察运动的领导者，于 1915 年成立了国际女性警察协会。

analysis（分析）SARA 模型中问题导向警务的第二阶段，警察收集问题的相关信息从而确定范围、性质和原因。

assessment（评估）SARA 模型中问题导向警务的第四阶段，通过不成功可以修正的严格反应反馈，来对反应的有效性进行评估。

assessment center（评估中心）警察局用于评估晋升申请者处理事务能力的方法。

August Vollmer（奥古斯特·沃默）加州伯克利市警察局局长，1905 - 1932 年，被认为是倡导警察更高学历教育的警察专业化之父。

authorized strength（编制）执法机构被授权雇用宣誓警察的最大数量。

B

backbone of policing（警务的主干）警务的主干是巡逻，是警察活动最主要的特征。

background investigations（背景调查）调查申请者之前的就业情况、犯罪记录、受教育情况和经济状况以决定是否适合聘用。

bar girl（酒吧女）在酒吧或其他娱乐场所外的卖淫女。

behaviorally arrested（行为上的逮捕）警察对嫌犯逮捕时包括的各种行为，如截停（告诉嫌犯不许动），口头告诉某人“被捕”，对某人的身体控制等。

benchmark（基准）用于判断某种模式或惯例是否存在的措施。

blue curtain of silence（沉默蓝幕）警察拒绝为腐败警察作不利证明的一项沉默法则，为警察行为创造了一层保护面纱。

blue－ribbon commissions（蓝带委员会）作为一种警察行为的外部问责形式，来处理各种警务事宜并集合一流专家来改善地方警察局。

bona fide occupational qualifications（真实职业资格）由于特定工作的正常操作合理设置的必要就职条件。

Boston police strike（波士顿警察罢工）1919年1117名警察在近20年未涨薪水的情况下罢工并组成警察公会。暴力骚乱爆发后，罢工迅速失败，参加罢工的警察被开枪射击。

bribe（贿赂）希望影响某人的观点或行为而给他的东西。贿赂警察包括为包庇违法行为、提供侦查信息、删除犯罪档案或在法庭上篡改证词等提供金钱报酬。

broken windows（破窗效应）詹姆斯·Q. 威尔逊和乔治·L. 凯琳研发的理论，认为警察应当将注意力放在引起犯罪和社区衰退的问题源头上。

brothel prostitutes（妓院女）在美国合法妓院、非法按摩院从事陪侍服务工作的妓女。

bureaucracy（官僚主义）政府管理的金字塔模型，在此结构中任务被分成独立的部门和局，信息通过层级结构向上、向下流动。以权力分散、有形的劳动分工、不变的操作规则为标志。每个雇员对一位主管负责，形成一套系统和清晰的指挥链。

C

call girls（应召女）代表高端经济水平卖淫活动的性工作者。

career development（职业发展）包含在某个领域发挥个人天赋和培养专门技能的机会。

career perspective（职业观点）帮助理解警察和执法机构的相互作用。

case solvability factors（案件可解性因素）过去表现出的与犯罪被解决概率相关的因素。

Christopher Commission（克里斯多夫委员会）以美国前国务卿沃伦·克里斯多夫命名的独立委员会，在罗德尼·金事件发生后，沃伦发起了一项对洛杉矶警察局模式与实践的调查。

citizen oversight（公民监督）为提供公民向独立的机构递交对警察投诉并监督投诉程序，仔细审查警察行为，审查警察局政策，提改善意见并审查投诉等而设计的方法。

civil service（公务员）一整套普遍的具有法律约束力的程序，用于警察组织中的人事决定，确保这样的决定是基于客观的标准，而不是个人喜好、偏见或政治的影响。

civil suits（民事诉讼）当公民或组织认为警察机构行为不端并要求民事赔偿时作出的法律行为。

civilian review boards（公民审查委员会）处理公民投诉的外部或者公民监督机构。

civilians（平民）追求平民生活，没有宣誓就职成为警察或官员。

clearance rate（结案率）犯罪调查中基于犯罪逮捕比例的用于衡量成功的传统指标。

code of silence（沉默法则）又称“蓝幕”法则，是警察拒绝为腐败同事作不利证词，为警察行为提供保密的荣誉法则。

coercive force（强制武力）包括夺走他人生命的权力（致命武力）和逮捕而剥夺他人自由的权力。

cohort effects（同辈效应）在同一个十年中招录的警察和之后招录的警察观点与生活习惯都十分不同。

collective bargaining（集体谈判）根据以下原则通过双边谈判来决定工作条件：雇员有权组成公会；雇主必须认可公会；雇员有权参与工作环境的谈判；雇主被要求与公会指派代表进行谈判。

communications center operators（指挥中心接警员）接受群众报警并转换为正式官方反应的信息接警员。

community cooperation model（社区合作模式）认为对非犯罪报警的有效反应能帮助警察在群众中建立更好的信任关系。

community partnership（社区合作关系）强调增强警民互动，对社区需求和防止社区衰退失序有求必应的合作关系。

community policing（社区警务）强调警民双向工作关系的警务模式，在此模式之下警察更多地融入社区，公民在犯罪控制预防中扮演更主动的角色。

COMPSTAT（Computerized Statistics）（电脑数据组）1994 年最初用于纽约市警察局的组织模型，允许警察局及时将情报、有效数据、快速调度和精确定位以及评估进行结合。

computer – aided dispatch（计算机辅助指挥系统）又称 CAD，是一项为警察机构更快捷有效地处理公民报警的技术。

consent decree（同意令）由联邦政府命令，联邦法官监督，如果不实施将会受到惩罚的警务改革。

constable（保安官）有权执行传唤和逮捕，但比治安官权力范围小的治安警员。

containment（围堵策略）将无家者限定在社区中的某个范围，以同时将秩序问题最小化和使无家者离开公众视野的策略。

contingency theory（权变理论）基于警察机构是为完成如犯罪控制的某种特定目标而设立的，如果不能对环境做出调整就失败的设想，而理解警察机构的结构和行为的理论框架。

consolidation（合并）两个以上执法机构合并成为一个执法机构。

consultation（咨询）警察和社区之间互相交流信息的会议。

contract services（签约服务）政府一个单位对另一个单位支付警察服务报酬。

convicted offender index（前科罪犯检索）联邦调查局收集的全国 DNA 检索系统的两种数据之一。前科检索包含罪犯被要求提供的血液样本的基因信息。

coproducers of crime control（犯罪控制的联合主体）警察更多地融入社区，公民在犯罪控制和预防中扮演更主动角色的双向的工作关系。

coroner（验尸官）通过检测非正常死亡的死因协助侦查的法医。

corruption（腐败）警察为求私利滥用权力的不端或越轨行为。

counterpunching（反击）某人对他人的行为报警以转移对他自己行为的注意。

county police（县警察）在全县范围运行，并缺乏县治安官非执法角色的警察机构。大约有百分之一的地方警察局是县警察局。

coveted assignments（美差）一般警员认为

很满意的任务。

crime - fighter image（犯罪斗士形象）警察是“细蓝线”，与犯罪斗争的观点。

crime mapping（犯罪地图）使分析者确定不同种类犯罪的空间模式和高发地点的犯罪分析。

crime prevention（犯罪预防）认为预防犯罪比事后反应要好的功利主义观点。

crime prophylactic model（犯罪预防模型）认为警察干预可以平息潜在的暴力情形并阻止它们升级为暴力犯罪。

crimes of vice（妨害风化类犯罪）与社会道德有关的活动，如卖淫、色情、酗酒或其他与性相关的事情。

cultural competence（文化能力）理解并对不同语言和传统作出恰当反应的能力。

D

D. A. R. E.（居民反吸毒教育）最有名的需求降低策略是反吸毒教育项目，被称作居民反吸毒教育。

deadly force（致命武力）警察在保护生命的情境下合法使用武力击毙的权力。

decentralize（分权）让警察承担更多社区内的决策责任使他们更加积极响应社区居民。

decertification（吊销资格）撤销警察执业许可证明的过程可以解决警察因为行为不端被开除后被其他警察局录用的问题，但无法解决被其他州录用的问题。

defense - of - life standard（保护生命标准）声明警察只能在他们自己生命或是他人生命处于危险时才能使用致命武器。

deformalize（简化）去除警察机构内许多扼杀创造力和阻碍结局问题的规矩与政策。

delayerize（减少层级）减少基层巡逻警察和警察局首长之间的社会与行政距离。

demand reduction strategy（减少需求策略）试图减少潜在使用者对毒品的需求。

demeanor ofthe suspect（犯罪嫌疑人的态度）包括嫌犯的肢体和口头语言，包括但不限于敌意和不尊重。

despecialize（去专门化）将专业警种换成更懂社区问题的社区警察。

differential response（差别反应）警察根据性质和严重程度来筛选警情以作出合适的反应。

directed patrol（定向巡逻）指示巡逻寻找特定人员或犯罪，或者几种在某区域的巡逻方式。

disciplinary matrix（纪律处分模型）详述警察各种不端行为和基于警察之前处分记录作出的调整的纪律处分的正式计划表。

discovery time（发现时间）犯罪实施和被发现之间的时间间隔。

discretion（自由裁量）按照自己的判断来作出行为的自由。

discrimination（歧视）基于法律规定之外的分类造成的区别对待。

disparity（区别对待）区别或不平等，不一定由区别对待造成。

domestic disturbance（家庭纠纷）需要警察出警的发生在亲密关系人之间的纷争（夫妻或前夫妻、同居恋人、第一次约会的人、家长与小孩之间或者成人与老人之间的问题）。

domestic terrorism（国内恐怖主义）美国人在美国本土计划和实施的恐怖行动。

domestic violence（家庭暴力）两个以上亲密关系的人之间发生的冲突升级到实际或威胁使用暴力的程度。

driving while black（黑人驾驶）警察基于种族而不是犯罪行为而对非洲裔或西班牙裔司机进行交通截停的主张。

E

early intervention system（早期干预系统）系

统地收录并分析问题警察行为、居民投诉、警察武力使用报告以及鉴别警察常见问题指标的管理信息系统。

education generation gap（教育代沟）年轻受教育高的警察和受教育低的老警察之间的区别。

employee assistance program（员工帮助计划）警察可以接受对特定问题的专业咨询的项目。

employment discrimination（就业歧视）对就业中基于被机构规定或联邦、州法律所禁止的特征作出决定。

English heritage（英国遗风）由殖民者带来，包括英国普通法、注重个人权利、法院系统、处罚形式、不同执法形式。

equal employment opportunity（EEO）index（平等就业机会指数）警察局反应所服务社区程度的测量指标。

ethnicity（民族）表示一群人特征的文化特征，如语言、宗教和家庭模式。

exclusionary rule（排除规则）认为一切违反宪法搜查扣押获取的证据在法庭上不得使用。

external mechanisms of accountability（外部问责机制）警察机构之外的个人、组织和其他政府分支机构对警察的问责。

F

field training（实战训练）是课堂训练的补充，涉及训练教官监督指导下的在职情境训练实践经验。

field training officer（FTO）（实战训练教官）被指派监督新招警察实战训练的有经验的警察。

fleeing - felon rule（重罪逃跑规则）允许警察在重罪犯试图逃跑时合法使用致命武器的权力，这条规则被最高法院于 1985 年田纳西州公诉加纳案中被宣布违宪。

focused deterrence strategies（集中威慑策略）一种为制止高风险罪犯在未来犯罪而通过制裁来对他们威胁，并传达威胁的问题导向型警务形式。

foot patrol（步行巡逻）警察局里在社区内徒步巡逻的警察。虽然花费很大而且只能覆盖有限区域，步行巡逻能够改善警察社区关系。

force factor（武力因素）根据公民的行为来调查警察武力使用以判断警察行为是否合理的框结构架。

foreign terrorism（国外恐怖主义）由外国人或国家组织的对抗美国的恐怖行动。

forensic index（法医检索）联邦调查局收集的全国 DNA 检索系统的两种数据之一。法医检索数据包含从犯罪现场收集的基因证据的 DNA 图谱。

four systems of justice（四种司法体系）指的是基于嫌犯和受害人关系的四种不同执法模式。

Fourteenth Amendment（第十四修正案）通过规定所有在美国出生或长大的人都是美国公民，所有的州都不得非经法定程序制定或执行剥夺公民的生命、自由或财产，也不得否定管辖范围内法律对每个人的平等保护。

fragmented（碎片状）被分为独立、分散的部分。

functional specialization（功能专业化）雇员根据各自专长分配特定职责的一种组织结构形式，因此可以将次重要的任务分配给辅助人员。

functions of patrol（巡逻的功能）巡逻用于制止犯罪，提供公众安全感并让警察更好地参加工作。

G

Garrity ruling（加里蒂规则）基于加里蒂诉

新泽西州案的加里蒂裁决，指的是警察可能因为拒绝回答内部事务问题而被处分甚至开除，但是披露的信息不能作为刑事诉讼中对他不利的证据。

general service law enforcement agencies（普通的执法机关）通常从事以下事务：1. 预防犯罪；2. 侦查犯罪和逮捕罪犯；3. 维持秩序；4. 提供其他杂项服务。

grass eater（食草者）被动接受赠物的警察。

gratuities（赠物）最经常给腐败警察的礼物形式，有时是出于真心感谢，但经常是出于希望警察提供更好的服务给自己带来利益。

G. R. E. A. T.（反帮派组织教育训练项目）最流行的警察领导的帮派预防项目被称为帮派组织教育训练项目（GREAT）。

group solidarity（群体团结）来自共同工作环境的警察之间的强烈同伴情谊。

H

hammered informants（压力型线人）由于担心被捕的压力而愿意成为告密者的人。

hate crime（仇恨犯罪）罪犯因为民族、宗教、残疾、种族国家来源或性取向等而对人或财产发起的犯罪行为。

Herman Goldstein（赫尔曼·戈德斯坦）问题导向警务概念的创始人。

Herman Goldstein Award（赫尔曼·戈德斯坦奖）由警察机构在行政会议中颁发给最创新和成功的问题导向警务项目的奖项。

high－speed pursuit（高速追逐）警察拦停机动车时嫌犯逃跑并被高速追逐的情境。

highway patrol（高速公路巡警）享有在全州范围内执行交通法规和依管辖权逮捕非交通违法者权力的警察机构。

honest law enforcement（公正执法）一种代表低期望的执法方式，规定警察巡逻、出警、处理问题、抓捕罪犯，但不会做出他们是在预防犯罪的不正当主张。

horizontal cliques（横向派系）相似警衔的警察之间组成的非正式网络形式。

hot spot（重点地区）收到过多报警和犯罪率高的地区。

hostility from citizens（公民敌意）可能导致警察态度的改变。

I

independent monitor（独立监督员）作为判决书的结果由法院指定来监督法院指令的改革的实施，协助警察局实施改革并在实施过程中作出报告。

informal organizational culture（非正式组织文化）警察之间非正式交流的价值和传统。

injunctions（禁止令）禁止特定群体进行特定行为的法院命令。

insiders（局内人）可以直接知道系统如何运作的警察。

institutional theory（机构理论）在警察机构是根据外部社会和政治环境来运转的前提下，用于理解警察机构的结构和实践的理论框架。

internal affairs unit（内部事务工作组）又称专业化标准警察，这个工作组负责调查警察行为不端的指证。

internal benchmarking（内部标杆管理）将警察表现与平辈警察进行比较。

internal mechanisms of accountability（内部问责机制）警察局内部的问责程序。

J

J. Edgar Hoover（J. 埃德加·胡佛）从 1924 年到 1972 年任职美国联邦调查局主任。尽管胡佛扩大了联邦调查局能力的范围和规模，但是他最有名的是有组织地滥用权力和过分夸大联邦调查局的实效。

job security（工作保障）公务员规定和警察劳工合同使除了犯罪行为之外很难开除警察。

job stress（工作压力）对个人在心理或身体上有破坏性的工作环境条件，是对工作不满的主要原因。

job stress coping mechanisms（工作压力处理机制）利用专业人士或同伴支持帮助雇员解决个人或工作相关问题的私下协助项目。

K

Kansas City Gun Experiment（堪萨斯市枪支实验）为降低涉枪犯罪从堪萨斯一犯罪高发区街上消除枪支的实验，代表了问题导向型警务（集中于特定问题）和“高发区”的结合。

Kansas City preventive patrol Experiment（堪萨斯市预防性巡逻实验）1972 年到 1973 年实施，作为第一个独立客观的实验（达到了科学研究所要求的最低标准），该实验测量了不同级别的巡逻对犯罪行为、社区观念、警察行为、警察局实务等的影响。

Kerner Commission（科纳委员会）1967 年为研究种族关系建立，发现警察和犹太居住区的敌意是引起混乱的主要原因之一。官方名称为国家内乱咨询委员会。

L

language barriers（语言障碍）公民说非英语语言而应对的警察不会说。

lateral entry（外部调入）从一个警察局以同样或更高的警衔调动到另一个警察局。

Lautenberg Amendment（劳登伯格修正案）1996 年通过的禁止对任何人拥有火器而定罪为家庭暴力的联邦法律。

Law of Equal Employment Opportunity（平等就业机会法）将因种族、民族、肤色、宗教或性别偏见而拒绝、解除雇用或拒绝利益和报酬等行为非法化，以消除就业歧视。

legalistic style（守法模式）一种强调进取型犯罪斗争并按照正式法律法规来控制警察行为的警察局组织方式。

legally arrested（合法逮捕、依法逮捕）一个人被合法剥夺自由，被逮捕或是仅被关押。警察必须有逮捕的意图，必须将逮捕的意图告知并对其羁押。

local political control（地方政治控制）从英国殖民时期遗留下的传统，将公众保护的职责主要交给市和县的政府。

local political culture（地方政治文化）在某个特定的部门、城镇或社区内非正式形成的价值观和传统，影响着该区域警务和警察自由裁量的组织结构。

local meger/consolidation（本地区合并/整合）两个或以上的执法机构合并成一个执法机构。

London Metropolitan Police（伦敦大都市警察厅）成立于 1829 年，伦敦大都市警察厅代表第一支高效主动的警察力量。伦敦大都市警察厅介绍了警务的三大要素：犯罪预防的任务、预防性巡逻的战略和类似军队的组织结构。

low – visibility work（能见度低的工作）警察一般单独或成对工作而没有直接监督。

M

Mapp v. Ohio（马普诉俄亥俄州案）一个最高法院作出的争议性决定，确定了防止警察不合理搜查和扣押的第四修正案保护。

meat eater（食肉者）主动要求他人赠物的

警察。

mercenary informants（雇用型线人）为金钱报酬而向警察提供信息的人。

Mirandav. Arizona（米兰达诉亚利桑那州案）要求警察告知公民权利的一个最高法院判的案例。

mercy booking（善意拘留）对有精神疾病的人以轻罪进行逮捕以致其被送进县监狱并接受所需的心理健康治疗。

minimum age level（最小年龄限制）21 岁是大多社区当警察的最小年龄。

Minneapolis Domestic Violence Experiment（明尼阿波利斯市家庭暴力实验）从 1981 年到 1982 年进行的一项实验，用来确定逮捕、调解、隔离对轻型家庭暴力的阻止效果。实验结果发现逮捕后的重复暴力概率比隔离或调解要低。

mixed approach to police accountability（警察问责的综合办法）警察问责的内部和外部混合程序。

mobilization（动员）社区在邻里守望和犯罪终结者等项目的动员下帮助预防犯罪与混乱。

moderates（温和派）原则上接受女警但是不愿意女警巡逻的男性警察。

moderns（现代派）相对容易接受女警的男性警察，认识到警务工作很少需要身体力量，并接受工作机会应根据个人特点对所有人开放的观点。

"moral career" of a police officer（警察道德生涯）包括容忍或参与腐败行为的从少到多的一系列阶段的过程。

municipal police（城市警察）城市警察又称市镇警察，是美国执法中最重要的组成部分。城市警察占所有执法机构和宣誓警察的大多数，职责是处理严重犯罪，秩序维护问题和广泛的紧急救助。

myth of full enforcement（完全执法的谬见）警察不用自由裁量完全执行法律的概念或观点。

N

Newark Foot Patrol Experiment（纽瓦克市步行巡逻实验）1978 年到 1979 年实施，目的是检测步行巡逻对犯罪和公众观念的效果。实验总结出增加的步行巡逻对严重犯罪没有影响，但对公众对警察的看法有着正面作用。

Newport News（纽波特纽斯市）20 世纪 80 年代第一个问题导向型警务实验进行的一个弗吉尼亚州的城市。

O

O. W. Wilson（O. W. 威尔逊）20 世纪 30 年代末到 60 年代警察专业化运动的领导者，通过反应犯罪和报警的工作量公式，研发了分配巡逻警察的高效人事管理准则。

occupational deviance（职业偏差）在警察的权力伪装下警察正常工作中的犯罪或不合适的非犯罪行为。

officer - initiated activity（警察发起的活动）包括截停、问询和搜寻可疑的人，与守法公民非正式接触，因可能的违法行为拦停机动车、开具交通罚单、检查可疑事件和执行逮捕。

officially arrested（正式逮捕）只有警察正式作出逮捕报告时才发生。

oral interviews（口头面试）大多数警察局举行的作为检测应聘者是否能胜任警察工作的程序。

order maintenance（秩序维护）包括路灯昏暗、骚扰、家庭纠纷和妨害公众安宁事件。

order maintenance calls（秩序维护警情）包括路灯昏暗、骚扰、家庭纠纷和妨害公众安宁事件。

organizational culture（组织文化）警察局内影响警务组织方式的非正式沟通的价值观和传统。

outside employment（在外兼职）相当一部分警察在执法机构外工作以增加收入。

P

passive officers（消极被动的警察）指较少发起与公民接触，只在被派警时做出反应，较少截停和逮捕的警察。

patronage（任免权）当地政客任命自己的朋友当警察。

pattern or practice suits（模式或行为诉讼）主要由联邦或州政府提起的诉讼，宣称当地执法机构的警察不端行为是常规做法。

peace officer（治安警官）具有一般人没有的特定权利并提供特定的法律保护的人，可能是警察、缓刑官、保释官和矫正官。

performance evaluations（绩效考核）用于反馈给警察使其有机会提升的工作评价。

pervasive organized corruption（普遍存在的有组织腐败）渗透到警察局高层的最严重的有组织腐败形式。

pervasive unorganized corruption（普遍存在的无组织腐败）机构中的大部分人都有腐败行为，但互相都无关联。

physical disorder（物质失序）社区中自然衰退导致的一种社会负面现象，如毁坏财物、废弃建筑、垃圾堆积等。

police aides（警察助手）警察局用来处理低级事务和日常任务的非宣誓就职人员，给宣誓警察腾出时间来完成更重要的任务。

police brutality（警察暴力）警察身体武力的过度使用。

police buffs（警察迷）支持警察并因为特殊的信息渠道而当告密者。

police corruption（警察腐败）包括警察为求私利的滥用权力行为。

police – community relations（警察社区关系）警察与少数族裔之间的关系。

police – community relations crisis（警察社区关系危机）1960 年发生，并引发一系列极大提高警务知识并提出改善建议的全国性报告。

police – community relations（PCR）units（警察社区关系工作组）为改善与少数族裔关系设立的项目。

Police knowledge model（警察知识模型）认为非犯罪报警让警察更多出现在社区中，于是他们掌握更多的知识来帮助他们解决犯罪问题。

police legal advisor（警察法律顾问）警察局聘请的律师。

police officer（警察）被政府机构录用并具有治安管合法身法的非军事人员。

police – population ratio（警民比率）传统的社区中警察保护水平的测量指标，经常以每 1000 人拥有的警察数量计算。

police professionalism（警察专业化）经常采取专业化、等级制度、权力清晰线条和书面政策等制度。

police subculture（警察亚文化）支配警察行为的主要社会规范。

police union（警察公会）法律批准的代表警察和雇主进行劳资谈判的组织。20 世纪 60 年代警察因最高法院裁决、民权组织批评和低福利待遇十分愤怒，警察工会迅速发展。

policy review（政策评论）评论政策和程序并对改革提建议。

political patronage（政治恩庇）政客基于友谊而非功绩指定政府或政治职位的行为。

positive use of discretion（自由裁量的积极利

用）警察用来提升警务工作的效率和效能。

preference of the victim（被害者的选择）警察采取的行动经常是原告的反映。

preliminary investigation（初步调查）侦查犯罪的第一阶段，包括五个步骤：识别和逮捕嫌犯、为需要医疗照顾的受害人提供帮助、保护犯罪现场以防止证据丢失、收集所有相关证据、并提交初步调查报告。

Preservice training（入职前培训）就职警察之前所要求的包括在警察学校和实践的训练。

President' s Crime Commission（总统犯罪委员会）从1965年到1967年对整个刑事司法体系的综合研究。

Proactive crime strategies（犯罪前摄策略）警察自己发起的反犯罪策略，与应对公民要求截然相反。

probationary period（试用期）职前培训后一般是一年，其间警察可以毫无原因地被开除。

problem – oriented policing（问题导向警务）强调对犯罪和秩序问题有计划反应的警务模式。

problem solving（问题解决）发现问题的潜在原因而不是对问题本身作出反应。

procedural justice（程序正义）警察公正行使权力的程度。

professionalization movement（专业化运动）建立将警务界定为非因党派服务全社区的职业改革日程，旨在去除政治对警务的影响。

promotion（晋升）警衔或责任的提升，通常是因为功劳，有时也是因为个人偏好。

psychiatric first aid（精神急救）警察在现场的紧急非正式的咨询应用。

public interest organization（公共利益机构）为公众服务的私人非营利机构。

Q

quasi – military style（准军事化风格）意思是警察按照类似军队组织，包括穿制服，授予警衔和指令结构，采取专制组织方式，携带武器，拥有使用致命武力、身体武力和逮捕的权力。

R

race（种族）传统上定义为根据生物学对人类的分类。

racial profiling（种族定势）警察仅因为某人的民族或种族而不是犯罪活动就对其拦停的行为。

rank hierarchy（警衔等级）根据警察警衔的等级制度。

reactive crime strategies（犯罪反应策略）警察对公民服务要求反应时的反犯罪策略。

reality shock（现实冲击）新警在刚上任的数星期和数月中遇到的接触群众、刑事司法体系的不愉快的方面带来的惊讶体验。

records management systems（档案管理系统）用于输入和组织不同类型报告中的信息以便访问。

regionalization（区域化）若干不同管辖权的机构共同努力为某个区域提供服务。

residency requirements（居住地要求）一些警察局招录时对警察在所在的市和县里居住的要求。

residual deterrence（残留威慑）又称幻觉效应，假定警察在一个地方被看到在巡逻之后又被看到，这样就会导致警察不在巡逻时也会有警察在巡逻的错觉。

resource dependency theory（资源依赖理论）在警察机构需要获得资源以存在，并需要与外界环境交换以获取资源的前提下，用于理解警察机构的结构和实践的理论框架。

response（反应）SARA 模型中问题导向警务的第三阶段，分析阶段收集的数据被用于建立处理问题的策略，最终执行反应。

response time（反应时间）从案发到警察赶赴现场的时间总量。

reverse discrimination（反向歧视）违反 1964 年民权法案和第十四修正案的平等保护条款，针对白人或男性的歧视。

rewards hierarchy（奖励等级）警察局内部主要与警察警衔和资历对应。

ride－along programs（一起巡逻项目）允许公民在巡逻警车上坐几个小时。

risk management（风险管理）用于降低与机构有关诉讼费用的程序。

Robert Peel（罗伯特·皮尔）被认可为现代警务之父，为改善执法基本结构作出努力，并于 1829 年建议英国国会建立了伦敦都市警察厅。

rotten apple（“坏苹果”理论）形容警察个人独立的腐败行为。

rotten pocket（“坏袋子”理论）数名警察合作共同腐败。

routine supervision（例行监督）警察管理的核心任务之一，责任主要由警长承担。

S

SARA（SARA 模型）问题导向型警务代表性的四个实施阶段，被称作 SARA：寻找、分析、反应、评估。

scanning（寻找）SARA 模型中问题导向警务的第一阶段，警察分步骤发现可能的问题并揭露内在原因。

selective contact（选择性接触）警察与社区之间缺乏选择性的接触和交流导致公众对警察态度的错误观念。

selective perception（选择性观念）警察更加可能记住与公民发生的受伤或不愉快事件，实际只有 2% 至 5% 的接触中有敌意或冲突。

seniority（资历）有经验的警察在要求任务时有优先选择权。

seniority hierarchy（资历等级）基于警察在机构的服务年限而形成的一种等级制度。

service calls（服务电话）对包括医疗急救、社会救济和一般求助等事件的应对。

sexual harassment（性骚扰）工作分配或晋升中不被接受的性冒犯，侵略性的性相关行为或歧视。

sexualmisconduct（性不端行为）任何警察利用执法地位滥用权力（包括武力）以对他人作出性行为、发起性接触，或对能感觉到的他人性企图行为（从细微的暗示到过分的行为）作出反应。

shared services（共享服务）两个以上的机构共享资源以完成某项活动或目标。

sheriff（县治安官）选举产生对执法、审判、检查三个刑事司法系统成分都负责的县官员，通常与党派政治直接相关，这与城市警察局局长不同。

situational factors（情境因素）在事件中可能影响警察行为的环境和因素。

skeezers（吸毒卖淫女）用性来交换可卡因的妇女。

social control（社会控制）对越轨和社会问题行为的有组织、有计划的反应。

social disorder（社会失序）社区中个人的失序行为导致的一种社会负面现象，如酗酒、街头帮派、街头骚扰、街头吸贩毒、噪声扰民和性交易。

social work model（社会服务模型）认为警察的潜在的强制力可以帮助引导违法者变成守法者。

span of control（控制幅度）控制幅度理论

假定任何监督人员可以监督有限数量的人，通常作为测量警员和警长的比率。

special district police（特区警察）只服务于特殊政府机构的警察，如洛杉矶学区警察和华盛顿地铁系统的都市交通警察。

standard operation procedure manual（标准操作程序手册）警察局内编写成的书面规则和政策。

state police（州警察）在全州范围内具有交通执法和犯罪调查权力的警察机构。

status hierarchy（身份等级）警察机构内部根据警察任务和工作产生的层级。

stereotypes about cops（关于警察的刻板印象）严重对于警察是谁，警察信念和如何行动的公众形象。

stereotyping（刻板印象）通过训练、经验、文化以及警察根据视觉线索产生的快速印象而形成的观念和看法。

strategic crime analysis（战略性犯罪分析）注重犯罪长期趋势以创制解决特定问题的战略性计划。

street cop culture（街头警察文化）重视街头经验和强硬、个性化的处理方式。

street – level bureaucrats（街头官僚）用来称巡逻警察，因为他们做出产生警察政策和影响公民的决定。

streetwalker（站街女）代表低端经济社会水平卖淫活动的街头拉客妓女，因此高度暴露于警察和公众的视野中。

subjectively arrested（主观意识上的逮捕）当某人遇到警察后觉得自己不能走，导致某人有被捕感觉的情形。

Supply reduction strategy（减少供给策略）试图减少对潜在卖主和使用者毒品的供给。

T

tactical crime analysis（战术性犯罪分析）重点识别特定区域的特定犯罪问题。

Taser（泰瑟枪）托马斯·A. 斯威夫特电击枪（泰瑟枪）是电池供电的电击设备，通过发射与电线连接的放电金属尖叉，使嫌犯不能动。

task forces（特别工作组）警察局内根据才能而不是衔级挑选而成，由不同衔级警察组成的组织单元。

team policing（联防）20 世纪 70 年代包括重建警察在社区行为和决策放权的重大创新。

terrorism（恐怖主义）为达到某种政治或社会目的针对人或财产使用非法暴利以恐吓或逼迫政府、平民。

Theodore Roosevelt（西奥多·罗斯福）1895 年至 1897 年任职纽约市警察局局长，后来当选美国总统。

Title VII, 1964 Civil Rights Act（1964 年《民权法案》第七编）规定因为种族、肤色、宗教、性别或国籍偏见歧视而拒绝录用或开除个人是违法的。

traditionals（传统派）致力于将警务工作勾勒成十分危险、涉及武力行动且需要体力的形象的男性警察。

tribal police（部落警察）主要职责是为印第安部落提供一般执法服务的警察机构。

turnover（人事流动）给定的时间内公司或部门聘用来代替离职的人员的职工数量。

unfounding a crime（不立案）公民报告犯罪时警察不填写正式犯罪报告。

V

vengeful informants（报复型线人）出于报复某人而向警察提供信息。

verbal abuse（语言辱骂）警察使用不恰当的语言，尤其是民族和种族蔑称。

vertical cliques（垂直派系）高低警衔警察之间形成的非正式网络关系。

vice（道德犯罪）包括卖淫、赌博、吸毒等无控诉方的无受害者犯罪。

victimless crime（无受害者犯罪）无申诉方的犯罪，经常包括许多人认为是合法的行为，以致公众产生关于执法严格程度的对立观点。

victim – suspect relationship（被害者与犯罪嫌疑人的关系）嫌犯与受害人的社会差距。

W

（the）watch（守望）美国殖民时期在城市巡逻应对火灾、犯罪和混乱的小组。

watchman style（守护者方式）警察局中一种强调警员非激进执法和少控制的维护和平的组织方式。

Wickersham Commission（维克沙姆委员会）1929 年赫伯特·胡福建立的首个美国刑事司法体系研究会。正式名称是国家守法执法委员会。

workable caseload（可经营案件）有充足线索因而值得警察尝试解决的案件。

work environment of policing（警务工作环境）包括组织文化、公众行为、公众态度和工作职责等决定警察自由裁量的因素。

Z

zero – tolerance policing（零容忍警务）要求警察通过严格执行刑事和民事法律进行干预以到达恢复社区秩序的目的的政策，主要关注失序、小型犯罪和犯罪表象。这种政策是基于为与混乱作斗争的激进执法会促进居民更关心社区的信念。

声　明

文字声明

第五章

第149页，聚焦警察，经夏洛特－梅克伦堡警察局同意后转载。

第159页，图表5－7，经佛罗里达州坦帕市警察局网站同意转载。

第七章

第243页，边注栏7－3，经夏洛特梅克伦堡警察局同意后转载。

第九章

第314页，图表9－5，来自《黑人青年与刑事司法体系：五年之后，审判项目》，（华盛顿：审判项目，2001年）经审判项目同意转载。

第十章

第342页，图表10－1，乔治·凯琳、威廉姆·布拉顿，《降低犯罪率：纽约城市故事内部观点》，《刑法与犯罪期刊》第88期，4（1998）。经西北大学法学院特别同意后转载。

第360页，图表10－5，来源：约翰·艾克和威廉姆·斯佩尔曼，《解决问题：问题导向警务政策》，纽波特新闻。版权所有1987年。经警察行政研究论坛同意后转载。

第362页，图表10－6，来源：SARA问题解决模型。经警察行政研究论坛同意后转载。

第365页，图表10－7，来源：约翰·艾克和威廉姆·斯佩尔曼，《解决问题：问题导向警务政策》，纽波特新闻。版权所有1987年。经警察行政研究论坛同意后转载。

第368页，图表10－8，来自桃乐西·罗伯茨，《种族、模糊性与秩序维持警务的意义》，《刑法与犯罪期刊》第89期，3（1992）。

第十二章

第432页，图表12－3，来源：杰弗里·琼斯，《护士第11年排名诚信道德职业名单冠军》，盖勒普年度诚信道德调查。一切权利由盖勒普公司保留。经许可转载。

第447页，图表12－5，来自洛里·A. 弗瑞德尔，《依靠数据：汽车拦停种族数据的分析指导》。2004年版权所有，经警察执行研究论坛许可转载。

第十三章

第481页，图表13－2，来源：萨尼亚·卡亚克·艾孚克维克，《服务与信息收集：评估警察腐败》，《国际刑事司法评论》，第93期，2008年版权所有。经西北大学法学院，《国际刑事司法评论》特别同意后转载。

第495页，图表13－4，经圣彼得堡警察局许可转载。

姓名索引

页码后面带 n 表明注释来源页码。

A

B

C

D

E

F

G

H

I

J

K

L

M

N

O

P

R

T

U

V

W

X

Z

主题索引

页码后面带 n 表明注释来源页码。

A

C

E

F

G

H

I

J

K

L

M

O

P

Q

R

S

T

U

V

W

Y

Z

译后记

本书作为美国大学刑事司法专业和警察学专业本科生的教材和参考文献，具有非常大的影响力，从20世纪80年代至今已再版多次，截至目前已是第八版。近30年来，美国的警察和警务不断发展变化，该书的内容也不断更新，而我国的很多学者在研究美国警察制度时引用的文献仍然是旧的版本，不能反映美国警察和警务的最新变化。因此，翻译本书最新的第八版可以使国内学者及时了解美国警察的总体状况和美国警务研究的最新发展趋势，同时对我国公安学科的繁荣发展也具有非常重要的意义。

本译著也是本人承担的教育部人文社科项目“中美警察制度比较研究”（项目编号11YJA810027）的阶段性研究成果。同时，本书的原著也作为公安大学治安学专业研究生课程的重要参考书目使用，取得了很好的教学效果。

本书的翻译是团队合作的成果，具体分工如下：

序言　张小兵、江帆

第一章　郭烁、张小兵

第二章　江帆、张小兵

第三章　张小兵、江帆

第四章　台运启、杨汉强、江帆

第五章　台运启、于飞、江帆

第六章　台运启、郭藤青、蓝菲、江帆

第七章　陈慧君、张小兵

第八章　陈慧君、张小兵

第九章　裴岩、付江、张小兵

第十章　孙静、伏佩宣、霰超、张小兵

第十一章　孙静、房欣、张小兵

第十二章　姜峰、张小兵、黄凌娟、纪鹏飞

第十三章　任文、张小兵

第十四章　张小兵、郭烁、霰超、姜峰

第十五章　谢川豫、查铮、唐书剑、张胜杰、李豪

术语表、姓名索引、主题索引　姜峰、张小兵

全书由张小兵、江帆、姜峰校对并统稿。

本译著得以出版首先要感谢中国人民公安大学科研处的大力资助，出版社的编辑王哲、张欣做了大量艰辛的工作，在此也一并表示感谢。由于译者水平有限，书中一定还有错误之处，敬请专家学者批评指正。

张小兵

2015 年 11 月于中国人民公安大学